21 世纪国际法学系列教材

2009 年司法部第三届全国法学教材与科研成果二等奖

国际商事仲裁法

（第三版）

International Commercial Arbitration Law

赵秀文　著

中国人民大学出版社

·北京·

作者简介

赵秀文，女，毕业于北京外国语学院和中国人民大学，法学博士。1975年起执教于北京外国语学院，1984年起执教于中国人民大学。现任中国人民大学法学院国际仲裁研究所所长、教授、博士研究生导师。研究方向为国际经济法、国际私法和国际商事仲裁法。兼任国际商会中国国家委员会商业法律与惯例委员会和福建省人民政府顾问，中国国际法学会、中国国际私法学会和中国国际经济法学会常务理事，北京国际法学会副会长、欧美同学会会员等。1989年起任中国国际经济贸易仲裁委员会仲裁员，1995年起任世界知识产权组织（World Intellectual Property Organization，WIPO）仲裁与调解中心仲裁员，1997年起任北京、淄博等仲裁委员会仲裁员，2003年起任英国皇家御准仲裁员协会（the Chartered Institute of Arbitrators）特许仲裁员（MCIArb），2007年起任新加坡国际仲裁中心（Singapore International Arbitration Center，SIAC）仲裁员，2010年起任香港国际仲裁中心（Hong Kong International Arbitration Center）和马来西亚吉隆坡区域仲裁中心（Kuala Lumpur Regional Center for Arbitration，KLRCA）仲裁员。

自1986年以来，先后在加拿大、澳大利亚、美国、英国、意大利、奥地利、乌克兰、俄罗斯、德国以及我国香港和澳门地区的法学院与科研机构从事国际经济法和国际商事仲裁的研修和讲学。著有《著作权》、《国际商事仲裁惯例》、《香港仲裁制度》、《国际商事仲裁及其适用法律研究》等专著，主编和参编了《国际经济法教程》、《国际经济法学》、《国际经济贸易仲裁法》、《国际商事仲裁案例评析》等教材约三十种，翻译了《国际法》、《国际贸易法文选》、《美国侵权法》、*China Law Reports* 及 *Selected Works of China International Economic and Trade Arbitration Commission Awards* 等英文、俄文著作十余种。在《中国法学》、《法学研究》、《法学家》、《国际商报》、*Dayton Law Review* 和 *Frontiers of Law in China* 等国内外报刊上发表论文一百余篇。

About the Author

Zhao Xiuwen is a law professor and Director of International Arbitration Institute in the Law School of China Renmin University. She graduated from Beijing Foreign Studies University and Renmin University where she got her both master and doctor degree. She has been a member of the faculty in Renmin University since 1984 and specializes in the fields of private international law, international economic law and international commercial arbitration. She has been on the panel in China International Economic and Trade Arbitration Commission since 1989, World Intellectual Property Organization Arbitration and Conciliation Center since 1995, Beijing Arbitration Commission since 1997 and MCIArb, the Chartered Institute of Arbitrators since 2003, Singapore International Arbitration Center Since 2007, Hong Kong International Arbitration Center and Kuala Lumpur Regional Center for Arbitration Since 2010.

Professor Zhao Xiuwen travelled widely in the last 20 years. She used to be a Fulbright Research Scholar, and visited George Washington University Law School and Georgetown University Law Center, as well as some other university law schools in the USA. She also did some research work in Max-Planck Institute for Foreign Private and Private International Law in 2000 in Hamberg and Institute for Intellectual Property, Competition and Tax Law in Munich in 2004, Germany; taught in Innsbruck University (Austria) in 1999 and Rome University and Camerina University (Italy) in 1998; and visited the University of Toronto Law School (Canada) in 1986, and some other universities in Europe and North America.

Professor Zhao studied widely in the areas of international economic law and commercial arbitration. Her main publications include ***Copyright Law***, ***International Commercial Arbitration***, ***Arbitration in Hong Kong***, ***International Economic and Trade Arbitration Practices***, ***Case Studies in International Commercial Arbitration*** and so on. Over one hundred academic articles have been published in the legal journals such as China Legal Science Journal, CASS Journal of Law, Studies in Law and Business, Jurists' Review, Legal Science Monthly, ***Dayton Law Review Frontiers of Law in China*** both in China and abroad. She also translated ***Clive M. Schmitthoff's Selected Essays on International Trade Law*** into Chinese, ***China Law Reports and CIETAC Awards*** into English, as well as the textbook ***International Law*** from Russian into Chinese.

第三版前言

《国际商事仲裁法》第二版于 2008 年 5 月与读者见面后，转眼间四年过去了，在这四年间，国际商事仲裁立法与司法领域内又不断有新的情况发生。为了使本教材反映这些最新发展，根据出版社的要求进行了如下修订：第一，更新了相关数据，比如参加《纽约承认与执行外国仲裁裁决公约》（简称《纽约公约》）和《解决国家与他国国民之间投资争议公约》，以及适用联合国国际贸易法委员会制定并修订的《国际商事仲裁示范法》的国家等。第二，反映了国际仲裁立法与实践的新发展，例如，国际商会国际仲裁院对其实施了十多年的 1998 年仲裁规则进行的修订，中国国际经济贸易仲裁委员会对其 2005 年仲裁规则的修订等。第三，反映了我国有关国际商事仲裁的相关立法与实践的新发展，比如，关于处理国际商事争议中的仲裁协议和解决争议实体问题的适用法律的 2010 年《中华人民共和国涉外民事关系法律适用法》，以及我国法院承认与执行外国仲裁裁决的最新案例。如 2009 年 4 月宁波市中级人民法院裁定承认与执行国际商会国际仲裁院仲裁庭根据该院仲裁规则在北京对作出的裁决，将此裁决作为《纽约公约》项下的非内国裁决予以承认与执行。又如 2008 年 7 月 11 日山东省济南市中级人民法院援引《纽约公约》第 5 条第 2 款规定的公共政策的理由，拒绝执行国际商会国际仲裁院仲裁庭根据该会仲裁规则在巴黎作出的裁决，这也是自我国 1986 年加入《纽约公约》以来，首次以公共政策为由拒绝承认外国仲裁裁决的案件。

笔者在使用此教材的过程中，从传授知识的角度看，觉得在某些章的编排上还不尽如人意。为了便于教学，在保持第二版总体章节安排不变的前提下，对某些章的安排进行了调整。比如仲裁协议与仲裁庭的管辖权是两个密不可分的问题，因此将二版的第五章变为第四章，在使同学们了解清楚仲裁程序后，再介绍保全措施、证据和适用法律等问题，所以对相关的章也做了一些调整。目的在于使本教材的编排更加科学。

本教材于 2009 年获得司法部第三届全国法学教材与科研成果二等奖，这既是鼓励，也是鞭策。笔者将继续努力，把教材编得更加准确和实用。鉴于作者的水平和能力有限，缺点甚至错误在所难免，恳请使用此教材的师生和读者批评指正。

最后，还必须提及的是一贯支持本书出版的中国人民大学出版社的支持和鼓励，以及本书中引用的论著作者、引用的资料和案例的提供者，书中均已注明出处，这里再次向他们表示最为诚挚的谢意。

赵秀文
于中国人民大学国际学院（苏州研究院）
2012年6月6日

再版前言

中国人民大学出版社于2004年出版的21世纪国际法学系列教材《国际商事仲裁法》，是我本人承担的教育部人文社会科学研究“十五”规划项目的成果之一。衷心地感谢中国人民大学出版社关于适应新形势下培养复合型人才的需要而编写国际法双语教材的创意，开创了国际法领域双语教学的先河。这一想法比教育部为实施此项目所提供的专门资助整整提前了4年至5年。

《国际商事仲裁法》出版后，受到许多同行的厚爱，他们不仅在本校所承担的国际商事仲裁法双语教学中使用，还大力向相关法官和仲裁员培训部门推荐本教材，使得本书在全国范围内广泛发行并得到好评。

中国人民大学出版社为了配合本书的教学与研究，还先后于2005年和2006年出版了与之配套的《国际商事仲裁案例解析》和《国际商事仲裁法参考资料》，为有志于深入研究国际商事仲裁法的读者提供了进一步的素材。

随着我国经济更加紧密地融入经济全球化的大潮，国际商事仲裁立法与实践方面也发生了重大变革。为了使这本教材及时反映国内外最新仲裁立法与司法实践，中国人民大学出版社决定对其三年前出版的《国际商事仲裁法》进行修订。笔者欣然允诺。

过去的三年间，在国际商事仲裁立法与实践方面，国内外发生的主要大事是：

在国际层面上，最大的事件莫过于联合国国际贸易法委员会（以下简称联合国贸法会）对其1985年公布的《国际商事仲裁示范法》（以下简称《示范法》）进行了修订，修订后的《示范法》已于2006年7月7日举行的联合国贸法会第39届会议上通过。此外，《纽约承认与执行外国仲裁裁决公约》（以下简称《纽约公约》）的缔约国增加到目前的142个；还有，在原有的45个国家和地区的立法机关采纳联合国贸法会《示范法》的基础上，又有奥地利、柬埔寨、丹麦、爱沙尼亚、尼加拉瓜 、挪威 、波兰等国家和地区的立法机关采纳了《示范法》。

在我国国内层面上，国际（涉外）商事仲裁立法与实践领域也先后发生了一些重大的事件：第一，中国国际经济贸易仲裁委员会（以下简称贸仲）修订的仲裁规则于2005年5月1日起实施，该规则是继2000年规则后由中国国际贸易促进委员会/中国国际商会对其仲裁规则进行的更加现代化、国际化的修订。新规则在当事人选择适用该规则或者其他仲裁规则及其修订、名册外仲裁员的指定、仲裁管辖权的决定、仲裁地点的确定等问题上的最新规定，充分反映了贸仲最大限度地尊重当事人的自治意思和适应仲裁现代化与国际化发展进程。第二，2006年7月19日，在我国法院涉诉的闻名中外且历时近四年的涉外仲裁典型案例——旭普林公司案终于审结。第三，为了更好地实施《仲裁法》和《民事诉讼法》，最高人民法院于2006年8月23日公布了《关于适用〈中华人民共和国仲裁法〉若干问题的解释》。该解释对仲裁协议有效性的认定、仲裁协议的转让、仲裁机构的确定、仲裁裁决的承认与执行等问题，作了明确的规定。第四，我国《民事诉讼法》也于2007年进行了修订，并于2008年4月1日起实施。尽管《民事诉讼法》修订所涉及的与国际（涉外）仲裁有关的条款不多，但在条文排序方面，也还是有所变更的。

为了使本教材更加适应新时期的发展需要，反映国际商事仲裁立法与实践的最新动态，更好地服务于我国新时期社会主义法制建设，2008年版的教材在保持原来的体例不变的情况下，除了更新《纽约公约》、《解决国家与他国国民之间投资争议公约》等国际公约缔约国的数字和采纳《示范法》国家的名称外，主要修订内容如下：

第一，第一章后增加了旭普林公司案，因为该案属于国际商事仲裁法领域，涉及包括仲裁管辖与司法管辖之间的冲突、仲裁协议有效性及适用法律和有权作出认定的机构、拒绝承认与执行国际仲裁裁决的理由及其认定在内等诸多法律问题的典型案例；同时也与我主编的《国际商事仲裁案例解析》中的第一个案例保持一致（此案2005年尚未审结）。

第二，鉴于联合国贸法会2006年对《示范法》修订最大的是第17条关于国际商事仲裁中的临时性保全措施的问题，即由原来的一个条款（第17条“仲裁庭命令采取临时措施的权力”）扩展为一章（临时措施和初步命令）五节（临时措施、初步命令、适用于临时措施与初步命令的规定、临时措施的承认与执行、法院发布的临时措施），共11个条款。因此，我在本书第六章用了较大的篇幅，介绍了修改的内容，以及我国政府对此项修订所持的态度。

第三，在第七章“国际商事仲裁程序”中，结合旭普林公司案，专门就非内国仲裁（delocalized arbitration）的理论与实践作了澄清，指出该理论否认国际商事仲裁与仲裁地国家的法律秩序相联系，坚持包括仲裁地国家在内的任何国家的法院均无权依据当地法律撤销国际商事仲裁裁决的主张，该理论项下的裁决属于无国籍或者浮动裁决，它与《纽约公约》项下的非本国裁决（award not considered as domestic）有着本质上的不同。

第四，结合我国最高人民法院2006年《关于适用〈中华人民共和国仲裁法〉若干问题的解释》和贸仲2005年仲裁规则，对第一版的内容作了相关修订。

第五，对第一版在使用中发现的个别单词的拼写和印刷错误进行了修改。

第六，为了使大家更好地掌握国际商事仲裁的基本理论与基本知识，我在每一章、节后面原则上都提供了与该特定章、节内容相关的案例，在此次修订中，我将这些案例的名称在本书的最后作出了案例索引，一方面便利读者查找，另一方面也与已经出版的《国际商事仲裁案例解析》相配套。

此外还需要说明的是：我国《仲裁法》是1994年制定的，其中涉及了1991年《民事诉讼法》的相关条文，比如拒绝承认与执行国内和涉外裁决的条件应当分别适用《民事诉讼法》第217条和第260条，而2008年4月1日起实施的《民事诉讼法》则分别为第213条和第258

条。请读者在使用时注意。如果作者没有专门注明2008年或者新的《民事诉讼法》，均指1991年《民事诉讼法》的条文，因为就这些条文本身而言，并没有实质性的变更。

最后，再次感谢中国人民大学出版社的支持，也感谢使用本书的广大师生和实务界的读者朋友们提出的宝贵意见，你们的支持永远是我对此领域进行深入研究的强大动力，同时对本书第一版和第二版中援引和参照的国内外学者的科研成果和国内外法院、仲裁机构的相关案例，致以最为诚挚的谢意。

赵秀文

2008年4月5日于中国人民大学明德法学楼

编写说明

《国际商事仲裁法》双语教科书系根据培养符合我国社会主义现代化要求的复合型人才的需要而编写的。本教材的编著者长期从事国际经济法和国际商事仲裁法的教学与研究，并自1989年起被中国国际经济贸易仲裁委员会聘任为仲裁员至今。作为独任仲裁员、首席仲裁员和合议庭仲裁员，作者在该会参与审理了国际经济贸易仲裁案件一百余起，有着丰富的实践经验。本教材可以说是作者多年来对国际商事仲裁研究领域的又一重要成果，也是作者所主持的教育部人文社会科学研究“十五”规划项目“我国国际商事仲裁制度的改革与完善”（项目批准号：01JA820020）的组成部分。

本教材从理论与实践相结合的角度出发，紧密结合国际商事仲裁理论与实践和我国有关国际商事仲裁的立法与实践，全面、深入、系统地阐述了国际商事仲裁法涉及的主要理论与实践问题，包括国际商事仲裁的性质和特点、临时仲裁机构与常设仲裁机构、仲裁协议、可仲裁事项、仲裁庭的管辖权限、仲裁程序、临时性保全措施的发布与实施、仲裁证据及其认定、解决争议的适用法律，特别是商人习惯法及其适用的问题，以及仲裁裁决及其承认与执行等问题。

与以往出版的教科书不同，本教材的最大特点是在编写体例上采用了中英文相结合的方式。对于国际商事仲裁法的常用语、关键词语，均用英文表述，或者专门加以注解。此外，对于相关国家有关国际商事仲裁的立法、国际公约和示范法中的某些规定，引用的也是英文文本。

本教材的另一个特点是在编写中坚持理论与实践相结合，具体体现为在绝大多数的章节中均附具了相关案例，对于各章节中所讨论的重点问题，通过案例分析的方法使读者加深对所阐述的仲裁理论的理解，并使其深刻地体会这些理论是如何在具体的案例中应用的。编著者在选择各节后所附的案例时，均对这些案例的出处作了说明，对于其中一些案例在编著的过程中作了适当的加工。

本教材的第三个特点是坚持将国际商事仲裁的立法、实践与我国国际商事仲裁的立法、实践相结合。在每一章的最后一节，都专门对我国国际商事仲裁的立法与实践进行阐述和分析。

我们学习国际商事仲裁法，一方面是为了更好地了解国际商事仲裁中的理论前沿问题和相关国家的立法与司法实践，另一方面也是为了更好地为我国的社会主义现代化建设服务。

为了配合学习国际商事仲裁法，作者还选编了中英文对照的《国际商事仲裁法参考资料》，收录了相关的国际公约与联合国国际贸易法委员会制定的《国际商事仲裁示范法》、《仲裁规则》和《调解规则》，以及相关国家的仲裁法和国际上一些主要国际商事仲裁机构的最新的仲裁规则。

本教材及其参考资料的出版，首先应当感谢中国人民大学出版社所给予的大力支持。事实上，编写双语教材的创意就是中国人民大学出版社提出的。其次要感谢我的学生们。我的博士研究生谢菁菁撰写了本书“仲裁证据”一章主要内容的初稿。我的硕士研究生刘克毅、徐琳阅读了本书初稿并提出了许多宝贵意见。在此对上述人员一并表示最为诚挚的谢意。

由于双语教材还是一个初步尝试，目前还没有先例可循，加上编著者的资历有限，缺点错误在所难免，恳切读者批评指正。

赵秀文

2004年6月

目 录

CONTENTS

第一章
国际商事仲裁法导论

提要

仲裁作为解决国际商事争议的重要方法之一，是人们在长期的商业实践中自发地创造出来的解决争议的方式。随着商业经济的发展，这种解决争议的方式被各国国内法和国际公约赋予法律上的强制执行力。近一百年来，特别是第二次世界大战后，随着科学技术和国际经济合作的发展、经济全球化进程的加快，通过仲裁的方式解决不同国家的国民之间或其他商事主体之间的商事争议，已经成为解决国际商事争议的最为普遍使用的方法。

重点问题

- 仲裁的基本概念和特征
- 仲裁与解决国际商事争议的其他方法之间的联系和区别
- 国际公约和示范法在协调与统一国际商事仲裁立法中的作用
- 国际商事仲裁法的基本原则
- 中国国际商事仲裁法
- 国际商事仲裁法的研究方法

第一节 仲裁与解决争议的各种方法

一、仲裁的起源与发展

仲裁（arbitration）是由争议双方共同选定的与该争议无利害关系的第三者解决他们之间争议的制度。仲裁作为争议解决的方法之一，有着悠久的历史。它不是法学家们的创造，而是人们在实践中发明的解决当事人之间争议的方法。

在古希腊的神话中，一个广为流传的神话是帕里斯就三个女神中谁是最美丽的一位作出裁断。在巴比伦时代的犹太人的记事中，关于某人是否有罪的认定，就是由犹太人社区中自行进行的审判程序决定的。早在古罗马时期，仲裁就得到了广泛的应用。① 还有人认为，仲裁最早起源于村庄中遇到纠纷时请年长者决断，这里讲的是公正，这才是仲裁最古老的渊源。②

中国历来有通过友好方式解决争议的传统，争议双方请德高望重的人对争议作出公断，也是司空见惯的。对于第三人的公断，如果当事人不服从，则按特定的村规或社团的规矩对其加以处罚。可以认为，这种自发产生的请与争议无关的第三者公断的实践，就是通过仲裁解决争议的雏形。

古希腊和中世纪城市国家之间的争议，也有通过仲裁解决的。如1493年罗马教皇对西班牙和葡萄牙之间的争议的仲裁：对于这两个国家之间的领土争议，即罗马教皇于1454年给予葡萄牙的和哥伦布在西班牙船旗下发现的东印度群岛的争议，由亚历山大六世作出裁断：他在亚速尔群岛以西划了一条长达100里格的界线③，将巴西划给了葡萄牙，将美洲的其余部分划归西班牙。④

至于人们在社会生活和经济生活中遇有争议时，双方当事人将此争议提交一位处事公道、具有相关业务知识的第三者裁断，对于裁断的结果，双方均应遵行，进而使争议得以了结。这种解决争议的方式早在国家和国家机器产生之前就存在了。只是当有了国家与法之后，如果当事人不能自动执行此裁决，则由法院依照法律保障该第三者（公断人）作出的裁决的执行，进而使得仲裁制度从法律上更加完善。

---

① See Martin Domke, *International Trade Arbitration, A Road to World-Wide Cooperation*, Greenwood Press, Publishers, Westport, Connecticut, 1958, pp. 127-128.

② 参见联合国贸法会执行秘书赫尔曼先生于1994年6月27日在上海所作的关于国际商事仲裁的讲话，载《仲裁与法律通讯》，1994（5）。

③ 里格为长度单位，1里格在英美计量单位里约为3英里或3海里。

④ See Martin Domke, p. 3.

第三者在对双方的争议进行裁断时，无论是国家之间的争议，还是一国当事人之间或不同国家当事人之间的争议，均应本着公正、合理的原则解决他们之间的争议。正如古希腊的哲学家亚里士多德在谈到仲裁作为解决争议的方法的价值时所指出的那样："公平从某种意义上说，是在成文法以外的公正。仲裁较法院更为公正，因为仲裁员在进行仲裁时所关注的是对当事人公正，而法官所关注的只是法律。当事人指定仲裁员解决争议的原因，正是为了求得更加公正地解决争议。"①

二、仲裁的特征与性质

仲裁作为解决当事人之间争议的一种方式，其主要特征有两个：第一，它是当事人之间自愿达成的解决争议的方式。仲裁解决争议的前提条件，是争议双方存在着愿意通过仲裁方式解决他们之间争议的约定，即仲裁协议（arbitration agreement)。如果没有此项协议，仲裁机构就不能取得对争议案件的管辖权。当事人对这种自愿解决争议的方式享有多方面的自由：他们可以自由地决定由谁来解决他们之间的争议，自由决定仲裁地点及适用什么样的规则和法律等。第二，当仲裁庭根据当事人之间的仲裁协议作出裁决后，双方当事人应当自动地履行该裁决。事实上绝大多数裁决都能得到当事人的自动履行。如果一方当事人不能自动履行，另一方当事人便可以请求法院强制执行。

关于仲裁的性质，有人从当事人通过订立仲裁协议的方式而自愿采用这种解决争议的方法出发，认为它具有契约的性质。还有人从仲裁裁决可以由法院强制执行，进而区别于其他自愿解决争议的方法出发，认为仲裁具有司法的性质。其实，这两种观点都有一定的道理，但又都有一定的片面性。就这两种观点考察仲裁的出发点而言，它们无疑都是正确的。然而，如果综合地考察仲裁这一解决争议的方法的性质，应当认为它既有契约的性质，同时也具有司法的性质。因为仲裁协议的本质是当事人自愿订立的契约，这种契约受到国家法律的保护，而仲裁庭根据此项契约作出的仲裁裁决的效力与法院判决的效力相同，具有可以为法院强制执行的性质。所以，仲裁作为解决争议的方法，同时具有契约的性质和司法的性质。仲裁员审理仲裁案件的权限不仅仅是来自于当事人之间的合意，还源于若干支持仲裁程序的法律制度：强制执行仲裁协议的国家的法律、被请求承认与执行仲裁裁决的国家的法律以及仲裁程序进行地的国家的法律。② 如果没有各国法律制度的支持，当事人之间的合意只能由双方当事人自愿或自动执行。如果一方当事人不自动执行与对方当事人达成的仲裁协议，法院又拒绝执行此项协议的，则通过仲裁解决争议的目的就不能达到。可见，没有国家法律的支持，仲裁作为解决争议的方法就不能得到发扬与光大。正因为如此，才可以认为仲裁同时具有契约的性质和司法的性质。

三、仲裁与解决争议的其他方法

（一）解决争议的其他方法

根据解决争议的方式的性质的不同，一般商事争议的解决方法可以分为司法的方法和非司

---

① New York Stock Exchange, Inc.. *Symposium on Arbitration in the Securities Industry*, Foreword, Fordham Law Review, Vol. LXIII, April, 1995, No. 5, p. 1501.

② See William W. Park, *National Law and Commercial Justice: Safeguarding Procedural Integrity in International Arbitration*, Tulane Law Review, Vol. 63, 1989, at 657.

法的方法。司法的方法是指通过在一国法院进行诉讼的方法解决不同国家的当事人之间的争议。非司法的方法是指诉讼以外的方法，包括由中立的第三者仲裁或调解，或者当事人之间通过协商谈判的方式解决他们之间的争端。近年来，仲裁作为解决国际商事争议的方法，被越来越广泛地适用于解决国际商事争议，它既不属于诉讼的方法，也不属于传统意义上的非诉讼的方法，而是逐步地演变成独立于司法方法与非司法方法的一种独特的解决争议的方法。

1. 司法诉讼的方法（litigation）

司法诉讼的方法即通过法院的途径解决当事人之间的争议。在国际商事交易中，国际商事争议的解决可以通过国际民事诉讼的方法解决，即由一个国家的法院依照法院地的民事诉讼法，解决当事人之间的国际商事争议。采用这种方法解决当事人之间的争议，通常涉及法院对国际商事案件的管辖权问题、适用法律问题和法院判决的承认与执行问题。鉴于各国法院在诉讼程序中仅适用其各自国家的民事诉讼法，无论是在管辖权的确定上，还是在解决争议实体问题上，均不可避免地产生冲突。此外，一国法院作出的判决能否在另一个国家得到承认与执行，也是一个颇为复杂的问题。如果法院的判决不能得到执行地国法院的承认与执行，则当事人的诉讼目的就不能得以实现，其手中的判决就等于一纸空文。

2. 选择性解决争议的方法

选择性解决争议的方法的英文全称为 Alternative Dispute Resolution，简称 ADR。这里的选择性解决争议的方法，通常是指除诉讼以外的各种解决争议的方法的总称，如协商谈判（consultation）、斡旋（good office）、调解（conciliation）、仲裁等方式。然而，随着仲裁被广泛地纳入各国仲裁法中，仲裁裁决获得了与法院判决相同的效力，再加上第二次世界大战后由联合国主持制定并得到世界各国广泛认可的《纽约承认与执行外国仲裁裁决公约》（New York Convention on Recognition and Enforcement of Foreign Arbitral Awards，以下简称《纽约公约》）[①] 的实施，仲裁解决争议的方法已经逐步地成为司法外解决争议的独立程序，作为一种独立于法院诉讼与 ADR 的专门的方法。

ADR 主要具有以下四个方面的特点：第一，它是一种当事人自愿的解决争议的方法；第二，它以解决当事人之间的争议为目的，没有特定的规则来遵循，具体做法上也比较灵活；第三，ADR 不是解决争议的最终方法，不影响当事人将争议提交法院解决，或者依据他们之间的仲裁协议，将未能解决的争议继续提交仲裁；第四，ADR 可以单独适用，也可以在仲裁和司法诉讼程序中适用。

（二）仲裁与解决争议的其他方法之间的联系和区别

1. 仲裁与司法诉讼

仲裁与司法诉讼的主要区别在于仲裁是一种自愿的解决争议的方法，当事人之间业已存在的仲裁协议是仲裁管辖的主要依据，如果当事人之间没有仲裁协议，就谈不上通过仲裁解决他们之间的争议。

仲裁与司法诉讼的相同之处是：作为解决争议的方法，它们都是最终解决争议的一种方法。因为按照各国的仲裁立法与实践，仲裁裁决的法律效力与法院判决是相同的，均可得到法院的承认与执行。一般而言，仲裁裁决是终局的，法院不对其实体内容进行司法审查。

---

① 截至 2012 年 4 月，《纽约公约》缔约国共有 146 个。关于具体参加国的名称，参见http：//www.uncitral.org，访问日期：2012-04-11。

2. 仲裁与 ADR

仲裁与 ADR 的相同之处主要表现在它们都是当事人之间自愿达成的解决争议的方法，即这种解决争议的方法均在当事人自愿的前提下进行；在解决争议的程序上也都比较灵活，当事人具有较大的自主性。

仲裁与 ADR 的主要区别在于仲裁是解决争议的最终的（final）方法，如果当事人选择通过仲裁解决他们之间的争议，任何一方当事人就不能再将其争议提交法院解决。《纽约公约》第 2 条第 3 款规定："The court of a Contracting State, when seized of an action in a matter in respect of which the parties have made an agreement within the meaning of this article, shall, at the request of one of the parties, refer the parties to arbitration, unless it finds that the said agreement is null and void, inoperative or incapable of being performed." 因为按照许多国家的仲裁法，当事人之间订立的书面仲裁协议受到国家法律的保护，该协议得到法院的强制执行，任何一方当事人均不得单方面撤销协议。而当事人在采用 ADR 解决争议的情况下，任何一方当事人在没有任何理由的情况下对 ADR 程序不满，可随时单方面撤销或退出该程序，而不需承担任何法律上的责任。此外，即便当事人之间通过 ADR 方式就他们之间的争议达成了和解协议（conciliation agreement），该和解协议的法律效力与仲裁裁决也不相同，因为该和解协议充其量可以作为当事人之间的"契约"执行，而不具有法律上的终局效力，如果当事人就执行该"契约"又发生了争议，当事人并不能请求法院强制执行该和解协议，而只能将该争议提交法院或者仲裁解决。如果通过仲裁解决他们之间的争议，该"契约"中还应当订有通过仲裁方式解决该和解协议争议的"仲裁条款"。

因此，仲裁同时具有司法解决争议和司法外解决争议的优点，即 ADR 的自愿性、灵活性和诉讼解决争议的终局性。正是仲裁所具备的自愿性和强制性的双重性质，使之与诉讼和调解等解决争议的方式区别开来。它既有调解解决争议的巨大优势，同时又有法律保障裁决的执行的优点。特别是第二次世界大战后，由于越来越多的国家参加了《纽约公约》，故在一国境内作出的仲裁裁决，其他一百多个缔约国均有依照《纽约公约》承认与执行该仲裁裁决的义务。正因为如此，绝大多数国际商事合同中均含有通过仲裁解决合同争议的仲裁条款。

四、仲裁法对仲裁解决争议的调整

仲裁法最早起源于国内法上的制度。据考证，英国于 1697 年率先颁布了第一个仲裁法。① 此后的很长一段时间内，法律并不禁止当事人之间通过订立仲裁协议的方式解决他们之间的争议及仲裁员据此协议作出裁决，但法院有权撤回仲裁员的权限。到了 18 世纪，一种很流行的看法是仲裁协议"剥夺了法院的管辖权"，往往被认定为违反公共政策。但是，仲裁协议本身并不违法，法院也受理违反仲裁协议的诉讼，但违反此项协议的损害赔偿只是名义上的，当事人对此项不履行只要支付一定的金额，即可获得"违约权"（a right to break a contract and to substitute payment of damages for non-performance）。法院对仲裁的态度并不友好，其中一个理由就是执法是一项神圣的事业，而仲裁也是执法，如不在法院的监督下进行，法律的统一就会受到损害。法院的管辖权不容剥夺的原则（the doctrine of ouster）就是在这样的情况下出台

① See William H. Gill, *Arbitration Law*, Sweet & Maxwell, London, 1975, second ed., p. 1.

的。据此原则，一般法院对法律问题的管辖权不得通过当事人之间的协议予以排除。[①] 有人曾这样解释为什么英国法院对仲裁采取不友好的态度：它源于法官们对实际利益的考虑。当时的法官没有固定的工资，他们的大部分收入靠收取诉讼费，而威敏斯特大厅中的竞争又特别激烈，当时的许多案件不是提交王座法庭，而是通过仲裁解决，这样势必减少了本来应当由法官们收取的诉讼费，并由此招致法官们的嫉妒。[②]

1855 年，英国法院对 *Scott v. Avery* 一案的判决似乎体现了对仲裁所采取的政策的放松。法院在该案中认定，如果保险单中规定，由仲裁员决定有关当事人的赔偿责任，且仲裁员作出的裁决是向法院起诉的先决条件，当事人未能将争议首先提交仲裁解决妨碍其向法院提起诉讼。在该案中，多数法官认为，当事人之间订立的关于将争议事项提交法院必须以事先作出仲裁裁决为其先决条件的协议，并不构成对法院管辖权的剥夺。[③] 尽管如此，英国法院在此判决之后对仲裁的态度还是没有什么实质性的改变。除了在极为特殊的情况下，法院并不裁定对仲裁协议的实际履行，并将该协议作为中止诉讼的理由，同时，该协议也不构成当事人向法院起诉的障碍。法院的管辖权是至高无上的，法院有权撤销当事人之间业已订立的仲裁协议，裁定将某一特定案件提交法院解决。对于仲裁中涉及的法律问题，仲裁庭无管辖权，必须以"特别案件"的方式提交法院解决，任何当事人也可通过此项程序请求法院对仲裁中的法律问题作出裁定。直到 1979 年该程序才被取消。在国际商事合同中，允许当事人通过订立排除协议的方式，排除法院对仲裁中的法律问题的管辖。对于依法可提交法院裁定的法律问题，也作了某些限制，如需经各方当事人同意和仲裁庭同意及法院许可等。

法国国会在 1790 年将仲裁视为"the most reasonable method for terminating disputes between citizens"[④]。法国 1800 年的《法院组织法》(Loi sur l'organisation des tribunaux) 第 3 条规定："the right of citizens to have their controversies judged by arbitrators of their choice is in no way restricted: the decision of these arbitrators will not be subject to any review unless the contrary is expressly provided."法国 1806 年的《民事诉讼法典》虽未提及仲裁条款，但其第 1003～1028 条规定当事人可达成和解的争议。法国最高法院于 1843 年对 *l'Alliance v. Prunier* 一案就仲裁协议的效力所作的判决在法国仲裁史上具有重要的影响，该案所确立的原则是：合同中的仲裁条款如果未规定仲裁员的姓名，该仲裁条款就是无效的。

美国最高法院在 1854 年认可了仲裁员可以作出有拘束力的裁决[⑤]，Grier 法官在判决中指出，仲裁员是当事人选出来的负责解决向他提交的争议的法官，他可以作出终局的裁决，并不得上诉，(仲裁) 作为一种解决争议的方式，受到衡平法院的支持。[⑥] 进入 20 世纪后，随着美国仲裁协会在 1922 年的设立[⑦]，美国国会于 1925 年颁布了《联邦仲裁法》，确立了以仲裁作为解决争议的方法的仲裁协议及依此协议作出的仲裁裁决的效力。

可见，仲裁法是起源于国内法的一项制度，它的出现和实施，反映了社会发展的客观需

---

① 参见［英］施米托夫：《国际贸易法文选》，605 页，北京，中国大百科全书出版社，1993。

② Scott v. Avery, 25 L. J. Ex. 308, 313.

③ 参见［英］施米托夫：《国际贸易法文选》，606 页，北京，中国大百科全书出版社，1993。

④ Arthur von Mehren, *A General View of Contract*, 7 International Encyclopedia of Comparative law, ch. 1, p. 52.

⑤ Burchell v. Marsh, 58 U. S. 344 (1854).

⑥ 转引自 Dana H. Freyer, *The American Experience in the Field of ADR*, P. C. Rao & William Sheffield ed., *Alternative Dispute Resolution*, Universal Law Publishing Co. Pvt. Ltd., 1977, at 108。

⑦ Arbitration Society of America，是 American Arbitration Association (AAA) 的前身。

要。然而，正如 Sonneschein 伦敦办公室顾问哈金先生所言，在 20 世纪 50 年代之前，在采用（法国）民法典（有时称为《拿破仑法典》）的欧洲国家中，作为争议解决方式的仲裁发展很慢。①

仲裁法的长足发展应当是在第二次世界大战后，特别是 20 世纪后半叶。其重要标志有两个：第一，众多的国家成为《纽约公约》的缔约国。其后果是：在承认与执行外国仲裁裁决的问题上，各国的国内仲裁立法得到协调和统一。在一缔约国境内作出的仲裁裁决，在其他一百多个缔约国内都能得到承认与执行。第二，联合国国际贸易法委员会（United Nations Commission on International Trade Law，以下简称 UNCITRAL 或联合国贸法会）在 1985 年公布的《国际商事仲裁示范法》（UNCITRAL Model Law on International Commercial Arbitration，以下简称《示范法》或 Model Law）。该《示范法》于 2006 年进行了修订②，得到越来越多的国家的立法机构的采纳。这些国家的立法机构将《示范法》纳入其各自国家的国内法的后果是：各国法律在调整仲裁关系的问题上，逐步地得到协调和统一，如对仲裁协议的承认与执行、仲裁员的指定、仲裁程序的进行，以及法院对仲裁的监督等一些仲裁中所涉及的重大问题，国家通过采纳《示范法》，使各国的国内仲裁法不断地得以协调和统一。即便在那些没有直接采纳《示范法》的国家和地区，他们在制定本国或本地区调整国际商事仲裁的法律法规时，也都充分地参考和借鉴了《示范法》中的各项规定。因此，随着世界上多数国家成为《纽约公约》的缔约国和众多国家根据《示范法》制定其本国仲裁法，各国关于调整国际商事仲裁的法律在不断地协调和统一。

第二节 国际商事仲裁法

一、国际商事仲裁和国际商事仲裁法的起源与发展

国际商事仲裁是随着国际商事关系的发展而不断地发展起来的。在中世纪，来自不同港口的商人们在他们之间进行的商事交易中，通过他们自行设立的行商法院（piepowder）解决他们之间的争议。由于参与审理争议的商人来自不同的城邦国家，本地人与外地人各占一半，故而在处理争议时所适用的原则和规则是“统一”的。这种行商法院不是现代严格意义上的法院，而是具有现代调解或仲裁庭的性质。③ 而行商法院所适用的规则，被称为中世纪的商人习惯法。这种行商法院及其所适用的商人习惯法，就是现代国际商事仲裁与国际商事仲裁法的

① 参见［英］戴维·哈金著，陈风彦译：《欧洲仲裁法改革》，载《仲裁与法律通讯》，1999（6）。

② 关于采纳该《示范法》的国家和地区的具体情况，可参见 http：//www.uncitral.org/uncitral/zh/uncitral_texts/arbitration/1985Model_arbitration_status.html，访问日期：2012-06-28。

③ 参见［英］施米托夫：《国际贸易法文选》，6～7 页，北京，中国大百科全书出版社，1993。

雏形。

18世纪末至19世纪初，随着现代意义上的民族国家的兴起，中世纪具有普遍意义的商人习惯法被纳入各国国内法：法国在1807年通过了商法典；德国于1861年颁布了统一商法典；英国也通过司法改革的方法，将商人习惯法纳入其普通法的范畴。在此期间，尽管商人习惯法仍有其国际性，但它作为各主权国家国内法的特点，则有所加强。此后，商人之间的国际商事争议，主要通过适用国内法的方式解决。而在通过仲裁解决国际商事争议过程中，具有国际法特点的商人习惯法，仍然通过直接或间接的方式，得以适用。

随着现代科学技术的发展和国际经济交往的频繁，国际商事争议解决的方式日趋协调和统一。仲裁作为解决国际商事争议的国际手段[①]，随着越来越多的国家加入《纽约公约》而日趋受到极大的关注。通过仲裁的方式解决争议的立法与实践也随之更加协调和统一。而在此进程中，一些国际组织所进行的"国际立法"活动和国际仲裁机构的"国际司法"实践活动，发挥了至关重要的作用。

"国际立法"（international legislation）这一术语的提法本身就是不科学的。因为国际社会并不存在超国家的立法机构，然而，这一术语又恰如其分地表达了国际上精心制定的而后由各国立法机构纳入其各自国家国内法的规范性规则。从这个意义上说，国际立法通过两种方法实施：由几个国家共同通过一项多边国际公约，或者制定由一国单方面采纳的统一示范法。[②] 一些有关的国际组织，如联合国贸法会在协调和统一国际商事仲裁立法方面的作用是不可低估的。在国际商事仲裁立法实践中，现行的国际商事仲裁立法，主要是通过各主权国家采纳联合国贸法会《示范法》或者参照《示范法》的规定，制定其各自调整国际商事仲裁的法律的方式实现的。

二、国际商事仲裁法的主体

国际商事仲裁法的主体是指在国际商事仲裁关系中享有权利和承担义务的当事人，包括国家和国际组织、自然人、法人以及其他的法律实体。在这些主体中，它们在国际商事仲裁关系中所承担的权利与义务各有其侧重点。

国家的主要权利和义务是制定调整国际商事仲裁关系的法律，并且负责对该法律的执行情况实施监督。当然，在某些特定的商事交易中，国家也可以作为仲裁协议的一方当事人，如在政府采购合同中，国家可作为合同的一方当事人，与另一方当事人在合同中订立通过仲裁解决它们之间争议的条款。一般认为，在此情况下，国家即自动地放弃了将该争议提交法院解决的权利，进而与其他合同主体享有同样的权利和义务，国家不能单方面撤销仲裁协议，并承担了执行根据该协议作出的仲裁裁决的义务。

国际组织在国际商事仲裁法中的作用也有两重性：一方面，负责起草和制定调整国际商事仲裁关系的国际公约、示范法和相关仲裁规则，如联合国经济及社会理事会（United Nations Economic and Social Council，简称联合国经社理事会）在1958年主持制定的《纽约公约》，联合国贸法会在20世纪70年代负责起草的《调解规则》和《仲裁规则》，以及在20世纪80年代制定的《示范法》。另一方面，当国际组织作为合同的一方当事人在其合同

---

① See Jues Werner, *An Agenda for the Millennium*, J. Int'l. Arb. 1999, No. 2, at 2.

② 参见［英］施米托夫：《国际贸易法文选》，149～150页，北京，中国大百科全书出版社，1993。

中订有仲裁条款时，国际组织就作为一般合同上的一方当事人，享有仲裁协议项下的权利与义务。

国际商事仲裁法的其他主体包括两类：一是仲裁协议的当事人，二是与仲裁程序有关的人。前者一般为国际商事交易的当事人，后者为仲裁机构、仲裁庭和法院等与仲裁程序和仲裁裁决的承认与执行有关的人。

三、国际商事仲裁法的客体

国际商事仲裁法的客体是国际商事仲裁法所调整的对象，即国际商事仲裁关系。此类关系包括三个方面的内容。

首先是仲裁协议（arbitration agreement）项下的当事人参与仲裁的关系。当事人在争议发生之前订立的合同中的仲裁条款（arbitration clause）或者在争议之后订立的仲裁协议书（submission to arbitration），是仲裁机构获得仲裁协议项下争议管辖权的主要依据。如无此项条款或协议，仲裁机构就不能取得对该仲裁案件的管辖权（jurisdiction）。这一点与法院不同：法院对诉讼案件的管辖权是依法取得的。只要一方当事人向法院起诉，法院就可根据其本国民事诉讼法的规定对争议案件享有管辖权，即可向被告发出传票，令被告应诉。然而，如果一方当事人（申请人）向仲裁机构申请仲裁，如果该申请人拿不出与被申请人之间订有仲裁协议的证据，仲裁机构一般都拒绝受理该仲裁案件。

其次是对仲裁协议项下争议作出裁断的仲裁庭与争议双方当事人之间的关系。在这种关系中，争议双方当事人的主要权利与义务是向仲裁庭陈述其各自对争议的看法，提供相应的证据。仲裁庭的主要任务是听取双方当事人对争议事实的陈述，在尊重事实和法律的前提下，分清各方当事人的责任，进而作出独立、公正的裁决。

最后是法院对仲裁的监督关系。按照各国仲裁法，仲裁作为解决争议的手段之所以有力量，就是由于国家法律保护当事人达成的通过仲裁解决他们之间争议的协议。因此，在与仲裁有关的事项中，法院通过执行仲裁法保证仲裁程序得以顺利进行。任何一方当事人如果违反他们订立的仲裁协议而将该协议项下的争议提交法院，法院应当令当事人将协议项下的争议提交仲裁解决。法院还可以对当事人争议所涉及的标的采取保全措施，承认与执行或者拒绝承认与执行根据仲裁协议作出的裁决。

四、国际商事仲裁法的渊源

（一）国际公约（international conventions）

早在20世纪初，国际联盟就在日内瓦主持制定了1923年《仲裁条款议定书》（Geneva Protocol on Arbitration Clauses）和1927年《关于执行外国仲裁裁决公约》（Geneva Convention on the Execution of Foreign Arbitral Awards）。前者规定缔约国应当承认合同中的仲裁条款以及当事人之间订立的仲裁协议的效力。后者则规定了缔约国应当承认与执行仲裁庭根据有效仲裁协议作出的仲裁裁决，以及不予执行外国仲裁裁决的理由。但由于参加的国家有限，这两项国际公约的作用也是有限的。

第二次世界大战后，联合国经社理事会主持制定了1958年《纽约公约》。《纽约公约》主要规定缔约国应当承认当事人之间订立的书面仲裁协议的效力，以及承认与执行据此协议作出的仲裁裁决。该公约特别规定了缔约国法院拒绝承认与执行的外国仲裁裁决的具体情况，除了该公约规定的情况外，所有的外国仲裁裁决均应得到缔约国法院的承认与执行。《纽约公约》事实上替代了1923年《仲裁条款议定书》和1927年《关于执行外国仲裁裁决公约》。自其生效以来，随着越来越多的国家对于通过仲裁解决当事人之间的争议采取积极的政策，该公约的缔约国与日俱增。目前，该公约已经成为世界上适用最普遍的国际公约之一。

此外，还有一些地区性的国际公约，如由联合国欧洲经济委员会主持制定的1961年《欧洲国际商事仲裁公约》（European Convention on International Commercial Arbitration），由美洲国家组织主持制定的《美洲国家国际商事仲裁公约》（Inter-American Convention on International Commercial Arbitration）等。这些地区性的国际商事仲裁公约的缔约国，一般同时也是《纽约公约》的缔约国。

（二）其他调整国际商事仲裁关系的国际文件

这里要重点指出的是联合国贸法会在1966年成立后，立即着手起草调整国际商事仲裁方面的文件，其中包括1976年《联合国贸法会仲裁规则》（UNCITRAL Arbitration Rules）、1980年《联合国贸法会调解规则》（UNCITRAL Conciliation Rules）和1985年《示范法》。

示范法一般指由国际组织或有关专家制定的供各有关国家的立法机关单方面采纳的规范性规则。联合国贸法会主持制定《示范法》的宗旨是协调和统一各有关国家调整国际商事仲裁的法律，主要涉及仲裁协议及其效力、仲裁庭的组成及管辖权限、仲裁程序的进行、仲裁裁决及其承认与执行等。《示范法》公布后，得到了各国的热烈响应。近年来一些国家颁布的有关仲裁的立法在基本的出发点和立法的基本原则等方面，都是与《示范法》相近的。目前，《示范法》已经被许多国家的立法机关采纳为各自国家的仲裁法。其他一些国家近年来公布和实施的仲裁法也都参考了《示范法》，如中国1994年《仲裁法》、英国1996年《仲裁法》等。

（三）各国调整国际商事仲裁的立法

各国制定的调整国际商事仲裁关系的法律，也是国际商事仲裁法的重要渊源。如前所述，随着越来越多的国家采纳联合国贸法会制定的《示范法》和成为《纽约公约》的缔约国，在国际商事仲裁法领域，各国的国内法在很大程度上已经接近协调和统一。研究国际商事仲裁法，就要重点研究调整国际商事仲裁关系的国际公约和其他相关的国际文件。此外，还要研究相关国家的仲裁立法，特别是我国国际商事仲裁立法与实践。

第三节 国际商事仲裁的基本原则

国际商事仲裁的基本原则是指那些为国际社会公认的在国际商事仲裁领域内普遍适用的原则。根据各国国际商事仲裁立法与实践，国际商事仲裁原则通常为当事人意思自治原则、仲裁庭独立、公正地解决争议的原则和法院对仲裁实施保障与监督的原则。现分别概述如下。

一、当事人意思自治原则（Parties' Autonomy）

当事人意思自治原则是合同法上的基本原则。鉴于仲裁解决争议的基本出发点是当事人之间业已存在的仲裁协议，而仲裁协议具有契约的本质特征，即当事人就他们之间的争议解决方法作出的约定，当事人意思自治原则同样也是国际商事仲裁的基本原则。这一原则也可称为协议仲裁原则。

当事人意思自治原则在国际商事仲裁中的体现是多方面的：

首先，当事人之间业已存在的仲裁协议是通过仲裁解决他们之间争议的基本前提条件。如果当事人之间不存在仲裁协议，就不会有仲裁解决争议的方法的使用。

其次，当事人还可以选择由谁来主持仲裁程序，即仲裁庭的组成人员，适用什么样的仲裁规则进行仲裁，仲裁审理地点，仲裁使用的语文等。

再次，当事人也可以就仲裁程序和解决争议实体问题的法律适用作出选择，也可以授权仲裁庭作为友好调停人，按照公平、合理的原则解决他们之间的争议。

最后，在仲裁程序进行的过程中，当事人还可以共同选择由仲裁庭主持调解解决他们之间的争议。如果达成和解协议，可由仲裁庭根据他们达成的和解协议的内容作出仲裁裁决。如果达不成和解协议，还可以继续进行仲裁程序。

总之，当事人意思自治原则自16世纪问世以来①，已经得到世界上具有不同的社会、经济和法律制度的国家的普遍认可，已经成为合同法上的一项基本原则。这一原则同样也成为通过仲裁解决争议的一项基本原则，因为仲裁必须在当事人自愿的前提下进行，其法律依据是当事人之间业已存在的并为各国法律所认可的通过仲裁方式解决他们之间争议的仲裁协议。就仲裁协议本身的性质而言，说到底仲裁协议也是一种“契约”，即当事人之间订立的如何解决他们之间争议的契约。

当然，适用这一原则必须在相关国家法律规定的范围内进行，任何超越法律的协议都是无效的。例如，有些国家法律规定行政合同、有关竞争法上的问题、知识产权的有效性问题等，不能通过仲裁方法解决。因此，当事人之间达成的通过仲裁的方式解决有关行政合同、竞争协议等发生的争议的协议就不能得到相关国家的法律的保护，因为当地法律禁止通过仲裁的方式解决上述争议。

二、仲裁庭独立、公正地解决争议的原则

仲裁庭不同于法院，它对某一特定案件的管辖权主要源于当事人之间业已存在的仲裁协议。按照所适用的仲裁规则，尽管当事人可以有权选择处理其争议的仲裁员，但仲裁员的角色毕竟与当事人所委托的律师不同，后者在仲裁程序中代表当事人的利益，而仲裁员是当事人指定的旨在解决他们之间争议的裁判官，其职责是独立、公正地解决双方当事人之间的争议。仲裁员也不同于法官，因为法官是国家的司法工作人员，他们以审理当事人之间的诉讼案件为其职业，而仲裁员来自于民间，他们只有在被当事人或者相关机构指定时，才参与对某一特定仲裁案件的审理。除了解决争议外，他们都还有自己的职业和专业。在解决争议的过程中，仲裁

---

① 一般认为，该原则首先是由法国学者杜摩林（Charles Dumoulin，1500—1566）在其《巴黎习惯法评述》一书中提出的。杜摩林认为，在合同关系中，应该把当事人双方都愿意让自己的合同受其支配的那个习惯法适用于合同，来决定合同的成立和效力问题。参见韩德培主编：《国际私法》，141页，武汉，武汉大学出版社，1985。

员只能在仲裁协议授权的范围内作出裁决，而不得超出仲裁协议的授权。此外，仲裁庭还应当遵守当事人约定的仲裁程序规则，在仲裁协议约定的地点或仲裁规则规定的地点，按照规则规定的方式审理。仲裁庭还要在查明事实的基础上正确地适用法律，并且只有在当事人授权的情况下，才能按照公平、合理的原则解决当事人之间的争议，进而作出公正、独立的裁决。

在国际商事仲裁实践中，尽管许多国家的仲裁法并没有就仲裁员的资格作出专门规定，无论是当事人还是其他有关机构，在指定仲裁员的过程中，他们所考虑的首要问题是该被指定的仲裁员是否能够对当事人之间的争议作出公正、独立的裁决。一般而言，Persons designated to serve on the Panel shall be persons of high moral character and recognized competence in the fields of law，commerce，industry or finance，who may be relied upon to exercise independent judgment.

三、法院对仲裁实施保障与监督的原则

从某种意义上说，仲裁也是一项执法活动。法官和仲裁员的业务是相同的，他们都在执行法律。二者的主要区别是：法官在公共领域内执法，而仲裁员则在私营产业领域内执法。① 这就是说，仲裁员的执法活动必须在国家法律允许的范围和领域内进行。如果国家法律不允许通过仲裁的方法解决争议，即法律明确规定，某些特定争议事项不能通过仲裁的方式解决，即便当事人达成了通过仲裁解决该特定领域内的争议的协议，此项协议也是无效的，因为违反法律的契约不能得到法律的保护。

国际商事仲裁不是在真空中进行，而是在特定的国家、特定的地点进行。因此，仲裁程序的进行势必受到仲裁地国家的法律和法院的监督。从历史上看，曾几何时，一些国家的法院以不信任和厌恶的目光看待仲裁员的活动，他们唯恐法院对法律问题的管辖权被仲裁员剥夺，因而遏制仲裁的发展。②

随着国际商品经济和国际经济贸易活动的发展及国家法律对仲裁解决商事争议的支持，仲裁作为当事人自愿选择的解决争议的方式受到了广泛的欢迎。尤其是在国际商事交易中发生的争议，越来越多的争议当事人为了摆脱在一国境内进行的国际民事诉讼在不同国家当事人之间可能造成的法律冲突，他们宁可通过他们自己选择的"法官"解决他们之间的争议，而不愿意在任何一个国家的法院涉诉。特别是第二次世界大战后，仲裁作为解决国际商事争议的方式已经深入人心。再加上各国法律和相关国际公约的支持，仲裁已经成为从事国际商事交易的当事人解决他们之间商事争议的首要选择方法。

按照各有关国家的仲裁法和相关国际公约的规定，法院对仲裁的监督，表现在以下两个方面：

第一是法院对仲裁的支持。主要体现在如果当事人之间订有仲裁协议，当双方当事人就仲裁协议项下的事项发生争议时，如果一方当事人无视他们之间的仲裁协议，率先将仲裁协议项下的争议事项提交法院，或者在仲裁程序开始后，一方当事人对仲裁协议的有效性提出异议的，法院应当令当事人将该争议提交仲裁解决，除非法院认定该仲裁协议无效、失效或者不能实施。③ 在仲裁程序进行的过程中，如果一方当事人为了防止另一方当事人转移其财产，以防止即便当事人在仲裁程序中胜诉裁决也不能得以执行的情况出现，该当事人还可以请求法院对

①② 参见［英］施米托夫：《国际贸易法文选》，667页，北京，中国大百科全书出版社，1993。
③ 参见《纽约公约》第2条第3款，联合国贸法会1985年《示范法》第8条第1款。

另一方当事人的财产采取强制性保护措施。当仲裁裁决作出后，如果败诉方不自动执行该仲裁裁决，胜诉一方当事人可以向有关法院申请强制执行该仲裁裁决，除非有法律规定的不予执行的理由。

第二是法院对仲裁裁决所实施的监督。此项监督包括两个方面：一是裁决地国法院可以根据一方当事人的申请撤销根据被裁决地国法院认定为无效仲裁协议作出的仲裁裁决。二是执行地国法院可以根据当事人的申请，依法拒绝承认与执行仲裁庭作出的仲裁裁决。无论是撤销仲裁裁决，还是拒绝承认与执行仲裁裁决，都应当严格地遵守相关的法律规定。而这些法律规定一般不允许法院对争议的实体问题进行审查，而只是允许审查仲裁程序方面的问题。如审查：当事人之间是否存在着有效的仲裁协议；在仲裁程序中是否给予双方当事人合理地表述其各自意见的机会；仲裁程序规则是否得到切实的遵守，仲裁庭的组成是否符合仲裁规则的规定；裁决是否超出了仲裁协议的范围；裁决的事项是否可以通过仲裁的方式解决；执行仲裁裁决是否与执行地国的公共政策相抵触。只有存在着法律规定的撤销或者拒绝承认与执行仲裁裁决的条件时，法院才可以撤销或拒绝承认与执行该特定的仲裁裁决。

第四节 中国国际商事仲裁法

中国国际商事仲裁法是中国调整国际商事仲裁关系的法律规范的总称。这些法律规范主要表现在两个方面：一是表现在我国调整国际商事仲裁关系的相关国内仲裁立法中，二是表现在我国缔结或参加的双边或多边国际公约中有关通过仲裁解决当事人之间争议的各项规定中。

一、国内仲裁立法

我国调整国际商事仲裁关系的法律主要是1994年颁布的《中华人民共和国仲裁法》（以下简称《仲裁法》）。此外，我国《民事诉讼法》和其他一些法律，如《涉外民事关系法律适用法》等，也有关于通过仲裁解决中外当事人之间争议的规定。

我国《仲裁法》于1994年8月31日第八届全国人民代表大会常务委员会第九次会议一致通过，1995年9月1日起施行，于2009年、2017年修正。该法是新中国成立以来首次颁布的专门调整仲裁关系的法律，是在加快建立我国社会主义市场经济体制的过程中出台的。该法在制定的过程中充分考虑了我国建立社会主义市场经济体制的要求，并借鉴了国外成功仲裁制度的有益经验和国际上通行的做法，特别是《纽约公约》和联合国贸法会制定的1985年《示范法》。从整体上看，我国现行仲裁立法符合国际通行做法。主要表现在以下几个方面：

1. 我国现行仲裁立法充分体现了国际上通行的当事人意思自治原则。我国《仲裁法》

明确了当事人之间业已存在的有效的仲裁协议是仲裁机构取得对仲裁案件的管辖权的唯一依据。① 如果不存在此项协议，或者该协议依据《仲裁法》为无效仲裁协议，仲裁机构就不能取得对仲裁案件的管辖权。② 此外，当事人可自行选定受理争议的仲裁委员会（第 6 条）和审理仲裁案件的仲裁员（第 31 条）。当事人申请仲裁后，也可以自行和解（第 49 条）或通过调解的方式解决他们之间的争议（第 51 条）。

2. 我国《仲裁法》还充分地体现了仲裁独立原则。具体表现在：第一，仲裁条款的独立性。近年来国际上普遍认可的仲裁条款可独立于它所依据的合同的原则和做法在《仲裁法》中也得到了充分的体现。根据该法第 19 条的规定，“仲裁协议独立存在，合同的变更、解除、终止或者无效，不影响仲裁协议的效力”。第二，仲裁机构的独立性。该法特别明确了负责审理争议的仲裁委员会的法律地位：这些仲裁委员会独立于国家行政机关，与行政机关没有隶属关系。就这些仲裁委员会之间的关系而言，它们之间的法律地位也是平等的，相互之间也不存在隶属关系（第 14 条）。

3. 对于法院在仲裁中的作用，包括协助和监督两种作用，我国《民事诉讼法》作了专门规定。法院对国际商事仲裁的协助具体表现在：(1) 如果当事人订有仲裁协议，则法院不受理据此协议产生的争议。按照我国《民事诉讼法》第 278 条第 1 款的规定，涉外经济贸易、运输和海事中发生的纠纷，当事人在合同中订有仲裁条款或者事后达成书面仲裁协议，提交中华人民共和国涉外仲裁机构或者其他仲裁机构仲裁的，当事人不得向人民法院起诉。(2) 协助仲裁中的财产保全。根据我国《民事诉讼法》第 279 条，当事人申请采取财产保全的，中华人民共和国的涉外仲裁机构应当将当事人的申请，提交被申请人住所地或者财产所在地的中级人民法院裁定。(3) 协助执行仲裁裁决。只有在法律规定不予执行的条件下，法院才可裁定拒绝承认与执行仲裁裁决。此外，法院对涉外仲裁的监督主要表现为对仲裁裁决所进行的司法复审。当事人申请撤销或强制执行仲裁裁决的过程中，法院只是按照我国《民事诉讼法》第 281 条第 1 款的规定进行程序上的审查，而不对涉外仲裁裁决所涉及的实体问题进行审查，这一点与对国内仲裁机构作出的仲裁裁决所进行的审查是有所区别的：法院对国内仲裁裁决的审查，所适用的是我国《民事诉讼法》第 244 条。

二、国际公约

我国与其他国家订立的或者签署的调整国际商事仲裁关系的双边或多边国际公约，也是我国国际商事仲裁法的重要内容。

（一）双边条约

我国与其他国家订立的含有通过仲裁解决争议的规定的双边条约主要有：

1. 贸易协定

如 1979 年《中华人民共和国和美利坚合众国贸易关系协定》第 8 条规定：(1) 缔约双方对两国的商号、公司和贸易组织间签订的合同所引起的或与其有关的任何争议，鼓励其通过友好协商、调解或其他双方均可接受的方式，迅速公平解决。(2) 如果此类争议按上述方式之一不能迅速解决，争议双方可以根据合同规定的条款或仲裁协议，提请仲裁解决。此类仲裁可以由

---

① 参见我国《仲裁法》第 4 条。
② 参见我国《仲裁法》第 17、18 条。

中华人民共和国、美利坚合众国或第三国的仲裁机构进行。仲裁采用各该仲裁机构的仲裁程序规则，也可以在争议双方和仲裁机构同意的情况下，采用联合国推荐的联合国贸法会仲裁规则，或其他仲裁规则。(3) 缔约各方应设法保证由被申请执行仲裁裁决的国家的主管当局，根据适用的法律和规章，承认与执行仲裁裁决。目前，我国已经与包括欧盟在内的一百多个国家和地区订立了此项贸易协定。

2. 投资保护协定

自我国施行改革开放政策以来，我国已经与世界上一百多个国家订立了此项协定。在这些协定中，详细规定了通过仲裁解决由于执行双边投资保护协定而产生的争议，包括对协定的解释和适用产生的争议；并规定缔约任何一方与缔约另一方的投资者之间关于投资的争议，特别是在征收和国有化补偿问题上产生的争议，提交国际仲裁庭解决。这些双边协定还就仲裁庭的组成、仲裁规则的适用、仲裁裁决的效力、仲裁费用的分担等，作出了具体的规定。

（二）多边国际公约

我国为一些主要的调整国际商事仲裁关系的国际公约的缔约国。这些公约是：

1.《纽约公约》

我国于 1987 年 1 月 22 日成为《纽约公约》的缔约国。我国在加入该公约时作出了两点该公约允许的保留声明：(1) 互惠保留声明，即我国仅对在另一缔约国领土内作出的仲裁裁决的承认与执行上适用该公约；(2) 商事保留声明，即我国仅对按照我国法律属于契约性和非契约性商事关系所引起的争议适用该公约。所谓“根据中国法律属于契约性和非契约性商事关系”，按照最高人民法院于 1987 年 4 月 10 日《关于执行我国加入的〈承认及执行外国仲裁裁决公约〉的通知》中所作的解释，具体是指“由于合同、侵权或者根据有关法律规定而产生的经济上的权利义务关系，例如货物买卖、财产租赁、工程承包、加工承揽、技术转让、合资经营、合作经营、勘探开发自然资源、保险、信贷、劳务、代理、咨询服务和海上、民用航空、铁路、公路的客货运输以及产品责任、环境污染、海上事故和所有权争议等，但不包括外国投资者与东道国政府之间的争端”①。

2.《华盛顿公约》

《华盛顿公约》的主要目的是设立专门解决该公约缔约国与其他缔约国国民之间由于在东道国投资而产生的争议的专门机构——解决投资争议国际中心（ICSID)。我国于 1990 年 2 月签署了《华盛顿公约》，并于 1993 年 2 月 6 日正式加入此公约。中国政府在加入时向 ICSID 发出如下通知：根据该公约第 24 条第 4 款，中国政府只考虑将由于征收和国有化而产生的赔偿争议交由 ICSID 管辖。因此，我国政府与该公约缔约国国民之间的投资争议，在双方订有书面仲裁协议的情况下，也可提交 ICSID 仲裁解决。在实践中，目前我国尚无在该中心仲裁的先例。向 ICSID 提交的争议中，除了根据《华盛顿公约》产生的投资争议外，还包括中国签订的双边投资协定在内的许多双边投资保护协定允许提交 ICSID 解决的此类双边投资协议项下产生的争议。由于我国为外国投资者创造了比较好的投资环境，目前还没有我国政府与外国投资者之间的投资争议在 ICSID 涉诉。

此外，我国还参加了《多边投资担保机构公约》(Convention Establishing the Multilateral Investment Guarantee Agency，MIGA)，该公约规定对于在该公约的解释或执行过程中产生的

---

① 程德钧主编：《涉外仲裁与法律》，第 1 辑，15 页，北京，中国人民大学出版社，1992。

争议，也可通过仲裁的方式解决。

三、中国国际商事仲裁法的其他渊源

除了中国现行的《仲裁法》和中国缔结或参加的双边或多边国际公约外，最高人民法院为执行《仲裁法》而发布的司法解释，以及人民法院和中国仲裁机构在实践中所形成的法院判决或仲裁裁决，中国各仲裁机构制定的适用于国际商事案件仲裁的仲裁规则，均可作为了解与研究中国国际商事仲裁法的重要参考资料。

第五节 国际商事仲裁法的体系和研究方法

一、国际商事仲裁法的体系

国际商事仲裁法是国际经济法的一个重要的分支，主要涉及通过仲裁方式解决国际商事交易中的争议问题。国际商事仲裁法是调整国际商事仲裁关系的法律规范的总称，它所研究的是法律如何对商事仲裁关系调整，包括仲裁协议与仲裁管辖、可仲裁事项、仲裁程序及其规则、仲裁的法律适用、仲裁裁决的承认与执行以及法院对仲裁的监督等问题。

就本教科书而言，主要包括如下内容：

第一章　国际商事仲裁法导论

第二章　国际商事仲裁机构

第三章　国际商事仲裁协议

第四章　仲裁庭及其管辖权限

第五章　国际商事仲裁程序

第六章　国际商事仲裁中临时性保全措施

第七章　国际商事仲裁中的证据

第八章　解决争议实体问题的适用法律

第九章　国际商事仲裁中的可仲裁事项

第十章　国际商事仲裁裁决

第十一章　外国仲裁裁决的承认与执行

第十二章　国际商事仲裁立法与实践的发展趋势

二、国际商事仲裁法的研究方法

国际商事仲裁法是一门实践性很强的学科。研究国际商事仲裁法，一方面要研究各有关国家的国际商事仲裁立法与实践，另一方面要密切结合中国国际商事仲裁立法与实践。研究国际商事仲裁立法与实践，就是为了更好地完善我国相关立法与实践，为我国社会主义现代化建设

服务。为此，要善于运用正确的方法，特别是以下两种方法：

（一）理论联系实际的方法

理论与实践相结合，是所有的理论工作者从事科学研究的基本方法，对国际商事仲裁法这门实践性很强的学科的研究，尤为如此。一方面，理论脱离实践则为空头理论，没有任何指导作用。另一方面，如果实践缺乏正确的理论指导，则会成为盲目的实践。因此，脱离实践的空头理论和缺乏正确理论指导的盲目实践，都是不可取的。研究国际商事仲裁法，必须正确地把握理论与实践之间的关系，特别要注意从实际出发，即从国际商事仲裁立法与实践出发，找出其中的普遍性与特殊性，在此基础上进行分析与研究，从中得出正确的结论，进而用以指导国际商事仲裁立法与实践。

（二）比较的方法

研究国际商事仲裁法，不可避免地涉及不同国家有关国际商事仲裁的立法与实践。采用比较的方法，对于掌握国际商事仲裁法的基本理论与实践是非常重要的。应当特别注意从以下几个方面进行比较：

1. 国际商事仲裁所涉及的一些基本理论的比较，包括仲裁协议的有效性、可仲裁事项、仲裁规则的适用、法院对仲裁的监督等方面的相关理论；

2. 各国商事仲裁立法与实践的比较；

3. 中国国际商事仲裁立法和实践与其他国家的仲裁立法和实践的比较，以及我国仲裁立法与相关国际公约和《示范法》的比较，我国国际商事仲裁实践与国际商事仲裁实践的做法的比较。

在上述比较中，要特别强调中国国际商事仲裁立法与实践中所涉及的重大理论与实践问题，从中找出我国国际商事仲裁立法与实践的特点以及与国际相关立法与实践的差距，以使我国国际商事仲裁立法与实践同国际社会的相关立法与实践保持一致，从而为促进国际商事交往发挥更大的作用。

案例分析

旭普林公司案（Zueblin Case）

旭普林公司案项下的仲裁裁决是国际商会（International Chamber of Commerce，ICC）国际仲裁院（Court of International Arbitration，简称 ICC 国际仲裁院）① 的仲裁庭适用该院的仲裁规则（简称 ICC 仲裁规则），于 2004 年 3 月 30 日在中国上海就德国旭普林国际工程有限责任公司（Zueblin International GmbH，简称旭普林公司）与中国无锡沃可通用工程橡胶有限公司（Wuxi Woco-Tongyong Bubber Engineering Co.，简称沃可公司）② 签署的工程承包合同争议作出的仲裁裁决（以下简称 ICC 裁决）。ICC 裁决作出后，沃可公司未能自动履行，旭普林公司向中国法院申请承认与执行。中国法院经审查，认为此裁决根据被中国法认定为无效的仲

① ICC 国际仲裁院是 ICC 下属的常设仲裁机构，主要职能是依照该院的仲裁规则解决当事人提交的商事争议。该院成立于 1923 年，总部设在法国巴黎。

② 沃可公司是在荷兰注册的由法国股东与德国股东组成的合资公司在我国无锡设立的外商独资企业。

裁协议作出，遂于 2006 年 7 月 19 日裁定拒绝承认与执行该裁决。

基本案情

2000 年 12 月 22 日，旭普林公司与沃可公司签署了两页纸的由旭普林公司总承包沃可公司位于中国江苏省无锡市无锡新区的新厂房（一期）工程承包协议。该协议约定采用 FIDIC（国际咨询工程师联合会）示范合同文本作为合同共同条件（general conditions）并作为附件，其中规定通过仲裁解决合同争议的条款所使用的语言是："Arbitration：15.3 ICC Rules，Shanghai shall apply."

双方在合同的履行过程中就最终的结算工程款问题发生了争议，2002 年 10 月 10 日，沃可公司就其与旭普林公司之间的工程承包合同纠纷，向无锡市高新技术开发区人民法院（以下简称开发区人民法院）起诉。在举证期限届满前，沃可公司将违约之诉变更为侵权之诉。旭普林公司认为，双方合同中含有仲裁条款，因双方履行工程承包合同而产生的争端，包括与合同有关的侵权争议，均应通过国际商会仲裁裁决，法院不具有司法管辖权。沃可公司则认为，双方没有签署合同附件，且附件中的仲裁条款只约定了仲裁规则和仲裁地点，未约定仲裁机构，故该条款属于无效仲裁条款。开发区人民法院认定对此案有管辖权。2003 年 2 月 20 日，开发区人民法院关于开发区人民法院对本案有管辖权的裁定得到无锡市中级人民法院的确认。①

2003 年 4 月 23 日，旭普林公司向 ICC 国际仲裁院申请仲裁。同年 4 月 29 日，旭普林公司又向开发区人民法院提出确认本案合同中的仲裁条款（协议）效力的请求。根据最高人民法院《关于人民法院处理与涉外仲裁及外国仲裁事项有关问题的通知》中规定的报告制度②，开发区人民法院将此案层报无锡市中级人民法院和江苏省高级人民法院，后者上报给最高人民法院。

2004 年 9 月 2 日，开发区人民法院依据最高人民法院（2003）民四他字第 23 号批复③的精神作出（2004）新民二初字第 154 号民事裁定，认定上述仲裁协议无效，理由是在当事人没有约定确认仲裁条款效力准据法的情况下，根据确认仲裁条款效力准据法的一般原则，应当按照仲裁地的法律予以认定，即本案应当根据中国法律确认所涉仲裁条款的效力。而根据中国仲裁法的有关规定，有效的仲裁条款应当同时具备仲裁的意思表示、仲裁事项和明确的仲裁机构三个方面的内容。本案所涉仲裁条款从字面上看，虽然有明确的仲裁的意思表示、仲裁规则和仲裁地点，但并没有明确指出仲裁机构。因此，应当认定该仲裁条款无效。

ICC 国际仲裁院仲裁庭根据仲裁庭"自裁管辖原则"（the doctrine of competence-competence）和 ICC 仲裁规则的规定，于 2003 年 11 月 10 日作出部分裁决（partial award on jurisdic-

---

① 参见（2003）锡立民终字第 074 号民事裁定。

② 1995 年 8 月 28 日，法发（1995）18 号。该通知中规定的报告制度为："一、凡起诉到人民法院的涉外、涉港澳和涉台经济、海事海商纠纷案件，如果当事人在合同中订有仲裁条款或者事后达成仲裁协议，人民法院认为该仲裁条款或者仲裁协议无效、失效或者内容不明确无法执行的，在决定受理一方当事人起诉之前，必须报请本辖区所属高级人民法院进行审查；如果高级人民法院同意受理，应将其审查意见报最高人民法院。在最高人民法院未作答复前，可暂不予受理。二、凡一方当事人向人民法院申请执行我国涉外仲裁机构裁决，或者向人民法院申请承认和执行外国仲裁机构的裁决，如果人民法院认为我国涉外仲裁机构裁决具有民事诉讼法第二百六十条情形之一的，或者申请承认和执行的外国仲裁裁决不符合我国参加的国际公约的规定或者不符合互惠原则的，在裁定不予执行或者拒绝承认和执行之前，必须报请本辖区所属高级人民法院进行审查；如果高级人民法院同意不予执行或者拒绝承认和执行，应将其审查意见报最高人民法院。待最高人民法院答复后，方可裁定不予执行或者拒绝承认和执行。"

③ 参见最高人民法院民事审判第四庭编：《涉外商事海事审判指导》，2004 年第 3 辑（总第 9 辑），36 页，北京，人民法院出版社，2005。

tion)，确认其对双方当事人之间的争议有管辖权。于是仲裁庭根据ICC仲裁规则的规定继续进行仲裁程序，在上海对双方当事人争议的实体问题进行了开庭审理，沃可公司参加了本案实体问题的审理，并且提出了书面答辩意见。仲裁庭于2004年3月30日在上海作出了ICC第12688/TE/MW裁决。ICC裁决裁定沃可公司向旭普林公司支付合同项下的工程欠款及相应的利息，以及相关费用并承担本案仲裁费。由于沃可公司未能履行该裁决，旭普林公司请求无锡市中级人民法院承认与执行ICC裁决。

2004年8月30日，无锡市中级人民法院受理了该请求承认与执行ICC裁决的申请。经过近两年的审理，终于在2006年7月19日尘埃落定——此案以“中华人民共和国江苏省无锡市中级人民法院民事裁定书[（2004）锡民三仲字第1号]”（以下简称为“民事裁定书”）而告终。该民事裁定书驳回了旭普林公司申请法院承认与执行ICC裁决的诉讼请求，其主要理由是ICC裁决所依据的仲裁协议根据中国法为无效仲裁协议。

“民事裁定书”指出：本院经审查认为，本案系承认与执行国外仲裁裁决案，中国系1958年《纽约公约》的缔约国，且根据1958年《纽约公约》第1条的规定，本公约对于经仲裁裁决承认及执行地所在国认为非内国裁决者，亦适用之。[①] 本案被申请承认和执行的仲裁裁决系国际商会国际仲裁院作出[②]，通过其总部秘书处盖章确认，应被视为非内国裁决。且双方当事人对适用1958年《纽约公约》均无异议，因此本案应当适用1958年《纽约公约》。根据《最高人民法院关于执行中国加入的〈承认及执行外国仲裁裁决公约〉的通知》第4条的规定，中国有管辖权的人民法院接到一方当事人的申请后，应对申请承认及执行的仲裁裁决进行审查，如果认定具有1958年《纽约公约》第5条第2项所列情形之一的，或者根据被执行人提供的证据证明具有第5条第1项所列的情形之一的，应当裁定驳回申请，拒绝承认及执行。本案中被申请人沃可公司已举证（无锡）新区法院（2004）新民二初字第154号民事裁定书，证明被申请承认和执行的国际商会国际仲裁院在中国上海作出的第12688/TE/MW号仲裁裁决所依据的仲裁条款已被中国法院认定无效，故该裁决具有1958年《纽约公约》第5条第1项所列（甲）情形，不应得到承认和执行。据此，依照1958年《纽约公约》第5条第1项、《最高人民法院关于执行中国加入的〈承认及执行外国仲裁裁决公约〉的通知》第4条、《中华人民共和国民事诉讼法》第269条的规定，裁定如下：

驳回申请人旭普林公司的申请。

…………

思考题：

1. 本案仲裁庭有权对其管辖权和仲裁协议的有效性作出裁定吗？依据是什么？
2. 我国法院为何对本案仲裁协议作出无效认定？
3. 如何认定本案仲裁协议的有效性？
4. 国际商会国际仲裁院适用该院仲裁规则在上海作出裁决的性质如何？如何认定该裁决

---

① 该款的英文原文为：“This Convention shall apply to the recognition and enforcement of arbitral awards made in the territory of a State other than the State where the recognition and enforcement of such awards are sought, and arising out of differences between persons, whether physical or legal. It shall also apply to arbitral awards not considered as domestic awards in the State where their recognition and enforcement are sought.” 其译文将“arbitral awards not considered as domestic awards”译为“非本国裁决”，较之“非内国裁决”更能反映裁决本身的性质。

② 裁决由ICC国际仲裁院仲裁庭作出，而不是由ICC国际仲裁院作出。下同。

的国籍?
5. 如何正确理解《纽约公约》项下的非内国裁决?
6. 我国法院拒绝执行本案裁决的依据是什么?

本章小结

小结

1. 仲裁是当事人之间通过协议约定的将他们之间的争议提交给独立的第三者裁断的解决争议的方法。
2. 与解决争议的其他方法包括诉讼的方法和 ADR 方法相比，仲裁既有诉讼解决争议的终局性，又有 ADR 方法解决争议的自愿性和灵活性。它集当事人之间的自愿性与法律上的强制性为一体，同时具有契约的性质和司法的性质。
3. 由联合国主持制定的《纽约公约》和联合国贸法会主持制定的《示范法》，对于协调和统一各国有关国际商事仲裁的立法与实践，具有重要的指导作用。《纽约公约》统一了各缔约国对仲裁协议效力的承认和拒绝承认与执行外国仲裁裁决的条件；《示范法》则为各国制定调整本国国际商事仲裁关系的法律提供了参照系。
4. 国际商事仲裁的基本原则是协议仲裁原则，仲裁庭独立、公正地解决争议的原则和法院对仲裁实施保障和监督的原则。
5. 中国有关国际商事仲裁的立法经历了从无到有的过程，现已建立了以国内仲裁立法与我国缔结或参加的国际公约为主体的比较完善的仲裁法体系。我国国际商事仲裁法是我国立法机关颁布的调整国际商事仲裁关系的法律规范，以及我国缔结或参加的双边和多边调整国际商事仲裁关系的法律规范的总称。
6. 研究国际商事仲裁法要从我国相关的立法与实践出发，运用综合的方法和比较的方法，对国际商事仲裁中所涉及的重大理论与实践问题进行深入的比较研究。

QUESTIONS AND COMMENTS

1. Arbitration refers to as a means for the settlement of dispute by a third person upon the arbitration agreement between the parties. It differentiates from both ADR and litigation in a national court. While ADR is also a voluntary method for the settlement of dispute, but the agreement reached between the parties by ADR can not be enforced as judgment, but a contract. On the other hand, the award made by the arbitration tribunal based on arbitration agreement could be enforced by the national court due to domestic law and New York Conventions.
2. When the parties in international business transactions came across a dispute, what methods they may turn to? Why?
3. What does ADR refer to? Do you think arbitration includes or excludes ADR, Why?

4. What are the main functions of New York Convention and UNCITRAL Model Law?
5. What are the basic principles for international commercial arbitration? What is the basic requirement for the parties to choose the settlement of their dispute by arbitration? Could you name some differences between arbitration and other means for the settlement of disputes?
6. What value does arbitration pursue to: justice , efficiency, economy, or something else? Why international businessmen prefer to settle their disputes by international arbitration instead of litigation in the national courts?
7. How does the Chinese law regulate arbitration involving foreign elements?

第二章 国际商事仲裁机构

提要

国际商事仲裁活动通过仲裁机构，包括常设仲裁机构和临时仲裁机构，加以实施。这两种仲裁机构各有其优缺点，在国际商事仲裁实践中，一些争议标的较大的仲裁案件，一般均在常设仲裁机构设立的仲裁庭审理。常设仲裁机构的主要职能不是对某一仲裁案件进行审理，而是负责与仲裁有关的行政事务的管理。包括我国在内的世界上各主要贸易大国，均设有审理国际商事争议的常设仲裁机构。

重点问题

- 常设仲裁机构与临时仲裁机构的主要联系和区别
- 国际常设仲裁机构的主要职能
- 国际上主要的商事仲裁机构
- 中国国际商事仲裁机构

第一节 概论

国际商事仲裁活动通过仲裁机构实施。国际商事仲裁活动本身就是一种执法活动，因为仲裁是执行法律的一个不可分割的组成部分。正因为如此，在许多国家的仲裁立法与实践中，仲裁员与法官享有同样的司法豁免权，不能以工作上的疏忽为由对他们提起诉讼。此外，许多国家的诉讼法都规定了对国内或国外仲裁裁决的执行机制。在这方面，仲裁裁决与法院判决是相同的。① 许多国际商事仲裁机构的仲裁裁决在一定的条件下都向全世界公布②，此外，一些法院在承认与执行或拒绝承认与执行外国仲裁裁决时所作的裁定也都向全社会公开。所有这些执法活动，对于协调和统一有关国际商事仲裁的立法与实践，无疑具有重要的现实意义和深远的历史意义。

一、临时仲裁机构与常设仲裁机构

根据处理国际商事争议的仲裁机构有无固定的办公场所和章程，仲裁机构可以分为临时仲裁机构（ad hoc arbitration institution，也可称为特设仲裁机构）和常设仲裁机构（permanent arbitration institution）。

（一）临时仲裁机构

临时仲裁机构也可称为特设仲裁机构，它是根据当事人之间的仲裁协议，为了解决该特定协议项下的争议而专门设立的仲裁机构。换言之，临时仲裁机构就是为了专门解决某一仲裁协议项下的争议而设立的仲裁庭（机构）。当仲裁庭对该协议项下的争议作出裁决后，其使命即告完成并即行解散。

由于临时仲裁机构是为审理某一特定争议案件而专门设立，故而其没有固定的办公地点、章程和规则。凡是与仲裁审理有关的事项，包括仲裁庭的组成、仲裁地点、仲裁适用的规则、仲裁适用的语文等事项，都应当由当事人在他们的仲裁协议中作出约定。在这些事项中，最为重要的事项是仲裁庭的组成方式。因为一旦仲裁庭成立，凡是与仲裁有关的事项，包括仲裁程序和仲裁地点，就可以由仲裁庭作出决定，除非当事人之间另有约定。

临时仲裁机构的主要优势在于：第一，在程序上比较灵活。争议双方可就与仲裁有关的任何事项，包括仲裁费用等，作出约定。第二，可在一定条件下提高工作效率和减少仲裁费用的开支。常设仲裁机构都收取仲裁管理费和服务费，包括仲裁员指定费，而临时仲裁机构则没有此项费用。此外，临时仲裁机构还可以减少常设仲裁机构的一些内部管理方面的复杂手续。

临时仲裁机构上述优势的发挥，有赖于争议双方真诚地解决他们之间争议的强烈的愿望，并将此愿望付诸实施。当事人与他们的律师之间、当事人及其律师与仲裁庭之间密切合作，均本着尊重事实和法律、诚实信用与公平交易的原则（good faith and fair dealing principle），使争议得到妥善的解决。对于仲裁庭作出的仲裁裁决（arbitral award），当事人应当立即自动执行，如果一方当事人在仲裁裁决或者相关法律规定的期限内不自动执行该仲裁裁决，另一方当事人可以根据执行地国家的法律或者《纽约公约》的规定，请求法院强制执行。

---

① 参见［英］施米托夫：《国际贸易法文选》，667 页，北京，中国大百科全书出版社，1993。

② 如国际商会国际仲裁院的仲裁裁决和其他许多仲裁机构的仲裁裁决都在《商事仲裁年鉴》（*Yearbook of Commercial Arbitration*）上公布。中国国际经济贸易仲裁委员会的仲裁裁决，也通过“案例选编”的方式，分别以中、英文公开出版。参见中国国际经济贸易仲裁委员会编：《中国国际经济贸易仲裁裁决书选编》（1963—1988），北京，中国人民大学出版社，1993；中国国际经济贸易仲裁委员会编：《中国国际经济贸易仲裁裁决书选编》（1989—1995），北京，中国对外经济贸易出版社，1997；*Selected Works of China International Economic and Trade Arbitration Commission Awards*，Sweet & Maxwell Asia，1995；*Selected Works of China International Economic and Trade Arbitration Commission Awards*，Sweet & Maxwell，1998。

It is not unknown, either in London or New York, for a dispute to be announced in the morning, a panel (or sole arbitrator) assembled in the afternoon, a hearing held that same evening, and an award rendered the very next morning. ①

Another eminent London arbitrator, Mr. Donald Davies, recently made known the time-table of another remarkably speedy case: The arbitrator was asked at 7 p.m. on day 1 if he would hear a case the next day, the assumption that both parties agreed that he was advised that both parties had agreed and he was to act as sole arbitrator. At 9 a.m. next morning he was advised that both parties had agreed and he was to act as sole arbitrator in a case concerning a vessel's route. The hearing took place on the afternoon of day 2, when the arbitrator was addressed by the advocates of both parties. The hearing terminated at 4 p.m.. The arbitrator published his decision, by way of telex, at 5:30 p.m. the same day, that is day 2. ②

临时仲裁机构的主要缺点是争议双方当事人不可能在其仲裁协议中对仲裁涉及的全部问题作出规定。如果规定不全面，就会给仲裁审理带来麻烦：前项程序出了问题，以后的程序便难以进行。例如，在由3名仲裁员组成合议仲裁庭的情况下，如果双方当事人不能就首席仲裁员的人选达成协议，仲裁协议中又未能对此作出规定，就会使仲裁程序陷入僵局。当事人只好按照仲裁地国法律的规定，请求法院或者其他相关机构指定该仲裁员，然后再继续进行仲裁程序。又如，如果一方当事人在没有正当理由的情况下拒绝参加庭审，仲裁庭能否按原计划进行开庭审理并作出裁决？在此情况下作出的裁决能否约束未参加开庭审理的一方当事人？如果未参加仲裁审理的一方当事人败诉，并拒绝执行该裁决，法院能否强制执行该裁决等。在这一系列程序问题上，假定裁决地国的法律对此没有作出规定，或者根本就没有仲裁法，临时仲裁就很难奏效。为了弥补临时仲裁庭进行仲裁程序应当遵循的仲裁程序规则上的缺陷，联合国贸法会在1966年成立后，便着手解决国际贸易法的协调和统一问题，包括国际商事仲裁立法与实践中的问题，并在1976年推出了供临时仲裁庭适用的联合国贸法会仲裁规则。2010年贸法会对该规则进行了修订，修订后的仲裁规则自2010年8月15日起生效。由于该规则对仲裁程序问题作了比较系统的规定，所以对于充分发挥临时仲裁机构的优势，起到了重要的作用。在过去的三十多年中，该仲裁规则不仅被广泛地应用于临时仲裁机构，而且许多常设仲裁机构，如斯德哥尔摩商会仲裁院、新加坡国际仲裁中心、香港国际仲裁中心、中国国际经济贸易仲裁委员会等，均允许当事人在仲裁程序上选择适用该仲裁规则。

（二）常设仲裁机构

常设仲裁机构不是为了解决某一特定的争议而设立，而是为了通过仲裁解决的方法解决争议而设立的。因此，其职能不同于临时仲裁机构，不是为审理特定的争议而设立，而是为了从整体的意义上通过仲裁的方法解决争议而设立。常设仲裁机构有其特定的名称，如国际商会国际仲裁院（International Arbitration Court attached to International Chamber of Commerce）、伦敦国际仲裁院（London Court of International Arbitration, LCIA）、斯德哥尔摩商会仲裁院（Arbitration Institute of the Stockholm Chamber of Commerce，SCC）、美国仲裁协会（American

① 参见林源民：*Philip Yang on Shipping Practice*，英文版，565页，大连，大连海事大学出版社，1995。
② 参见林源民：*Philip Yang on Shipping Practice*，英文版，565页，大连，大连海事大学出版社，1995。

Arbitration Association，AAA)、中国国际经济贸易仲裁委员会（China International Economic & Trade Arbitration Commission，CIETAC)、香港国际仲裁中心（Hong Kong International Arbitration Center，HKIAC）等。这些仲裁机构有其成立的章程、固定的办公地点、人员以及所适用的仲裁规则，其中许多仲裁机构还备有供当事人选择的仲裁员名册等。这些常设仲裁机构存在的价值在于专门为当事人提供通过仲裁解决他们之间争议的服务。

与临时仲裁机构相比，常设仲裁机构的主要优势是：第一，便利交易双方当事人。常设仲裁机构一般都有自己的仲裁规则，也可以作为指定仲裁员的机构，故商人们在订立仲裁协议时，只要写明将争议交由某仲裁机构解决即可，因为按照许多仲裁机构的仲裁规则，将争议提交某一特定的机构仲裁即意味着适用该机构的仲裁规则，除非当事人双方另有约定。第二，这些常设仲裁机构的办案质量和工作效率一般都比较高。这些机构中许多都备有供当事人选择的仲裁员名册，而列入名册的仲裁员通常都是国际贸易、法律或技术领域的专家，并具有仲裁解决争议的实践经验。因此，他们一旦被当事人或仲裁机构指定为审理特定案件的仲裁员，一般都能对案件作出独立、公正的审理。在仲裁程序进行的过程中，即使由于一方当事人的原因不合理地拖延了案件的审理，例如一方当事人经适当传唤后无正当理由拒绝参加开庭审理，仲裁庭一般也可依据仲裁规则继续进行审理并作出缺席裁决。第三，常设仲裁机构一般都设有秘书处或者类似机构，提供与仲裁有关的行政管理与服务，如收取仲裁费，代为指定仲裁员，提供庭审室，协助仲裁庭安排开庭日期，提供记录、翻译、通信、交通等方面的服务。

与临时仲裁机构相比，常设仲裁机构的主要劣势是程序比较复杂，当事人除了负担仲裁员的费用外，还要向仲裁机构缴纳特定金额的管理费。从当事人提起仲裁到仲裁庭审理和作出裁决，所需要的时间一般较临时仲裁机构要长。因此，在现代国际商事仲裁实践中，一般争议金额比较小且案情比较简单的仲裁案件，当事人宁愿选择一名他们共同信赖的仲裁员作为独任仲裁员，迅速解决他们之间的争议，该仲裁员的费用则由双方当事人分摊。而许多争议金额较大且案情比较复杂的仲裁案件，一般均在常设仲裁机构解决，因为常设仲裁机构毕竟要比临时仲裁机构规范得多。事实上，尽管许多仲裁协议的当事人约定通过临时仲裁机构解决他们之间的争议，但是在指定仲裁员方面达不成一致意见时，则约定由特定的常设仲裁机构为其提供行政管理方面的服务，包括作为指定仲裁员的机构以及协助仲裁庭对与仲裁有关的事项作出适当安排。

二、国际常设商事仲裁机构的种类

根据仲裁机构设立方式的不同，国际商事仲裁机构可以分为根据国际公约设立的国际性仲裁机构和根据一国国内法设立的国际商事仲裁机构。前者如根据《解决国家与他国国民之间投资争议公约》设立的解决投资争议国际中心，后者如国际商会国际仲裁院、斯德哥尔摩商会仲裁院、美国仲裁协会、中国国际经济贸易仲裁委员会等。这些仲裁机构均有特定的仲裁规则供当事人选择适用，有的仲裁机构也允许当事人选择其他机构制定的仲裁规则，如《联合国贸法会仲裁规则》。

根据国际公约设立的常设仲裁机构依照公约规定受理公约当事国与另一当事国投资者由于在东道国投资而产生的争议。当事人可以选择调解或仲裁的方式解决他们之间的争议。如果选择通过仲裁的方式解决，则应当按照公约规定的方式选择仲裁员组成仲裁庭①，仲裁裁决对所有的缔约国具有法律上的拘束力。该裁决不同于《纽约公约》项下的裁决，执行地国法院可以根据当地法律对《纽约公约》项下的裁决进行司法复审，如果存在着《纽约公约》规定的拒绝承认与执行的条件，法院可裁定拒绝承认与执行该裁决。但是对于ICSID仲裁庭的裁决，当事人如果对该裁决不服，可以根据公约规定请求秘书长组成专门委员会进行复审，进而作出撤销、修正或者承认与执行的裁定。《解决国家与他国国民之间投资争议公约》第54条第1款规定："每一缔约国应承认依照公约作出的裁决具有约束力，并在其领土内履行该裁决所课予的金钱义务，如同该裁决是该国法院的终局判决一样。"可见，该公约缔约国执行地法院应当将ICSID仲裁庭的裁决视为当地法院的最终判决，不得进行任何形式的司法复审，也不得以包括公共政策在内的任何理由拒绝执行该裁决。

那些根据一国国内法设立的国际商事仲裁机构包括国际商会国际仲裁院，其法律地位不同于根据国际公约设立的仲裁机构。通说所说的国际商事仲裁机构主要指前类机构。它们一般具有当地法人的地位，有自己的章程，依法承担相应的责任和义务。

CASE STUDY

苏黎世商会（仲裁院仲裁庭）关于管辖权决定的案例
(Zurich Chamber of Commerce: Preliminary award of 25th November 1994)②

Claimant: Seller (Europe)
Respondent: Buyer (Canada/China)

In 1993, the parties signed a Contract for the sale by the claimant of a quantity of reinforcing steel bars. The Contract contains the following arbitration clause:

"All disputes arising from the execution of, or in connection with this Contract, shall be settled amicably through friendly negotiation. In case no settlement can be reached through negotiation, the dispute will be submitted to international trade arbitration organization in Zurich, Switzerland. The arbitration award will be final and binding upon both parties. The fees for arbitration shall be born by the losing party unless otherwise awarded by the arbitration organization."

A problem arose in respect of the Letter of Credit to be opened by the respondent and on 9 February, 1994 the claimant initiated arbitral proceedings with the Zurich Chamber of Commerce. The President of the Zurich Chamber of Commerce, after a summary investigation as per Art. 2 (2) of its International Arbitration Rules (IAR), ruled that the arbitration clause was valid that the prerequisites for arbitration proceedings under its rules were fulfilled, with express reservation, however, as to the decision of the Arbitral Tribunal on its own jurisdiction [with reference to

① 参见《解决国家与他国国民之间投资争议公约》第37～40条。

② See Bulletin of the Swiss Arbitration Association, 1996, No. 2, pp. 303-318; Yearbook Commercial Arbitration, 1997, pp. 211-212.

Art. 2 (3) IAR]. ①

The respondent contested the jurisdiction of the Zurich Chamber of Commerce as this institution was not specifically named in the arbitration clause. The claimant argued that it could rightfully assume that the arbitration clause, which had been drafted by the respondent, referred to the only existing international trade arbitration organization in Zurich, namely, Zurich Chamber of Commerce.

The arbitrators, in their Preliminary Award on Jurisdiction, found that reference in the arbitration clause must be understood as a reference to institutional arbitration and the Zurich Chamber of Commerce being the only institution administering international arbitration in Zurich, it must be considered as the arbitration institution referred to in the arbitration clause.

Questions for Discussion:

1. What is the main difference between ad hoc arbitration and institutional arbitration?
2. Do you agree with the arbitrators' view in their Preliminary award?
3. Suppose the arbitration clause provides "... the dispute will be submitted to international trade arbitration organization in Beijing, China". Do you think the arbitration clause is valid or not, why?

第二节 国际常设仲裁机构的职能和作用

一、常设仲裁机构的职能

国际常设仲裁机构本身并不具体负责处理某一仲裁案件，其主要职能是制定仲裁规则，以及监督所适用的仲裁规则的实施。在常设仲裁机构实践中，尽管各常设仲裁机构的具体职责依照各仲裁规则的规定而有所不同，但一般都具有以下几个方面的职能：

（一）接受当事人提出的仲裁申请，对仲裁管辖权作出初步认定

各常设仲裁机构都设有专门的办事机构，如国际商会国际仲裁院的秘书处，伦敦国际仲裁院的登记处，中国国际经济贸易仲裁委员会的秘书局等，这些办事机构负责受理当事人向各该

① Art. 2 of the International Arbitration Rules of the Zurich Chamber of Commerce reads:
"The Arbitral Tribunal has jurisdiction over arbitrable disputes between the parties.
"The management of the Zurich Chamber of Commerce investigates summarily whether there is a valid arbitration agreement between all parties that provides for Zurich Chamber of Commerce arbitration; when such an agreement is lacking it notifies the claimant that the arbitration can not be conducted.
"In all other respects the Arbitral Tribunal decides on its own jurisdiction."

有关仲裁机构提交的仲裁申请。该机构对当事人的申请及其所依据的仲裁条款或仲裁协议进行初步审查后认为有管辖权，即可决定受理当事人提交的案件，并按仲裁规则及其有关的收费标准收取仲裁费。

（二）协助仲裁庭的组成

协助仲裁庭的组成是常设仲裁机构的重要职能。如果当事人就其约定的独任仲裁员或首席仲裁员不能达成一致，或者在由 3 位仲裁员组成仲裁庭的情况下，被申请人在仲裁规则规定的期限内未能指定仲裁员，按照许多常设仲裁机构的仲裁规则的规定，就应当由常设仲裁机构对上述仲裁员作出指定。例如，1998 年 1 月 1 日起生效的国际商会国际仲裁院仲裁规则第 8 条规定："Where the parties have agreed that the dispute shall be settled by a sole arbitrator, they may, by agreement, nominate the sole arbitrator for confirmation. If the parties fail to nominate a sole arbitrator within 30 days from the date when the Claimant's Request for Arbitration has been received by the other party, or within such additional time as may be allowed by the Secretariat, the sole arbitrator shall be appointed by the Court. Where the dispute is to be referred to three arbitrators, each party shall nominate in the Request and the Answer, respectively, one arbitrator for confirmation by the Court. If a party fails to nominate an arbitrator, the appointment shall be made by the Court. The third arbitrator, who will act as chairman of the Arbitral Tribunal, shall be appointed by the Court, unless the parties have agreed upon another procedure for such appointment, in which case the nomination will be subject to confirmation pursuant to Article 9. Should such procedure not result in a nomination within the time limit fixed by the parties or the Court, the third arbitrator shall be appointed by the Court." 1998 年 1 月 1 日起实施的伦敦国际仲裁院仲裁规则第 5 条第 6 款规定："In the case of a three-member Arbitral Tribunal, the chairman (who will not be a party-nominated arbitrator) shall be appointed by the LCIA Court." 其他常设仲裁机构的仲裁规则也有类似规定。

此外，这些常设仲裁机构还可以作为临时仲裁的指定仲裁员的机构，或依照当事人的申请作为管理机构。

（三）撤销对仲裁员的指定和指定替代仲裁员

这是常设仲裁机构的另一重要职责。例如，按照伦敦国际仲裁院仲裁规则第 10 条第 1 款的规定，If either (a) any arbitrator gives written notice of his desire to resign as arbitrator to the LCIA Court, to be copied to the parties and the other arbitrators (if any) or (b) any arbitrator dies, falls seriously ill, refuses, or becomes unable or unfit to act, either upon challenge by a party or at the request of the remaining arbitrators, the LCIA Court may revoke that arbitrator's appointment and appoint another arbitrator. 对于何谓仲裁员"unfit"，该条第 2 款作了如下解释：If any arbitrator acts in deliberate violation of the Arbitration Agreement (including these Rules) or does not act fairly and impartially as between the parties or does not conduct or participate in the arbitration proceedings with reasonable diligence, avoiding unnecessary delay or expense, that arbitrator may be considered unfit in the opinion of the LCIA Court. 国际商会国际仲裁院仲裁规则第 11 条、中国国际经济贸易仲裁委员会仲裁规则第 28 条、美国仲裁协会仲裁规则第 9 条，均有类似的规定。

除了以上三项基本职能外，有些常设仲裁机构还有其他一些职能，如确认仲裁庭的组成[①]，批准仲裁庭与当事人之间共同签署的审理事项[②]，对仲裁裁决的草案进行审查[③]等。

二、常设仲裁机构的作用

常设仲裁机构的主要作用是协助当事人更加积极、稳妥、有效地利用仲裁这一争议解决机制，保障仲裁程序的顺利进行，进而使争议得到及时、妥善和最终的解决，使仲裁程序不会因出现一些这样或那样的问题而中断，如当事人之间就仲裁庭的组成达不成协议，仲裁员在仲裁进行中突然死亡、被请求回避或由于其他原因而不能履行职责，或者一方当事人经正当传唤后拒不参加庭审等。在临时仲裁机构仲裁的情况下，如果出现了上述问题，仲裁程序就会中断，而要恢复此项程序，当事人就不得不到有关的法院寻求司法救济。为此不仅要耗费大量的金钱和精力，而且还会造成不必要的拖延，致使争议不能得到及时的解决。

常设仲裁机构在通过仲裁方式解决国际商事争议方面的积极作用主要表现在以下几个方面。

第一，在起草仲裁协议方面，由于这些常设仲裁机构一般都有自己的仲裁规则和建议当事人采纳的标准仲裁条款，当事人只要就其争议提交仲裁的特定常设机构达成协议，即写明将争议提交哪个常设仲裁机构解决，其他一些细节问题一般也就会迎刃而解。这是由于当事人选择了在某一特定的常设仲裁机构仲裁，就意味着适用该机构的仲裁规则，而这些仲裁规则对于仲裁涉及的具体问题，如仲裁地点、仲裁庭的组成、仲裁程序的进行、仲裁适用的法律、仲裁使用的语文，以至于仲裁的收费标准等，都有专门的规定。

第二，在国际商事仲裁实践中，仲裁解决争议的方式能否使当事人之间的争议切实得到独立、公正的解决，关键在于仲裁员自身的素质和他们所具有的资格、能力和水平。而许多国家的仲裁法均未对仲裁员的资格作出规定，任何有完全民事行为能力的人都可以作为仲裁员。在国际商事交易中，当事人在选择仲裁员时，特别是在对独任仲裁员和首席仲裁员的选择上，往往难以达成一致。在常设仲裁机构仲裁的情况下，许多常设仲裁机构一般都有自己的仲裁员名册，而被列入名册的仲裁员一般都学有专长，为各有关领域的专家、学者，且来自各个不同的国家并有着丰富的解决国际商事争议的经验，因而当事人有比较大的选择余地。

第三，常设仲裁机构均设有专门的办事机构，如秘书处（局）、登记处等，尽管这些机构在仲裁程序中所发挥的具体的作用有所不同，如有的机构的秘书处为所有的仲裁庭都配备了专门的工作人员，负责仲裁庭与当事人之间的联系直至仲裁裁决的作出，如中国国际经济贸易仲裁委员会和美国仲裁协会；有的秘书处的主要工作集中在仲裁庭组庭之前，如国际商会国际仲裁院秘书处的工作。

除了上述办事机构的作用外，常设仲裁机构作为管理仲裁程序的机关，本身也有大量的与保障仲裁程序顺利进行有关的工作，如根据国际商事仲裁的发展状况及时修订本机构的仲裁规则，接受当事人委托或按照仲裁规则规定指定仲裁员，决定仲裁案件的管辖权，决定仲裁员的回避及指定替代仲裁员，解决当事人与仲裁庭之间的争议等。

第四，鉴于世界上一百多个国家都是《纽约公约》的缔约国，仲裁裁决较之法院判决在裁

① 参见国际商会国际仲裁院仲裁规则第 8、9 条。
② 参见国际商会国际仲裁院仲裁规则第 18 条第 3 款。
③ 参见国际商会国际仲裁院仲裁规则第 27 条。

决地或判决地以外的国家执行更为方便。常设仲裁机构所具有的一整套管理仲裁程序的制度，包括仲裁规则、内部规章及其办事机构和具体的办事人员等，使它们在长期的实践中积累了大量的经验和建立了良好的信誉。因此，常设仲裁机构项下的裁决被法院撤销或拒绝执行的比例极低。以CIETAC管理下由各仲裁庭作出的仲裁裁决在香港的执行情况为例，香港最高法院自1989年1月首次按《纽约公约》执行CIETAC裁决以来，截至1994年年初，约有60个CIETAC裁决申请执行，除一起由于程序问题被拒绝执行外，其余均得到香港最高法院的执行。[①] 而由那些信誉卓著的国际仲裁机构，如国际商会（International Chamber of Commerce, ICC）国际仲裁院管理下作出的仲裁裁决的执行情况更为理想，因为按照ICC国际仲裁院仲裁规则，仲裁庭在向当事人签发裁决书之前，裁决书草案必须经ICC国际仲裁院审查后才能由仲裁员签署。[②] 因此，与临时仲裁庭作出的仲裁裁决相比，常设仲裁机构管理下由各仲裁庭作出的仲裁裁决更易得到外国法院的承认与执行。

三、主要国际商事仲裁机构

（一）ICC国际仲裁院

ICC国际仲裁院是ICC下设的机构。ICC是1919年成立的为世界商业服务的非政府间国际组织，总部设在巴黎。其会员分为三种情况：第一是国家会员。每个国家的商会可申请成为该会的国家会员，组成国家委员会，如我国国际贸易促进委员会1994年成为该会会员后，即作为中国国际商会。目前该会有八十多个国家会员，其国家会员国均设有国家委员会。第二是在国际上有影响的商业组织。这些商业组织遍及世界一百多个国家和地区，其中多数会员为在国际上有影响的商业组织和企业。第三是个人会员。如注册会计师、律师、教授等，只要愿意遵守该组织的章程，也可成为该会会员。ICC的宗旨是通过加强国际商业交往，促进世界经济的繁荣与和平。

国际商会仲裁院成立于1922年，1989年更名为ICC国际仲裁院。该仲裁院成立八十多年来，截至2007年3月，受理了约14 000件国际仲裁案件，涉及180个国家和地区。[③] 仅2002年1月至2003年1月，该院共受理了593件申请仲裁的案件，这些案件涉及来自126个不同国家和地区的1 622个当事人，其中约有一半的案件来自欧洲，来自非洲的案件占25%，来自亚洲的占14%。负责受理这些案件的仲裁员有964人，他们分别来自62个国家，仲裁审理地点遍及世界43个国家，一半以上案件所涉及的争议金额都超过100万美元。[④]

1. ICC国际仲裁院的职能及其组织机构

ICC国际仲裁院的主要职责是确保该院仲裁规则和调解规则的实施，对仲裁庭的工作实施监督。该仲裁院在行使其职权时，完全独立于ICC及其他相关机构。

该仲裁院委员会由院长、副院长及成员和候补成员组成，具体工作由秘书处协助。该仲裁院委员会的主要工作是根据该仲裁院的授权，就秘书处提交的问题作出决定，包括就仲裁规则的修订提出建议，经仲裁院全体会议讨论通过并报国际商会理事会和执行董事会批准后实施。

---

① See Neil Kaplan, Jill Spruce, Michael J. Moser, *Hong Kong and China Arbitration: Cases and Materials*, Butterworths Asia, 1994, p. 226.

② 参见ICC国际仲裁院1988年仲裁规则第21条；1998年仲裁规则第27条。

③ See ICC Publication, march, 2007, 810, at 2.

④ See ICC Publication, June, 2003, 810, at 10.

该院的仲裁规则根据国际商事仲裁的实际情况修订，按照ICC的章程，有权制定并修订仲裁规则的是ICC理事会。第一个仲裁与调解规则是在1922年制定并用英文和法文公布的。此后，又分别于1927年、1931年、1933年、1939年、1947年、1955年、1975年、1988年、1998年和2012年进行了修订。该院的仲裁规则对于各国的仲裁规则的制定，均起到了示范作用，特别是第二次世界大战后在1955年和1975年进行的修订。在1955年修订的规则中，首次引入了仲裁庭有权对其所受理的案件的管辖权作出决定的“仲裁庭自裁管辖说”（the doctrine of competence-competence)，而在1975年的仲裁规则中，首次规定当事人和仲裁庭得以自由地决定仲裁程序，而不必提及任何国家的程序法。当然，此项适用应当在法律规定的范围内进行。1988年的仲裁规则对1975年的规则进行了有限的修订，主要是将一些不确定的因素进一步明确，包括仲裁员的指定及替代仲裁员的指定、时效的计算、仲裁费用的预付等。现行的仲裁规则是于2012年1月1日起实施的。

2. ICC国际仲裁院工作的特点

按照该仲裁院现行的仲裁规则和内部规章，仲裁院的工作有以下特点：

第一，在指定仲裁员方面，仲裁院院长和秘书处成员不得作为提交ICC国际仲裁院审理的案件的仲裁员或律师。仲裁院院长也不得任命副院长或其他成员为该院所受理的案件的仲裁员。但是，如果他们被一方或多方当事人指定为仲裁员，经仲裁院确认后，也可以作为仲裁员履行其职责或参与当事人约定的其他程序。

第二，对于仲裁院所受理的案件，秘书处的主要工作是负责立案和协助仲裁庭的组成。一旦仲裁庭成立，秘书处应当尽快将案卷移交给仲裁庭，由仲裁庭决定仲裁案件的审理的内容、地点、时间和其他所有与仲裁有关的事项。

第三，仲裁庭收到秘书处移交的案卷后，应当首先起草被称为“审理事项”（terms of reference)的文件。根据1998年仲裁规则第18条第1款的规定，该审理事项应当包括如下内容：

（1）the full names and descriptions of the parties;

（2）the addresses of the parties to which notifications and communications arising in the course of the arbitration may be made;

（3）a summary of the parties' respective claims and of the relief sought by each party, with an indication to the extent possible of the amounts claimed or counterclaimed;

（4）unless the Arbitral Tribunal considers it inappropriate, a list of issues to be determined;

（5）the full names, descriptions and addresses of the arbitrators;

（6）the place of the arbitration; and

（7）particulars of the applicable procedural rules and, if such is the case, reference to the power conferred upon the Arbitral Tribunal to act as amiable compositeur or to decide ex aequo et bono.

上述审理事项的文件应当由双方当事人和仲裁庭共同签署。仲裁庭应当在案卷移交之日后两个月内向仲裁院提交经其和当事人签署的审理事项。需要延长的，须经仲裁庭提出请求后由仲裁院批准。如果任何一方当事人拒绝参加起草或签署该文件，该文件也应当由仲裁院批准，然后再进入仲裁审理程序。此外，仲裁庭还应提出一项关于进行仲裁的临时日程表的独立文件，并将此文件送交仲裁院和当事人各方。日后对此日程表作出的任何修订，均应提交仲裁院和当事人各方。

起草审理事项的文件是仲裁庭组成后的首要任务，也是ICC国际仲裁院区别于其他常设仲裁机构的工作的主要特点之一。"审理事项"可以使仲裁庭和双方当事人都明确仲裁将要审理的主要问题，为日后的仲裁裁决及其承认与执行铺平道路。但是，这一做法也遭到一些专业人士的批评，他们认为这样做太浪费时间。实践证明，这种做法在于确保当事人积极参与仲裁程序和依此程序作出的仲裁裁决在执行上的好处，与起草审理事项所花费的时间相比，更符合当事人的利益。因此，尽管仲裁院仲裁规则几经修改，但"审理事项"的条款始终保留了下来。

第四，仲裁庭在将其作出的裁决向当事人双方发出之前，必须将其草稿提交仲裁院审查，这是 ICC 国际仲裁院区别于其他常设仲裁机构的另一重要特征。仲裁院对仲裁庭的裁决草案进行审查的目的在于保障裁决书的质量，使裁决能够得到顺利的执行。仲裁院对裁决的审查主要侧重于对裁决形式的审查，但是对于其中涉及的实体问题，也有权提请仲裁庭注意。根据有关人士对此问题作出的研究，1972 年至 1975 年间，有 4 项仲裁院的裁决被当地法院撤销，这一数字占同期所作裁决数的 0.5%；当事人对裁决提出异议的约占 6%。[①] 因此，仲裁院审查裁决草案的制度，也一直保留至今。

3. ICC 国际仲裁院 2012 年仲裁规则的特点

早在 2008 年，ICC 国际仲裁院就启动了对其 1998 年仲裁规则的修订工作。来自 41 个国家的 175 名专业人士参与了对 1998 年仲裁规则的修订程序。2011 年 9 月 12 日，新版规则在巴黎召开的 ICC 会议上通过，自 2012 年 1 月 1 日起实施。

此次修订规则的目的是满足解决复杂争议的需要，特别是商事争议中日趋增长的采取紧急临时补救措施的需要和减少仲裁的时间和费用的要求。

与 1998 年规则（以下简称旧规则）相比，2012 年规则（以下简称新规则）并没有实质性的改变，保留了原有规则适用于仲裁程序的一贯特点，如审理事项书、ICC 国家委员会在指定仲裁员方面的作用，以及裁决在向当事人发出之前的裁决书草案必须经仲裁院核阅制度等。然而，新规则对旧规则做了一些重要的修订和补充。这些修订和补充都是在总结 ICC 自 1998 年仲裁规则以来所受理的八千多个仲裁案件的基础上进行的。

新规则的主要修订内容包括：

第一，引入了紧急仲裁员的概念。新规则最大的修订就是引进了紧急仲裁员的规定。为了防止对方当事人转移争议财产，必须在仲裁庭组成之前对此财产采取临时性保全措施，如果等到仲裁庭成立后再作出该决定，对方当事人很有可能就把此财产或者证据转移了。因此，请求对争议标的物立即采取临时性保全措施的一方当事人可以在仲裁庭组成之前指定一名紧急仲裁员，该仲裁员可以根据该当事人的请求对此争议标的物作出保全措施的决定。当然，紧急仲裁员应当听取双方当事人的意见，只有在双方当事人同意遵守该决定的情况下，才能作出此决定。

第二，完善了多方当事人和多个合同仲裁的规定。事实上，旧规则第 10 条规定已经规定了多方当事人仲裁的情况。即当存在两个以上的申请人或者被申请人的情况下如何指定仲裁员：当存在数个申请人或被申请人，且争议应由三人仲裁庭审理的，该数个申请人或被申请人应当共同指定一名仲裁员；如果各方当事人之共同指定不成且各当事人之间不能就仲裁庭的组成方式达成一致意见的，则由仲裁院指定仲裁庭全部成员，并从其中指定一人担任首席仲裁

---

① See Ronald Bernstein & Others, *Handbook of Arbitration Practice*, Sweet & Maxwell, 1998, at 539.

员。新规则一方面删除了第10条，另一方面则用了4个条款（第7至10条），对多方当事人和多个合同的仲裁作出了专门规定：包括关于追加当事人的规定；关于多方当事人之间的仲裁请求、多份合同及合并仲裁的规定。

第三，旧规则仅对仲裁员的独立性做了规定，而没有对仲裁员的公正性作出规定。新规则第14条专门规定了当事人如果提出证据证明仲裁员在仲裁中缺乏独立性和公正性，可以向仲裁院的秘书处书面请求该仲裁员回避，并说明回避的理由和情况。该仲裁员是否回避，由仲裁院作出决定。此外，新规则还规定了被指定的仲裁员在接受指定之前必须签署保密声明。

第四，新规则规定秘书处可以通过电邮与当事人、仲裁庭和仲裁院联系。仲裁员在起草审理事项书时，应召开案件管理会议，除非当事人之间另有约定，此项会议可以采用视频、电话或类似通讯方式进行。

第五，新规则专门明确规定ICC国际仲裁院是唯一经授权对仲裁规则项下的仲裁活动实施管理的机构。因此，按照新规则的规定，当事人约定适用ICC新规则仲裁，就意味着由ICC国际仲裁院管理，而不是由其他仲裁机构或者临时仲裁庭管理根据ICC新规则仲裁的案件。因为新规则第1条（2）款明确规定："仲裁院是唯一经授权对仲裁规则项下的仲裁活动实施管理的机构，包括对按照仲裁规则作出的裁决进行核阅和批准。"①

4. ICC国际仲裁院裁决的承认与执行

如前所述，ICC是一个非政府间的国际商业组织，国际仲裁院是该组织的一个独立的附属机构。任何国家的当事人，都可以根据他们之间作出的约定，将其争议提交该仲裁院解决。仲裁院所受理的案件，不一定都在该院所在地巴黎审理，事实上，该院每年所受理的案件中，大约只有1/3在巴黎审理，其他的则根据双方当事人的约定或仲裁审理事项中的规定，在巴黎以外的四十多个国家或地区审理，这主要是为了方便双方当事人。

ICC国际仲裁院的裁决属于《纽约公约》项下的裁决，受裁决作出地所属国法院和裁决执行地所属国法院的监督。这就是说，ICC国际仲裁院的裁决通常具有该裁决作出地所在国的国籍，裁决作出地国法院可以依据当地的法律，根据一方当事人的请求撤销该裁决。此外，裁决执行地国的法院也有权依当地的法律根据一方当事人的请求，作出承认与执行该裁决或者拒绝承认与执行该裁决的裁定。

5. ICC国际仲裁院的调解

调解是解决国际商事争议的重要方法之一。ICC国际仲裁院成立之初，80%以上的案件都是通过调解的方式解决的。为了给争议双方通过调解的方式解决他们之间的争议提供便利，仲裁院专门制定了调解规则。按照该调解规则的规定，任何国际商事争议，都可以提交ICC指定的独任调解员通过调解的方式解决。申请调解的当事人应当向仲裁院秘书处提出申请，简要地说明申请调解的理由，缴纳规定的费用后立案。

秘书处将调解申请尽快通知另一方当事人，并给予该方当事人15天的期限作出同意或拒绝调解的决定。如果该方当事人同意调解，应在秘书处规定的期限内通知秘书处。如果该方当事人在此期限内未能作出答复，或者答复是否定的，则调解申请即视为被拒绝。

如果双方当事人同意调解，秘书处应尽快任命一名调解员。按照公平、合理的原则或者该

---

① 关于该案的具体案情及其评论，可参见赵秀文：《新加坡国际仲裁中心适用国际商会仲裁规则仲裁的案例评析》，载《仲裁与法律》，第112辑和第118辑，北京，法律出版社，2009年6月和2011年1月。

调解员认为适当的方式进行调解程序。秘书处根据争议的性质和重要性确定调解程序所需要的费用，包括调解员的报酬、调解费用和行政管理费用。除非双方当事人另有约定，此项费用应当由双方当事人平均分摊。

调解成功后，由双方当事人共同签署和解协议。如果调解失败，则由调解员提交一份载明调解未成功的报告，此报告无须说明理由。此外，当事人任何一方都可以在调解程序进行中随时提出终止调解程序的请求。

调解程序终止后，当事人双方可通过协议的方式将争议提交仲裁解决，或者向有管辖权的法院起诉。

在此需要特别指出的是，根据仲裁院调解规则的规定，当事人双方同意在以后的任何诉讼或仲裁程序中不得提供下列各项作为证据：

（1）任何一方当事人就可能和解解决争议所表示的见解或提出的建议；

（2）调解员提出的任何建议；

（3）一方当事人曾经表示愿意接受调解员提出的和解建议的事实。

此外，除非当事人双方同意，调解员不得在以后的与调解程序涉及的争议事项有关的诉讼程序中，充任任何一方当事人的代理人或法律顾问或者仲裁程序中的仲裁员。

6. ICC国际仲裁院与中国仲裁

随着中国加入世界贸易组织，中国经济与世界经济的联系更加密切。与此相适应，中国经济实体在从事国际商事交易的过程中，与其他国家的经济实体之间的贸易争议也是不可避免的。如果他们之间不能通过协商的方式解决其争议，则提交仲裁解决是不错的选择。

在国际商事仲裁领域，争夺市场的竞争也是非常激烈的。2007年5月，笔者有幸应中国国际经济贸易仲裁委员会的邀请，参加了由中国国际商会副会长、中国国际经济贸易仲裁委员会董松根副主任为团长的贸仲代表团，访问了ICC国际仲裁院。根据该院主席、瑞士弗莱堡大学法学院Pierre Tercier教授的介绍，1995年，中国只有一个当事人在该院仲裁，那时没有中国仲裁员参与。而到了2005年，在该院涉诉的当事人有34个（包括8个中国香港特区当事人），有10个来自中国的仲裁员在该院参与了适用该院仲裁规则进行的仲裁审理。

为了进一步开拓亚洲和中国的市场，ICC国际仲裁院于2008年3月12日宣布于2008年9月分别在中国香港和新加坡设立分院，以便于亚太地区的当事人适用ICC仲裁规则在该院仲裁。这两个分院于2008年年底正式受理当事人提交该院仲裁的申请。[①] ICC国际仲裁院与中国国际经济贸易仲裁委员会有着密切的业务联系，经常互访并召开研讨会。近年来我国一些当事人也在该院提起仲裁或者作为被申请人仲裁，我国一些仲裁领域的专家也根据当事人或者仲裁院的指定，在该院审理的仲裁案件中作为仲裁员。

（二）世界知识产权组织WIPO仲裁与调解中心

WIPO是根据1967年在斯德哥尔摩签署的《关于成立世界知识产权组织公约》（Convention Establishing World Intellectual Property Organization）成立的负责监管知识产权事务的政府间组织，总部设在瑞士首都日内瓦。1974年成为联合国的一个专门机构。截至2012年4月，共有成员国183个，是迄今仅次于联合国的最大的国际组织。而WIPO仲裁与调解中心（以下简称仲裁与调解中心）则是于1993年9月在WIPO全体会议上正式获批准成立，1994年10月

① 参见http://www.iccwbo.org/court/arbitration/id19558/index.html，访问日期：2012-06-29。

开始工作。仲裁与调解中心属于 WIPO 国际局的一个机构，负责对争议解决事项实施管理，为当事人通过仲裁或者调解的方式解决争议提供便利。仲裁与调解中心 1994 年制定的仲裁规则于同年 10 月 1 日起实施，现行的仲裁规则于 2002 年 10 月 1 日起实施。此外，仲裁与调解中心还制定了调解规则、快速仲裁规则。根据双方当事人之间的协议，仲裁与调解中心不仅受理知识产权方面的争议，也受理其他具有商事性质的争议，包括域名争议。

仲裁与调解中心提供的行政管理方面的服务主要包括以下几个方面：

(1) Assistance to the parties in selecting and appointing the mediator (s), if necessary, with reference to the Center's database of more than 1 000 neutrals from more than 100 countries with expertise in commercial, intellectual property and information and communications technology dispute resolution.

(2) Guidance regarding the application of the relevant procedural rules;

(3) Liaising between the parties and the tribunal or mediator with a view to ensuring optimal communications and procedural efficiency;

(4) Assisting the parties in organizing any other support services that may be needed, such as translation, interpretation or secretarial services;

(5) Fixing the fees of the neutrals, in consultation with the parties and the neutrals;

(6) Administering the financial aspects of the proceedings by obtaining a deposit from each party of the estimated costs and paying out of the deposit the fees of the neutrals and any other support services or facilities, such as fees for interpreters, where they are required;

(7) Where the proceedings take place at WIPO in Geneva, providing a meeting room and party retiring rooms free of charge;

(8) Where the proceedings take place outside Geneva, assisting the parties in organizing appropriate meeting rooms and other required facilities;

(9) Providing such other services or functions as may be required to ensure that the arbitration or mediation procedures are conducted efficiently and expeditiously.

The Center also assists parties to develop dispute resolution schemes (whether mediation, arbitration or another type of procedure, such as the Uniform Domain Name Dispute Resolution Policy) tailored to meet their specific commercial circumstances or industry characteristics, acts as appointing authority in ad hoc arbitrations and those conducted pursuant to the UNCITRAL Arbitration Rules, and assists parties in organizing their arbitral proceedings.

Additional information about the Center and its activities is available at http://arbiter.wipo.int. The Center has published several guides to different dispute resolution procedures (e.g., mediation, arbitration, domain name disputes), which may be obtained in hard copy by contacting the Center or which may be downloaded from the Center's website.

该中心建议当事人采纳的仲裁示范条款是：Any dispute, controversy or claim arising under, out of or relating to this contract and any subsequent amendments of this contract, including, without limitation, its formation, validity, binding effect, interpretation, performance, breach or termination, as well as non-contractual claims, shall be referred to and finally determined by arbitration in accordance with the WIPO Arbitration Rules. The arbitral tribunal shall consist of (three arbitrators) (a sole arbitrator). The place of arbitration shall be... The language to be used in the arbitral proceedings shall be... The dispute, controversy or claim shall be decided in accordance with the law of ...

（三）伦敦国际仲裁院

伦敦国际仲裁院（London Court of International Arbitration，以下简称 LCIA）是世界上最早成立的常设仲裁机构，由伦敦自治会在 1892 年发起成立，当时的名称是伦敦仲裁会。1975 年，该会与 1915 年在伦敦成立的仲裁员协会①合并。1981 年改为现称。

LCIA 的宗旨是根据当事人的请求，为国内外商业、贸易和工业界的争议解决提供服务。其业务包括处理英国国外的商事仲裁案件。该院有其自己的仲裁规则，并且根据需要不断地进行修订。现行的仲裁规则自 1998 年起实施。

在该院依其仲裁规则提起仲裁的当事人，首先应当向登记处提交一份书面申请。登记处收到仲裁申请的日期为仲裁开始的日期。在仲裁庭组成的问题上，除当事人之间另有约定外，由仲裁院任命仲裁员时尽量考虑到合同的性质、当事人的国籍、争议的性质与事实情况。如果双方当事人具有不同的国籍，仲裁院将不任命与当事人双方国籍相同的独任仲裁员或首席仲裁员。

根据该院仲裁规则的规定，仲裁庭有权对其本身的管辖权作出决定，并有权对仲裁中出现的任何法律问题作出决定。仲裁裁决以书面方式作出，并应当说明裁决所依据的理由，除非双方当事人另有约定。

该院仲裁庭作出的仲裁裁决是终局的，自裁决作出之日起对双方当事人生效。凡是同意按该院仲裁规则仲裁的当事人即承担了毫不迟延地执行仲裁裁决的义务，并且放弃了任何形式的上诉或诉诸法院或其他司法机构的权利。

对于当事人在仲裁协议中约定适用该仲裁院仲裁规则以外的其他仲裁规则，如联合国贸法会仲裁规则，该仲裁院也是允许的，并且为当事人提供行政管理方面的服务，如作为指定仲裁员的机构，但需当事人对此作出约定。

LCIA 推荐使用的示范仲裁条款如下：

Any dispute arising out of or in connection with this contract, including any question regarding its existence, validity or termination, shall be referred to and finally resolved by arbitration under the LCIA Rules, which Rules are deemed to be incorporated by reference into this clause.

The number of arbitrators shall be (one/three).

The place of arbitration shall be (City and/or Country).

The language to be used in the arbitral proceedings shall be (   ).

The governing law of the contract shall be the substantive law of (   ).

（四）斯德哥尔摩商会仲裁院

斯德哥尔摩商会仲裁院成立于 1917 年，设在瑞典斯德哥尔摩。该会是斯德哥尔摩商会所属的一个机构，但在职能上是独立的：通过仲裁的方式解决国内和国际商事争议，包括贸易、工业等方面的争议，并为当事人提供有关商事仲裁的咨询意见。

---

① 该会于 1975 年经英王特许成为皇家特许仲裁员协会。该会是一个非营利性组织，现有会员一万余名，遍及 86 个国家。在这些会员的帮助下，英国皇家特许仲裁员协会不但致力于推动通过仲裁来解决争端，而且倡导通过其他可选择的争端解决途径解决当事人之间的争议。其所涉及的商业领域非常广泛，包括法律、建筑、航运、工程、金融、保险、商品、医药、卫生、信息技术、体育和汽车工业等。

该院有自己的仲裁规则，现行规则是2007年1月1日起实施的。该仲裁院建议当事人在其合同中采用如下的仲裁示范条款：

"Any dispute, controversy or claim arising out of or in connection with this contract, or the breach, termination or invalidity thereof, shall be finally settled by arbitration in accor-dance with the Arbitration Rules of the Arbitration Institute of the Stockholm Chamber of Commerce.

"The parties are advised to make the following additions to the clause, as required:

"The Arbitral Tribunal shall be composed of..."

根据该院仲裁规则，除当事人双方另有约定外，仲裁庭应由3名仲裁员组成，每一方各指定一名仲裁员，首席仲裁员由该仲裁院指定。该仲裁院没有专门的仲裁员名册，对仲裁员的国籍与身份也没有什么限制，但仲裁员必须是独立、公正的人士，即便为一方当事人所指定，也不能作为该方的代理人看待，其职责是公正、独立地解决当事人之间的争议。仲裁裁决应当在案卷移交仲裁庭之日起6个月内作出。但在特殊情况下，经仲裁庭请求，仲裁院可以适当地延长此期限。

仲裁庭在审理案件的过程中，应依据法律条文判案，除非当事人明确表示要求仲裁庭按照公平、合理的原则或其他原则作出裁决。根据瑞士法律，合同当事人选择的法律可以得到充分的承认与执行。如果当事人没有就解决争议应当适用的法律作出选择，则该适用的法律应当由仲裁庭决定。在这种情况下，仲裁庭应当适用其认为最为适当的法律或法律规则，解决当事人之间的争议事项。

按照该院仲裁规则的规定，裁决应当根据多数仲裁员的意见作出，并应说明裁决所依据的理由，由全体仲裁员签署。仲裁员的不同意见可附在裁决之中。在仲裁过程中，当事人也可以通过和解的方式解决他们之间的争议。仲裁庭可以将和解的内容根据当事人的请求在裁决中予以确认。仲裁庭应当在裁决中确定应分别付给仲裁员的费用金额。当事人对此项费用的支付承担连带责任。

斯德哥尔摩商会仲裁院工作的一个重要特点就是在适用仲裁规则上比较灵活。目前，该院已采用了联合国贸法会的调解与仲裁规则中的程序规定，供当事人自行选择适用。此外，如果当事人约定采用其他常设仲裁机构的仲裁规则在瑞典仲裁，该院也提供行政管理方面的服务。

为了在平等互利的基础上发展中瑞两国商业界的贸易、经济和科学技术交往与合作，通过仲裁和其他友好方式解决商事争议，进而促进两国间的商业交往，1984年10月30日，中国国际贸易促进委员会（中国国际商会）主任与斯德哥尔摩商会主席在北京签署了合作协议。该协议规定，双方应在各自权限范围内运用其职能，促进加强和扩大两国公司和组织之间的贸易、经济、科学、技术和其他业务方面的联系和接触；促进以仲裁和其他友好方式和方法（如友好协商和调解）解决中瑞双方的国际商事争议；充分发挥双方仲裁机构的作用及相互提供仲裁的便利。该协议还指出，双方应进行交换双方认为中华人民共和国和瑞典王国之间成功的贸易关系所需要的或必要的经济、对外贸易、海关和其他规则条例等方面的情报；双方应进一步相互提供有关商事仲裁和调解情况的资料，如法律和法规及其修改条文、法院或其他当局的判例以及出版物。

（五）美国仲裁协会

美国仲裁协会（American Arbitration Association，以下简称AAA）成立于1926年。它是一个民间性的、非营利性的组织。其总部设在纽约，并在美国各主要城市设有分支机构。

AAA 的宗旨是：开展对仲裁的研究，根据仲裁法不断地完善仲裁规则，通过仲裁、调解及各种民主与自愿的手段，解决国内与国际经济交往中发生的各种争议。为了实现这一宗旨，AAA 经常在各大学的法学院、法学会和贸易协会、工会和各种民间组织中举办有关仲裁的培训班，普及通过仲裁解决当事人之间的争议的知识。此外，AAA 还根据其会员的要求，从事专门问题的研究，以便根据特定行业的不同需求，对各有关仲裁程序规则不断地加以完善。

AAA 还是一个信息中心。纽约 Lucius R. Eastman 图书馆就是由该会专门设立的。该图书馆收集了有关仲裁的各种资料，包括相关法律、书籍、小册子等。该会的法律和有关行政人员还负责解答有关仲裁法律与实践中出现的各种问题。

AAA 还有自己的出版物，包括每一季度出版的有关私营工商业部门、学校和政府各部门的劳动争议仲裁裁决的摘要；为该会会员和仲裁员提供的简报季刊，无过错机动车仲裁裁决月刊；仲裁法季刊等。为了实施其教育培训计划，AAA 还出版了一系列图书、小册子及影片等。

AAA 及其在各地的机构本身并不审理案件，而是为提交该会仲裁的各种争议案件提供行政管理等方面的服务，如受理仲裁案件，协助仲裁庭的组成等。该会受理的争议的范围相当广泛，包括机动车事故，各种商事争议，社区争议，劳动争议，知识产权、证券、房地产、建筑、纺织品与服装、环境、粮食等方面的争议，并制定了相关领域的仲裁规则，如商事仲裁规则、国际商事仲裁规则、雇员福利项目请求权仲裁规则、粮食仲裁规则、环境争议的避免与解决指南、建筑业仲裁规则、纺织品与服装业仲裁规则、专利仲裁规则等。此外，该会还可以根据当事人的请求，管理当事人之间约定适用联合国贸法会仲裁规则并在美国进行的仲裁，即行使行政管理人的职责，通过协会本身的设施或与协会订有合作协议的仲裁机构的设施，为当事人提供与仲裁有关的事项的服务。

AAA 还备有供当事人选择的仲裁员名册，包括国际仲裁员名册。被列入名册的仲裁员均为相关领域的专家，并具有解决争议的经验。该会在向当事人推荐仲裁员时，一般都提供一个 10 至 20 名仲裁员候选人名单供当事人选择，当事人收到此名单后，把他们反对作为仲裁员的人选划掉，将其余人选按先后次序排列后的名单退回给 AAA，AAA 再从中选出双方当事人均能接受的人员组成仲裁庭，审理该特定的仲裁案件。

对于国际商事仲裁案件，通常适用国际商事仲裁规则，现行的国际商事仲裁规则于 2008 年 3 月 1 日起实施。当事人向 AAA 申请受理国际商事争议案件时，可以向设在纽约的争议解决国际中心（International Center for Dispute Resolution）[①] 提起，也可以向该会各分支机构提起。

按照现行国际商事仲裁规则的规定，仲裁程序自 AAA 行政管理人收到仲裁申请人提交的仲裁通知之日起开始。争议各方如果对处理争议的仲裁员人数没有特别的约定，一般指定 1 名独任仲裁员审理，除非 AAA 管理人认为案件的金额大、问题复杂或根据其他情况决定由 3 名仲裁员审理是适当的。仲裁庭有权对其管辖权，包括对仲裁协议的存在和效力提出的任何异议作出决定，并有权决定包括仲裁条款在内的合同的存在和效力，该仲裁条款应被视为独立于合同其他条款的独立的协议。

在适用法律的问题上，2001 年国际商事仲裁规则的修订反映了仲裁适用法律的最新发展趋势，根据该规则第 28 条的规定，“The tribunal shall apply the substantive law (s) or rules of

---

① 该中心为 AAA 的一个分支，设在纽约。关于该中心的具体情况，可以向aaainternational@adr.org 获取资料。

law designated by the parties as applicable to the dispute. Failing such a designation by the parties, the tribunal shall apply such law (s) or rules of law as it determines to be appropriate.”与ICC仲裁规则一样，国际商事仲裁规则规定，当事人可以就解决他们之间的争议应当适用的法律或者法律规则作出约定。如无此约定，仲裁庭也可以决定适用解决该争议应当适用的一国或者几个国家的法律或者法律规则（rules of law）。2008年仲裁规则第28条保留了相同的规定。

仲裁裁决应当采用书面形式，并应说明所依据的理由，除非当事人双方另有约定。仲裁裁决是终局的，对当事人各方具有法律上的拘束力，当事人应当毫不迟延地执行。

国际商事仲裁规则第34条还对仲裁中的保密问题作了专门规定：Confidential information disclosed during the proceedings by the parties or by witnesses shall not be divulged by an arbitrator or by the administrator. Unless otherwise agreed by the parties, or required by applicable law, the members of the tribunal and the administrator shall keep confidential all matters relating to the arbitration or the award.

案例分析

德国奥特克公司（Rudolf，Aoetker Germany）向中国法院申请执行在伦敦作出的临时仲裁裁决案①

基本案情

德国奥特克公司（以下简称奥特克公司）是承运货物的船舶TANJAJACOB号的船东，通过其经纪人Petromar招揽生意。丸红国际石油公司（以下简称丸红公司）是南京外运在新加坡的经纪人。

1995年7月14日，新加坡的租船经纪人Raffles传真给奥特克的经纪人Petromar一份丸红租约条款。该条款第一部分第7条规定，“共同理算/仲裁应于伦敦进行并适用英国法”。以此条款及asbatankvoy租约格式第24条规定的油轮航次租船合同为基础［该合同条款除船舶要求、装货港、受载期等作了规定外，该合同格式第一部分K条规定：“共同理算地点和仲裁地点为伦敦/纽约（选择其一）”］。

1995年7月17日14时17分，Petromar将租用TANJAJACOB船舶的意见和条件（租船合同概要）传真给新加坡的租船经纪人Raffles。租船合同概要中载明了租船人为中国外运南京公司、装载条款等，另外载明了丸红公司租约条款以及租船合同格式为asbatankvoy。同日，Raffles将上述内容相同的条款和条件传真给南京外运的经纪人丸红公司和奥特克公司。7月18日，丸红公司将此租船概要传真给南京外运，注明所租船舶为申请人奥特克公司的TANJA JACOB号。7月19日，南京外运传真给丸红公司航次指令，内容包括：装货港、商品名称、数量、供货人名称、承租人中国外运南京公司、卸货港代理南京外运船务代理公司等，但是未就通过仲裁解决争议作出说明。7月20日，共同经纪人Raffles将一份正式租船合同送交Petromar，后者交由奥特克公司签署了该油轮航次租船合同。该合同规定承租人为南京外运，

① 参见万鄂湘主编：《中国涉外商事海事审判指导与研究》，第2卷，133～142页，北京，人民法院出版社，2002。

船东为奥特克公司，船名 TANJA JACOB 号。第一部分 K 条规定："共同理算地点和仲裁地点为伦敦。"第 M 条特别规定："随附的特殊规定 M1～M5 应视为本租船合同的第一部分的一部分。"特别规定的 M1 条规定，文号为内燃机油轮 TANJAJACOB 号即 95·7·17 租船合同，受载期为起始日 1995 年 7 月 20 日、解约日 1995 年 7 月 22 日。合同上申请人奥特克公司在船东处签字，丸红公司在承租人南京外运处签字。

1995 年 7 月 19 日，奥特克公司的 TANJA JACOB 号轮抵达新加坡，7 月 20 日零时，船长发出书面准备就绪通知书。7 月 22 日，租船人南京外运在新加坡的经纪人丸红公司通知船东的租船经纪人 Petromar 取消租船合同。7 月 31 日，申请人奥特克公司与英国石油公司签订了租船合同，同时向南京外运提出书面索赔要求。

仲裁程序及双方当事人争论的要点

由于被申请人南京外运拒绝了申请人的索赔要求，于是申请人在 1995 年 9 月 1 日根据 asbatankvoy 租约格式第 24 条规定的仲裁条款开始了仲裁程序：指定 John Schofield 为仲裁员，同时通知被申请人在 20 天内指定仲裁员。被申请人未能在此期限内指定仲裁员，申请人则指定 Bruce David Ian Mckenzie 为第二位仲裁员。这两位仲裁员又共同指定了 Alan R. Rurbidge 为首席仲裁员组成仲裁庭。1995 年 10 月 18 日，仲裁庭致函被申请人，阐明了仲裁程序，并要求双方就其各自的仲裁请求提出书面材料。1996 年 1 月 11 日，仲裁庭通知被申请人：如果不能在允许的时间内（此后两周内）提出答辩要点，申请人即有权要求仲裁庭依据已有的文件作出裁决。1996 年 4 月 17 日，申请人致函被申请人，要求被申请人对仲裁作出答复。被申请人未能作出答复。7 月 2 日，申请人要求仲裁庭根据其提供的材料进行裁决。7 月 6 日，仲裁庭再次要求被申请人在 7 月 31 日之前提交相关材料。7 月 31 日，被申请人致函仲裁庭不存在任何有效租船合同，也不存在任何有效订租纪要。8 月 1 日，仲裁庭通知被申请人仲裁庭将作出裁决。

直到 9 月 10 日，被申请人才对仲裁庭的管辖权提出异议，称申请人签署的租船合同中的仲裁条款对被申请人无约束力。丸红公司的电传中没有提出仲裁条款，也没有提及同意使用 asbatankvoy 租约格式的油轮租船合同，组成仲裁庭不合法。

9 月 12 日，仲裁庭回复被申请人：根据英国法律，租船合同有效，仲裁合法。9 月 13 日，被申请人告知仲裁庭已委托律师处理此事。10 月 11 日，被申请人再次向仲裁庭主张，该仲裁庭对被申请人无管辖权。因为被申请人并未签署租船合同，丸红公司作为经纪人在未得到被申请人的授权的情况下签署的合同对被申请人无约束力，后果应当由丸红公司承担。

仲裁裁决及其所依据的理由

本案仲裁庭认为，根据英国法，除非当事人各方在作出裁决前的任何阶段约定或者要求进行口头开庭审理，仲裁庭有权依据文件对租船合同进行仲裁。作为英国公认的惯例，在当事人各方未约定或要求口头开庭审理的情况下，应当视为当事人各方已经同意仲裁应当在不进行口头开庭审理的情况下进行。仲裁庭或申请人律师多次给予被申请人提出答辩或要求口头开庭审理的机会，被申请人仍未要求口头开庭审理。仲裁庭故推定，当事人双方已同意仲裁庭在不进行口头开庭审理的情况下作出裁决，因此，本案不进行口头开庭审理而径行裁决。

1998 年 1 月 23 日，仲裁庭作出裁决：被申请人南京外运立即向申请人奥特克公司支付 332 052 美元以及 1995 年 9 月 1 日起至裁决之日止按年利率 7.5%的利息，被申请人承担仲裁费 8 572.79 英镑及仲裁裁决费 2 830 英镑。裁决所依据的理由如下：

1. 租船合同使用 asbatankvoy 租约格式，特别条文第 7 条规定，争议将在伦敦仲裁。

2. TANJA JACOB 号船舶于 7 月 19 日到达新加坡，并发出准备就绪通知书，而租船人的经纪人通知取消契约。

3. 船东与租船人之间的连带关系是：船东的经纪人是 Petromar，该经纪人又同新加坡的经纪人 Raffles 和在新加坡的丸红公司联系，丸红公司又同南京外运取得联系。

4. 已提供的证据并没有显示丸红公司在成交租船契约上已经超出了他们的名义代理权，如果确实如此，这是租船人追究丸红公司的事情，但并不能说明租船人有权说他们不受代表他们订立的合同的约束。

5. 租船人不但完全知道协议条款，而且也完全知道成交书的条款，并且已经授权丸红公司成交。

6. 油船贸易进行频繁，订好船只，进行航运，在稍后的一些时间才提交租船契约以作为同意的条款的正式的证据，证据确认南京外运使用其他主要租船人的船东使用的接收电传形式的成交书有约束力，并按照其中包括的条款装货的同样的方式来定期地运作。

7. 租船人的没有有效合同的抗辩又进一步地和他们于 7 月 19 日（向丸红公司）发出的航运指示的事实相抵触，在这一航运指示中他们明确地把他们描述为租船人，双方之间有合同基础。

8. 本合同同意受英国法律支配。通过一个书面或者口头承诺的交换而达成协议，是英国法律存在已久的原则。双方交换的信息成立了书面协议，并不能排除在英国法律下没有一个书面协议的可能性。

9. 船东已经采取了合理的减少损失的行动，索赔成功。

被申请人在申请中国法院执行时提出的抗辩理由

被申请人未履行上述仲裁裁决，申请人于 1998 年 7 月 21 日向武汉海事法院申请执行该裁决。在案件审理过程中，被申请人以申请人签署的租船合同对被申请人无法律上的拘束力以及被申请人对 asbatankvoy 租约格式第 24 条关于在伦敦或纽约仲裁的规定不知情为由，请求法院拒绝承认与执行该仲裁裁决。其具体申诉如下：

1. 被申请人与申请人之间根本没有签订任何租船合同，也未签订任何仲裁条款或协议，所以仲裁裁决对被申请人无约束力。丸红公司作为中间经纪人未得到被申请人的授权及认可而擅自以被申请人名义与申请人签订的租船合同对申请人没有约束力，丸红公司冒用他人名义签订合同的后果应由他自己承担。

2. 仲裁裁决所依据的仲裁条款无效。至于申请人提供的 asbatankvoy 租约格式第 24 条关于在伦敦或纽约仲裁的规定，被申请人对此不知情，更谈不上与申请人确定仲裁地点，这份标准合同的仲裁地因无人在合同的第一部分给予确定而同时存在两个可选择仲裁地点即伦敦和纽约，这种有两个仲裁地点的仲裁条款属于“浮动仲裁条款”，因而无效。仲裁庭无根据地变更标准合同第 24 条的规定随其心意在伦敦仲裁是不合法的。

3. 伦敦仲裁在仲裁程序上有严重不符合 1958 年《纽约公约》的情节，仲裁庭未向被申请人提出仲裁员名册及有关资料，被申请人无从选择，剥夺了被申请人对仲裁员（进行）挑选的权利。

4. 被申请人从未接到过开庭通知，从未同意过不开庭审理，被申请人被剥夺了参加庭审申辩的机会。总之，被申请人未能收到仲裁庭关于指派仲裁员或仲裁程序之恰当通知，该裁决应不予承认及执行。

武汉海事法院的意见[①]

2000年5月27日，武汉海事法院经审理后拟作出驳回申请人奥特克公司提出的执行该仲裁庭裁决的处理意见，理由如下：

1. 仲裁协议或仲裁条款具有独立性，仲裁条款与它所依据的合同是两个相互独立的合同，仲裁条款独立性原则已为各国仲裁立法与实践普遍接受，是具有法律约束的原则。构成合同一部分的仲裁条款应视为独立于合同其他条款的一项协议。

2. 本案中被申请人收到租船概要后，只是向经纪人丸红公司发出一份航次指令，该航次指令并未涉及仲裁事项。当事人在租船方面达成合意，并不等于就仲裁达成合意，所以从航次指令来看，被申请人发出航次指令至多只能证明同意租船，并不当然认定为被申请人同意该纠纷可进行仲裁。

3. 申请人奥特克公司只是与经纪人丸红公司签订航次租船合同，丸红公司作为被申请人的租船经纪人只是为委托人南京外运办理租船事宜，南京外运并未明确授权丸红公司可代替南京外运同意订立与租船合同有关的具有独立性的仲裁条款，南京外运不对其经纪人丸红公司的所有行为承担责任。

4. 丸红公司以南京外运名义与申请人奥特克公司签订租船合同时，既未出具南京外运的介绍信，也无其他委托证明来证明南京外运同意进行仲裁。同时，南京外运并不知道包括仲裁条款在内的租船合同详细条款，也不知道该租船合同并入 asbatankvoy 租约格式。故本案中丸红公司的签约行为所涉仲裁条款并不构成表见代理。

5. 1995年7月20日，申请人才与丸红公司签订租船合同，而事实上，申请人所属船舶 TANJAJACOB 号已于1995年7月19日到达新加坡，船长于次日零时发出准备就绪通知书，即船舶到达新加坡后申请人才与丸红公司签订租船合同，该仲裁裁决认定1995年7月17日签订租船合同与事实不符。在船舶到达新加坡之前，丸红公司未与申请人奥特克公司签订租船合同，更谈不上被申请人接受了租船合同中的仲裁条款，而仲裁条款是仲裁庭进行仲裁的权力来源和首要条件，没有合法的仲裁条款，仲裁庭不能进行仲裁。

综上所述，本案中租船合同中的仲裁条款没有得到被申请人南京外运的事先同意和事后认可，仲裁事项缺乏合意性，该仲裁条款对南京外运没有约束力，英国仲裁庭无权对该案进行仲裁，故该仲裁无效，应驳回申请人的申请。

根据1958年《纽约公约》第5条第1款（c）项、《中华人民共和国民事诉讼法》第269条的规定，驳回申请人奥特克公司的申请。

妥否，请示！

最高人民法院的意见

根据最高人民法院《关于人民法院处理与涉外仲裁及外国仲裁事项有关问题的通知》[②]，武汉海事法院将其对该案的上述处理意见上报湖北省高级人民法院，湖北省高级人民法院审判委员会经研究，同意武汉海事法院“驳回申请人奥特克公司的申请”的意见，并于2000年9月12日以鄂高法（2000）231号文件的形式，呈报最高人民法院审批。

---

① 参见武海法（2000）28号，2000年5月27日。
② 即法发（1995）18号。

最高人民法院在2001年9月11日复函湖北省高级人民法院，提出了如下意见：

1. 鉴于本案被申请人中国外运南京公司的所有活动都是通过其经纪人丸红公司进行的，因此，应当认定丸红公司是被申请人的代理人，被申请人应当受丸红公司代其签订的租船合同的约束。

2. 被申请人签发航次指令的行为是一种履行合同的行为，该行为表明被申请人与申请人之间有租船合同。

3. 因为本案租船合同和租船概要中均含有仲裁条款，所以应当认为被申请人与申请人之间存在仲裁协议，本案仲裁裁决不具有不予承认和执行的情形。根据《中华人民共和国民事诉讼法》第269条和《承认和执行外国仲裁裁决公约》的规定，该仲裁裁决应当得到承认与执行。

思考题：

1. 如何认定asbatankvoy租约格式的法律效力？应当如何认定丸红公司与奥特克公司之间的租船合同的订立时间？应当适用哪一个国家的法律对此作出认定？

2. 丸红公司与奥特克公司之间的租船合同对南京外运是否具有法律上的拘束力？为什么？

3. 应当如何对格式合同和租船合同中的仲裁条款作出适当的解释？你同意武汉海事法院对仲裁条款独立性作出的解释吗？为什么？

4. 本案仲裁属于临时仲裁机构仲裁还是常设机构仲裁，为什么？临时仲裁机构仲裁与常设机构仲裁之间的主要区别是什么？

5. 临时仲裁机构的裁决，应否得到我国法院的承认与执行，依据是什么？

6. 本案仲裁庭的组成是否符合仲裁协议的规定？仲裁程序是否适当？当事人在仲裁协议中约定了两个可供选择的仲裁地点是否可以执行？

7. 应当适用什么样的法律认定asbatankvoy租约格式和租船合同中的仲裁条款的效力？

8. 你对于最高人民法院对奥特克案裁决作出承认与执行的指示，有何评论？

第三节 中国有关仲裁机构的立法与实践

一、中国国际商事仲裁的起源

1949年以前，中国并无独立的处理国际商事仲裁的机构。中国当事人在国际商事交易中的争议，只能提交国外的仲裁机构仲裁。1953年7月至11月间，中国畜产公司和英国油饼油籽公司用电报成交29吨绵羊毛。电报成交后，英国油饼油籽公司将印好的书面确认书寄给中国畜产公司复查并签字。确认书规定该笔交易如果发生争议，将由英国的布兰福特尔协会仲裁。中国畜产公司对在英国仲裁一事感到不安，但是又苦于国内没有专门的涉外仲裁机构。中国畜产公司面临的这种困境，在当时中国的对外贸易中颇有代表性。①

为了适应新中国对外贸易事业发展的需要，在中国设立专门处理对外贸易争议的仲裁机构，势在必行。为此，1954 年 5 月 6 日，中国中央人民政府政务院在其第 215 次政务会议上通过了《中央人民政府政务院在中国国际贸易促进委员会内设立对外贸易仲裁委员会的决定》②，设立了中国对外贸易仲裁委员会（Foreign Trade Arbitration Commission，FTAC），旨在根据我国外贸公司与外国当事人之间达成的仲裁协议，解决我国对外贸易契约及交易中可能发生的争议。从此，我国历史上首次出现了独立自主地审理国际商事争议的仲裁机构。1958 年 11 月 21 日，国务院全体会议第 82 次会议又通过了《关于在中国国际贸易促进委员会内设立海事仲裁委员会的决定》③，旨在根据当事人在争议发生之前或在此之后订立的仲裁协议，解决他们之间由于海上船舶互相救助、海上船舶碰撞、租赁、运输、代理等而发生的海事争议。中国对外贸易仲裁委员会和海事仲裁委员会的设立，标志着中国涉外仲裁事业开始起步。

二、中国国际经济贸易仲裁委员会

（一）中国国际经济贸易仲裁委员会受理案件的范围

如前所述，中国国际经济贸易仲裁委员会的前身是 20 世纪 50 年代初期在中国国际贸易促进委员会内设立的中国对外贸易仲裁委员会，当时受理案件的范围主要限于中外当事人之间在国际贸易中产生的争议。当时由于受国内外各种因素的制约，从对外贸易仲裁委员会于 1954 年成立到 1979 年中国实行对外开放政策的二十多年间，其受理的仲裁案件总共不到 100 件，其中还有 60 件是通过调解解决的。④

事实上，中国国际商事仲裁事业是随着中国对内搞活经济、对外实行开放政策的发展而发展起来的。1979 年 7 月 1 日，随着中国第一部调整吸收利用外资的法律——《中华人民共和国中外合资经营企业法》的公布实施，外商投资不断地涌入中国。为了适应我国对外经济贸易关系发展的需要，1980 年 2 月 26 日，国务院决定将对外贸易仲裁委员会改名为对外经济贸易仲裁委员会（Foreign Economic and Trade Arbitration Commission，FETAC）⑤，进而扩大了仲裁委员会受理案件的范围，即从原有的受理中外双方关于对外贸易契约及交易中发生的争议，扩大到有关中外合资经营、外国投资者来华投资建厂、中外银行相互信贷等各种对外经济合作方面所发生的争议。1988 年 6 月 21 日，国务院又批准将对外经济贸易仲裁委员会改名为中国国际经济贸易仲裁委员会（China International Economic and Trade Arbitration Commission，CIETAC）。⑥ 中国国际贸易促进委员会于 1994 年成为 ICC 的国家会员后，同时启用了中国国际商会的名称。与此相适应，经中国国际商会批准，自 2000 年 10 月 1 日起，中国国际经济贸易仲裁委员会在使用 CIETAC 名称的同时，启用“中国国际商会仲裁院”（the Court of Arbitration of China

---

① 参见王生长、陶春明编著：《中国国际经济贸易仲裁——程序理论与实务》，1～2 页，北京，人民中国出版社，1992。

② 参见程德钧主编：《涉外仲裁与法律》，第 1 辑，346～348 页，北京，中国人民大学出版社，1992。

③ 参见程德钧主编：《涉外仲裁与法律》，第 1 辑，348～350 页，北京，中国人民大学出版社，1992。

④ 参见王生长、陶春明编著：《中国国际经济贸易仲裁——程序理论与实务》，3～5 页，北京，人民中国出版社，1992。

⑤ 参见《国务院关于将对外贸易仲裁委员会改为对外经济贸易仲裁委员会的通知》，载程德钧主编：《涉外仲裁与法律》，第 1 辑，360 页，北京，中国人民大学出版社，1992。

⑥ 参见《国务院关于将对外贸易仲裁委员会改为对外经济贸易仲裁委员会的通知》，载程德钧主编：《涉外仲裁与法律》，第 1 辑，361 页，北京，中国人民大学出版社，1992。

Chamber of International Commerce，简称 CCOIC Court of Arbitration）的名称。

20 世纪 80 年代是我国涉外仲裁事业迅速发展的时期。为了拓宽仲裁业务，中国国际经济贸易仲裁委员会分别在深圳和上海设立了分会。到了 20 世纪 90 年代，中国的国际商事仲裁事业更加突飞猛进地发展。CIETAC 在 20 世纪 90 年代所受理的案件是其在 20 世纪 80 年代受理案件的 11 倍。就受理案件的数目而言，CIETAC 已经跃居世界前列，其独立性和公正性也使其在世界范围内享有良好的声誉。根据官方报纸公布的资料，截至 2012 年年底，在过去的五十多年间，CIETAC 共受理了一万余件仲裁案件。

1996 年以前，中国国际经济贸易仲裁委员会和中国海事仲裁委员会是我国专门受理国际商事仲裁案件的仲裁机构，即受理中外双方当事人之间由于国际商事合同而产生的争议，中国法人之间的争议不属于这些涉外仲裁机构的管辖范围。例如，中国国际经济贸易仲裁委员会于 1992 年根据中国国际工程咨询公司与北京丽都饭店之间订立的仲裁协议，受理了双方当事人之间由于工程承包而产生的争议。由于丽都饭店是在北京设立的中外合资经营企业，仲裁委员会认为其对该案有管辖权，仲裁庭经开庭审理后作出了仲裁裁决。由于败诉一方当事人拒绝执行该仲裁裁决，胜诉一方当事人则向北京市中级人民法院申请强制执行。当败诉一方当事人向法院提出双方当事人均为中国法人，他们之间订立的合同为国内经济合同，CIETAC 对两个中国法人之间由于国内经济合同产生的争议无管辖权的抗辩时，北京市中级人民法院经审理后支持了败诉一方当事人的主张，进而裁定 CIETAC 对此案无管辖权。①

中国《仲裁法》于 1994 年颁布后，CIETAC 修订了其仲裁规则，将其受理仲裁案件的范围扩大到包括外商投资企业与其他法人、自然人及/或经济组织之间的争议和当事人愿意提交仲裁委员会仲裁的涉及中国当事人利用外国的、国际组织的或香港特别行政区、澳门特别行政区或台湾地区的资金、技术、服务进行项目融资、招标投标、工程建筑等方面的活动的争议。

为了方便当事人和进一步推广通过仲裁解决中外或中国当事人之间的争议，中国国际经济贸易仲裁委员会于 1999 年 6 月 1 日在大连、福州、长沙、成都、重庆设立了办事处，中国海事仲裁委员会在大连、上海、广州设立了办事处。这些办事处是中国国际经济贸易仲裁委员会和中国海事仲裁委员会的仲裁专业联络和宣传机构，在业务上接受两个仲裁委员会的直接领导，其主要职责是按照仲裁委员会的要求从事仲裁宣传和仲裁协议的推广工作；为当事人提供有关仲裁的信息和咨询服务；开展仲裁调研工作；就近接受当事人提出的仲裁申请书并在 3 日内将该申请书和所附的全部材料转交仲裁委员会，由仲裁委员会决定是否受理；按照仲裁委员会的指示或委托，协助安排开庭事宜等，但不得向当事人收取仲裁费、咨询费，也不得直接或变相处理仲裁案件。目前，这些办事处已经挂牌办公。

（二）仲裁规则及其适用

1. 概述

中国国际经济贸易仲裁委员会（CIETAC）自成立以来，先后共制定并实施了八套仲裁规则，它们分别是：

（1）1956 年中国国际贸易促进委员会对外贸易仲裁委员会仲裁程序暂行规则；

（2）1988 年 CIETAC 仲裁规则；

① See Neil Kaplan, Jill Spruce, Michael J. Moser, *Hong Kong and China Arbitration: Cases and Materials*, Butterworths Asia, 1994, p. 316.

(3) 1994 年 CIETAC 仲裁规则；

(4) 1995 年 CIETAC 仲裁规则；

(5) 1998 年 CIETAC 仲裁规则；

(6) 2000 年 CIETAC 仲裁规则；

(7) 2005 年 CIETAC 仲裁规则。①

(8) 2012 年 CIETAC 仲裁规划。

(9) 2014 年 CIETAC 仲裁规则。

其中前 5 套仲裁规则均建立在把国内仲裁案件与涉外仲裁案件严格区别开来的基础上，当时的 CIETAC 是中国唯一的受理涉外经济贸易案件的仲裁机构。随着中国社会主义市场经济的发展和对外开放政策的深入实施，特别是中国加入 WTO 进程和经济全球化进程的加快，国内仲裁与国际仲裁之间的区别日趋缩小。为此，对 CIETAC1998 年的仲裁规则作出进一步修订，该修订的仲裁规则在 2000 年 9 月 5 日在中国国际商会通过，2000 年 10 月 1 日起施行。这是 CIETAC 自成立以来实施的第六套仲裁规则。

2. 2000 年仲裁规则特点

与 1998 年 CIETAC 仲裁规则相比，2000 年 CIETAC 仲裁规则的主要修改之处是进一步扩大了受理案件的范围，即新规则将受案范围从传统上受理国际和涉外案件扩大到当事人在仲裁协议中约定的所有国内争议案件。这就是说，即便当事人之间的争议没有任何涉外因素，只要在仲裁协议中约定将争议提交 CIETAC 解决，CIETAC 就有权受理。这是自 CIETAC 成立以来在受理案件范围方面的实质性突破，使之从原来仅受理涉外案件，扩大到受理当事人根据仲裁协议提交的一切国内案件。这种做法体现了平等竞争的原则，也符合国际商事仲裁的一般做法。按照现行 CIETAC 仲裁规则第 2 条的规定，CIETAC 以仲裁的方式，独立、公正地解决契约性或非契约性的经济贸易争议。这些争议包括：

(1) 国际的或涉外的争议；

(2) 涉及我国香港特别行政区、澳门特别行政区或台湾地区的争议；

(3) 外商投资企业相互之间以及外商投资企业与中国其他法人、自然人及/或经济组织之间的争议；

(4) 涉及中国法人、自然人及/或其他经济组织利用外国的、国际组织的或香港特别行政区、澳门特别行政区或台湾地区的资金、技术或服务进行项目融资、招标投标、工程建筑等活动的争议；

(5) 中华人民共和国法律、行政法规特别规定或特别授权由仲裁委员会受理的争议；

(6) 当事人协议由仲裁委员会仲裁的其他国内争议。

此外，该规则还特别规定了不予受理的下列争议：

(1) 婚姻、收养、监护、扶养、继承争议；

(2) 依法应当由行政机关处理的行政争议；

(3) 劳动争议和农业集体经济组织内部的农业承包合同争议。

2000 年的 CIETAC 仲裁规则另一重要修订之处是增加了关于国内仲裁的特别规定一章；主要针对国内仲裁案件的当事人均在中国的特点，缩短了通知、提交相关文件的期限等。此

① 关于这七套规则的全文及 2005 年规则释义，参见赵蓍：《中国国际经济贸易仲裁委员会仲裁规则释义及适用指南》，北京，法律出版社，2006。

外，还适当降低了涉外仲裁的收费标准。

3. 2005 年仲裁规则的特点

与前 6 套仲裁规则相比，2005 年仲裁规则是最为现代化与国际化的规则。主要体现在以下几点：

第一，关于仲裁规则的适用。该规则第一次规定了当事人在约定将争议提交 CIETAC 仲裁时，不仅可以约定适用其他的规则，还可以对 CIETAC 的现行规则作出其他约定，当事人有约定的，从其约定。① 这充分体现了当事人意思自治原则。

第二，首次突破了封闭的仲裁员名册制度。根据规则第 21 条第 2 款的规定，当事人约定在仲裁委员会仲裁员名册之外选定仲裁员的，当事人选定的或根据当事人之间的协议指定的人士经仲裁委员会主任依法确认后可以担任仲裁员、首席仲裁员或独任仲裁员。这一修订同样体现了充分尊重当事人的意思的原则。

第三，明确区分了法律意义上的仲裁地点与开庭地点的含义。② 当事人可以约定在北京、上海和深圳以外的国家作为仲裁地点，且明确规定了“仲裁裁决视为在仲裁地作出”。这一点与国际上多数仲裁机构的仲裁规则的规定相符。

此外，还规定了仲裁协议的书面形式（第 5 条），短员仲裁庭可以继续审理案件并作出裁决（第 28 条），少数仲裁员的书面不同意见尽管不是裁决的组成部分，但可以附在裁决书后（第 43 条），且进一步完善了有关仲裁与调解相结合的规定（第 40 条）。

4. 2012 年仲裁规则的特点

为了适应国际商事仲裁国际化和现代化发展趋势，CIETAC 在总结 2005 年仲裁规则实施的基础上，对该规则作了进一步的修订。2012 年仲裁规则（以下简称新规则）已经于 2012 年 5 月 1 日起实施。

与 2005 年仲裁规则相比，新规则的主要修订是：

第一，增加了合并仲裁的规定（第 17 条）。据此规定，经一方当事人请求并经其他当事人同意，或仲裁委员会认为必要并经各方当事人同意，仲裁委员会可以决定将根据新规则进行的两个或者两个以上的仲裁案件合并于最先开始的仲裁程序的案件。

第二，在申请人或者被申请人为多方当事人时组成三人仲裁庭的情况下，如果申请人及/或被申请人未能在收到仲裁通知后 15 天内共同选定或者各方共同委托仲裁委员会指定一名仲裁员，则由仲裁委员会主任指定仲裁庭三名仲裁员，并从中确定一人担任首席仲裁员。

第三，完善了仲裁与调解相结合的各项规定，包括增加调解书结案和在仲裁程序开始之前当事人之间达成和解协议转化为裁决书的规定。

第四，增加了仲裁程序中止的规定。如果双方当事人共同请求暂停仲裁程序，或者出现需要中止程序的情形时，仲裁程序可以中止；中止程序的原因消失或者中止程序期满后，仲裁程序恢复进行。程序中止的期限不计入裁决期限。

第五，如果仲裁程序适用的法律规则允许仲裁庭就临时措施作出决定，仲裁庭可以根据当事人的请求作出临时性保全措施的决定，并有权令请求此措施的当事人提供适当的担保。

第六，提高了简易程序的争议金额。新规则将简易程序的争议金额从原来的 50 万元人民

---

① 参见 2005 年仲裁规则第 4 条第 2 款。

② 参见 2005 年仲裁规则第 31、32 条。

币提高到200万元人民币，除非当事人之间另有约定。

（三）仲裁与调解相结合的独特做法

综观我国涉外仲裁事业的发展，它经历了从无到有。从小到大的历程。CIETAC的发展历程，正是我国涉外仲裁事业发展的真实写照。正如有的外国法学专家所评述的那样："若干年前，CIETAC和CIETAC仲裁在国际仲裁界鲜为人知，人们对它几乎不了解，甚至连想也不想。而如今的CIETAC则令世人刮目相看，这是因为近年来，CIETAC受理的仲裁案件不断增加，进而使其进入世界上最重要的仲裁机构的行列。1985年，CIETAC仅受理了32起案件，而十年后的1995年，其受理案件的总数则接近1 000件。1992年，CIETAC所受理的仲裁案件数首次超过了伦敦国际仲裁院、斯德哥尔摩商会仲裁院和美国仲裁协会受理案件数，成为仅次于国际商会国际仲裁院的世界第二大仲裁机构。所有这些数字表明，CIETAC与中国令人瞩目的经济发展速度一样，已经成为世界上解决国际争议的重要一员。"①

坚持仲裁与调解相结合，是中国国际经济贸易仲裁委员会和海事仲裁委员会处理国际经济贸易案件和海事案件的传统做法之一，也是中国国际经济贸易仲裁的显著特征之一。早在1959年1月8日中国国际贸易促进委员会（China Council for the Promotion of International Trade，CCPIT）第七次委员会会议上通过的《中国国际贸易促进委员会海事仲裁委员会仲裁程序暂行规则》中就有"海事仲裁委员会对于所受理的案件，可以进行调解"的规定（第19条）。据有关资料统计，自1967年到1979年间，对外贸易仲裁委员会作出正式仲裁裁决的案件有11件，调解的案件有60件。② 1982年6月，在德国汉堡召开的国际商事仲裁大会上，国际商事仲裁委员会专门邀请了中国涉外仲裁机构的代表在大会上作了介绍中国调解实践的"调解是解决国际经济贸易纠纷的一个好办法"专题报告。③ 1990年4月，在中国北京举行的北京世界法律大会上，当时任北京调解中心副主席的唐厚志教授也在大会上作了"关于中国的调解"的报告④，受到与会者的好评。

为了使中国涉外仲裁机构所坚持的仲裁与调解相结合的传统做法发扬光大，1994年修订的中国国际经济贸易仲裁委员会仲裁规则（以下简称CIETAC仲裁规则）第46～51条专门就仲裁中的调解作了规定。2000年CIETAC仲裁规则同样保持了上述规定（第45～51条）。2005年仲裁规则进一步完善了有关仲裁与调解相结合的规定。

目前，在我国进行的国际商事仲裁绝大多数均由涉外仲裁机构审理，但一些地方仲裁委员会也开始根据当事人之间订立的仲裁协议，受理国际商事仲裁案件。

（四）新拓展的仲裁领域

1. 域名争议解决中心

中国国际经济贸易仲裁委员会域名争议解决中心（CIETAC Domain Name Dispute Resolution Center，以下简称域名争议解决中心）经中国国际商会/中国国际贸易促进委员会的批准，于2000年由中国国际经济贸易仲裁委员会组建成立。该中心接受国内外互联网络域名管理机构的委托与授权，根据中国互联网络中心2019年《国家顶级域名争议解决办法》，解

---

① Michael Moser, *CIETAC Arbitration: A Success Story?* J. Int'l Arb., 1998, No. 1, at 27.

② 参见王生长、陶春明编著：《中国国际经济贸易仲裁——程序理论与实务》，5页，北京，人民中国出版社，1992。

③ 参见程德钧主编：《涉外仲裁与法律》，第1辑，97～116页，北京，中国人民大学出版社，1992。

④ 参见程德钧主编：《涉外仲裁与法律》，第1辑，107～116页，北京，中国人民大学出版社，1992。

决网络域名与知识产权纠纷。

域名争议解决中心自成立以来，受理案件的数量逐年增加，其中2001年共受理19件，2002年为33件[①]，2003年为108件。[②] 该中心受理的各类域名案件中，涉及许多国内外知名商标和品牌，如caesars（恺撒）、sharp（夏普）、hellokitty（凯蒂猫）、burberry（勃贝雷）、disney（迪斯尼）、viagra（伟哥）、lancome（兰蔻）、BMW（宝马）、aol（美国在线）、michelin（米奇林）、porshe（保时捷）等。

2. 金融争议解决

2003年4月4日，CIETAC通过了《金融争议仲裁规则》，专门用于解决金融机构之间以及金融机构与其他法人或自然人之间在货币市场、资本市场、外汇市场、黄金市场和保险市场上所发生的本外币资金融通、本外币各项金融工具和单据的转让、买卖等金融交易，包括但不限于贷款、存单、担保、信用证、票据、基金交易和基金托管、债券、托收和外汇汇款、保理、银行间偿付的约定等。该规则已经自2003年5月8日起实施。现行规则为2014年修订后的。

3. 其他领域的仲裁

2003年，中国国际经济贸易仲裁委员会与中国粮食行业协会、贸促会粮食行业分会合作，成立了中国国际经济贸易仲裁委员会粮食行业争议仲裁中心，以仲裁方式解决粮食行业发生的争议。

三、中国海事仲裁委员会

中国海事仲裁委员会的前身是1958年在中国国际贸易促进委员会内设立的海事仲裁委员会，其主要职能是通过仲裁或者调解的方式，独立、公正地解决产生于远洋、近洋、沿海和与海相通的可航水域的运输、生产和航行等有关活动中所发生的契约性或非契约性的海事争议，以保护当事人的合法权益，促进国内外海商事业和经济贸易的发展。

中国是一个海洋大国，远洋运输和沿海运输在我国对外贸易活动中占有重要地位。自1978年我国实施对外开放政策以来，随着我国对外贸易的迅速发展，海上运输事业也有了长足的发展，因为我国进出口商品的85%以上都是通过海上运输的方式最终完成进出口贸易的全过程。中国海事仲裁委员会成立五十多年来通过仲裁和调解的方式公正、独立地处理中外当事人之间的海事争议，对于促进我国对外贸易发展发挥了重要的作用。自成立以来，中国海事仲裁委员会先后共实施了数套仲裁规则。这数套规则的出台均与当时的客观环境密切相关。随着我国对外贸易和海上运输事业的发展，海事仲裁委员会受理案件的范围不断地扩大，审理方式也在不断地趋于国际化和现代化。

按照现行的仲裁规则，海事仲裁委员会受理的海事争议包括以下八个方面：

(1) 租船合同、多式联运合同或者提单、运单等运输单证所涉及的海上货物运输、水上货物运输、旅客运输争议；

(2) 船舶、其他海上移动式装置的买卖、建造、修理、租赁、融资、拖带、碰撞、救助、打捞，或集装箱的买卖、建造、租赁、融资等业务所发生的争议；

---

① 参见《中国涉外仲裁年刊》(2002)，4页。

② 参见王生长：《中国国际经济贸易仲裁委员会2003年度工作报告和2004年工作计划》，载《仲裁与法律》，2004 (1)。

(3) 海上保险、共同海损及船舶保赔业务所发生的争议；

(4) 船上物料及燃油供应、担保争议，船舶代理、船员劳务、港口作业所发生的争议；

(5) 海洋资源开发利用、海洋环境污染所发生的争议；

(6) 货运代理，无船承运，公路、铁路、航空运输，集装箱的运输、拼箱和拆箱，快递，仓储，加工，配送，仓储分拨，物流信息管理，运输工具、搬运装卸工具、仓储设施、物流中心、配送中心的建造、买卖或租赁，物流方案设计与咨询，与物流有关的保险，与物流有关的侵权争议，以及其他与物流有关的争议；

(7) 渔业生产、捕捞等所发生的争议；

(8) 双方当事人协议仲裁的其他争议。

海事仲裁委员会的仲裁庭审理仲裁案件的程序与 CIETAC 的仲裁程序基本相同。在仲裁审理的过程中，经双方当事人同意，仲裁庭也可以通过调解的方式解决他们之间的争议，仲裁庭可以将通过调解达成的协议做成裁决书，并作为仲裁裁决执行。据权威部门的统计，截至 2000 年年底，中国海事仲裁委员会作出的裁决书全部得到当事人的自动履行或国内外法院的协助执行，还没有法院撤销或裁定不予执行其作出的仲裁裁决的例子。① 2003 年，中国海事仲裁委员会共受理案件 28 件。②

在过去的三十多年中，中国海事仲裁委员会与世界上许多国家的海事仲裁机构开展了范围广泛的业务合作，并与日本海运集社所海事仲裁委员会、西班牙海事仲裁委员会等外国海事仲裁机构签订了仲裁合作协议，多次派员参加国际海事委员会召开的国际海事仲裁员大会和国际海事法研讨会，为协调和统一国际海事法和促进国际航运事业的健康发展，作出了积极的贡献。

四、中国其他常设仲裁机构

按照现行《仲裁法》的规定，除特殊情况外③，我国尚无临时仲裁机构存在的余地。一般国内外经济贸易争议的当事人可根据他们之间业已订立的仲裁协议，将争议提交约定的仲裁委员会解决。而这些仲裁委员会均为在各直辖市和省、自治区人民政府所在地的市或者其他设区的市设立的有自己的名称、住所和章程，有该委员会的组成人员，有聘任的仲裁员的独立机构。这些仲裁委员会独立于行政机关，与行政机关没有隶属关系，而且这些仲裁委员会之间也没有隶属关系。当事人可以在仲裁协议中约定将他们之间的争议提交某一特定的仲裁委员会解决，而这些特定的仲裁委员会受理仲裁案件的依据就是当事人之间的仲裁协议。如果当事人之间未能在仲裁协议中就审理案件的仲裁委员会作出约定或者约定不明确，当事人可以补充协议；达不成补充协议的，仲裁协议无效。④

自 1995 年《中华人民共和国仲裁法》实施以来，国内仲裁机构进行了实质性的改组，脱离了原来隶属的行政机关，在各直辖市和省、自治区人民政府所在地的市或其他设区的市组建了新的仲裁委员会，这些新组建的国内仲裁委员会的主要职责是受理国内仲裁案件，但当涉外

---

① 参见中国海事仲裁委员会秘书处编著：《海事仲裁入门指南》，3 页，北京，中国政法大学出版社，2001。

② 参见康明：《中国海事仲裁委员会 2003 年度工作报告和 2004 年工作计划》，载《仲裁与法律》，2004 (1)。

③ 指根据我国与其他一些国家签署的双边条约设立的临时仲裁机构。如我国与一些国家签署的投资保护协定中规定可以将政府间由于双边条约的解释和履行中发生的争议，或者东道国政府与对方国家的投资者在东道国投资而产生的争议，提交专门的仲裁机构（即临时仲裁机构）解决。

④ 参见《中华人民共和国仲裁法》第 18 条。

案件的当事人自愿选择这些新组建的仲裁委员会仲裁涉外案件的，根据国务院办公厅在1996年6月8日发布的《关于贯彻实施〈中华人民共和国仲裁法〉需要明确的几个问题的通知》的规定，如果涉外案件的当事人通过他们之间订立的仲裁协议，约定将其案件提交国内仲裁委员会解决的，这些国内仲裁委员会也可受理涉外仲裁案件。① 目前，中国共有二百多家仲裁委员会，其中有许多家仲裁委员会也受理过涉及外国或我国港澳地区的案件。

当事人之间业已存在的仲裁协议，是我国仲裁委员会受理仲裁案件的唯一依据。国内仲裁委员会据此协议，可以受理涉外案件。此外，国内合同的当事人也可以在仲裁协议中约定将他们之间的合同争议提交涉外仲裁机构仲裁。

在我国涉外经济合同仲裁中，鉴于我国现行仲裁法仅规定了机构仲裁，而目前还没有临时仲裁存在的余地。按照我国仲裁法的规定，一项有效的仲裁协议，必须明确约定仲裁委员会的名称，否则无效。② 在实践中，一些当事人在仲裁协议中对仲裁机构约定不明确，或者约定了两个仲裁机构，法院或者仲裁机构应当如何认定当事人是否约定了仲裁机构？为了指导实践中发生的现实问题，2006年8月23日，最高人民法院发布了《关于适用〈中华人民共和国仲裁法〉若干问题的解释》(2008年调整，以下简称《仲裁法司法解释》)③ 第3～6条作了如下规定：仲裁协议约定的仲裁机构名称不准确，但能够确定具体的仲裁机构的，应当认定选定了仲裁机构（第3条)。仲裁协议仅约定纠纷适用的仲裁规则的，视为未约定仲裁机构，但当事人达成补充协议或者按照约定的仲裁规则能够确定仲裁机构的除外（第4条)。仲裁协议约定两个以上仲裁机构的，当事人可以协议选择其中的一个仲裁机构申请仲裁；当事人不能就仲裁机构选择达成一致的，仲裁协议无效（第5条)。仲裁协议约定由某地的仲裁机构仲裁且该地仅有一个仲裁机构的，该仲裁机构视为约定的仲裁机构。该地有两个以上仲裁机构的，当事人可以协议选择其中的一个仲裁机构申请仲裁；当事人不能就仲裁机构选择达成一致的，仲裁协议无效（第6条)。

案例分析

中化国际石油（巴哈马）有限公司诉海南昌盛石油开发有限公司购销合同关于仲裁条款效力的纠纷④

基本案情

中化国际石油（巴哈马）有限公司（简称中化公司）与海南昌盛石油开发有限公司（昌盛公司）订立了销售合同，该合同第15条规定："买卖双方在产生与该合同有关的分歧、争议时，应本着友好协商的原则共同协调解决。如果协调无效，应提交中国相关的国际贸易仲裁机构，根据相应的规则和程序进行仲裁。"

双方当事人在履行合同中发生争议，原告中化公司将该争议提交海口市中级人民法院，被

① 参见国办发（1996）22号文件。

② 参见《中华人民共和国仲裁法》第16、18条。

③ 该解释于2005年12月26日由最高人民法院审判委员会第1375次会议通过，法释（2006）7号。关于该解释的全文，可参见http：//www.cietac.org。

④ 参见万鄂湘主编：《中国涉外商事海事审判指导与研究》，第1卷，77～79页，北京，人民法院出版社，2001。

告昌盛公司对法院的管辖权提出异议，理由是根据当事人之间的销售合同第 15 条，该合同项下的争议应当提交仲裁解决，海口市中级人民法院对此无管辖权。

海口市中级人民法院和海南省高级人民法院的意见

海口市中级人民法院经审查后认定，本案中的仲裁条款对仲裁机构约定不明确，无法执行，且双方当事人又未达成补充协议，故该仲裁条款无效，昌盛公司提出的管辖权异议不能成立，并将此意见报呈海南省高级人民法院审查。

海南省高级人民法院认为，本案中的仲裁协议对仲裁委员会约定不明确，而双方对此又未达成补充协议，根据我国《仲裁法》第 18 条的规定，本案所涉仲裁协议无效。昌盛公司对本案所提出的管辖权异议不能成立。该法院根据最高人民法院《关于人民法院处理与涉外仲裁及外国仲裁事项有关问题的通知》之规定，于 2000 年 11 月 6 日报请最高人民法院审查。

最高人民法院的意见

最高人民法院经审查后，于 2000 年 12 月 15 日对本案所涉及的仲裁协议的效力问题作出如下答复：

本院经审查认为：根据 1996 年 6 月 8 日国办发（1996）22 号《关于贯彻实施〈中华人民共和国仲裁法〉需要明确的几个问题的通知》的规定，新组建的仲裁委员会可以受理涉外仲裁案件。因此，所谓“中国相关的国际贸易仲裁机构”不能推定为就是受理涉外仲裁案件的中国国际经济贸易仲裁机构（委员会）。鉴于本案当事人对仲裁机构的约定不明确，而一方当事人已起诉至有关人民法院，表明双方当事人已不可能就仲裁机构达成补充协议。根据《中华人民共和国仲裁法》第 18 条之规定，应认定本案仲裁条款无效。

思考题：

1. 我国法律对仲裁协议的有效性作了哪些规定？
2. 在国际商事仲裁实践中，仲裁解决争议包括通过临时仲裁机构解决争议吗？我国现行法律是否允许当事人约定通过临时仲裁机构解决他们之间的争议？
3. 如果此案在我国香港特区、英国或者美国法院涉诉，将产生什么样的结果？
4. 对本案中我国各级人民法院对此案作出的认定如何评论？

本章小结

小结

1. 根据处理国际商事争议的仲裁机构有无固定的办公场所和章程，仲裁机构可以分为临时仲裁机构和常设仲裁机构。临时仲裁机构专门为了审理某一特定的仲裁案件而设立，案件审理完毕，该仲裁机构的使命即告完成。
2. 常设仲裁机构通常根据一国的法律在某一特定地点设立，其主要职能是为仲裁案件的审理提供相关的行政管理方面的服务，包括制定仲裁规则和示范仲裁条款，协助组成仲裁庭，按照应当适用的仲裁规则指定仲裁员或者撤销对仲裁员的指定，以及依照相关的规则对仲裁程序的实施情况进行监督等。

3. 国际上一些主要贸易大国均设有常设仲裁机构，如在法国巴黎设立的国际商会国际仲裁院、伦敦国际仲裁院、斯德哥尔摩商会仲裁院、美国仲裁协会等。这些常设仲裁机构一般都有自己的仲裁规则，有的也备有供当事人选择的仲裁员名册，许多仲裁机构还允许当事人自行选择应当适用的仲裁规则。

4. 在我国国际商事仲裁实践中，以审理国际商事仲裁案件为其主要业务的国际商事仲裁机构有中国国际经济贸易仲裁委员会和中国海事仲裁委员会。根据我国现行仲裁立法与实践，如果国内案件的当事人约定将其争议提交上述国际仲裁机构审理，国际仲裁机构根据应当适用的仲裁规则，也可以受理国内案件。此外，国内仲裁机构也可以根据国际仲裁协议的当事人之间的约定，审理国际仲裁案件。

QUESTIONS AND COMMENTS

1. What is the typical difference between the ad hoc arbitration and the permanent arbitration institution?
2. If the parties agreed in their arbitration agreement to refer their dispute to the particular arbitration institution, what arbitration rules should be applied in such case? If the parties agreed to apply particular arbitration institution's rules for arbitrating their dispute, suppose ICC International Arbitration Court, without mentioning ICC Arbitration Court for the settlement of the dispute, which arbitration institution has jurisdiction over the case?
3. Currently there are more than 180 arbitration commissions in China, are these institutions qualified to arbitrate international disputes? Why?

第三章 国际商事仲裁协议

提要

国际商事仲裁协议是当事人之间达成的，旨在通过仲裁方式解决国际商事争议的契约或协议，是仲裁庭对仲裁案件行使管辖权的基本依据，也是法院承认与执行依此协议作出的仲裁裁决的必要前提。因此，究竟谁有权决定国际商事仲裁协议的有效性，适用什么样的法律作出此项决定，是各国有关国际商事仲裁的立法与实践中一个至关重要的问题。

重点问题

- ❑ 国际商事仲裁协议的性质及表现形式
- ❑ 国际商事仲裁协议的效力
- ❑ 国际商事仲裁协议的转让
- ❑ 中国有关国际仲裁协议的立法与实践

第一节 概论

一、国际商事仲裁协议的性质和作用

（一）仲裁协议的性质

国际商事仲裁协议（International Commercial Arbitration Agreement）是当事人之间达成

的，旨在通过仲裁方式解决国际商事争议的契约或协议。一项有效的仲裁协议是仲裁庭对仲裁案件行使管辖权的基本依据，也是法院承认与执行依此协议作出的仲裁裁决的必要前提。《纽约公约》第5条第1款第1项规定的允许法院拒绝承认与执行外国仲裁裁决的第一条理由就是："The parties to the agreement referred to in article II (arbitration agreement) were, under the law applicable to them, under some incapacity, or the said agreement is not valid under the law to which the parties have subjected it or, failing any indication thereon, under the law of the country where the award was made."

关于仲裁和仲裁协议的性质，早在20世纪60年代，著名的英国国际贸易法学家施米托夫教授就有过精辟的概述："仲裁实质上是解决争议的一种合同制度。"① 而"仲裁协议是双方当事人保证将仲裁条款项下的争议提交仲裁解决的协议"②。也就是说，仲裁协议本身就是一项契约，是当事人各方就其将有关争议交由仲裁解决的一致的意思表示。仲裁条款的性质与合同中的其他条款的性质完全不同，因为合同中的其他条款规定的都是当事人相互之间承担的义务，而仲裁条款规定的不是一方当事人对另一方当事人的义务。仲裁条款是当事人双方的协议，即如果产生了有关一方当事人对另一方当事人承担的义务的争议，则这些争议将由他们自己成立的法庭解决。

仲裁协议可以体现在任何性质的国际合同之中，如它可以成为国际货物买卖、代理、租赁、融资、合资经营、合作经营、补偿贸易、来料加工、工程承包等一系列合同中的一个条款。此条款作为各种合同中关于解决争议的条款，所产生的义务不同于合同中其他条款产生的义务。当事人违反仲裁条款的义务并不产生损害赔偿的请求权，而是产生解决合同争议的方式的请求权。违反此项协议的补救办法是当事人请求对此协议的强制执行。换言之，当事人就仲裁条款所依据的合同发生的争议，均应交由仲裁解决，而不应当诉诸法院。如果一方当事人无视此规定，当协议项下的争议发生后将此争议提交法院解决时，另一方当事人可以依据他们之间的仲裁协议，就法院对此案的管辖权提出异议，法院应当根据当事人之间业已订立的仲裁协议，令当事人将争议提交仲裁解决，除非法院认定该仲裁协议无效。

仲裁协议也可以体现为当事人之间在争议发生后订立的通过仲裁方式解决他们之间该特定争议的独立协议。在这种情况下，仲裁协议的法律地位不同于合同中的仲裁条款，而是作为一项独立的协议，即通过仲裁解决争议的独立契约。就仲裁协议的目的而言，无论是合同中的仲裁条款，还是一项独立的仲裁协议，都是通过仲裁的方式解决争议的契约。其法律后果是：任何一方违反了此项契约，另一方当事人均可向法院请求强制执行该契约，即令当事人将争议提交仲裁解决。

（二）仲裁协议的作用

在国际商事仲裁实践中，一项有效订立的仲裁协议的主要作用是：第一，该仲裁协议对双方当事人具有法律上的拘束力，任何一方当事人均不得单方面撤回。因为仲裁协议是双方当事人共同的意思表示，如果任何一方当事人违反了此项协议，另一方当事人可以向法院请求强制执行该协议。第二，一项有效的仲裁协议是排除法院对协议项下争议的管辖权的依据，至少在仲裁裁决作出之前，法院不得对协议项下争议的解决进行干预，除非法院认定该仲裁协议无效、失效或者不能履行。第三，仲裁协议也是仲裁庭取得仲裁协议项下争议的管辖权的主要依

① ［英］施米托夫：《国际贸易法文选》，674页，北京，中国大百科全书出版社，1993。
② ［英］施米托夫：《国际贸易法文选》，611页，北京，中国大百科全书出版社，1993。

据，赋予仲裁员解决该协议项下争议的权力。第四，一项有效的仲裁协议也是使根据该协议作出的仲裁裁决得以执行的保证。根据《纽约公约》第 5 条第 1 款（a）项的规定，如果仲裁裁决根据无效仲裁协议作出，法院可以根据被申请人的请求，拒绝承认与执行该仲裁裁决。

二、国际商事仲裁协议的有效性要件及其表现形式

（一）国际商事仲裁协议有效性的形式要件和实质要件

就仲裁协议形式上的要件而言，即当事人之间将争议提交仲裁解决的意思表示的表现形式，此项表现形式通常包括两种：第一，争议发生之前当事人在国际商事合同中订立的仲裁条款（arbitration clause）。仲裁条款用法文表述是：la clause compromissoire。第二，有关当事人在争议发生之后就争议解决方式专门订立的仲裁协议书（submission agreement），其法文的表述方式是：le compromis d'arbitrage。

仲裁条款为合同中的一个条款，是在合同争议发生之前当事人双方在谈判合同时订立的，它在形式上不是一个单独的协议，而是主合同的一个组成部分。而仲裁协议则是在争议发生后当事人双方就争议解决方式订立的专门协议，从形式上看与仲裁条款不同，它一般表现为一个单独的协议。

国际商事仲裁协议的有效性要件，就其实质意义上的要件而言，就是当事人之间业已存在的将他们之间的争议提交仲裁解决而不是通过其他方法解决的协议。即当事人之间业已存在的通过仲裁方法解决他们之间协议项下争议的共同的意思表示，这是仲裁协议中最为重要的内容：其一是通过仲裁的方法解决争议，解决什么样的争议；其二是由谁来解决他们之间的争议，适用什么样的法律或者仲裁规则。在这些要件中，由谁通过仲裁的方法解决什么样的争议构成了仲裁协议的主要内容。正因为如此，一些国家的法律规定，仲裁协议必须援引一套仲裁规则，或者指定一名或多名仲裁员，或就仲裁员的指定方法作出约定。如法国 1981 年《民事诉讼法典》第 1453 条对国际仲裁协议规定如下：The arbitration agreement may, directly or by reference to a set of arbitration rules, designate one or more arbitrators or provide manner for their designation. If any difficulty arises in the constitution of the arbitral tribunal with respect to arbitration taking place in France, or in regard to which the parties provided have agreed that French procedural law should apply, either party may, in the absence of a clause to the contrary, apply to the President of the "Tribunal de Grande Instance de Paris" in the manner set forth in Article 1457.① 按照《意大利民事诉讼法》第 809 条的规定，仲裁协议或条款必须写明谁是仲裁员或规定仲裁员的人数及仲裁员的指定方式，否则无效。

1. 临时仲裁中的仲裁条款

在临时仲裁的情况下，如果双方当事人决定由独任仲裁员（sole arbitrator）组成仲裁庭，对于合同中的仲裁条款可以作出如下约定：

All disputes arising in connection with the present contract or in relation thereto shall be finally settled by a sole arbitrator.

The claimant party shall notify its request for arbitration in writing and by registered mail to the

---

① Article 1457 relates to the jurisdiction of the judge to appoint arbitrators, and the circumstances under which such appointments may be challenged.

defendant party; the latter shall answer in writing and by registered letter within 30 days from the receipt of the request of arbitration.

The parties shall attempt to appoint jointly the sole arbitrator within 30 days from the receipt of the answer, failing which the sole arbitrator shall be appointed by (mention the name of the institution or arbitration center), acting in capacity of appointing authority, upon the request of any of the parties.

The arbitration shall take place in (mention the place), (mention the country).

The language (s) of the arbitration shall be. . .

对于由三人组成临时仲裁庭的仲裁条款，可以作如下约定：

All disputes arising in connection with the present contract or in relation thereto shall be finally settled by three arbitrators.

The claimant party shall notify its request for arbitration in writing and by registered mail to the defendant party and simultaneously appoint an arbitrator. The defendant party shall answer in writing and by registered letter within 30 days from the receipt of the request of arbitration, and appoint thereby an arbitrator.

The two arbitrators so appointed shall attempt to appoint jointly a third arbitrator within 30 days who shall chair the arbitral tribunal. Any arbitrator not appointed within the time limit set out above shall be appointed by (mention the name of the institution or arbitration center), acting in capacity of appointing authority, upon the request of any of the parties or of the arbitrators appointed.

The arbitration shall take place in (mention the place), (mention the country).

The language (s) of the arbitration shall be. . .①

UNCITRAL 成立后，在 1976 年专门制定了一套供当事人在临时仲裁中选择使用的仲裁规则。② 由于该规则是由该会各主要法系的法律专家制定，反映了不同法系的国家有关国际商事仲裁的立法与实践，所以，该规则不仅为临时仲裁所广泛采用，而且还为包括中国国际经济贸易仲裁委员会在内的许多常设仲裁机构所采纳，即在这些常设仲裁机构仲裁时，当事人也可以选择适用 UNCITRAL 仲裁规则。

约定由临时仲裁庭进行仲裁的当事人，可以在他们的合同中列入如下仲裁条款：

Any dispute, controversy or claim arising out of or relating to this contract, or the breach, termination or invalidity thereof, shall be settled by arbitration in accordance with the UNCITRAL Arbitration Rules as at present in force.

The parties may wish to consider adding:

(a) The appointing authority shall be. . . (name of institution person);

(b) The number of arbitrators shall be. . . (one or three);

(c) The place of arbitration shall be. . . (town or country);

(d) The language (s) to be used in the arbitral proceedings shall be. . .③

---

① See International Trade Center, *Arbitration and Alternative Dispute Resolution*, UNCTAD/WTO, Trade Law Series, Geneva, 2001, at 154-155.

② 关于该会仲裁规则的英文版，可参见http://www.uncitral.org。

③ See International Trade Center, *Arbitration and Alternative Dispute Resolution*, UNCTAD/WTO, Trade Law Series, Geneva, 2001, at 157.

2. 机构仲裁中的示范仲裁条款

在机构仲裁中，各常设仲裁机构均有其各自专门制定的仲裁规则。有些仲裁机构本身就涉及不同事项的仲裁，制定了不同的仲裁规则，如涉及证券交易、金融事项、房地产、专利、知识产权、建筑等事项，分别制定了不同的仲裁规则供当事人选择适用。一般而言，当事人在仲裁协议中约定由某一特定常设仲裁机构仲裁，就意味着适用该机构的仲裁规则，除非当事人之间另有约定。例如，根据 1992 年 1 月 1 日起生效的《日内瓦商工会仲裁规则》第 1 条第 1 款的规定，一旦当事人同意将争议提交商工会进行仲裁，将适用该会规则仲裁。许多常设仲裁机构在其宣传材料中或者在介绍其仲裁规则时，专门制定了供当事人选择在各自的仲裁机构进行仲裁的示范条款。

现将世界上一些主要的常设仲裁机构建议当事人采纳的示范仲裁条款介绍如下①：

（1） International Chamber of Commerce（ICC）

All disputes arising out of or in connection with the present contract shall be finally settled under the Rules of Arbitration of the International Chamber of Commerce by one or more arbitrators appointed in accordance with the said Rules.

（2） International Center for Dispute Resolution of the American Arbitration Association（AAA）

Any controversy or claim arising out of or relating to this contract shall be determined by arbitration in accordance with the International Arbitration Rules of the American Arbitration Association.

The parties may wish to consider adding：

（a） The number of arbitrators shall be（one or three）；

（b） The place of arbitration shall be（city and/or country）；

（c） The language （s） of the arbitration shall be . . .

（3） London Court of International Arbitration（LCIA）

Any dispute arising out of or in connection with this contract，including any question regarding its existence，validity or termination，shall be referred to and finally resolved by arbitration under the LCIA Rules，which Rules are deemed to be incorporated by reference into this clause.

The number of arbitrators shall be（one/three）.

The place of arbitration shall be（city and/or country）.

The language to be used in the arbitral proceedings shall be . . .

The governing law of the contract shall be the substantive law of . . .

（4） Arbitration Institute of the Stockholm Chamber of Commerce

Any dispute，controversy or claim arising out of or in connection with this contract，or the breach，termination or invalidity thereof，shall be settled by arbitration in accordance with the Rules of the Arbitration Institute of the Stockholm Chamber of Commerce.

The parties are advised to make the following additions to the clause，as required：

The Arbitral Tribunal shall be composed of. . . arbitrators（a sole arbitrator）.

The place of arbitration shall be. . .

The language （s） to be used in the arbitral proceedings shall be. . .

---

① 以下各仲裁机构示范仲裁条款资料来源：International Trade Center，*Arbitration and Alternative Dispute Resolution*，UNCTAD/WTO，Trade Law Series，Geneva，2001，at 157-161。

This contract shall be governed by the law of... (insert jurisdiction).

(5) Geneva Chamber of Commerce and Industry (CCIG)

Any disputes arising with respect to or in connection with this agreement shall be finally decided by one or more arbitrators in accordance with the Rules of Arbitration of the Chamber of Commerce and Industry of Geneva.

(二)《纽约公约》关于仲裁协议的有关规定

在现代国际商事仲裁实践中，无论仲裁协议表现为合同中的仲裁条款，还是当事人在争议发生后订立的仲裁协议，均统称为仲裁协议。《纽约公约》对仲裁协议的基本要求一是当事人之间存在着通过仲裁解决他们之间争议的意思表示，二是要采用书面形式："Each Contracting State shall recognize an agreement in writing under which the parties undertake to submit to arbitration all or any differences which have arisen or which may arise between them in respect of a defined legal relationship, whether contractual or not, concerning a subject matter capable of settlement by arbitration."① 此外，按照第二次世界大战后发展起来的国际商事仲裁中的仲裁协议独立原则的理论与实践，无论仲裁协议在争议发生之前订立还是在此之后订立，也无论该协议是一项单独订立的协议，还是作为主合同的一个组成部分，都可以独立于它所依据的合同而存在。②

至于仲裁协议的有效性及其认定，通常取决于相关国家的法律，因为《纽约公约》并没有就如何认定仲裁协议的有效性作出具体的规定，而是将这一问题留给了各国法院。《纽约公约》第 2 条第 3 款规定："The court of a Contracting State, when seized of an action in a matter in respect of which the parties have made an agreement within the meaning of this article, shall, at the request of one of the parties, refer the parties to arbitration, unless it finds that the said agreement is null and void, inoperative or incapable of being performed." 也就是说，在当事人订有仲裁协议的情况下，如果一方当事人将协议项下的争议提交缔约国法院解决，法院应当根据另一方当事人的请求，令当事人将该争议提交仲裁解决，除非法院认定该仲裁协议无效、失效或者不能履行。但至于如何认定涉诉仲裁协议是无效的或者是不能履行的，由受理案件的缔约国法院作出裁定。

当仲裁裁决作出后，如果一方当事人拒绝承认与执行该裁决，则另一方当事人可以请求法院强制执行该裁决。胜诉当事人在申请法院强制执行仲裁裁决时，根据《纽约公约》第 5 条第 1 款第 1 项的规定，如果被执行的一方当事人提出证据证明该裁决所依据的仲裁协议为无效仲裁协议，法院即可拒绝承认与执行该仲裁裁决。至于如何认定仲裁裁决所依据的仲裁协议的有效性，《纽约公约》还是将其留给了相关国家的法院，而仅就决定仲裁协议有效性的法律作出了规定。因此，在国际商事仲裁实践中，适用什么样的法律认定仲裁协议的有效性，不仅关系到法院能否取得对争议案件的管辖权，同时也关系到依据仲裁协议作出的仲裁裁决能否得到相关国家法院的承认与执行。由于各国法律对仲裁协议有效性的规定不同，往往同样一个仲裁协议，根据一国法律为有效协议，而根据另一国法律则为无效协议。

在经济全球化的条件下，随着电子商务的广泛应用，《纽约公约》第 2 条规定的仲裁协议的书面形式，有了更加广泛的含义。联合国贸法会第三十九届会议于 2006 年 7 月 6 日通过的关于 1958 年 6 月 10 日在纽约制定的《承认及执行外国仲裁裁决公约》第 2 条第 2 款和第 7 条

① 《纽约公约》第 2 条第 1 款。

② 参见赵秀文：《论仲裁条款独立原则》，载《法学研究》，1997 (4)。

第 1 款的解释的建议，考虑到联合国贸法会 1985 年《国际商事仲裁示范法》、1996 年《电子商务示范法》、2001 年《电子签名示范法》和 2005 年《联合国国际合同使用电子通信公约》对书面形式的要求，并考虑到所颁布的一些国内立法，以及判例法对仲裁协议的形式要求，对于仲裁协议的书面形式，作出更加广泛的解释。

三、仲裁条款的效力及其独立性（separability）

（一）关于仲裁条款的效力

在各国有关仲裁的立法与实践中，仲裁条款的法律地位不同于仲裁协议书：仲裁协议书是一项独立的文件，通常在争议发生后订立。而仲裁条款是在争议发生之前订立的，它本身不是一项单独的文件，而是合同中的一个条款。在第一次世界大战之前，合同中的仲裁条款一般不能强制执行，法院可以不承认与执行此项条款，并有权撤销此项条款。

第一次世界大战后，在国际联盟的主持下，一些国家的代表于 1923 年 9 月 24 日在日内瓦签署了《仲裁条款议定书》，该议定书的中心内容就是缔约国法院应当承认与执行当事人之间订立的约定将已经存在的或将来可能发生的争议提交仲裁解决的仲裁协议的效力，对在各缔约国进行的仲裁给予便利，按本国法律承认与执行据此协议作出的仲裁裁决。美国没有参加此公约。英国参加此公约后，英国法院对国际商事仲裁的监督权力受到限制，主要表现为在适用 1923 年《仲裁条款议定书》的情况下，法院就丧失了撤销仲裁协议的权力。在其他情况下，法院一般强制执行当事人之间业已达成的仲裁协议。但如果有充分理由证明某一案件在英国法院审理更为方便，法官也将毫不犹豫地撤销仲裁条款。① 美国 1925 年《联邦仲裁法》第 2 条对仲裁条款的效力作出专门规定："A written provision in any maritime transaction or a contract evidencing a transaction involving commerce to settle by arbitration a controversy thereafter arising out of such contract or transaction, or the refusal to perform the whole or any part thereof, or an agreement in writing to submit to arbitration an existing controversy arising out of such a contract, transaction, or refusal, shall be valid, irrevocable, and enforceable, save upon such grounds as exist at law or in equity for the revocation of any contract." 据此规定，除了法律规定的理由外，当事人之间订立的合同中的仲裁条款可以被强制执行，此项条款一旦订立，任何一方当事人均无权单方面撤回其意思表示。

法国于 1925 年修订的《商法典》第 631 条首次明确规定了商事合同中的仲裁条款的法律效力，1980 年至 1982 年间，法律上才明确地规定了合同中的仲裁条款可独立于合同存在，仲裁员可就其管辖权作出裁定。该规定列入法国 1981 年《民事诉讼法典》第 1442～1507 条之中。该法典第 1442 条规定："仲裁条款是合同当事人同意将可能发生的与该合同有关的争议提交仲裁解决的协议。"只有在国际合同和商事合同中，将可能发生的争议提交仲裁解决的仲裁条款才是有效的和可以被强制执行的。

在巴西，按照现行的《民事诉讼法典》第 1.072 条的规定，具有缔约能力的当事人各方可以在将他们之间的经济争议提交法院之前或之后签署一项书面仲裁协议（compromis），选择将此项争议提交一位或几位仲裁员解决。其第 1.074 条还规定，仲裁协议必须包括下列内容，违者将受到仲裁协议无效的惩罚：(1) 设立仲裁庭的当事人的姓名、职业和住所；(2) 仲裁员及在仲裁员缺席或由于其他障碍时所指定的替代仲裁员的姓名、职业和住所；(3) 争议事项的细节，包括争

---

① 参见［英］施米托夫：《国际贸易法文选》，603 页，北京，中国大百科全书出版社，1993。

议的金额；(4) 当事人支付专家费用和仲裁程序费用的责任。[1] 然而，在国际商事交易中，合同中的仲裁条款 (clause compromisoire) 足以使仲裁庭取得对仲裁案件的管辖权。巴西联邦最高法院在一项判决中裁定，"关于仲裁协议的法律上的规定，只适用于国内合同"[2]。

(二) 关于仲裁条款的独立性

仲裁条款可独立于它所依据的合同而存在，这早已为各国的立法与司法实践所证实。

据笔者所知，英国是比较早地通过判例确认仲裁条款可独立于它所依据的合同而存在的国家。早在 20 世纪 40 年代，英国上诉法院在 1942 年审理的海曼诉达文斯 (Heyman v. Darwins Ltd.) 一案中就确认了这一原则。

随着仲裁作为解决商事争议的方法被广泛采用，在 20 世纪 60 年代，这一原则又有了新的发展，即自始无效的合同中的仲裁条款也可以脱离它所依据的主合同而独立存在。1967 年，美国最高法院对 Prima Paint Co. v. Flood & Conklin Manufacturing Co. 一案的判决[3]把仲裁条款独立原则提高到一个新的水平。该案所确立的原则是：仲裁条款可独立于自始无效的欺诈合同。法国在 1963 年就 Societe Gosset v. Societe Carapelli 一案所作的判决，同样也确立了仲裁条款可独立于它所依据的主合同而独立存在的原则。1993 年，英国上诉法院民事法庭对 Harbour Assurance Co. (UK) Ltd. v. Kansa General International Insurance Co., Ltd. 一案作出的裁定，同样反映了即便当事人之间订立的合同违反了英国有关的强制性规定为无效，但该合同中所包含的通过仲裁解决争议的条款仍然被视为有效。对于因该合同的有效性而发生的争议，当事人应当通过仲裁的方式解决，而不是由法院解决。

已经为许多国家所采纳的由联合国贸法会主持制定的《示范法》第 16 条第 1 款规定，The arbitral tribunal may rule on its own jurisdiction, including any objections with respect to the existence or validity of the arbitration agreement. For that purpose, an arbitration clause which forms part of a contract shall be treated as an agreement independent of the other terms of the contract. A decision by the arbitral tribunal that the contract is null and void shall not entail ipso jure the invalidity of the arbitration clause.

CASE STUDY

英国海港保险公司案

[Harbour Assurance Co. (UK) Ltd. v.

Kansa General International Insurance Co., Ltd.][4]

United Kingdom, Court of Appeal (Civil Division), 1993.

1 Lloyd's Law Rep. 455 (1993)

Lord Justice Ralph Gibson: This is an appeal, brought with the leave of Steyn J, by first,

[1] See Professor Sergio Bermudes and Dr. Carlos Lins, *The Future for Arbitration in Brazil and in Latin America*, from *The Internationalisation of International arbitration*, Graham & Trotman / Martinus Nijhoff, 1995, pp. 128-129.

[2] Ibid., p. 130.

[3] 参见赵秀文：《论仲裁条款独立原则》，载《法学研究》，1997 (4)。

[4] See Tibor Varady, John J. Barcelo, Ⅲ, Arthur T. von Mehren, *International Commercial Arbitration*, West Group, 1999, at 130-133.

third, fourth and fifth defendants against his order of 16 July, 1991 in an action brought by Harbour Assurance Co. (UK) Ltd. by that order Steyn J (1992) 1 Lloyd's Rep. 81 dismissed the application by the defendants for a stay of the action under section 1 of the Arbitration Act 1975.

This case raises the question whether in English law, under the principle of the separability or autonomy of the agreement expressed in an arbitration clause, which clause is contained in a written contract, the clause can give jurisdiction to the arbitrators under that clause to determine a dispute over the initial validity or invalidity of the written contract, upon the assumptions that upon its true construction the arbitration clause covers such a dispute and that the nature of the invalidity alleged does not attack the validity of the agreement expressed in the arbitration clause itself.

The orthodox view in English law has always been, it has been said for the plaintiffs, that if the contract in which the arbitration clause is contained is void ab initio (自始无效), and therefore nothing, so also must be the arbitration clause in the contract. That is the proposition that nothing can come of nothing: ex nihil nil fit. It has also been called in this case the argument of logic.

As a result of agreement between the parties the only issue considered by him was whether, as the defendants alleged, the arbitration clause was wide enough to cover the illegality issued, and whether there was no impediment in law to giving effect to the arbitration agreement.

For the reasons set out in his judgment, Steyn J concluded that he was compelled by authority to hold that the principle of separability could not extend so as to enable the arbitrator to determine whether or not the contract, in which the arbitration clause in contained, is in fact void ab initio for illegality. He therefore dismissed the application for a stay of proceedings in which the plaintiffs seek to establish that illegality.

The appeal by the defendants was directed only to the last passages of the judgment by the judge, by which he held that he was required by authority to hold as he did. In all other respects the defendants adopted and supported the conclusions and reasoning of the judge.

In brief summary, the judge held as follows:

1. The principle of the separability of the arbitration clause or agreement from the contract in which it is contained exists in English law; and, provided that the arbitration clause itself is not directly impeached, the arbitration agreement is, as a matter of principled legal theory, capable of surviving the invalidity of the contract so that the arbitrators could have jurisdiction under the clause to determine the initial validity of the contract. Further, it would be consistent to hold that an issue as to the initial illegality of the contract is also capable of being referred to arbitration, provided that any initial illegality does not directly impeach the arbitration clause.

2. The illegality alleged in this case does not impeach the arbitration clause.

3. The arbitration clause on its proper construction is wide enough to cover a dispute as to the initial illegality of the contract.

4. To his evident regret, however, Steyn J was driven to hold that the principle of separability could not apply when the alleged ground of invalidity of the contract was initial illegality.

The contentions of the plaintiffs, in their respondents' notice, included:

(1) The judge was wrong not to hold that the non-arbitrability of an issue of initial illegality

was established by the reasoning of the majority in Heyman v. Darwins Ltd. (1942) AC 356.

(2) English law has adopted the principle of separability only so far as to leave disputes as to initial validity or legality outside the jurisdiction of arbitrators.

(3) The logical ground for excluding the arbitrator's jurisdiction in case of initial invalidity and initial illegality is ex nihil nihil fit, and it would be contrary to logic and principle to differentiate between cases of "direct" and "indirect" invalidity of the arbitration clause.

(4) Disputes as to the legality of the contract do impeach the arbitration clause contained in the contract either directly or sufficiently directly to exclude the arbitrator's jurisdiction.

(5) Lastly, this arbitration clause is not wide enough to cover disputes as to the initial validity of the retrocession agreement, or disputes as to illegality.

The policy consideration which is of greatest weight, in my judgment, is what the judge called the imperative of giving effect to the wishes of the parties unless there are compelling reasons of principle why it is not possible to do so.

The first argument for the plaintiffs, that is, the orthodox view to which we are invited to adhere, is based on the logic of the proposition that nothing can come from nothing.

The reference to an extraordinary arbitration clause as possibly outside the logical proposition is in effect an argument that, for the principle of separability to be applied so as to save the clause from voidness by reason of the voidness of the containing contract, special words are needed. I do not accept this argument. An arbitration clause, in ordinary terms - that is to say, without special words to ensure survival - is usually, and has been held to be, a self-contained contract collateral to the containing contract. As with any other contract, it must be construed according to its terms in and with regard to the relevant factual situation. I see no reason to establish a principle of this nature which would require special words to be inserted in order to secure that which the parties would probably suppose was covered by the ordinary words.

Mr. Longmore pointed out that a party to a contract the making of which he says was induced by fraud, would be surprised to be told that he is bound to have the issue tried by an arbitrator appointed under a clause in that contract. He also pointed out that when such a party alleges that the contract is void for illegality, he might well be astoni-shed to be told that the issue of that illegality is to be determined by an arbitrator appointed under it.

There is, I think, forceful comments. Steyn J said that the question of fraud or ini-tial illegality was capable of being referred to arbitration. He did not qualify the clearly stated principle that if the validity of the arbitration clause itself is attacked, the issue cannot be decided by the arbitrator. His reference to direct impeachment was, as I understand his judgment, to distinguish an attack upon the clause otherwise than by the logical proposition that the clause falls with the containing contract. When it is said that the contract was induced by fraud it may well be clear that, if it was, the making of the independent arbitration clause was also induced by the fraud. There is, further, the power of the court under section 24 (2) of the Arbitration Act 1950, considered by Steyn J. (1992) 1 Lloyd's Rep 81, 88.

Next, as to illegality, the question whether the particular form of illegality will, if proved, render void both the contract and the arbitration clause must depend upon the nature of the illegality and, as Hoffmann L. J. pointed out in the course of argument, when it is said to consist of acts prohibited by statute, upon the construction of the relevant provisions of the statute.

In my judgment, Steyn J. was right to hold that, as a matter of construction of the contract, the present clause covers the issue of illegality, and his conclusion does not conflict with the judgment of Nourse L. J. in the Fillite case with which Hollings J. there agreed.

In agreeing that "all disputes or differences arising out of this agreement shall be submitted to the decision of two arbitrators", the parties were indeed presupposing that "the agreement" had some relevant existence. For this purpose I think "the agreement" means the act of the parties recorded in the document, which contains the mutual promises, which they have made. The meaning and effect of those promises with references to their subsequent acts would be determined according to law and, if necessary, under the proviso for arbitration. The words must be construed by reference to any relevant facts ①, but there has been no reliance on any particular circumstances for this purpose other than those evident from the making of the contract itself. The question whether all the promises contained in the agreement were rendered invalid and void at the time when the parties signed the documents by the illegality of the agreement, is, in my judgment, a dispute arising out of the agreement.

There was much material put before the court to which I have not referred. The material was provided to us before the hearing so that we were able to read it before the argument commenced. We are indeed grateful for this assistance. I have not referred to the authorities copied, to the extracts from textbooks and articles, and to the reports of decisions in the courts of the United States, Australia, Germany and Bermuda. In a case of this nature it was, I think, of importance that we be shown this material so that we should be instructed as to the development in this part of the law in other jurisdiction. The parties were not at one as to the precise direction and extent of such development. It is sufficient in my judgment to say that I have read much that has encouraged me to reach the conclusion expressed in this judgment, and nothing to suggest that in doing so I would be ignoring any substantial matter of policy or departing from any principle which should form part of the development of the common law.

I would allow this appeal.

Questions for Discussion:

1. Whether the arbitration tribunal could award on the dispute over the initial invalidity or illegality of the contract upon the assumptions that upon its true construction the arbitration clause covers such a dispute and that the nature of the invalidity alleged does not attack the validity of the agreement expressed in the arbitration clause itself ?
2. If the contract in which the arbitration clause is contained is void ab initio, and therefore nothing, how about the arbitration clause in the contract therein?

---

① See Prenn v. Simmonds (1971) 1 WLR 1381.

3. Whether the validity or illegality issue of a contract could be arbitrated?

第二节 国际商事仲裁协议效力的确定

一、仲裁协议有效性在仲裁程序中的地位和作用

仲裁协议的有效性问题不仅关系到仲裁庭能否取得对特定仲裁案件的管辖权，而且还直接关系到依照仲裁协议作出的仲裁裁决能否得到裁决执行地国家的法院的承认与执行。因此，仲裁协议的有效性问题是国际商事仲裁实践中当事人自始至终都极为关注的一个重要问题。

首先，在仲裁程序开始时，一方当事人可以以仲裁协议无效为由，对仲裁庭的管辖权提出异议，或者在仲裁程序开始之前，一方当事人无视仲裁协议的存在，或以仲裁协议无效为由，率先向一国法院就仲裁协议项下的事项提起诉讼。在上述任何一种情况下，无论受理该案的是法院还是仲裁机构，它们首先要解决的问题就是对该案仲裁协议的有效性作出认定。

其次，即便仲裁程序开始后，并且仲裁机构或仲裁庭也作出了对所受理的案件拥有管辖权的决定，如果一方当事人对此项决定不服，仍然有权依照仲裁程序应当适用的法律向对此有管辖权的法院就该项仲裁案件所依据的仲裁协议的有效性提出异议，请求法院对此作出最终的决定。在另外一些情况下，一方当事人依据合同中的仲裁条款提起仲裁，而另一方当事人则以仲裁协议无效为由，在其本国法院就该同一争议提起诉讼。①

最后，当仲裁裁决作出后，当事人对此裁决不满时，也可能以裁决根据无效的仲裁协议作出为由，请求裁决地国法院撤销该仲裁裁决，或请求执行地国法院拒绝执行此仲裁裁决。按照《纽约公约》第 5 条第 1 款的规定，被请求撤销或拒绝执行仲裁裁决的法院仍然有权在对仲裁协议的有效性进行司法复审后作出相应的裁定。

可见，仲裁协议的效力问题始终贯穿于仲裁程序的全过程以及仲裁裁决的承认与执行。在任何一个阶段，法院作出的仲裁协议无效的认定都会直接影响到仲裁庭对仲裁案件的管辖权以及据此协议作出的仲裁裁决的有效性。即便按照仲裁庭有权决定其管辖权的原则（the doctrine of competence-competence），仲裁庭可以作出其有管辖权的决定并继续进行仲裁程序和作出仲裁裁决，但如果法院认为仲裁庭作出的仲裁裁决所依据的仲裁协议无效，法院仍然有权撤销该仲裁裁决，或拒绝承认与执行该裁决。

① 参见赵秀文主编：《国际商事仲裁案件评析》，1～34 页，北京，中国法制出版社，1999。另外，在“锐夫动力公司”一案中，斯德哥尔摩商会仲裁院依据锐夫公司的请求受理了该争议案，中方当事人则向上海市中级人民法院就同一争议提起诉讼。中国法院最后撤销了中方当事人提起的诉讼，并作出了承认与执行斯德哥尔摩商会仲裁院作出的仲裁裁决的裁定。

二、确定国际仲裁协议有效性的适用法律

适用哪一个国家的法律对仲裁协议的有效性作出认定，直接关系到依据仲裁协议作出的仲裁裁决的效力。

在国际商事仲裁实践中，各国法律对仲裁协议的效力的规定有很大的差别。例如在有些国家和地区，只要当事人表达了通过仲裁方式解决争议的意思，即便仲裁协议中对仲裁机构约定不明确，或者这样的机构并不存在，法律仍然认定该仲裁协议的有效性和可实施性。例如，香港高等法院于 1993 年审理的乐喜公司（Lucky-Goldstar International（HK）Limited v. Ng Moo Kee Engineering Limited）一案中，原告和被告均为在香港注册并在香港有营业所的公司。其中，原告乐喜公司是韩国一家颇有名气的公司在香港设立的子公司，并以 Lucky-Goldstar 的名称在香港从事贸易活动。1990 年 12 月 3 日，原告（卖方）与被告（买方）订立了向被告出售 5 套电梯的书面合同。该合同中的仲裁条款规定："买方依本合同提出的任何性质的索赔请求都应在提单项下的商品抵达目的港之后的 30 天内通过电报方式提出。对索赔细节的描述应在电报发出后 15 天内用挂号信的方式寄给卖方。如果争议涉及商品质量或数量问题，买方必须提交经过两个或两个以上的宣过誓的商品检验人员就上述问题提出的检验报告。由于本合同引起的或与本合同有关的一切争议或纠纷、违约等，如果在有关当事人无不正当理由延误的情况下不能友好地解决，则应在第三国依照该国法规并根据国际商事仲裁协会的程序规则仲裁解决。裁决是终局的，对双方当事人均有拘束力。"事实上，当事人在仲裁条款中约定的"国际商事仲裁协会"并不存在。与此相适应，该会的仲裁规则也无从谈起。正因为如此，原告律师率先在法院就仲裁条款的有效性提出了异议，并认为该合同中的仲裁条款是"不能实施或不能履行的"。法院在对该案进行了审理后认为，从上述合同中的仲裁条款看，本案当事人通过仲裁解决他们之间争议的意图十分明确，而此项约定并不能因为选择了一个并不存在的仲裁机构及其仲裁规则而无效。因为该条款还规定在第三国并"依照该第三国的法规和根据……程序规则仲裁解决"。在这种情况下，仲裁应当根据原告所选择的第三国的法律进行。在该案中，法院并未支持原告提出的关于仲裁协议无效的主张。①

英国法院也有类似实践。例如，英国上诉法院于 1969 年审理的霍布斯（Hobbs Padgett & Co.（Reinsurance）Ltd. v. J. C. Kirkland and Kirkland）一案中，仲裁协议只有"适当仲裁"的字眼，法院就认定该仲裁协议是有效的。法院的解释是："适当仲裁条款"的含义是双方当事人已经同意，本合同项下所产生的任何争议，包括对合同含义的争议，均应提交仲裁而不是由法院解决。② 当然，该案涉及的是两个英国公司之间的争议，当事人只要表达了通过仲裁解决争议的意思，其他问题可以通过适用英国仲裁法得以解决。但在国际商事仲裁实践中，由于仲裁涉及不同国家的法律，如果仲裁协议只写明"适当仲裁"或"仲裁条款"等模棱两可的措辞，其有效性就值得怀疑了，除非该仲裁协议规定受英国法支配，或"在伦敦仲裁解决"或"在伦敦仲裁"，而这样的条款即可得到英国法院的确认。③ 可见，在英国，如果国际商事仲裁协议中表明了通过仲裁解决争议的意思和仲裁地点，这样的仲裁协议就是有效的。

---

① See Neil Kaplan, Jill Spruce, Mechael J. Moser, *Hong Kong and China Arbitration: Cases and Materials*, *Butterworths Asia*, 1994, pp. 221-224.

② See John Parris, *Casebook of Arbitration Law*, George Godwin Limited, 1976, pp. 62-65.

③ 参见［英］施米托夫：《国际贸易法文选》，614～615 页，北京，中国大百科全书出版社，1993。

然而，在另一些国家，其法律对仲裁协议的实质性要件作出了比较具体的规定。例如，《意大利民事诉讼法典》第809条规定："仲裁协议书和仲裁条款必须指定仲裁员，或者至少应说明仲裁庭人数和指定仲裁员的方法。"其他一些国家的仲裁法也有类似规定。正是由于各国法律对仲裁协议有效性认定标准的不同，在国际商事仲裁协议的情况下，通过哪一个国家的法律对仲裁协议的有效性作出认定，是仲裁协议适用法律所要解决的最为重要的问题。

鉴于仲裁协议就其实质而言是当事人之间就如何解决他们之间争议的协议，在国际仲裁实践中，确定国际合同适用法律的原则，同样适用于确定国际商事仲裁协议的适用法律。这些原则是：

（一）当事人在仲裁协议中专门选择的适用法律

如果当事人在仲裁协议中就该协议应当适用的法律作出约定，该当事人所选择的法律应当予以适用。如果当事人在主合同中选择了合同的适用法律，该适用于主合同的法律也可以用来解释该合同中的仲裁条款的效力。但是，这也并不是绝对的，仲裁条款的适用法律有时也可能与主合同的适用法律不一样。例如在锐夫动力公司案中，当事人约定他们之间订立的补偿贸易协议的适用法律为中国法，而由于该合同而产生的争议则应当提交斯德哥尔摩商会仲裁院仲裁。在这种情况下，适用于主合同的法律不一定就是仲裁协议的适用法律，因为当事人并没有在仲裁条款中就该仲裁协议的适用法律作出专门约定，而只是约定了仲裁地点。就该仲裁协议而言，与仲裁有最密切联系的地点不是中国，而是瑞典。假定当事人约定在中国国际经济贸易仲裁委员会仲裁，那么，适用于主合同的法律同时也就是适用于该合同中仲裁协议的法律，并且根据仲裁条款独立性原则，与仲裁有最密切联系的地点是中国。因此，在后一种情况下，适用于主合同的法律同时也就是适用于该合同中仲裁协议的法律。所以，当事人约定的主合同的适用法律不一定就是该合同中的仲裁协议的适用法律。其中的决定性因素往往是当事人就仲裁地点作出的约定。

（二）当事人未能作出选择时仲裁协议的适用法律

在国际商事仲裁立法与实践中，如果当事人未能对仲裁协议的适用法律作出约定，按照国际私法上国际合同中普遍适用的"最密切联系原则"，则应当适用与仲裁协议有最密切联系的国家的法律，来决定该仲裁协议的有效性。在仲裁这一法律关系所涉及的当事人国籍、争议标的物所在地、仲裁地点、仲裁所适用的语文等各种连接因素中，应当说仲裁地点与仲裁有着最为密切的联系。因而，应当认定仲裁地国的法律与仲裁协议有着最为密切的联系。正因为如此，即使当事人在主合同中就该合同的适用法律作出约定，如果仲裁地点所在国的法律与主合同所适用的法律属于不同国家的法律，仲裁协议的适用法律应当是仲裁地所在国的法律，而不是含有该仲裁协议的主合同的适用法律。

（三）适用尽量使仲裁协议有效的法律

这一适用法律的原则考虑到仲裁协议的特点，只要当事人表示了通过仲裁解决协议项下争议的意思，在确定国际仲裁协议有效性所涉及的各种连接点中，包括当事人自愿作出的选择、仲裁地或者裁决作出地所在国、裁决执行地国、订立仲裁协议的国家等，只要根据其中一个国家的法律仲裁协议为有效协议，该仲裁协议就是有效的。例如，瑞士1987年《国际私法典》第十二章"国际仲裁"第178条第2款规定："Furthermore, an arbitration agreement is valid if it conforms either to the law chosen by the parties, or to the law governing the subject matter of the dispute, in particular the main contract, or to Swiss law.”瑞士国际私法的上述规定显然有利于对仲裁协议的有效性作出认定，即仲裁协议只要符合其所涉及的任何一个连接因素所涉及的任何一个国家的法律，包括当事人选择的法律、主合同的适用法律、瑞士法律等，该仲裁协议就是有效的，即便按照上述连接因素所涉及的某些国家的法律，该仲裁协议无效。尽量使仲裁协议有效的原则显然有利于国际商事仲裁的发展，只要当事人表示了通过仲裁解决他们之间争议的意思，就尽量使仲裁解决争议的协议有效并得以实施。在经济全球化的今天，这一原则代表了国际商事仲裁的发展趋势。相信有越来越多的国家在其立法和司法实践中逐步采纳这一原则，尽量满足当事人通过仲裁解决他们之间争议的愿望，尽管在他们订立仲裁协议的过程中在措辞上存在着这样或那样的缺陷或不足。①

此外，当事人选择的法律，如同国际合同的适用法律，既可以是某一特定国家的法律，也可以是一般法律原则（general principles of law），或者是法律规则（rules of law），或者是商人习惯法（lex mercatoria）。

CASE STUDY

费兰多案

（Nakata，Filanto，S. P. A. v. Chilewich Int'l Corp.）②

789 F. Supp. 1229（1992），United States District Court（S. D. N. Y.）

A. Facts

Filanto, an Italian shoe manufacturer, brought suit for breach of contract against Chilewich, a New York international trading firm. The key issue presented was whether an agreement to arbitrate existed between the parties.

In February 1989, Byerly Johnson, Ltd., an agent of Chilewich operating in the United Kingdom, signed an agreement (the Russian Contract) with Raznoexport, the Soviet Foreign Economic Association. The Russian Contract obligated Byerly to supply footwear to Raznoexport and also contained an arbitration clause stating that disputes were to be settled in what is now the Republic of Russia (Russia). Five months later, Chilewich and Filanto exchanged their first correspondence. Chilewich's initial letter to Filanto referred to Chilewich and Byerly's visit to Filanto's factories in Italy to negotiate the purchase of footwear to fulfill the Russian Contract. Along with the letter, Chilewich sent another contract to cover the purchase of footwear and a copy of the Russian Contract, the terms of which Chilewich explained governed the purchase of Filanto's footwear. Two months later in September 1989, Filanto wrote to Chilewich regarding another purchase contract that stipulated terms of the Russian Contract. Filanto stated that it would accept only some of the Russian terms, effectively excluding the Russian arbitration clause. This fact, if undisputed,

---

① 例如没有约定仲裁机构或者仲裁应当适用的规则，仲裁庭的组成方式，仲裁地点等。

② See Ralph H. Folsom, Michael Wallace Gordon, John A. Spanogle, Jr. *International Business Transactions*, fifth edition, West Group, 2002, at 93-95.

would show Filanto's intention not to be bound by the Russian arbitration clause. Chilewich denied ever receiving this letter.

In March, 1990, Chilewich sent Filanto a standard merchant's memo, for signature by both parties and already signed by Chilewich, to confirm terms of delivery and performance. Both Filanto and Chilewich agreed that this constituted an offer. The merchant's memo also provided that it was understood between Filanto and Chilewich that the terms of Russian Contract governed, including the Russian arbitration clause. Two months later, Filanto still had not replied to the March 1990 letter. However, Chilewich proceeded to open a letter of credit in favor of Filanto.

Filanto answered Chilewich's March memo in August 1990, returning it to Chilewich signed, but attached a cover letter effectively excluding the Russian arbitration clause. On the same day and in response, Chilewich telexed Byerly stating that it would not open the second letter of credit without receiving from Filanto a signed copy of the contract without exclusions. Several weeks later in September 1990, Byerly sent a fax to Filanto asking Filanto to accept all terms of the Russian Contract.

The remainder of the facts presented during the trial were highly disputed. Chilewich claimed that over a course of meetings, Filanto agreed to the terms of the Russian Contract. Filanto claimed just opposite. Ultimately, while Chilewich bought and paid for 60 000 pairs of boots in January, 1991, it did not order and pay for the remaining 90 000 pairs called for by Chilewich's original order. It is Chilewich's failure to buy the second allotment that formed the basis for Filanto's breach of contract action against Chilewich.

B. Procedural History

Filanto initially brought action in the U. S. District Court for the Southern District of New York for breach of contract against Chilewich. Subsequently, on July 24, 1991, Chilewich moved to stay this action, arguing that the matter should be arbitrated in Russia first. One year later, Filanto moved to enjoin arbitration or, in the alternative, for an order directing arbitration in New York rather than Moscow due to the unsettled political conditions in Russia. It is against this background that the dispute came before Chief Judge Brient of the district court.

C. The Opinion

Filanto first stated that the CISG applied in this case, presumably because it was between two international parties. Citing article 19 (1) of the CISG, Filanto argued that its letter to Chilewich on August 7, 1990, which partially rejected the Russian arbitration clause, was a counteroffer. Furthermore, Filanto argued that Chilewich accepted the terms of the counteroffer in a letter dated September 27, 1990. thus, Filanto argued that there was no agreement to arbitrate in Russia, and as such, its breach of contract claim should be continued in New York.

Chilewich made no mention of the CISG. Instead, it argued that Filanto's silence after Chilewich opened a letter of credit was an acceptance of the terms of the March 13, 1990 offer. Chilewich believed that Filanto's August 7, 1990 letter rejecting the Russian arbitration clause was a modification proposal, which Chilewich promptly rejected. Thus, Chilewich argued, the original offer was left intact and accepted, opening the way to stay Filanto's breach of contract action pending arbitration in Russia.

The District Court for the Southern District of New York held that (1) the question of whether Filanto and Chilewich agreed to arbitrate was governed by federal law; (2) general principles of contract law such as the UCC did not apply here, but rather, the federal law of contracts to apply was found in the CISG; (3) Filanto and Chilewich did agree to arbitrate in Russia; and (4) arbitration in Russia would be ordered in the interest of justice.

The court justified its application of the CISG by explaining that the CISG was ratified by the U. S. Senate in 1986, and entered into force between the United States and other signatories, including Italy, as of January 1, 1988. Citing article 1 (1) (a) of the CISG, the court stated that "absent a choice of law provision, the CISG governs all contracts between parties with places of business in different nations, so long as both nations are signatories to the CISG." In so holding, the court observed that Filanto had its factories in Italy and Chilewich's principal place of business was located in White Plains, New York. Thus, the court applied the rules of the CISG to the facts presented.

The court narrowed its focus to determining the sole issue of whether a written agreement to arbitrate existed between the parties. The court reasoned that other issues pertaining to the existence of a contract were best left to arbitrators. The court further justified its approach by citing article 81 (1) of the CISG, and concluding that the contract and the arbitration clauses included therein were severable.

The court determined that an agreement existed based on Filanto's failure to object to the arbitration clause in a timely fashion. The court pointed out that "an offeree who, knowing that the offeror has commenced performance, fails to notify the offeror of its objection ... will ... be deemed to have assented to (such) terms (of the offeror)." Then the court cited the first part of CISG article 18 (1) which reads, "A statement made by or other conduct of the offeree indicating assent to an offer is an acceptance." Relying on CISG article 8 (3), the court stated that "in light of the extensive (course of) prior dealing between the parties, Filanto was certainly under a duty to alert Chilewich in timely fashion to its objections." Consequently, the court interpreted the phrase "other conduct" to encompass Filanto's silence, and thus ruled that Filanto accepted the offer by its silence.

Questions for Discussion:

1. This case consists of two sales contracts. Chilewich first signed a Russian Contract with Raznoexport for the sale of footwear, then another contract for purchase the same number of footwear from the Italian manufacturer, Filanto, with the exact the same terms as the Russian Contract. The parties were disputed on the arbitration clause in the second contract. During the negotiation of the second contract Filanto objected to the arbitration clause. Chilewich, on the contrary, insisted the same arbitration clause. After the letter of credit was issued by Chilewich in May 1990, Filanto delivered goods under the contract to Chilewich. After delivery of the goods Filanto wrote to Chilewich on the objection to the arbitration clause in August, which was

rejected immediately by Chilewich. When the second contract was considered to be formed?

2. If the second sales contract is considered formed, should the arbitration clause be included in or excluded from the second sales contract?
3. Do you agree with the judgment of the New York district court? What is your comment on the case?

第三节 国际商事仲裁协议的转让

在国际商事交易中，当事人订立合同后将其合同项下的权利与义务转让给第三人的情况是很常见的。如果合同中含有仲裁条款，当合同被转让给第三方当事人后，该合同中的仲裁条款是否也同样约束该第三人？这既是一个理论问题，也是实践中时有出现的问题。况且，现行各有关国家的国际商事仲裁立法和国际公约均未对此问题作出明确的规定，而在各国的有关司法实践中，法院的判决也各不相同，即便在一个国家也是如此。因此，有必要结合各有关国家的一些相关的立法与司法判例，对此问题作一专门研究，从中找出一些规律性的东西。

一、仲裁条款和含有该条款的主合同同时转让的理论与实践

这种理论认为，国际商事交易中多数合同中均含有通过仲裁解决争议的条款。当签署合同的一方当事人将该合同项下的权利与义务向第三方转让时，他所转让的是一个合同的整体，而在这个合同整体中，当然也包括了该合同中的仲裁条款，因为该条款是合同的一部分。受让人在接受该整个合同时，也就意味着同时接受了该合同中的仲裁条款，即同意将在履行合同中所发生的与该合同有关的争议提交仲裁解决，除非受让人在接受该合同时对此提出异议。作为受让人，他知道或者应该知道该合同中的仲裁条款，因此，受让人应当受该合同中的仲裁条款的约束。

这种观点在一些司法判例中也有所体现。例如，英国法院在 1946 年审理的 Shayler v. Woolf 一案中认定，仲裁条款可以转让，并约束受让人。[1] 在美国，涉及仲裁条款转让的多数案件均在涉及整个合同转让时讨论。在转让整个合同的情况下，一些法院认为，仲裁条款随主合同一同转让，主合同中关于仲裁条款的规定均可以用来抗辩受让人。法院得出的上述结论来源于关于债务转让的一般原则。根据这些原则，合同出让人在向受让人转让合同时，其在该合同项下的全部权利、救济和利益均一同转让，除非是专属于出让人个人的利益。此外，美国法院允许的该规则的例外是当事人之间达成的明示或默示的约定，或者是属于个人性质的合同，

---

① (1946) Ch. 320; 115 L. J. Ch. D. 131.

或者是法律上禁止转让的合同。

法国法上对仲裁条款的转让无专门规定，法院在审理转让合同权利的案件时，通常求助于《法国民法典》第1692条关于合同转让的规定，进而对于合同中的仲裁条款能否与该合同项下的其他权利一同自动转让作出决定。该第1692条的规定是："债权的买卖或让与，包括诸如保证、优先权及抵押权等从属于债权的权利。"根据这一条的规定，仲裁协议也是附属于合同的权利，因此，法院一般均认为在转让主合同时，仲裁协议将自动地转让，受让人享有该协议项下的权益，并受该仲裁协议的约束。

瑞典最高法院在1977年10月15日对一德国公司与荷兰公司之间由于船舶发动机交货质量问题所发生的争议的判决中，也认定了仲裁条款随主合同一同转让。① 在该案中，荷兰一家造船厂与另一家荷兰公司订立了造船合同，该合同采用了欧洲经济委员会的标准合同格式，合同中含有仲裁条款，合同的适用法律是瑞典法。在建造该船的过程中，原来签署合同的当事人把其合同项下的权利转让给了另一方当事人，即法院审理的本案当事人德国公司和另一家荷兰公司。本案的荷兰公司负责向德国公司交付船舶的柴油发动机，双方当事人在发动机的质量上发生争议，德国公司向瑞典法院提起诉讼，其诉讼分别被一审法院和二审法院驳回，理由是合同中含有仲裁条款，法院对该案无管辖权。德国公司不服，上诉到瑞典最高法院。瑞典最高法院对仲裁协议的转让问题进行了审理后认为，一般而言，合同的受让人应当受仲裁协议的约束，除非有特殊原因不受该协议的拘束，而本案中并无此特殊原因，因此，德国公司应当受合同中的仲裁条款的拘束，遂驳回其上诉。

在瑞士，仲裁协议被视为程序法上的契约，受仲裁庭所在的州的法律支配。关于转让的规则受《联邦债务法典》的管辖。在司法实践中，法院通常适用支配请求权转让的一般原则解决仲裁条款的转让问题。该项原则规定在《联邦债务法典》第170条第1款中："请求权的转让包括特权的转让和附属权利的转让，除非这些权利不能与转让者分离。"在实践中，有些法院将仲裁条款视为该条中的特权，有些法院则视其为附属的权利。它们认为，作为一条规则，仲裁条款应当被视为同其他转让的权利一同转让。只有在某些特殊情况下，即这些权利不能与单个的出让人相分离时，这样的权利才不能与主要的请求权一同转让。②

主张仲裁条款可以与合同的其他条款同时转让的主要依据是：仲裁协议是主合同的一个组成部分，由此产生的权利属于合同的附属权利，这种权利类似于合同中对法院的选择条款，是从属于合同项下的权利，在随主合同转让时，同样具有合同转让的后果。因此，仲裁条款项下的权利应当与合同其他条款项下的权利处于相同的法律地位，受支配附属权利转让的规则的支配。

二、仲裁条款不与其所依据的合同同时转让的理论与实践

这种观点起源于仲裁协议的独立原则说。仲裁条款独立于主合同而存在，因此，当主合同转让时，仲裁条款不随主合同同时转让，除非双方当事人同意此项转让。这是由于仲裁条款的性质不同于合同的其他条款，仲裁条款所规范的是如何解决由于合同而产生的争议。所以，主合同的转让是一回事，仲裁条款的转让是另一回事，两者不能相提并论。这种观点也反映在各

① MS "EMJA" Braak Schiffahrts KG v. Wartsila Diesel Aktiebolag, *Yearbook Commercial Arbitration*, Vol. XXIVa — 1999, at 317-320.

② See Daniel Girsberger and Christian Hausmaninger, *Assignment of Rights and Agreement to Arbitrate*, Arbitration International, Vol. 8, 1992, No. 2, at 129, 124, 126.

国的立法与实践中。

例如，按照美国纽约州的法律，除非受让人明示同意，否则可以不履行合同项下的出让人所承担的义务，这些义务当然也包括将合同项下的争议提交仲裁解决的义务。如果受让人没有明示表示同意合同中的仲裁条款，该受让人就不受该仲裁条款的约束。①

英国在一个关于乡村俱乐部的案件中（Cottage Club Estates v. Woodside Estates Co.）也有类似的观点。该案涉及若干承包商的到期债务的偿还问题。根据承包商与房主的建房合同，法官认为，合同的转让并未涉及该合同中的仲裁条款的转让，因为仲裁条款就其本质而言，是个人之间的约定，只约束签署合同的当事人。当然，如果当事人同意转让，仲裁条款也是可以转让的。②

意大利法院在审理 Zimmer v. Cremascoli 一案时认定，在适用《纽约公约》的情况下，合同的转让不足以证明仲裁条款的转让。该案涉及的是一起含有仲裁条款的批发协议的转让，但是在转让协议中未专门提到仲裁条款的问题。当受让人（债权人）将转让协议项下的争议提交法院解决时，债务人提出抗辩，理由是原始合同中含有通过仲裁解决争议的条款，请求法院裁定终止诉讼，将争议提交仲裁解决。意大利最高法院认为，根据《纽约公约》，转让本身不足以证明受让人对仲裁条款的接受。一般地提及标准买卖合同的转让而不提及仲裁条款的转让，不符合《纽约公约》第 2 条规定的条件，法院将这一条件解释为对仲裁条款的同意应当是"可证明的、明确的，而不是模棱两可"③。

主张这种做法的主要理由是：第一，仲裁条款项下的权利是程序上的权利，而不是合同的实体权利，因而不能受支配合同权利的规则的约束。在有些大陆法系国家，如奥地利、瑞士和德国等国的法律将仲裁协议视为程序法上的合同，或者是程序法与实体法相结合的合同。作为一条原则，程序法上的合同不受支配实体法上的合同的规则的限制，而受到专门的考虑到程序法上的协议的一些特别的规则的支配。第二，在一些国家法院的判例中，尽管对仲裁协议的实体或程序上的权利不作区分，但认为仲裁条款项下的权利属于个人的权利，因而不能适用一般的转让原则。鉴于仲裁条款是个人之间的契约，合同实体权利的转让并不涉及订立合同的个人之间的权利的转让。第三，仲裁协议不仅包括当事人的权利，还同时包括相关的义务，即不得将协议项下的争议提交法院解决的义务，因此，当事人在转让合同的实体权利时，对于仲裁条款项下的义务，如果没有受让人的明示同意，则不能转让。因此，仲裁条款的转让需要得到出让人与受让人两方面的明示同意。

三、对上述两种观点的分析

正是各国法律没有专门就仲裁条款是否与该条款所依据的合同一同转让作出规定，导致各有关国家在司法实践中对仲裁条款能否单独转让援引其他有关法律的规定，如民法上关于民事权利的转让或者债务转让的有关规定，根据有关法律解释的不同，作出不同的判决。

在上述两种不同的观点中，可以发现一些共同点，这就是无论是仲裁条款可以单独转让的观点，还是与合同其他权利一同转让的观点，均包括了"除非当事人各方另有约定"的规定。这就是说，如果当事人在合同中或者转让该合同的协议中明确规定，合同的转让包括合同中的仲裁条款的转让，法律就会认可此项转让。因此，在起草合同或转让合同的协议时，如果合同起草者对协议项下各方当事人的权利和义务作出明确规定，包括转让合同中的仲裁条款与否，

---

①② See Daniel Girsberger and Christian Hausmaninger, *Assignment of Rights and Agreement to Arbitrate*, Arbitration International, Vol. 8, 1992, No. 2, at 129, 124, 126.

③ Daniel Girsberger and Christian Hausmaninger, *Assignment of Rights and Agreement to Arbitrate*, Arbitration International, Vol. 8, 1992, No. 2, at 131.

就能避免在合同履行中就争议的解决方法发生争议。

然而在国际商事交易实践中，人们又往往忽视这一问题。而出现此类问题后将争议提交法院解决时，法院根据不同的理由，作出不同的解释，由此又导致不同的后果。如瑞士最高法院对含有仲裁条款的合同的解释：如果当事人没有明确表示反对，就意味着受让人接受了合同中的仲裁条款。而意大利最高法院的判例所持的立场恰恰相反：如果受让人没有明确表示同意接受合同中的仲裁条款，则合同的转让并不意味着该合同中的仲裁条款也同时转让。

按照多数国家有关的立法与实践，尽管仲裁条款可以独立于它所依据的合同而存在，但在转让含有仲裁条款的合同时，人们往往视合同为一个整体，合同的转让就包括了该合同中的仲裁条款的转让。其中的理由是显而易见的，因为当出让人向受让人转让其合同项下的权利与义务时，受让人不可能不知道合同中所包含的仲裁条款，除非他提出证据证明他不知道该仲裁条款的存在。如果受让人在接受出让人向其转让的含有仲裁条款的合同时没有对此提出异议，并在转让协议上签了字，对于在履行该合同过程中发生的争议，就应当按照合同中的规定，将争议提交仲裁解决。

四、国际商事仲裁协议的转让的适用法律

这也是一个比较棘手的问题。如前所述，在国际商事交易实践中，仲裁协议多为合同中的仲裁条款，其转让问题往往发生在主合同转让的过程中。鉴于各国法律和有关的国际公约均未对此作出专门的规定，在实践中各国法院在处理具体的案件中的做法也各不相同。具体而言，商事仲裁协议转让的适用法律可以包括以下几种情况：

1. 主合同的适用法律

如果主合同中规定了合同的适用法律，则该适用法律就应当适用于合同是否有效地转让以及该合同中的仲裁条款的转让是否有效。这是从国际私法上的合同准据法中得来的结论。合同准据法适用于对合同的解释，包括合同是否有效地成立、各方当事人的权利与义务、合同的履行、合同的终止、违反合同的救济，同时也包括了合同是否有效地转让。

2. 仲裁协议的适用法律

根据仲裁协议的独立原则，主合同的适用法律不一定就是仲裁协议的适用法律。因为当事人在合同中所选择的适用法律，是解决争议实体问题的适用法律。特别是在当事人选择适用一个国家的法律，同时又规定了在另一个国家进行仲裁的情况下如果当事人没有在仲裁协议中特别就仲裁协议的适用法律作出约定，无论是根据合同适用法律的“最密切联系”原则，还是根据《纽约公约》第5条第1款第1项的规定，均应适用仲裁地的法律。因此，在涉及仲裁协议是否有效地转让的问题时，也可适用仲裁协议的适用法律来解决这一问题。

3. 法院地或者仲裁地的法律

法院或仲裁机关在审理此类案件时，往往适用当地的法律对仲裁协议是否有效地转让作出认定。该适用法律也可能恰好就是当事人所选择的法律，或者是仲裁协议应当适用的法律。

此外，可能还有其他一些适用法律的情况，如适用一方当事人所属国的法律、争议标的物所在地的法律或者是有关国际公约、一般法律原则、商人习惯法等等。

正是由于在仲裁协议转让问题上各国有关立法和国际公约均未涉及这一问题，各国在处理这一问题时都是由具体承办案件的法院或仲裁庭的法官或仲裁员依据对相关法律的理解作出相应的判决或裁决。在实践中出现负责承办具体案件的法官或仲裁员对相同的案件作出相悖的判决或裁决的情况，也是正常的。因此，一些学者提出，可以考虑起草相关的实体法或者冲突法规则，作为对现行《纽约公约》或者《示范法》的补充，供各有关国家签署或单独采纳为各自本国的国内法，并提出了下述相关的草案。①

关于国际商事仲裁协议转让的实体规则：

（1）签署合同的当事人在无共同的意思表示时，仲裁条款与合同项下的其他权利一同有效地转让，合同的出让对任何受让人均具有法律上的拘束力，当事人将合同项下的争议提交仲裁解决。

（2）出让人向受让人转让合同之前，应当向后者说明将合同争议提交仲裁解决。如果出让人未能履行该说明义务，则应当向受让人承担由此而给对方当事人带来的损失。

（3）债务人（受让人）如果能够提出证据证明，由于出让人的原因使其丧失了仲裁协议项下的权利，则可以免除其将争议提交仲裁解决的义务。

关于国际商事仲裁协议转让的冲突规则：

（1）关于受让人是否有将其受让合同项下的权利提交仲裁解决的义务，应当受出让人与受让人在仲裁协议中所选择的法律的支配。如无此项选择，受出让人所选择的法律的支配，受让人依受让合同享有该合同项下的权利。

（2）受让人在接受该受让合同时不知道或者不可能知道该选择的法律，或者没有选择，则仲裁协议的转让适用该转让合同应当适用的法律。

国际商事仲裁协议及其有效性问题是一个比较敏感的问题，因为它涉及该仲裁协议能否得到适当的履行，以及根据该仲裁协议作出的仲裁裁决能否得到承认与执行的问题。《纽约公约》和《示范法》均将仲裁协议的有效性问题交给了各国的国内法院或者仲裁庭依照有关的国内法处理。至于仲裁协议的转让，同样也由处理相关案件的法院或仲裁庭解决。

世界经济全球化进程的加快，迫切需要各国承认国际商事仲裁协议的有效性。鉴于各国对仲裁协议的有效性问题作出了不同的规定，如只载明通过联合国贸法会仲裁规则解决合同争议的仲裁条款，而没有说明仲裁地点或仲裁机构的名称，按照有些国家的法律是有效的，而在另一些国家的法律看来就是无效的。因此，由一些权威性的国际组织，如联合国贸法会或国际商会，对国际商事仲裁协议的有效性的认定及转让制定相关的实体法规则，供当事人或者国家立法机构采纳，是极其必要的。

CASE STUDY

爱姆亚号案

（MS “EMJA” Braak Schiffahrts KG，Germany v. Wartsila Diesel Aktiebolag，Sweden）②

Swedish Supreme Court，15 October，1997，Case no. 3174/95

Claimant：MS “EMJA” Braak Schiffahrts KG（Germany）

Defendant：Wartsila Diesel Aktiebolag（Sweden）

Subject matter：assignment of arbitration clause

① See Daniel Girsberger and Christian Hausmaninger，*Assignment of Rights and Agreement to Arbitrate*，Arbitration International，Vol. 8，1992，No. 2，at 164-165.

② See *Yearbook Commercial Arbitration 1999*.

Facts

The Dutch shipyard, Scheepswerf Ferus BV (Ferus), contracted on 22 February, 1989 with Sand Firden BV, also a Dutch company, for the construction of a ship which would ultimately be named the MS EMJA. On 30 January , 1990, the German shipping company Emja, purchased the ship during the course of its construction, acquiring Firden's rights and obligations under the shipbuilding contract.

Ferus sub-contracted with another shipyard, Scheepswerf Bijlsma BV (Bijlsma), for the construction of the ship. Bijlsma contracted on 8 February , 1990 with Wartsila (Wartsila) for the delivery of the Emja's diesel engines. This contract referred to the ECE 188 standard conditions and to the Marine Equipment Addendum 1987, and for services of technical personnel, to the General Conditions TP 73 E, both of which contain an arbitration clause. Both clauses provide for the application of Swedish law.

After delivery of the ship in 1991, problems arose with the diesel engine. In order to enable Emja to bring a claim against Wartsila, both Ferus and Bijlsma assigned to Emja all rights which they had with respect to the engine. The assignment was embodied in a written document entitled "Deed of Transfer of Assignment", dated 1 and 16 December, 1993.

Relying on the Deed of Transfer of Assignment, Emja instituted proceedings against Wartsila at the Court of First Instance of Trollhattan regarding the defects in the engine. The Trollhattan court and the Court of Appeal for Western Sweden both ruled that they lacked jurisdiction and that the dispute should be referred to arbitration.

On appeal the Swedish Supreme Court examined the question of the assignment of the arbitration agreement, holding in general that the "remaining party" should be bound by the arbitration agreement, unless there were no such reasons and Emja was bound by the arbitration agreement.

Excerpt

1. The question at issue, whether and to what extent an arbitration clause binds a third party, is a very controverted question. It must generally be accepted that where a change in parties has taken place by a universal assignment, the universal successor is bound by the arbitration clause, except regarding questions relating to real property rights.

2. Here, however, it is a question of a singular assignment. The law is not very clear on this question. There are no statutes and the doctrine is divided.

3. The debate has focused primarily on the question of whether the assignee is bound by the arbitral clause. It appears, according to the prevailing doctrine, that that is the case, provided the assignee knew, or should have known of the arbitral clause. However, in The Netherlands and Germany, the prevailing interpretation seems to be that the new party is bound by the arbitral clause.

4. In support of the fact that the new party should be bound, it was argued that, if the opposite were true, the remaining party would be in a much less favorable position. It should be assumed that he, like the original party, wished to have disputes between them settled by arbitration. It should not be accepted that the original party (the assignor) be unilaterally released from the arbi-

tral clause by the assignment. If the assignee does not agree to the arbitral clause, he can always refuse to acquire the rights from the assignor.

5. Wartsila raised similar points before the Supreme Court. In particular, Wartsila relied on the fact that the sales contract incorporated the general conditions which are at issue in this case. There are important reasons why Wartsila, in its commercial relations, wish to have possible future disputes settled by means of arbitration. One of these is that the disputes which arise often relate to complicated technical questions and arbitration offers more of an opportunity than litigation in court, to appoint an arbitrator with specialized knowledge. Another of these reasons is the fact that in the area of trade, and particularly in the domain within which Wartsila operates, there is very fierce competition, particularly on the technical level. Experience has shown that the disputes often concern questions of manufacture and construction and it is in that area that Wartsila has a clear interest in being protected against any indiscretion. Arbitration provides a greater possibility of confidentiality than court proceedings.

6. It must be accepted that it would entail a serious weakening of Wartsila's position if the consequence of the assignment of rights relating to the delivery contract to Emja would be that disputes would be settled in the courts. Moreover, Wartsila was powerless to oppose the assignment. Wartsila's arguments are very strong because the arbitral clauses which were inserted in the delivery contract at issue in this case should not only apply in a dispute between the original contracting parties, but should also bind Emja, who assumed the rights according to the contract.

7. It is also basic legal principle that when a contractual right is assigned, the new creditor cannot have more rights than the assignor. The principle relates in the first place to civil law exceptions such as, for example, nullity, but there is also good reason for it to include agreements to arbitrate concluded by the assignor.

8. In support of its application, Emja argued that if the arbitral clauses could be invoked against it, there could be a risk of a miscarriage of justice. What would happen if Emja's suit was not admissible in state courts, and consequently it were to have recourse to arbitration? Could Wartsila, in order to profit from the situation, object that the arbitration clauses only existed between the original parties so that the request for arbitration would be denied?

9. With regard to the remaining party being bound by the arbitral clause, doctrine has relied on the possibility that the clause may arise from a strong personal relationship between the original parties. Here this goes against the fact that the remaining party must be bound by the clause vis-à-vis the party who acquires a right under the contract. Such a personal bond is, however, rather unusual in commercial relations, and in any case, did not exist between Wartsila, on one side, and Ferus and Bijlsma on the other.

10. However, above all, it is the risk that the assignee will not be able to pay the costs of arbitration and the possibility that the original party may escape from being responsible for such costs by an assignment which gives cause for concern to many legal authors. The existence of this risk leads to the recommendation that the remaining party have the right to choose between litigation and arbitration. Such a rickety bond whereby the assignee, but not the remaining party, is bound

by the arbitration agreement, also gives rise to objections, because it would give the remaining party the opportunity to speculate on the choice to the forum of the dispute. This speaks for the view that the remaining party is bound by the arbitral clause, unless there are particular circumstances. No such circumstances have been advanced in this case. It follows that there is no reason to consider that Emja would suffer a miscarriage of justice. On the basis of the above, Emja is held to be bound by the arbitral clauses and the appeal is denied.

Questions for Discussion:

1. Why the Trollhattan court and the Court of Appeal for Western Sweden both ruled that they lacked jurisdiction as to the defects of the diesel engines?
2. When the contract is assigned, how about the arbitration clause therein? What is the legal basis for such transfer?
3. What is your comment on the case?

第四节 中国有关仲裁协议的立法与实践

一、中国有关仲裁协议有效性的实质要件和形式要件的立法

按照我国现行的法律，一项有效的仲裁协议必须具备形式上的合法性和实质上的合法性两个要件。

我国《仲裁法》第三章（第16～20条）专门就仲裁协议作出规定。据此规定，仲裁协议包括合同中订立的仲裁条款和以其他书面形式在纠纷发生前或者发生后达成的请求仲裁的协议。我国《仲裁法》的这一规定与《纽约公约》中各缔约国应当承认的仲裁协议的规定是一致的。然而，《纽约公约》除了对仲裁协议的意思表示和书面形式的要求外，并未就仲裁协议应当具备的其他要件作出明确规定，特别是关于仲裁协议标的的可仲裁性问题，明显地把它留给了各缔约国国内法来界定。① 在承认与执行外国仲裁裁决的过程中，如果被请求承认与执行的国家的法院根据其国内法认为，仲裁协议所涉及的事项不能通过仲裁方式解决②，或者根据仲裁协议应当适用的法律仲裁协议无效③，即可拒绝承认与执行根据该无效仲裁协议作出的仲裁裁决。

（一）仲裁协议有效性的实质要件

这是法律对仲裁协议的实质上的合法性的要求。我国《仲裁法》明确规定了仲裁协议有效

① 参见《纽约公约》第2条。
② 参见《纽约公约》第5条第2款第1项。
③ 参见《纽约公约》第5条第1款第1项。

性应当具备的条件和无效的仲裁协议的情况。根据《仲裁法》第 16 条，仲裁协议应当具备下列内容：请求仲裁的意思表示、仲裁事项、选定的仲裁委员会。

1. 请求仲裁解决争议的意思表示

该意思表示即争议双方当事人，而不是一方当事人，均同意将他们之间已经发生的争议或将来可能发生的争议提交仲裁解决。这里涉及的问题是：如果含有仲裁条款的合同是由一方当事人起草，然后将该合同传真给另一方当事人，该另一方当事人虽然没有在该合同上签字，但以其行为履行了该合同，并在履行中提及该合同号，开出的商业发票及其他有关的单证也提及该合同号，在此种情况下，该合同中的仲裁条款是否对该另一方当事人具有法律上的拘束力。又如在含有仲裁条款的提单运输中，在提单上签字的只是承运人，没有托运人或提单持有人的签字，在这种情况下，提单中的仲裁条款是否对与提单有关的托运人或提单持有人具有法律上的拘束力，也是有争议的问题。只要有关的当事人在以其行为履行合同之前没有就其即将履行的含有仲裁条款的合同提出异议，就应认定为有关当事人受合同中的仲裁条款的约束。我国最高人民法院《关于福建省生产资料总公司与金鸽航运有限公司国际海运纠纷一案中提单仲裁条款效力问题的复函》[①] 中指出，"本案上诉人福建省生产资料总公司虽然不是租船合同和海上货物运输合同的签约人，但其持有承运人签发的含有合并租约和仲裁条款的提单，并明示接受该仲裁条款，因此，该条款对任何提单持有人均有约束力"。

2. 仲裁事项

仲裁事项即提交仲裁解决的争议的内容。这里所涉及的一个重要的问题是，当事人提交仲裁解决的事项必须是依据有关国家的法律规定可以提交仲裁解决的事项。在国际商事交易中，一般合同项下的争议均可提交仲裁解决，除非法律另有规定。我国现行《仲裁法》规定的不能通过仲裁解决的争议包括：(1) 婚姻、收养、监护、扶养、继承纠纷。(2) 依法应当由行政机关处理的行政争议。如企业与其职工之间的劳动争议，应当由劳动行政主管部门仲裁解决。而这里的仲裁，与基于当事人之间的仲裁协议而进行的仲裁有所不同，它不需要当事人之间业已订立仲裁协议，劳动争议的仲裁机构均设在各级劳动行政主管部门。

3. 选定的仲裁委员会

有选定的仲裁委员会，即仲裁协议必须写明仲裁机构。如果仲裁协议对仲裁事项或仲裁委员会没有约定或者约定不明确，当事人可以补充协议；达不成补充协议的，仲裁协议无效（第 18 条）。2006 年最高人民法院发布的《仲裁法司法解释》第 3～6 条专门就选定的仲裁机构作了规定。如果当事人在仲裁协议中对仲裁机构名称约定不准确，但能够确定具体的仲裁机构的，应当认定选定了仲裁机构。包括仲裁协议仅约定了解决纠纷应当适用的仲裁规则，如果根据该适用的仲裁规则能够确定仲裁机构的名称，视为约定了仲裁机构。例如，当事人在仲裁协议中约定适用 CIETAC 的规则，而没有提及 CIETAC 的名称，但是根据 CIETAC 2014 年仲裁规则第 4 条第 2 款的规定，"凡当事人约定按照本规则进行仲裁但未约定仲裁机构的，均视为同意将争议提交仲裁委员会仲裁。"如果仲裁协议约定两个以上仲裁机构的，当事人可以协议选择其中的一个仲裁机构申请仲裁；当事人不能就仲裁机构选择达成一致的，仲裁协议无效。另外，如果仲裁协议约定由某地的仲裁机构仲裁且该地仅有一个仲裁机构的，该仲裁机构视为约定的仲裁机构。该地有两个以上仲裁机构的，当事人可以协议选择其中的一个仲裁机构

---

① 法函（1995）135 号，1995 年 10 月 20 日。

申请仲裁；当事人不能就仲裁机构选择达成一致的，仲裁协议无效。

（二）仲裁协议在形式上的合法性

这是法律对仲裁协议在形式上的要求。仲裁协议无论表现为单独的协议书，还是合同中的一个条款，均应采用书面的形式。

对于何谓“书面形式”，按照我国《民法典》第469条的规定，书面形式是指合同书、信件、电报、电传、传真等可以有形地表现所载内容的形式。以电子数据交换、电子邮件等方式能够有形地表现所载内容，并可以随时调取查用的数据电子，视为书面形式。我国法律的上述规定符合现代国际商事交易发展的潮流。特别是随着电子商务的发展，国际上对书面形式的要求的解释是：只要可以有形地表现交易的内容，无论其存在于何种媒介上，均可视为书面形式。我国《民法典》的上述规定完全符合国际上的普遍做法。

此外，我国《仲裁法》第17条还专门规定了属于无效仲裁协议的情形：（1）约定的仲裁事项超出法律规定的仲裁范围的；（2）无民事行为能力人或者限制民事行为能力人订立的仲裁协议；（3）一方采取胁迫手段，迫使对方订立仲裁协议的。

其他一些国家的学者在将我国仲裁法的上述规定与联合国贸法会《示范法》比较时，针对我国仲裁法中就仲裁协议应当具备的三个条件，作出了如下评论：“与《示范法》只有书面形式的要求相比，（这样的规定）过于详细。进而会减少当事人的仲裁申请机会，所以不太合理。”① 外国学者的上述批评不是没有道理，在国际商事仲裁中，只要仲裁协议通过书面形式说明了有关争议提交仲裁解决的意思表示或者应当适用的仲裁规则或仲裁地点，就应尽可能承认该仲裁协议的效力，至于其他有关条件，可以通过仲裁应当适用的法律或仲裁规则加以完善。按照我国现行的仲裁法，如果当事人在仲裁协议中事先未能约定仲裁机构的名称，事后又未能达成补充协议，这样的仲裁协议即为无效。其结果不仅减少了当事人申请仲裁的机会，而且还会给一方当事人推翻已经同意将争议提交仲裁解决的协议提供了法律上的依据。

1995年，我国海口市中级人民法院审理的一起案件涉及对仲裁条款效力的认定。一家中国公司与一家瑞士公司签署的合同中含有如下仲裁条款：由于本合同所发生的争议，应按照国际商会调解与仲裁规则最终解决，仲裁地点在伦敦。海口市中级人民法院认为该仲裁条款是无效的，其理由是当事人没有在仲裁协议中明确约定仲裁机构，而国际商会调解与仲裁规则也并不仅为国际商会国际仲裁院一家使用，因此，该仲裁条款是不明确的，根据中国法律，不明确的仲裁条款是无效的。② 该案首先涉及适用什么样的法律认定该仲裁条款的有效性。前面已经探讨了仲裁条款独立于其所依据的合同的问题，国际合同的适用法律不一定就是该合同中的仲裁条款的适用法律。在上述仲裁条款中，当事人并未就该仲裁协议的适用法律作出约定，但规定了伦敦作为仲裁地点，按照《纽约公约》第5条第1款第1项的规定，如果当事人未能就仲裁协议的适用法律作出约定，应当适用仲裁地的法律认定该仲裁协议的有效性。这份裁定的确“使不少人吃惊，因为法院裁定以中国法律来解释该仲裁条款的效力有明显不妥之处”③。

---

① 尹晋基：《UNCITRAL示范法与中国仲裁法的比较》，韩中法学会与中国人民大学法学院联合召开的面向21世纪的韩中法律发展趋势研讨会，1999年12月9日至12日。

② 参见王生长：《外国仲裁裁决在中国的承认与执行》，载陈安主编：《国际经济法论丛》，第2卷，501页，北京，法律出版社，1999。

③ 王生长：《外国仲裁裁决在中国的承认与执行》，载陈安主编：《国际经济法论丛》，第2卷，501页，北京，法律出版社，1999。

当然，按照我国现行法律的规定，如果当事人在仲裁协议中未能就仲裁机构作出约定，且当事人不能进行进一步的约定，仲裁协议即为无效。我国最高人民法院于 1996 年答复广东省高级人民法院的请示中指出，对于当事人在合同中约定发生纠纷到中国国际贸易促进委员会进行仲裁的，由于中国国际贸易促进委员会不是仲裁机构，当事人对仲裁机构问题又达不成新的补充协议，按照我国《仲裁法》第 18 条的规定，该仲裁协议无效。可见，尽管当事人在合同中明确表示了通过仲裁解决争议的意思，但由于所约定的仲裁机构不明确或不存在，如果当事人不能就仲裁机构达成新的协议，则这样的仲裁条款被我国法律认定为无效。如果上述仲裁协议在英国或香港的法院审理，按照香港高等法院对乐喜公司案①和英国法院对类似案件的裁定②，上述仲裁协议就是有效的。而我国法院依照我国现行法律所作出的关于仲裁协议无效的裁定势必减少当事人申请仲裁解决的机会。因此，我国现行仲裁法关于仲裁协议有效性的规定仍然有作进一步改革的余地，特别是对涉外仲裁协议的规定，只要当事人说明了通过仲裁解决争议的意思和仲裁地点或应当适用的仲裁规则，这样的仲裁协议就应被认定为有效。

二、仲裁协议的独立性

（一）关于仲裁协议独立性的立法

关于仲裁协议的独立性，我国《仲裁法》第 19 条作了如下规定："仲裁协议独立存在，合同的变更、解除、终止或者无效，不影响仲裁协议的效力。"我国《民法典》第 507 条也作了类似的规定："合同不生效、无效、被撤销或者终止的，不影响合同中有关解决争议方法的条款的效力。"这里规定的关于解决争议方法的条款在实践中主要指仲裁条款。我国法律的上述有关规定，与《示范法》和各国法律关于合同中的仲裁条款可独立于它所依据的主合同存在的一般做法是一致的，符合国际惯例。如果含有仲裁条款的合同由于这样或那样的原因未能成立或者生效，那么由于本合同的效力问题及由此引起的损害赔偿争议，是否也可以通过仲裁的方法解决呢？2006 年最高人民法院《仲裁法司法解释》第 10 条作出了明确规定："合同成立后未生效或者被撤销的，仲裁协议效力的认定适用仲裁法第十九条第一款的规定。当事人在订立合同时就争议达成仲裁协议的，合同未成立不影响仲裁协议的效力。"这一解释从根本上解决了主合同由于这样或那样的原因未能成立或者被撤销，或者当事人就合同本身的效力问题存在争议的情况下，该合同中的仲裁条款是否仍然有效的问题。

我国《仲裁法》实施 10 年后，最高人民法院《仲裁法司法解释》第 10 条第 2 款对仲裁条款的独立原则作了进一步的解释：当事人在合同订立时就争议解决达成仲裁协议的，合同未成立不影响仲裁协议的效力。例如，在中外合资经营合同签署后未能得到行政主管部门批准。

仲裁协议的独立性与仲裁机构根据仲裁协议确立其管辖权的问题密切相关。我国涉外仲裁机构的仲裁规则中对仲裁协议的独立性及其对仲裁案件的管辖权问题也有规定。例如，中国国际经济贸易仲裁委员会 2014 年仲裁规则第 6 条中规定："仲裁委员会有权对仲裁协议的存在、效力以及仲裁案件的管辖权作出决定。"该规则第 5 条第 4 项规定："合同中的仲裁条款应视为与合同其他条款分离的、独立存在的条款，附属于合同的仲裁协议也应视为与合同其他条款分

---

① See Neil Kaplan, Jill Spruce, Mechael J. Moser, *Hong Kong and China Arbitration*: *Cases and Materials*, Butterworths Asia, 1994, pp. 221-224.

② 参见［英］施米托夫：《国际贸易法文选》，614～615 页，北京，中国大百科全书出版社，1993。

离的、独立存在的一个部分；合同的变更、解除、终止、转让、失效、无效、未生效、被撤销以及成立与否，均不影响仲裁条款或仲裁协议的效力。”其他一些仲裁机构的仲裁规则也有此项规定。例如，2022 年 2 月 1 日起实施的《北京仲裁委员会仲裁规则》第 5 条专门就仲裁协议的独立性作出了如下规定：仲裁协议独立存在，其效力应单独判断，无论合同是否成立、变更、解除、终止、无效、失效、未生效、被撤销，均不影响仲裁协议的效力。该规则第 6 条则进一步对仲裁协议的异议及其处理作出了如下规定：(1) 当事人对仲裁协议的存在、效力或者仲裁案件的管辖权有异议，应当在首次开庭前以书面形式提出；书面审理的，应当在首次答辩期限届满前以书面形式提出。(2) 当事人未依照前述规定提出管辖权异议的，视为承认本会对仲裁案件的管辖权。(3) 当事人向本会提出管辖权异议不影响仲裁程序的进行。(4) 本会或者本会授权的仲裁庭有权就仲裁案件的管辖权作出决定。仲裁庭的决定可以在仲裁程序进行中作出，也可以在裁决书中作出。(5) 本会或经本会授权的仲裁庭对仲裁案件作出无管辖权决定的，案件应当撤销。仲裁庭组成前撤销案件的决定由本会作出；仲裁庭组成后，撤销案件的决定由仲裁庭作出。

（二）关于仲裁协议独立性的司法实践

在法院的审判实践中，也已存在着关于仲裁协议可独立于无效合同而存在的判例。例如，在 1994 年《仲裁法》之前，仲裁条款能否独立于它所依据的合同而单独存在，完全取决于各级人民法院如何对此作出裁定，因而在司法实践中存在着相互矛盾的情况。如上海市高级人民法院 1988 年对中技公司案①及 1990 年广东省惠州市中级人民法院和广东省高级人民法院对惠州合资争议一案作出的判决②就是相互矛盾的。1998 年，我国最高人民法院对江苏省物资集团轻工纺织总公司（以下简称轻纺公司）诉香港裕亿集团有限责任和加拿大太子发展有限公司侵权损害赔偿纠纷上诉案的判决③，结束了我国地方法院对自始无效的合同和欺诈合同中的仲裁条款的效力问题上判决相互抵触的状况。④ 最高人民法院在此判决中所确立的原则是，即便合同被一方当事人指控为通过欺诈的方式订立，合同中的仲裁条款也可独立于该合同存在，由于该合同所产生的争议，应当依照合同中的仲裁条款，被提交仲裁解决。

在该案中，轻纺公司分别与两被告签订了进口旧电机的合同，这两个合同中均包括仲裁条款：“凡因本合同所发生的或与本合同有关的一切争议，双方可以通过友好协商解决；如果协商不能解决，应提交中国国际经济贸易仲裁委员会，根据该会的仲裁规则进行仲裁。仲

---

① 参见《中华人民共和国最高人民法院公报》，1989 (1)。该案所确立的原则是：既然该案涉及的合同通过欺诈方式获得，属于无效合同，进而该合同中的仲裁条款也随之无效。

② 该案中的当事人在签署合资合同后发生争议，在争议发生时主管机关尚未批准该合同，故合同尚未生效。广东省惠州市中级人民法院认为，既然合同尚未生效，该合同中的仲裁条款同样尚未生效，所以法院有权取得对该合同争议的管辖权。而广东省高级人民法院则认为，合资合同按我国法律规定经批准后生效，而合同中的仲裁条款则不需经批准后生效，只要当事人意思表示一致即可生效，因此，尽管该案合同尚未生效，但不影响该合同中的仲裁条款的效力。因此，法院对此案无管辖权，该案争议应当提交仲裁解决。

③ 参见《中华人民共和国最高人民法院公报》，1998 (3)。

④ 在此之前，1988 年上海市高级人民法院曾就中国技术进出口公司诉瑞士工业资源公司作出判决。由于该案的合同中订有仲裁条款，一方当事人主张通过仲裁方式解决该案争议，遭到上海市中级人民法院和高级人民法院的拒绝。参见《中华人民共和国最高人民法院公报》，1989 (1)。在另一中外合资争议的案件中，双方当事人的争议发生在合同签字后批准之前，这时的合资合同尚未生效，广东省惠州市中级人民法院裁定合同中的仲裁条款无效，争议应当由法院处理。广东省高级人民法院则驳回了惠州市中级人民法院的判决，认定尽管合同尚未生效，但双方签署的合同中的仲裁条款可独立于该合资合同，解决争议的协议的效力并不取决于上级主管机关的批准。参见赵秀文：《论仲裁条款独立原则》，载《法学研究》，1997 (4)。

裁裁决是终局的，对双方均有约束力。”当两合同项下的货物运抵目的港后，轻纺公司发现两被告所交付的货物不是合同中所约定的旧电机，便以两被告侵权为由，在江苏省高级人民法院起诉两被告。两被告则以合同中订有仲裁协议为由，对法院的管辖权提出异议，请求法院驳回轻纺公司的起诉，将争议提交仲裁解决。而江苏省高级人民法院则裁定两被告有欺诈行为，并沿用了上海市高级人民法院对中技公司一案的判决，认为“本案是因欺诈引起的侵权损害赔偿纠纷，虽然当事人之间的买卖合同中订有仲裁条款，但由于被告是利用合同进行欺诈，已超出履行合同的范围，构成侵权。双方当事人的纠纷已非合同权利与义务的争议，而是侵权损害赔偿纠纷。江苏省轻纺公司有权向法院提起侵权之诉，而不受双方所订立的仲裁条款的约束。两被告所提出的管辖权异议理由不能成立”。

两被告不服江苏省高级人民法院的裁定，将此案上诉到最高人民法院。1998 年 5 月 31 日，最高人民法院裁定撤销江苏省高级人民法院的上述裁定，认为该案应当通过仲裁解决，人民法院对此案无管辖权。此案应当交由中国国际经济贸易仲裁委员会依其仲裁规则处理。最高人民法院认为：该案争议的焦点在于仲裁机构是否有权对当事人之间的侵权纠纷作出裁决。《中华人民共和国仲裁法》自 1995 年 9 月 1 日起施行，该法第 2 条规定：“平等主体的公民、法人和其他组织之间发生的合同纠纷和其他财产权益纠纷，可以仲裁。”第 3 条规定：“下列纠纷不能仲裁：（一）婚姻、收养、监护、扶养、继承纠纷；（二）依法应当由行政机关处理的行政争议。”CIETAC 仲裁规则第 2 条也明确规定：该委员会解决产生于国际或涉外的“契约性或非契约性的经济贸易等争议”。从被上诉人轻纺公司在原审起诉状中所陈述的事实和理由看，其所述的上诉人裕亿公司和太子公司的侵权行为均是在签订和履行 CC960505 号和 CC960506 号两份销售合同过程中产生的，同时也是在《仲裁法》实施后发生的。而这两份合同的第 8 条均明确规定：“凡因执行本合约所发生的或与本合约有关的一切争议，双方可以通过友好协商予以解决；如果协商不能解决，应提交中国国际经济贸易仲裁委员会，根据该会的仲裁规则进行仲裁。仲裁裁决是终局的，对双方均有约束力。”根据《仲裁法》和 CIETAC 仲裁规则的上述规定，中国国际经济贸易仲裁委员会有权受理侵权纠纷，因此，该案应通过仲裁解决，人民法院无管辖权。原审法院认为轻纺公司提起侵权之诉不受双方所订立的仲裁条款的约束，显然是与《仲裁法》和 CIETAC 仲裁规则相悖的；况且原审法院在轻纺公司起诉称裕亿公司和太子公司利用合同进行诈骗的情况下，未经实体审理就以实体判决确认，并以裁定的方式认定二上诉人利用合同进行诈骗，违反了我国《民事诉讼法》第 140 条关于裁定适用范围的规定，在程序上也是错误的。上诉人的理由成立，应予支持。综上，该案各方当事人均应受合同中订立的仲裁条款的约束，所发生的纠纷应通过仲裁解决，人民法院无管辖权。①

我国最高人民法院对该案作出的裁定深刻地解释了我国《仲裁法》第 15 条关于仲裁协议独立存在的规定，结束了以往有关地方法院就此类案件以当事人就与合同有关的争议提起侵权行为之诉为由规避合同中的仲裁条款的局面。正如我国有的学者所言，最高人民法院的此项裁定在中国历史上具有划时代的意义，它为我国各级人民法院处理同类问题确立了符合时代精神和仲裁制度本质的指导原则。②

近年来我国有关国际商事仲裁的立法与实践证明，仲裁条款独立原则不仅可以在我国立法

① 参见《中华人民共和国最高人民法院公报》，1998（3）。
② 参见陈治东：《国际商事仲裁法》，55 页，北京，法律出版社，1998。

上找到依据[1]，而且在司法实践中已经逐步得以确立和巩固。特别是对那些自始无效的合同及通过欺诈方式订立的合同中的仲裁条款的独立性的认定，是极为重要的，它顺应了国际商事仲裁立法与实践的发展趋势，也是我国涉外仲裁立法与司法对国际商事仲裁的现代化和国际化作出的积极贡献。仲裁条款独立性的原则，在我国有关仲裁的立法与实践中已经得到了最为充分的体现。实践证明，我国近年来有关仲裁的立法与实践，完全顺应了国际商事仲裁的发展趋势。

三、涉外仲裁协议的适用法律

（一）仲裁协议适用法律的一般原则

1. 当事人意思自治原则

根据我国《涉外民事关系法律适用法》第 41 条关于"当事人可以协议选择合同适用的法律。当事人没有选择的，适用履行义务最能体现该合同特征的一方当事人经常居所地法律或者其他与该合同有最密切联系的法律"的规定，可以认为，既然仲裁协议就其本质而言属于契约的性质，那么我国法律规定的涉外合同的适用法律的确定同样适用于涉外仲裁协议的适用法律的确定。因此，如果当事人专门就合同中的仲裁条款的适用法律作出约定，则应当依当事人约定的法律确定该仲裁条款的有效性。我国《涉外民事关系法律适用法》的上述规定与《纽约公约》中关于仲裁协议的适用法律的规定是一致的。根据《纽约公约》第 5 条第 1 款第 1 项，仲裁协议的有效性首先应当由当事人约定的法律决定，如无此项约定，应当由裁决地国的法律决定。

在国际商事仲裁实践中，合同中的仲裁条款专门就仲裁条款的适用法律在该条款中作出规定者，几乎就没有。笔者自 1989 年以来在中国国际经济贸易仲裁委员会所审理的一百余起涉外案件中，所依据的基本上都是合同中的仲裁条款，而在这些仲裁条款中，没有一个仲裁条款就该仲裁条款的适用法律作出约定。即便是涉外合同本身，当事人约定适用法律的情况也是不多见的。在中国对外贸易实践中，似乎存在着这样一种论调，通过选择仲裁解决争议的方式，可以避开合同的适用法律。事实上，选择通过仲裁解决争议，不能避开适用法律的问题，只是将如何适用法律的问题交给了仲裁庭，由仲裁庭决定应当适用的法律。

2. 与仲裁有最密切联系原则

在我国国际商事仲裁实践中，如果当事人未能就仲裁协议应当适用的法律作出约定，根据我国《涉外民事关系法律适用法》第 41 条关于适用与合同有最密切联系的国家的法律的规定，一般认为，仲裁地所在国的法律对于仲裁协议的适用法律具有决定性的意义，因为仲裁地所在国与仲裁的进行和仲裁裁决的作出有着最为密切的联系。如果仲裁地点在我国，则认定关于仲裁协议的有效性应当适用我国仲裁法中的有关规定。按照我国现行法律规定，仲裁协议必须载有仲裁机构的名称。如果当事人未能在仲裁协议中对仲裁机构作出约定，仲裁委员会在受理仲裁案件时，应当让双方当事人就此达成补充协议，如果双方当事人不能就仲裁机构的名称达成补充协议，则该仲裁协议无效。仲裁委员会也就不能取得对该仲裁案件的管辖权。

如果仲裁地点不在我国，则应当适用仲裁地国的法律认定仲裁协议的有效性。例如，在上面谈到的海口市中级人民法院处理的关于仲裁协议由于未能写明仲裁机构而无效的案例，笔者认为，只要当事人在合同中表达了合同争议适用国际商会国际仲裁院仲裁规则解决的意思，就

---

① 参见《中华人民共和国仲裁法》第 19 条和《中华人民共和国民法典》第 507 条。

应当认定该约定是有效的。这是由于国际商会是客观存在的，而且全世界只有一个国际商会，该商会的仲裁院也的确有其仲裁规则。选择适用该仲裁院的仲裁规则，就是由该仲裁院行使对该合同争议的管辖权。即便当事人在仲裁协议中未能就仲裁地点作出约定，也应当认定该协议的有效性。因为按照该院1998年仲裁规则第14条的规定，除非当事人各方另有约定，仲裁地点由仲裁院决定。我国厦门市中级人民法院在审理台湾某公司与厦门某公司之间的争议时，尽管争议合同中的仲裁条款规定“争议：友好协商或由国际商会仲裁解决”。厦门市中级人民法院认为该仲裁协议有效，因为国际商会国际仲裁院只有一个，既然当事人约定在国际商会国际仲裁院仲裁解决争议，就意味着在该院仲裁并适用该院的仲裁规则解决争议。因此，法院认为，由于当事人之间订有有效的仲裁协议，法院对该案无管辖权，并令当事人将争议提交仲裁解决。①

如果国际仲裁协议规定的仲裁地点在我国，则应适用我国法律认定该仲裁协议的有效性，除非当事人之间另有约定。例如，在旭普林公司案中，最高人民法院就江苏省高级人民法院就本案仲裁协议效力的请示作出了如下答复：本案合同当事人在合同中约定了仲裁条款“Arbitration：15.3 ICC Rules，Shanghai shall apply”。在当事人没有约定确认仲裁条款效力准据法的情况下，根据确认仲裁条款效力准据法的一般原则，应当按照仲裁地的法律予以认定，即本案应当根据我国法律确认所涉仲裁条款的效力。根据我国仲裁法的有关规定，有效的仲裁条款应当同时具备仲裁的意思表示、仲裁事项和明确的仲裁机构三个方面的内容。本案所涉仲裁条款从字面上看，虽然有明确的仲裁的意思表示、仲裁规则和仲裁地点，但并没有明确指出仲裁机构。因此，应当认定该仲裁条款无效。② 2006年《仲裁法司法解释》第16条更加明确地规定了我国法院审查国际仲裁协议应当适用的法律：“对涉外仲裁协议的效力审查，适用当事人约定的法律；当事人没有约定适用的法律但约定了仲裁地的，适用仲裁地法律；没有约定适用的法律也没有约定仲裁地或者仲裁地约定不明的，适用法院地法律。”

（二）确定仲裁协议有效性的机构

我国在制定《仲裁法》的过程中，充分考虑了国际商事仲裁的自裁管辖与法院解决的理论与实践，参考了《示范法》中的有关规定，对仲裁协议的有效性问题作出了如下规定：当事人对仲裁协议的效力有异议的，可以请求仲裁委员会作出决定或者请求人民法院作出裁定。一方请求仲裁委员会作出决定，另一方请求人民法院作出裁定的，由人民法院裁定。③ 我国《仲裁法》的上述规定并没有就实践中发生的关于仲裁机构与人民法院认定仲裁协议的效力的关系作出具体规定。为了弥补这一缺陷，1998年10月21日，最高人民法院审判委员会通过了《关于确认仲裁协议效力几个问题的批复》，其中规定：当事人对仲裁协议的效力有异议，一方当事人申请仲裁机构确定仲裁协议效力，另一方当事人请求人民法院确认仲裁协议无效，如果仲裁机构先于人民法院接受申请并已作出决定，人民法院不予受理；如果仲裁机构接受申请后尚未作出决定，人民法院应予受理，同时通知仲裁庭中止仲裁（第3条）。一方当事人就合同纠纷或者其他财产权益纠纷申请仲裁，另一方当事人对仲裁协议的效力有异议，请求人民法院确认仲

---

① 参见最高人民法院《关于厦门维哥木制品有限公司与台湾富源企业有限公司购销合同纠纷管辖权异议案的复函》，法函[1996]78号，1996年5月16日。转引自宋连斌、林一飞译编：《国际商事仲裁资料精选》，466页，北京，知识产权出版社，2004。

② 参见最高人民法院《关于德国旭普林国际有限责任公司与无锡沃可通用工程橡胶有限公司申请确认仲裁协议效力一案的请示的复函》，2004年7月8日，(2003)民四他字第23号，载最高人民法院民事审判第四庭编：《涉外商事海事审判指导》，2004年第3辑（总第9辑），36页，北京，人民法院出版社，2005。

③ 参见《中华人民共和国仲裁法》第20条。

裁协议无效并就合同纠纷或者其他财产权益纠纷起诉的，人民法院受理后应当通知仲裁机构中止仲裁。人民法院依法作出仲裁协议有效或者无效的裁定后，应当将裁定书副本送达仲裁机构，由仲裁机构根据人民法院的裁定恢复或者撤销仲裁案件（第 4 条）。应该说，该批复明确了对于仲裁协议的有效性在什么情况下首先由仲裁机构决定，又在哪些情况下由法院作出决定。笔者认为，该批复的上述规定，至少存在着以下两方面的问题：

1. 根据 1991 年《民事诉讼法》第 257 条的规定，涉外经济贸易、运输和海事中发生的纠纷，当事人在合同中订有仲裁条款或者事后达成书面仲裁协议，提交中华人民共和国涉外仲裁机构或者其他仲裁机构仲裁的，当事人不得向人民法院起诉。① 这就是说，如果当事人之间订有仲裁协议，法院不应当受理这类争议。尽管此条的适用范围是涉外仲裁协议，但鉴于我国《仲裁法》对于仲裁协议的规定既包括国内仲裁协议，也包括涉外仲裁协议，该批复所针对的也不仅仅是国内仲裁协议。它所采纳的原则是：无论是仲裁机构，还是人民法院，谁先受理了当事人提出的关于对仲裁协议的异议的纠纷，就应当由谁作出决定。尽管当事人之间订有仲裁协议，如果一方当事人将争议提交仲裁，另一方将其提交法院，只要仲裁机构尚未对此作出决定，人民法院受理后应当通知仲裁机构中止仲裁。人民法院依法作出仲裁协议有效或者无效的裁定后，应当将裁定书副本送达仲裁机构，由仲裁机构根据人民法院的裁定恢复或者撤销仲裁案件。而如果仲裁庭就此问题已经作出决定，法院就不再受理此类争议。这样的规定，显然与 1991 年《民事诉讼法》第 257 条相抵触。按照《民事诉讼法》的上述规定，凡是当事人之间订有仲裁协议的，由此发生的争议，包括对仲裁协议的有效性的异议，均应当由仲裁解决，而不是法院。为此，建议将来在修改我国《民事诉讼法》时，取消第 257 条的规定，而代之以符合《纽约公约》和《示范法》的规定："当事人之间就诉讼事项订有仲裁协议的，人民法院受理该协议项下的诉讼时，应当根据一方当事人的请求，令当事人提交仲裁，除非人民法院认定该仲裁协议无效、失效或不能实施。"

2. 按照《示范法》第 16 条的规定，当事人就仲裁庭的管辖权的异议的抗辩，应当在提出实质性的答辩之前提出。仲裁庭应当对其管辖权作出决定，如果仲裁庭初步裁定它有管辖权，当事人任何一方可以在收到裁定通知后 30 天内请求对此依法行使管辖权的法院对这一问题作出决定。而法院对仲裁庭的管辖权作出的决定是终局的，不容上诉。仲裁庭在等待法院作出上述决定时，可以继续进行仲裁程序和作出裁决。显然，前述批复中的规定与《示范法》的规定不符。如果按照前述批复中的规定，仲裁机构首先受理了当事人提出的关于仲裁协议的有效性及仲裁机构的管辖权的异议，并作出了仲裁协议有效和仲裁机构有管辖权的决定，即便当事人不服，也不得向法院起诉，因为据此前述批复，既然仲裁机构已经就仲裁协议的有效性及其管辖权问题作出了决定，法院就不再受理了。此外，当裁决作出后，一方当事人不能以仲裁协议无效为由请求法院撤销仲裁裁决。因为我国《民事诉讼法》和《仲裁法》关于撤销和不予执行仲裁裁决事由的规定中并不包括仲裁协议无效的情形。这与《纽约公约》和各国仲裁法均将仲裁协议无效列为撤销或不予执行裁决的事由之规定相比，有重大突破。因此，在仲裁裁决作出后，当事人再以仲裁协议无效为由向人民法院申请撤销或不予执行裁决的，人民法院不予支持，而维持裁决的法律效力予以执行。②

我国现行有关仲裁协议有效性及其认定的立法与实践存在的主要问题就是：

---

① 此条文为 2021 年《民事诉讼法》第 278 条。下同。

② 参见中国国际经济贸易仲裁委员会 2003 年仲裁员事务研讨会上最高人民法院执行办公室主任葛行军的发言，载《仲裁与法律》，2003（4）。

第一，妨碍了当事人向法院提起诉讼的权利。这主要体现在1991年《民事诉讼法》第257条。据此："涉外经济贸易、运输和海事中发生的纠纷，当事人在合同中订有仲裁条款或者事后达成书面仲裁协议，提交中华人民共和国涉外仲裁机构或者其他仲裁机构仲裁的，当事人不得向人民法院起诉。"鉴于向法院提起诉讼是每一个公民的权利，按照多数国家的法律，外国人或无国籍人在此方面享有国民待遇。如果当事人就仲裁庭作出的关于仲裁协议的效力及仲裁机构的管辖权问题的决定有异议，又不能就此向法院提出申诉，而且在仲裁裁决作出后又不能以当事人之间订立的仲裁协议无效和仲裁机构对争议无管辖权为由，向裁决地国法院提出撤销或者拒绝执行该仲裁裁决的申请，那么，当事人对该仲裁协议的有效性的异议就不能得到补救。这样的做法与《纽约公约》和世界上多数国家的做法相悖，不是对《纽约公约》的"重大突破"。正确的做法应当是：即便当事人之间订有仲裁协议，一方当事人就该协议的有效性向法院起诉时，法院应当受理，而不应当"不予受理"。法院受理该诉讼案件后，应当按照《纽约公约》第2条第3款的规定，根据另一方当事人的请求，"令当事人将此项争议提交仲裁解决，除非法院认定该仲裁协议无效、失效或不能履行"。遗憾的是2008年实施的《民事诉讼法》第255条仍然全文保留了上述规定，并没有作出任何修订。2006年《仲裁法司法解释》第13条，也未解决上述问题。

第二，妨碍了当事人就仲裁协议有效性问题请求司法救济的权利。按照前述批复中的规定和现行司法诉讼实践，如果当事人不服仲裁机构就仲裁协议的有效性作出的认定，不能就此向法院提起诉讼，仲裁庭则继续进行仲裁程序并作出仲裁裁决。这样的裁决作出后，当事人也不得以该裁决所依据的仲裁协议无效为由，请求法院撤销或者拒绝承认与执行该裁决。其结果是当事人对仲裁协议的效力提出异议的权利被剥夺。作为仲裁立法与实践的改革措施，我国法律应当明确规定，当一方当事人对仲裁庭作出的管辖权决定持有异议时，法律应当规定允许当事人在特定的期限内（一般为30天）向有管辖权的法院提出上诉。法院作出的决定是终局的，不允许当事人再上诉。仲裁庭只有在法院对该仲裁协议有效性作出认定后，才能继续进行仲裁程序并作出裁决。只有在这种情况下作出裁决，才能禁止当事人以该裁决所依据的仲裁协议无效为由申请撤销或者拒绝承认与执行该裁决。

对于当事人申请确认涉外仲裁协议效力的管辖法院，2006年最高人民法院《仲裁法司法解释》第12条第2、3款作出了明确规定：申请确认涉外仲裁协议效力的案件，由仲裁协议约定的仲裁机构所在地、仲裁协议签订地、申请人或者被申请人住所地的中级人民法院管辖。涉及海事海商纠纷仲裁协议效力的案件，由仲裁协议约定的仲裁机构所在地、仲裁协议签订地、申请人或者被申请人住所地的海事法院管辖；上述地点没有海事法院的，由就近的海事法院管辖。

四、涉外仲裁协议的转让

涉外仲裁协议的转让通常指含有仲裁条款的合同全部或者部分转让时，合同受让人在争议发生后是否也应当受该合同中的仲裁条款约束，通过仲裁的方法解决该合同项下的争议？这种情况在股权转让或者债权让与过程中发生得特别普遍。目前我国仲裁法并没对此作出明确的规定。2006年最高人民法院《仲裁法司法解释》的规定，则填补了这个问题的空白。据此规定：当事人订立仲裁协议后合并、分立的，仲裁协议对其权利义务的继受人有效。当事人订立仲裁协议后死亡的，仲裁协议对承继其仲裁事项中的权利义务的继承人有效。但前两款规定情形，当事人订立仲裁协议时另有约定的除外（第8条）。债权债务全部或者部分转让的，仲裁协议对受让人有效，但当事人另有约定、在受让债权债务时受让人明确反对或者不知有单独仲裁协议的除外（第 9 条）。这就是说，除非受让人在接受合同转让时另有约定，受让人同样应当受其受让合同项下的仲裁条款的约束。

案例分析

1. 浙江省诸暨市对外经济贸易公司与香港铠威贸易公司之间的仲裁条款效力问题之间的争议①

基本案情

申请人浙江省诸暨市对外经济贸易公司（以下简称诸暨外贸）向绍兴市中级人民法院起诉，请求法院确认其与被申请人香港铠威贸易公司（以下简称铠威公司）之间的销售确认书中的仲裁条款无效。

1998 年 12 月初，铠威公司董事长庄文振发给何煜生一个订单传真，叫其组织货源。由于何煜生所在公司没有外贸出口权，故通过厂家介绍，委托诸暨外贸为其代理出口。何煜生从厂家拿到一份没有盖章和填写内容的印有“诸暨外贸”字样的空白销售确认书，并在空白销售确认书上根据订单的内容填写好货物的名称、规格、包装数量、单价及总值等内容，然后于 1998 年 12 月 21 日将该份没有买方、卖方签字的销售确认书传真给庄文振。庄文振收到销售确认书后未经签字而回传给何煜生，并于同年 12 月 29 日开出以诸暨外贸为受益人的不可撤销的信用证，总金额为 77 140 美元，该信用证到期日为 1999 年 2 月 3 日。此后何煜生到工厂组织货源，因在信用证期满之前来不及出货，何煜生要求庄文振担保出运。庄文振于 1999 年 2 月 2 日向诸暨外贸出具一份担保函，表示铠威公司同意担保出货，不会因为信用证与单据不符而拒付货款。诸暨外贸收到担保函后，即通知何煜生将货物装船出运。

1999 年 3 月底，庄文振以“归档需要”为由要求何煜生补签销售确认书。庄文振在买方一栏内签名并要求何煜生在卖方栏内代诸暨外贸签字，何煜生即在此栏签上了“何煜生代”四个字，日期仍为 1998 年 12 月 21 日。该销售确认书第 8 条规定：“凡因执行本销售确认书或有关本销售确认书所发生的一切争执，双方应协商解决。如协商不能解决，应提交北京中国（国际）贸易促进委员会对外贸易仲裁委员会根据《中国国际贸易促进委员会对外贸易仲裁委员会的仲裁程序暂行规则》进行仲裁。”何煜生签字后，庄文振将该销售确认书带走，但何煜生未将此情况告知诸暨外贸。

绍兴市中级人民法院和浙江省高级人民法院的意见

绍兴市中级人民法院认为，本案所涉及的国际货物买卖行为发生在《中华人民共和国合同法》实施以前，而买卖行为发生时的法律、法规对合同成立、效力等问题有明确的规定，因此，应当适用当时的法律规定，而不应适用《合同法》。诸暨外贸未与铠威公司达成过仲裁协议或仲裁条款。庄文振与何煜生于 1999 年 3 月底签订的销售确认书上没有诸暨外贸的盖章，诸暨外贸也没有委托何煜生与庄文振签订有关仲裁协议或仲裁条款，故该份销售确认书中的仲裁条款应认定为无效。诸暨外贸要求确认仲裁协议无效的意见理由正当，证据充分。铠威公司提出的诸暨外贸已授权何煜生与其签订合同以及即使何煜生当时未经授权，但事后已经诸暨外贸追认而

---

① 参见万鄂湘主编：《中国涉外商事海事审判指导与研究》，第 1 卷，80～84 页，北京，人民法院出版社，2001。

应认定仲裁条款有效的意见无证据佐证，与事实不符。依照《中华人民共和国仲裁法》第 4 条、第 18 条之规定，该院认定销售确认书中的仲裁条款无效。

浙江省高级人民法院同意绍兴市中级人民法院的处理意见。

最高人民法院的意见

2000 年 11 月 2 日，浙江省高级人民法院根据最高人民法院《关于审理和执行涉外民商事案件应当注意的几个问题的通知》的规定，将此案呈报最高人民法院。

最高人民法院经研究后作出如下答复：浙江省诸暨市对外经济贸易公司印制的销售确认书含有明确的仲裁条款，但在何煜生将未经该公司签字盖章的销售确认书传真给香港铠威贸易公司法人代表庄文振后，庄文振并未签字或者盖章予以确认，故以销售确认书的全部条款为内容的买卖合同在本案双方当事人之间并未成立。本案双方当事人在装运货物和支付货款之前及在此期间未签订任何书面合同。根据双方履行的事实可以认定，双方当事人实际上仅就阿拉伯头巾的数量、尺寸、装箱、单价、总值达成了一致，但并无仲裁解决其纠纷的意思表示。香港铠威贸易公司已向仲裁庭申请仲裁的销售确认书是事后补签的且是何煜生代签的，作为卖方的浙江省诸暨市对外贸易公司并未在该销售确认书上签字或者盖章，而何煜生所谓的代签事先未获授权，事后亦未获追认。根据《中华人民共和国仲裁法》第 4 条和第 20 条之规定，应当认定该份销售确认书中的仲裁条款为无效条款。

2. 旭普林公司案[①]

思考题：

1. 案例 1 涉及的是中国外贸公司与香港公司之间的国际货物买卖合同中的仲裁条款的效力问题的争议。你认为本案合同应当适用什么样的法律，为什么？

2. 如何认定国际货物买卖合同中的当事人意思表示一致？如何确定通过电报、传真等方式订立的国际货物买卖合同成立的时间？根据应当适用的法律，你认为本案合同是什么时候成立的？

3. 诸暨外贸公司的销售确认书中的条款对该公司有拘束力吗？

4. 法院认定本案交易有效，而该交易所依据的销售确认书中的仲裁条款无效，其依据是什么？你对法院对此案的处理有何评论？

5. 我国法院为什么认定旭普林公司案中的仲裁协议无效？你对此有何评论？

本章小结

小结

1. 国际商事仲裁协议就其实质而言，具有契约的性质，因为它是当事人之间约定的将他们之

---

① 详见第一章后案例。

间的争议提交仲裁解决的契约。此项契约可以表现为争议发生之前的国际商事合同中的仲裁条款，也可以表现为争议发生之后当事人之间达成的一项单独的协议。

2. 鉴于国际商事仲裁协议所具有的契约性质，国际合同适用法律的一般原则同样也应当适用于决定仲裁协议的有效性的适用法律。
3. 对于国际商事仲裁协议的转让，现行有关国际仲裁的国际立法和国内立法均缺乏相关的法律规定。当主合同转让时，合同中的仲裁条款是否约束被转让人，归根结底取决于各相关国家的国内立法与实践。
4. 我国现行仲裁法对仲裁协议有效性的规定与联合国贸法会《示范法》相比，比较严格。中国《仲裁法》关于仲裁协议有效性条款的修订势在必行。

QUESTIONS AND COMMENTS

1. What is the nature of international commercial arbitration agreement?
2. Is there any difference of the legal status between the arbitration clause and submission to arbitration?
3. How to decide the applicable law to the arbitration agreement? Do you think the law applied to the main contract could also be applied to the arbitration clause therein?
4. What is your comment on the effect on the arbitration clause while the contract therein was transferred to a third person? Is the third person bound by the arbitration clause of the transferred contract?
5. What is your comment on China's present arbitration law and practice in respect of determination of the validity of international commercial arbitration agreement?

第四章 仲裁庭及其管辖权限

提要

仲裁庭是仲裁案件的直接审理者。在临时仲裁的情况下，仲裁庭本身就是仲裁机构。在机构仲裁的情况下，常设仲裁机构的主要任务是实施对仲裁的行政管理，包括协助组成仲裁庭，而不是对案件进行审理。一项有效的仲裁协议是仲裁庭对该协议项下争议取得管辖权的根本依据。仲裁庭的主要任务是以事实为依据，以法律为准绳，独立、公正地审理案件。

重点问题

- 仲裁庭的组成及特点
- 仲裁庭的管辖权限
- 仲裁庭的权利与义务
- 中国有关仲裁庭及其管辖权限的立法与实践

第一节 仲裁庭的组成

根据各国国际商事仲裁立法与实践，组成仲裁庭的仲裁员通常都是由当事人或者当事人委托的机构指定。组成仲裁庭的仲裁员的人数一般由当事人在仲裁协议中约定或由当事人约定适用的仲裁规则作出规定。例如，联合国贸法会仲裁规则第 5 条规定："If the parties have not previously agreed on the number of arbitrators (i. e. one or three), and if within 15 days after the receipt by the respondent of the notice of arbitration the parties have not agreed that there shall be only one arbitrator, three arbitrators shall be appointed." 按照另外一些仲裁规则的规定，如果当事人未能就仲裁员人数达成一致，仲裁庭将由一名仲裁员组成。

根据组成仲裁庭的仲裁员人数的不同，可以将仲裁庭分为由一位仲裁员组成的独任仲裁庭、由两位仲裁员组成的二任仲裁庭和由三位仲裁员组成的合议仲裁庭。在绝大多数情况下，仲裁庭均由奇数仲裁员组成。在国际商事仲裁实践中，最为常见的仲裁庭为由一位仲裁员组成的独任仲裁庭和由三位仲裁员组成的合议仲裁庭。现分别概述如下。

一、由一位仲裁员组成的独任仲裁庭（Sole Arbitrator Tribunal）

独任仲裁庭即由当事人共同指定的或者由他们共同委托的第三者指定的仲裁员组成的仲裁庭负责对整个仲裁案件的审理。

独任仲裁庭审理案件的优势是使案件能够得到迅速审理，同时在费用方面较由多位仲裁员组成的仲裁庭要节省得多。如果双方当事人共同选择的仲裁员品德高尚，为人正派且主持公正，其作出的仲裁裁决与合议仲裁庭作出的裁决并没有什么不同。此外，独任仲裁庭解决争议也有其弱势，就是仲裁裁决由该独任仲裁员一个人说了算。在国际商事仲裁实践中，一般争议金额较大的案件的当事人都不愿意由独任仲裁员一锤定音，而更愿意由 3 位仲裁员组成的仲裁庭审理他们之间的争议。

在国际商事仲裁实践中，为了使仲裁案件得到公正的审理，按照一些仲裁机构的仲裁规则，除了当事人之间另有约定者外，独任仲裁员的国籍一般与争议双方当事人的国籍有所不同。例如，伦敦国际仲裁院 1998 年仲裁规则第 6 条第 1 款规定："Where the parties are of different nationalities, a sole arbitrator or chairman of the Arbitral Tribunal shall not have the same nationality as any party unless the parties who are not of the same nationality as the proposed appointee all agree in writing otherwise."

总之，独任仲裁庭既有它独特的优势，也有其不足之处，关键在于如何利用。如果争议双方在解决争议方面能够很好地配合，又能够共同选择一名办事公正且懂法律与业务的仲裁员，可以使争议得到迅速解决，起到事半功倍的效果。

二、由两位仲裁员组成的仲裁庭

在国际商事仲裁实践中，由两名仲裁员组成仲裁庭的情况并不多见。在由两名仲裁员组成仲裁庭的情况下，通常是由争议双方各指定一名仲裁员而组成仲裁庭负责争议案件的审理。在一些行业和国家，如在航运市场上的某些标准合同中，就存在有这样的条款。例如，一些格式租船合同中的 Baltime Arbitration Clause 就是这样规定的："由于本租船合同而产生的争议交由伦敦（或者当事人约定的其他地点）仲裁解决。由船东指定一名仲裁员，另一名仲裁员由租船人指定。如果这两名仲裁员不能就仲裁裁决达成一致，争议交由他们共同指定的公断人（umpire）裁定。仲裁员或公断人的裁决是终局的，对当事人双方均有拘束力。"在实践中，如果由当事人指定的两名仲裁员对于解决当事人提交的争议达成一致意见，此项意见即可作为仲裁裁决。但是，如果他们不能就此争议的解决达成一致，则应当由这两位仲裁员共同指定的公断人主持对该案件的审理，并作出裁决。在这种情况下，原来由双方指定的仲裁员事实上为指定他们的当事人充当辩护人（advocate）的角色，而仲裁裁决由公断人自行作出。此时公断人的作用相当于独任仲裁员的角色。该公断人对该争议作出的裁决为终局裁决，对争议双方具有法律上的拘束力。

三、由三位仲裁员组成的合议仲裁庭

这种情况通常是由争议双方各指定一名仲裁员，第三位仲裁员，即首席仲裁员或者仲裁庭主席，可以由双方当事人共同指定，或者由他们各自指定的仲裁员共同指定，或者由双方当事人委托的第三方，如特定常设仲裁机构主席、商会主席等作出指定。由首席仲裁员主持该仲裁案件的审理。

由三位仲裁员审理仲裁案件，特别是国际商事仲裁案件，是最为常见的仲裁庭。例如，根据联合国贸法会《示范法》第 10 条的规定，“(1) The parties are free to determine the number of arbitrators. (2) Failing such determination, the number of arbitrators shall be three. ”但在另外一些情况下，按照有的仲裁机构仲裁规则的规定，如果当事人未能就仲裁员人数作出约定，则由仲裁机构指定一名独任仲裁员，除非仲裁机构认为该案案情复杂，由三位仲裁员组成仲裁庭审理是适当的。例如，美国仲裁协会 2001 年 11 月 1 日起生效的《国际仲裁规则》第 5 条规定：“If the parties have not agreed on the number of arbitrators, one arbitrator shall be appointed unless the administrator determines in its discretion that three arbitrators are appropriate because of the large size, complexity or other circumstances of the case.”

一般而言，在常设仲裁机构仲裁的情况下，根据这些仲裁机构所适用的仲裁规则，如果当事人未能在规则规定的期限内指定仲裁员或者首席仲裁员，仲裁机构可以依照仲裁规则的规定，代为指定仲裁员，除非当事人双方另有约定。

以下是伦敦海事仲裁协会（London Maritime Arbitration Association, LMAA）建议当事人采用的仲裁示范条款①：

“This contract is governed by English Law and all disputes arising under or in connection with it shall be referred to arbitration in London. The arbitration shall be conducted in accordance with one of the following LMAA procedures:

“(1) where the amount claimed by the claimants is less than US $ . . . (Note: where no figure is inserted, the parties shall be deemed to have a limit of US $ 250 000, excluding interest, the reference shall be to a sole arbitrator and the arbitration shall be conducted in accordance with the LMAA FALCA (Fast and Low Cost Arbitration) Rules);

“(2) where the amount claimed by the claimants is less than US $ 500 000, excluding interest, (or such other sum as the parties may agree) the reference shall be to a sole arbitrator and the arbitration shall be conducted in accordance with the LMAA Small Claims Procedure;

“(3) in any case where the LMAA procedures referred to above do not apply the reference shall be to three arbitrators (one to be appointed by each of the parties and the third by the arbitrators so

① 参见杨良宜：《国际商务仲裁》，98 页，北京，中国政法大学出版社，1997。

chosen) in accordance with the LMAA Terms in force at the relevant time."

在国际商事仲裁实践中，一般争议金额较大且案情又比较复杂的案件，争议双方当事人通常不愿意由一位仲裁员一锤定音，而由三位仲裁员组成的合议仲裁庭作出裁决。因为合议仲裁庭主要具有以下几个方面的好处：

第一，这三名仲裁员可以相互制约，他们在仲裁裁决中可能犯错误或者偏袒一方当事人的风险相对较小。因为根据各国仲裁立法与实践，仲裁裁决应当根据多数仲裁员的意见作出，只有在不能形成多数意见的情况下，才能按照首席仲裁员的意见作出。

第二，每一方当事人均可以从本国或者熟悉某一特定案件的专家中指定一名他们所信赖的仲裁员，保证在仲裁庭成员中有一名仲裁员了解该方当事人的语言和根据其语言作出的文件得到正确的解释，进而使每一方当事人的立场和意见都能够在仲裁庭合议时得到比较充分的了解。

第三，鉴于仲裁员通常为相关领域的专家，并具有解决相关领域争议的实践经验，当国际商事交易中的争议涉及特定技术问题时，当事人都希望在仲裁庭中有一名仲裁员熟悉该技术问题，进而使该技术性争议得到比较公正的审理。

第四，在仲裁程序进行中如果发生某些突发事件，如其中的一名仲裁员死亡、生病或者出现其他妨碍其履行仲裁员职务的情形，即便重新指定一名仲裁员，也不必使已经进行的程序从头再来，避免引起不必要的麻烦。

四、仲裁员的资格及指定

（一）仲裁员的资格

在仲裁解决国际商事争议的实践中，被指定为仲裁员的一般都是为当事人所信赖并能够对争议的是非曲直作出独立判断的人。各国法律允许当事人在他们之间的仲裁协议中对仲裁员的资格作出约定。许多国家的法律本身对此并没有严格的限制，凡是具有完全民事行为能力的人，包括本国人和外国人，都可以被指定为仲裁员。例如，荷兰 1986 年《民事诉讼法》第 1023 条规定："任何有法律行为能力的自然人均可被指定为仲裁员。除非当事人另有约定，任何人不应由于其国籍的原因而被妨碍指定。"有些国家的法律则对没有资格担任仲裁员的人士作了规定。例如，《意大利民事诉讼法典》第 812 条对"仲裁员可以是意大利或他国国民"作了规定，它所规定的限制是："未成年人、无法律行为能力人、破产者及被开除公职的人，不能担任仲裁员。"《韩国仲裁法》对不能被指定为仲裁员的人作出了专门规定，但并没有规定什么样的人可以被指定为仲裁员。该法第 5 条规定，具有下列情形之一的人没有资格担任仲裁员：(1) 无行为能力或限制行为能力的人；(2) 尚未授权的破产人；(3) 被处以监禁以上的刑罚且该处罚执行完毕或不执行该处罚的决定作出后不满 3 年的人；(4) 任何被处以监禁以上刑罚且刑期未满的人；(5) 任何被处以监禁以上刑罚而缓刑、缓刑期未满的人。

有的国家的法律还规定国家法官在任职期间不得接受指定作为仲裁员。[①]

作为国际商事仲裁的一般原则，仲裁员，尤其是独任或首席仲裁员，不得与他所审理的案件有直接的利害关系，否则，将影响他对所审理的案件作出独立、公正的裁决。

尽管许多国家的法律对仲裁员的资格未专门规定，但许多国家和地区都设有仲裁员协会和

① 如《奥地利民事诉讼法典》第 578 条、《波兰民事诉讼法》第 699 条第 2 款的规定。

专门的常设仲裁机构。这些常设仲裁机构中许多都有其各自的仲裁规则，有些仲裁机构还备有供当事人选择的仲裁员名册，还有一些仲裁机构的仲裁规则规定，只有被列入仲裁员名册的人，才能被指定为仲裁员。例如，根据1965年《解决国家与他国国民之间投资争议公约》设立的解决投资争议国际中心就设有专门的仲裁人和调解人小组。该公约第14条第1款规定："Persons designated to serve on the Panels shall be persons of high moral character and recognized competence in the field of law, commerce, industry or finance, who may be relied upon to exercise independent judgment. Competence in the field of law shall be of particular importance in the case of persons on the Panel of Arbitrators."

（二）仲裁员的指定

在国际商事仲裁立法与实践中，仲裁员的指定方法总体上有两种：

1. 当事人指定

这是最常见的指定仲裁员的方式，包括由当事人一方指定或者双方当事人共同指定。前者适用于合议仲裁庭每一方当事人各指定一名仲裁员的情况；后者适用于合议仲裁庭首席仲裁员或者独任仲裁庭仲裁员的指定。在独任仲裁庭的情况下，当事人双方可在争议发生之前或者在此之后就该独任仲裁员的人选达成一致意见。在由三人组成合议仲裁庭的情况下，仲裁协议或者该协议规定适用的仲裁规则通常就当事人各方有权指定一名仲裁员作出明确规定。一般而言，申诉人提出仲裁申请时，即可行使其指定一名仲裁员的权利。被诉人收到仲裁通知后，也有权在仲裁规则规定的期限内指定一名仲裁员。例如，According to Article 7 (1) of the UNCITRAL Arbitration Rules, "If three arbitrators are to be appointed, each party shall appoint one arbitrator. The two arbitrators thus appointed shall choose the third arbitrator who will act as the presiding arbitrator of the tribunal".

2. 当事人委托的第三者指定

按照许多国家的仲裁法的规定，当事人可以委托与争议无利害关系的第三者对仲裁员作出指定。如果双方当事人不能就独任仲裁员的人选达成一致，如果一方当事人未能在法律规定的期限内指定仲裁员，如果双方当事人选定的仲裁员不能就首席仲裁员的人选达成一致，当事人可根据他们之间的仲裁协议及其所适用的仲裁规则或者法律，由仲裁协议或者该协议所适用的法律或者仲裁规则规定的指定机构（appointing authority）对该相关的仲裁员作出指定。该指定机构可以是某仲裁机构的主席、贸易或者行业协会主席等。

在临时仲裁的情况下，如果当事人在仲裁协议中未能约定仲裁员的指定方法或者指定机构，按照一些国家法律，当事人可以请求相关法院对此作出指定。例如，美国1925年《联邦仲裁法》第5条规定："If in the agreement provision be made for a method of naming or appointing an arbitrator or arbitrators or an umpire, such method shall be followed; but if no method be provided therein, or if a method be provided and any party thereto shall fail to avail himself of such method, or if for another reason there shall be a lapse in the naming of an arbitrator or arbitrators or umpire, or in the filling a vacancy, then upon the application of either party to the controversy the court shall designate and appoint an arbitrator or arbitrators or umpire, as the case may require, who shall act under the said agreement with the same force and effect as if he or they had been specifically named therein; and unless otherwise provided in the agreement the arbitration shall be by a single arbitrator."即法院可根据一方当事人的请求，对仲裁员或者首席仲裁员作出指定。而根据俄罗斯联邦

1993 年《国际商事仲裁法》第 11 条第 3 款和第 6 条第 1 款的规定，有权指定仲裁员的机构应为俄联邦工商会主席（the President of the Russian Federation Chamber of Commerce and Industry）。

在常设仲裁机构仲裁的情况下，除争议双方另有约定者外，仲裁员通常由仲裁院主席依据所适用的仲裁规则（一般情况下为受理仲裁案件的常设仲裁机构的仲裁规则）指定。例如，伦敦国际仲裁院 1998 年仲裁规则第 5 条第 5 款规定："The LCIA Court alone is empowered to appoint arbitrators. The LCIA Court will appoint arbitrators with due regard for any particular method or criteria of selection agreed in writing by the parties. In selecting arbitrators consideration will be given to the nature of the transaction, the nature and circumstances of the dispute, the nationality, location and languages of the parties..." 又如，美国仲裁协会（American Arbitration Association, AAA）2001 年修订的国际仲裁规则第 6 条第 3 款规定：If within 45 days after the commencement of the arbitration, all of the parties have not mutually agreed on a procedure for appointing the arbitrator (s), the administrator shall, at the written request of any party, appoint the arbitrator (s) and designate the presiding arbitrator. 据此规定，美国仲裁协会主席可以在仲裁程序开始后，根据任何一方当事人的书面请求，对仲裁员或者首席仲裁员作出指定。

（三）指定仲裁员的限制

1. 常设仲裁机构仲裁员名册内外的限制

各国国际商事仲裁机构对这一问题的做法各异，归根结底取决于争议所提交的相关仲裁机构及其所适用的仲裁规则。在国际商事仲裁实践中，主要有以下几种做法：

（1）只能在仲裁员名册中指定。一般而言，凡是被列入名册的仲裁员，均为相关领域的专家，并具有解决争议的经验，可以满足当事人的选择范围，并为当事人所信赖。当事人如果将争议提交中国国际经济贸易仲裁委员会、中国海事仲裁委员会（China Maritime Arbitration Commission, CMAC）、韩国商事仲裁院（Korean Commercial Arbitration Court, KCA）、日本商事仲裁协会（Japanese Commercial Arbitration Association, JCAA）及东京海事仲裁委员会（Tokyo Maritime Arbitration Commission, TMAC）等，根据这些仲裁机构所适用的仲裁规则，通常只能在名册中选择仲裁员。

（2）有的仲裁员必须在名册中指定，有的仲裁员可以在名册外指定。当事人若将争议提交根据《阿拉伯国家商事仲裁公约》设立的阿拉伯国家仲裁中心解决，根据该公约的规定，在合议仲裁庭的情况下，由当事人各自指定的仲裁员可以是列入名册的仲裁员，也可以是未列入名册的仲裁员，但是首席仲裁员必须在名册中指定。此外，如果一方当事人未能在规定的期限内指定仲裁员，该中心秘书处可以代为指定，而此项代为指定的仲裁员必须是列入仲裁员名册中的仲裁员。

（3）所有的仲裁员的指定都不受名册限制。许多国际商事仲裁机构尽管备有供当事人选择的仲裁员名册，但是当事人在指定仲裁员时并不受该名册的限制，他们可以在名册中指定，也可以不在名册中指定仲裁员，即不受该名册的限制。例如美国仲裁协会等。

2. 仲裁员国籍、住所和居所的限制

国际商事仲裁机构对于仲裁员的国籍，一般没有什么限制。但是，在审理国际商事案件时，为了保证仲裁庭的公正性与独立性，往往对首席仲裁员或独任仲裁员的国籍限制较为严格，规定他们不得具有任何一方当事人的国籍。例如，伦敦国际仲裁院 1998 年仲裁规则第 6

条专门就仲裁员的国籍作出了如下规定：

(1) Where the parties are of different nationalities, a sole arbitrator or chairman of the Arbitral Tribunal shall not have the same nationality as any party unless the parties who are not of the same nationality as the proposed appointee all agree in writing otherwise.

(2) The nationality of parties shall be understood to include that of controlling shareholders or interests.

(3) For the purpose of this Article, a person who is a citizen of two or more states shall be treated as a national of each state; and citizens of the European Union shall be treated as nationals of its different Member States and shall not be treated as having the same nationality.

有些仲裁机构的仲裁规则还对仲裁员的居所规定了某些限制。例如，日本商事仲裁协会1989年仲裁规则第15条第2款规定："任何在指定之日事实上未在日本居住的人，不得担任仲裁员，除非当事人双方另有约定。"韩国商事仲裁院1986年仲裁规则第19条第2款也有类似规定。

五、对仲裁员的异议（challenge of arbitrators）

（一）仲裁员回避的理由

根据各国有关国际商事仲裁的立法与实践，被当事人指定或者被相关机构选定的仲裁员，如果与其所审理的案件有个人利害关系（personal interest），或者不符合当事人在仲裁协议中约定的选定仲裁员的标准，进而可能影响该仲裁员对该案进行独立、公正审理的，任何一方当事人均可对该被指定的仲裁员提出回避请求。例如，Article 12 (2) of the UNCITRAL Model Law provides that an arbitrator may be challenged only if circumstances exist that give rise to justifiable doubts as to his impartiality or independence, or if he does not possess qualifications agreed by the parties. A party may challenge an arbitrator appointed by him, or in whose appointment he has participated, only for reasons of which he becomes aware after the appointment has been made.

在国际商事仲裁实践中，被指定的仲裁员应当自行披露此项可能影响案件公正审理的情况，并请求回避。此外，当事人对上述仲裁员的公正性和独立性有正当的理由产生怀疑的，也有权请求该仲裁员回避。请求仲裁员回避应当提出书面申请，并附具回避理由。

（二）仲裁员回避决定的作出

如前所述，当事人如果对某一名仲裁员的公正性或独立性产生正当怀疑，可以按仲裁规则的规定要求该仲裁员回避并说明请求该仲裁员回避的理由。被指控的仲裁员是否回避，在临时仲裁的情况下，可以由仲裁庭或仲裁地国法院作出。在机构仲裁的情况下，作出此项决定的权力应当由该特定仲裁机构行使。

六、仲裁员的替换

（一）替换仲裁员的原因

在国际商事仲裁实践中，一般情况下不存在替换仲裁员的情况。但是，在某些特殊情况下，也可能出现替换仲裁员的现象。这些特殊情况是：(1) 仲裁员的指定方式与当事人之间订立的仲裁协议或者仲裁应当适用的法律不符；(2) 仲裁员因突发疾病、死亡、出差、丧失行为能力或其他原因，不能在仲裁规则规定的期限内履行其职责；(3) 仲裁员辞职；(4) 法院或者仲裁机构作出了要求某仲裁员回避的决定。

（二）指定替换仲裁员的方法

根据许多国家的仲裁法或者相关仲裁机构的仲裁规则，当取消仲裁员审理特定案件的资格后，一般均按原来适用的指定该仲裁员的方法指定替代仲裁员。According to Article 15 of the UNCITRAL Model Law，"Where the mandate of an arbitrator terminates under article 13 or 14 because of his withdrawal from office for any other reason or because of the revocation of his mandate by agreement of the parties or in any other case of termination of his mandate，a substitute arbitrator shall be appointed according to the rules that were applicable to the appointment of the arbitrator being replaced".

CASE STUDY

布罗斯案

（Al Haddad Bros. Enterprises，Inc. v. M/S Agapi）①

United States District Court，District of Delaware，1986

635 F. Sup. P. 205

Opinion

Caleb M. Wright，Senior District Judge.

Plaintiff Al Haddad Brothers Enterprises（"Al Haddad"）brought this action to recover for damages to a cargo of salt and detergent carried from Wilmington to Turkey on Board the vessel，the Agapi，owned and operated by defendant Diakan Love，S. A.（"Diakan"）. Currently before the Court is the motion of Diakan for summary judgment on a counterclaim seeking recognition and enforcement of a London arbitration award in favor of Diakan against Al Haddad. A procedural history of the dispute，rather than a recitation of the underlying facts，provides the appropriate framework for decision of this question.

Ⅰ. Background

Al Haddad filed suit in February 1982 against Diakan and the Northern Shipping Co.，the stevedores，to recover for damages done to Al Haddad's cargo during its transport in February-March 1981. ② In answer，Diakan raised as an affirmative defense the existence of an arbitration provision in the charter party between Al Haddad and Diakan. The clause states：

51. Any dispute arising under the charter to be referred to arbitration in London，one arbitrator is to be nominated by the owners and the other by the charterers，and in case the arbitrators shall not agree，then to the decision of an umpire to be appointed by them，the award of the arbitrators or the umpire to be final and binding upon both parties. The arbitrators and

---

① See Tibor Varady，John J. Barcelo，III，Arthur T. von Mehren，*International Commercial Arbitration*，West Group，1999，at 69-72.

② Northern Shipping Co. settled the case with both Al Haddad and Diakan.

umpire, if any, to be members of the London Arbitrators Association.

Diakan moved to stay proceedings until the merits of Al Haddad's claim had been decided in London pursuant to the provision in the charter party. Al Haddad opposed the stay, but did not dispute at that point that the charter party contained a provision calling for arbitration in London. The court granted Diakan's motion and stayed the case to allow Al Haddad to pursue arbitration, see 551 F. Supp. 956 (D. Del. 1982). Al Haddad did not seek to appeal this decision and apparently has not pursued arbitration.

In the meantime, Diakan in October 1981 initiated an arbitration proceeding in London against Al Haddad for unpaid charter hire. Diakan appointed its arbitrator, Bruce Harris, and gave notice of that fact to Al Haddad on November 3, 1981. When Al Haddad did not nominate an arbitrator by December 23, 1981, Diakan asked Harris to serve as sole arbitrator. Notice of this appointment was sent to Al Haddad on December 31,1981. At one point, Al Haddad retained solicitors in relation to the arbitration, but it later discharged them and did not provide any defense in the proceeding or otherwise participate in it. Harris entered an award of $143 712.4 plus interest and costs in favor of Diakan against Al Haddad on July 12, 1983.

On March 20, 1984, Al Haddad moved this court to vacate the stay order on the ground that Al Haddad never agreed to a provision of the charter party requiring arbitration in London. The court denied the motion and ruled that Al Haddad's argument was barred by laches and that the charter party required it.

Ⅱ. Discussion

Al Haddad makes two sets of arguments in opposition to Diakan's request for summary judgment on the counterclaim. It argues first that a triable issue of fact exists—namely, whether the charter party to which the parties agreed contained a provision requiring London arbitration—and that this court's prior decisions do not constitute the "law of the case" which would bar consideration of whether the parties agreed in the charter to London arbitration. Even if the court should find that the parties agreed to London arbitration, Al Haddad then argues that the court should not enforce the arbitration award because the arbitration authority which rendered the award was not composed in accordance with the alleged agreement.

...

Enforcement of the London Award

Under the Convention on the Recognition and Enforcement of Foreign Arbitral Awards, 9 U. S. C. A. Sec. 201 (West Supp. 1986) (hereinafter "Convention"), a United States court can recognize a foreign arbitral award if the party seeking recognition has met two requirements. He must present the duly authenticated original award or a certified copy, and the original arbitration agreement or a certified copy, Id. Art. IV (1). The party opposing recognition then may attempt to prove one or more of the defenses permitted by the Convention. Id. Art. V (1) (listing defenses). If the party objecting to recognition does not meet his burden of proof, the court will convert the award into a judgment.

Al Haddad makes two arguments why this court should refuse to enforce the London award.

It argues first that Diakan has not met one of the requisites for recognition of the foreign award, because Diakan has not submitted the original arbitration agreement between the parties or a certified copy. Diakan instead has appended to its Supplemental Answer an unverified document which it asserts is the parties' agreement.

Secondly, Al Haddad invokes the defense that "the composition of the arbitral authority or the arbitral procedure was not in accordance with the agreement of the parties, or, failing such agreement, was not in accordance with law of the country where the arbitration took place". Id. Art. V (1). In particular, the arbitration provision in the Agapi charter party called for an arbitration panel composed of one arbitrator appointed by each party and, if the two arbitrators did not agree, an umpire appointed by the two arbitrators would render the decision. Al Haddad points out that a sole arbitrator appointed by Diakan made the award here.

The court rejects Al Haddad's first argument and finds that it is unnecessary for Diakan to submit a certified copy of the parties' arbitration agreement in this situation. The purpose for requiring submission of the original agreement or a certified copy is to prove the existence of an agreement to arbitrate. Such proof already exists in this case because the court has determined on several prior instances that the charter party between Al Haddad and Diakan contained a London arbitration provision. Those rulings form sufficient verification of the existence of an arbitration agreement to allow enforcement of the award here.

The arbitration award Diakan seeks to enforce admittedly was not rendered in accordance with the parties' agreement, but that fact is not fatal to its validity. The Convention allows recognition of an award which, although not in accord with the parties' agreement, complied with the laws of the country where the arbitration occurred. Convention, art. V (1) (d). Under the British arbitration statute, a sole arbitrator appointed by one of the parties may decide a dispute when the other party fails to appoint an arbitrator under the agreement, after being called upon to do so. Arbitration Act, 14 Geo. 6, ch. 27, Section 7 (b) (1950). However, the party who has appointed an arbitrator initially must wait seven clear days after notifying the opposing party of the initial appointment before appointing its arbitrator to act as sole arbitrator. Id.

Diakan followed this procedure. Diakan's solicitors sent notice to Al Haddad on November 3, 1981, that they had appointed Bruce Harris as arbitrator. Having received no response from Al Haddad, Diakan's solicitors appointed Harris as sole arbitrator on December 23, 1981. Al Haddad does not argue that it failed to receive notice of Diakan's actions. The London award therefore is entitled to re-cognition and enforcement under the Convention.

Questions for Discussion:

1. Judge Wright says in the Haddad case: "The Convention allows recognition of an award which, although not in accord with the parties' agreement, complied with the laws of the country where the arbitration occurred. Convention, art. V (1) (d)." Do you agree with this interpretation of the Convention? Are there other possible interpretations? What did the parties' arbitration agreement say about how the arbitration panel was to be formed?

2. Was the panel formed according to the agreement?
3. Does the New York Convention Article V (1) (d) provide a good ground for refusing to recognize the award? According to Article V (1) (d), the law of the country where arbitration took place shall apply "failing such agreement", i. e. agreement of the parties. Can one say that in the Haddad case such agreement was failing?

第二节
仲裁庭的管辖权限

一、仲裁庭的管辖权权限的确定

仲裁管辖原则既是各国仲裁立法与实践中一个重要的理论问题，也是具有实践意义的现实问题。在国际商事仲裁实践中，法院对仲裁庭管辖权的确定来源于各国国内法上的规定，因此，法院对确定仲裁庭管辖权限的认定是不言而喻的。仲裁庭对其管辖权限的决定权，主要来源于当事人之间业已存在的通过仲裁方式解决他们之间争议的有效仲裁协议。因此，仲裁管辖与仲裁协议的有效性是一个问题的两个方面：根据有效的仲裁协议，仲裁庭就可获得管辖权；而根据无效的仲裁协议，仲裁庭就不能获得此项管辖权。

在国际商事交易中，往往有这样的情况发生：当仲裁协议项下的争议发生后，一方当事人将争议提交仲裁解决，而另一方则对仲裁庭的管辖权及仲裁协议的有效性提出异议。在这种情况下，仲裁庭能否就其管辖权及仲裁协议的效力作出决定，是仲裁（庭）面临的首要问题。这个问题不解决，仲裁程序就无法进行。

国际商会在其修订的 1955 年仲裁规则中，率先将仲裁庭有权对其管辖权作出决定的条款列入该会仲裁规则之中。国际商会 1955 年仲裁规则第 6 条第 2 款明确地规定了仲裁庭有权就当事人对仲裁庭管辖权提出的异议作出决定，进而打破了以往只有法院有权对仲裁协议有效性作出决定的状况，开创了仲裁机构有权就仲裁协议的有效性作出决定的先河。

近半个世纪以来的国际商事仲裁立法与实践证明，1955 年国际商会仲裁院仲裁规则率先作出的“仲裁庭有权对其管辖权作出决定”的规定，对于此后国际商事仲裁立法和实践具有重大的理论和实践意义。

二、决定仲裁庭管辖权的理论依据

在国际商事仲裁和各国的立法与司法实践中，仲裁机构和法院均有权对仲裁协议的有效性作出认定。决定仲裁协议效力的理论依据是：仲裁机构自裁管辖说和法院决定论。

（一）自裁管辖说（the doctrine of competence-competence）

自裁管辖说的核心是仲裁机构有权就仲裁协议的效力及管辖权作出裁定。

自裁管辖说的理论首先来源于当事人之间的意思自治原则。按照当事人意思自治原则，当事人通过协议的方式约定将其争议交由仲裁解决时，就意味着将协议项下的一切争议，包括对该协议的效力的异议，交由仲裁解决。因此，当双方当事人就仲裁协议的效力产生争议时，如果一方当事人将此争议提交仲裁机构，该仲裁机构依照当事人之间的仲裁协议，即可取得对该项争议的管辖权，并就该仲裁协议的效力作出裁定。由于该仲裁协议所发生的争议的管辖权，也应当由仲裁机构作出决定。其次，自裁管辖说还来源于各有关国家法律的认可，即各国的法律允许仲裁机构或仲裁庭对仲裁协议的有效性作出决定。如果法律不允许仲裁机构就其管辖权作出裁定，那么，即便仲裁机构根据当事人的仲裁协议作出了裁定，此项裁定仍然不能得到法院的承认与执行。如果仲裁庭认为仲裁协议有效，而法院则认为该协议无效，仲裁庭置法院的裁定于不顾，并依此协议作出了仲裁裁决，这样的裁决仍然会被法院认定为无效而被拒绝承认与执行。

据考证，仲裁庭可以就其管辖权作出决定最早出现在国际商会 1955 年仲裁规则第 6 条第 2 款关于仲裁庭有权就当事人"对仲裁庭管辖权提出的异议作出决定"的规定中。[①] 由于仲裁庭的管辖权与仲裁协议的有效性有着直接的联系，一项有效的仲裁协议是使仲裁庭取得管辖权的重要依据，以往有权对仲裁协议有效性作出决定的只有法院，而国际商会国际仲裁院的仲裁规则，开创了仲裁机构有权就仲裁协议的有效性作出决定的先河，由此便产生了仲裁机构的自裁管辖说。

在现代国际商事仲裁立法与实践中，这一理论已经被普遍地确立在各国有关仲裁的立法与实践中。例如，已经为许多国家的立法机构所采纳的联合国贸法会制定的《示范法》第 16 条第 1 款规定："The arbitral tribunal may rule on its own jurisdiction, including any objections with respect to the existence or validity of the arbitration agreement. For that purpose, an arbitration clause which forms part of a contract shall be treated as an agreement independent of the other terms of the contract. A decision by the arbitral tribunal that the contract is null and void shall not entail ipso jure the invalidity of the arbitration clause." 就是那些未将《示范法》采纳为本国国际商事仲裁法的国家，在其制定仲裁法的过程中，也都在其各自的仲裁立法中，规定了仲裁庭有权就其管辖权作出决定。即便在以保守而著称的英国，也允许仲裁庭就其管辖权及仲裁协议的有效性问题作出决定。例如，英国 1996 年《仲裁法》第 30 条第 1 款规定：

Unless otherwise agreed by the parties, the arbitral tribunal may rule on its own substantive jurisdiction, that is, as to—

(a) whether there is a valid arbitration agreement,

(b) whether the tribunal is properly constituted, and

(c) what matters have been submitted to arbitration in accordance with the arbitration agreement.

此外，许多国际仲裁机构的仲裁规则，例如世界知识产权组织仲裁与调解中心 2002 年仲裁规则第 36 条、美国仲裁协会 2001 年国际仲裁规则第 15 条、伦敦国际仲裁院 1998 年仲裁规则第 23 条等，以及联合国贸法会 1976 年仲裁规则第 21 条，也都对仲裁庭的管辖权作出了明确的规定。

在国际商事仲裁实践中，对仲裁案件的管辖权和仲裁协议的效力作出决定的问题是密切相关且不可分割的。其中仲裁协议的效力直接关系到仲裁机构对该特定仲裁案件的管辖权。一般

---

① See Yves Derains & Eric A. Schwartz, *A Guide to the New ICC Rules of Arbitration*, Kluwer Law International, 1998, at 5.

而言，如果认定仲裁协议有效，仲裁机构对该仲裁案件就有管辖权，反之，仲裁机构就不得对该案件行使管辖权。

（二）法院决定论

此项理论建立在法院依据其本国法对属于其管辖的事项行使管辖权的各项有关规定的基础上。与仲裁机构对其管辖权和仲裁协议的效力作决定相比，法院对仲裁协议所行使的管辖权要广泛得多，机会也多得多。

首先，在仲裁程序开始之前，法院即可依据法律对仲裁协议项下的争议行使管辖权。这是由于按照各有关国家的民事诉讼法的规定，提起民事诉讼是每个公民的权利，法院依照其所在国的民事诉讼法的规定，受理有关当事人提起的诉讼，无论当事人之间是否存在着仲裁协议。而只有当另一方当事人（一般为被告）根据与原告之间订立的仲裁协议到法院抗辩法院的管辖权时，按照1958年《纽约公约》第2条第3款的规定，法院应当裁定终止诉讼程序，令当事人将争议提交仲裁，除非法院认定“仲裁协议无效、失效或不能履行”。在西方国家法院审理的许多案件中，都是在仲裁开始之前一方当事人率先将争议提交法院，当被告提出管辖权抗辩时，法院裁定令当事人将争议提交仲裁。

其次，在仲裁程序开始后，当事人就仲裁庭的管辖权提出异议：一方面，仲裁机构或仲裁庭有权依据应当适用的法律对其管辖权作出决定；另一方面，如果另一方当事人对此不服，仍然可以依法就仲裁协议的有效性及仲裁机构或仲裁庭的管辖权的异议向法院起诉。例如依据英国1996年《仲裁法》第30条的规定，一方面，仲裁庭有权对其管辖权作出裁定（第1款），另一方面，“当事人也可以通过必要的上诉、复审程序或依据本部分的规定，对仲裁庭的管辖权提出异议”（第2款）。当然，此项异议的提出，也应受到法律规定条件的限制，如提出异议的时间、事项及其他条件。

最后，即便仲裁庭已经就其对仲裁协议项下案件的管辖权作出裁定并作出仲裁裁决，当事人在特定条件下仍然可以就仲裁协议的有效性及仲裁庭的管辖权问题提出抗辩，请求法院撤销已经作出的仲裁裁决或拒绝承认与执行该裁决。而被请求的国家的法院可依其法律对该仲裁裁决进行司法复审，如果法院认为仲裁裁决系根据无效仲裁协议作出，仍然可以撤销已经作出的仲裁裁决或拒绝承认与执行该裁决。

法院是国家机器的组成部分，当然可依法作出最后的决定。从这个意义上说，法院决定论是无可非议的。《示范法》第8条也就仲裁协议和向法院提出实质性的申诉作了如下规定：(1) A court before which an action is brought in a matter which is the subject of an arbitration agreement shall, if a party so requests not later than when submitting his first statement on the substance of the dispute, refer the parties to arbitration unless it finds that the agreement is null and void, inoperative or incapable of being performed. (2) Where an action referred to in paragraph (1) of this article has been brought, arbitral proceeding may nevertheless be commenced or continued, and an award may be made, while the issue is pending before the court.

如果仲裁机构就仲裁协议的有效性作出的裁定与法院对此作出的决定相抵触，法院的决定优于仲裁机构的决定。按照《纽约公约》的规定，如果法院认定仲裁协议无效、失效或不能履行，即可继续进行诉讼程序，而不是终止此项程序。[1] 在申请强制执行仲裁裁决的过程中，如

① 参见《纽约公约》第2条第3款。

果执行地国法院认为该仲裁裁决系根据无效的仲裁协议作出，也可拒绝承认与执行根据无效仲裁协议作出的仲裁裁决。[①] 此外，《示范法》第 16 条第 3 款规定：The arbitral tribunal may rule on a plea referred to in paragraph (2)[②] of this article either as a preliminary question or in an award on the merits. If the arbitral tribunal rules as a preliminary question that it has jurisdiction, any party may request, within thirty days after having received notice of that ruling, the court specified in article 6 to decide the matter, which decision shall be subject to no appeal; while such a request is pending, the arbitral tribunal may continue the arbitral proceeding and make an award.

如果法院作出的裁定与仲裁庭作出的对仲裁协议项下事项有管辖权的决定相悖，而仲裁庭又无视法院作出的关于仲裁协议无效的裁定，继续进行仲裁程序并作出裁决，这样的裁决在申请执行中可能遇到诸多的障碍。不仅这样的裁决在裁决地国不能得到承认与执行，而且当事人在仲裁地国法院申请撤销该裁决的诉讼请求可以轻而易举地实现，因为该裁决根据法院认定为无效的仲裁协议作出。申请人在裁决地以外的国家申请执行裁决时，被申请人肯定会以相同的理由请求执行地国法院拒绝执行此裁决。可见，法院对仲裁协议的有效性作出的决定，较仲裁机构或仲裁庭的决定有更大的权威性。这也是《示范法》上述条款中所允许的法院对仲裁的干预范围之一。

（三）自裁管辖论与法院决定论之间的关系

在国际商事仲裁实践中，自裁管辖论已经在许多国家的国内仲裁立法中得以体现。[③] 体现此原则的联合国贸法会 1976 年仲裁规则也已被世界上各主要常设仲裁机构及各临时仲裁机构在仲裁实践中采纳。而这些常设仲裁机构本身的仲裁规则，一般也就仲裁庭对其所审理的仲裁案件的管辖权及仲裁协议的有效性作出裁定进行规定。[④]

按照各国有关国际商事仲裁的立法与实践，在一方当事人率先将仲裁协议项下的争议提交仲裁，而另一方当事人就此提出异议的情况下，仲裁机构或仲裁庭有权对此作出裁定。在这种情况下，仲裁庭应当首先就其对仲裁协议项下事项的管辖权作出裁决，即自裁管辖一般应当处于优先的地位。另一方当事人如果不服此裁决，可依据应当适用的法律（一般为仲裁地法律），在法律规定的期限内，向当地法院提出申诉。一些国家的法律还对此项诉讼规定了其他一些附加条件。例如，根据英国 1996 年《仲裁法》第 32 条的规定，(1) The court may, on the application of a party to arbitral proceeding (upon notice to the other parties), determine any question as to the substantive jurisdiction of the tribunal. A party may lose the right to object (see section 73).[⑤] (2) An application under this section shall not be considered unless: (a) it is made

---

① 参见《纽约公约》第 5 条第 1 款第 1 项。

② (2) A plea that the arbitral tribunal does not have jurisdiction shall be raised not later than the submission of the statement of defence. A party is not precluded from raising such a plea by the fact that he has appointed, or participated in the appointment of, an arbitrator. A plea that the arbitral tribunal is exceeding the scope of its authority shall be raised as soon as the matter alleged to be beyond the scope of its authority is raised during the arbitral proceedings. The arbitral tribunal may, in either case, admit a later plea if it considers the delay justified.

③ 全世界已经有几十个国家和地区的立法机关采纳《示范法》，就是最好的例证。

④ 如国际商会国际仲裁院 1998 年仲裁规则第 6 条第 4 款，世界知识产权组织仲裁与调解中心 1996 年仲裁规则第 36 条，伦敦国际仲裁院 1998 年仲裁规则第 23 条，美国仲裁协会 2001 年国际仲裁规则第 15 条等。

⑤ Section 73 (2): Where the arbitral tribunal rules that it has substantive jurisdiction and a party to arbitral proceedings who could have questioned that ruling (a) by any available arbitral process of appeal or review, or (b) by challenging the award, does not do so, or does not do so within the time allowed by the arbitration agreement or any provision of this Part, he may not object later to the tribunal's substantive jurisdiction on any ground which was the subject of that ruling.

with the agreement in writing of all the other parties to the proceeding, or (b) it is made with the permission of the tribunal and the court is satisfied: (i) that the determination of the question is likely to produce substantial savings in costs, (ii) that the application under this section, unless made without delay, and (iii) that there is good reason why the matter should be decided by the court. 可见，即使在以保守而著称的英国，对仲裁庭作出的关于仲裁协议的有效性及管辖权的决定提出的司法复审，也有着严格的限制。此项限制说明了法院对仲裁庭自裁管辖的尊重。如果仲裁庭已经就其管辖权作出决定，法院一般情况下都会支持这种裁定，除非法院认定仲裁协议无效。

如果一方当事人在仲裁程序开始之前无视与另一方当事人之间订立的仲裁协议，率先将协议项下的争议提交法院，在这种情况下，国际上有两种处理：第一，法院拒绝受理此项争议，因为既然当事人双方已经订有通过仲裁解决他们之间争议的协议，则由此协议而产生的争议，当然应当由仲裁而不是由法院解决。第二，当一方当事人将仲裁协议项下的争议提交法院解决时，另一方当事人可以以他们之间订有仲裁协议为由，向法院提出关于管辖权问题的抗辩，法院如果认为当事人之间存在着有效的仲裁协议，就应裁定终止诉讼，令当事人将他们之间的争议提交仲裁解决。如果审理此类案件的法院所属国为《纽约公约》的缔约国，法院就应根据该公约第 2 条的规定，承认仲裁协议的法律效力，除非法院认为该仲裁协议无效、失效或不能实施。

在同一国家中，如果仲裁庭作出的关于仲裁协议的有效性的决定与法院对此作出的裁定相抵触，法院的裁定应当是最终的。如果仲裁裁决在一国作出，在另一国家的法院申请执行，则法院地国也可根据它认为仲裁协议应当适用的法律，认定裁决所依据的仲裁协议无效，进而拒绝承认与执行该外国仲裁裁决。这也正是《纽约公约》中的规定。[①] 该公约将认定仲裁协议的有效性问题留给了各有关国家的法院。

关于自裁管辖论与法院决定论之间的关系，可以作如下的归纳：第一，自裁管辖论得到各国有关仲裁立法与实践的支持，仲裁机构或仲裁庭有权就其管辖权作出裁定。第二，如果当事人对仲裁机构或仲裁庭作出的关于仲裁协议的有效性及仲裁庭的管辖权的裁决有异议，可向有关国家的法院提起诉讼，由法院对此作出裁定。法院的裁定是终局的。

CASE STUDY

海曼诉达文斯案

[Heyman and Another v. Darwins Ltd. (House of Lords, 1942)][②]

Viscount Simon LC: My Lords, by a written contract dated 19 February, 1938, the respondents, who are manufacturers of steel in Sheffield, as principals appointed the appellants, whose business is in New York, to be sole selling agents of their tool steels in a wide area of territories, including the western hemisphere (excluding USA and Argentine), Australia, New Zealand and

---

① 参见《纽约公约》第 5 条。

② See John Parris, *Casebook of Arbitration Law*, George Godwin Limited, 1976, at 98-100.

India... The agreement contained an arbitration clause in the following terms:

"If any dispute shall arise between the parties hereto in respect of this agreement or any of the provisions herein contained or anything arising out of the same shall be referred for arbitration in accordance with the provisions of the Arbitration Act 1889, or any then subsisting statutory modification thereof."

The question to be decided in this appeal is whether an action started in the King's Bench Division by the appellants against the respondents should, on the application of the latter, be stayed pursuant to the Arbitration Act 1889, section 4, in order that the matters in dispute between the parties may be dealt with under the arbitration clause.

The appellants contend that the dispute does not fall within the arbitration clause at all, and alternatively that, if it does, the judge in chambers, Cassels J, rightly exercised his discretion in refusing to stay the action. The Court of Appeal (Scott, MacKinnon and Luxmoore LJJ) took a contrary view and held that the arbitration clause clearly applied, and that the judge made a wrong use of his discretion in refusing the stay. The Court of Appeal refused leave to appeal further, considering that the case was 'a very simple one', but the appeal committee of this House, largely, I think, because of the uncertainty said to result from certain pronouncements in previous cases decided in the House of Lords and the Judicial Committee, gave leave.

The answer to the question whether a dispute falls within an arbitration clause in a contract must depend on (a) what is the dispute, and (b) what disputes the arbitration clause covers. To take (b) first, the language of the arbitration clause in this agreement is as broad as can well be imagined. It embraces any dispute between the parties 'in respect of' the agreement or in respect of any provision in the agreement or in respect of anything arising out of it... Ordinarily speaking, there seems no reason at all why a widely drawn arbitration clause should not embrace a dispute as to whether a party is discharged from future performance by frustration, whether the time for performance has already arrived or not.

My lords, it is of much practical importance that the law should be quite plain as to the scope of an arbitration clause in a contract where the clause is framed in wide and general terms such as this, and I trust that the decision of the House in this appeal may be useful for this purpose and will remove any misunderstanding which may have grown up out of certain phrases in some of the previous decisions to which I have referred. At the risk of some repetition, I would summarize what I conceive to be the correct view on the matter as follows.

An arbitration clause is a written submission, agreed to by the parties to the contract, and, like other written submissions to arbitration, must be construed according to its language and in the light of the circumstances in which it is made. If the dispute is as to whether the contract which contains the clause has ever been entered into as all, that issue cannot go to arbitration under the clause, for the party who denies that he has ever entered into the contract is thereby denying that he has ever joined in the submission. Similarly, if one party to the alleged contract is contending that it is void *ab initio* (because, for example, the making of such a contract is illegal), the arbitration clause cannot operate, for on this view this clause itself is also void.

If, however, the parties are at one in asserting that they entered into a binding contract, but a difference has arisen between them as to whether there has been a breach by one side or the other, or as to whether circumstances have arisen which have discharged one or both parties from further performance, such differences should be regarded as differences which have arisen 'in respect of', or 'with regard to' or 'under' the contract, and an arbitration clause which uses there, or similar, expressions should be construed accordingly. By the law of England (though not, as I understand, by the law of Scotland), such an arbitration clause would also confer authority to assess damages for breach, even though it does not confer upon the arbitral body express power to do so.

I do not agree that an arbitration clause expressed in such terms as above ceases to have any possible application merely because the contract has 'come to an end', as, for example, by frustration. In such cases it is the performance of the contract that has come to an end... There is a previous decision of this House which establishes this precise proposition. I refer to Scott & Sons v. De, Sel (1923), where sellers of jute contended that a contract to export from Calcutta 2 800 bales to Buenos Aires was brought to an end, after a portion has been dispatched, by a government prohibition of further export, notwithstanding that the contract contained an express term exempting the sellers from liability for late delivery due to unforeseen circumstances. The arbitration clause ran: "Any dispute that may arise under this contract to be settled by arbitration."

The sellers argued that the dispute as to frustration was not a dispute under the contract, but a dispute as to the existence of the contract. This contention was unanimously rejected.

I can see no reason why an arbitration clause framed in the above lines should not equally apply, if the supervening even which is alleged by one side to have effected discharge by frustration occurs after the contract has been entered into, but before the time has come for anything to be done under the contract. It is, in my opinion, fallacious to say that, because the contract has 'come to an end' before performance begins, the situation, so far as the arbitration clause is concerned, is the same as though the contract had never been made. In such cases a binding contract was entered into, with a valid submission to arbitration contained in its arbitration clause, and, unless the language of the arbitration clause is such as to exclude its application until performance has begun, there seems no reason why the arbitrator's jurisdiction should not cover the one case as much as the other.

In this summary it is not necessary to deal with the situation which arises when a contract stipulates that the arbitration must take place before an action can be brought, as in Scott v. Avery (1856) or with the difficult question whether an arbitration clause covers a dispute as to the ambit of the submission: see the observations of Lord Parker in the Produce Brokers' Co case (1916).

Two further observations must be made in conclusion. The first is that, notwithstanding the general validity of the above observations, the governing consideration in every case must be the precise terms of the language in which the arbitration clause is framed. Its terms may, of course, be such as will either expressly or by implication reduce what would otherwise be the full ambit of the clause, or again, will extend it yet further. Secondly, what I have endeavored to formulate in this summary is concerned solely with the question whether or not an arbitration clause applies. It has nothing to do with the further and quite distant question whether, where an action is started in the

English courts about a dispute which is within the scope of an arbitration clause, the action should be stayed at its inception under the Arbitration Act 1889, section 4. The principles which should govern the exercise of judicial discretion on this matter have often been laid down and are well understood, and the extent to which appellate authority may interfere was last stated in this House in Ostenton & Co. v. Johnston (1942). I think the Court of Appeal was right in reversing the decision of Cassels J on this head. Even if the judge were right in regarding the issue as one in which nothing but a question of law is involved, that circumstance would not necessarily, and in all cases, make it right to refuse a stay... Moreover, in the present case questions of fact may well have to be determined and the dispute as a whole is of a class which is constantly dealt with by an arbitrator. There is no sufficient reason why the matter should not be referred, and therefore, by the express language of the Arbitration Act 1889, section 4, there must be a stay.

In my opinion, this appeal fails on all points, and I move that it be dismissed with costs.

Lord Macmillan, Lord Russell of Killowen, Lord Wright and Lord Porter agreed.

Appeal dismissed.

Questions for Discussion:

1. This is a typical case concerning the jurisdiction of the arbitration tribunal. In other words, whether the arbitration clause was wide enough to cover the present dispute and whether the dispute is within the jurisdiction of the arbitral tribunal or the court. The appellants argued that it was not within the scope of the arbitration clause. The appeal dismissed.
2. If the contract was frustrated before its performance, does the termination of the whole contract effect the arbitration clause therein?
3. Why the judges rejected the seller's argument that the dispute as to frustration was not covered by the arbitration clause?
4. If the contract is invalid according to the applicable law from the very beginning, what is the result of the arbitration clause therein?

第三节 仲裁庭的权利和义务

一、仲裁庭的权利

在国际商事仲裁实践中，仲裁庭的主要职责是根据应当适用的仲裁规则审理提交其仲裁的争议，并作出裁决。根据 UNCITRAL 和其他仲裁机构的仲裁规则的规定，仲裁庭的主要权利如下：

1. 决定其管辖权限

仲裁庭的管辖权和它的管辖权限是有所区别的。如果仲裁庭对某一特定的案件无管辖权，它就无权审理此案。如果仲裁庭对该特定案件享有管辖权，那么，紧接着要考虑的问题就是它对此案行使管辖权的权限范围。例如，某合同中的仲裁条款规定："由于本合同而产生和与本合同有关的争议，应当提交仲裁解决。"如在合同履行中双方当事人就与该合同履行有关的侵权行为的损害赔偿问题发生了争议。此项侵权行为引起的损害赔偿问题的争议是否属于该仲裁条款项下的争议，仲裁庭是否有权对此作出裁决，即属仲裁庭的管辖权限的问题。根据国际商会国际仲裁院的仲裁规则，仲裁庭组成后，首先应当与当事人签署一项关于审理事项（terms of reference）的文件。该规则第 18 条第 1 款的规定如下：

As soon as it has received the file from the Secretariat, the Arbitral Tribunal shall draw up, on the basis of documents or in the presence of the parties and in the light of their most recent submissions, a document defining its Terms of Reference. This document shall include the following particulars:

a) the full names and descriptions of the parties;

b) the addresses of the parties to which notifications and communications arising in the course of the arbitration may be made;

c) a summary of the parties' respective claims and of the relief sought by each party, with an indication to the extent possible of the amounts claimed or counterclaimed;

d) unless the Arbitral Tribunal considers it inappropriate, a list of issues to be determined;

e) the full names, descriptions and addresses of the arbitrators;

f) the place of the arbitration; and

g) particulars of the applicable procedural rules and, if such is the case, reference to the power conferred upon the Arbitral Tribunal to act as amiable compositeur or to decide ex aequo et bono.

2. 决定仲裁程序和证据事项

除非当事人各方另有约定，仲裁庭有权就仲裁审理中的程序事项作出决定。例如，按照英国 1996 年《仲裁法》第 34 条的规定，在当事人约定的范围内，仲裁庭可以决定所有的程序和证据问题，如决定在什么时间和地点进行哪一部分仲裁程序，仲裁程序中应当使用的一种或多种语文，是否应当就有关的文件提供相应的译本，当事人的仲裁申请和答辩是否采用书面形式，这些文件应当在何时并采用何种方式提出，是否应当遵守严格的证据规则（或其他任何规则）采纳当事人提供的证据，这些证据应当在什么期限内提出，仲裁庭在什么样的情况下对事实和法律问题作出初步认定等。

仲裁庭在认定事实的过程中，也有权指定专家对所要认定的问题提出报告。例如，联合国贸法会《示范法》第 26 条作了如下规定：

(1) Unless otherwise agreed by the parties, the arbitral tribunal

(a) may appoint one or more experts to report to it on specific issues to be determined by the arbitral tribunal;

(b) may require a party to give the expert any relevant information or to produce, or to provide access to, any relevant documents, goods or other property for his inspection.

(2) Unless otherwise agreed by the parties, if a party so requests or if the arbitral tribunal considers it necessary, the expert shall, after delivery of his written or oral report, participate in a hear-

ing where the parties have the opportunity to put questions to him and to present expert witnesses in order to testify on the points at issue.

3. 作出保全措施和令一方当事人提供费用担保的决定

有些国家的法律允许仲裁庭作出与争议标的有关的临时性的保全措施的决定。例如，德国1998年《民事诉讼法》第1041条第1款规定："除非当事人双方另有约定，仲裁庭可以根据任何一方当事人的请求，对与争议有关的标的作出采取它认为必要的临时性保护措施的裁定。仲裁庭可要求任何一方当事人提供与此措施有关的适当的担保。"联合国贸法会《示范法》第17条、美国仲裁协会1997年国际仲裁规则第21条、国际商会国际仲裁院1998年仲裁规则第23条第1款、伦敦国际仲裁院1998年仲裁规则第25条，均有上述类似的规定。

值得指出的是：我国的仲裁机构对于其所审理的仲裁案件，无权作出临时性保全措施的决定。按照我国仲裁法的有关规定，当事人申请财产保全的，仲裁委员会应当将当事人的申请依照《民事诉讼法》的有关规定提交人民法院（第28条第2款）；当事人申请证据保全的，仲裁委员会应当将当事人的申请提交证据所在地的基层人民法院（第46条）。

4. 决定仲裁应当适用的法律

在当事人无约定的情况下，仲裁庭有权就仲裁应当适用的法律作出决定，包括就仲裁协议应当适用的法律、仲裁程序应当适用的法律和解决争议的实体问题应当适用的法律作出决定。

5. 作出仲裁裁决

仲裁程序以仲裁庭作出终局的仲裁裁决而告终。仲裁庭在仲裁审理的过程中，也可以就临时发生的情况作出救济性的裁定，这些裁定应当从属于终局裁决。如就当事人之间的金钱支付或财产处置、仲裁费用的一部分进行中间支付等作出临时性的裁决，按照英国1996年《仲裁法》，这些临时性的裁定只有在当事人授权的情况下才能作出。

仲裁程序以仲裁庭作出终局的仲裁裁决而告终。至此，仲裁庭一般也就完成了它的使命。当然，如果当事人收到该仲裁裁决后，对于裁决中漏裁的事项或裁决书中有关书写、打印、计算等类似性质的错误，按照有关国家的仲裁立法和仲裁机构的仲裁规则的规定，当事人可在收到此裁决后的一定期限内要求仲裁庭作出书面更正，或要求仲裁庭对漏裁事项作出追加裁决。仲裁庭也可在规定的期限内主动改正裁决书中的计算、打印、抄写等类似性质的错误。

6. 收取仲裁费

仲裁庭还有权在仲裁裁决中就仲裁费用及其分担情况作出裁决。有些仲裁规则还规定了败诉一方应当补偿胜诉一方为了办理该仲裁案件而支出的全部或部分合理费用。如根据中国国际经济贸易仲裁委员会2014年仲裁规则第52条，仲裁庭有权根据案件的具体情况在裁决书中裁定败诉方应当补偿胜诉方因为办理案件而支出的合理的费用。而伦敦国际仲裁院1998年仲裁规则则是这样规定的："除非当事人各方另有约定，仲裁庭有权在裁决书中裁定，一方当事人应当向另一方当事人支付由于仲裁而发生的全部或部分费用。仲裁庭如果认为适当，应当按照合理的原则决定每一项费用的构成，并对应当支付的总金额作出确定。"

二、仲裁庭的义务

仲裁庭的义务与权利是相对应的，主要包括以下内容：

1. 确定仲裁审理的范围

根据仲裁协议确定仲裁审理的范围，是仲裁庭组庭后的首要义务。一般而言，国际商事仲裁案件大多由常设仲裁机构审理。而这些常设仲裁机构一般均设有秘书处，负责机构的日常性的工作。而秘书处对仲裁所提供的管理方面的服务，主要集中在仲裁庭组庭之前。仲裁庭组庭后，秘书处即将该仲裁庭审理的案卷移交给仲裁庭，而由仲裁庭直接与当事人取得联系，包括仲裁庭与当事人各方之间进行书面通信往来。但在某些仲裁机构，秘书处的工作还要多一些，主要表现在秘书处有专门人员负责仲裁庭与当事人之间的沟通，如中国国际经济贸易仲裁委员会和美国仲裁协会就是这样。其他一些仲裁机构，特别是国际商会国际仲裁院等仲裁机构，均由仲裁庭直接与当事人取得联系。

2. 独立、公正地审理仲裁案件

独立、公正地审理当事人提交的仲裁案件，及时地作出仲裁裁决，是仲裁庭最重要的责任和义务。如果当事人在仲裁协议中约定了仲裁应当适用的仲裁规则和法律，仲裁庭就应当严格地遵守当事人之间的此项约定。如果当事人未能就应当适用的仲裁程序规则作出约定，或者所适用的仲裁规则对特定的事项没有作出规定，按照国际商会国际仲裁院的仲裁规则，仲裁庭可按其认为适当的方式进行仲裁。但无论仲裁庭采用什么样的审理方式，都要公平地对待每一方当事人，给予各方当事人充分地表达其各自对争议案件的看法的均等机会，而且这种机会应当贯穿于仲裁程序的始终。在开庭审理之前，任何一方当事人向仲裁庭提供的仲裁申请或答辩材料，都应向对方当事人提供。在开庭审理的情况下，仲裁庭应当给双方当事人以充分地表达其各自意见的机会。开庭审理后，当事人各方还可以在仲裁庭规定的期限内就其争议的事项提供补充材料。但在此需要指出的是：如果一方当事人经适当通知后无正当理由不参加开庭审理，或在仲裁规则规定的期限内未能提出答辩书或补充答辩材料，视为自动放弃了表达意见的机会和权利，在此情况下，并不影响仲裁庭对事实的查明和在此基础上作出仲裁裁决。国际律师协会（International Bar Association，IBA）早在 1987 年就公布了国际仲裁员的道德规范准则（IBA Rules of Ethics for International Arbitrators），并于 2002 年制定了《国际商事仲裁中关于仲裁员的独立性、公正性和披露指南》（IBA Guidelines on Impartiality，Independence and Disclosure in International Commercial Arbitration），就国际商事仲裁员的行为规范作出了专门规定。

对于仲裁庭指定的专家提出的报告，也应当允许当事人对此发表意见。如果当事人对此专家报告持有异议，仲裁庭应当给当事人表达其异议的机会。如果仲裁庭由于某种原因未能让当事人发表其异议，在此基础上作出的裁决在执行上就会遇到麻烦。例如，香港高等法院于 1993 年 1 月 15 日作出了拒绝执行中国国际经济贸易仲裁委员会仲裁庭对 Paklito Investment Ltd. v. Klockner East Asia Ltd. 一案的裁决，所依据的理由就是仲裁庭未能给予被申请人对仲裁庭指定的专家所作的检验报告发表意见的机会。①

3. 在当事人约定或仲裁规则规定的期限内作出裁决

仲裁庭应当在当事人约定的或应当适用的仲裁规则期限内依法作出仲裁裁决。例如，根据中国国际经济贸易仲裁委员会 2014 年仲裁规则的规定，在适用普通仲裁程序的情况下，仲裁庭应当在其组庭之日起 6 个月内作出裁决书（第 48 条），在适用简易仲裁程序的情况下，应当在仲裁庭成立之日起 3 个月内作出裁决书（第 62 条），除非在仲裁庭的请求下，仲裁委员会仲裁院院长认为确有正当理由和确有必要而延长此项期限。

---

① See United Kingdom，High Court of Hong Kong，1993（Vol. 2），Hong Kong Law Reports 40.

在国际商事仲裁立法与实践中，关于裁决作出的期限，当事人可以在仲裁协议中作出约定，仲裁规则和法律也可以作出规定。例如，ICC 国际仲裁院 1998 年仲裁规则第 24 条①，法国《民事诉讼法典》第 1456 条②，就规定了仲裁庭作出裁决的期限。例如，在 2005 年 12 月 6 日当事人诉仲裁庭三位仲裁员的案件中，The First Chamber of the Cour de Cassation, specialized in both domestic and international arbitration, found 3 arbitrators in a domestic ad hoc arbitration liable for giving failed to render an award within the time period for the arbitration. Under French law, Article 1456 of the New Code of Civil Procedure states that arbitrators have 6 months to render an award in the absence of other provisions in the arbitration agreement. The arbitrators cannot rely on their immunity and are therefore personally liable when the deadline is reached before an award has been rendered. They have the duty to file a request before the judge for an extension of the time—limit for making the award, if the parties to the arbitration do not extend the deadline by mutual agreement, and neither of them files such a request to the State court. ③

CASE STUDY

IBA Guidelines on Impartiality, Independence and Disclosure in International Commercial Arbitration

Second Draft, August 22, 2003

(First Draft: 7 and 15 October, 2002)

1. General Principle

An arbitrator has to be impartial and independent of the parties at the time he or she accepts the appointment to act as arbitrator. He or she shall remain so during the entire arbitration proceeding until the final award has been rendered and even after the arbitration proceedings have ended for the period during which the award may be challenged in setting aside proceedings.

2. Conflict of Interests

a) An arbitrator shall decline to accept an appointment or, if the arbitration has already been commenced, refuse to continue to act as an arbitrator after having carefully considered the impact this will have on the course of the arbitration, if he or she has any doubts as to his or her ability to be impartial or independent.

---

① 该条的标题及内容如下：Time Limit for the Award: (1) The time limit within which the arbitral tribunal must render its final award is six months. Such time limit shall start to run from the date of the last signature by the arbitral tribunal or of the parties of the terms of reference, or, in the case of application of Article 18 (3), the date of the notification to the arbitral tribunal by the secretariat of the approval of the terms of reference by the court. (2) The court may extend this time limit pursuant to a reasoned request from the arbitral tribunal or on its own initiative if it decides it is necessary to do so.

② 该条规定如下：If no time limit is fixed in the arbitration agreement for the arbitrators'mission it shall be six months from the day on which the last arbitrator accepts his mission. The statutory or contractual time limit for the arbitrators' mission may be extended either by virtue of the agreement of the parties, or at the request of a party or of the arbitral tribunal by the President of the Tribunal de Grande Instance, or, in the case envisaged by Art. 1444. 2, of the Tribunal de Commerce.

③ See Stockholm International Arbitration Review, 2006: 2, 149-157.

b) The same principle applies if facts or circumstances exist, or have arisen since the appointment, that, from a reasonable third person's point of view having knowledge of the relevant facts, give rise to justifiable doubts as to the arbitrator's impartiality or independence, unless the parties have accepted the arbitrator in accordance with the requirements set out in General Standard 4.

c) Doubts are justifiable if a reasonable and informed third party would reach the conclusion that there was a likelihood that the arbitrator may be influenced by factors other than the merits of the case as presented by the parties in reaching his or her decision.

d) Justifiable doubts necessarily exist as to the arbitrator's impartiality or independence if there is an identity between a party and the arbitrator, if the arbitrator is a legal representative of a legal entity that is a party in the arbitration, or if the arbitrator has a substantial economic or personal interest in the matter at stake.

3. Disclosure by the Arbitrator

a) If facts or circumstances exist that may, in the eyes of the parties, give rise to doubts as to the arbitrator's impartiality or independence, the arbitrator shall disclose such facts or circumstances to the parties, the arbitration institution (if so required by the applicable institutional rules) and to the co-arbitrators, if any, prior to accepting his or her appointment or, if thereafter, as soon as he or she learns about them.

b) It follows from the General Standards 1 and 2 (a) that an arbitrator who has made a disclosure considers himself or herself to be impartial and independent of the parties despite the disclosed facts and therefore capable of performing his or her duties as arbitrator. Otherwise, he or she would have declined the nomination or appointment at the outset or resigned.

c) Any doubt as to whether an arbitrator should disclose certain facts or circumstances should be resolved in favor of disclosure.

d) When considering whether or not such facts or circumstances exist that should be disclosed, the arbitrator shall not take into account whether the arbitration proceeding is at the beginning or at a later stage.

4. Waiver by the Parties

a) If, within 15 days after the making of any disclosure by the arbitrator or after a party learns of facts or circumstances that could constitute a potential conflict of interests for an arbitrator, a party does not raise an express objection with regard to that arbitrator, subject to paragraphs (b) and (c) of this General Standard, the party is deemed to have waived any potential conflict of interests by the arbitrator and may not raise any objection to such facts or circumstances at a later stage.

b) However, if circumstances exist as described in General Standard 2 (d), any waiver of a party or any agreement by the parties to have such person serve as arbitrator shall be regarded as invalid. (Examples of such circumstances are described in the non-waivable Red List.)

c) In normal circumstances, a person should not serve as an arbitrator in a conflict of interests situation such as those exemplified in the waivable Red List. Nevertheless, such a person may accept appointment as arbitrator or continue to act as an arbitrator, if the following conditions are met:

(i) All parties and all arbitrators must have full knowledge of the conflict of interests situation; and

(ii) All parties must agree in writing that such person may serve as arbitrator despite the conflict of interests situation.

d) An arbitrator may assist the parties in reaching a settlement of the dispute at any stage of the proceedings. However, before doing so, the arbitrator shall receive an express agreement by the parties that acting in such a manner shall not disqualify the arbitrator from continuing to serve as arbitrator. Such express agreement shall be considered to be an effective waiver of any potential conflict of interests that may arise from the arbitrator's participation in such process or from information that the arbitrator may learn in the process. If the assistance by the arbitrator does not lead to final settlement of the case, the parties remain bound by their waiver. However, consistent with General Standard 2 (a), the arbitrator shall resign if, as a consequence of his or her involvement in the settlement process, the arbitrator develops doubts as to his or her ability to remain impartial or independent in the future course of the arbitration proceedings.

5. Scope

These Guidelines apply equally to tribunal chairs, sole arbitrators, party-appointed arbitrators and, by analogy, secretaries of Arbitral Tribunals. These Guidelines do not apply to non-neutral arbitrators, who do not have an obligation to be independent and impartial, as may be permitted by some arbitration rules or national laws.

6. Relationship

a) When considering the relevance of facts or circumstances to determine a potential conflict of interests or whether disclosure should be made, the activities of an arbitrator's law firm shall not constitute per se a source of such conflict; instead, the relevance of such facts and circumstances should be reasonable considered in each individual case.

b) Similarly, if one of the parties is a legal entity which is a member of a group, this fact alone shall not constitute per se a source of conflict of interests or a reason for disclosure; instead, the relevance of such facts and circumstances should be reasonably considered in each individual case.

c) If one of the parties is a legal entity, the managers or directors of such legal entity and any person having a similar controlling influence on the legal entity shall be considered to be the equivalent of the legal entity.

7. Information Known to the Parties

a) A party shall inform an arbitrator about any direct or indirect relationship between it (or another company of the same group of companies) and the arbitrator. The party shall do so on its own initiative before the beginning of the proceeding or as soon as it becomes aware of such relationship.

b) In order to comply with General Standard 7 (a), a party shall provide any information already available to it and shall perform a reasonable search of publicly available information.

Red List

1. Non-Waivable Red List

(1) There is an identity between a party and the arbitrator, or the arbitrator is a legal representative of an entity that is a party in the arbitration.

(2) The arbitrator is a member of the supervisory board or a director of, or holds a similar position in, one of the parties or an affiliate[①] of one of the parties, where the affiliate is directly involved in the matters in dispute in the arbitration.

(3) The arbitrator has a significant financial interest in one of the parties or the outcome of the case.

2. Waivable Red List

(1) Relationship of the arbitrator to the dispute

(a) The arbitrator has given legal advice to a party or an affiliate of one of the parties or provided an expert opinion on the dispute.

(b) The arbitrator has previous involvement in the case.

(2) Arbitrator's direct or indirect interest in the dispute

(a) The arbitrator holds shares, either directly or indirectly, in one of the parties or an affiliate of one of the parties that is privately held.

(b) A close family member of the arbitrator (spouse, sibling, child, parent) has a significant financial interest in the outcome of the dispute.

(c) The arbitrator or a close family member of the arbitrator (spouse, sibling, child, parent) has a close relationship with a third party who may be liable to recourse on the part of the unsuccessful party in the dispute.

(3) Arbitrator's relationship with the parties or counsel

(a) The arbitrator currently represents or advises one of the parties or an affiliate of one of the parties.

(b) The arbitrator currently represents the lawyer or law firm acting as counsel for one of the parties.

(c) The arbitrator has a close family relationship (spouse, sibling, child, parent) with one of the parties or with a director or someone who has a similar position in one of the parties or an affiliate of one of the parties.

(d) The arbitrator is a member of the same law firm as the counsel to one of the parties.

(e) The arbitrator's law firm had a previous but terminated involvement in the case without the arbitrator being involved himself or herself.

(f) The arbitrator's law firm currently has a significant commercial relationship with one of the parties or an affiliate of one of the parties.

(g) The arbitrator regularly advises the appointing party or an affiliate of the appointing party, but neither the arbitrator nor his firm derives a substantial financial income therefrom.

---

① The term "affiliate" encompasses all companies in one group of companies including the parent company.

(h) A close family member of the arbitrator (spouse, sibling, child, parent) has a significant financial interest in one of the parties or an affiliate of one of the parties.

Questions for Discussion:

1. Where does the arbitral tribunal's competence come from? What is the coverage of such competence? Is there any limitation on its competence?
2. What is the basic requirement of the arbitrator?
3. What do you understand on the impartiality and independence of the arbitrator?
4. What is the relationship between the parties and the arbitral tribunal?
5. What is the relationship between the arbitral tribunal and its related arbitration institution?
6. What is your comment on the distinction between the neutral and non-neutral arbitrator?

第四节 中国有关仲裁庭的组成及管辖权限的立法与实践

一、仲裁庭及其组成的立法与实践

（一）仲裁员的资格

根据我国现行仲裁立法，我国现行仲裁制度中，除了极少数在双边贸易或者投资协定中规定的临时仲裁外，一般均为机构仲裁，即由根据我国《仲裁法》在各地设立的仲裁委员会负责管理仲裁程序。这些仲裁委员会均制定了适用于其各自仲裁程序的仲裁规则和仲裁员名册，仲裁委员会应当按照不同专业设立仲裁员名册，而只有那些被列入仲裁员名册的人，才有可能被当事人或者仲裁委员会指定为受理某一具体案件的仲裁员。我国《仲裁法》第 13 条规定：“仲裁委员会应当从公道正派的人员中聘任仲裁员。仲裁员应当符合下列条件之一：（一）从事仲裁工作满八年的；（二）从事律师工作满八年的；（三）曾任审判员满八年的；（四）从事法律研究、教学工作并具有高级职称的；（五）具有法律知识，从事经济贸易等专业工作并具有高级职称或者具有同等专业水平的。”

2004 年 7 月 13 日，最高人民法院发出通知，现任法官不得再担任仲裁员，因为这样做超出了法官的权限范围，不利于维护司法公正。为了保护诉讼当事人的合法权益，现任法官不得继续担任仲裁员。已经被聘为相关仲裁委员会仲裁员的现任法官，要求自该通知发出之日起 1 个月内解除与仲裁委员会的聘任关系。最高人民法院的这一措施有利于维护法院的形象，有利于法官履行好自己的职责，维护司法公正。①

---

① 最高人民法院《关于现职法官不得担任仲裁员的通知》的规定如下：“根据《中华人民共和国法官法》、《中华人民共和国仲裁法》的有关规定，法官担任仲裁员，从事案件的仲裁工作，不符合有关法律规定，超出了人民法院和法官的职权范围，不利于依法公正保护诉讼当事人的合法权益。因此，法官不得担任仲裁员；已经被仲裁委员会聘任，担任仲裁员的法官应当在本通知下发后一个月内辞去仲裁员职务，解除聘任关系。”根据此通知，至迟自 2004 年 8 月 13 日起我国法官不得再担任仲裁员，这一规定有利于保持仲裁的中立与公正。

（二）仲裁庭的组成

根据我国《仲裁法》的规定，仲裁庭可以由 3 名仲裁员或者 1 名仲裁员组成。由 3 名仲裁员组成的，设首席仲裁员。[①] 当事人约定由 3 名仲裁员组成仲裁庭的，应当各自选定或者各自委托仲裁委员会主任指定一名仲裁员，第三名仲裁员由当事人共同选定或者共同委托仲裁委员会主任指定。该第三名仲裁员是首席仲裁员。当事人约定由 1 名仲裁员成立仲裁庭的，应当由当事人共同选定或者共同委托仲裁委员会主任指定仲裁员（《仲裁法》第 31 条）。当事人没有在仲裁规则规定的期限内约定仲裁庭的组成方式或者选定仲裁员的，由仲裁委员会主任指定（《仲裁法》第 32 条）。

（三）对仲裁员异议的提出和替代仲裁员的指定

我国《仲裁法》对仲裁员必须回避的情况作出了专门规定。根据《仲裁法》第 34 条的规定，仲裁员有下列情形之一的，必须回避，当事人也有权提出回避申请：(1) 是本案当事人或者当事人、代理人的近亲属；(2) 与本案有利害关系；(3) 与本案当事人、代理人有其他关系，可能影响公正仲裁的；(4) 私自会见当事人、代理人，或者接受当事人、代理人的请客送礼的。

当事人提出回避申请，应当说明理由，在首次开庭前提出。回避事由在首次开庭后知道的，可以在最后一次开庭终结前提出。而仲裁员是否回避，由仲裁委员会主任决定；仲裁委员会主任担任仲裁员时，其回避由仲裁委员会集体决定。

仲裁员因回避或者其他原因不能履行职责的，应当根据《仲裁法》的规定重新选定或者指定仲裁员。此后的仲裁程序是继续进行还是从头再来，当事人可以向仲裁庭提出其各自的看法，最终应当由仲裁庭决定。

在实践中，仲裁员如果存在着《仲裁法》第 34 条规定的情况，或者在仲裁案件审理过程中存在着索贿受贿、徇私舞弊，枉法裁决行为的，应当依法承担法律责任，仲裁委员会有权将其除名。

目前我国尚未遇到仲裁员未能履行其职责而受到起诉进而承担相关民事责任的诉讼，法律对此也没有规定。但是有关仲裁员枉法仲裁的问题，则已经专门列入我国刑法之中：2006 年 6 月 29 日，第十届全国人民代表大会常务委员会第二十二次会议通过了《中华人民共和国刑法修正案（六）》。该修正案第 20 条规定：在《刑法》第 399 条后增加 1 条，作为第 399 条之一："依法承担仲裁职责的人员，在仲裁活动中故意违背事实和法律作枉法裁决，情节严重的，处三年以下有期徒刑或者拘役；情节特别严重的，处三年以上七年以下有期徒刑。"[②] 该修正案已于公布之日起施行。这就是说，仲裁员在仲裁过程中违法裁决，情节严重的可处以刑罚。但对于仲裁员是否应当享有司法豁免的权利，以及由于仲裁员或者仲裁机构疏忽职守而给当事人造成的民事损失，仲裁员或者仲裁机构是否应当承担相应的赔偿责任，我们还不能找出相应的

---

① 参见《中华人民共和国仲裁法》第 30 条。

② 《刑法》第 399 条的内容为：司法工作人员徇私枉法、徇情枉法，对明知是无罪的人而使他受追诉、对明知是有罪的人而故意包庇不使他受追诉，或者在刑事审判活动中故意违背事实和法律作枉法裁判的，处 5 年以下有期徒刑或者拘役；情节严重的，处 5 年以上 10 年以下有期徒刑；情节特别严重的，处 10 年以上有期徒刑。在民事、行政审判活动中故意违背事实和法律作枉法裁判，情节严重的，处 5 年以下有期徒刑或者拘役；情节特别严重的，处 5 年以上 10 年以下有期徒刑。在执行判决、裁定活动中，严重不负责任或者滥用职权，不依法采取诉讼保全措施、不履行法定执行职责，或者违法采取诉讼保全措施、强制执行措施，致使当事人或者其他人的利益遭受重大损失的，处 5 年以下有期徒刑或者拘役；致使当事人或者其他人的利益遭受特别重大损失的，处 5 年以上 10 年以下有期徒刑。司法工作人员收受贿赂，有前三款行为的，同时又构成《刑法》第 385 条规定之罪的，依照处罚较重的规定定罪处罚。

法律依据。这些都是值得我们进一步探讨的问题。

许多仲裁委员会都制定了仲裁员守则，对仲裁员的行为作出了具体规范。规定仲裁员在接受指定时，有义务披露可能引起当事人对其公正性或者独立性产生合理怀疑的任何事由；在仲裁过程中，如果发生可能引起此类怀疑的新情况，仲裁员应当继续履行披露义务。仲裁员应披露各种可能影响公正仲裁的情形，如在其审理的案件中与当事人或其代理人之间存在着某种利益关系，存在着某些特殊的交谊或嫌怨关系，或者事先为本案提供过咨询意见等。仲裁员在审理案件的过程中应当公平地对待每一方当事人，给双方当事人均等的表达其各自意见的机会。

仲裁员还应当忠实履行保密义务，不得向当事人或外界透露本人的看法和仲裁庭合议的情况，对于仲裁程序、仲裁裁决、当事人的商业秘密等所有相关问题，均应当保守秘密。在进行仲裁程序的过程中，仲裁员应当公正、公平、勤勉、高效地解决其所审理的当事人之间的争议。

二、仲裁庭管辖权限的立法与实践

鉴于仲裁管辖权主要来源于当事人之间的仲裁协议，有关仲裁管辖权的规定主要体现在法律对仲裁协议及其有效性的认定上，即只有当事人之间存在着有效仲裁协议，仲裁庭（机构）才有可能取得对仲裁协议项下争议的管辖权。我国现行法律中有关仲裁管辖权限的规定主要体现在我国《仲裁法》和《民事诉讼法》中。

现行《民事诉讼法》第278条第1款规定："涉外经济贸易、运输和海事中发生的纠纷，当事人在合同中订有仲裁条款或者事后达成书面仲裁协议，提交中华人民共和国涉外仲裁机构或者其他仲裁机构仲裁的，当事人不得向人民法院起诉。"《仲裁法》第5条也作了类似规定："当事人达成仲裁协议，一方向人民法院起诉的，人民法院不予受理，但仲裁协议无效的除外。"

"The doctrine of competence-competence"同样得到了我国法律的认可，但是，对仲裁协议有效性的认定不是由仲裁庭作出，而是由相关的仲裁机构（仲裁委员会）作出，这是由于我国现行法律还没有对在我国进行的临时仲裁赋予其相应的法律地位。我国《仲裁法》规定的仲裁均由设在各地的仲裁委员会进行管理。《仲裁法》第20条第1款规定："当事人对仲裁协议的效力有异议的，可以请求仲裁委员会作出决定或者请求人民法院作出裁定。一方请求仲裁委员会作出决定，另一方请求人民法院作出裁定的，由人民法院裁定。"《仲裁法》第26条也作出了同样的规定：当事人达成仲裁协议，一方当事人向人民法院起诉未声明有仲裁协议，人民法院受理后，另一方在首次开庭前提交仲裁协议的，人民法院应当驳回起诉，但仲裁协议无效的除外；另一方在首次开庭前未对人民法院受理该案提出异议的，视为放弃仲裁协议，人民法院应当继续审理。

案例分析

广州总统大酒店案[①]

基本案情

1995年12月17日，广州总统大酒店有限公司（以下简称总统大酒店）与香港高速货运有

① 参见万鄂湘主编：《中国涉外商事海事审判指导与研究》，第3卷，53～67页，北京，人民法院出版社，2002。

限公司[①]签订了"租赁总统大酒店潮粤海鲜楼合同"，该合同规定由香港高速货运有限公司租赁总统大酒店的部分场地经营酒店，租赁时间自1995年7月1日起至2016年7月31日止。该合同规定，由于合同履行发生的争议由中国国际经济贸易（仲裁）委员会北京总会进行终局仲裁。双方签订的经营管理协议作为该合同不可分割的一部分。总统大酒店法定代表人刘明道与香港高速货运有限公司法定代表人杨光大均在该合同上签字确认，但双方当事人均未盖章。

同一天，总统大酒店与潮粤海鲜楼[②]签订了"总统大酒店、潮粤海鲜楼经营管理协议"（以下简称管理协议）。该协议并未规定仲裁条款，也未说明与租赁合同的关系。总统大酒店法定代表人刘明道与潮粤海鲜楼代表杨光大均在该协议上签字确认，但双方当事人均未盖章。

1996年10月17日，总统大酒店又与高速货运[③]的杨光大签订了"总统大酒店与潮粤海鲜楼补充管理协议"（以下简称为补充管理协议）。双方在该协议中约定：如果遇到合同上的争议，任何一方均可将争议提交中国国际经济贸易仲裁委员会深圳分会依该会仲裁规则进行仲裁，仲裁期间有争议部分暂时搁置，待得出仲裁结果后执行；本补充协议是"租赁总统大酒店潮粤海鲜楼合同"的不可分割部分；此前双方所签合同中有与本协议不一致的地方，以本协议为准。总统大酒店法定代表人刘明道与杨光大均在该协议上签字确认，但双方当事人均未盖章。

在上述合同履行过程中双方发生争议，高速货运将争议提交中国国际经济贸易仲裁委员会（CIETAC）深圳分会仲裁，广州总统大酒店将该同样的争议提交中国国际经济贸易仲裁委员会北京总会仲裁。深圳分会和北京总会就该相同争议作出了两个内容相悖的仲裁裁决。

CIETAC深圳分会仲裁情况及裁决

1. 仲裁申请人及其请求事项

1997年11月12日，高速货运向CIETAC深圳分会申请仲裁，请求裁定总统大酒店按照合同规定将酒店首层东面第一排柱到第三排柱面积约120平方米及其相关外围部分交付其使用，并拆除由其承租的相关的外围墙体部分商业广告及招牌，赔偿经济损失548 800元，以及向其支付从1997年10月1日起至1998年3月31日止因占用其一楼大堂的外围部分而产生的使用费共158 760元，并恢复一楼外围原貌交回其使用等。

2. 管辖权异议及其处理

总统大酒店提出管辖权异议，称仲裁所涉及的三份协议均是杨光大以不同的名义签订，本案申请人高速货运不具有主体资格。深圳仲裁分会经审理后于1999年3月23日作出中间裁决[④]：被申请人提出的申请人主体问题的理由不能成立。租赁合同、管理协议、补充管理协议的双方当事人应为本案申请人和被申请人，三份协议是不可分割的整体。因执行该三个合同所发生的有关争议都属于本案仲裁庭的审理范围。

1999年7月21日，被申请人总统大酒店向深圳市中级人民法院起诉要求撤销上述中间裁

---

① 香港高速货运有限公司是1998年9月9日由创基云石工程有限公司变更而来的香港法人，该合同签订时，该公司并不存在。

② 潮粤海鲜楼在该协议签订时为总统大酒店的一个分支机构，与潮粤海鲜楼的牌照一起被租赁经营。经营发票开始也是由总统大酒店提供。后来双方发生矛盾，总统大酒店不再提供经营发票。1997年4月28日，香港高速货运有限责任公司与天河竣业公司合资在广州注册成立了广州市潮粤海鲜楼，领取企业法人营业执照，并在此地点继续经营，以后又变更为如意坊饮食有限公司。上述法定代表人均登记为杨光大。

③ 高速货运是杨光大于1987年6月26日在香港注册的无限责任公司，为杨光大独资经营。

④ (1999) 深国仲字第129号。

决。深圳市中级人民法院经审理认为，按《仲裁法》第70条、《民事诉讼法》第260条第1款之规定，申请人可以申请撤销的仲裁裁决，从立法意旨来看，指的是最终仲裁裁决，而非中间裁决。中间裁决是否合法、是否符合仲裁规则，应由仲裁委员会作出决定，不属于法院审查的范围。据此，该院于1999年12月17日以（1999）深中法经二初字第164号民事裁定书驳回了被申请人的请求。同时裁定书在"本院查明"部分确认高速货运是杨光大于1987年6月26日注册的无限责任公司及香港高速货运有限公司是1998年9月9日由创基云石工程有限公司变更而来。

总统大酒店提出异议后，中国国际经济贸易仲裁委员会（北京总会）审查了深圳分会仲裁案的全部材料，认为深圳市中级人民法院对有关事实的查明实际上确认了香港高速货运有限公司与在1998年9月9日其成立前发生的有关事情无关，即该公司与本案无任何关系，且该公司对其成立前的租赁合同没有做过任何追认的意思表示，因此，以"香港高速货运有限公司"为一方主体的主张是不成立的。对同一日订立之管理协议的主体的分析亦复如此。补充管理协议已明确认定其为租赁合同不可分割的一部分，且租赁合同内容与补充协议不一致的，以补充协议为准，因此，仲裁委员会深圳分会受理的由"高速货运"提出的仲裁请求属于该会的管辖范围，该会审理过程中涉及租赁合同和管理协议也是有依据的。据此北京总会于2000年2月23日以（2000）贸仲字第0917号作出"关于（1997）深国仲受字第110号案主体资格及管辖权的决定"确认：（1）仲裁委员会对本案有管辖权；（2）香港高速货运有限公司"不是本案的一方当事人"，申请人作为本案的当事人，其主体是适格的；（3）仲裁庭有权审理申请人提出的涉及租赁合同、管理协议和补充管理协议内容的全部请求；（4）仲裁庭应继续审理本案。

3. CIETAC深圳分会终局裁决

2000年3月31日，CIETAC深圳分会对此案作出终局裁决①：

（1）被申请人应自本裁决作出之日起40日内拆除其安装在由申请人经营场地所涉楼层的外围体部分的广告和招牌。

（2）被申请人应自1997年7月起开始，每月从租金基数中扣除因二期工程给申请人造成的损失人民币37 537元，至租赁合同终止。

（3）被申请人应在90日内将酒店首层东面第一排柱至第三排柱总面积约120平方米左右部分交付申请人使用。

（4）被申请人应在90日内将酒店二楼厨房钢架楼梯连同一层部分用地交给申请人使用，并按申请人的要求把土建恢复。

（5）被申请人应在40日内向申请人支付其因办理本案而付出的费用人民币124 750元。

CIETAC北京总会仲裁情况及裁决

1. 仲裁申请人及其请求事项

就在CIETAC深圳分会审理此案的过程中，广州总统大酒店于1998年11月19日亦以该相同的租赁合同为依据，以杨光大和香港高速货运有限责任公司为被申请人，向中国国际经济贸易仲裁委员会（北京总会）申请仲裁。申请人请求裁决的事项包括：（1）终止申请人与被申请人之间的《租赁总统大酒店潮粤海鲜楼合同》。（2）被申请人向申请人支付欠付的租金人民

① （2000）深国仲结字第23号裁决书。

币 5 494 665 元及延期支付的利息人民币 491 330.59 元。(3) 被申请人向申请人支付空调电费、柴油费、噪音及污水处理费等以及相应的滞纳金共计人民币 2 412 142.38 元。(4) 拆除设置在酒店三楼外围墙体的广告牌和安装在十楼天台上的排烟系统设施，并恢复原状。(5) 被申请人承担本案的仲裁费、律师费及其他一切合理费用共计人民币 536 210.40 元。

2. 管辖权异议及其处理

在仲裁程序进行的过程中，被申请人之一杨光大以书面形式向北京总会提出了本案的仲裁管辖权异议和将其作为被申请人的主体资格异议。1999 年 8 月 17 日，北京总会作出 (1999) 贸仲字第 4838 号"关于 X98375 号房屋租赁合同争议仲裁案仲裁管辖权及被申请人的主体资格决定"，称：(1) 租赁合同中存在有效的仲裁条款，对本案双方均有约束力。北京总会对以总统大酒店为申请人、以香港高速货运有限公司和杨光大为被申请人的 X98375 号仲裁案具有仲裁管辖权。(2) 香港高速货运有限公司和杨光大作为本案的被申请人不存在主体资格不适格问题。(3) 本案仲裁程序应当继续进行。

1999 年 10 月 22 日，杨光大又书面向仲裁庭提出终止审理的请求，仲裁庭不同意此项请求，要求双方当事人按时开庭。经过两次开庭查明争议的事实和双方提供的书面材料，仲裁庭在 2000 年 1 月 6 日作出 (2000) 贸仲字第 0084 号中间裁决：(1) 本案的被申请人为杨光大；(2) 被申请人应于 2000 年 1 月 31 日前向申请人支付拖欠申请人的租金人民币 3 684 702 元；(3) 被申请人应于本中间裁决规定的期限内向申请人支付上述租金，逾期不支付，本案租赁合同应即终止。为此，北京总会亦于 2000 年 3 月 9 日作出 (2000) 贸仲字第 1241 号"关于 X98375 号仲裁案件仲裁管辖权及被申请人的主体资格决定"：(1) 仲裁委员会对本案有仲裁管辖权；(2) 本案的被申请人为杨光大；(3) 本案的仲裁程序应继续进行。

在该案仲裁程序进行过程中，杨光大以其不应作为本案被申请人为由，向北京市第二中级人民法院申请撤销仲裁庭作出的 (2000) 贸仲字第 0084 号中间裁决。该院经审理后于 2000 年 4 月 30 日以同样的理由作出 (2000) 二中经仲字第 35 号民事裁定书，裁定驳回了杨光大的申请。

3. CIETAC 北京总会终局裁决

2000 年 5 月 12 日，CIETAC 北京总会对此案作出终局裁决①：

(1) 终止申请人与被申请人之间的租赁合同。

(2) 被申请人应向申请人支付欠付的租金人民币 5 494 665 元及延期支付的利息人民币 491 330.59元，共计人民币 5 985 996.59 元。

(3) 被申请人应向申请人支付空调电费、柴油费、噪音及污水处理费等以及相应的滞纳金共计人民币 2 412 142.38 元。

(4) 被申请人应自付费用拆除设置在酒店三楼外围墙体的广告牌和安装在十楼天台上的排烟系统设施，并恢复原状。

(5) 被申请人应补偿申请人为本案支出的律师费等部分合理开支人民币200 000元。

两个裁决在广州市中级人民法院申请执行的情况

由于双方当事人之间的争议一直未能解决，高速货运也不再缴纳租金及有关费用，总统大酒店则于 1999 年 2 月 28 日对该场地作了封存，并向广州市天河区人民法院申请保全措施。

---

① (2000) 贸仲字第 0148 号裁决书。

1999年9月2日，该院以（1999）天法仲保字第四号民事裁定书裁定查封、冻结、扣押香港高速货运有限公司、杨光大的价值人民币498万元的财产（包括高速货运在总统大酒店二、三楼的所有财产和一部奔驰轿车）。

两个裁决作出后，两个在不同裁决书中胜诉一方当事人分别向该案争议标的物所在地的中级人民法院申请执行：高速货运根据CIETAC深圳分会2000年3月31日裁决书向广州市中级人民法院申请执行；总统大酒店则根据CIETAC北京总会2000年5月12日裁决书向该院提出执行申请。广州市中级人民法院受理了这两个申请并予以立案。鉴于这两个裁决书所涉及的当事人相同，申请执行的标的物均位于广州市中级人民法院的管辖范围，于是，该院决定将这两个案件合并审理。

广州市中级人民法院对执行两裁决的意见

广州市中级人民法院经审理后拟执行CIETAC深圳分会的裁决，而拒绝执行CIETAC北京总会的裁决。理由如下：

1. 关于合同的主体问题

CIETAC北京总会作出的决定和裁决都确认一方主体为总统大酒店，但对另一方却作了不同的认定，即一时认定为高速货运，一时又认定为杨光大，这本身就是相互矛盾的。法院认为，虽然几个合同一方的主体表述不完全一致，但从本案的材料来看，转让协议已明确了杨光大是以高速货运的名义来保留对总统大酒店有关场地的承租使用权，补充管理协议也是以高速货运的名义签订，实际上同时也是高速货运一直在经营使用有关的场地，而且签订租赁合同时香港高速货运有限公司并不存在，事后也无追认，故本案的另一方当事人应认定为高速货运，而非香港高速货运有限公司。同时，签订上述几个合同时，杨光大是以法定代表人的名义而非个人的名义签订，故深圳仲裁委对案件主体的认定是合理、合法的，北京仲裁委认为另一方当事人是杨光大是欠妥的。

2. 裁决的效力问题

几个合同是不可分割的整体，两个仲裁委员会均认为对本案项下的三个合同有管辖权，一并审理三个合同项下的争议。但是，最后签订的补充管理协议第6项明确规定了“此前双方所签订合同中与本协议不一致的地方，以本协议为准”。而该补充管理协议第4项亦明确规定了“甲乙双方如遇到合同上的争议时，任何一方均可提交深圳仲裁委员会裁决”。这本身就是对前几份合同中的仲裁条款的一个变更。而仲裁应以当事人协议的仲裁条款为依据，北京仲裁委的裁决权人不顾当事人对仲裁条款变更的约定，对于后面的两个协议，全然当它不存在，整个裁决书亦没提及、不承认这些事实，且依照租赁合同就作了裁决，其裁决是没有法律依据的，也是片面的，且深圳仲裁委的仲裁在先，北京仲裁委本来就不应受理，其受理不仅违背了法律原理和司法原则，也违背了自己原来的决定。其裁决与深圳仲裁委的裁决也是对立的，即一个要求继续履行合同，一个要求终止合同。这两个裁决是根本无法同时执行的，只能一个是正确的，一个是错误的，即两者只能执行一个，另一个裁定不予执行。

广东省高级人民法院对两裁决的执行意见

广东省高级人民法院经审判委员会讨论，多数人意见倾向于广州市中级人民法院的意见，他们认为案件所涉及的三份合同不可分割，而第三份合同对仲裁管辖已作变更，深圳分会依据第三份合同的约定仲裁是有依据的，是合法、有效的。北京总会未考虑第三份合同已对仲裁作出变更，依据第一份合同作出裁决，是不当的。北京总会无权对本案进行仲裁。根据《民事诉讼法》第 217 条第 2 款第 2 项“裁决的事项不属于仲裁协议的范围或者仲裁机构无权仲裁的”规定，拟同意广州市中级人民法院请示所提意见，对北京总会所作裁决不予执行，并报最高人民法院审批。

审判委员会少数人意见认为，CIETAC 北京总会和深圳分会有权对二案仲裁，这两个裁决书可以合并执行，理由是：

1. 该三份合同是独立的合同，约定不同的仲裁地点并无不当

该三份合同的签订主体各不相同，虽然合同上都有杨光大的签字，但签约名义不同，租赁合同的一方为香港高速货运有限公司，虽然签约当时该公司并未注册成立，但这是事后在仲裁审理时才知道的，无证据证明总统大酒店在签约当时就已知道该主体并未成立。总统大酒店希望承租的主体不是杨光大个人而是香港高速货运有限公司，只是无效合同的后果由杨光大个人承担，故杨光大个人成了仲裁裁决的债务人。管理协议的一方为潮粤海鲜楼，杨光大以其即将承包的潮粤海鲜楼的名义与总统大酒店签订协议，而潮粤海鲜楼是总统大酒店的分支机构，并非杨光大个人开办的企业，因此，这份合同不是涉外合同，该合同性质与主体均与租赁合同不同。补充管理协议的一方为高速货运（香港注册），高速货运虽然是杨光大独资成立的无限责任公司，但它是经过注册成立的，亦是一个与作为自然人的杨光大不同的民事主体，不能将之与杨光大或杨光大开办的其他企业等同。故这三份合同是由不同的民事主体签订的。签订补充管理协议的高速货运与签订租赁合同的香港高速货运有限公司是两个不同的民事主体，前者无权对后者签订的租赁协议进行修改或变更。

2. 约定两个仲裁地点的效力问题

既然是不同主体签订的合同，那么这三份合同是独立的合同，在不同的合同上约定不同的仲裁地点并无不可。既然是相互独立的合同，就不存在后面的合同变更了前面的合同的条款的问题，因此，北京的仲裁没违反《仲裁法》第 9 条的规定，两份仲裁（裁决书）是互相独立的。

3. 关于两份仲裁裁决合并执行是否可行的问题

不仅合同的签约人不一样，且仲裁的申请人与被申请人也是不同的，且请求与仲裁内容都各不相同，因此，仲裁裁决内容是不同的，两份前后作出的仲裁没有存在矛盾或对立的地方。合并执行、相互抵消，尽快执结二案，能体现法院高效、公平、公正执行案件的原则，会取得较好的社会效果。

2001 年 2 月 12 日，广东省高级人民法院将上述意见呈报最高人民法院。[①]

最高人民法院对执行这两个裁决的意见[②]

最高人民法院收到上述报告后，经审判委员会研究，作出如下答复：

本案涉及不同当事人签订的三份合同，即，广州总统大酒店有限公司于 1995 年 12 月 17 日分别与香港高速货运有限公司、潮粤海鲜楼签订的“租赁总统大酒店潮粤海鲜楼合同”、“总统大酒店潮粤海鲜楼经营管理协议”，于 1996 年 10 月 17 日与高速货运（FAST& CARE CARGO SERVICES）杨光大签订的“总统大酒店与潮粤海鲜楼补充管理协议”。在广州总统大酒店

---

① 参见（2000）粤高执监字第 226 号《关于不予执行中国国际经济贸易仲裁委员会作出的广州总统大酒店有限公司与杨光大仲裁一案的请示报告》。

② 参见最高人民法院《关于不予执行中国国际经济贸易仲裁委员会作出的广州总统大酒店有限公司与杨光大仲裁一案的请示的复函》，2002 年 7 月 22 日，（2001）民四他字第 41 号。

有限公司与香港高速货运有限公司签订的租赁合同中，双方约定将争议“提交中国国际经济贸易仲裁委员会北京分会按照该会的仲裁规则进行仲裁”。鉴于中国国际经济贸易仲裁委员会仅在上海和深圳设有分会，在北京没有分会且各分会均适用与北京总会不同的仲裁规则，因此，该合同约定的仲裁机构实际上并不存在，中国国际经济贸易仲裁委员会北京总会无权依据该款约定仲裁广州总统大酒店有限公司与香港高速货运有限公司或者合同签字人杨光大之间的租赁合同纠纷。在广州总统大酒店有限公司与高速货运杨光大签订的补充管理协议中，双方约定“将争议提交中国国际经济贸易仲裁委员会深圳分会依该会仲裁规则进行仲裁”。鉴于补充管理协议的一方当事人为杨光大个人，而提请中国国际经济贸易仲裁委员会深圳分会仲裁的申请人是高速货运，中国国际经济贸易仲裁委员会深圳分会亦无权仲裁广州总统大酒店有限公司与高速货运之间的任何纠纷。依照《中华人民共和国仲裁法》第16条、第18条及《中华人民共和国民事诉讼法》第260条第1款之规定，有关法院对本案所涉中国国际经济贸易仲裁委员会（2000）贸仲裁字第0148号裁决书和中国国际经济贸易仲裁委员会深圳分会（2000）深国仲结字第23号裁决书均不予执行。

思考题：

1. 本案涉及的三个合同究竟是一个不可分割的整体，还是三份相互独立的合同？

2. 你认为与广州总统大酒店相对立的一方当事人究竟是杨光大、高速货运、香港高速货运有限公司，还是潮粤海鲜大酒楼？

3. 应当如何对本案仲裁条款作出认定？两个仲裁庭是否有权对该案实施管辖并作出裁决？这两个仲裁庭作出的仲裁裁决是否超出了其管辖权限？

4. 本案涉及的两个仲裁庭就其实质而言，均为CIETAC所属的仲裁庭，两个仲裁庭作出了相互对立的裁决，在管辖权上存在着冲突，应当如何解决此项冲突？

5. 你对广州市中级人民法院、广东省高级人民法院和最高人民法院提出的有关执行CIETAC裁决的意见有何评论？

6. 如果你作为总统大酒店或者杨光大聘请的律师，你将如何迅速、高效、经济地解决这一纠纷？

本章小结

小结

1. 仲裁庭的组成，包括仲裁员的指定、对仲裁员的异议、仲裁员的替换等，首先取决于当事人在仲裁协议中约定适用的仲裁规则的规定；如无此约定，适用仲裁应当适用的法律的规定。
2. 仲裁庭的管辖权限取决于仲裁协议规定的范围。仲裁庭有权对其管辖权限，包括仲裁协议的效力作出决定。

3. 仲裁庭的主要义务是查明争议的事实，并依据应当适用的法律，对其所审理的案件作出独立、公正的裁决。

QUESTIONS AND COMMENTS

1. What is the qualification for the candidate arbitrators in China according to the Chinese Arbitration Law?
2. How is the doctrine of competence-competence applied in China?
3. Do you think the panel system necessary for the present situation in China?

第五章 国际商事仲裁程序

提要

国际商事仲裁程序是规定如何进行仲裁的程序规则，这些规则既可以体现在仲裁规则中，也可以体现在相关国家的仲裁法中。在国际商事仲裁立法与实践中，当事人可以选择仲裁程序应当适用的特定的仲裁规则和仲裁程序应当适用的法律。但这些规则和法律的适用不得违反相关国家，特别是仲裁地所在国有关仲裁程序的法律中所规定的当事人必须遵守的强制性法律规则。

重点问题

- 国际商事仲裁程序的基本概念
- 国际商事仲裁规则及其适用
- 国际商事仲裁程序的适用法律
- 非内国仲裁
- 中国有关国际商事仲裁程序的立法与实践

第一节 国际商事仲裁程序概论

仲裁作为争议双方当事人自愿解决国际商事争议的方法，体现了当事人意思自治的原则。

按照各有关国家的立法与实践，由于仲裁解决争议是国内法上所认可的方法，所以依法作出的仲裁裁决得到各有关国家法院的承认与执行。

一、国际商事仲裁程序（arbitration procedure）的概念

仲裁程序就其实质而言，是规定如何进行仲裁的程序，是调整仲裁庭、仲裁协议的当事人以及相关人员和机构之间关系应当遵循的程序。该程序始于仲裁申请的提起，以仲裁裁决的作出而告终。

仲裁程序主要规定在仲裁规则或者仲裁应当适用的相关国家颁布的调整仲裁关系的法律之中。如果当事人在仲裁协议中就仲裁适用的仲裁规则作出明确约定，当事人就应当遵守该仲裁规则中关于如何进行仲裁程序的规定。在临时仲裁的情况下，当事人也可以选择适用已经存在的仲裁规则，如联合国贸法会仲裁规则。当事人也可以就如何进行仲裁程序作出专门约定，或者就仲裁应当适用的法律或者仲裁地点作出约定。

二、仲裁程序的主要内容

在国际商事仲裁实践中，就仲裁程序所涉及的主要内容而言，无论是国际上目前已经存在的仲裁规则，还是相关国家的仲裁法规定的仲裁程序，均涉及以下几个方面的内容。

（一）仲裁程序的启动

当事人根据他们之间业已达成的仲裁协议提起仲裁，就意味着仲裁程序的开始。然而，仲裁程序究竟在哪一特定时间开始，究竟是仲裁申请人提出仲裁的时间，还是被申请人收到仲裁通知或者作出答辩的时间，还是其他时间，归根结底取决于仲裁应当适用的仲裁规则或者仲裁法规定的时间。

在各国仲裁立法与实践中，鉴于仲裁是当事人自愿解决争议的一种方法，原则上当事人可以就与仲裁程序有关的任何事项作出约定，包括在仲裁协议中就仲裁程序开始的时间作出约定。在这种情况下，仲裁程序开始的时间自当事人约定的时间起算。一些国家的仲裁法对仲裁程序的起算时间作出了灵活的规定。例如，英国1996年《仲裁法》第14条对仲裁程序的开始作出了如下规定：

（1）The parties are free to agree when arbitral proceedings are to be regarded as commenced for the purposes of this Part and for the purposes of the Limitation Acts.

（2）If there is no such agreement the following provisions apply.

（3）Where the arbitrator is named or designated in the arbitration agreement, arbitral proceedings are commenced in respect of a matter when one party serves on the other party or parties a notice in writing requiring him or them to submit that matter to the person so named or designated.

（4）Where the arbitrator or arbitrators are to be appointed by the parties, arbitral proceedings are commenced in respect of a matter when one party serves on the other party or parties notice in writing requiring him or them to appoint an arbitrator or to agree to the appointment of an arbitrator in respect of that matter.

（5）Where the arbitrator or arbitrators are to be appointed by a person other than a party to the proceedings, arbitral proceedings are commenced in respect of a matter when one party gives notice in writing to that person requesting him to make the appointment in respect of that matter.

在国际商事仲裁实践中，当事人在仲裁协议中约定通过特定的仲裁机构解决他们之间的争议的，则仲裁程序开始的时间取决于该特定仲裁机构适用的仲裁规则中的规定，一般情况下自仲裁机构秘书处收到仲裁申请之日起算。例如，根据国际商会国际仲裁院1998年仲裁规则第4条第2款的规定，The date on which the Request is received by the Secretariat shall, for all purposes, be deemed to be the date of the commencement of the arbitral proceedings. 伦敦国际仲裁院1998年仲裁规则第1条第2款对此作出了相同的规定：The date of receipt by the Registrar of the Request shall be treated as the date on which the arbitration has commenced for all purposes. 美国仲裁协会2001年国际仲裁规则第2条第2款对此作出了类似规定：Arbitral proceedings shall be deemed to commence on the date on which the administrator receives the notice of arbitration.

在临时仲裁的情况下，仲裁程序从被诉人收到仲裁通知之日起算。例如，联合国贸法会仲裁规则第3条第2款规定："Arbitral proceedings shall be deemed to commence on the date on which the notification of arbitration is received by the respondent."

（二）仲裁庭的组成

仲裁庭是仲裁案件的直接审理者，在机构仲裁的情况下，仲裁机构的主要职能是根据仲裁规则实施对仲裁程序的管理，而不是对具体的仲裁案件进行审理。仲裁程序开始后的首要问题就是及时成立仲裁庭，以便对仲裁机构所受理的仲裁案件进行及时审理。根据各仲裁机构的仲裁规则的规定，如果一方当事人未能在规定的期限内指定仲裁员，或者拒绝指定仲裁员，在机构仲裁的情况下，一般可由仲裁机构依照其所适用的仲裁规则的规定指定仲裁员。几乎所有的仲裁规则均规定了仲裁员的指定方法。例如，根据国际商会国际仲裁院1998年仲裁规则第8条第3款的规定，Where the parties have agreed that the dispute shall be settled by a sole arbitrator, they may, by agreement, nominate the sole arbitrator for confirmation. If the parties fail to nominate a sole arbitrator within 30 days from the date when the Claimant's Request for Arbitration has been received by the other party, or within such additional time as may be allowed by the Secretariat, the sole arbitrator shall be appointed by the Court. 该条第4款对由三人组成仲裁庭的仲裁员的指定以及当事人未能指定仲裁员时如何指定该仲裁员和首席仲裁员作了如下规定：Where the dispute is to be referred to three arbitrators, each party shall nominate in the Request and the Answer, respectively, one arbitrator for confirmation by the court. If a party fails to nominate an arbitrator, the court shall make the appointment. The court shall appoint the third arbitrator, who will act as chairman of the arbitral tribunal, unless the parties have agreed upon another procedure for such appointment, in which case the nomination will be subject to confirmation pursuant to Article 9. Should such procedure not result in a nomination within the time limit fixed by the parties or the court, the third arbitrator shall be appointed by the court.

在临时仲裁的情况下，如果当事人未能在仲裁协议中规定仲裁应当适用的仲裁规则或者指定仲裁员的机构，则只能求助于仲裁程序法解决此问题。对于仲裁庭的组成人员，一般国家均允许当事人对此作出约定。如果在由独任仲裁员仲裁的情况下，双方当事人不能就独任仲裁员达成一致，或者在由三名仲裁员组成仲裁庭的情况下，当事人各方不能就首席仲裁员的指定达成一致，或者一方当事人未能在仲裁规则规定的期限内指定仲裁员，法院可根据当事人的请求，对上述仲裁员作出指定。许多国家有关仲裁的法律都有此项规定。例如，德国1998年《民事诉讼法》第1035条对当事人未能根据仲裁协议指定仲裁员的情况作出了如下规定：

...

(3) Failing an agreement between the parties on the appointment of the arbitrators, a sole arbitrator shall, if the parties are unable to agree on his appointment, be appointed, upon request of a party, by the court. In an arbitration with three arbitrators, each party shall appoint one arbitrator, and the two arbitrators thus appointed shall appoint the third arbitrator who shall act as chairman of the arbitral tribunal. If a party fails to appoint the arbitrator within one month of receipt of a request to do so from the other party, or if the two arbitrators fail to agree on the third arbitrator within one month of their appointment, the appointment shall be made, upon request of a party, by the court.

(4) Where, under an appointment procedure agreed upon by the parties, a party fails to act as required under such procedure, or if the parties, or two arbitrators, are unable to reach an agreement expected of them under such procedure, or a third party fails to perform any function entrusted to it under such procedure, any party may request the court to take the necessary measure, unless the agreement on the appointment procedure provides other means for securing the appointment.

(5) The court, in appointing an arbitrator, shall have due regard to any qualifications required of the arbitrator by the agreement of the parties and to such considerations as are likely to secure the appointment of an independent and impartial arbitrator. In the case of a sole or third arbitrator, the court shall take into account as well the advisability of appointing an arbitrator of a nationality other than those of the parties.

至于仲裁员的资格，许多国家的法律对此并没有作出专门规定，只要是有完全民事行为能力的人，都可以被指定为仲裁员。而许多常设仲裁机构也没有专门设立仲裁员名册，即便有此项名册，当事人可以在名册中指定，也可以不受该名册的限制。有的仲裁规则则对仲裁员应当具备的最基本的条件作出了规定。例如，世界知识产权组织仲裁与调解中心（WIPO Arbitration and Mediation Center）2002 年 10 月 1 日起实施的仲裁规则第 22 条对仲裁员应当具备的公正性与独立性作了如下规定：

(1) Each arbitrator shall be impartial and independent.

(2) Each prospective arbitrator shall, before accepting appointment, disclose to the parties, the Center and any other arbitrator who has already been appointed any circumstances that might give rise to justifiable doubt as to the arbitrator's impartiality or independence, or confirm in writing that no such circumstances exist.

(3) If, at any stage during the arbitration, new circumstances arise that might give rise to justifiable doubt as to any arbitrator's impartiality or independence, the arbitrator shall promptly disclose such circumstances to the parties, the Center and the other arbitrators.

可见，无论仲裁法或者仲裁规则对仲裁员的资格是否有专门规定，作为一名合格的仲裁员，最起码的要求是能够公正、独立地审理当事人所提交的仲裁案件。如果仲裁员不适格，仲裁机构和法院依据仲裁应当适用的仲裁规则或者法律，均可依法撤销对该仲裁员的指定。例如，在英国法院 1966 年审理的 Veritas Shipping Corporation（巴拿马船东）v. Anglo-Canadian Cement Ltd.（尼日利亚租船人）一案中，租船合同规定："由于本租船合同而产生的任何争议，应当在伦敦仲裁解决。由船东和租船人各指定一名仲裁员，如果这两位仲裁员不能就争议的解决达成一致，则争议应当由这两位仲裁员共同指定的公断人裁定。"该租船合同在履行中发生争议，船东向租船人提出了1万英镑的运费和滞期费的损害赔偿请求，依据该合同中的仲裁条款，船东指定了一位仲裁员，并要求租船人也指定一名仲裁员，租船公司的经理指定了他自己为该案的仲裁员，船东对此项指定提出了异议，租船公司拒绝撤回指定的仲裁员，于是，船东向英国法院起诉，要求法院依据英国1950年《仲裁法》第23条撤销租船公司指定的仲裁员，并代为指定一名仲裁员。法院支持了船东的请求，依据英国法撤销了租船公司指定的仲裁员，并代为指定了一名仲裁员审理此案。①

（三）仲裁审理

仲裁庭组成后即开始对其所受理的案件进行公正、独立的审理。仲裁审理程序中所涉及的主要问题是：仲裁地点、仲裁审理方式、调查取证的方式以及仲裁所使用的语文等。

1. 仲裁地点、开庭地点与仲裁庭合议地点

在（国际）商事仲裁实践中，从法律意义上说，仲裁地点、开庭地点与仲裁庭合议地点属于不同的法律概念。

法律意义上的仲裁地点有着非同寻常的意义，它通常意味着当事人在仲裁协议中对仲裁地点作出约定，或者当事人约定适用的仲裁规则对仲裁地点作出规定。在国际商事仲裁实践中，当仲裁地点被确定后，仲裁庭可以选择在仲裁地点所在国之外的国家和地区的任何适当的地点开庭审理该仲裁案件，或者进行合议。例如中国香港特区当事人与中国澳门特区的当事人在仲裁协议中约定适用国际商会国际仲裁院仲裁规则在新加坡仲裁。在这个协议中，负责管理该仲裁的机构是国际商会国际仲裁院，而仲裁地点则在新加坡。假定仲裁员分别来自东京、泰国和北京。仲裁庭成立后，为了方便当事人和仲裁员对案件的审理，决定在中国香港或者中国澳门开庭，在东京合议，那么本案中的仲裁地点在新加坡，开庭地点则在中国香港或者中国澳门，合议的地点就在东京。所以，从法律意义上说，尽管新加坡、中国香港、中国澳门和东京都与该案的仲裁程序的进行有关，然而，法律意义上的仲裁地点只有一个，这就是新加坡。因为仲裁地点、开庭地点和合议地点属于不同意义上的地点。

在国际商事仲裁实践中，仲裁地点、开庭地点与合议地点之间既有联系，又有区别。三者之间的联系主要表现在当事人在仲裁协议中约定的仲裁地点往往就是仲裁庭开庭审理和仲裁庭进行合议的地点。在这种情况下，仲裁地点本身就是仲裁开庭地点和仲裁庭进行合议的地点。它们之间的区别则主要体现在当事人在仲裁协议中约定的仲裁地点在一个国家，而仲裁庭开庭审理和合议又在另一个国家进行，如仲裁协议明确约定仲裁地点在伦敦，但开庭审理与仲裁庭合议的地点在巴黎，在此种情况下，尽管开庭审理与合议的地点在巴黎，但是法律意义上的仲裁地点仍然是伦敦。当仲裁审理终结后，裁决由位于不同国家的仲裁员在其各自的国家签署，从法律意义上说，该仲裁裁决仍然应当被视为在伦敦作出，进而由英国法院行使对该裁决撤销的监督权。

对于法律意义上的仲裁地点、开庭地点和合议地点之间的区别，从伦敦国际仲裁院所适用的仲裁规则的规定中可见一斑：

伦敦国际仲裁院1998年仲裁规则第16条对与仲裁地点有关的事项作了如下规定：

(1) The parties may agree in writing the seat (or legal place) of their arbitration. Failing such a choice, the seat of arbitration shall be London, unless and until the LCIA Court determines in view of all the circumstances, and after having given the parties an opportunity to make written comment,

① See John Parris, *Casebook of Arbitration Law*, George Godwin limited, 1976, at 132-133.

that another seat is more appropriate.

(2) The arbitral tribunal may hold hearings, meetings and deliberations at any convenient geographical place in its discretion; and if elsewhere than the seat of the arbitration, the arbitration shall be treated as an arbitration conducted at the seat of the arbitration for all purposes.

(3) The law applicable to the arbitration (if any) shall be the arbitration law of the seat of arbitration, unless and to the extent that the parties have expressly agreed in writing on the application of another arbitration law and such agreement is not prohibited by the law of the arbitral seat.

2. 仲裁地点的确定

在国际商事仲裁实践中，法律上的仲裁地点的确定，主要有以下几种方法：

第一，当事人之间在仲裁协议中共同约定。在国际商事仲裁实践中，法律意义上的仲裁地点的确定，主要取决于当事人在仲裁协议中的约定，当事人在仲裁协议中约定的地点，应当作为仲裁地点。无论当事人在仲裁协议中约定适用哪一个仲裁机构的仲裁规则，当事人对仲裁地点作出的约定，通常情况下均能得到仲裁机构和法院的尊重。联合国贸法会制定的适用于临时仲裁的仲裁规则不仅广泛地应用于临时仲裁，许多常设仲裁机构也都允许当事人选择适用该仲裁规则，其中的一个主要原因就在于该规则具有巨大的灵活性。根据该规则第 16 条第 1 款的规定：Unless the parties have agreed upon the place where the arbitration is to be held, such place shall be determined by the arbitral tribunal, having regard to the circumstances of the arbitration. 被世界上许多国家的立法机构采纳为其各自本国法律的联合国贸法会 1985 年《示范法》第 20 条第 1 款关于仲裁地点的确定，作出了与上述规定相同的规定。

第二，由仲裁所适用的仲裁规则决定。如果当事人未能在其仲裁协议中对仲裁地点作出约定，或者在仲裁协议中只约定了将他们之间的争议提交某一特定机构仲裁解决或者适用某一特定机构的仲裁规则进行仲裁，如何确定仲裁地点则取决于仲裁所适用的仲裁规则中的规定。在国际商事仲裁实践中，当事人约定将争议提交某一特定机构解决就意味着适用该机构的仲裁规则，除非当事人之间另有约定。例如，当事人在仲裁协议中约定将争议提交中国国际经济贸易仲裁委员会仲裁就意味着适用该机构的仲裁规则。而仲裁地点的确定，也取决于该适用的仲裁规则的规定。

不同仲裁机构的仲裁规则对仲裁地点的规定，可以分为以下几种情况：一是仲裁地点为仲裁机构所在地国家。许多仲裁机构的仲裁规则对此作出了专门规定。例如伦敦国际仲裁院 1998 年仲裁规则第 16 条对仲裁地点的规定：当事人如果对此没有约定，则仲裁院所在地伦敦为仲裁地，即便仲裁庭依其职权决定在伦敦以外的任何适当的地点开庭、会面与合议，此项仲裁仍然应当被视为在仲裁地进行，为此，仲裁裁决也被视为在仲裁地作出。1992 年《日内瓦商工会仲裁规则》第 3 条规定：除非当事人之间另有约定，仲裁地点在日内瓦。新加坡国际仲裁中心 1991 年仲裁规则第 18 条对仲裁地点的规定是：1）当事人各方可就仲裁地点作出选择。如未能选择，仲裁地点为新加坡，除非仲裁庭考虑到案件的全部情况，决定在另一个更为适当的地点仲裁。2）仲裁庭可以开庭审理案件，并在任何方便的地点召开会议，但须遵守该规则第 21 条第 2 款的各项规定①，裁决在仲裁地作出。二是仲裁地点与仲裁机构位

① 此款规定是：仲裁庭可以确定有关仲裁的任何会议或开庭日期、时间、地点，独任仲裁员或首席仲裁员应就此向当事人各方发出合理的通知。

于不同国家。在国际商事仲裁实践中，仲裁地点与仲裁机构位于不同的国家也是司空见惯的。如果仲裁机构与仲裁地点分属不同的国家，在这种情况下作出的仲裁裁决，究竟为仲裁地所在国的裁决，还是具有仲裁机构所在国的国籍，则完全取决于仲裁规则中的相关规定与仲裁地所在国的法律如何对此作出认定。例如 1998 年《国际商会国际仲裁院仲裁规则》第 14 条规定：

(1) The place of the arbitration shall be fixed by the Court unless agreed upon by the parties.

(2) The Arbitral Tribunal may, after consultation with the parties, conduct hearings and meetings at any location it considers appropriate unless otherwise agreed by the parties.

(3) The Arbitral Tribunal may deliberate at any location it considers appropriate.

这就是说，如果当事人未能就仲裁地点作出约定，则此项地点由仲裁院决定。如果仲裁院决定仲裁地在仲裁院所在地巴黎以外的国家和地区进行，尽管该仲裁程序适用该院仲裁规则并由该院依据其仲裁规则对仲裁程序实施管理，在法国以外的国家作出仲裁裁决，这样的裁决具有仲裁地国国籍，由仲裁地国法院实施对裁决撤销的监督。

此外，2002 年生效的世界知识产权组织仲裁与调解中心仲裁规则第 39 条对仲裁地点作了与国际商会国际仲裁院仲裁规则的规定相似的规定：

(1) Unless otherwise agreed by the parties, the place of arbitration shall be decided by the Center, taking into consideration any observations of the parties and the circumstances of the arbitration.

(2) The Tribunal may, after consultation with the parties, conduct hearings at any place that it considers appropriate. It may deliberate wherever it deems appropriate.

(3) The award shall be deemed to have been made at the place of arbitration.

通过对上述仲裁规则规定的分析，可以得出如下结论：仲裁地点可以与仲裁机构位于相同的国家，也可以与仲裁机构位于不同的国家。在后一种情况下，尽管仲裁机构根据其仲裁规则又由位于不同国家的机构负责管理，仲裁裁决仍然应当被视为仲裁地国家的裁决，而不具有仲裁机构所在国的国籍。例如当事人约定适用国际商会国际仲裁院仲裁规则，仲裁地点在伦敦，那么，根据国际商会国际仲裁院仲裁规则在伦敦进行仲裁并作出的裁决，并非法国裁决，而是英国裁决。认为机构仲裁中的仲裁地应为仲裁机构所在地的观点似有所偏颇。① 这是由于除中国的仲裁机构以外的几乎所有仲裁机构的仲裁规则，包括联合国贸法会仲裁规则，都有当事人可以在仲裁协议中就仲裁地点作出约定的规定。而无论是当事人约定的仲裁地点，还是仲裁机构决定的仲裁地点，既可以是仲裁机构所在国家，也可以是该机构所在国以外的国家和地区。

3. 仲裁审理与调查取证方式

仲裁审理可以采用口头审理或书面审理或者两者相结合的审理方式。就仲裁审理方式而言，仲裁庭首先应当遵守当事人之间的约定，如无此项约定，按照许多仲裁规则和各国仲裁法的规定，应当由仲裁庭决定某一特定案件的审理方式。联合国贸法会《示范法》第 24 条第 1 款规定：Subject to any contrary agreement by the parties, the arbitral tribunal shall decide whether to hold oral hearings for the presentation of evidence or for oral argument, or whether the proceedings shall be conducted on the basis of documents and other materials. However, unless the parties have

---

① 参见康明：《我国商事仲裁服务市场对外开放问题初探》，载《仲裁与法律》，2003 (6)。

agreed that no hearings shall be held, the arbitral tribunal shall hold such hearings at an appropriate stage of the proceedings, if so requested by a party.

对于仲裁审理过程中的调查取证的方式，许多国家的法律和仲裁规则也作出了不同的规定。As often occurs in international arbitration, parties and lawyers with different legal backgrounds and cultures may be opposed to each other. Frequently, at the beginning of the arbitration process, a discussion will develop on how evidence will be taken. In common-law countries, parties and their counsels are used to submitting, or requesting the submission of, large bundles of documents, to support their arguments on witnesses of fact and expert witnesses, and on interrogating their own witnesses as well as cross-examining the other side's witnesses during oral hearings—all of which may take several days. In civil-law countries there is not such a tradition, and civil lawyers may therefore encounter difficulties when having to argue a case against lawyers from common-law countries. Differences may be expressed regarding the rules to be used and the way in which evidence may be taken.

The International Bar Association (IBA) adopted, as of 1 June 1999, new Rules on the Taking of Evidence in International Commercial Arbitration (IBA Rules of Evidence), which are available as a resource to parties and to arbitrators for the efficient and economical conduct of the evidence phase of international arbitration proceedings. The Rules provide mechanisms for the presentation of documents, witnesses of fact, expert witnesses and inspections, as well as for the conduct of evidentiary hearings. The Rules are designed to be used in conjunction with, and adopted together with, institutional or ad hoc rules or procedures governing international commercial arbitrations. The IBA Rules of Evidence reflects procedures in use in many different legal systems, and they may be particularly helpful when the parties come from different legal cultures.

If the parties wish to adopt the IBA Rules of Evidence in their arbitration clause, it is recommended that they add the following additional language to the clause:

In addition to the (institutional or ad hoc rules chosen by the parties), the parties agree that the arbitration shall be conducted according to the IBA Rules of Evidence. ①

4. 仲裁使用的语文

国际上在多数国家境内设立的常设仲裁机构的仲裁规则，均允许当事人选择仲裁程序所使用的一种或者数种语文。例如，设在巴黎的国际商会国际仲裁院所推荐使用的仲裁示范条款分别用 English, French, Arabic, Bahasa Indonesia, Bulgarian, Chinese, Croatian, Danish, Dutch, Finnish, German, Greek, Hungarian, Icelandic, Ita-lian, Japanese, Korean, Lithuanian, Mongolian, Nepali, Norwegian, Persian (Farsi), Polish, Portuguese, Romanian, Russian, Serbian, Slovak, Slovene, Spanish, Swedish, Thai, Turkish, Ukrainian, Vietnamese 等语文做成。设在瑞士日内瓦的世界知识产权组织仲裁与调解中心 2002 年 10 月 1 日起生效的仲裁规则第 40 条对仲裁所适

① See International Trade Centre, *Arbitration and alternative dispute resolution*, at 84-85; at http://www.ibanet.org.

用的语文作了如下专门规定：

...

(b) Unless otherwise agreed by the parties, the language of the arbitration shall be the language of the Arbitration Agreement, subject to the power of the Tribunal to determine otherwise, having regard to any observations of the parties and the circumstances of the arbitration.

(c) The Tribunal may order that any documents submitted in languages other than the language of the arbitration be accompanied by a translation in whole or in part into the language of the arbitration.

（四）仲裁裁决的作出

仲裁庭对仲裁协议项下的案件审理的结果是作出仲裁裁决，此项裁决经仲裁员签字后交付给双方当事人。一般而言，仲裁程序以当事人收到仲裁裁决而告终。按照各国有关国际商事仲裁立法与实践，当事人在收到裁决后一段合理的期限内，如果涉及某些计算或者打印错误，或者其他类似性质的错误，可以请求仲裁庭予以更正，仲裁庭也可以主动对这些错误进行更正。此外，如果当事人提出的仲裁请求中有漏裁事项，当事人也有权请求仲裁庭对该漏裁事项作出补充裁决。补充裁决和更正后的裁决作为仲裁裁决的一部分。关于仲裁裁决的种类、作出等细节，将在以后的章节里作详细介绍。

三、仲裁程序应当遵循的基本原则

鉴于通过仲裁解决仲裁协议项下当事人之间的争议是一种自愿解决争议的方式，仲裁程序不同于法院的诉讼程序，它是一种比较灵活的方式，在遵循仲裁应当适用的法律规则的前提下，当事人的意思自治是仲裁程序应当遵循的最为重要的基本原则。

仲裁庭在进行仲裁的过程中，应当充分考虑双方当事人的共同意思，尽量满足双方当事人所提出的共同要求，给他们充分地表达其各自意见的机会。因为根据各国有关国际商事仲裁立法与实践，当事人可以共同选择负责审理他们之间争议案件的仲裁员，决定仲裁应当适用的实体规则和程序规则、仲裁地点、调查取证方式、仲裁审理方式、仲裁适用的语文等。一旦当事人双方共同选择了仲裁程序应当适用的仲裁规则，这些规则就应当在仲裁程序中得到切实遵守。如果违反了应当适用的规则，就可能导致仲裁裁决被撤销或者被拒绝承认与执行。

仲裁程序应当遵循的另一个基本原则是遵守相关国家的法律，特别是仲裁地国那些必须遵守的且不能通过双方当事人之间的协议加以改变的法律规则。对这些规则的违反，同样可能导致仲裁裁决被撤销或者被拒绝承认与执行。

程序公正是实现实体公正的重要保障，在国际商事仲裁中，如果仲裁程序不公正或者存在着这样或那样的缺陷，将直接导致仲裁裁决被撤销或者被拒绝承认与执行。《纽约公约》第5条第1款规定的执行地国法院可以拒绝承认与执行外国仲裁裁决的各种情况，就其实质而言，均指仲裁程序中的缺陷。这些缺陷，不仅导致仲裁裁决被拒绝承认与执行，还导致裁决地国家对仲裁裁决的撤销。

CASE STUDY

帕克里托案

(Paklito Investment Ltd. v. Klockner East Asia Ltd.)①

United Kingdom, High Court of Hong Kong, 1993

1993 (Vol. 2) Hong Kong Law Reports 40

Kaplan J.:

On 15th November, 1990 the China International Economic and Trade Arbitration Commission (CIETAC) rendered an arbitral award in favour of the plaintiffs in the sum of approximately US$800 000.

On 12th August, 1991 Master Cannon granted the Plaintiffs ex parte leave to enforce this award as a judgment of this court. This was done under the provisions of s. 44 of the Arbitration Ordinance (Cap. 341) which is the means by which the New York Convention of 1958, to which Hong Kong and China are both parties, is given statutory effect in Hong Kong. The application was also made under Order 73 of the Rules of the Supreme Court.

On 11th February, 1992 Master Cannon, after an inter partes hearing, set aside her order dated 12th August 1991 and I have before me an appeal from that decision. I should add that the appeal was listed before me on 1st April, 1992 but was adjourned at the request of both parties in order to obtain from CIETAC a recording or a transcript of the hearing before them held on 25th April, 1990.

Facts

By a contract in writing made between the parties on the 17th August, 1988 the defendants agreed to sell to the plaintiffs and the defendants agreed to buy 2 500 MT of hot dip galvanized steel in coil at a total price of US$1 944 000 C&F to be delivered in November, 1988. The port of loading was Istanbul, Turkey and the port of destination was Huangpu, China.

Between 10th October and 19th November 1988 the goods were inspected at the manufacturer's plant by Vitsan S. A.. The inspection confirmed that the goods were in good order.

On 20th December, 1988, the steel coils were loaded on board m. v. "Kornat" at Istanbul. They arrived in Huangpu, China on 19th January, 1989. The goods were then transshipped to Haikou, China, leaving Huangpu on 25th January and were unloaded in Haikou on 2nd February, 1989.

On arrival at Haikou, the goods were examined by the Hainan Import and Export Inspection Bureau and on 14th February, 1989 they were moved to storage outside a warehouse in Haikou.

When the examination certificates were published, they revealed certain defects in the steel. The Weight Inspection Certificate was issued on 20th March, showing the steel to be 9 190 tons under weight. On 14th April the Quality Inspection Certificate was issued, concluding that the

---

① See Tibor Varady, John J. Barcelo, III, Arthur T. von Mehren, *International Commercial Arbitration*, West Group, 1999, at 454-462.

goods did not comply with the quality requirements. Some white rust had formed and certain parts of the steel coils had not been galvanized.

On 19th April, 1989, claims were made by a series of subpurchasers and by the plaintiff against the defendant for defective goods. The contract contained an arbitration clause providing for arbitration in China. Pursuant to this the plaintiffs submitted to CIETAC their written application for arbitration on 10th August, 1989.

The Hearing

On the morning of 25th April, 1990 an oral hearing was held by the arbitration tribunal. The plaintiff maintains that this was a full hearing with detailed submissions on the evidence and issues, whereas the defendant says the hearing was merely a preliminary hearing.

The defendant also says that at the hearing they made a request for a further oral hearing to consider the causes of the formation of white rust. It appears that the defendant has since requested a copy of the recording of or transcript of the hearing but CIETAC has refused to release a transcript or to allow the defendant to listen to the original tape.

CIETAC gave a direction at the hearing allowing the submission of further evidence within one month from that date. The defendant submitted their defence on 10th May, 1990 and the plaintiff submitted certain exhibits on 19th May.

On 31st July, 1990 CIETAC notified the defendant of its decision to appoint its own experts to carry out investigations. The Rules of Arbitration of CIETAC allow an arbitral tribunal to take this course of action. The relevant articles of the Rules state:

"... 26. The parties shall give evidences for the facts on which the claims or defences are based. The arbitration tribunal, in case of deeming necessities, may make investigations and collect evidences on its own."

"... 28. The arbitration tribunal may consult specialists for special problems arising from the cases or appoint appraisers for appraisals. Specialists or appraisers may be the institutes or citizens of the PRC or foreign countries."

On 11th August the defendant wrote to the Commission objecting to this appointment on the ground that such an investigation would be useless having regard to the almost one and a half years that had elapsed since the goods were delivered in Haikou. The defendant also stated that they would not accept the results of any such investigation.

On 12th September, 1990 the experts employed by the arbitral tribunal made their inspection and took away samples of the five specifications of steel coils. The report, issued on 31st October, concluded that there were deficiencies in the galvanized layer on the samples, including ungalvanized patches, and that the rate of corrosion of the galvanized layers was twice that expected "except for industrial areas in the tropics". That the report was intended to conclude that the defects were of manufacture or storage is made clear at the commencement of the report where it was stated the purpose of the inspection was:

"... in order to rule out the responsibility for the quality of the galvanized layer of the galvanized sheet being attributed to the time after the goods had left the factory..."

The report was received by the defendant's lawyer on 8th November. It is common ground that the Tribunal were informed orally that the defendant wished to comment after considering the report. On 12th November the defendant wrote to CIETAC stating their intention to submit a further defence in answer to the report and questions arising from it.

On 15th November, 1990 the Arbitration Tribunal rendered its award in favor of the plaintiff. The letter from the defendant was received by CIETAC on 20th November. On 8th January, 1991 the defendant wrote to the Commission outlining their expectation of having an opportunity to adduce further evidence at an oral hearing. No reply was ever received from CIETAC.

Procedure before CIETAC

There is some question both as to exactly what occurred at the CIETAC hearing in the present case and as to the procedure normally followed at a CIETAC arbitration tribunal. As regards the latter question, the plaintiffs contend that there is no right to cross-examination either under Chinese law or under CIETAC's Arbitration Rules.

... I do not accept the plaintiff's submissions that Chinese law and arbitration practice does not allow cross-examination either in general or in relation to experts engaged by the Tribunal. In the light of the above, I think the defendants did have the right to expect they would be able to comment on the reports of the Tribunal appointed experts. This is such a basic right that I cannot conceive that the position would be otherwise. The conclusion at which I have arrived certainly accords with what I have seen during the course of enforcing over forty CIETAC awards.

Issues

There are in effect two issues, either of which is sufficient to have the appeal dismissed. The first issue is whether the hearing of 25th April, 1990 was a substantive hearing on the merits of the case or a preliminary one, dealing only with procedural matters and entitling the defendant to expect a further hearing.

The second issue is whether the defendants were unable to present their case because they were given no opportunity to deal with the expert's report.

As the second issue in itself is sufficient to dispose of this case, I propose to deal with this matter first.

No Opportunity to Deal with Expert's Reports

Sections 44 (1), (2) & (3) of the Arbitration Ordinance provide:

i. Enforcement of a Convention award shall not be refused except in the case mentioned in this section.

ii. Enforcement of a Convention award maybe refused if the person against whom it is invoked proves—

(a) ...

(b) ...

(c) that he was not given proper notice of the appointment of the arbitrator or of the arbitration proceedings or was otherwise unable to present his case; or

iii. Enforcement of a Convention award may also be refused if the award is in respect of a matter which is not capable of settlement by arbitration, or if it would be contrary to public policy to enforce this award.

I have little doubt that if these facts arose in the context of a domestic arbitration in Hong Kong either a successful application would have been made for the removal of the arbitrators on the ground of misconduct or else enforcement under s. 2H of the Arbitration Ordinance would have been refused in the exercise of the court's discretion.

I hasten to add that the term "misconduct" implies no impropriety on the part of the arbitrators but refers to situations where there has been a serious procedural irregularity.

I must of course take into account that these parties agreed on a CIETAC arbitration and that therefore they must be deemed to take Chinese arbitral practices and procedures as they find them.

I must also take into account that when applying the terms of s. 44 which gives rise to Hong Kong's New York Convention obligation I am also to have regard to the principles of due process in Hong Kong.

I have no doubt whatsoever that a serious procedural irregularity occurred and that on reflection the arbitral tribunal would recognize it as such. The defendants had taken the stand throughout that inspection report made many months after delivery were of no assistance in ascertaining whether at the time of delivery the goods were defective. They took a policy decision to confess and avoid the inspection report. I can therefore well understand their concern when, contrary to their submissions, the Tribunal decided to instruct experts who then went further by preparing a report which indicated that the white rust seen was not caused by post-delivery storage but was more likely than not present at the time of delivery. This was a very different case which confronted them and I can well understand their desire to challenge this view and to adduce evidence to the contrary. (I have seen the evidence which the defendant would like to adduce and it raises serious questions as to the methodology of the Tribunal appointed experts.)

It is clear that the Tribunal relied on these reports and that the defendants were given no chance to deal with this very different case which suddenly presented itself. The defendants should have been given an opportunity to deal with this new evidence. They asked for such an opportunity but the award came too soon and they never received an answer to their request.

Taking all the matters canvassed by both sides into account I have come to the very clear conclusion that the defendants were prevented from presenting their case and they have thus made out the grounds set out in s. 44 (2) (c) of the Arbitration Ordinance. The defendants were denied a fair and equal opportunity of being heard.

...

Conclusion

I therefore come to the same conclusion as the learned Mater and dismiss this appeal. I will make a costs order nisi in favour of the defendants together with a certificate for two counsel.

I cannot leave this judgment without making the following observation. In the three years 1990—1992 this court has enforced approximately 40 CIETAC awards. Some of these applications were opposed but this is the first time that enforcement has been refused. This is a creditable record and I would not like it thought that problems such as occurred in this case are commonplace in CIETAC arbitrations. Judges and arbitrators in all jurisdictions occasionally and unwittingly fall into error and it is in serious cases involving arbitral awards that the enforcing court refuses enforcement to prevent injustice. It has been my experience that in all other case that I have considered from CIETAC the due process requirements have been fairly met.

...

Application dismissed.

Questions for Discussion:

1. How would you define the due-process standard infringed in this case? In other words, what act or omission of the arbitrators was critical: the appointment of an expert in spite of strong objections of one of the parties? Failing to give the parties an opportunity to comment on the findings of the expert? Lack of cross-examination? Unequal treatment of the parties?
2. According to the 1995 CIETAC Rules, experts are appointed by the arbitration tribunal (Article 39). The Rules also state that:
   "The expert's report and the appraiser's report shall be copied to the parties so that the parties may have the opportunity to give opinions thereon. At the request of any party to the case and with the approval of the arbitration tribunal, the expert and appraiser may be present at the hearing and give explanations of their reports when the arbitration tribunal deems it necessary and appropriate." (Article 40)
   Do you think whether the Tribunal in this case meet this standard?
3. Suppose the arbitrators find the report of the expert unpersuasive, Can they disregard it on their own motion?
4. Suppose the arbitrators in the case decided not to give credit to the findings of the expert. Could claimant raise a due process argument relying on the fact that he had no opportunity to comment on the expert opinion?
5. What's your comment on the decision of the court of Hong Kong on the refusal of enforcement of CIETAC award on the ground that the defendants were given no opportunity to deal with the expert's reports.

第二节 国际商事仲裁规则及其适用

一、仲裁规则与仲裁法之间的联系与区别

仲裁规则（arbitration rules）是如何进行仲裁程序的规则。它所调整的是仲裁机构、仲裁

庭和与仲裁有关的当事人之间的关系。仲裁法（arbitration law）所调整的范围除了上述关系外，还包括法院对仲裁的监督关系，特别是在仲裁裁决作出后，一般仲裁规则不再管辖，如仲裁裁决的撤销或者被拒绝承认与执行等方面的问题，均属于法院的管辖范围，也是仲裁法的调整范围。因此，仲裁规则和仲裁法是两个不同的概念。两者既有相同之处，也存在着明显的区别。两者之间的主要区别在于：

第一，制定的机构不同。仲裁规则是指各仲裁机构、各有关组织或团体、仲裁协议的当事人约定的或仲裁庭决定的关于如何进行仲裁的程序规则，它们本身没有法律上的拘束力。而仲裁法是一国立法机关制定的，本身具有法律上的拘束力。

第二，法律性质不同。就仲裁规则和仲裁法在法律上的效力而言，仲裁规则具有契约的性质，因为某一特定的仲裁规则只有被仲裁协议的当事人共同采纳时，才构成当事人之间业已存在的仲裁协议的组成部分，因此，特定的仲裁规则仅在选择适用该仲裁规则的特定当事人之间具有法律上的拘束力，其前提条件是该仲裁规则为国家法律所认可，并不违背有关国家的仲裁法中的强制性的规定。而仲裁法是特定国家的立法机构制定的，自动地适用于在该特定国家境内进行的与仲裁有关的当事人及其所从事的仲裁活动，而不需要当事人对此作出选择。法律本身就对相关当事人具有法律上的拘束力。

第三，实施机构不同。实施仲裁规则的机构是根据仲裁规则设立的仲裁庭。而仲裁法是由法院保障其实施。

第四，两者所覆盖的范围不同。仲裁规则所规定的是通过仲裁的方法解决争议的规则，开始于当事人提出仲裁申请，到仲裁裁决作出后结束。而仲裁法除了覆盖上述期间外，还特别规定了对裁决作出后的监督程序，包括对裁决的撤销程序，或者拒绝承认与执行的程序。

仲裁规则与仲裁法也存在着许多相同之处。两者通常都包括通过仲裁解决具体争议应当遵循的程序规则，如仲裁庭的组成，包括仲裁庭管辖权的确定和仲裁员的资格及其指定方法、替代仲裁员的指定、仲裁适用的语文、仲裁地点的确定、仲裁审理的方式和内容、仲裁裁决的作出方式和效力等。

二、常设仲裁机构仲裁规则的选择及其适用

（一）仲裁机构的选择与仲裁规则的适用

在机构仲裁的情况下，当事人选择将争议提交特定的仲裁机构仲裁就意味着适用该机构的仲裁规则，除非当事人各方另有约定。许多仲裁机构的仲裁规则也有类似规定。例如，1998年1月1日起开始实施的伦敦国际仲裁院仲裁规则（Arbitration Rules of the London Court of International Arbitration of 1998）的序言中就该规则的适用作了如下规定：

“Where any agreement, submission or reference provides in writing and in whatsoever manner for arbitration under the rules of the LCIA or by the Court of the LCIA (the LCIA Court), the parties shall be taken to have agreed in writing that the arbitration shall be conducted in accordance with the following rules (the Rules) or such amended rules as the LCIA may have adopted hereafter to take effect before the commencement of the arbitration. The Rules include the Schedule of Costs in effect at the commencement of the arbitration, as separately amended from time to time by the LCIA Court.”可见，该院仲裁规则的适用，包括了当事人在争议发生之前订立的合同中的仲裁条款或者争议发生之后订立的任何仲裁协议，只要在协议中规定由 LCIA 仲裁或者适用 LCIA 仲裁规则，

均视为当事人同意按该规则或在此之后修订的规则仲裁。

在另外一些情况下，尽管当事人之间在仲裁协议中没有就仲裁机构的名称作出约定，而只规定了适用该特定仲裁机构的仲裁规则，除当事人之间另有约定者外，同样意味着仲裁协议项下的争议应当提交该常设仲裁机构解决。例如，国际商会国际仲裁院的仲裁示范条款本身就没有将仲裁协议项下争议提交国际商会国际仲裁院解决的规定。该院推荐使用的仲裁示范条款是：All disputes arising out of or in connection with the present contract shall be finally settled under the Rules of Arbitration of the International Chamber of Commerce by one or more arbitrators appointed in accordance with the said Rules. 可见，当事人只要在仲裁协议中约定适用国际商会国际仲裁院的仲裁规则，就意味着他们应当将协议项下的争议提交该仲裁院解决。

（二）仲裁规则的选择与当事人对该适用的仲裁规则的修订

仲裁规则的契约性质，在世界知识产权组织仲裁与调解中心的仲裁规则中得到了极为明确的规定。该中心 2002 年 10 月 1 日起实施的仲裁规则第 2 条规定："*Where an Arbitration Agreement provides for arbitration under the WIPO Arbitration Rules, these Rules shall be deemed to form part of that Arbitration Agreement* and the dispute shall be settled in accordance with these Rules, as in effect on the date of the commencement of the arbitration, unless the parties have agreed otherwise."

即便当事人在仲裁协议中选择适用某一特定常设仲裁机构或者联合国贸法会仲裁规则，他们也可以通过书面协议的方式，对该选择适用的仲裁规则加以修订。这一点可以通过联合国贸法会仲裁规则和其他许多常设仲裁机构的仲裁规则本身的规定得以确定。例如，UNCITRAL Arbitration Rules 第 1 条第 1 款规定：Where the parties to a contract have agreed in writing that disputes in relation to that contract shall be referred to arbitration under the UNCITRAL Arbitration Rules, then such disputes shall be settled in accordance with these Rules *subject to such modification as the parties may agree in writing*. 美国仲裁协会在 2001 年修订并于同年 11 月 1 日起实施的国际仲裁规则第 1 条第 1 款作出了类似规定：Where parties have agreed in writing to arbitrate disputes under these International Arbitration Rules or have provided for arbitration of an international dispute by the International Centre for Dispute Resolution or the American Arbitration Association without designating particular rules, the arbitration shall take place in accordance with these rules, as in effect at the date of commencement of the arbitration, *subject to whatever modifications the parties may adopt in writing*. 上述仲裁规则的规定充分体现了仲裁的契约性质，当事人即便约定了仲裁应当适用的特定仲裁规则，也可以通过书面协议的方式对该所适用的规则进行修订，而该被修订了的特定规则才对当事人具有拘束力。

三、临时仲裁和仲裁规则的选择与适用

在临时仲裁的情况下，如何进行仲裁程序，或者适用什么样的仲裁规则，完全取决于当事人在仲裁协议中的约定。在许多情况下，当事人仅在仲裁协议中约定协议项下的争议通过仲裁的方式解决以及由谁来进行仲裁。他们不可能在仲裁协议中就仲裁程序如何进行作出类似于常设仲裁机构仲裁规则那样详细的规定。在实践中往往由仲裁庭商当事人后决定仲裁应当适用的规则。而如果一方当事人在此进程中不予配合，则由仲裁庭或者法院依法作出决定。为了使临时仲裁机构的仲裁顺利进行，联合国贸法会在其成立后不久，就开始起草专门适用于临时仲裁

的仲裁规则。该仲裁规则于1976年正式公布。该仲裁规则是由来自不同法系国家的专家起草，反映了不同社会制度和法律制度的要求，因而，该仲裁规则不仅被广泛地应用于临时仲裁，许多常设仲裁机构的仲裁规则也是参照该仲裁规则制定的，包括中国国际经济贸易仲裁委员会在内的许多国家和地区的仲裁机构，如香港国际仲裁中心（Hong Kong International Arbitration Center，HKIAC）、新加坡国际仲裁中心（Singapore International Arbitration Center，SIAC）、斯德哥尔摩商会仲裁院（Arbitration Institute of the Stockholm Chamber of Commerce，SCC），均允许当事人选择适用该仲裁规则，同时由这些常设仲裁机构作为仲裁管理机构，履行其仲裁管理职能。

四、强制性法律规定（mandatory provisions）的适用

仲裁规则适用于国际商事仲裁时的另一个特点，是该规则的适用不得违反或规避仲裁应当适用的法律所规定的当事人必须遵守的各项规定。如果仲裁规则中的规定与应当适用的法律规定相冲突，则应当适用法律上的规定。例如，由联合国贸法会制定的仲裁规则第1条第2款规定："These Rules shall govern the arbitration except that where any of these Rules is in conflict with a provision of the law applicable to the arbitration from which the parties cannot derogate，that provision shall prevail."（仲裁应受本规则支配，但本规则的任何规定如与双方当事人必须遵守的适用于仲裁的法律规定相抵触时，应服从法律的规定。）这里所说的法律，无疑就是仲裁应当适用的法律，即进行仲裁应当适用的有关国家的仲裁法，通常情况下为仲裁地所在国的仲裁法。

综上所述，仲裁规则适用的特点是：第一，它是选择性的，只有当事人选择适用了某一特定的规则，该规则才能对选择适用的当事人有拘束力。第二，当事人所选择适用的仲裁规则不得与应当适用的仲裁法的规定相抵触。第三，仲裁程序应当适用的仲裁规则不得违背某些强制性的法律规则。

CASE STUDY

联邦德国汉堡上诉法院关于裁决违反公共政策的案例

[Firm P（U. S. A.）v. Firm F（F. R. G.）][①]

Oberlandesgericht（Court of Appeal）Hamburg，3 April，1975.

2 Yearbk. Comm. Arb'n 241（1977）

The German firm F and the U. S. firm P had referred their dispute to arbitration under the Rules of the American Arbitration Association（AAA）. The single arbitrator decided on the basis of the documents，not permitting oral hearings. The U. S. firm P submitted a letter，which the arbitrator did not forward to the German firm F，which had consequently no knowledge of its existence. On the other hand，the German firm F submitted a letter of a German Ministry，which contradicted the letter of the U. S. firm P. The arbitrator did not，however，take account of this let-

① See Tibor Varady，John J. Barcelo，III，Arthur T. von Mehren，*International Commercial Arbitration*，West Group，1999，at 418-420.

ter. The award was made in favour of the U. S. firm P. The District Court of Oregon (U. S. A.) declared the award to be enforceable.

The German Court of first instance (Landgericht) granted enforcement. On appeal, the Court of Appeal (Oberlandesgericht) refused to enforce the award.

The Court of Appeal first observed that the German-American Treaty of Friendship, Commerce and Navigation of 1954 (Art. VI) had still be applied to the present case, because the U. S. A. had only ratified the New York Convention in 1970 after the parties had concluded their contract.

With respect to the defence of the German firm F that it had not been able to pre-sent its case (audi et alteram partem), the Court of Appeal referred to a leading decision of the Supreme Court of 21 October, 1971 which draws a distinction between domestic and international public policy with respect to the recognition and enforcement of foreign arbitral awards. Reference was made to the same trend in France and Switzerland where the same distinction, in the case of foreign arbitral awards, is made.

It was held, however, that in the case of a foreign award, not every infringement of the mandatory provisions of German law constitutes a violation of German public policy. Only in extreme case, where a party had not been able to present his case in an arbitration abroad, would the basic principles of the German legal order be violated.

The Court of Appeal deemed that such an extreme case was present. The arbitrator and the A. A. A. had not only violated the principle of a fair hearing, but the award was made without giving an opportunity to the German firm F to obtain knowledge of the letter the other party had submitted. Moreover, the arbitrator had not paid any attention to the letter of the German Ministry, which was submitted by the German firm F.

The Court observed that the German firm F had rightly remarked that the A. A. A. Rules make little allowance for foreign parties. On the other hand it referred to Section 31, para. 2, last sentence, of the A. A. A. Rules, which states that all parties shall be afforded opportunity to examine documents.

The violation could not be cured by the fact that the arbitral decision would not have been otherwise if there had been a fair trial. The Court of appeal stated that a violation is present as soon as it cannot be excluded that a hearing (of the German firm F) could have led to a more favourable decision (for the German firm F).

Questions for Discussion:

1. Is the arbitration case here a institutional or ad hoc? What arbitration rules applied by the arbitral tribunal?
2. Why the German Court of Appeal refused to enforce the award?
3. Is the reason for refusing enforcement of AAA award in conformity with New York Convention? Why New York Convention was not applied in the case?

第三节

国际商事仲裁程序的适用法律

仲裁程序法及其适用所涉及的重要的理论问题是：仲裁程序法的适用是否可以由当事人作出选择？仲裁裁决的效力来源于何方？这是两个相互联系的理论与实践问题。

一、仲裁地法的适用

传统的观点认为，尽管当事人可以选择合同所适用的法律，也可以就仲裁员适用的某些程序规则如对证人的交叉询问等作出选择，但他们不能对支配仲裁的法律作出选择，除非是通过对仲裁地点的选择而对仲裁应当适用的法律作出间接选择。按照国际法上的国家主权和地域原则和国际私法上的"场所支配行为"原则，在一国进行仲裁，该国的仲裁法理所当然地应当予以适用，因为仲裁裁决的法律效力来源于仲裁地国的法律。只有在仲裁地国有效的仲裁裁决，才能得到各国法院的承认与执行。各国的仲裁立法均毫无例外地适用于在本国进行的国际仲裁，即便国际商事仲裁在本国以外的国家进行，对于仲裁涉及的一些事项，本国法院也有管辖权。例如，1998 年德国的仲裁立法即《德国民事诉讼法典》第十篇第 1025 条就仲裁立法的适用范围作了如下规定：(1) The provisions of this Book apply if the place of arbitration as referred to in section 1043 subs. 1 is situated in Germany.[①] (2) The provisions of sections 1032, 1033, and 1050 also apply if the place of arbitration is situated outside Germany or has not yet been determined. 这就是说，即便仲裁地点不在德国，德国仲裁法中的某些条款也同样适用于在国外进行的仲裁。根据《德国民事诉讼法典》第 1032 条第 1 款的规定，A court before which an action is brought in a matter which is the subject of an arbitration agreement shall, if the respondent raises an objection prior to the beginning of the oral hearing on the substance of the dispute, reject the action as inadmissible unless the court finds that the arbitration agreement is null and void, inoperative or incapable of being performed. 按照《德国民事诉讼法典》第 1033 条的规定，It is not incompatible with an arbitration agreement for a court to grant, before or during arbitral proceedings, an interim measure of protection relating to the subject-matter of the arbitration upon request of a party. 此外，根据《德国民事诉讼法典》第 1050 条，The arbitral tribunal or a party with the approval of the arbitral tribunal may request from a court assistance in taking evidence or performance of other judicial acts which the arbitral tribunal is not empowered to carry out. Unless it regards the application as inadmissible, the court shall execute the request according to its rules on taking evidence or other judi-

---

① Section 1043 subs. 1 provides that "The parties are free to agree on the place of arbitration. Failing such agreement, the place of arbitration shall be determined by the arbitral tribunal having regard to the circumstances of the case, including the convenience of the parties".

cial acts. The arbitrators are entitled to participate in any judicial taking of evidence and to ask questions.

从法学基本理论看，一国颁布的法律在该国境内的效力，是不言而喻的。各国的仲裁法适用于在各该国进行的仲裁，也符合国际法上的国家主权原则。因此，正是仲裁地国的法律赋予了在该国作出的仲裁裁决以法律上的效力。一些国家通过颁布一些强制性的法律规范，禁止将涉及本国社会公共秩序的事项提交仲裁解决，如某些劳动争议、证券交易、知识产权及政府机关与私人订立的合同等。在涉及上述交易时，即使当事人之间订有仲裁协议，如果此项协议项下的争议依据仲裁地法不能通过仲裁方式解决，该协议也是无效的。据此无效仲裁协议作出的仲裁裁决当然也不具有法律上的效力。总之，仲裁程序只能适用仲裁地国的法律，而不能由当事人作出选择。仲裁地国法律规定的一些强制性的规范，必须予以适用。国际商事仲裁尽管具有国际性、自主性，但它不可能脱离任何国家的法律监督而在真空中进行，因为仲裁裁决的效力是由有关国家的法律赋予的，特别是由仲裁地国的法律赋予的。如果仲裁裁决在仲裁地国（country of origin）无效，或者被该国的法院撤销，该裁决在一般情况下就不应得到其他国家的承认与执行。

在国际商事仲裁实践中，当事人在合同中所选择的适用法律，是旨在解决合同争议实体问题的适用法律，而此项法律不一定就是仲裁程序的适用法律。例如，James Miller v. Whitworth Street Estate①一案就说明了当事人所选择的合同的适用法律，不能被用于解决仲裁程序。在该案中，英格兰一家公司与苏格兰的公司订立了在苏格兰承包一项工程的合同。该合同规定英格兰的法律为该合同的准据法，而合同中的仲裁条款规定仲裁地点在苏格兰。当该案合同项下的争议发生后，仲裁庭在苏格兰进行了开庭审理并作出了仲裁裁决。英格兰的公司要求仲裁庭依据英格兰法律向高等法院说明案件的情况，遭到仲裁庭的拒绝。因为依据苏格兰的法律，仲裁庭有权就案件的事实和法律问题作出最终的裁定。上议院支持了仲裁庭的主张，认为该案的仲裁地点在苏格兰，此项仲裁受苏格兰的法律支配，尽管该案合同受英格兰的法律支配。换言之，假定上述案例中的仲裁地点不在苏格兰，而在英格兰，当事人之间约定的解决争议实体问题的适用法律为英格兰法律，同样也就是仲裁程序的适用法律，因为仲裁地点在英格兰，故进行仲裁程序应当适用英格兰法，而此项法律正是当事人之间在合同中约定的准据法。然而，在这里要特别指出的是：在此情况下进行的仲裁程序之所以适用英格兰法，并不是由于当事人在合同中所选择的适用法律为英格兰法，而是由于当事人在合同中约定的仲裁地点在英格兰，并由此导致了英格兰法的适用。

二、当事人选择仲裁程序的适用法律

从理论上看，仲裁本身就是一种受各国法律保护的当事人自愿选择的解决争议的方式，对于仲裁在哪里进行、适用什么样的法律、使用什么样的语文等，当事人均可作出约定。在国际商事交易实践中，各国法律既然允许当事人选择合同适用的法律、仲裁解决争议的方法，当然也允许当事人就仲裁应当适用的法律作出约定。因此，许多国家的法律均允许当事人就仲裁程序的适用法律作出约定，即当事人意思自治原则同样可以适用于对仲裁程序适用法律的选择。事实上，近年来在一些国家的仲裁立法与实践中，有的已经就当事人可以选择仲裁程序的适用

① （1970）1 ALL E. R. 796（H. L.）.

法律作出了明确的规定。例如，《法国民事诉讼法典》第1494条第1款规定："The arbitration agreement may, directly or by reference to a set of arbitration rules, define the procedure to be followed in the arbitral proceedings; it may also subject them to a given procedural law. If the agreement is silent, the arbitrator, either directly or by reference to a law or a set of arbitration rules, shall establish such rules of procedure as may be necessary." 上述规定显然可以解释为允许在法国进行仲裁的当事人选择适用法国仲裁法以外的国家的仲裁（程序）法。即便在以保守而著称的英国，"The parties are free to choose a seat, or specifically, a procedural law of the arbitration, which may be different from the proper law of the contract and the proper law of the arbitration agreement"①.

仲裁程序上选择适用另一国家的法律在实践中会遇到一些难以克服的问题，特别是临时性保全措施的采取。例如，选择外国法作为支配仲裁的法律的后果可能是该仲裁法所属国以外的国家拒绝行使对于该仲裁案件的管辖权。1993年一个在英国施工的建设海底隧道合同的一方当事人请求英国法院发布一项强制一方当事人在仲裁程序进行期间继续履行合同项下的义务的命令，遭到英国法院的拒绝，理由之一是仲裁不在英国进行，而应依据合同规定在布鲁塞尔依照ICC仲裁规则仲裁。按照英国的判例，如果当事人选择了在英国仲裁，英国仲裁法就应当予以适用，尽管当事人约定适用另一国家的仲裁法。② 因此，即便仲裁地法允许当事人选择适用仲裁地国以外的国家的法律，仲裁地所在国的强制性法律规则仍然应当予以适用。这是由于仲裁在仲裁地所在国进行，该国所规定的某些必须适用的法律，并不能因为当事人选择适用另外一个国家的法律而被排除适用。既然仲裁在该国进行，仲裁地所在国法律规定的必须适用的法律规则如果得不到适用，将直接影响到该仲裁裁决的法律效力。

三、强制性法律规则（mandatory provisions）的具体内容

根据各国商事仲裁立法与实践，仲裁中所涉及的强制性法律规则主要表现在以下几个方面。

（一）仲裁协议形式上的规定

某些国家法律规定，一项可以强制执行的仲裁协议必须是当事人在争议发生之后签署的独立协议，而此前他们之间所签署的合同中所包含的仲裁条款并不具有法律上的执行力。

This is still the case in some Latin American countries, where an arbitral agreement inserted in a contract is not operative until *a compromiso* has been signed when a specific dispute has arisen. If any of the parties refuses to sign the *compromiso*, or if no agreement is reached on any of the points to be covered by it (including the designation of the arbitrators), several Latin American legislations allow a party to resort to specific performance and have the competent State court approve the *compromiso* on behalf of the reluctant party. ③

（二）仲裁程序合并的规定

有些国家的法律规定法院有权下令将与同一个案件有关的数个仲裁程序合并为一个仲裁程

① David st. John Sutton, John Kendall and Judith Gill, *Russel on Arbitration*, 21st edition, published in 1997 by Sweet & Maxwell Limited, p. 75.

② 参见麦道公司案，载赵秀文主编：《国际商事仲裁案例评析》，159～167页，北京，中国法制出版社，1999。

③ See International Trade Centre, *Trade Law Series*, UNCTAD/WTO, Arbitration and Alternative Dispute Resolution, 2001, at 100.

序，这样就将与该案有关的其他数个当事人纳入到一个单一的仲裁程序。而相关当事人并不愿意这样做，因为他们在订立仲裁协议时，并没有期待其他当事人参与到协议项下的争议。例如，荷兰1986年12月1日生效的《民事诉讼法典》第1046条对此就作出了如下规定：

(1) 如果在荷兰境内已经开始的一个仲裁庭的仲裁程序的标的与在荷兰境内已经开始的另一个仲裁庭的仲裁程序的标的有联系，任何当事人可以请求阿姆斯特丹地方法院院长发布合并程序的命令，当事人在协议中另有约定者除外。

(2) 院长在给予所有当事人和仲裁员陈述意见的机会后，可以全部或部分地准许或者拒绝当事人的请求。院长的决定应以书面形式作出，并送达给所有有关的当事人和仲裁庭。

(3) 如果院长命令全部合并，当事人应彼此协商指定一名或奇数人数的仲裁员并决定适用于合并程序的程序规则。如果当事人在院长规定的期间内未能就上述事项达成协议，院长应根据任何一方当事人的请求，指定仲裁员并且根据需要决定应当适用于合并程序的程序规则。院长应决定由于全部合并而终止委任的仲裁员已做工作的报酬。

(4) 如果院长命令部分合并，他应决定哪些争议应予合并。如果当事人未能在院长规定的期间内达成协议，院长应根据任何一方当事人的请求，指定仲裁员并决定什么规则应适用于合并程序。在此情况下已开始仲裁的仲裁庭应中止仲裁。合并仲裁的仲裁庭的裁决应当以书面形式送达其他有关的仲裁庭。一旦收到此裁决，这些仲裁庭应继续进行已开始的仲裁并按照在合并程序中作出的裁决作出决定。

因此，当事人如果选择在荷兰仲裁，应当考虑到上述有关合并仲裁程序的适用。

(三) 仲裁程序使用的语文

尽管多数国家的法律允许当事人选择仲裁程序所使用的语文，但是在某些国家，其法律规定仲裁必须使用特定的语文，否则无效。This is the case in Saudi Arabia where the Rules for the implementation of the Saudi Arabian Arbitration Regulations, chapter three, Article 25, provides that the Arabic language will be the official language to be used before the arbitration panel, whether in the discussion or in the correspondence.①

(四) 仲裁裁决登记制度

Finally, some legislations require that the award must be deposited with the Registry of the local court within a short time after the rendering of the award, failing which the award may be annulled. Under Kuwaiti Law—Civil and Commercial Procedure Code, Article 184—the original of the award must be deposited with the Registry of the High Court within 10 days following the delivery of the a-ward. If the deposit does not take place, the award, upon the application of either party, may be nullified.②

综上所述，尽管在国际商事仲裁实践中，各国法律允许当事人选择仲裁程序应当适用的法律、仲裁地国的法律仍然发挥着重要的作用。而在绝大多数情况下，当事人在他们之间订立的仲裁协议中，均未能就仲裁程序的适用法律作出约定，在许多情况下只是就仲裁地点作出约定。因此，仲裁地作为仲裁程序适用法律的连接点与当事人在仲裁协议中所共同选择的该仲裁程序的适用法律，在国际商事仲裁程序中具有重要的意义。

---

①② See International Trade Centre, *Trade Law Series*, UNCATD/WTO, Arbitration and Alternative Dispute Resolution, 2001, at 101.

CASE STUDY

麦道公司案

(Union of India v. McDonnell Douglas Corporation)[①]

Queen's Bench Division (Commercial Court), 22nd December, 1992

2 Lloyd's Law ReP. 48 (1993)

This was an action by the plaintiff (the Union of India) against the defendant (McDonnell Douglas Corporation) for decision of the question whether the arbitration between the parties was to be governed by the laws of India or the laws of England.

Mr. Justice Saville. By a written agreement dated July 30, 1987 the plaintiff contracted with the defendant for the latter to undertake services for the former in and about the launch of a space satellite. Article 11 of the agreement provided that the agreement was to be governed by, interpreted and construed in accordance with the laws of India. The agreement also contained an arbitration clause (art. 8) in the following terms:

"In the event of dispute or difference arising out of or in connection with this agreement, which cannot be resolved by amicable settlement, the same shall be referred to an arbitration tribunal consisting of three members. Either party shall give notice to the other regarding its decision to refer the matter to arbitration. Within 30 days of such notice, one arbitrator shall be nominated by each party and the third arbitrator shall be nominated by agreement between the parties to this agreement. If no such agreement is reached within 60 days of the mentioned notice, the president of the International Chamber of Commerce shall be requested to nominate the third arbitrator.

"The third arbitrator shall not be a citizen of the country of either party to this agreement. The arbitration shall be conducted in accordance with the procedure provided in the Indian Arbitration Act of 1940 or any reenactment or modification thereof. The arbitration shall be conducted in the English language. The award of the arbitrators shall be made by majority decision and shall be final and binding on the parties hereto. The seat of the arbitration proceedings shall be London, United Kingdom. Each party shall bear its own cost of preparing and presenting cases. The cost of arbitration including the fees payable to arbitrators, shall be shared equally by the Parties to this agreement..."

The parties' dispute or difference has been referred to arbitration under the provisions of art. 8. The hearing before the arbitrators is presently fixed to begin in London on Jan. 11, 1993. The question before me is as to the law governing the arbitration proceedings. The parties are, as I understand it, agreed that this Court should decide this question, and should do so on the basis that there is no difference on this issue between English and Indian law.

In essence the plaintiffs contend that the words:... The arbitration shall be conducted in ac-

---

① See Tibor Varady, John J. Barcelo, III, Arthur T. von Mehren, *International Commercial Arbitration*, West Group, 1999, at 404-409.

cordance with the procedure provided in the Indian Arbitration Act 1940...

Make clear that the parties have chosen Indian law, or at least those parts of Indian law found in the 1940 Act, to govern any arbitration proceedings arising under art. 8. The defendants, on the other hand, contend that by stipulating London as the "seat" of any arbitration proceedings under art. 8, the parties have made clear not merely that any arbitration will take place in London, but that English law will govern the arbitration proceedings.

An arbitration clause in a commercial contract like the present one is an agreement inside an agreement. The parties make their commercial bargain, i. e. exchange promises in relation to the subject matter of the transaction, but in addition agree on a private tribunal to resolve any issues that may arise between them. The parties may make an express choice of the law to govern their commercial bargain and that choice may also be made of the law to govern their agreement to arbitrate. In the present case it is my view that by art. 11 the parties have chosen the law of India not only to govern the rights and obligations arising out of their agreement to arbitrate. In legal terms, therefore, the proper law of both the commercial bargain and the arbitration agreement is the law of India.

The fact that the law of India is the proper law of the arbitration agreement does not, however, necessarily entail that the law governing the arbitration proceedings themselves is also the law of India, unless there is in that agreement some effective express or implied term to that effect. In other words, it is, subject to one proviso, open to the parties to agree that their agreement to arbitrate disputes will be governed by one law, but that the procedures to be adopted in any arbitration under that agreement will be governed by another law... In an international bargain of the present kind, the parties, subject to the proviso mentioned may make a choice of a law to govern their commercial bargain, of a law to govern their arbitration agreement. And of a law to govern the procedures in any arbitration held under that agreement. In theory at least (and subject to the proviso) the parties could chose a different law for each of these purposes.

If the parties do not make an express choice of procedural law to govern their arbitration, then the Court will consider whether they have made an implicit choice. In this circumstance the fact that the parties have agreed to a place for the arbitration is a very strong pointer that implies they must have chosen the law of that place to govern the procedures of the arbitration. The reason for this is essentially one of common sense. By choosing a country in which to arbitrate the parties have, ex hypothesi, created a close connection between the arbitration and that country and it is reasonable to assume from their choice that they attached some importance to the relevant laws of that country, i. e., those laws which would be relevant to an arbitration conducted in that country. Indeed, English law at least has turned its face against the notion that it is possible to have arbitral procedures that are wholly unconnected with any national system of law at all.

In the present case, Mr. Veeder, Q. C. for the defendant places great stress on the fact that the parties have expressly selected London as the "seat", he suggests, is a legal term of art, meaning the legal place of the arbitration proceedings. By choosing the legal place of the arbitration proceedings the parties ipso facto choose the laws of that place to govern their arbitration proceedings. Indeed, although the choice of a "seat" also indicates the geographical place for the arbitration, this does not mean that the parties have limited themselves to that place... It may often be convenient to hold meetings or even hearings in other countries. This does not mean that the "seat" of the arbitration changes with each change of country. The legal place of the arbitration remains the same even if the physical place changes from time to time, unless of course the parties agree to change it. In short, Mr. Veeder suggested that the word "seat" carried with it much more clearly the meaning conveyed by the French word "siege" than the English word "place" though his submission was that this word too in an arbitration agreement would be primarily concerned with the legal rather than the physical place of the arbitration.

Mr. Colman, Q. C. for the plaintiff accepted that in the absence of agreement to the contrary, the choice of a "seat" would carry with it the choice of the law of that place as the law governing the arbitration proceedings, though he categorized that result as arising from implication rather than from the meaning of the word "seat" itself. In the present case, however, his submission was that the parties, by stipulating that the arbitration should be conducted in accordance with the procedure provided in the Indian Arbitration Act, had made an express choice of Indian law to govern the arbitration proceedings and that this choice must, on ordinary principles, prevail over anything inconsistent that might otherwise be implied.

These arguments are nicely balanced. It is clear from the authorities cited above that English law does admit of at least the theoretical possibility that the parties are free to choose to hold their arbitration in one country but subject to the procedural laws of another, but against this is the undoubted fact that such an agreement is calculated to give rise to great difficulties and complexities, as Lord Justice Kerr observed in the Amazonica decision. For example (and this is the proviso to which I referred earlier in this judgment) it seems to me that the jurisdiction of the English Court under the Arbitration Acts over an arbitration in this country cannot be excluded by an agreement between the parties to apply the laws of another country, or indeed by any other means unless such is sanctioned by those Acts themselves. Thus, to my mind, there can be no question in this case that the English Courts would be deprived of all jurisdiction over the arbitration. However, much of that jurisdiction is discretionary in character so that if the Court were convinced that the parties had chosen the procedural law of another country, then it might well be slow to interfere with the arbitral process. Again, for the sake of avoiding parallel Court proceedings, the Court might be minded to regard the choice of a fo-reign legal procedure as amounting to an exclusion agreement within the meaning of Section 3 of the Arbitration Act, 1979. Be that as it may, the choice of a procedural law different from the law of the place of the arbitration will, at least where that place is this country, necessarily mean that the parties have actually chosen to have their arbitral proceedings at least potentially governed by their express choice and by the laws of this country.

...

In the end, therefore, the question is whether the parties have agreed to such a potentially unsatisfactory method of regulating their arbitration procedures. In my judgment, they have not because, as Mr. Veeder submitted, there is a way of reconciling the phrase relied upon by Mr.

Colman with the choice of London as the seat of the arbitration, namely by reading that phrase as referring to the internal conduct of the arbitration as opposed to the external supervision of the arbitration by the Courts. The word used in the phrase relied upon by Mr. Colman is "conducted" which I agree with Mr. Veeder is more apt to describe the way in which the parties and the tribunal are to carry on their proceedings than the supervision of those proceedings by the Indian courts, for example through the Special Case provisions of the Indian Act. It is true, as Mr. Colman pointed out, that this would mean that only Sec. 3 and Schedule 1 of the Indian Act would be applicable (though many of the other provisions are still to be found in the English statutes and so would be applicable in the English Courts) but the construction for which he contends would, to my mind, not only have the unsatisfactory and possibly absurd results to which I have referred, but would also necessarily give the word "seat" a meaning which excluded any choice of London as the legal place for the arbitration. In my view, such a change from the ordinary meaning to be given to that word in an international arbitration agreement (the ordinary meaning being that submitted by Mr. Veeder) cannot be accepted, unless the other provisions of the agreement show clearly that this is what the parties intended. I am not persuaded that this is the case here. On the contrary, for the reasons given, it seems to me that by their agreement the parties have chosen English law as the law to govern their arbitration proceedings, while contractually importing from the Indian Act those provisions of that Act which are concerned with the internal conduct of their arbitration and which are not inconsistent with the choice of English arbitral procedural law.

The question posed in the amended summons before me is whether upon the proper construction of art. 8 of the Launch Agreement the pending arbitration between the parties and any award made by the arbitral tribunal is subject to the supervisory jurisdiction of the Indian Courts or the English Courts. For the reasons given my answer to this question is that it is the latter.

Questions for Discussion:

1. What kind of arbitration under the arbitration agreement in the case: ad hoc or institutional?
2. What is the issue before the judge?
3. How to interpret "The arbitration shall be conducted in accordance with the procedure provided in the Indian Arbitration Act of 1940 or any reenactment or modification thereof" in the arbitration agreement?
4. How to interpret the sentence "The seat of the arbitration proceedings shall be London" in the arbitration agreement?
5. What is the relationship between above-mentioned two sentences in the arbitration agreement?
6. Do you agree with the judge's decision on the law applicable to the arbitration proceedings?
7. How to decide the applicable law to the arbitration procedure in international commercial arbitration? What law should be applied to the arbitration procedure in the present case?

第四节 非内国仲裁

一、非内国仲裁（denationalized arbitration）的概念

非内国仲裁又可称为非内国化仲裁或非地方化仲裁（delocalized arbitration），是自 20 世纪 80 年代以来发展起来的一种新的理论，其主要内容是：国际商事仲裁可以不受仲裁程序地国的法律的限制，仲裁裁决的法律效力也不必由仲裁地国的法律赋予。国际商事仲裁裁决在申请强制执行之前，不受任何国家法院的监督。任何国家的法院均不能行使撤销此项仲裁裁决的权力。对国际商事仲裁裁决的唯一的补救办法是：或者承认此项裁决的法律效力并予以强制执行，或者不承认该裁决的法律效力并拒绝执行。这样的仲裁裁决通常被称为无国籍裁决（a-national award）或浮动裁决（floating award）。

按照传统的观点，仲裁受特定国家的国内法即仲裁地法（lex arbitri）的支配，仲裁地法决定仲裁程序的有效性。如果仲裁不与某一特定国家的法律制度相联系，仲裁庭的决定就不会产生法律上的拘束力。[①] 美国哥伦比亚大学施密特（Hans Smit）教授认为，仲裁不能存在于特定的法律制度之外，包括仲裁协议、支配仲裁程序的规则和仲裁裁决本身的效力，均来源于特定国家的国内法。[②]

而在非国内化或非地方化仲裁（delocalized arbitration）的观点看来，国际商事仲裁可以独立于裁决地国的仲裁法，它可以超出仲裁地国的法律而独立存在。由此非内国仲裁而产生的裁决，为非内国裁决（a-national award）或浮动裁决（floating award）。此项裁决可以“四处漂泊，其效力不受任何权威机构的控制，只服从当事人的共同意思，以及该裁决所寻求救济的国家法院地法的要求”[③]。正因为如此，即便该裁决在裁决地国无效或被该国法院撤销，执行地国法院根据当地法律认为该裁决有效，同样也是可以执行的。例如，某一裁决被裁决地国的法院以作出此裁决的仲裁员在裁决中有舞弊行为为由而撤销，该裁决仍然可以在另一国家申请执行，该另一国家仍然可以承认此项裁决的效力，如果该另一国家的法律关于撤销裁决的规定中没有上述撤销的理由。例如，在戈特韦肯案（Gotaverken v. Libyan General National Maritime

① See William W. Park, *The Lex Loci Arbitri and International Commercial Arbitration*, Vol. 32, Jan., 1983, International and Comparative Law Quarterly, p. 23.

② See Hans Smit, *A-National Arbitration*, Tulane Law Review, Vol. 63, 1989, at 631.

③ Jan Paulsson, *Arbitration Unbound: Award Detached from the Law of the Country of Origin*, 30 Int'l & Comp. L. Q., at 358 (1981).

Transport）中①，尽管裁决在法国作出，但法国法院并不认为该裁决是法国裁决，因为它不是根据法国仲裁法作出的。因此，当裁决一方当事人利比亚海运公司在法国法院就此案裁决提出异议并申请撤销此裁决时，法国法院称对此案“无管辖权”而拒绝了利比亚海运公司提出的撤销该裁决的申请，并将此裁决解释为“denationalized”裁决。此外，尽管该案的一方当事人已经在法国法院就此裁决提出异议，瑞典法院仍然依据其本国法承认与执行了此裁决。在南斯拉夫案（SEEE v. Yugoslavia）中②，尽管瑞士法院称 ICC 仲裁庭在瑞士就本案作出的裁决不是瑞士裁决，但荷兰最高法院则认为，瑞士法院将裁决退回给当事人并拒绝受理一方当事人对此裁决的异议，其“后果与撤销此项裁决的后果相同”，因而拒绝执行此裁决。荷兰法院认为此裁决是瑞士裁决，而法国法院则将此裁决作为“在《纽约公约》另一缔约国作出的‘非本国’裁决（a-national award）”在法国执行。

非内国仲裁的理论基础是仲裁地国法院无权对国际仲裁裁决实施撤销方面的监督，所有国家的法院只能根据其各自国家的国内法或者相关的国际公约，裁定承认与执行或者拒绝承认与执行该裁决。

二、非内国仲裁裁决的实质性内容

delocalized 仲裁的理论是大陆法系一些国家的学者首先提出的③，这一理论在我国有些论著中被称为非内国仲裁、非地方化仲裁或非仲裁地化仲裁。④

---

① 该案的主要案情是：戈特韦肯公司（Gotaverken）是瑞典一家很大的造船厂，与利比亚海运公司（Libyan Maritime Co.）订立了为后者建造三条油轮的合同，合同中有规定争议在巴黎依照国际商会国际仲裁院仲裁规则仲裁的条款。船舶造好后，利比亚海运公司仅支付了 3/4 的费用，并拒绝接受已经造好的油轮，理由是：（1）合同中关于不得使用以色列的零部件的规定没有得到遵守；（2）该油轮没有达到规定的技术标准。双方发生争议，戈特韦肯公司将此争议提交仲裁，请求利比亚海运公司支付未付款项约三千万美元。该争议按照合同规定在巴黎由三人组成的仲裁庭仲裁，其中首席仲裁员是法国人，另外两位仲裁员分别来自挪威和利比亚。1978 年 4 月 5 日，仲裁庭依照多数人的意见作出裁决（利比亚的仲裁员拒绝签署此裁决），裁定戈特韦肯公司胜诉，利比亚海运公司应当接受已经造好的油船，并向戈特韦肯公司支付未付的款项，但由于技术上存在一些问题，须从中扣除 2%的款项。利比亚海运公司对国际商会国际仲裁院仲裁庭的裁决不服，向巴黎上诉法院申请撤销此裁决，理由是：（1）裁决本身自相矛盾：一方面承认油船没有达到规定的技术标准，另一方面又要求利比亚海运公司接受这些油船；（2）裁决未能说明计算利息的理由，仲裁庭拒绝听取双方当事人的补充意见；（3）裁决未能适用合同中明确规定的利比亚的禁运法；（4）裁决违反了法国的公共秩序，因为该裁决要求合同的外国当事人遵守与其本国法律中的强制性规范相悖的法律的义务（即利比亚的禁运法）。法国上诉法院于 1980 年 2 月 21 日作出裁定，驳回了利比亚海运公司请求撤销此项裁决的申请，认为尽管仲裁在巴黎进行，但所适用的是 ICC 仲裁规则而不是法国的仲裁法，因此，法国法院对此案无管辖权。并重申了其理由：（1）1975 年 ICC 仲裁规则第 11 条排除了一国国内仲裁法的可适用性；（2）当事人双方和仲裁员均未指定法国仲裁法作为适用于在法国进行仲裁的法律；（3）巴黎之所以作为仲裁地点，只是由于它的中立性。法国法院认为，尽管该裁决在法国作出，但由于适用的是国际商会国际仲裁院的仲裁规则，因而该裁决不是法国裁决，故法国法院拒绝对其行使管辖权。

② 在该案中，SEEE 是在法国注册的公司，1932 年 1 月 3 日与南斯拉夫政府签订了在南斯拉夫修建铁路的合同，支付期为 12 年。该合同中包括仲裁条款。铁路建成后，南斯拉夫未能如期付清应当支付的款项，这时原有的法郎贬值，双方在支付问题上发生争议。依照仲裁条款由两位仲裁员组成的仲裁庭在瑞士的洛桑进行了仲裁。1956 年 7 月 2 日，这两位仲裁员依据合同中默示的货币稳定条款作出了缺席裁决，裁定由南斯拉夫向 SEEE 支付6 184 528 521旧法郎。该裁决作出后，南斯拉夫向瑞士洛桑所在的沃州（Vaud）法院申请撤销此裁决，理由是按照沃州法律中的强制性规定，仲裁庭不能由偶数仲裁员组成。瑞士法院未撤销此裁决，但裁定将已经注册的裁决退回给在法国注册的一方当事人（SEEE）。理由是根据《沃州民事诉讼法》第 516 条关于仲裁庭应当由奇数仲裁员组成的规定的含义，本案仲裁员作出的决定不是依据瑞士仲裁法作出，因而不是瑞士裁决。

③ 有代表性的论著是：Jan Paulsson，*Arbitration Unbound：Award Detached from the Law of its Country of Origin*，30 Int'l & Comp. L. Q. 358（1981）；*Delocalization of International Commercial arbitration：When and Why it Matters*，32 Int'l & Comp. L. Q. 53（1983）。

④ 参见韩健：《现代国际商事仲裁法的理论与实践》，205～210 页，北京，法律出版社，1993；陈治东：《国际商事仲裁法》，212～218 页，北京，法律出版社，1998。

非内国仲裁理论的产生，从主观上看，是对当事人意思自治原则的充分尊重，特别是国际商事仲裁协议应当比单纯的国内仲裁协议有更多的自主权，当事人不仅可以就仲裁涉及的实体问题的适用法律作出选择，而且也可就仲裁程序所适用的法律作出选择，在一国境内进行仲裁可以不适用仲裁地国的仲裁法。就该理论产生的客观情况而言，是由真正意义上的国际商事仲裁的特点决定的。所谓真正意义上的国际商事仲裁，通常指仲裁协议的当事人双方来自不同的国家，组成仲裁庭的仲裁员也分别来自不同的国家，特别是首席仲裁员或独任仲裁员，一般应当具有与当事人双方不同的国籍，仲裁所在地为争议双方所属国以外的国家或地区，如戈特韦肯案和南斯拉夫案中的仲裁地点，这些地点的选择为纯属偶然或出于中立的考虑，因而当事人选择某一地点作为仲裁地有时并非是想要适用当地的仲裁法，而是出于对当事人平等、适当和方便等因素的考虑。①

非内国仲裁的核心内容是仲裁程序的进行可以适用当事人或仲裁庭选定的仲裁地以外的国家或地区程序法，仲裁裁决不一定要与仲裁地法相联系，其效力不一定必须由仲裁地法授予。② 既然通过仲裁解决争议是仲裁协议双方当事人的共同选择，仲裁庭作出的裁决便对当事人双方具有天然的效力，此项效力不是由仲裁地国家的法律赋予，因此，仲裁地国法院也无权裁定撤销该裁决。法国巴黎第一大学的教授梅耶（Pierre Mayer）对此理论是这样评论的：非内国仲裁是实现仲裁国际化所涉及的诸多方面之一。它源于来自不同国家的当事人在解决争议时，希望尽可能地避免各有关国家的法院的干预，同时适用各有关国家的规则，以达到公正的目的。③ 因此，非国内化理论的核心是在寻求强制执行仲裁裁决之前，尽可能地减少地方法院的干预，而在寻求强制执行此项裁决时，有关的空白点应当由裁决执行地的法律来填补。其实质是使国际商事仲裁摆脱仲裁地法的限制，使仲裁裁决在向法院寻求执行之前，不受任何国家法院对其实施撤销方面的监督。非内国仲裁理论实质内容有两个：第一，国际商事仲裁裁决一旦作出，任何国家的法院均无权撤销此项裁决。第二，即便裁决被裁决地国法院依据当地法律撤销，执行地国法院也可以依据当地法律承认与执行该被裁决地国法院撤销的裁决。如法国法院和美国法院对被埃及法院撤销了的克罗马罗依案裁决的承认与执行。④

非内国仲裁主要为大陆法系的某些国家，特别是法国的司法实践所采纳。法国法院对戈特韦肯案的判决和瑞士法院对南斯拉夫案作出的裁定，就是非内国仲裁的典型案例。在这两个案例中，法国法院拒绝对利比亚公司请求撤销在巴黎依据ICC仲裁规则作出的裁决的诉讼行使管辖权，瑞士法院否认在洛桑没有依照瑞士仲裁法作出的裁决为瑞士裁决，进而使这两个裁决成为“无国籍”裁决或非内国裁决。

非内国仲裁的理论所涉及的主要问题不是仲裁程序的适用法律，而是认为鉴于国际仲裁裁决的性质，任何一个国家的法院都无权实施撤销此类裁决的管辖，只能依据其各自国家的法律和有关的国际公约承认或拒绝承认这些不依任何国家的法律作出的仲裁裁决的效力，进而决定是否执行该裁决。一国法院只有在当事人申请承认与执行仲裁裁决时才介入仲裁，对仲裁实施

---

① 参见韩健：《现代国际商事仲裁法的理论与实践》，207页，北京，法律出版社，1993。

② See Jan Paulsson, *Delocalization of International Commercial Arbitration*: *When and Why it Matters*, 32 Int'l & Comp. L. Q. 53 (1983).

③ See *The Trend Towards Delocalization in the Last 100 Years*, The Internationalization of International Arbitration, Graham & Trotman Limited, Kluwer Academic Publishers Group, 1995, pp. 37-46.

④ 参见本节后所附案例；赵秀文：《从克罗马罗依案看国际仲裁裁决的撤销与执行》，载《法商研究》，2002 (5)。

干预：或者承认与执行或者拒绝承认与执行该裁决。然而在国际商事仲裁立法与实践中，即便某些国家有过承认与执行被外国法院撤销了的裁决，或者拒绝对在其本国进行的仲裁实施管辖的先例，就多数国家的仲裁立法，包括法国仲裁法，均规定了有权对在其境内进行的国际仲裁行使撤销的权力，而并非一味地追随非内国仲裁的理论。例如，法国在 1981 年 5 月 12 日出台了关于国际仲裁法的法令，该法令已被列入《法国民事诉讼法典》第五、六编第 1492～1507 条，就国际仲裁作了专门规定，其中第 1494 条第 1 款规定："The arbitration agreement may, directly or by reference to a set of arbitration rules, define the procedure to be followed in the arbitral proceedings; it may also subject them to a given procedural law." 极为明确地规定了在法国进行仲裁可以选择适用外国的或其他程序法。此外，该法同样也规定法国法院有对在其境内作出的仲裁裁决实施监督的权力。该法第 1504 条规定：An arbitral award rendered in France in international arbitral proceedings is subject to an action to set aside on the grounds set forth in Article 1502. 第 1502 条规定的是法院受理承认与执行仲裁裁决诉讼的条件，而这些条件适用于法国法院受理撤销在法国境内作出的仲裁裁决诉讼。第 1502 条的规定如下：

An appeal against a decision granting recognition or enforcement may be brought only in the following cases:

(1) If there is no valid arbitration agreement or the arbitrator ruled on the basis of a void or expired agreement;

(2) If there are irregularities in the appointment of the arbitral tribunal or of the sole arbitrator, as the case may be;

(3) If the arbitrator exceeded the authority conferred upon him;

(4) Whenever due process (literally: the principle or an adversary process) has not been respected;

(5) If the recognition or enforcement are contrary to international public policy (ordre public).

从《法国民事诉讼法典》的上述规定可以看出，一方面，法国法律允许当事人选择适用国际仲裁程序的适用法律规则，而此项法律规则既可以是某一国家的程序法，也可以是特定仲裁机构的仲裁规则。另一方面，法国法院并未放弃对在其境内进行的仲裁实施监督的权力，具体表现在依《法国民事诉讼法典》第 1504 条法院可以依法撤销在其境内作出的国际仲裁裁决，即法国法院也可以依法撤销在其境内作出的仲裁裁决，而并没有放弃撤销此项裁决的权力。这一做法，与某些学者所说的非内国仲裁裁决的理论背道而驰。

英美法国家的立法与实践更是反对非内国仲裁理论，因为这些国家更加注重地域原则。英国著名的法学论著《拉塞尔论仲裁》至今已出版了 21 版。该书对仲裁"本座（seat）说"作出了如下精彩的论述：

The "seat" or place of arbitration: Like other jurisdiction, England regards it as essential of an arbitration to have a "seat", a geographical location to which the arbitration is ultimately tied and which prescribes the procedural law of the arbitration. The parties are free to choose a seat, or specifically, a procedural law of the arbitration, which may be different from the proper law of the contract and the proper law of the arbitration agreement. *English law does not recognize the possibility of "delocalized" arbitral procedures which do not have a connection with any national system of* *law*.① Under English law the procedural law of an arbitration is generally the law of the country in which the arbitration has its seat. The parties' choice of a seat is therefore extremely importance, not simply in relation to the proper law of the contract, but also because the law of a particular seat may contain provisions which have important consequences for the conduct of the proceedings. The expression "seat" is often used to refer to the particular city chosen, rather than the country (for example, "arbitration in London") and while the parties' agreement is on a city, the crucial choice is of the jurisdiction in which the city is located. An effective choice of procedural law can always be made without reference to a specific venue for the arbitration, but by specifying a jurisdiction: but this is much less common. The seat is the legal, rather than the physical, place of arbitration proceedings, and hearings can be held in other jurisdictions.②

美国1925年《联邦仲裁法》第10条第1款规定了法院撤销在美国作出的仲裁裁决的如下条件：

In any of the following cases the United States court in and for the district wherein the award was made may make an order vacating the award upon the application of any party to the arbitration—

...

iv. Where the award was procured by corruption, fraud, or undue means;

v. Where there was evident partiality or corruption in the arbitrators, or either of them;

vi. Where the arbitrators were guilty of misconduct in refusing to postpone the hearing, upon sufficient cause shown, or in refusing to hear evidence pertinent and material to the controversy; or of any other misbehavior by which the rights of any party have been prejudiced;

vii. Where the arbitrators exceeded their powers, or so imperfectly executed them that a mutual, final, and definite award upon the subject matter was not made;

viii. Where an award is vacated and the time within which the agreement required the award to be made has not expired the court may, in its discretion, direct a rehearing by the arbitrators.

可见，美国立法上明确地规定了法院对在其境内作出的裁决实施监督的权力。在其司法实践中，美国法院既未行使撤销在外国的仲裁裁决的权力，也从未放弃过对在美国进行的国际仲裁的监督权。例如，纽约南区地方法院在国际标准电器公司（International Standard Electric Corp. v. Bridas Sociedad Anonima Petrolera）一案中③，针对原告美国国际标准电器公司向该院申请撤销国际商会国际仲裁院的仲裁庭于1989年12月20日依据该院仲裁规则在墨西哥作出的仲裁裁决，作出了如下裁定：在本案中，当事人双方所适用的是墨西哥的程序法，仲裁程序在墨西哥进行，支配仲裁程序的法律只能是墨西哥的法律。因此，只有墨西哥的法院享有撤销该裁决的权力。美国法院驳回了美国标准电器公司请求撤销该仲裁裁决的诉讼请求，也未裁定执行该仲裁裁决。可以认为，如果美国标准电器公司向墨西哥法院提出请求撤销此裁决的申请，而墨西哥法院驳回了此项申请，该裁决依照仲裁裁决地国取得当地法律上的拘束力，依据

---

① 黑体字是本书作者添加的。

② See David St. John Sutton, *Russel on Arbitration*, John Kendall and Judith Gill, Sweet & Maxwell, 1997, at 74-75.

③ See United States District Court, Southern District of New York, 1990, 745 F. Supp. 172. International Commercial Arbitration, West Group, 1999, pp. 631-636. 关于该案的案情及对此案情的评析，参见赵秀文主编：《国际商事仲裁案例评析》，237～242页，北京，中国法制出版社，1999。

《纽约公约》就有可能得到美国法院的承认与执行；反之，如果墨西哥法院撤销了该仲裁裁决，美国法院就可以依据《纽约公约》的规定，拒绝承认与执行该仲裁裁决。至于美国法院判决承认与执行被埃及法院撤销了的克罗马罗依案仲裁裁决，据说这是唯一的一起。[①] 这起案件本身，也许可以用非内国仲裁的理论加以解释，然而，这只是个别现象，不能代表美国普遍的司法实践。继克罗马罗依案之后，美国法院拒绝承认与执行分别被尼日利亚法院和意大利法院撤销了的仲裁裁决。[②]

在其他一些普通法国家，如澳大利亚，也没有非内国仲裁存在的余地。[③] 在澳大利亚新南威尔士州高等法院1998年审理的American Diagnosica Inc. v. Gradipore Ltd. 一案中，原告是一家美国公司，被告是一家澳大利亚公司。双方当事人在其订立的分销协议中规定了通过仲裁解决他们之间争议的条款："由于本协议或者违反本协议所产生的争议，双方当事人应当尽量自行解决。如果不能就争议的解决达成一致，根据争议发生时有效的澳美仲裁协定的规则仲裁。如无此协定，则根据澳大利亚新南威尔士的仲裁法在悉尼仲裁解决。"该协议还约定新南威尔士法为支配该协议的法律。双方当事人在履行协议的过程中发生争议后，又约定了依据联合国贸法会仲裁规则进行仲裁。仲裁庭首先就争议事项作出了一项临时裁决，原告就该裁决中所涉及的新南威尔士州仲裁法项下的法律问题请求法院准许上诉，被告则认为法院没有管辖权，因为该案仲裁所依据的是独立适用的联合国贸法会仲裁规则。法院认为，无论当事人就仲裁适用的法律或规则作出了什么样的约定，如选择适用外国程序法或国际仲裁规则支配他们之间的仲裁程序，只要仲裁在新南威尔士州进行，法院对该案就有管辖权。[④]

三、Delocalized Arbitration 与《纽约公约》项下的非本国裁决

如前所述，delocalized arbitration 理论项下作出的裁决属于无国籍裁决（anational award or floating award），据此理论，国际仲裁裁决与任何一个国家的法律秩序没有联系，因此，在此裁决被执行地国家法院执行之前，任何国家的法院均无权撤销国际仲裁裁决。

（一）《纽约公约》项下非本国裁决的含义

《纽约公约》项下的非本国裁决（award not considered as domestic）则是指公约第1条第1款的规定："This Convention shall apply to the recognition and enforcement of arbitral awards made in the territory of a State other than the State where the recognition and enforcement of such awards are sought, and arising out of differences between persons, whether physical or legal. It shall also apply to arbitral awards not considered as domestic awards in the State where their recognition and enforcement are sought." 后一个句子中的 awards not considered as domestic awards，即执行地国法院并不认为当事人申请执行的是本国裁决，尽管该裁决在申请执行地国境内作出。换言之，申请执行地国法院根据其本国法认为那些在其境内作出的不属于当地裁决的裁决，即非本国裁决，如果当事人向当地法院申请承认与执行，法院也应当按照公约规定的

---

① See Gary H. Sampliner 著，陈风彦译：《被认定无效的外国仲裁裁决的执行》，载《仲裁与法律通讯》，1999（1）。

② 参见赵秀文：《从克罗马罗依案看国际仲裁裁决的撤销与执行》，载《法商研究》，2002（5）。

③ See Richard Garnett, *"International" Arbitration but Subject to "National" Law: the Rejection of Delocalization in Australia*, Australian Business Law Review, Vol. 28, 2000, No. 5, at 351-363.

④ See Richard Garnett, *"International" Arbitration but Subject to "National" Law: the Rejection of Delocalization in Australia*, Australian Business Law Review, Vol. 28, 2000, No. 5, at 362.

条件予以承认与执行。解读公约第 1 条的规定，第一个句子规定的是在申请执行地国境外作出的“外国裁决”的承认与执行，第二个句子规定的是在申请执行地所在国境内作出的“非本国裁决”。

（二）《纽约公约》项下的外国裁决与非本国裁决

《纽约公约》项下的外国裁决与非本国裁决是两个不同的法律概念。这里的外国裁决，是指在申请承认与执行地国以外作出的裁决。而非本国裁决则不是在申请执行地国境外作出的裁决，而是在其境内作出的裁决。然而，根据当地（即裁决作出地和申请执行地）的法律，该裁决并不属于本国裁决，即非本国裁决。例如在旭普林公司案中，裁决由国际商会国际仲裁院的仲裁庭根据 ICC 仲裁规则在我国上海作出。按照国际商事仲裁的一般理论与实践，此裁决应当认定为我国裁决，但是根据我国现行有关仲裁的立法与实践，我国裁决通常指我国仲裁委员会在我国境内作出的裁决，而本案裁决则由 ICC 仲裁庭适用 ICC 仲裁规则在我国上海作出，所以尚不能将此裁决视为我国裁决，故根据《纽约公约》第 1 条第 1 款的规定，可以将此裁决视为《纽约公约》项下的非本国裁决。

必须指出，非本国裁决仅对申请执行地国而言，且该申请执行地同时也是裁决作出地。我们之所以将其称为非本国裁决，就是因为裁决地国的法律认为在其境内作出的裁决不是当地的裁决。如果当事人向第三国申请执行该裁决，第三国根据《纽约公约》的规定仍然会将此裁决视为外国裁决，因为该同样的裁决并不是在申请执行地作出，而是在该申请执行地国境外作出。本案中的 ICC 裁决一方面是 ICC 国际仲裁院的独任仲裁庭适用 ICC 仲裁规则在当事人约定的仲裁地点——我国上海作出，另一方面，旭普林公司向无锡市中级人民法院申请承认与执行。根据《纽约公约》第 1 条第 1 款的第一个句子，该裁决不是外国裁决，因为它不是在我国境外作出。正是根据该款的第二个句子，我们可以将此裁决认定为非本国裁决。这里的非本国裁决，并非《纽约公约》项下的外国裁决。因此，两者之间并不能画等号。

关于《纽约公约》第 1 条第 1 款规定的适用范围，一方面，该公约主要适用于在申请执行地国以外的国家和地区作出的外国仲裁裁决的承认与执行；另一方面，对于那些在申请执行地国境内作出且向当地法院申请执行的仲裁裁决，如果申请执行地国法院根据当地法律并不认为此裁决属于当地裁决的，此项裁决的承认与执行，仍然属于《纽约公约》的适用范围。例如在旭普林公司案中，裁决在我国上海作出，但根据我国现行法律，此裁决系外国仲裁机构适用其仲裁规则在我国上海作出的裁决，目前尚未找到该裁决属于我国裁决的法律依据，因此我们可以将此裁决作为非本国裁决，按照《纽约公约》规定的条件予以承认与执行。就该公约项下的非本国裁决的性质而言，它对于该申请执行地国（也是裁决作出地国）而言，既不是本国裁决，也不是外国裁决。

（三）《纽约公约》项下非本国裁决与非内国仲裁理论项下裁决的区别

《纽约公约》规定的构成非本国裁决的前提条件是：第一，裁决申请执行地同时也就是裁决作出的地点。第二，根据裁决地国家的法律，此项裁决不属于当地裁决。因此，该公约项下的非本国裁决有其特定的含义，它对于裁决作出地和申请执行地国而言，既不是本国裁决，也不是外国裁决。这是由于：一方面，尽管非本国裁决在裁决地作出，但是根据裁决地的法律不认为该裁决是当地的裁决。例如在旭普林公司案中，尽管裁决在我国上海作出，但是根据我国《仲裁法》，此裁决是在 ICC 国际仲裁院管理之下适用 ICC 仲裁规则作出，我国法院按照现行法律并不认为该裁决是我国裁决。另一方面，非本国裁决也不是外国裁决，因为该裁决在仲裁申请执行地作出，而不是在申请执行地所在国以外的国家和地区作出。

非本国裁决也不同于非内国仲裁理论项下的无国籍裁决或者浮动裁决，因为非内国仲裁理论不承认任何国家的法院依照当地法律对在其境内作出的裁决所享有的撤销监督权。他们认为国际仲裁裁决的效力是由仲裁协议双方当事人赋予的，既然当事人认可仲裁裁决的终局性，那么任何国家的法院无权对其行使撤销权，即无国籍论者从根本上否认裁决地国对在其境内作出的国际仲裁裁决行使的撤销权。事实上，无国籍裁决只是理论上的虚拟裁决，而不是法院依法规定或者认可的不对在其境内作出的国际裁决实施撤销监督权。在各国有关国际商事仲裁立法中，除了少数国家的法律明确规定如果非本国国民在其仲裁协议中明示约定排除当事人就仲裁裁决提起撤销诉讼的，法院才可以放弃对在其境内作出的不涉及其本国国民利益的裁决行使撤销权，还没有任何一个国家从法律上主动放弃对在其境内作出的裁决实施撤销监督的权力。①

因此，《纽约公约》项下的非本国裁决与非内国仲裁理论项下的无国籍裁决的主要区别在于：前者依据当地法律主动放弃对在其境内作出的仲裁裁决的撤销监督权，而不是法院地国法院没有此项权力。而无国籍裁决论者主张国际裁决与包括裁决地在内的任何国家的法律秩序没有关系，因此，任何国家的法院不能对在其境内作出的国际裁决行使撤销的权力，唯一的选择就是承认与执行或者拒绝承认与执行该裁决。

CASE STUDY

克罗马罗依案

（Chromalloy Aeroservices Inc. v. Ministry of Defence of the Republic of Egypt）②

939 F. Supp. 907 (D. D. C. 1996)

Facts

Chromalloy Aeroservices Inc. (referred to as Chromalloy) is an American company. On June 16, 1988, Chromalloy entered into a contract with the Egyptian Air Force under which Chromalloy was to provide maintenance and support for a fleet of Sea King Commando helicopters for four

① 瑞士《国际私法》第 192 条规定：If none of the parties have their domicile, their habitual residence, or a business establishment in Switzerland, they may, by an express statement in the arbitration agreement or by a subsequent written exclude some of the grounds listed in Art. 190. 2。（第 190. 2 条规定的是法院撤销裁决的理由。）比利时现行《私法法典》第 1717 条第 4 款也规定了国际商事仲裁案件只有在双方当事人在比利时均没有住所、居所和营业所的情况下，他们才有权订立排除向比利时法院申请撤销在其境内作出的仲裁裁决的协议：The parties may, by an explicit declaration in the arbitration agreement or by a later agreement, exclude any application for the setting aside of an arbitral award, in case none of them is a physical person of Belgian nationality or a physical person having his normal residence in Belgium or a legal person having its registered office or a branch office in Belgium。瑞典 1999 年《仲裁法》第 51 条规定：Where none of the parties is domiciled or has its place of business in Sweden, such parties may in a commercial relationship through an express written agreement exclude or limit the application of the grounds for setting aside an award as are set forth in section 34。突尼斯 1993 年《仲裁法典》第 78 条第 6 款的规定是：The parties who have neither domicile, principal residence, nor business establishment in Tunisia, may expressly agree to exclude totally or partially all recourse against an arbitral award。

② See Tibor, John J. Barcelo, III, Arthur T. von Mehren, *International Commercial Arbitration*, West Group, 1999, at 776-784. 此外，还来源于相关的文章。

years. The total contract price was $32 million, with a start date of December 3, 1988 and a three-year term for most services. On December 2, 1991, the Egyptian Air Force notified Chromalloy that it considered the contract terminated because the three-year term had expired, and required Chromalloy to leave the premises. On December 15, 1991, Chromalloy notified the Egyptian Air Force that it did "not accept the notice of cancellation" and commenced arbitration proceedings.

The arbitration provisions in the contract provided in relevant part as follows:

Article XII Jurisdiction

Dispute arising in connection with this contract which cannot be resolved after good faith negotiations between the Supplier and the Government shall be finally settled by Arbitration, in accordance with the arbitration provisions contained in Appendix E which forms an integral part of this contract.

Appendix E—Applicable Law Court of Arbitration

Any dispute or difference arising from this contract shall be referred to and decided by a court of arbitration. The court of arbitration shall be composed of three arbitrators. One to be appointed by the Government, one by the Supplier and a third one by the two parties jointly.

...

It is furthermore understood that both parties have irrevocably agreed to apply Egypt Law and to choose Cairo as seat of the court of arbitration.

...

The decision of the said out shall be final and binding and cannot be made subject to any appeal or other recourse.

Arbitral Award

The arbitral tribunal was composed by three arbitrators chaired by Swiss arbitrator. Following hearings and submission of post-hearing briefs and exhibits, the Panel ordered the Egyptian Air Force to pay Chromalloy $16 940 958 with interest from December 15, 1991, and $272 900 with interest from July 15, 1991. The panel ordered Chromalloy in turn to pay the Egyptian Air Force 606 920 British pounds plus interest from December 15, 1991.

Courts Procedures

1. After the award was made the Egyptian Air Force sought to vacate the award in Egypt, the arbitral situs. On April 4, 1995, the Egyptian Court of Appeal vacated the award, on the ground that the arbitration panel improperly "applied the rules of the Egyptian Civil Code to the exclusion of the administrative law" of Egypt. The parties' agreement that the award was not subject to appeal did not preclude the action to vacate the award in Egypt because under Egyptian law the grounds for vacating awards are mandatory rules.

2. Meanwhile, Chromalloy sought to enforce the award in the United States and France and succeeded in the courts of both countries.

3. French approach is that the arbitration award vacated by the arbitral situs can nonetheless be en-

forced in France if it satisfies French standards for enforcing awards. ① The theory of the French approach is stated in the Chromalloy opinion of the Paris Court of Appeal: "The award made in Egypt is an international award which, by definition, is not integrated in the legal order of that State so that its existence remains established despite its being annulled and its recognition in France is not in violation of international public policy."

4. The US court enforced the vacated award based on the language in the arbitration clause providing that any award "cannot be made subject to any appeal or other recourse", concluding that in having the award vacated, "Egypt sought to repudiate its solemn promise to abide by the results of the arbitration."

Questions for Discussion:

1. What kind of arbitration in this case: ad hoc or institutional?
2. What is the nationality of the award?
3. Whether the Egypt court is entitled to set aside this award in accordance with its own law?
4. What is the result after the award was set aside?
5. Why the French court and US court enforced the award which had been set aside by the Egyptian Court?
6. What's your comment on the French and US courts' enforcement of the award vacated by the Egypt court?
7. Explain distinction between delocalized arbitration and award not considered as domestic under New York Convention.

第五节 中国有关国际商事仲裁程序的立法与实践

一、仲裁法关于仲裁程序的有关规定

根据我国现行的仲裁立法，对于在我国境内进行的国际仲裁，就仲裁案件的申请与受理、仲裁庭的组成、开庭审理与裁决的作出等方面，国际仲裁程序与国内仲裁程序没有本质上的区

① These standards are set in the Article 1502 of the French Civil Procedure Law of 1980, which provides: An appeal against a decision granting recognition or enforcement may be brought only in the following cases: (1) If there is no valid arbitration agreement or the arbitrator ruled on the basis of a void or expired agreement; (2) If there are irregularities in the appointment of the arbitral tribunal or of the sole arbitrator, as the case may be; (3) If the arbitrator exceeds the authority conferred upon him; (4) Whenever due process has not been respected; (5) If the recognition or enforcement are contrary to international public policy (ordre public).

别，主要体现在以下方面：

1. 在仲裁申请与案件受理方面，以当事人之间业已存在的仲裁协议为依据。当事人向我国境内特定的仲裁委员会申请仲裁，应当向该仲裁委员会提交仲裁协议、仲裁申请书及副本。就仲裁申请书而言，均应当载明以下事项[①]：（1）当事人的姓名、性别、年龄、职业、工作单位和住所，法人或者其他组织的名称、住所，法定代表人或者主要负责人的姓名、职务；（2）仲裁请求和所依据的实事、理由；（3）证据和证据来源、证人姓名和住所。

2. 在仲裁庭的组成方面，我国现行仲裁制度均要求各仲裁委员会设立仲裁员名册，只有被列入名册的人才能被当事人或者仲裁委员会主任指定为仲裁员，而名册之外的人不能被指定为仲裁员。当事人没有在仲裁规则规定的期限内约定仲裁庭的组成方式或者选定仲裁员的，由仲裁委员会主任指定。此项指定同样包括对首席仲裁员的指定。[②]

3. 在仲裁审理过程中，仲裁庭应当充分听取双方当事人的意见，给双方当事人合理地表达其各自意见的机会。以事实为依据，以法律为准绳，在查明争议事实和分清各方当事人应当承担的责任的基础上，作出独立、公正的裁决。仲裁庭在作出裁决之前，可以先行调解。在调解中达成协议的，仲裁庭应当制作调解书或者根据协议的结果制作裁决。调解不成的，应当及时作出裁决。调解书与裁决书具有同等法律效力。[③]

4. 仲裁裁决应当根据多数仲裁员的意见作出，少数仲裁员的不同意见可以载入笔录。仲裁庭不能形成多数意见时，裁决应当按照首席仲裁员的意见作出。裁决书应当写明仲裁请求、争议事实、裁决理由、裁决结果、仲裁费用的负担和裁决日期，除非当事人约定不写争议事实和裁决理由。裁决书由仲裁员签名，并加盖仲裁委员会印章。对裁决持不同意见的仲裁员，可以签名，也可以不签名。[④] 一般而言，仲裁裁决应当在仲裁庭组庭后 6 个月内作出。在特殊情况下，经仲裁庭请求并经仲裁委员会批准认为确有必要和确有正当理由的，可以延长此项期限。[⑤] 国内有的仲裁委员会对仲裁裁决的作出规定了更短的期限，如北京仲裁委员会 2022 年仲裁规则第 48 条规定："仲裁庭应当自组庭之日起 4 个月内作出裁决。有特殊情况需要延长的，由首席仲裁员提请秘书长批准，可以适当延长。"

如果说国内仲裁程序与国际仲裁程序存在着一些区别的话，主要表现在仲裁法颁布时，还存在着国内仲裁机构与涉外仲裁机构之区分，《仲裁法》第七章就涉外仲裁作出了专门规定，包括涉外仲裁机构的设立（第 66 条），涉外仲裁委员会可以从具有法律、经济贸易、科学技术等专门知识的外籍人士中聘任仲裁员（第 67 条）等。随着我国社会主义市场经济的发展和深入，这些区别已经无足轻重。因为自 1996 年 6 月 8 日国务院办公厅发布了《关于贯彻实施〈中华人民共和国仲裁法〉需要明确的几个问题的通知》后[⑥]，国内仲裁机构也可以受理国际仲裁案件，一些国内仲裁委员会提供的仲裁员名册中也有外籍人士。所以，从目前情况看，除了法院对仲裁裁决实施监督方面的区别外，国内仲裁程序与国际仲裁程序已经区别不大。如果把仲裁程序定位为从受理案件开始到仲裁裁决的作出为止，两者已没有什么区别。

---

① 参见《中华人民共和国仲裁法》第 23 条。
② 参见《中华人民共和国仲裁法》第 32、31 条。
③ 参见《中华人民共和国仲裁法》第 51 条第 2 款。
④ 参见《中华人民共和国仲裁法》第 54 条。
⑤ 参见中国国际经济贸易仲裁委员会 2012 年仲裁规则第 46 条。
⑥ 参见国办发（1996）22 号文件。

二、简易程序

根据 CIETAC 2014 年仲裁规则第 56 条第 1 项的规定，除当事人另有约定外，凡是争议金额不超过人民币 500 万元的，或争议金额超过人民币 500 万元，但经一方当事人书面申请并征得另一方当事人书面同意的，或双方当事人约定适用简易程序的，适用简易程序。

简易程序由一名仲裁员组成的独任仲裁庭审理仲裁案件。仲裁庭可以按照其认为适当的方式审理案件：可以决定只依据当事人提交的书面材料及证据进行书面审理，也可以决定开庭审理。

简易仲裁程序下的仲裁裁决作出期限一般比较短，根据 2012 年 CIETAC 仲裁规则第 46 条规定，仲裁庭应当在仲裁庭组庭后 6 个月内作出裁决书。但在简易程序的情况下，仲裁庭应当在仲裁庭组庭后 3 个月内作出裁决书。当然，如仲裁庭要求且仲裁委员会主任认为确有正当理由和必要的，此项期限也可以经仲裁委员会批准后适当延长。

三、调解与仲裁相结合的程序

仲裁与调解（conciliation）相结合，是我国仲裁立法与实践的重要特点之一。根据我国《仲裁法》第 51 条的规定，仲裁庭在作出裁决前，可以先行调解。当事人自愿调解的，仲裁庭应当调解。调解不成的，应当及时作出裁决。调解达成协议的，仲裁庭应当制作调解书或者根据协议的结果制作裁决书。调解书与裁决书具有同等法律效力。

在国际商事仲裁实践中，坚持仲裁与调解相结合，是中国涉外仲裁机构处理国际经济贸易案件和海事案件的传统做法之一，也是中国仲裁机构处理涉外仲裁案件区别于其他仲裁机构实践的显著特征。早在 1959 年 1 月 8 日《中国国际贸易促进委员会海事仲裁委员会仲裁程序暂行规则》中就有关于"海事仲裁委员会对于所受理的案件，可以进行调解"的规定（第 19 条）。中国涉外仲裁机构受理的仲裁案件中许多都是通过调解结案的。据有关资料显示，自 1967 年至 1979 年间，中国对外贸易仲裁委员会作出正式仲裁裁决的案件有 11 件，调解的案件有 60 件。①可见，在仲裁委员会成立初期，调解结案的案件已经大大地超过了仲裁裁决的案件。

中国仲裁与调解相结合的仲裁程序具有以下几个方面的特点：

首先，调解不是仲裁程序的必经程序，它必须以双方当事人自愿为前提条件。在仲裁实践中，如果双方当事人有调解的愿望，或一方当事人有调解愿望并经仲裁庭征得另一方当事人同意的，仲裁庭可以在仲裁程序进行过程中对其审理的案件进行调解。② 仲裁庭在进行调解的过程中，任何一方当事人提出终止调解或仲裁庭认为已无调解成功的可能时，应停止调解。③ 可见，只有在双方当事人都同意通过调解的方式解决他们之间的争议时，仲裁庭才能够进行调解。只要有一方当事人不同意调解，或者在调解的过程中，一方当事人不同意继续调解，仲裁庭都无权调解当事人之间的争议。

其次，关于调解的方式，仲裁庭可以按照其认为适当的方式进行调解。一般情况下，仲裁庭在开庭后的一段时间内，在对争议事实基本查明的情况下，根据双方当事人的意愿和仲裁庭上的气氛，在有可能促成调解的场合下，鼓励双方当事人达成和解协议。实践证明，许多具有

---

① 参见陶春明、王生长：《中国国际经济贸易仲裁——程序理论与实务》，5 页，北京，人民中国出版社，1992。

②③ 参见中国国际经济贸易仲裁委员会 2012 年仲裁规则第 45 条。

多年业务往来的当事人之间，如果双方都能从长远的利益出发，本着诚实信用、互谅互让的原则，还是能够达成和解协议的。

最后，如果双方当事人不能达成和解，仲裁庭则终止调解程序，继续进行仲裁程序并作出仲裁裁决。

此外，在20世纪70年代末期，中国涉外仲裁机构还同国外一些仲裁机构共同创造了一种被称为联合调解（joint conciliation）的方式。其具体做法是：中外双方当事人向其各自所在国家的仲裁机构提出请求，由被请求的仲裁机构派出一名或数名数目相等的人员为调解员，对他们之间争议的问题进行调解。调解成功则争议结束，调解失败后再依合同中的仲裁条款进行仲裁。1977年至1979年间，中美双方的仲裁机构运用联合调解的方式，成功地解决了中美贸易中发生的两起金额较大的争议案件。第一起是延期交货和派船装运的责任问题的争议案件。在该案中，美国的卖方由于打包拥挤，不能按合同规定的期限交货；以后中国的买方又因租船困难拖延了派船装货的期限，从而产生了合同货物的迟装费用。双方经过自行协商无法解决，两国仲裁机构应双方当事人的要求同意联合向双方当事人进行调解，并且各指定调解员一人在北京当面进行调解。调解员经过调查研究，分析案情，认为双方在履行合同时各有一些缺陷，但是中国（当事人）拖延派船的时间较长，确使美方遭受仓储保险等由于迟装货物而引起的损失。因此，调解员建议：由中方给美方以合理的补偿了结此争议。双方满意地接受了调解员的调解建议。第二个案件中，由于商品价格在国际市场上急剧上涨，当时有关这一商品的国际贸易合同普遍出现当事人协商调整价格的情况，在发生争议的中美贸易合同中，双方并未在合同中规定固定金额的单价，而只是规定交货时参照某一市场上的价格确定，双方产生了不同意见。经两国仲裁机构指定的调解员通过函电联系，双方在价格上达成互利的意见，从而顺利地执行了合同。①

四、非内国仲裁与我国的仲裁立法与实践

近年来，我国一些学者们将国外的有关非国内化仲裁的理论与实践介绍到中国，这对于促进对国际商事仲裁理论的深层次研究，具有一定的借鉴价值。必须强调指出，非内国仲裁的本质是仲裁地国法院认为在该国境内作出的裁决不属于当地的仲裁裁决，因此，仲裁地国法院不对这样的裁决行使撤销的权力。这样的情况在我国并不存在，至少目前如此，今后也不会有太大的变化。

继我国成为国际商会的国家会员国后，中国当事人同意按照国际商会国际仲裁院的仲裁规则进行仲裁的案件有不断增长的趋势，据业内人士披露，1996年，国际商会国际仲裁院受理了11件涉及中国当事人的案件，其中中国当事人作为申请人的1件，作为被申请人的10件。1997年1月至9月，国际商会国际仲裁院受理了10件涉及中国当事人的案件，中国当事人作为申请人和被申请人的各半。② 如果当事人共同选定或仲裁院依据其所适用的仲裁规则指定中国作为仲裁地点，那么，在中国依据国际商会国际仲裁院仲裁规则作出的裁决是否应当被认为是中国的裁决？如果以仲裁地为标准，答案应当是肯定的。对于在我国境内适用其他仲裁程序法律规则作出的裁决，应当认定为我国裁决。按照国际商事仲裁法的基本理论，我国法院有权根据当事人的请求行使撤销的权力。

CIETAC于1998年修订的仲裁规则打破了以前四套仲裁规则中规定的在该仲裁委员会仲

---

① 参见程德钧主编：《涉外仲裁与法律》，第1辑，105～106页，北京，中国人民大学出版社，1992。

② 参见王生长：《外国仲裁裁决在中国的承认与执行》，载陈安主编：《国际经济法论丛》，第2卷，北京，法律出版社，1999。

裁只适用该会仲裁规则的规定。该仲裁规则第7条除了规定“凡当事人同意将争议提交仲裁委员会仲裁的，均视为同意按照本仲裁规则进行仲裁”外，还特别规定了“但当事人另有约定且仲裁委员会同意的，从其约定”。如果当事人向CIETAC申请仲裁，约定适用联合国贸法会仲裁规则，或伦敦国际仲裁院1998年仲裁规则，或美国仲裁协会2001年国际仲裁规则，而所有这些仲裁规则中，都规定仲裁庭有权根据一方当事人的请求，采取它认为必要的临时性保全措施，包括裁定令一方当事人提供担保、冻结银行存款、就地处理财产等。而这些做法，显然与我国现行法律不符。在我国境内适用其他有关仲裁程序法律规则进行仲裁，应当以不违反我国法律中有关强制性规定为原则。在适用上述仲裁规则的情况下，即便依据应当适用的仲裁规则，仲裁庭有权作出对争议标的物采取临时性保全措施的裁定，这样的裁定到我国法院申请执行时，法院根据我国法律也不会执行。

因此，借鉴外国有关的理论与实践，必须从我国的实际情况出发。对于非国内化仲裁的合理内容，我们应适当地吸收、借鉴。一方面，对于在我国境内进行的国际商事仲裁，如果当事人选择适用外国法或外国仲裁机构的仲裁规则，只要不违反我国的社会公共秩序，当事人的意思就应得到充分的尊重，允许当事人就仲裁应当适用的法律作出选择，尊重当事人的选择并承认与执行此项选择的效力。另一方面，对于在我国境内作出的仲裁裁决，无论其适用什么样的程序法，由什么样的仲裁机构对其实施行政管理，均应接受我国法院的监督。如果一方当事人就在我国境内作出的仲裁裁决提起申请撤销的程序，我国法院应当依据我国法律对此行使其管辖权。

五、国际仲裁程序的适用法律

我国现行的仲裁立法无疑适用于在我国境内进行的仲裁。在涉外仲裁程序中，由于我国目前只有常设仲裁机构才有权受理涉外仲裁案件，故一般不存在临时仲裁庭仲裁涉外争议。无论是国际仲裁机构，还是国内仲裁机构，他们在我国境内就国际仲裁案件作出的裁决均应被视为我国裁决，我国法院依据我国的国内立法和我国缔结或参加的国际公约对其行使法律规定的权力。所以在仲裁程序的适用法律的问题上，如果当事人对此没有约定，适用我国法律，这也是各国的普遍做法。

如果当事人就仲裁程序应当适用的法律作出约定，此项约定应当受到尊重。例如，如果外国当事人约定将他们之间的争议交由临时仲裁庭仲裁，并将北京作为仲裁地点，只要不违背我国现行的社会公共利益，我国应当尊重当事人的这一选择。在仲裁程序中，如果需要得到我国法院的协助，如对与仲裁有关的财产实施保全措施，法院应当依据我国的有关法律执行。这样的仲裁庭作出的裁决，也应当属于中国裁决，受中国法院的监督。

案例分析

1. 展裕发展有限公司诉福建黎明大酒店有限公司案①

基本案情

1997年8月13日，中国国际经济贸易仲裁委员会深圳分会（以下简称深圳仲裁委）受理了申请人展裕发展有限公司（香港注册，以下简称展裕公司）与被申请人福建黎明大酒店有限

① 参见万鄂湘主编：《中国涉外商事海事审判指导与研究》，第4卷，73～77页，北京，人民法院出版社，2003。

公司（以下简称黎明公司）之间由于管理经营酒店而产生的争议。

被申请人于1997年9月28日就该仲裁申请书提出了答辩，主要内容是：（1）被申请人主体资格不能成立。该合同于1995年2月20日签订，甲方为福建黎明大酒店，而福建黎明大酒店有限公司于1995年8月2日获批准成立。申请人提交的合同上的“福建黎明大酒店有限公司”公章系申请人偷盖。（2）申请人与黎明公司签订的合同并未生效，不能作为仲裁依据。依照合同约定，该合同应报主管部门批准，而该合同未经批准。同年11月28日，被申请人又就仲裁条款的效力向深圳分会提出了异议：（1）由于该合同未经批准而未生效，故仲裁条款也未能成立，不具有法律效力。（2）合同是由申请人添改为福建黎明大酒店的。同年12月5日，被申请人就其主体资格和仲裁条款的效力再次提出异议。

仲裁庭先后于1997年12月5日、1998年4月14日开庭审理，被申请人参加了开庭审理。被申请人一方面在开庭前后就仲裁条款的效力和仲裁庭的管辖权提出了异议，另一方面又就争议的实体问题提出了书面答辩。

仲裁裁决

深圳仲裁委于1998年12月30日作出贸仲会（98）深国仲结字第106号裁决书。该裁决书对黎明公司异议中提出的主体适格、合同的效力等内容进行了分析和认定。对于仲裁条款的效力，仲裁庭认为：合同未经主管部门审批，未能生效，主要是被申请人（黎明公司）的过错所致。根据民事诉讼法和仲裁法的有关规定，合同无效并不导致合同中的仲裁条款无效，仲裁条款独立于合同，被申请人（黎明公司）关于管理合同无效、其仲裁条款也随之无效的主张不能成立。

法院程序

1. 福州市中级人民法院的意见

仲裁裁决作出后，由于被申请人未能执行裁决，申请人展裕公司于1999年1月3日向福州市中级人民法院申请执行，法院于1999年2月1日立案执行。同年2月9日，黎明公司以深圳仲裁委未对其开庭前的仲裁条款异议依法作出决定、违反程序为由，请求法院依法裁定不予执行。

福州市中级人民法院经审查认为，被申请人黎明公司在首次开庭前即对仲裁协议和仲裁条款的存在、效力向深圳仲裁委提出了异议，但深圳仲裁委未依照《中华人民共和国仲裁法》（以下简称《仲裁法》）第20条、CIETAC仲裁规则第4条的规定对当事人提出的异议作出决定，在程序上违反《仲裁法》和CIETAC仲裁规则的有关规定。据此，依照《中华人民共和国民事诉讼法》第260条第1款第1、3项的规定，拟对贸仲会（98）深国仲结字第106号裁决书裁定不予执行。并根据最高人民法院法发（1995）18号《关于人民法院处理与涉外仲裁及外国仲裁事项有关问题的通知》要求，呈报福建省高级人民法院审批。

2. 福建省高级人民法院的意见

2002年6月26日，福建省高级人民法院经审查研究后认为：在深圳仲裁委未依程序对仲裁条款异议作出决定、仍按时开庭的情况下，黎明公司于首次开庭时再次明确地提出了书面异议，表明黎明公司并未放弃对仲裁条款异议的权利，故不能适用CIETAC仲裁规则第45条放弃异议条款。因深圳仲裁委仲裁程序存在违法，拟同意福州中级人民法院的意见，对该案裁定不予执行。

3. 最高人民法院的意见

最高人民法院于2002年11月20日对福州市高级人民法院的请示作出答复，同意不予执行该裁决。

最高人民法院认为，展裕公司因与黎明公司发生酒店经营管理纠纷提起仲裁后，黎明公司在仲裁庭首次开庭前即向深圳仲裁委提出对仲裁条款效力的异议，深圳仲裁委没有依法对此异议作出决定。首次开庭时，黎明公司再次对仲裁条款的效力明确提出书面异议，表明其并未放弃异议的权利，但深圳仲裁委仍未对此作出决定。仲裁庭继续审理并作出仲裁裁决，其仲裁程序不仅不符合相关仲裁规则，而且明显违法。根据《中华人民共和国民事诉讼法》第 260 条第 1 款第 3 项的规定，对贸仲会（98）深国仲结字第 106 号裁决书不予执行。

思考题：

1. 本案不予执行深圳仲裁委裁决的主要理由是深圳仲裁委未能就当事人提出的管辖权异议及时作出决定。被申请人始终参加了仲裁案件的审理是否意味着放弃了管辖权异议？

1995 年 CIETAC 仲裁规则第 45 条规定如下：

“一方当事人知道或者理应知道本仲裁规则或仲裁协议中规定的任何条款或情事未被遵守，但仍参加仲裁程序或继续进行仲裁程序而且不对此不遵守情况及时地明示地提出书面异议的，视为放弃其提出异议的权利。”

2. 你认为本案仲裁裁决仲裁程序是否适当？仲裁庭是否给予双方当事人充分地表达其意见的机会？

3. 本案争议合同未经上级行政主管部门批准，该合同中的仲裁条款是否对当事人有拘束力？

4. 你对于法院拒绝承认该裁决有何评论？

2. 宁波工艺品公司案①

基本案情

2003 年 1 月 23 日，宁波市工艺品进出口有限公司（以下简称买方或者宁波公司）与瑞士 DUFERCO S. A.（以下简称卖方或者瑞士公司）在宁波订立了买卖 1 500 吨冷轧钢的合同，信用证付款，2003 年 4 月 15 日以前装运，合同项下货物总金额为 706 266.99 美元。其中的仲裁条款中文规定是：“一切因执行本合同或与本合同有关的争执，应由双方通过友好协商方式解决。如果经协商不能得到解决，应提交给仲裁地位于中国的国际商会仲裁委员会，按照《联合国国际货物销售合同公约》进行仲裁。该仲裁为终局仲裁，对双方当事人均有约束力。仲裁费用除非仲裁委员会另有决定，由败诉一方承担”。该规定的中文措辞之后附具了如下英文措辞：“Arbitration: all dispute in connection with this contract or the execution thereof shall be settled by friendly negotiation. If no settlement can be reached the case in dispute shall then be submitted to The Arbitration of the International Chamber of Commerce in China, in accordance with the United Nations Convention on the International Sale of Goods, the award of which be accepted as final and binding upon both parties. The fee for arbitration shall be borne by the losing party unless

① 该案系作者根据宁波市中级人民法院于 2009 年 4 月 22 日作出的（2008）甬仲监字第 4 号民事裁定书和 ICC 裁决书中的内容整理。

otherwise awarded by the Commission."

合同订立后，宁波公司（买方）通过银行开出了以瑞士公司（卖方）为受益人的信用证，瑞士公司按合同规定交货后按照信用证规定凭交货单证请求银行议付货款，银行以单证不符为由拒付货款。2003年6月5日，瑞士公司催促宁波公司提货并令其银行接受相关单据。7月11日，瑞士公司的律师再次致函宁波公司，重申了上述请求，否则将终止合同并将货物转卖给其他买方。7月24日，由于没有得到宁波公司的回应，瑞士公司的律师致函宁波公司，宣布终止此买卖合同。此后不久，瑞士公司便以577 818.37美元的价格将此货物转售给第三方。

2005年9月12日，瑞士公司向位于法国巴黎的国际商会国际仲裁院（简称ICC仲裁院）申请仲裁，请求仲裁庭裁决宁波公司向其支付本案合同项下货款和其转售该合同项下货款之间的差价，以及由于宁波公司违约而给瑞士公司造成此项差价的利息损失，以及由于此仲裁而发生的律师费、仲裁费。

2005年11月18日，ICC仲裁院经初步审查认为有管辖权，此仲裁案应依照ICC规则第6条（2）款的规定，提交独任仲裁庭审理。

2005年12月9日，ICC仲裁院确认北京作为仲裁地点。

2006年2月10日，ICC仲裁院根据ICC新加坡国家委员会的提议，任命了一位新加坡籍的仲裁员组成独任仲裁庭审理本案。

2006年4月10日，仲裁庭发布了关于仲裁使用英文作为审理本案语文的第一号程序令。起草了审理事项书（Terms of Reference）和时间表，分别向双方当事人送达了此文件。

2006年11月24日，ICC仲裁院按照ICC规则第18条第3款，批准了由申请人瑞士公司和仲裁庭于2006年11月1日签署的审理事项书。

由于任何一方当事人均没有提出进行开庭审理的请求，仲裁庭根据ICC规则决定根据当事人提交的材料进行书面审理。

仲裁庭在案件审理过程中，向宁波工公司送达了《审理事项书》和《临时时间表》。这些文件均送达给宁波工艺品公司。后者签收了文件，但没有提交任何答辩，也未对仲裁庭的管辖权提出任何异议。

仲裁庭经过书面审理后认为，宁波公司没有正当理由不提货、不付款，违反了《联合国国际货物销售合同公约》（以下简称CISG）第53条①和第60条②规定的接收货物和支付货款的义务。此外，申请人瑞士公司给与了宁波公司合理的通知，后者收到通知后不予理睬，故按照CISG第64条③和第75条④，申请人有权宣告解除合同并要求损害赔偿：即索要合同项下货款和转售该合同项下货款之间的差价共计128 448.62美金。并有权索要此项金额的利息。由于本案争议是宁波公司违约所致，所以申请人请求被申请人支付相关的仲裁费和律师费。所有这些请求，基本上都得到了仲裁庭的支持。

2007年9月21日，仲裁庭在北京作出了编号为14006/MS/JB/JEM号裁决（以下简称

---

① 公约第53条规定：买方必须按照合同和本公约规定支付货物价款和收取货物。

② 公约第60条规定：买方收取货物的义务如下：（1）采取一切合理措施，以期卖方能交付货物；（2）接收货物。

③ 第64条的规定：卖方可以在买方根本违约的情况下宣告合同无效。

④ 第75条的规定：如果合同被宣告无效，而在宣告合同无效后一段合理时间内，买方已以合理方式购买替代货物，或者卖方已以合理方式将货物转卖，则要求损害赔偿的一方可以取得合同价格和替代货物交易价格之间的差额，以及按照第74条规定取得任何其他损害赔偿。

ICC 裁决），裁决宁波公司败诉，由宁波公司向瑞士公司支付违约赔偿金及相关利息、仲裁费和律师费共计 234 568.23 美元。

宁波公司未能执行此裁决，2008 年 2 月 27 日，宁波市中级人民法院受理了瑞士公司关于承认与执行该 ICC 裁决的申请。

法院在审理此案期间，宁波公司的代理人以裁决所依据的仲裁协议无效为由，请求法院拒绝执行此裁决。法院认为，宁波公司未在有限期限内对仲裁协议的效力提出异议，且国际商会仲裁院已在仲裁裁决中作出仲裁条款有效的认定，根据最高人民法院《关于适用〈中华人民共和国仲裁法〉若干问题的解释》第 13 条规定："依照仲裁法第二十条第二款的规定，当事人在仲裁庭首次开庭前没有对仲裁协议的效力提出异议，而后向人民法院申请确认仲裁协议无效的，人民法院不予受理。仲裁机构对仲裁协议的效力作出决定后，当事人向人民法院申请确认仲裁协议效力或者申请撤销仲裁机构的决定的，人民法院不予受理"，故宁波公司关于仲裁协议无效的主张不能成立。法院认为本案裁决属于纽约《承认与执行外国仲裁裁决公约》项下的非内国裁决，法院经审理后认为不存在公约规定的不予执行的情形，并于 2009 年 4 月 22 日裁定承认和执行 ICC 国际仲裁院（仲裁庭）于 2007 年 9 月 21 日在中国北京作出的 14006/MS/JB/JEM 号裁决。

思考题：

1. 本案仲裁庭根据 ICC 规则在北京作出的裁决是机构仲裁，还是临时仲裁？为什么？
2. 外国仲裁机构依据其仲裁规则，能否将仲裁地点设在中国？
3. 宁波市中级人民法院为什么没有支持宁波公司律师提出的仲裁协议无效的抗辩而裁定承认与执行此裁决？
4. 你对宁波市中级人民法院将此裁决定性为《纽约公约》项下的非为国裁决有何评论？

本章小结

小结

1. 国际商事仲裁程序是规定如何进行仲裁的程序，是调整仲裁庭、仲裁协议的当事人以及相关人员和机构之间关系所应当遵循的程序。调整国际仲裁程序的规则既可以体现在仲裁规则中，也可以体现在相关国家的仲裁法中。
2. 在国际商事仲裁立法与实践中，当事人可以选择仲裁程序应当适用的特定的仲裁规则和仲裁程序应当适用的法律。但这些规则和法律的适用不得违反相关国家特别是仲裁地所在国有关仲裁程序当事人必须遵守的强制性的法律规定。
3. 尽管非内国仲裁的理论强调充分尊重当事人的自治意思，但在国际商事仲裁立法与实践中，这一理论并未得到国际社会的普遍认可，没有任何一个国家在立法上主动放弃对在其境内作出的裁决行使撤销监督权。传统上的仲裁地法在国际商事仲裁程序中仍然发挥着重要的作用，包括法国在内的多数国家均未放弃对在其境内进行的国际商事仲裁实施撤销权方面的监督。

4. 在中国境内进行的仲裁和作出的仲裁裁决受我国法院的监督。中国有关国际商事仲裁立法与实践并不禁止当事人选择仲裁程序的适用法律和规则，但是此项选择不得违反我国的法律。此外，在国际仲裁程序中坚持仲裁与调解相结合的立法与实践，是我国仲裁立法与实践的重要特征。

QUESTIONS AND COMMENTS

1. In what respects do the arbitration rules differentiate from the national arbitration law?
2. Is there any difference between the seat of arbitration (place of arbitration) and the place of hearing held by the arbitral tribunal?
3. Could the parties to the arbitration agreement choose the rules of law applied to the arbitration procedure?
4. What is the key point about the delocalized arbitration? What do you know about delocalized arbitration?
5. What comments do you have on the conciliation in the arbitration procedure in CIETAC practice?

第六章 国际商事仲裁中临时性保全措施

提要

在国际商事仲裁程序开始之前或进行期间，或者在终局裁决作出之前，一方当事人往往寻求对仲裁协议项下的事项采取临时性的措施，请求法院或仲裁机构对与争议有关的财产或行为采取保全措施。在国际商事仲裁实践中，这些措施的实施地点既可能在裁决地国，也可能在裁决地以外的国家。究竟是仲裁庭还是法院有权作出采取此类措施的决定，适用什么样的法律来实施此类决定，是国际商事仲裁程序中一个重要的理论与实践问题。

重点问题

- 临时性保全措施的性质和作用
- 有权发布临时性保全措施的机构
- 发布与实施临时性保全措施应当适用的法律
- 中国有关临时性保全措施的发布与实施

第一节
临时性保全措施的性质和作用

一、临时性保全措施（interim measures of protection）的性质和特征

在国际商事仲裁中，临时性的保全措施旨在防止在仲裁程序进行中，当事人利用其所处的优势地位，转移或销毁证据或财产，致使仲裁裁决不能合理地作出，或者即便作出后，也难以执行。

联合国贸法会 1985 年《示范法》第 9 条规定："It is not incompatible with an arbitration agreement for a party to request, before or during arbitral proceedings, from a court an interim measure of protection and for a court to grant such measure." 这就是说，在仲裁程序开始之前或进行之中，任何一方当事人就仲裁协议项下的事项向法院申请临时性保全措施，与仲裁协议并不抵触。该法第 17 条还就仲裁庭有权发布此项措施作了专门规定："Unless otherwise agreed by the parties, the arbitral tribunal may, at the request of a party, order any party to take such interim measure of protection as the arbitral tribunal may consider necessary in respect of the subject-matter of the dispute. The arbitral tribunal may require any party to provide appropriate security in connection with such measure." 此外，该会 1976 年仲裁规则第 26 条第 2 款还对此项措施的发布形式作了如下规定："Such interim measures may be established in the form of an interim award. The arbitral tribunal shall be entitled to require security for the costs of such measures."

国际商会国际仲裁院 1998 年仲裁规则将此项措施称为 conservatory and interim measures. 该规则第 23 条作了如下规定：

(1) Unless the parties have otherwise agreed, as soon as the file has been transmitted to it, the Arbitral Tribunal may, at the request of a party, order any interim or conservatory measure it deems appropriate. The Arbitral Tribunal may make the granting of any such measure subject to appropriate security being furnished by the requesting party. Any such measure shall take the form of an order, giving reasons, or of an Award, as the Arbitral Tribunal considers appropriate.

(2) Before the file is transmitted to the Arbitral Tribunal, and in appropriate circumstances even thereafter, the parties may apply to any competent judicial authority for interim or conservatory measures. The application of a party to a judicial authority for such measures or for the implementation of any such measures ordered by an Arbitral Tribunal shall not be deemed to be an infringement or a waiver of the arbitration agreement and shall not affect the relevant powers reserved to the Arbitral Tribunal. Any such application and any measures taken by the judicial authority must be notified without delay to the Secretariat. The Secretariat shall inform the Arbitral Tribunal thereof.

国际商会国际仲裁院的上述规定明确地界定了当事人就仲裁协议项下的事项请求法院或者仲裁庭作出决定的权利，仲裁庭在仲裁程序开始后可以根据任何一方当事人的请求，就争议事项作出临时性保全措施的决定。而法院对此作出决定的时间，既可以是在仲裁程序开始之前，也可以是在仲裁程序开始之后。

英国的相关立法与实践则将此类措施称为“玛丽亚禁令”（Mareva Injunction）①。英国1996年《仲裁法》第42条第1款就当事人应当执行仲裁庭作出的决定作出了专门规定：“Unless otherwise agreed by the parties，the court may make an order requiring a party to comply with a peremptory order made by the tribunal。”其第44条对于仲裁程序中调查取证、证据保全等措施作了进一步的明确规定：

（1）Unless otherwise agreed by the parties，the court has for the purposes of and in relation to arbitral proceedings the same power of making orders about matters listed below as it has for the purposes of and in relation to legal proceedings.

（2）Those matters are—

（a）the taking of the evidence of witnesses；

（b）the preservation of evidence；

（c）making orders relating to property which is the subject of the proceedings or as to which any question arises in the proceedings—

（i）for the inspection，photographing，preservation，custody or detention of the property，or

（ii）ordering that samples be taken from，or any observation be made of or experiment conducted upon，the property；and for that purpose authorizing any person to enter any premises in the possession or control of a party to the arbitration；

（3）If the case is one of urgency，the court may，on the application of a party or proposed party to the arbitral proceedings，make such orders as it thinks necessary for the purpose of preserving evidence or assets.

（4）If the case is not one of urgency，the court shall act only on the application of a party to the arbitral proceedings（upon notice to the other parties and to the tribunal）making with the permission of the tribunal or the agreement in writing of the other parties.

（5）In any case the court shall act only if or to the extent that the arbitral tribunal，and any arbitral or other institution or person vested by the parties with power in that regard，has no power or is unable for the time being to act effectively.

（6）If the court so orders，an order made by it under this section shall cease to have effect in whole or in part on the order of the tribunal or of any such arbitral or other institution or person having power to act in relation to the subject matter of the order.

（7）The leave of the court is required for any appeal from a decision of the court under this sec-

---

① Mareva Injunction 的名称出自于英国法院在20世纪70年代所审理的两个案件：Nippon Yusen Kaisha v. Karageorfis，(1975) 1 W. L. R. 1093 (C. A.)；Mareva v. International Bulkcarriers，(1975) 2 Lloyd's Rep. 509 (C. A.)。此项禁令的内容是禁止一方当事人转移法院管辖范围内的财产，有时也包括从外国转移财产，或者对这些财产进行处分，致使最终的法院判决不能执行。See D. Alan Redfern, *Arbitration and the Courts: Interim Measures of Protection—Is the Tide About To Turn?* Taxas International Law Journal, No. 1, Winter, 1995, at 77, Note 35.

tion.

尽管上述临时性保全措施的名称各异，但其性质和特点是相同的，主要表现在以下三个方面：第一，这些措施都是在争议解决之前，即在仲裁裁决作出之前采取的，包括在仲裁程序开始之前或者在仲裁程序的进行之中采取的。第二，这些措施都是临时性的，其特点是暂时性和临时性的应急措施。第三，采取这些措施的要求通常是紧急的，如果不采取这些措施，存在着可能给一方当事人造成伤害的威胁。因此，这些措施通常都是根据一方当事人的请求裁决的行为，而这些措施的实施一般属于法院的范围，仲裁庭则无权强制实施这些措施，尽管按照许多国家的仲裁立法和仲裁机构的仲裁规则，仲裁庭有权就这些措施的采取作出裁定。例如，印度1996年《仲裁与调解法》第9条（Interim measures by Court etc.）规定：A party may，before or during arbitral proceedings or at any time after the making of the arbitral award but before it is enforced in accordance with section 36，apply to a court—

（1）for the appointment of a guardian for a minor or a person of unsound mind for the purposes of arbitral proceedings；or

（2）for an interim measure of protection in respect of any of the following matters，namely：

（a）the preservation，interim custody or sale of any goods which are the subject-matter of the arbitration agreement；

（b）securing the amount in dispute in the arbitration；

（c）the detention，preservation or inspection of any property or thing which is the subject-matter of the dispute in arbitration，or as to which any question may arise therein and authorizing for any of the aforesaid purposes any person to enter upon any land or building in the possession of any party，or authorizing any samples to be taken or any observation to be made，or experiment to be tried，which may be necessary or expedient for the purpose of obtaining full information or evidence；

（d）interim injunction or the appointment of a receiver；

（e）such other interim measure of protection as may appear to the court to be just and convenient，and the court shall have the same power for making orders as it has for the purpose of，and in relation to，any proceedings before it.

二、临时性保全措施的内容

在国际商事仲裁实践中，临时性保全措施大体上可以分成三种情况：

1. 与取证或保护证据有关的措施

为了保护本国境内的人和物的安全，许多国家的法律不允许当事人或仲裁庭自行调查取证，除非得到法院的许可。在国际商事仲裁中，一些关键性的证据的调取，如果没有各有关国家法院的协助，是很难成功的。1985年《示范法》第27条为此作出了如下规定："The arbitral tribunal or a party with the approval of the arbitral tribunal may request from a competent court of this State assistance in taking evidence. The court may execute the request within its competence and according to its rules on taking evidence."

在争议得到解决之前，如果一些至关重要的证据被销毁，无疑将给争议的解决设置重大障碍。例如在涉及鸡饲料质量问题的国际货物买卖合同争议中，在这些饲料被转卖或腐烂之前，必须采取特定的措施保护当时的货物，通常情况下会请独立的专家对此作出鉴定。而这些专家在当时情况下所出具的证据，对于解决饲料质量争议至关重要。为了保护该专家出具的证据不会由于这样或者那样的原因被消灭，就应当对该证据采取保全措施。

2. 维持现状的措施

所谓维持现况（preserving the status quo），是指在争议得到解决之前，按原来的合同规定或双方当事人的最初约定，继续履行合同中的规定或双方当事人的最初约定。无论是对仲裁庭还是对法院来说，要作出这类临时性保全措施的决定，并妥善地处理这些问题，都是很棘手的。特别是在涉及基础性设施建设的争议中，在合同履行中往往发现一些预料不到的问题，进而大大地增加了履行原有合同的难度，为此双方当事人就要及时地对原来的合同进行调整，增加工程款。如果双方当事人在此问题上发生了争议，一方当事人要求兑现增加的工程款，否则就要停工；另一方当事人则不愿意马上支付新增加的工程款，而要求按原来的约定继续履行。在这种情况下，如果一方当事人要求法院或仲裁庭发布继续按原来的合同履行的裁定，而另一方当事人则要求发布暂时停工的裁定，法院或仲裁庭就面临着两难的处境。

3. 防止转移财产的措施

这类措施通常限于对与仲裁案件有关的财产所实施的查封、扣押等，或者是发布禁止当事人转移财产的禁令，或者将这些财产交由第三者保管等。

在国际商事仲裁实践中，无论此项措施是由法院发布，还是由仲裁庭发布，最终有权强制执行此类措施的只有法院一家，仲裁庭并无强制执行此项措施的权力。这里涉及的问题是：如果发布此项临时性措施裁定的仲裁庭所在的地点与执行此项措施的法院位于不同的国家，法院是否执行位于国外的仲裁庭发布的此项裁定？或者一国法院是否对在另一国进行的仲裁程序发布此项裁定？这些都是悬而未决的问题。对于这些问题，各国法院和仲裁庭的做法也不完全一致，因而都是值得探讨的问题。

三、临时性保全措施的作用

与采取临时性保全措施的主要形式相适应，这些措施的主要作用也有三个：

第一，便于仲裁程序的进行。为了确保仲裁庭依据客观存在的证据对仲裁案件实施公正审理，在仲裁程序进行的过程中，就要求当事人执行相关机构作出的对特定事项的取证的命令，如对争议的标的物及相关文件进行查验；要求当事人执行保护证据的命令，如不得对现场进行改动；要求当事人和仲裁程序的其他参与人在仲裁程序中保守秘密，如将与案件相关的材料存放于加锁的处所，或不得泄露与开庭有关的事项等。

第二，避免争议标的物的灭失或损坏。在当事人合同项下的争议解决期间，往往合同还在继续履行，为了使争议得到妥善解决，可以要求当事人为或不为某些特定的行为。如命令当事人继续进行其所承包的工程项目，尽管该当事人已经提出其有权暂停该工程。为了防止易腐货物由于双方当事人之间的争议不能得到及时处理而给当事人造成损失，令一方当事人先行处理此项货物，并将处理此项货物的收入存放于特定的银行账号上。令当事人在裁决作出之前不得转移存放的财产，并对其采取特殊的保护措施等。

第三，便于裁决作出后的执行。为了确保裁决的执行，要求一方当事人不得将与争议有关的财产出售或转移，或者对相关的财产进行查封或冻结银行账户，或者令当事人提供可供执行仲裁裁决的担保等。

四、当事人申请采取临时性保全措施的时间

鉴于临时性保全措施的最终目的是确保仲裁裁决作出后的执行，按照一些国家的立法与实践，此项措施的发布与实施，可以在申请强制执行仲裁裁决之前的任何时间：在仲裁程序开始之前，或者在仲裁庭组成以前，当事人可以直接向法院申请就仲裁协议项下的标的物采取临时性保全措施；仲裁程序进行之中，法院或者仲裁庭也有权发布此项措施；即便在裁决作出后，在裁决未被申请强制执行之前，当事人也可以向法院申请采取此项措施。正如联合国贸法会2006年《示范法》第9条所规定的那样：It is not incompatible with an arbitration agreement for a party to request, before or during arbitral proceedings, from a court an interim measure of protection and for a court to grant such measure.

五、UNCITRAL对1985年《示范法》中关于临时性保全措施的修订

2006年7月7日举行的联合国贸法会第39届会议上通过了对1985年《示范法》的修订(以下简称2006年《示范法》)，其中第17条关于仲裁庭命令采取临时性措施的权力的规定，是修改最大的条文。①

1985年《示范法》关于临时性保全措施的规定只有第17条一个条文：Unless otherwise agreed by the parties, the arbitral tribunal may, at the request of a party, order any party to take such interim measure of protection as the arbitral tribunal may consider necessary in respect of the subject-matter of the dispute. The arbitral tribunal may require any party to provide appropriate security in connection with such measure. 该条的规定有两层意思：第一，仲裁庭有权根据一方当事人的请求对争议标的作出采取临时性措施的决定；第二，仲裁庭有权令申请人提供与该临时措施有关的适当担保。至于仲裁庭在什么样的情况下才能作出临时性措施的决定，此项决定采用什么样的形式，在一国作出的此项决定能否在另外的国家执行？仅从该条文中我们还不能找到答案。

早在1999年5月17日至6月4日在维也纳召开的联合国贸法会第32届会议上，就确定了对临时性保全措施的执行问题为工作组的首要课题。② 经过8年的不懈努力，联合国贸法会于2006年7月7日通过了对《示范法》的修订，其中第17条是修改最大的条文，由原来的一个条款（第17条 Power of arbitral tribunal to order interim measures）扩展为一章（第三章：INTERIM MEASURES AND PRELIMINARY ORDERS）五节（Interim measures, Preliminary orders, Provisions applicable to interim measures and preliminary orders, Recognition and enforcement of interim measures, Court-ordered interim measures)，共11个条款。以下是2006年《示范法》对临时性措施及其相关内容的修订要点：

（一）仲裁庭作出临时性措施决定的条件（Conditions for granting interim measures）

《示范法》第17条规定了仲裁庭在作出终局裁决之前根据当事人的请求，就仲裁协议项下

---

① 除了第17条外，修订的条文包括第1条第2款（关于该法的适用）、第7条（关于仲裁协议的书面形式）、第36条第2款（关于裁决在申请撤销期间一方当事人向执行地国法院申请执行裁决时，执行地国法院如果认为适当，可以暂缓作出决定，也可以令被申请执行人提供适当的担保），此外，还增加了第2A条（关于解释《示范法》和处理该法未规定事项时应当遵循的基本原则）。

② 联合国大会第54届会议正式纪录，补篇第17号，A/54/17，第371～373段和380段。

的标的物以裁决或其他形式（in the form of an award or in another form）采取的临时性措施。据此，仲裁庭可以命令一方当事人：(a) maintain or restore the status quo pending determination of the dispute；(b) take action that would prevent，or refrain from taking action that is likely to cause，current or imminent harm or prejudice to the arbitral process itself；(c) provide a means of preserving assets out of which a subsequent award may be satisfied；or (d) preserve evidence that may be relevant and material to the resolution of the dispute.

关于仲裁庭对争议标的采取临时性措施的条件规定在第 17A 条。据此规定，申请人向仲裁庭提出对争议标的采取临时性措施时，必须提供如下证据证明：(1) Harm not adequately reparable by an award of damages is likely to result if the measure is not ordered，and such harm substantially outweighs the harm that is likely to result to the party against whom the measure is directed if the measure is granted；and (2) There is a reasonable possibility that the requesting party will succeed on the merits of the claim。当然，对这种可能性的判定不得影响仲裁庭此后作出任何决定的自由裁量权。对于证据保全措施，不仅申请人要证明以上事项，仲裁庭也只有在认定采取此项措施是适当的情况下，才能作出相关决定。可见，对证据的保全措施的要求相对严格一些。

（二）仲裁庭作出临时性措施决定的形式及效力

仲裁庭根据当事人的申请决定采取的临时措施，既可采取初步命令（preliminary order）的形式，也可以裁决（award）的形式作出。①

1. 初步命令及其效力

初步命令是仲裁庭根据当事人的请求，在决定对仲裁协议项下争议标的物采取临时性保全措施之前向该措施所针对的当事人发布的，令该当事人不得使所请求的临时性措施的目的落空的命令（directing a party not to frustrate the purpose of the interim measure requested）。其主要特点是：第一，从目的上看，初步命令旨在防止仲裁庭即将作出的采取临时性措施的决定落空，而不是事实上作出临时性措施的决定。第二，该命令是暂时的，自发布之日起 20 天内约束相关当事人，而不具有法院执行的效力。第三，初步命令发布后，仲裁庭应当给所有当事人充分表达其各自意见的机会。仲裁庭可以根据一方当事人的申请，修改、中止或终止该初步命令；在特殊情况下，经事先通知各方当事人，仲裁庭亦可自行修改、中止或终止此初步命令，然后根据其听证的情况决定是否作出采取临时措施的决定。

根据《示范法》第 17C 条关于初步命令的规定，仲裁庭可以根据当事人的申请，令有关当事人不得使所请求的临时措施的目的落空，但须仲裁庭认为，如果事先向临时性措施所针对的当事人透露临时性措施请求，有使这种措施的目的落空的危险。这就是说，一方面，申请人请求仲裁庭就仲裁协议项下争议标的物发布采取临时性保全措施的初步命令时，不必通知相关当事方。另一方面，仲裁庭只有在确认若事先向临时性措施所针对的当事人透露临时措施请求，有使这种措施的目的落空的危险时，才能发布初步命令，除非当事人之间另有约定。关于此项初步命令的发布条件，应当与第 17B 条规定的条件相同。

根据第 17C 条第 5 款的规定，A preliminary order shall be binding on the parties but shall not subject to enforcement by a court. Such a preliminary order does not constitute an award. 仲

① 参见《示范法》第 17 条第 2 款。

裁庭在就初步命令申请作出决定之后，应立即通知所有当事人临时性措施请求、初步命令申请、任何已作出的初步命令，以及任何一方当事人和仲裁庭之间与此有关的所有其他通信，包括口头通信的内容。在通知初步命令所针对的当事人并为其提供发表意见的机会之后，仲裁庭可以对初步命令作出确认或修改的决定，同时在可行的范围内，仲裁庭应尽早给予初步命令所针对的当事人发表意见的机会。对于相关当事人提出的任何针对初步命令的异议，仲裁庭也应立即作出决定。此外，初步命令自仲裁庭作出该命令之日起20天后失效。

仲裁庭可以根据一方当事人的申请，修改、中止或终止其准予采取的临时性措施或作出的初步命令；在特殊情况下，经事先通知各方当事人，仲裁庭亦可自行修改、中止或终止其准予采取的临时性措施或作出的初步命令。仲裁庭在作出准予采取临时性措施决定或作出初步命令时，可以要求申请人提供与这种措施有关的适当担保，除非仲裁庭认为这样做不妥当或没有必要。

此外，仲裁庭可以要求当事人立即披露请求采取临时性措施或者准予采取临时性措施时所依据的情形发生的任何重大变化。申请初步命令的一方当事人应向仲裁庭披露一切可能与仲裁庭判定是否作出或维持该命令有关的情形，这种义务应持续到该命令所针对的当事人有机会发表意见之时。如果仲裁庭事后决定，根据情况本不应准予采取临时性措施或作出初步命令，则对该措施或命令给其所针对的当事人造成的费用和损害，申请临时性措施或初步命令的一方当事人应承担赔偿责任。仲裁庭可以在仲裁程序的任何时候裁定给予这种费用和损害赔偿。

2. 关于临时措施的裁决形式及其效力

仲裁庭可以通过裁决（award）的方式作出关于对争议标的采取临时措施的决定。如果说，初步命令的主要目的是防止仲裁庭即将作出的采取临时性措施的决定落空的话，则仲裁庭作出的关于对争议标的采取临时性措施裁决的主要目的，则是防止当事人在裁决作出之前转移仲裁协议项下争议标的物，进而致使裁决作出后不能得到执行。

临时性措施既可以是仲裁庭在其先前作出的初步命令基础上，经过听取各方当事人意见后作出的决定，也可以由仲裁庭直接作出。

仲裁庭作出的关于对争议标的采取临时性措施的裁决，不仅对各方当事人具有法律上的拘束力，还应当得到法院的承认与执行，包括外国法院的承认与执行。

（三）关于临时性措施裁决的承认与执行

《示范法》第17H条规定：“An interim measure issued by an arbitral tribunal shall be recognized as binding and, unless otherwise provided by the arbitral tribunal, enforced upon application to the competent court, irrespective of the country in which it was issued, subject to the provisions of article 17Ⅰ.”这就是说，根据现行《示范法》的规定，无论关于采取临时性措施的裁决是否在执行地国作出，执行地国法院都应当执行该裁决。当然，申请或已经获得承认或执行临时性措施的当事人，应将该临时性措施的终止、中止或修改情形立即通知法院。执行地国法院如果认为适当，在仲裁庭尚未就担保作出决定的情况下，或者这种决定于保护第三方的权利必要时，也可以命令申请人提供适当担保。事实上，仲裁庭就临时性措施作出的裁决，可以作为《纽约公约》项下的仲裁裁决加以承认与执行。因为根据《示范法》第17Ⅰ条第1款的规定，被申请人只有在提出证据证明存在着第 36 条第 1 款（a）项所述的前 4 项理由①的情况下，法院才可以拒绝执行此决定。

此外，如果仲裁庭就采取临时性措施作出的提供担保的决定未被遵守；或者该临时性措施已被仲裁庭终止或中止的，或经授权，被仲裁地国法院或被依据其法律准予采取临时性措施的国家的法院终止或中止的，法院也可以拒绝执行该裁定。该款还规定，如果执行地国法院经审理后认定：仲裁庭关于临时性措施的决定不符合法院的权限，除非法院决定，在不变更临时性措施实质内容的情况下，为执行该临时性措施的目的，对临时性措施作必要的调整以符合其权限和程序；或者第 36 条第 1 款（b）项中所述任一理由的②，法院也可以拒绝执行该临时性措施的决定。

《示范法》第 17I 条第 2 款还规定，Any determination made by the court on any ground in paragraph (1) of this article shall be effective only for the purpose of the application to recognize and enforce the interim measure. The court where recognition or enforcement is sought shall not, in making that determination, undertake a review of the substance of the interim measure.

《示范法》第 17J 条还规定了法院命令采取的临时性措施：A court shall have the same power of issuing an interim measure in relation to arbitration proceedings, irrespective of whether their place is in the territory of this State, as it has in relation to proceedings in courts. The court shall exercise such power in accordance with its own procedures in consideration of the specific features of international arbitration. 法院就当事人申请的临时性保全措施作出裁定的权力不容置疑，因为此项权力来源于法院地国的国内法。据此规定，根据无论仲裁地是否在法院所在国，法院采取与仲裁程序有关的临时性措施的权力应等同于其在诉讼程序方面的权力。法院应按其程序行使这种权力，同时考虑到国际商事仲裁的特点。

CASE STUDY

印度最高法院关于临时性保全措施的案件

(Supreme Court of India, 13 January, 1999, Civil Appeal Nos. 141-143 of 1999)③

Appellant: Sundaram Finance Ltd. (nationality not indicated)

Respondent: NEPC India Ltd. (nationality not indicated)

---

① 第 36 条第 1 款（a）项规定的前四种理由是：(1) a party to the arbitration agreement referred to in article 7 (Definition of arbitration agreement) was under some incapacity; or the said agreement is not valid under the law to which the parties have subjected it or, failing any indication thereon, under the law of the country where the award was made; or (2) the party against whom the award is invoked was not given proper notice of the appointment of an arbitrator or of the arbitral proceedings or was otherwise unable to present his case; or (3) the award deals with a dispute not contemplated by or not falling within the terms of the submission to arbitration, or it contains decisions on matters beyond the scope of the submission to arbitration, provided that, if the decisions on matters submitted to arbitration can be separated from those not so submitted, that part of the award which contains decisions on matters submitted to arbitration may be recognized and enforced; or (4) the composition of the arbitral tribunal or the arbitral procedure was not in accordance with the agreement of the parties or, failing such agreement, was not in accordance with the law of the country where the arbitration took place.

② 即根据法院地国的法律，该临时性措施所涉及的争议的标的不能通过仲裁解决；或者承认与执行该裁定和当地的公共政策相抵触。

③ See Yearbook Commercial Arbitration, XXIV (1999), pp. 309-316.

Published in: Arbitration Law Reporter (1999, no. 1) pp. 305-314
Subject matter: availability of interim measures before commencement of arbitration

Facts

NEPC India Ltd. (NEPC) entered into a hire-purchase agreement with Sundaram Finance Ltd. (Sundaram) for the supply of two ind-turbine generators. The agreement provided for payment by installments and contained an arbitration clause. After making a number of payments, NEPC defaulted on the payments and Sundaram filed an application under Sect. 9 of the Indian Arbitration and Conciliation Act, 1996, before the City Trial Court, Chennai, seeking the appointment of an Advocate Commissioner to take custody of the of the generators and return them to it. This request was granted by the court.

NEPC appealed under Art. 227 of the Constitution to the High Court at Madras where it argued that an action for interim relief was not maintainable as there was no arbitration proceeding pending, nor had an arbitrator been appointed. On 22 June, 1998, the High Court allowed the appeal. In its judgment, after referring to Sect. 41 of the Arbitration Act, 1940 and the relevant provisions of the 1996 Act, the High Court observed:

"Second Schedule to the 1940 Act is the powers of the Court and item No. 4 is 'interim injunction or the appointment of a receiver'. Therefore, there is no virtual difference between Sect. 41 read with Schedule 2 and present Sect. 9 of the Arbitration Act. Moreover, if an interpretation such as the one contended by the Learned Counsel for the appellant is to be given to Sect. 9 the very object of the Act would be defeated. Any party, who has an agreement for arbitration with another can rush to Civil Court and straight away get an order under Sect. 9 and thereafter keep quiet without referring the matter to Arbitration. That will have a very serious consequence on the provisions of the Act. It could not have been the intention of the legislature in enacting the present Arbitration Act. Further, the very fact that Sect. 9 comes after Sect. 8 which deals with the reference of disputes to Arbitration, the only interpretation that could be given to Sect. 9 is that it could be availed of when an arbitration proceeding is pending before the Arbitral Tribunal or is at the reference stage before the Court or after the Arbitral award has been made."

On appeal by special leave, the Supreme Court of India, per Sujata v. Manohar and B. N. Kirpal, JJ. Held that the court has jurisdiction to entertain an application for interim measures under Sect. 9 of the Arbitration and Conciliation Act 1996 either before or during arbitral proceedings, or after the making of the award.

Excerpt

1. Under the provisions of the Arbitration Act, 1940, the powers of the Court to pass interim orders were derived from Sect. 41 (b) read with 2nd Schedule to the Arbitration Act, 1940, Mr. Gopal Subramaniam, learned senior counsel appearing for the respondent, places reliance on Sant Ram & Co. v. State of Rajasthan and others, wherein it was observed that 'the initiation of pendency of any proceedings in the Court in relation to the arbitration proceedings would, therefore, be a precondition for the exercise of the power by the civil court under the Second Schedule of the Act'. Even if this be the position under the 1940 Act we still have to examine whether

there has been any change in the law with the promulgation of the Arbitration and Conciliation Act, 1996.

2. Prior to the promulgation of the 1996 Act the law on arbitration in India was substantially contained in three enactments, namely: The Arbitration Act, 1940, the Arbitration (Protocol and Convention) Act, 1937 and the Foreign Awards Recognition and Enforcement Act, 1961. In the Statement of Objects and Reasons appended to the Bill it was stated that the 1940 Act, which contained the general law of arbitration, had become outdated. The said objects and reasons noticed that the United Nations Commission on International Trade Law (UNCITRAL) adopted in 1985 the Model Law on International Commercial Arbitration... '... The present Bill seeks to consolidate and amend the law relating to domestic arbitration, international commercial arbitration, enforcement of foreign arbitral awards and to define the law relating to conciliation taking into account the said UNCITRAL Model Law and Rules.'

3. The 1996 Act is very different from the Arbitration Act, 1940. The provisions of this Act have, therefore to be interpreted and construed independently and in fact reference to the 1940 Act may actually lead to misconduction. In other words the provisions of the 1996 Act have to be interpreted as being uninfluenced by the principles underlying the 1940 Act. In order to get help in construing these provisions it is more relevant to refer to the UNCITRAL Model Law rather than the 1940 Act.

4. Some of the provisions of the 1996 Act, which are relevant in the present case, are Sects. 2 (d), 9, 17 and Sect. 21. Sect. 2 (d) defines an Arbitral Tribunal to mean a sole arbitrator or a panel of arbitrators. Sect. 9 of the 1996 Act, which give power to the Court to pass interim orders, and with the interpretation of which we are concerned in the present case, reads thus:

'9. Interim measures by a Court...'

5. As this section refers to 'Arbitral Tribunal' the same has to be read along with Sect. 21 which relates to the commencement of the arbitral proceedings... ① The Arbitral Tribunal has also been given jurisdiction to pass interim orders by Sect. 17 of the said Act... ②

6. The reading of Sect. 21 clearly shows that the arbitral proceedings commence on the date on which a request for a dispute to be referred to arbitration is received by the respondent. It is in this context that we have to examine and interpret the expression 'before or during arbitral proceedings' occurring in Sect. 9 of the 1996 Act. We may here observe that though Sect. 17 gives the arbitral tribunal the power to pass orders the same cannot be enforced as orders of a Court. It is for this reason that Sect. 9 admittedly gives the Court power to pass interim orders during the

---

① Sect. 21 of the Arbitration and Conciliation Act 1996 reads:

"Unless otherwise agreed by the parties, the arbitral proceedings in respect of a particular dispute commence on the date on which a request for that dispute to be referred to arbitration is received by the respondent."

② Sect. 17 of the Arbitration and Conciliation Act, 1996 reads:

"(1) Unless otherwise agreed by the parties, the arbitral tribunal may, at the request of a party, order a party to take any interim measure to protection as the arbitral tribunal may consider necessary in respect of the subject-matter of the dispute.

"(2) The arbitral tribunal may require a party to provide appropriate security in connection with a measure ordered under subsection (1)."

arbitration proceedings.

7. The position under the Arbitration Act, 1940 was that a party could commence proceedings in Court by moving an application under Sect. 20 for appointment of an arbitrator① and simultaneously it could move an application for interim relief under the Second Schedule read with Sect. 41 (b) of the 1940 Act.② The 1996 Act does not contain a provision similar to Sect. 20 of the 1940 Act. Nor is Sect. 9 or Sect. 17 similar to Sect. 41 (b) and the Second Schedule to the 1940 Act. Sect. 8 of the new Act③ is not in pari material with Sect. 20 of the 1940 Act. It is only if in an action which is pending before the Court that a party applies that the matter is the subject of an arbitration agreement does the Court get jurisdiction to refer the parties to arbitration. The said provision does not contemplate, unlike Sect. 20 of the 1940 Act, a pending before the Court. Under the 1996 Act appointment of arbitrator (s) is made as per the provision of Sect. 11 which does not require the Court to pass a judicial order appointing arbitrator (s). the High Court was, therefore wrong in referring to these provisions of the 1940 Act while interpreting Sect. 9 of the new Act.

8. Under the 1996 Act the Court can pass interim orders under Sect. 9 Arbitral proceedings, as we have seen, commence only when the request to refer the dispute is received by the respondent as per Sect. 21 of the Act. The material words occurring in Sect. 9 are 'before or during the arbitral proceedings'. This clearly contemplates two stages when the Court can pass (an) interim order, i. e. during the arbitral procee-dings or before the arbitral proceedings. There is no reason as to why Sect. 9 of the 1996 Act should not be literally construed. Meaning has to be given to the word 'before' occurring in the said section. The only interpretation that can be given is that the Court can pass interim orders before the commencement of arbitral proceedings. Any other interpretation, like the one given by the High Court, will have the effect of rendering the word 'before' in Sect. 9 as redundant. This is clearly not permissible. Not only does the language warrant such an interpretation but it was necessary to have such a provision in the interest of justice. But for such a provision no party would have a right to apply for interim measure before notice under Sect. 21 is received by the respondent. It is not unknown when it becomes difficult to serve the re-

---

① Sect. 20 of the Arbitration Act, 1940 read in relevant part:

"(1) Where any persons have entered into an arbitration agreement before the institution of any suit with respect to the subject matter of the agreement or any part of it, and where a difference has arisen to which the agreement applies, they or any of them, instead of proceeding under Chapter II, may apply to a Court having jurisdiction in the matter to which the agreement relates, that the agreement be filed in Court."

"(4) Where no sufficient cause is shown, the Court shall order the agreement to be filed, and shall make an order of reference to the arbitrator appointed by the parties whether in the agreement or otherwise, or, where the parties cannot agree upon an arbitrator, to an arbitrator appointed by the Court."

② Sect. 41 (b) of the Arbitration Act, 1940 read:

"the Court shall have, for the purpose of, and in relation to, arbitration proceedings, the same power of making orders in respect of any of the matters set out in the Second Schedule as it has for the purpose of, and in relation to, any proceedings before the Court."

The Second Schedule defines the powers of the Court, inter alia, with respect to the taking of interim measures.

③ Sect. 8 of the Arbitration and Conciliation Act, 1996 reads in relevant part:

"(1) A judicial authority before which an action is brought in a matter which is the subject of an arbitration agreement shall, if a party so applies not later than when submitting his first statement on the substance of the dispute, refer the parties to arbitration."

spondents. It was, therefore, necessary that provision was made in the Act which could enable a party to get interim relief urgently in order to protect its interest. Reading the section as a whole it appears to us that the court has jurisdiction to entertain an application under Sect. 9 either before arbitral proceedings or during arbitral proceedings or after the making of the arbitral award but before it is enforced in accordance with Sect. 36 of the Act.

9. Sect. 9 of the said Act corresponds to Art. 9 of the UNCITRAL Model Law which is as follows:

'It is not incompatible with an arbitration agreement for a party to request, before or during arbitral proceedings, from a court an interim measure of protection and for a court to grant such measure.'

This article recognizes, just like Sect. 9 of the 1996 Act, a request being made before a Court for an interim measure of protection before arbitral proceedings. It is possible that in some countries if a party went to the Court seeking interim measures of protection that might be construed under the local law as meaning that the said party had waived its right to take recourse to arbitration. Art. 9 of the UNCITRAL Model Law seeks to clarify that merely because a party to an arbitration agreement requests the court for an interim measure 'before or during arbitral proceedings' such recourse would not be regarded as being incompatible with an arbitration agreement. To put it differently the arbitration proceedings can commence and continue notwithstanding a party to the arbitration agreement having approached the Court for an order for interim protection. The language of Sect. 9 of the 1996 Act is not identical to Art. 9 of the UNCITRAL Model Law and the expression 'before or during arbitral proceedings' used in Sect. 9 of the 1996 Act seems to have been inserted with a view to give it the same meaning as those words have in Art. 9 of the UNCITRAL Model Law. It is clear, therefore, that a party to an arbitration agreement can approach the Court for interim relief not only during the arbitral proceedings but even before the arbitral proceedings. To that extent Sect. 9 of the 1996 Act is similar to Art. 9 of the UNCITRAL Model Law.

10. The court referred to Sect. 44 of the English Arbitration Act 1996 and the case of the Channel Tunnel Group Ltd. and France Manche S. A. v. Balfour Beatty Construction Ltd. and others as being in conformity with the view that the court is allowed to grant interim relief before the commencement of arbitral proceedings. It then continued:...

11. It was submitted by Mr. Subramaniam that even if the Court can exercise jurisdiction under Sect. 9 before the arbitral proceedings have commenced the party seeking to invoke Sect. 9 must express a manifest intention to arbitrate. The learned counsel submitted that this intention can take the following forms:

(a) In an application under Sect. 9, the party would have to state that it unequivocally relies on the arbitration agreement and makes an averment that it would invoke the arbitration clause;

(b) At the time when the Court passes an interim order under Sect. 9, an express undertaking is given by the party before the Court that it would invoke the arbitration clause forthwith and within a fixed period; and

(c) A notice invoking (the) arbitration clause should have been issued to the opposite party.

It was contended that mere filing of an application under Sect. 9 was not sufficient to establish manifest intention to this extent.

12. When a party applies under Sect. 9 of the 1996 Act it is implicit that it accepts that there is a final and binding arbitration agreement in existence. It is also implicit that a dispute must have arisen which is referable to the arbitral tribunal. Sect. 9 further contemplates arbitration proceedings taking place between the parties. Mr. Subramaniam is, therefore, right in submitting that when an application under Sect. 9 is filed before the commencement of the arbitral proceedings there has to be manifest intention on the part of the applicant to take recourse to the arbitral proceedings if, at the time when the application under Sect. 9 is filed, the proceedings have not commenced under Sect. 21 of the 1996 Act. In order to give full effect to the words 'before or during arbitral proceedings' occurring in Sect. 9 it would not be necessary that a notice invoking the arbitration clause must be issued to the opposite party before an application under Sect. 9 can be filed. The issuance of a notice may, in a given case, be sufficient to establish the manifest intention to have the dispute referred to (an) arbitral tribunal, but a situation may so demand that a party may choose to apply under Sect. 9 for an interim measure even before issuing a notice contemplated by Sect. 21 of the said Act. If an application is so made the Court will first have to be satisfied that there exists a valid arbitration agreement and the applicant intends to take the dispute to arbitration. Once it is so satisfied the Court will have the jurisdiction to pass orders under Sect. 9 giving such interim protection as the facts and circumstances warrant. While passing such an order and in order to ensure that effective steps are taken to commence the arbitral proceedings, the Court while exercising jurisdiction under Sect. 9 can pass (a) conditional order to put the applicant to such terms as it may deem fit with a view to see that effective steps are taken by the applicant for commencing the arbitral proceedings. What is apparent, however, is that the Court is not debarred from dealing with an application under Sect. 9 merely because no notice has been issued under Sect. 21 of the 1996 Act.

...

13. In view of the aforesaid discussions it follows that the High Court erred in coming to the conclusion that the Trial Court had no jurisdiction in entertaining the application under Sect. 9 because arbitration proceedings had not been initiated by the appellant.

14. The Court further recommended that the High Court exercise its power to make rules to deal with the procedure to be followed by the Courts when exercising jurisdiction under Sect. 9 of the Act.

Questions for Discussion:

1. Why the High Court in India ruled that the party could not apply for interim measures before initiating arbitration procedure while it has arbitration agreement with another party?
2. Why the Supreme Court of India held that the High Court erred in coming to the conclusion that the Trial Court had no jurisdiction in entertaining the application under Sect. 9 because arbitration proceedings had not been initiated by the appellant?
3. How to avoid the situation that one party applied for the court to take interim measures of protection

in order to delay the arbitration proceedings?

第二节 有权发布临时性保全措施的机构及法律依据

在国际商事交易实践中，法院和仲裁庭都可以依法对与争议有关的财产或证据作出采取临时性保全措施的决定。

一、法院发布临时性保全措施的依据

在当事人订有仲裁协议的情况下，法院对仲裁协议项下的临时性措施的发布权，来源于法律。根据国际法上的国家主权原则，以及由此而引申出来的属人原则和属地原则，国家法律允许当事人将争议提交仲裁，进而使国家法院放弃一部分管辖权，在当事人订有仲裁协议的情况下，该协议项下争议就应当由仲裁庭解决，法院应当依法放弃这一部分争议的管辖权。但是，法院也可以依法对这部分争议行使监督的权力以及协助仲裁庭解决仲裁协议项下的争议。而与仲裁协议有关的临时性保全措施，就是法院对仲裁庭通过仲裁解决争议的协助。

应当承认的事实是：在国际商事仲裁实践中，有很大一部分争议不是被提交常设仲裁机构解决，而是由当事人约定的临时仲裁庭解决。而在临时仲裁的情况下，当争议发生后，从一方当事人提出仲裁请求到仲裁庭组成需要一定的时间，如果另一方当事人不配合，有意通过在仲裁协议的有效性和仲裁庭的管辖权异议上做文章的方式拖延解决问题的时间，如果争议涉及国际货物买卖中的易腐烂货物的质量，如果不及时处理这些易腐烂的货物，那么，当事人的损失就更大。为了减少损失，及时地处理这些货物，在仲裁庭尚未组庭的情况下，当事人向法院申请临时性保全措施，由法院发布现行处理这些货物并冻结货款的命令，无论对社会还是对双方当事人来说，应当是合理的选择。

当然，在当事人之间订有仲裁协议的情况下，或者在仲裁程序开始之前，或者在仲裁程序进行之中，当事人能否向法院申请临时性保全措施，法院是否应当予以准许等问题，无论是立法与司法实践中，还是在学界，都有不同的做法和看法。有的认为这是法院对仲裁的干预，而有的则认为是法院对仲裁的协助。笔者认为，无论是协助，还是干预，均应在国家法律允许的条件下进行，因为这是国家法律所调整的范畴。根据印度、英国以及美国一些国家的法院的司法实践，尽管当事人之间订有仲裁协议，该协议项下的争议也应当由仲裁庭解决，但就在协议项下发布临时性保全措施而言，法院同样享有此项权力。

二、仲裁庭作出采取临时性保全措施的决定的权力

仲裁庭作出临时性保全措施的决定的权力的法律依据，主要来源于仲裁所适用的仲裁规则和各有关国家的国内法。

（一）国内法直接规定的权力

凡是采纳了联合国贸法会《示范法》的规定的国家，均在本国国内法上明确规定了仲裁庭有权发布临时保全措施令。《示范法》第17条就仲裁庭裁定采取临时保全措施的权力作出如下规定："Unless otherwise agreed by the parties, the arbitral tribunal may, at the request of a party, order any party to take such interim measure of protection as the arbitral tribunal may consider necessary in respect of the subject matter of the dispute. The arbitral tribunal may require any party to provide appropriate security in connection with such measure."保加利亚1988年《国际商事仲裁法》第21条、俄罗斯1993年《国际商事仲裁法》第17条、德国1998年的（《民事诉讼法》第十编）第1041条第1款，均作了与《示范法》第17条相同的规定。

（二）仲裁规则规定的权力

联合国贸法会1976年的仲裁规则第26条就临时性保全措施的内容及形式均作出了如下具体的规定：

（1）At the request of either party, the arbitral tribunal may take any interim measures it deems necessary in respect of the subject-matter of the dispute, including measures for the conservation of the goods forming the subject-matter in dispute, such as ordering their deposit with a third person or the sale of perishable goods.

（2）Such interim measures may be established in the form of an interim award. The arbitral tribunal shall be entitled to require security for the costs of such measures.

（3）A request for interim measures addressed by any party to a judicial authority shall not be deemed incompatible with the agreement to arbitrate, or as a waiver of that agreement.

此外，许多仲裁机构的仲裁规则中也规定了仲裁庭发布临时性保全措施命令的权力。例如，国际商会国际仲裁院1998年仲裁规则第23条、世界知识产权组织仲裁与调解中心2002年仲裁规则第46条、伦敦国际仲裁院1998年仲裁规则第25条、美国仲裁协会2000年国际仲裁规则第21条，均有此项规定。

（三）当事人赋予的权力

如果当事人之间就仲裁庭采取临时性保全措施作出约定，仲裁庭也可就当事人之间约定的临时性保全措施发布命令。

在此应当强调指出的是：在仲裁规则规定和当事人约定仲裁庭可发布采取特定的临时性保全措施的命令的情况下，此项命令能否执行，还取决于各有关国家法律上是否允许仲裁庭发布此项临时性保全措施的命令。如果法律不允许仲裁庭这样做，则仲裁庭的临时性保全措施命令仍然得不到强制执行。因此，可以这样认为，仲裁庭是否有权作出临时性保全措施的裁定，归根结底取决于仲裁协议的适用法律（lex arbitri）。例如在英国，如果英国法为支配仲裁协议的法律（通常为协议规定在英国仲裁的情况），那么就应当根据英国法对仲裁协议的解释，认为该仲裁协议中包括英国法上关于临时性保全措施的采取的规定，故而该仲裁协议本身就赋予了仲裁庭根据英国法规定而拥有的权限，包括令当事人作证、出示有关文件、保护证据以及其他一些为达到仲裁目的而采取的措施。[①] 至于仲裁协议的适用法律，如前所述，从理论上来说，

---

① See D. Alan Redfern, *Arbitration and the Courts: Interim Measures of Protection—Is the Tide about to Turn?* Taxas International Law Journal, No. 1, Winter, 1995, at 81.

当事人可以专门对此作出约定或选择，但在实践中，几乎所有合同中的仲裁条款均未对仲裁协议的适用法律作出专门规定。而在当事人未能就仲裁协议的适用法律作出规定的情况下，根据国际私法上普遍认可的“最为密切联系”的原则，该仲裁协议的适用法律通常就是仲裁地的法律。

三、仲裁庭与法院权力的划分

在当事人之间订有仲裁协议的情况下，从某种意义上说即排除了法院对仲裁案件的管辖权。仲裁协议项下的争议均应提交仲裁解决，而不再由法院审理。正如《纽约公约》第 2 条第 3 款所规定的那样：“The court of a Contracting State，when seized of an action in a matter in respect of which the parties have made an agreement within the meaning of this article，shall，at the request of one of the parties，refer the parties to arbitration，unless it finds that the said agreement is null and void，inoperative or incapable of being performed.”这就是说，就争议实体问题而言，仲裁庭对仲裁协议项下争议享有管辖权，是不容置疑的。根据《纽约公约》的上述规定，在当事人对争议事项订有仲裁协议的情况下，如果一方当事人无视该协议，将该协议项下的争议提交该公约缔约国法院，则法院有义务令当事人将仲裁协议项下的争议提交仲裁解决，除非法院认为该仲裁协议无效、失效或者不能履行。

当然，临时性保全措施也涉及仲裁协议项下争议问题的一部分，对于由谁来发布这类措施的命令，如前所述，各国法律规定不一，实践中的做法也不一样，即便在一个国家，如美国的司法实践，也有不同的做法。这是一个有争议的问题。但不可否认，临时性保全措施是国家法律为了保证法院判决或仲裁裁决最终能够得到执行，防止一方当事人在解决争议的过程中转移财产而规定的重要措施，而此类措施的执行权只能属于法院，尽管根据有关国家的法律和一些仲裁规则的规定，仲裁庭可以发布采取此类措施的命令。笔者认为这只是程序上的一个问题，而不属于实体问题。就审理争议的实体问题而言，如果当事人订有有效的仲裁协议，则协议项下的争议只能由仲裁解决，而不是由法院解决。但这并不意味着法院不能依法对在其境内进行的仲裁实施监督，根据以《纽约公约》和《示范法》为代表的现代国际商事仲裁立法，法院对仲裁所实施的监督不是对仲裁实体问题的监督，而只是对程序问题的监督。

可见，法院对仲裁的干预与监督，同样包括了对仲裁的支持，如根据当事人的请求指定仲裁员或替代仲裁员，强制执行仲裁协议（令当事人将争议提交仲裁解决），强制执行仲裁裁决等。当然，这里也包括根据当事人的请求或者仲裁庭的请求，对仲裁协议项下的争议标的物采取临时性的强制措施。法院依法对仲裁采取上述措施，不仅是对仲裁的干预和监督，同时也是对仲裁的协助与支持，是促进仲裁事业发展的重要组成部分。试想，如果没有法院对仲裁协议和仲裁裁决的强制执行为后盾，仲裁协议和仲裁裁决则只能依照当事人的意思自治来履行，如果一方当事人在仲裁协议订立后，或者在仲裁裁决作出后反悔，那么仲裁的目的就不能实现，当事人不得不重新回到法院，通过诉讼的方式解决他们之间的争议，以实现当事人应当享有的权利。而这样做无疑就削弱了仲裁的意义和价值，所以法院对仲裁的协助至关重要。当然，在此要强调指出的是：法院对仲裁所实施的监督，仅限于对程序问题所实施的监督，而不是对解决争议实体问题的监督。

在国际商事仲裁实践中，涉及临时性保全措施的发布与实施时，以下几个问题必须特别加以明确：第一，就对争议实体问题的审理而言，法院与仲裁庭之间的权利划分界限是明显的：

在有效的仲裁协议下，协议项下的争议应当由仲裁庭解决，而不是由法院解决。第二，鉴于临时性保全措施为解决争议过程的一个组成部分，就其实质而言，还应当属于程序法上的保全问题，在这一问题上仲裁庭与法院究竟谁有权作出采取临时性保全措施的裁定，往往很难做到像楚河汉界那样一清二楚。正如《示范法》和其他一些国家的立法上所规定的那样，仲裁庭和法院均有权作出此项决定，很难说这就是仲裁庭的权力，法院不得干预。第三，就临时性保全措施的执行而言，这一部分权力只能属于国家法院，仲裁庭则无权强制当事人执行此项措施。

第三节 各国有关国际商事仲裁中的临时性保全措施的立法与实践

一、成文法上的规定

如前所述，仲裁庭能否对其所审理的案件作出采取临时性保全措施的决定，归根结底取决于有关国家的法律是否允许仲裁庭作出此项裁定。纵观各有关国家的法律，主要有以下两种情况：

1. 法律直接规定仲裁庭作出该裁定的权力

除了那些采纳了联合国贸法会《示范法》的规定的国家外，许多国家的法律上也明确规定了仲裁庭就临时性保全措施作出裁定的权力，其中最具代表性的应当是瑞士 1987 年《国际私法》第 183 条的规定：

(1) Unless the parties have otherwise agreed, the arbitral tribunal may, on motion of one party, order provisional or conservatory measures.

(2) If the party concerned does not voluntarily comply with the these measures, the arbitral tribunal may request the assistance of the competent state judge; the judge shall apply his own law.

(3) The arbitral tribunal or the state judge may make granting the provisional or conservatory measures subject to appropriate sureties.

瑞士法的上述规定，顾及国际商事交易中不同国家的法律规定。一方面，仲裁庭可根据一方当事人的请求作出此项裁定；另一方面，在需要法院协助时，法院适用法院地国的法律提供协助。

此外，《德国民事诉讼法典》第 1041 条对临时性保全措施也作出了如下明确的规定：

(1) Unless otherwise agreed by the parties, the arbitral tribunal may, at the request of a party, order such interim measures of protection as the arbitral tribunal may consider necessary in respect of the subject-matter of the dispute. The arbitral tribunal may require any party to provide appropriate security in connection with such measures.

(2) The court may, at the request of a party, permit enforcement of a measure referred to in subsection (1) unless application for a corresponding interim measure has already been made to a court. It may

recast such an order if necessary for the purpose of enforcing the measure.

(3) The court may, upon request, repeal or amend the decision referred to in subsection (2).

(4) If a measure ordered under subsection (1) proves to have been unjustified from the outset, the party who obtained its enforcement is obliged to compensate the other party for damage resulting from the enforcement of such measure or from his providing security in order to avoid enforcement. This claim may be put forward in the pending arbitral procee-dings.

其他一些国家的法律，如美国、印度、英国、法国、瑞典等的法律也都允许仲裁庭作出此项裁定。①

2. 法律明文禁止仲裁庭作出此项裁定的权力

一些国家的法律明文规定仲裁庭无权发布关于采取临时性保全措施的决定。有代表性的应当属《意大利诉讼法典》第818条的规定："仲裁庭不得发布关于扣押财产或其他临时性保全措施的决定。"爱尔兰的仲裁法，也有类似规定。②

1992年《芬兰仲裁法》也不允许仲裁庭就临时性保全措施作出裁定，法院对此享有专属权。根据该法第5条第2款的规定，"尽管当事人之间订有仲裁协议，在仲裁开始之前或仲裁程序进行之中，法院或其他权威机构可以发布临时性保全措施"。尽管如此，经双方当事人同意，仲裁庭可以以临时裁决的形式对此作出裁定。③

有些国家和地区的法律虽然没有明文禁止仲裁庭作出采取临时性保全措施裁定的权力，但是在相关法律上规定，发布此项措施的权力专属于法院。如中国1994年《仲裁法》第68条关于当事人申请证据保全的规定："涉外仲裁的当事人申请证据保全的，涉外仲裁委员会应当将当事人的申请提交证据所在地的中级人民法院。"据此规定，仲裁庭无权作出采取临时性保全措施的裁定，只有法院才享有此项权力。

二、法院就仲裁协议项下事项作出临时性保全措施的决定的权力

在国际商事仲裁实践中，在当事人订有仲裁协议的情况下，法院能否根据一方当事人的申请，对另一方当事人的财产采取临时性的保全措施，是一个颇有争议的问题。特别是在仲裁程序开始之前，或者虽然一方当事人已经申请仲裁，但是仲裁庭还没有成立，而当事人之间的争议所涉及的事项又很紧迫的情况下，法院是否应当根据一方当事人的请求，作出采取临时性保全措施的决定？此外，如果向法院申请采取上述措施是在仲裁地以外的国家，法院是否应当作出决定？现结合各有关国家的仲裁立法与实践，对这一问题作出探讨。

按照各国现行的仲裁立法，多数国家的法律均允许仲裁庭对采取临时性保全措施作出裁定。在国际商事实践中，常常面临着这样一个难题：在当事人之间订有仲裁协议的情况下，在申请仲裁或者仲裁程序开始之前，如果争议的财产面临着某种危险，必须对其采取紧急措施，当事人是否可以向法院申请得到此项裁定？在这一问题上，存在着两种截然相反的做法。即便在同一个国家，也存在着不同的做法。

---

① See D. Alan Redfern, *Arbitration and the Courts: Interim Measures of Protection—Is the Tide about to Turn?* Taxas International Law Journal, No. 1, Winter, 1995, at 55-59.

②③ See D. Alan Redfern, *Arbitration and the Courts: Interim Measures of Protection—Is the Tide about to Turn?* Taxas International Law Journal, No. 1, Winter, 1995, at 60, 59.

(一) 美国

在美国，比较有代表性的例子是美国第三上诉巡回法院在 1974 年就橡胶轮胎公司案（McCreary Tire & Rubber Co. v. Ceat S. p. A.）[1]作出的裁定。在该案中，美国马克利公司与意大利的奇特公司订立了在美国销售橡胶轮胎的合同，该合同中含有仲裁条款。双方在履行合同的过程中发生争议，马克利公司向地方法院申请冻结奇特公司在美国匹茨堡银行的账户，地方法院予以准许。奇特公司拒绝执行，要求将争议提交仲裁解决。奇特公司不服，上诉到美国第三巡回上诉法院。上诉法院裁定："解除冻结的银行账户，将争议提交仲裁解决。"上诉法院作出此项认定的理由是：马克利公司将争议提交诉讼违反了与奇特公司之间所订立的仲裁协议……当然，在执行仲裁裁决时扣押外国财产是可能的，但本案中对外国财产的扣押并非执行仲裁裁决，而是超越了当事人事先约定的通过仲裁解决争议的方法，此项超越为公约所禁止……公约禁止法院受理当事人提起的此类诉讼，这是由于提起诉讼本身违反了当事人之间订立的仲裁协议。[2]

另一个有代表性的例子是纽约州的上诉法院在 1982 年对库波案（Cooper v. Ateliers de la Motobecane S. A.）作出的裁定：《纽约公约》项下的事项在作出裁决之前，不宜实施扣押。该案中的库波是纽约的市民，另一方当事人为法国公司。双方当事人订立协议，在纽约注册一家负责在美国销售该法国公司产品的公司。为了吸引库波加入这一合资企业，该协议授予库波按照协议中规定的固定价格将其在合资企业的利益出售给法国公司的期权。该协议还规定争议将在瑞士解决。该法国公司还与其他一些投资者订立了类似的协议。1978 年 4 月 13 日，库波欲将其在美国公司的股份转让给该法国公司，但双方不能就该股票的价格达成一致，于是该法国公司便于同年 6 月 30 日请求通过仲裁解决他们之间的争议。库波则于同年 9 月诉讼到位于曼哈顿的纽约高等法院，要求永久性地终止仲裁。库波的上述请求被驳回，但该高等法院的第一上诉庭准许其诉讼请求。于是，该法国公司又上诉到上诉法院。上诉法院的裁定是："上诉法院一致驳回第一上诉庭作出的关于终止仲裁的裁定。"就在纽约法院审理库波的诉讼请求期间，1979 年 1 月，库波又向纽约高等法院对该法国公司提起了第二次诉讼，并得到了高等法院签发的单方面扣押前述合资企业欠该法国公司的债务的命令。当库波要求法院予以确认时，法国公司请求法院撤销此项诉讼并废除该扣押令。第一上诉庭准许库波的诉讼请求后不久，位于曼哈顿的高等法院裁定解除在第二次诉讼中的扣押令，理由是《纽约公约》禁止在裁决作出之前的扣押。但是在上诉期间，第一上诉庭又以 4 比 1 推翻了高等法院的裁定。库波又上诉到上诉法院。上诉法院以 4 比 3 推翻了第一上诉庭的裁定。其中的多数意见认为：

"仲裁的性质是在没有司法程序干预的情况下解决争议。在涉及国际贸易时，为了避免对外国法的不熟悉，这一性质更加明显。《纽约公约》考虑到这一问题并提出了解决方案，即司法干预只能等到裁决作出之后。该公约的目的和政策得到贯彻实施的最好方法就是限制开始仲裁之前提出的关于是否应当强制仲裁的司法诉讼。"

而反对的意见认为，鉴于对外国仲裁裁决的执行条件与国内裁决相同，国内裁决作出之前可以依法采用保全措施，而《纽约公约》规定的只是裁决后的执行问题，并没有专门就裁决前

---

① McCreary Tire & Rubber Co. v. Ceat S. p. A.，501 f. 2d 1032 (3d Cir. 1974).

② See D. Alan Redfern，*Arbitration and the Courts*：*Interim Measures of Protection—Is the Tide about to Turn?* Taxas International Law Journal，No. 1，Winter，1995，at 76.

的措施作出规定。因此，不能认为《纽约公约》默示地禁止此项措施。①

美国上诉法院对马克利公司案和库波案的裁定，其实质内容是在当事人订有仲裁协议的情况下，法院不宜在仲裁庭作出裁决之前进行干预。然而，并不是所有的法院都将上述两个判例作为先例遵循，1991年美国第二上诉巡回法院在对Borden Inc. v. Meiji Milk Products Co. 一案的裁定中认定，准许当事人申请预先禁令是对仲裁的支持，与《联邦仲裁法》第206条的规定没有抵触。在Carolina Power and Light Co. v. Uranex一案中，法院认为，《纽约公约》中没有任何关于禁止采取诉前措施的规定。②

可见，在美国的司法实践中，在当事人之间订有仲裁协议的情况下，法院一般不愿意作出采取临时性保全措施的裁定，即便在仲裁过程中也是如此，因为当事人已经将解决争议的权力交给了仲裁庭。③ 但是，有些法院还是允许当事人在仲裁程序开始之前或进行之中向法院申请保全措施。这些法院认为，法院采取的临时性保全措施，并非对仲裁的干预，而是对仲裁的支持。因为法院在采取这样的措施时，解决这些措施所涉及的争议的权力仍然被控制在仲裁庭的手中，而不是由法院解决这些措施所涉及的争议。因此，有的学者建议，在那些允许采取保全措施的法院涉诉时，当事人可在仲裁条款中作出规定：当事人在向法院申请保全措施时，应当首先得到仲裁员的准许，或者只能由仲裁员代表该申请方向法院申请保全措施。④

（二）英国

英国于1975年12月23日加入《纽约公约》，之后便颁布了执行该公约的1975年《仲裁法》。根据该法第1条第1款的规定，凡是适用该条规定的订有仲裁协议的当事人，就仲裁协议项下的事项在任何法院向对方当事人起诉时，另一方当事人可以向法院申请终止诉讼，法院应当裁定终止诉讼，除非认定仲裁协议无效、失效或不能实施。而这里的仲裁协议，指《纽约公约》项下的仲裁协议。在发生此类诉讼时，即便法院令当事人将争议提交仲裁，法院也可以就仲裁协议项下的事项作出采取保全措施的决定。其中的一个典型的案例是"雷那号"案。⑤

该案中的原告货主向法院提起申请扣押承运其货物的"雷那号"的对物诉讼，并对船东提起对人诉讼。其租船协议规定争议提交仲裁解决。被告请求终止诉讼，通过仲裁解决该争议。法院向船东发出了"Mareva Injunction"，但驳回了原告的扣船请求。英国法认为，发布临时性保全措施与将争议提交仲裁解决并不矛盾。但在海底隧道案中，英国法院则拒绝对在布鲁塞尔进行的仲裁发布此项禁令。

跨海连接英法两国的交通要道——海底隧道是20世纪90年代完成的为世界瞩目的重大工程。该隧道总长约五十公里，跨海连接英国的folkestone和法国的Calais。负责该项工程的业主为专门为该项目成立的隧道集团公司（Channel Tunnel Group Ltd.），而负责工程具体施工的承包商则为由5家英国公司和5家法国公司组成的联合建筑公司（Balfour Beatty Construction Ltd.）。业主与承包商订立了承包合同，陆地总站的建设分别由英国公司和法国公

---

① See Curtis E. Pew and Robert M. Jarvis, *Pre-Award Attachment in International Arbitration: the Law in New York*, J. Int'l Arb. June, No. 3, 1990, at 32-33.

② See Jack J. Coe, Jr., *International Commercial Arbitration: American Principles and Practice in a Global Context*, Transnational Publishers, Inc. Irvington-on-Hudson, New York, 1997.

③ See *The ICC International Court of Arbitration Bulletin*, Vol. 9/No. 1, May, 1998, at 57.

④ See Neil E. McDonnell, *The Availability of Provisional Relief in International Commercial Arbitration*, Journal of Transnational Law, Vol. 22, 1983—1984, at 302.

⑤ See The Rena K, (1978) 1 Lloy's L. R. 545.

司负责，包括施工所需要的各项设施的建设。该承包合同第 67 条关于解决争议的条款规定如下：

(1) 如果业主与承包商在施工中发生争议，此项争议应当采用书面形式说明，首先应当提交给由三人组成的专家小组解决（专家组成员为独立的专家，而不是仲裁员），由专家组在 90 天内作出书面裁定……

(2) 承包商在任何情况下均应谨慎地继续施工，业主对专家组作出的裁定应予以执行（该裁定必须一致通过），除非仲裁庭作出对该裁定进行修正的裁决……

(3) ……如果业主和承包商对第 67 条第 1 款规定的专家组一致通过的裁定均不满意，业主和承包商均可在收到此项裁定后 90 天内书面通知对方当事人关于将争议提交仲裁解决的决定……

(4) 第 67 条第 3 款项下争议的解决适用国际商会仲裁与调解规则，由三位仲裁员据此规则仲裁……仲裁地点在布鲁塞尔。

在当事人履行合同的过程中，承包商与业主之间就隧道制冷系统施工的费用支付问题发生了重大分歧，这个问题在原来的合同中并没有规定，而是后来以变动令的形式增加的。业主向承包商按月付款，包括对制冷系统的施工所做的付款。承包商称，业主对制冷系统施工的付款远远不足，截至 1991 年 9 月，业主支付的款项与承包商所要求的款项之间的差额已经高达 1 700万英镑（按当时的英镑价值计算）。1991 年 10 月 3 日，承包商向业主下了最后通牒，声称如果不满足他们的要求，就全线停工，并且指出了此项停工将给整个工程的竣工带来的严重后果。双方当事人之间的争议并未按合同规定提交专家组解决。业主对承包商提出的最后通牒作出的反应是到英国法院申请禁止承包商停工的禁令。承包商则反唇相讥，称英国法院对此无管辖权，应根据 1975 年英国《仲裁法》裁定终止诉讼，令当事人将争议提交仲裁解决。一审法院认为，法院有权发布此项禁令，但没有必要这样做。上诉法院认为，法院可以对此案发布禁令，但又认为法院无权这样做，因为当事人之间订有仲裁协议。上议院也认为法院有权发布禁令，但在本案中这样做不妥。[①] 法院最后裁定终止诉讼，令当事人将争议提交仲裁解决。正如有的学者所评论的那样，上议院作出此项裁定的立足点是将此争议留给仲裁院解决。[②]

从英国的司法实践中不难看出，英国法律和法院保留了对其管辖范围内的一切人和物行使管辖的权力，包括发布临时禁令和作出采取其他临时性措施的裁定，即便当事人订有将争议提交仲裁解决的协议。但在每一个具体的案件中，法院是否行使此项权力，要视具体情况而定。一般而言，对于在英国境内进行的仲裁，法院一般不难作出这样的裁定。因为在英国法看来，当事人只要选择在英国进行仲裁，即便在仲裁协议中明确规定适用外国的仲裁法，英国的仲裁法同样应当适用。例如在麦道公司案中，尽管合同中的仲裁条款明确规定适用印度仲裁法在伦敦仲裁，法院认为既然当事人选择在英国仲裁，英国的仲裁法就应当适用。[③] 英国法院之所以拒绝就海底隧道案中当事人的申请发布临时性禁令，正如法院在审理此案的过程中所指出的那样，并非英国法院没有这样的权力，因为该争议涉及的当事人中有英国的公司，而且英国也是

---

① See D. Alan Redfern, *Arbitration and the Courts: Interim Measures of Protection-Is the Tide about to Turn?* Taxas International Law Journal, No. 1, 1995 Winter, at 84-85.

② See Notes by Claude Reymond, *The Channel Tunnel Case and the Law of International Arbitration*, The Law Quarterly Review, July, 1993, at 342.

③ 参见赵秀文主编：《国际商事仲裁案例评析》，159～167 页，北京，法制出版社，1999。

该项工程施工的地点之一，法院当然有权发布当事人在解决争议的过程中不得停工的禁令，而法院之所以拒绝发布此项禁令，主要的原因是该争议解决中的仲裁条款规定的仲裁地点不在英国，而是在比利时的布鲁塞尔。

通过以上对各有关国家的立法与实践的分析，不难看出，多数国家的法律均允许仲裁庭就仲裁协议项下与争议有关的标的物作出采取临时性保全措施的决定。这一立法的理论依据是：既然法律已经允许当事人将特定的争议提交仲裁解决，那么仲裁庭就有权就仲裁协议项下的争议发布它所认为适当的保全措施，或者令当事人就争议事项提供担保。因此，当仲裁协议项下的争议发生，当事人请求法院采取保全措施时，一些国家和地区的法院拒绝对此行使管辖权，而令当事人将争议提交仲裁解决。

从国际公约的角度看，《纽约公约》对此并没有作出规定，而有的国际公约就规定了仲裁庭发布采取临时性保全措施的裁定的权力。例如，1961 年《欧洲国际商事仲裁公约》第 6 条第 4 款规定："A request for interim measures or measures of conservation addressed to a judicial authority shall not be deemed incompatible with the arbitration agreement, or regarded as a submission of the substance of the case to the court." 这就是说，当事人之间即便订有仲裁协议，也可以向法院申请采取临时性的保全措施，而法院作出的关于采取临时性措施的决定，并不影响当事人根据仲裁协议的规定将争议提交仲裁解决，而法院也无权就当事人之间的争议所涉及的实体问题进行审理并作出判决。

此外，一些仲裁机构的仲裁规则，包括联合国贸法会的仲裁规则，均就仲裁庭发布采取临时性保全措施的命令的权力作出了明确的规定。例如，联合国贸法会的仲裁规则第 26 条、国际商会国际仲裁院 1998 年仲裁规则第 23 条、世界知识产权组织仲裁与调解中心 2002 年仲裁规则第 46 条、伦敦国际仲裁院 1998 年仲裁规则第 25 条、美国仲裁协会 2000 年国际仲裁规则第 21 条，均规定了仲裁庭有权作出采取临时性保全措施的决定。这一规定的理论依据是当事人意思自治原则。据此原则，既然当事人通过订立仲裁协议的方式约定将协议项下的争议提交仲裁解决，那么所有与仲裁协议有关的事项，包括对协议项下的事项采取临时性的保全措施，也应当由仲裁庭作出决定。当然，当事人的意思自治要在法律允许的范围内进行。如前所述，多数国家的法律，也允许仲裁庭作出此项决定。

需要指出的是：按照各国的立法与司法实践，尽管仲裁庭有权作出采取临时性保全措施的决定，但此项决定的执行权仍然在法院，仲裁庭则无此项权力。

三、关于临时性保全措施的发布与实施的适用法律

（一）发布采用临时性保全措施令的适用法律

仲裁庭能否作出采取临时性保全措施的决定，笔者认为取决于仲裁应当适用的规则和仲裁程序所适用的法律。在仲裁规则与法律这两者之间，仲裁规则更为重要。如果仲裁规则允许仲裁庭作出此项决定，即便仲裁地法不允许仲裁庭作出采取此项措施的决定，也无关大局。这是由于在国际商事仲裁中，仲裁庭在仲裁地作出的采取临时性保全措施的决定，不一定由仲裁地国法院执行。例如在海底隧道案中，即便在布鲁塞尔的仲裁庭作出了关于禁止承包商在解决争议的过程中停止施工的决定，此项决定的执行还有待于在法国和英国境内施工的公司的执行，以及英国法院和法国法院对该决定作出强制执行的命令。如果需要在当地法院执行此项裁定，当事人可以把仲裁庭的此项裁定作为向法院申请采取临时性保全措施的依据。

（二）执行临时性保全措施的适用法律

鉴于临时性保全措施的执行属于强制性的行为，此项行为的实施，只能由执行地国法院依据当地的法律实施，不存在选择适用法律的问题。因此，在执行临时性保全措施的问题上，只能适用执行地的法律执行。由于国际商事仲裁涉及不同国家和地区的当事人，而裁决地国往往是与争议当事人无关的中立国，当事人在裁决地国并无可供执行的财产，所以仲裁庭在裁决地国发布的采取临时性保全措施的命令，需要到裁决地国以外的国家执行，而仲裁庭并无强制执行该项命令的能力，通常应当得到执行地国法院的协助。如果法院地国的法律不允许仲裁庭发布这样的命令，则仲裁庭在裁决地国发布的采取临时性保全措施的命令就不能得到执行。在此情况下，当事人可以在执行地重新向法院申请采取此类临时性措施。

仲裁庭以临时裁决的形式发布的命令的可执行性，也存在着同样问题。临时裁决的执行涉及这样一个问题：根据《纽约公约》，承认与执行外国仲裁裁决是否也包括对临时裁决的承认与执行？由于该公约并未对“裁决”一词予以界定，所以并不能清楚地表明该公约是否适用于临时裁决。一种普遍的且由某些国家的判例法所确认的意见是：该公约不适用于临时裁决。①

从各国有关国际商事仲裁立法与实践看，在本国境内由仲裁庭依法作出的有关临时性保全措施的命令的执行，没有什么障碍，但对于仲裁庭在执行地国以外的国家作出的此项命令，则要根据执行地国的法律决定是否予以执行。因此，可以这样认为，就临时性保全措施的可执行性问题的适用法律而言，均适用执行地国的法律。

第四节 中国有关临时性保全措施的发布与实施的立法与实践

一、临时性保全措施的发布

在我国，在1982年《民事诉讼法（试行）》颁布之前，《中国对外贸易仲裁委员会的仲裁程序暂行规则》（1956年）第15条规定：仲裁委员会主席依一方当事人申请，对同当事人有关的物资、产权等可以规定临时办法，以保全当事人的权利。

继我国1982年《民事诉讼法（试行）》颁行后，中国国际经济贸易仲裁委员会为了使其仲裁规则与民事诉讼法保持一致，修订了其仲裁规则。根据该会1988年仲裁规则第13条，仲裁委员会可以根据当事人的申请和中国法律的规定，提请被诉人财产所在地或者仲裁机构所在地的中国法院作出关于保全措施的裁定。

我国1991年《民事诉讼法》第258条规定，当事人申请采取财产保全的，中华人民共和国的涉外仲裁机构应当将当事人的申请，提交被申请人住所地或者财产所在地的中级人民法院裁定。与此相适应，中国国际经济贸易仲裁委员会（CIETAC）也将其仲裁规则作出修订，将

① 参见联合国大会文件，2000年1月14日，第A\CN.9\WG.II\WP.108号。

1988年规则中的第13条相应地修改为将当事人申请财产或证据保全的申请提交被申请人住所地或其财产、证据所在地的中级人民法院作出裁定。① 这里所涉及的一个问题是：当事人在依据仲裁协议提起仲裁之前，是否能够申请采取保全措施。按照我国《民事诉讼法》的规定，利害关系人可以在起诉前向人民法院申请财产保全。② 当人民法院裁定准许财产保全后，申请人应当在30日内提起诉讼。逾期不起诉的，人民法院应当解除财产保全。③我国法律的上述规定只涉及诉讼保全，而对于提起仲裁之前当事人能否向法院申请采取保全措施，没有规定。事实上是不可以的，因为我国1991年《民事诉讼法》第257条第1款规定："涉外经济贸易、运输和海事中发生的纠纷，当事人在合同中订有仲裁条款或者事后达成书面仲裁协议，提交中华人民共和国涉外仲裁机构或者其他仲裁机构仲裁的，当事人不得向人民法院起诉。"当把这一条的规定和《民事诉讼法》第258条的规定结合起来理解的时候便不难发现，如果订有仲裁协议的当事人就协议项下的临时性保全措施提出申请，按照现行法律的规定，法院不会受理，而令当事人将争议提交仲裁解决。而在仲裁过程中，当事人申请财产保全的，一般案件由被申请人住所地或者财产所在地基层人民法院作出裁定；属于涉外仲裁案件的，依据1991年《民事诉讼法》第258条的规定，由被申请人住所地或者财产所在地中级人民法院作出裁定。④ 因此，仲裁机构无权就采取临时性的保全措施发布命令，而只能将当事人申请保全财产或证据的请求，提交对此有管辖权的中级人民法院作出裁定。

二、临时性保全措施的实施

临时性保全措施的实施机关只能是人民法院。对于外国仲裁机构或仲裁庭作出的需要在我国境内执行的关于财产或证据保全的临时性保全措施的命令，我国法院是否执行，应当完全依据我国《民事诉讼法》的有关规定执行。与其他国家一样，我国法院在执行此类强制性措施时，通常都要当事人提供担保，而且只适用当地的法律。因此，法院在执行临时性保全措施时，不存在适用外国法的问题。

三、中国有关临时性保全措施的发布和实施与世界上的通行做法的比较

与世界上许多国家的仲裁法相比，中国仲裁法上有关对仲裁的争议事项采取临时性保全措施的规定，属于比较特殊的一类。一方面，无论是财产保全，还是证据保全，仲裁庭均无权作出裁定，而是由仲裁机构将当事人要求采取保全措施的申请，转交给对此有管辖权的法院作出裁定。另一方面，当事人在申请仲裁之前不能直接向法院申请采取此项措施。

然而，外国当事人在CIETAC申请仲裁时，根据2014年的CIETAC仲裁规则第4条的规定，当事人如果选择适用CIETAC仲裁规则以外的仲裁规则，经仲裁委员会同意后，也可以适用当事人选择的仲裁规则，如联合国贸法会仲裁规则。根据此规则，仲裁庭有权就临时性保全措施作出决定。如果申请人向仲裁庭提出对被申请人位于我国境内的财产实施保全措施的请求，仲裁庭就有权对此作出决定。此外，国际商会国际仲裁院受理的案件也有将中国作为仲裁地点的，当这些仲裁庭在中国审理仲裁案件时，依据应当适用的仲裁规则也可以作

---

① 参见中国国际经济贸易仲裁委员会1994年仲裁规则第23条。

②③ 参见1991年《中华人民共和国民事诉讼法》第251条第2款、第252条。

④ 参见最高人民法院《关于实施〈中华人民共和国仲裁法〉几个问题的通知》，1997年3月26日，法发（1997）4号。

出采取临时性措施的决定。而我国现行仲裁法和民事诉讼法均规定，仲裁委员会应当将当事人关于请求对仲裁协议项下争议的标的物采取保全措施的申请提交相关的法院，由法院作出并实施保全措施的决定。在将来修改《仲裁法》时，不妨借鉴瑞士《国际私法》第183条的规定：一方面，授予仲裁庭作出采取临时性保全措施的决定的权力；另一方面，如果需要执行仲裁庭作出的决定时，由有管辖权的法院依据当时和当地的法律执行。此外，当事人在申请仲裁之前，也可以向法院申请采取临时性保全措施，法院可以作出附条件地准许保全的裁定，即当事人在裁定后的30天内依据仲裁协议的规定申请仲裁，逾期未申请仲裁的，人民法院可以解除该保全措施。

按照世界上多数国家的立法与实践，仲裁庭和法院均可作出采取临时性保全措施的决定。采取临时性保全措施只是为了防止一方当事人在仲裁裁决作出之前将其财产转移，致使裁决作出后无法执行。在国际商事仲裁实践中，一方面，仲裁庭作出的采取临时性保全措施的决定有待于法院的执行，另一方面，法院作出此项裁定，与仲裁解决争议无悖。因此，为了更好地保护各有关当事人的合法权益，我国不妨借鉴这些国家的立法经验，规定法院和仲裁庭均有权就仲裁协议项下的事项作出采取临时性保全措施的决定，法院在仲裁程序开始前作出此项裁定时，应当附具当事人应当在裁定作出后若干天内申请仲裁的条件，这样做可以更好地协调仲裁和法院的关系，发挥两者的积极性，也符合国际上的一般做法。况且，CIETAC在2005年修订的仲裁规则中，已经允许当事人申请在CIETAC仲裁，而选择适用其他仲裁规则。根据2005年5月1日起实施的CIETAC仲裁规则第4条的规定，凡当事人同意将争议提交CIETAC仲裁的，均视为同意按照该仲裁规则进行仲裁。但当事人另有约定且仲裁委员会同意的，从其约定。据此规定，如果当事人同意在CIETAC仲裁，而选择适用联合国贸法会的仲裁规则，且仲裁委员会也同意当事人选择适用联合国贸法会的仲裁规则的情况下，联合国贸法会仲裁规则可以在CIETAC的仲裁程序中予以适用。而根据该仲裁规则，仲裁庭可以根据一方当事人的请求，对争议标的物作出采取临时性措施的裁定。而此项裁定能否得到我国法院的承认与执行，目前尚不能在我国现行法律中找到依据。

因此，在对我国现行《仲裁法》进行修订时，可以考虑参照联合国贸法会的《示范法》和其仲裁规则中的有关规定，以及其他一些国家的有关立法与实践，在不影响法院对争议标的物作出采取临时性保全措施的裁定的情况下，也应当允许仲裁庭对此作出裁定。

值得特别注意的是：CIETAC 2012年5月1日起实施的仲裁规则第21条专门对申请人申请在中国境内采取的保全措施和中国境外采取的保全措施分别作出了不同的规定：对于当事人关于在中国境内采取的保全措施的申请，“仲裁委员会秘书局应当将当事人的保全措施申请转交当事人指明的有管辖权的法院”。而对于在中国境外采取的临时性保全措施，仲裁庭可以根据当事人的请求，“仲裁庭依据所适用的法律可以决定采取其认为必要或适当的临时性措施，并有权决定请求采取临时措施的一方提供适当的担保。仲裁庭采取临时性措施的决定，可以程序令或中间裁决的方式作出”。这里关于仲裁庭依据所适用的法律可以决定采取临时性措施的规定，是指临时性保全措施项下的标的物位于我国境外的情况，即标的物所在地的法律允许仲裁庭作出此决定的情况，因为我国现行法律不允许仲裁庭作出此项决定。如果临时措施项下的财产或者证据所在国允许仲裁庭作出此项决定，则CIETAC仲裁庭就可以根据当事人的申请，对位于我国境外的争议标的物作出临时性保全措施的决定，并可令申请人提供适当的担保。

四、我国现行法律有关临时性保全措施的规定及我国政府对《示范法》修订的立场

在联合国贸法会对1985年《示范法》修订的过程中，特别是对第17条修订的过程中，中国政府在2006年4月26日以商法行政函（2006）26号的方式，对此条文的修改提出了如下意见：目前的草案对1985年联合国贸法会《示范法》第17条“仲裁庭命令采取临时性措施的权力”的规定作出了很大程度的扩充。“临时措施”与“初步命令”类似于中国法律上的“保全措施”，包括财产保全措施和证据保全措施。我国《仲裁法》第28条第2款规定：“当事人申请财产保全的，仲裁委员会应当将当事人的申请依照民事诉讼法的有关规定提交人民法院。”第46条规定：“……当事人申请证据保全的，仲裁委员会应当将当事人的申请提交证据所在地的基层人民法院。”也就是说，中国法律并没有赋予仲裁庭作出采取有关保全措施决定的权力，也未赋予仲裁庭命令采取临时措施和初步命令的权力，因此现有案文与中国《民事诉讼法》、《仲裁法》的相关规定不符，我国法院缺乏承认与执行外国仲裁庭作出的临时措施、初步命令的法律依据。①

在我国有关国际商事仲裁实践中，外国当事人在向CIETAC申请仲裁时，根据2014年的仲裁规则第4条第3项的规定，当事人约定将争议提交CIETAC仲裁，但对本规则内容进行变更或约定适用其他仲裁规则的，从其约定，但其约定无法实施或与仲裁程序适用法强制性规定相抵触者除外。例如，如果当事人约定在CIETAC仲裁，适用联合国贸法会仲裁规则，那么，根据联合国贸法会的仲裁规则第26条的规定，仲裁庭可以根据一方当事人的请求，对争议标的物采取其认为必要的临时性保全措施，仲裁庭也有权要求请求作出采取临时性保全措施决定的当事人提供担保。此外，国际商会国际仲裁院受理的案件也有将中国作为仲裁地点的，当这些仲裁庭在中国审理仲裁案件时，依据应当适用的仲裁规则也可以作出采取临时性措施的决定。假定适用联合国贸法会或者国际商会国际仲裁院仲裁规则在我国境内进行仲裁，如果涉及仲裁庭根据应当适用的仲裁规则决定对位于我国境内的争议标的物采取临时性保全措施，仲裁庭的此项决定不能得到我国法院的执行，因为我国法律并没有赋予仲裁庭此项权力。

案例分析

永宁公司案②

在下文即将介绍的永宁公司案中，我国法院之所以拒绝执行ICC仲裁院仲裁庭根据ICC规则在巴黎作出的裁决，其关键问题之一是，我国法院根据永宁公司的申请，就合资企业项下的事项采取了临时性保全措施。而保全措施的问题是专属于我国法院管辖的事项，不能通过仲裁解决。尽管仲裁庭在裁决中没有对此作出直接的描述，但裁决称“由于永宁公司违反了其在合

---

① 参见联合国大会文件第A/CN. 9/609/Add. 1号文件，2006-05-04。

② 本案案情根据参与本案审理的山东省高级人民法院于喜富法官于2008年7月16日在人民法院报网站上发表的“违反中国公共政策ICC仲裁裁决被拒绝承认及执行”一文中披露的情况整理而成。参见http://rmfyb.chinacourt.org/public/detail.php?id=120776，访问日期：2009-04-06。此外，于法官还向本文作者专门提供了许多与本案有关的资料，包括ICC裁决英文全文。在此，一并向于法官表示最为诚挚的谢意。

资合同项下通过仲裁解决与合资合同有关争议的契约义务，就合资企业项下的财产向中国法院申请采取临时性保全措施，进而导致合资企业无法继续经营，故应当赔偿外方当事人由此造成的相关损失，包括在中国法院进行司法诉讼的费用等”。这样的字眼，显然针对的是我国法院依法对合资企业采取的临时性保全措施。根据我国现行立法与实践，只有法院才能下令采取临时性保全措施。仲裁庭在裁决中判令永宁公司向外方投资者支付在中国法院进行司法诉讼的诉讼费，显然侵犯了我国法院的司法主权，进而违反了我国的社会公共利益，所以，我国法院以承认与执行此裁决与我国社会公共利益不符为由，裁定拒绝执行该ICC裁决。也就是说，关于临时性保全措施的决定和实施，是不能通过仲裁解决的事项，仲裁庭无权对此作出裁定，尽管按照许多国家的国内法，以及联合国贸法会《国际商事仲裁示范法》，仲裁庭都有权作出此项裁定。由于我国法律不允许仲裁庭对临时性保全措施作出裁定，所以按照我国现行法律，有关临时性保全措施的问题，具有不可仲裁性，是不能通过仲裁解决的事项。

基本案情

1995年12月22日，塞尔维亚共和国Hemofarm DD、MAG国际贸易公司与济南永宁制药股份有限公司（简称永宁公司）签订了《济南—海慕法姆制药有限公司合资合同》，成立济南—海慕法姆制药有限公司（简称合资公司）。合同第58条约定：凡因执行本合同所发生的或与本合同有关的一切争议，双方应通过友好协商解决；如果协商不能解决，应提交巴黎国际商会仲裁院，根据该会的仲裁程序暂行规则进行仲裁。2000年4月，苏拉么媒体有限公司加入合资公司，成为公司股东。

2002年8月6日，永宁公司向济南市中级人民法院（简称济南中院）起诉合资公司，要求给付租金并返还部分租赁财产。合资公司对法院管辖权提出异议，主张有关租赁争议应根据合资合同第58条约定提交国际商会仲裁解决。济南中院审查认为，永宁公司所诉纠纷是其与合资公司因资产租赁使用而产生的纠纷，而合资合同中的仲裁条款约束的是合资公司的各投资主体，合资公司不是投资主体，本案不适用合资合同中的仲裁条款，故裁定驳回合资公司的管辖异议。诉讼中，永宁公司向法院提交了财产保全申请，并提供了担保，济南中院准许了申请并查封了合资公司部分银行存款和产品。

2003年1月17日，永宁公司向济南中院起诉合资公司，要求支付土地租金并返还部分租赁土地，最终获得了胜诉判决。2003年8月2日，永宁公司向济南中院起诉合资公司，要求支付新欠租金并返还部分租赁财产。合资公司提出管辖权异议，主张租赁争议应当根据合资合同中的仲裁条款提交国际商会仲裁解决，被法院裁定驳回。后永宁公司撤诉。2004年9月，永宁公司就撤诉案件向济南中院重新起诉，要求合资公司支付欠付租金，并最终获得胜诉判决。

2004年9月3日，Hemofarm DD、MAG国际贸易公司、苏拉么媒体有限公司（简称外方投资者）作为共同申请人向国际商会仲裁院提起仲裁申请，认为永宁公司拒绝依据合资合同第58条的要求解决其与共同申请人之间与合资合同有关的争议，在中国法院提起并维持诉讼，违反了对共同申请人的合同上和中国法上的义务；永宁公司提起第一起诉讼，申请财产保全和强制执行，导致合资企业最终不能维持正常运营和合资公司价值的实质性降低。共同申请人请求仲裁庭裁决永宁公司赔偿投资损失10 764 514美元及利润损失2 000余万美元；裁决合资公司不应支付中国法院判决确定的租金；裁决责令永宁公司撤回在中国法院的诉讼请求；裁决永宁公司赔付共同申请人在中国诉讼中为合资公司抗辩花费的所有费用。

仲裁庭经审理认为：永宁公司在第一起诉讼中从中国法院获得了财产保全裁定，对这些财产保全裁定的执行对共同申请人在合资合同项下的权利和利益造成了直接的、实质的和不利的影响，它们直接并最终导致合资公司终止运营及关闭。被申请人申请财产保全裁定构成了对合资合同的违反，共同申请人有权依据合资合同第58条将它们向被申请人提出的损害赔偿的请求提交国际商会仲裁院仲裁；提起土地租赁诉讼是对合资合同的违反，因为该争议本应当根据合资合同第58条提交国际商会仲裁院通过仲裁解决；导致合资公司最后终止的唯一、迅速、有效的原因是永宁公司申请中国法院作出的特别是在第一起诉讼中作出的财产保全裁定。仲裁庭最终裁决永宁公司向外方投资者支付损害赔偿金6 458 708.4美元，赔偿在中国法院的诉讼费用9 509.55美元和其他费用1 270 472.99美元，仲裁费用295 000美元。

裁决作出后，由于永宁公司未能执行此裁决，外方投资者向济南中院申请承认及执行该ICC裁决。永宁公司则以仲裁裁决超出仲裁协议范围和当事人本次仲裁提交仲裁事项的范围，处理了依我国法律不可仲裁的事项，承认及执行该仲裁裁决违反我国公共政策为由，请求不予承认及执行。济南中院和山东省高级人民法院审查认为，本案仲裁裁决由ICC仲裁院（仲裁庭）作出，该ICC仲裁院位于法国，依据中国和法国共同参加的《纽约公约》，本案仲裁裁决应不予承认及执行。理由是：

（1）该案仲裁裁决所处理的争议超出了仲裁协议约定的范围，符合《纽约公约》第5条第1款第3项规定的情形，应不予承认及执行。合资合同的签约主体是中外投资者，合同中的仲裁条款仅约束各投资主体；合资公司既不是合资合同的签约主体，也不是仲裁协议的签约主体，永宁公司与合资公司的争议，不受仲裁条款的约束。而仲裁庭对永宁公司与合资公司之间的租赁关系进行了审理和认定，并审理了永宁公司与合资公司之间的诉讼程序争议，甚至对永宁公司与合资公司之间已在中国法院进行诉讼的诉讼费用负担问题进行了裁决，显然超出了其权限范围。

（2）仲裁庭裁决了依据我国法律不能通过仲裁解决的争议事项，依据《纽约公约》第5条第2款第1项，应不予承认及执行。依据我国《仲裁法》第2条，只有平等主体的公民、法人和其他组织之间的合同纠纷和财产权益纠纷可以仲裁。但本案仲裁庭审理并裁决了永宁公司向中国法院申请并获得财产保全的正当性和合法性问题，而该问题不属于平等主体之间的合同和其他财产权益纠纷，仲裁庭无权仲裁。仲裁庭还裁决了永宁公司与合资公司在中国法院进行诉讼的诉讼费用负担问题，而对该问题中国法院当然享有专属管辖权，仲裁庭无权仲裁。

（3）承认及执行该仲裁裁决违反我国的公共政策，依据《纽约公约》第5条第2款第2项的规定，应不予承认及执行。仲裁庭对永宁公司向人民法院申请财产保全的合法性、人民法院对土地租赁诉讼的管辖权进行审理，侵犯了中国的司法主权和中国法院的管辖权。另外，中国法院已经对永宁公司与合资公司之间的租赁关系进行审理并作出判决，并作出财产保全裁定和管辖异议裁定，但仲裁庭仍然进行审理，并认定财产保全申请不具有合法性以及中国法院对土地租赁诉讼不具有管辖权，否定了中国法院生效判决的既判力，也损害了中国的司法主权和中国法院的司法管辖权。

济南中院经审查，认为合资合同中约定的仲裁条款仅约束合资合同当事人就合资事项发生的争议，不能约束永宁公司与合资公司之间的租赁合同纠纷。ICC仲裁院在裁决合资合同纠纷案件中，对永宁公司与合资公司之间的租赁合同纠纷进行了审理和裁决，超出了合资合同约定的仲裁协议范围。在中国有关法院就永宁公司与合资公司之间的租赁合同纠纷裁定对合资公司的财产进行保全并作出判决的情况下，ICC仲裁院再对永宁公司与合资公司之间的租赁合同纠纷进行审理并裁决，侵犯了中国的司法主权和中国法院的司法管辖权。依据《纽约公约》第5条第1款第3项和第2款第2项之规定，应拒绝承认及执行该仲裁裁决。

济南中院和山东省高级人民法院根据最高人民法院《关于人民法院处理与涉外仲裁及外国仲裁事项有关问题的通知》中规定的报告制度，报请最高人民法院不予承认及执行。最高人民法院作出批复，认定仲裁庭的审理与裁决超出仲裁协议范围，侵犯中国司法主权和中国法院司法管辖权，同意不予承认及执行。

思考题：

1. 如何看待仲裁庭对本案的管辖权和法院对永宁公司与合资公司之间的管辖权？

2. 济南市中院根据永宁公司的申请对合资公司部分银行存款和产品采取的查封等临时性保全措施，其法律依据是什么？

3. 永宁公司与合资公司之间的争议，是否属于与合资合同有关的争议？

4. 中国法院拒绝执行此ICC仲裁院裁决的主要理由是承认与执行此裁决有悖于我国的公共政策，而这里的公共政策所包括的具体内容是什么？你对此有何评论？

本章小结

小结

1. 国际商事仲裁中的临时性保全措施，就其实质而言，是为了防止当事人在仲裁裁决作出之前转移其所占有或拥有的财产，保障仲裁裁决作出后能够得到顺利执行。
2. 仲裁庭均可以依据相关法律和仲裁所适用的仲裁规则，对仲裁协议项下的事项作出采取特定的临时性保全措施的决定。
3. 临时性保全措施的执行，属于执行地法院的专属权力，仲裁庭和仲裁地的法院则无此项权力。执行临时性保全措施的法院在执行此项措施时，只适用执行地的法律。
4. 中国在对现行《仲裁法》和相关法律进行修订时，可以考虑借鉴联合国贸法会的《示范法》和其仲裁规则中的有关规定，以及其他一些国家的有关立法与实践，在不影响法院对争议标的物作出采取临时性保全措施的裁定的情况下，也应当允许仲裁庭对此作出裁定。

QUESTIONS AND COMMENTS

1. What is the nature and the functions of the interim measures of protection in international commercial arbitration?
2. Which institution is entitled to make decision on the interim measures of protection? While

making such decision, what law should be applied?

3. How to enforce the decision on interim measures of protection made by the arbitral tribunal? What law should be applied for such enforcement?
4. Which authority should the parties under the international commercial agreement turn to for an order on the interim measures of protection in China?

第七章
国际商事仲裁中的证据

提要

国际商事仲裁中的证据是能够查明案件真实情况的各种客观事实，是解决争议的基础。国际商事仲裁中的证据规则不适用严格的诉讼中的证据规则，具有灵活性。当事人根据意思自治原则可以选择所适用的证据规则。在当事人没有约定时，仲裁庭在遵循正当程序的前提下，对于有关证据事项享有决定权。国际商事仲裁中的证据形式与诉讼中的证据形式相同，包括书证、证人证言、专家证言、现场勘查。当事人对于自己的主张应当举证，仲裁庭也有权查证，法院还可协助取证。

重点问题

- ❑ 国际商事仲裁中的证据规则
- ❑ 国际商事仲裁中证据的形式
- ❑ 国际商事仲裁中证据的获取及认定
- ❑ 中国国际商事仲裁中有关证据的立法与实践

第一节

国际商事仲裁证据概论

国际商事仲裁中的证据是能够证明案件真实情况的各种客观事实，是通向法律真实的桥梁，是认定争议双方当事人责任的前提。与诉讼中法律明文规定证据的种类、判断证据的标准等体系化的原则和制度相比，仲裁对证据的证明力的要求更加灵活，具体表现在当事人可以约定包括证据规则在内的程序规则，他们也可以选定仲裁机构制定的仲裁规则。当事人没有约定时，仲裁庭是仲裁程序的主人（master of procedure），由仲裁庭决定有关程序和证据事宜。

一、各国关于仲裁中证据的规定

（一）英国有关规定

仲裁并不是必须适用严格的诉讼证据规则，但是《英国民事证据法》也可以适用于仲裁。Civil Evidence Act 1968，Ch. 64，s. 18 规定：

（1）In this Act "civil proceedings" includes，in addition to civil proceedings in any of the ordinary courts of law：

（a）civil proceedings before any other tribunal，being proceedings in relation to which the strict rules of evidence apply；and

（b）an arbitration or reference，whether under an enactment or not，

but does not include civil proceedings in relation to which the strict rules of evidence do not apply.

...

（5）Nothing in this Act shall prejudice：

（a）any power of a court，in any legal proceedings，to exclude evidence（whether by preventing questions from being put or otherwise）at its discretion；or

（b）the operation of any agreement（whenever made）between the parties to any legal proceedings as to the evidence which is to be admissible（whether generally or for any particular purpose）in those proceedings.

Civil Evidence Act 1995（c. 38）对 Civil Evidence Act 1968 进行了修改，更加明确规定当事人可以约定不适用严格的诉讼中的证据规则：S. 11 In this Act "civil proceedings" means civil proceedings，before any tribunal，in relation to which the strict rules of evidence apply，whether as a matter of law or by agreement of the parties. References to "the court" and "rules of court" shall be construed accordingly.

S. 12 (1) Any power to make rules of court regulating the practice or procedure of the court in relation to civil proceedings includes power to make such provision as may be necessary or expedient for carrying into effect the provisions of this Act. (2) Any rules of court made for the purposes of this Act as it applies in relation to proceedings in the High Court apply, except in so far as their operation is excluded by agreement, to arbitration proceedings to which this Act applies, subject to such modifications as may be appropriate.

Any question arising as to what modifications are appropriate shall be determined, in default of agreement, by the arbitrator or umpire, as the case may be.

仲裁不同于诉讼。在仲裁中，首要的原则是当事人意思自治原则，在如何查明争议的事实和当事人举证方面，同样尊重双方当事人在此问题上达成的合意，而不必严格地适用各国民事诉讼法上的证据规则。因此，如果当事人在仲裁中没有其他约定，仲裁庭可以根据当事人合意决定是否遵循严格的诉讼证据规则。Arbitration Act 1996 明确规定：S. 34. (1) It shall be for the tribunal to decide all procedural and evidential matters, subject to the right of the parties to agree any matter. (2) Procedural and evidential matters include—... (f) whether to apply strict rules of evidence (or any other rules) as to the admissibility, relevance or weight of any material (oral, written or other) sought to be tendered on any matters of fact or opinion, and the time, manner and form in which such material should be exchanged and presented; (g) whether and to what extent the tribunal should itself take the initiative in ascertaining the facts and the law.

（二）美国有关规定

The Uniform Arbitration Act (《美国统一仲裁法》, UAA)① 2000 is intended to give an arbitrator wide latitude in conducting an arbitration subject to the parties' agreement and to determine what evidence should be considered. It should be noted that the rules of evidence are inapplicable in an arbitration proceeding except that an arbitrator's refusal to consider evidence material to the controversy that substantially prejudices the rights of a party is a ground for vacatur under enactment. The general rule in arbitration is that the rules of evidence need not be observed, and courts have determined that arbitrators have broad discretion as to what evidence they will consider.

关于仲裁中的证据，UAA 规定：Section 15. Arbitration Process：

(a) An arbitrator may conduct an arbitration in such manner as the arbitrator considers appropriate for a fair and expeditious disposition of the proceeding. The authority conferred upon the arbitrator includes the power to hold conferences with the parties to the arbitration proceeding before the hearing and, among other

---

① UAA, promulgated in 1955, has been one of the most successful Acts of the National Conference of Commissioners on Uniform State Laws. Forty-nine jurisdictions have arbitration statutes, 35 of these have adopted the UAA and 14 have adopted substantially similar legislation. Hawaii, Nevada, New Mexico, and Utah have adopted the 2000 version of the UAA. The states that have adopted the 1955 UAA are as follows: Alaska, Arizona, Arkansas, Colorado, Delaware, Florida, Idaho, Illinois, Indiana, Iowa, Kansas, Kentucky, Maine, Maryland, Massachusetts, Michigan, Minnesota, Missouri, Montana, Nebraska, North Carolina, North Dakota, Oklahoma, Pennsylvania, South Carolina, South Dakota, Tennessee, Texas, Vermont, Virginia, and Wyoming. A primary purpose of the 1955 Act was to insure the enforceability of agreements to arbitrate in the face of oftentimes hostile state law. That goal has been accomplished. The last revision of UAA was completed in 2000, reflecting the increasing use of arbitration, the greater complexity of many disputes resolved by arbitration, and the new developments of the law in this area. See http://www.jus.uio.no/lm/usa.uniform.arbitration.act/portrait.

matters, determine the admissibility, relevance, materiality and weight of any evidence.

可见，在美国仲裁法中，仲裁庭应保证程序公正和效率。作为仲裁程序的主人，仲裁庭有权决定取证、举证、质证、认证的一切事宜。美国的实践体现了仲裁庭对证据规则的决定权受到法院尊重。In Parsons & Whitmore Overseas Co., Inc. v. Societe Generale de L'Industrie du Papier (RAKTA)①, Overseas, an American corporation, sought a declaratory judgment to prevent RAKTA, an Egyptian corporation, from enforcing the arbitration award rendered in favor of RAKTA. Overseas argued that the arbitration tribunal denied it an adequate opportunity to present its case by refusing to postpone a hearing because one of the key witnesses could not be present due to a prior commitment to lecture at an American university. The U. S. court rejected this argument by stating that "inability to produce one's witnesses before an arbitral tribunal is a risk inherent in an agreement to submit to arbitration." The court explained that when a party agrees to arbitrate, "a party relinquishes his courtroom rights—including that to subpoena witnesses—in favor of arbitration." The court also stated that arbitrators have a strong interest in adhering to a schedule established on the basis of convenience to parties, counsel and arbitrators. In addition, the witness could have provided the arbitrators with an affidavit covering most of his proposed testimony. This gave the court an additional basis to refuse Oversea's argument of a due process defense. The court held that the arbitrators acted within their discretion in declining to delay the proceedings.

仲裁无须遵循诉讼中的证据规则在仲裁机构的仲裁规则中也有体现。American Arbitration Association 制定的自 2003 年 7 月 1 日起生效的 Commercial Arbitration Rules and Mediation Procedures (Including Procedures for Large, Complex Commercial Disputes) 规定：R-31. (a) The parties may offer such evidence as is relevant and material to the dispute and shall produce such evidence as the arbitrator may deem necessary to an understanding and determination of the dispute. Conformity to legal rules of evidence shall not be necessary. All evidence shall be taken in the presence of all of the arbitrators and all of the parties, except where any of the parties is absent, in default or has waived the right to be present. (b) The arbitrator shall determine the admissibility, relevance, and materiality of the evidence offered and may exclude evidence deemed by the arbitrator to be cumulative or irrelevant.

（三）其他国家有关规定

《德国民事诉讼法典》(1998 年）第十编是仲裁程序。其第 1042 条“一般程序规则”规定：(1) The parties shall be treated with equality and each party shall be given a full opportunity of presenting his case. (2) Counsel may not be excluded from acting as authorized representatives. (3) Otherwise, subject to the mandatory provisions of this Book, the parties are free to determine the procedure themselves or by reference to a set of arbitration rules. (4) Failing an agreement by the parties, and in the absence of provisions in this Book, the arbitral tribunal shall conduct the arbitration in such manner as it considers appropriate. The arbitral tribunal is empowered to determine the ad-

---

① Parsons & Whitmore Overseas Co., Inc. v. Societe Generale de L'Industrie du Papier (RAKTA), 508 F. 2d 969, 975 (2d Cir. 1974).

missibility of taking evidence, take evidence and assess freely such evidence.

《韩国仲裁法》(2002 年) 第 19 条"平等对待当事人"规定：在仲裁程序中，当事人各方应得到平等对待，并应被给予充分地陈述案情的机会。第 20 条"仲裁程序"规定：(1) 只要不违背本法的强制性规定，当事人可以自由约定仲裁程序事项。(2) 如果没有第 1 款所述的约定，基于本法的规定，仲裁庭可以采用其认为合适的方式进行程序。赋予仲裁庭的权力包括确定证据的可接受性、关联性、实质性和重要性。

无论是《德国民事诉讼法典》中有关仲裁程序的规定，还是《韩国仲裁法》中关于程序的规定，都受到了联合国贸法会的《示范法》的影响，遵从《示范法》的精神。

《示范法》Article 19. Determination of rules of procedure:

(1) Subject to the provisions of this Law, the parties are free to agree on the procedure to be followed by the arbitral tribunal in conducting the proceedings.

(2) Failing such agreement, the arbitral tribunal may, subject to the provisions of this Law, conduct the arbitration in such manner as it considers appropriate. The power conferred upon the arbitral tribunal includes the power to determine the admissibility, relevance, materiality and weight of any evidence.

各国仲裁法一般都确立：当事人意思自治，仲裁中证据规则无须严格依照民事诉讼中证据规则；在当事人就程序没有特别约定时，仲裁庭是程序的主人，有权决定有关证据的一切事宜；在仲裁庭滥用权利十分明显、违反正当程序时，当事人可申请有关法院撤销或者拒绝执行仲裁裁决。

二、国际商事仲裁中证据规则不同于诉讼中证据规则的原因

大陆法系国家经历了神示证据制度到法定证据制度，再到自由心证证据制度的过程。而英美法系国家，事实上是从神示证据制度直接过渡到了事实裁判者自由心证的证据制度，该制度包含大量复杂的规则，如相关性原则 (relevance)、可采性原则 (admissibility) 等。对于证据，国际商事仲裁有更加灵活的做法，无须适用诉讼中的严格形式性做法。

国际商事仲裁中证据规则不同于诉讼中的证据规则的原因是：

1. 国际商事仲裁的性质所决定

诉讼作为司法程序具有严格的形式性 (formalism)，不能通过当事人的约定来适用或者不适用某种程序规则。而在国际商事仲裁中适用当事人意思自治原则，根据缔约自由原则当事人可以选择仲裁所适用的程序法，包括其中应予以适用的证据规则以及应当排除的证据规则。

In Lapine Technology Corp. v. Kyocera Corp. [①], Kyocera filed a motion in the district court to "Vacate, Modify and Correct the Arbitral Award". The motion relied on the arbitration clause of the parties' "Definitive Agreement," which stated that: The arbitrators shall issue a written award which shall state the bases of the award and include detailed findings of fact and conclusions of law. The U-

① See http://caselaw.lp.findlaw.com/cgi-bin/getcase.pl?court=9th&navby=case&no=9615319.

nited States District Court for the Northern District of California may enter judgment upon any award, either by confirming the award or by vacating, modifying or correcting the award. The Court shall vacate, modify or correct any award: (i) based upon any of the grounds referred to in the Federal Arbitration Act, (ii) where the arbitrators' findings of fact are not supported by substantial evidence, or (iii) where the arbitrators' conclusions of law are erroneous.

The Federal Arbitration Act 对于法院司法审查的范围有明确规定，并不包括仲裁庭对于证据认定、查明事实的错误。[①] 因此，该案的一个焦点是：Is federal court review of an arbitration agreement necessarily limited to the grounds set forth in the FAA or can the court apply greater scrutiny, if the parties have so agreed?

地方法院拒绝适用当事人约定的司法审查范围，认为：the Federal Arbitration Act granted federal courts the jurisdiction to review arbitration decisions only on certain enumerated grounds, and that private parties could not by contract enlarge this statutory standard of review. 但是，在上诉时，第九巡回法庭（the ninth circuit）作出相反判决，认为 federal court review of an arbitration agreement is not necessarily limited to the standards set forth in the FAA.[②] 理由是，国会的立法本意是支持仲裁（Congress' principal purpose of ensuring that private arbitration agreements were enforced according to their terms），因此，如果拒绝当事人约定的广泛的司法审查范围是违背当事人意志的（against the parties' wishes），也与国会立法精神背道而驰。"when parties resort to the use of an arbitral tribunal, they may leave in place the limited court review provided by the FAA, or they may agree to remove that insulation and subject the result to a more searching court review of the arbitral tribunal's decision, for example a review for substantial evidence and errors of law."

---

① Section 10. Same; vacation; grounds; rehearing:

(a) In any of the following cases the United States court in and for the district wherein the award was made may make an order vacating the award upon the application of any party to the arbitration

(1) Where the award was procured by corruption, fraud, or undue means.

(2) Where there was evident partiality or corruption in the arbitrators, or either of them.

(3) Where the arbitrators were guilty of misconduct in refusing to postpone the hearing, upon sufficient cause shown, or in refusing to hear evidence pertinent and material to the controversy; or of any other misbehavior by which the rights of any party have been prejudiced.

(4) Where the arbitrators exceeded their powers, or so imperfectly executed them that a mutual, final, and definite award upon the subject matter submitted was not made.

(5) Where an award is vacated and the time within which the agreement required the award to be made has not expired the court may, in its discretion, direct a rehearing by the arbitrators.

(b) The United States district court for the district wherein an award was made that was issued pursuant to section 590 of Title 5 may make an order vacating the award upon the application of a person, other than a party to the arbitration, who is adversely affected or aggrieved by the award, if the use of arbitration or the award is clearly inconsistent with the factors set forth in section 582 of Title 5.

Section 11. Same; modification or correction; grounds; order

In either of the following cases the United States court in and for the district wherein the award was made may make an order modifying or correcting the award upon the application of any party to the arbitration

(a) Where there was an evident material miscalculation of figures or an evident material mistake in the description of any person, thing, or property referred to in the award.

(b) Where the arbitrators have awarded upon a matter not submitted to them, unless it is a matter not affecting the merits of the decision upon the matter submitted.

(c) Where the award is imperfect in matter of form not affecting the merits of the controversy.

② LaPine Tech. Corp. v. Kyocera Corp., 130 F. 3d 884, 888 (9th Cir. 1997).

6年后，in Kyocera Corp. v. Prudential-Bache Trade Servs.①，第九巡回法庭全席审理时(the en banc court)，认为“broad judicial review of arbitration decisions could well jeopardize the very benefits of arbitration, rendering informal arbitration merely a pre-lude to a more cumbersome and time-consuming judicial review process”。全席审理的判决是：“Private parties have no authority to dictate the manner in which the federal courts conduct judicial proceedings. That power is reserved to Congress—and when Congress is silent on the issue, the courts govern themselves. Here, because Congress has determined that federal courts are to review arbitration awards only for certain errors, the parties are powerless to select a different standard of review—whether that standard entails review by seeking facts unsupported by substantial evidence and errors of law or by ‘flipping a coin or studying the entrails of a dead fowl.’ Private parties may design an arbitration process as they wish, but once an award is final for the purposes of the arbitration process, Congress has determined how the federal courts are to treat that award.”

该案一波三折，地方法院、巡回法院（divided panel和en banc court）分别给予了不同的判决意见。关于当事人是否有权协议扩大法院对仲裁裁决的司法审查范围，包括法院是否有权对于仲裁庭对证据的认定进行审查，各级法院都首先承认了仲裁庭对于事实认定具有的广泛权力，并且最后回归到仲裁庭对于实体问题具有最终决定权。② 正是由于仲裁与诉讼的不同性质，仲裁中事实认定的权力应完全交给仲裁庭，仲裁庭依照当事人约定的规则与程序按照自然正义进行认定，法院无权适用诉讼中的证据规则予以审查。

2. 国际商事仲裁的价值目标所决定

诉讼中严格的证据制度依赖于诉讼的复杂的程序模式，受有关的诉讼文化和诉讼理念的影响。以英国为例，其烦琐的证据规则正是由其对抗制（adversary system）、陪审制（jury trial）、集中制（continuous hearing）的程序模式所决定。从某种意义上说，诉讼的弊端就是仲裁存在和发展的原因所在。

1994年开始由沃尔夫勋爵（Lord Woolf）牵头负责对英国民事司法制度的改革。“The key problems facing civil justice today are cost, delay and complexity.”③ 实际上改革英国原有民事诉讼制度的弊端提出的诉讼制度需要与时俱进，摆脱严格形式主义（formalism）的束缚，更加经济、效率并使司法资源更易为人们接受和使用等，是国际商事仲裁早已达到的境界。国际商事仲裁因其经济、效率、便利得到商人们的肯定而发展起来。除了公正以外，快速、经济地解决纠纷也是国际商事仲裁的价值目标。各国仲裁法、各仲裁机构的规则也都对此作了相应规定。《韩国仲裁法》(2002年）第1条规定：“本法是为确保民事争议通过仲裁方式得到正确、公正和快速解决。”英国Arbitration Act 1996第1条规定：The provisions of this Part are founded on

---

① Kyocera Corp. v. Prudential-Bache T Servs., 341 F. 3d 987 (9th Cir. Cal., 2003).

② 但是，2004年1月5日，Supreme Court of the United States (124 S. Ct. 980; 157 L. Ed. 2d 810) decided: The petition for writ of certiorari to the United States Court of Appeals for the Ninth Circuit in Kyocera Corporation, Petitioner v. Prudential-Bache Trade Services, Inc., et al. No. 03-766 was dismissed pursuant to Rule 46. 1 of the Rules of this Court。无从获知Supreme Court of the United States对于当事人协议扩大司法审查范围的意见。但是从美国现存的各个案例推断，对于扩大司法审查范围持否定意见的居多，并将越来越形成统一的判例。

③ The Right Honourable the Lord Woolf, *Access to Justice*, at http://www.dca.gov.uk/civil/interim/contents.htm.

the following principles, and shall be construed accordingly— (a) the object of arbitration is to obtain the fair resolution of disputes by an impartial tribunal without unnecessary delay or expense.

仲裁的快速、经济解决纠纷的目标决定其在制度设计上区别于诉讼。如果适用严格的证据规则将牺牲效率，商人们将发现自己被束手缚脚，在寻求迟到的正义的路上商业机会也被错过，最终得不偿失。从制度上看，英国 1998 年《民事诉讼法》引入（introduced the innovation）了共同专家制（Single Joint Expert）以便减少专家证据的成本。An SJE is a single person jointly appointed by the parties with court approval. The court has the power to direct the use of an SJE, and where the parties cannot agree on an individual, to impose a method of identifying and appointing a suitable person. The expert's overriding duty is "to help the court in matters within his expertise" and "This duty overrides any obligation to the person from whom he has received instructions or by whom he may be paid"①. 对照英国《民事诉讼法》关于共同专家的修改，其实在《民事诉讼法》修改之前，在英国进行的仲裁中双方当事人就可以约定由仲裁员选定共同的专家证人，而不再由各方单独提供。

3. 国际商事仲裁的独特程序所决定

国际商事仲裁中的仲裁员选择方式决定其不适用严格的诉讼证据规则。基于当事人意思自治，当事人可以选定任何人担任仲裁员，除非是基于公共政策原因，法律不应干涉仲裁员的资格。如 Belgium Code Judiciaire (1998) Article 1680：An arbitrator may be any person who has the capacity to contract, except minors even when no longer under parental supervision, persons under guardianship and those who are either permanently or temporarily excluded from the right to vote.

因为对仲裁员的法定资格没有限制，所以仲裁员未必是懂得法律、了解仲裁程序法律与实务的专家。甚至纽约海事仲裁员协会（Society of Maritime Arbitrators, Inc.）规定：applicants for SMA membership must have a minimum ten years' commercial experience in a decision-making role, and can't be practicing lawyers.② 仲裁员不是法律专业人士，他们的素质决定其不具备适用严格证据规则的能力。另外，在英美法系的诉讼中，证据制度与陪审团制度密不可分。基于对陪审团的不信任，从立法政策上确定了复杂的证据排除规则，限制陪审团的自由心证。并且陪审团人数众多，12 个人共同对事实评议也对自由心证进行了限制。而仲裁中不存在陪审团，对事实的认定和对法律的适用都是由仲裁员来进行。因此，英美法系诉讼中基于陪审制而产生的各种证据排除规则不一定适用于仲裁。

综上所述，由于国际商事仲裁在性质、价值目标和独特程序方面不同于诉讼，所以其不能也无法适用诉讼的严格的形式性证据规则。在国际商事仲裁中，当事人意思自治，可以约定包括证据规则在内的程序规则；在当事人没有约定时，仲裁庭作为仲裁的主人，遵循正当程序，对证据的相关性、重要性，对举证、质证、认证整个过程享有决定权。

---

① Part 35 of The Civil Procedure Rules 1998, at http://www.hmso.gov.uk/si/si1998/98313215.htm#35.1.

② See http://www.maritimeadvocate.com/i18_thet.php. 仲裁员名册见http://www.smany.org/sma/memberRoster.html。

CASE STUDY

寒山建筑公司案

(Cold Mountain Builders, Inc. v. Salim B. Lewis et al.)[①]

SUPREME JUDICIAL COURT OF MAINE

Alexander, J.

Salim B. Lewis appeals from the judgment of the Superior Court (Knox County, Pierson, J.) denying his motion to vacate an arbitrator's award and granting Cold Mountain Builders, Inc.'s motion to confirm the award. On appeal, Lewis contends that the arbitrator refused to hear evidence material to the controversy and thereby substantially prejudiced his rights.

Ⅰ. Background

In December 1996 and January 1997, Cold Mountain Builders, Inc. filed suits against Salim Lewis seeking to recover payments for renovations undertaken by Cold Mountain on two properties owned by Lewis in Rockport. One of the issues in dispute was whether Lewis was being overcharged or charged for materials not actually used in the renovation of his properties. On September 10, 1997, Lewis filed a request for production of documents seeking most of the documentation possessed by Cold Mountain in connection with the renovations. Included in the request, at paragraph 7, was a request for any and all invoices, bills and other similar papers for materials used in the renovations. Some disclosures were made and documents were produced in response to the request for production of documents. However, the discovery request remained outstanding and was, apparently, never entirely resolved. No action was initiated in the Superior Court to enforce the discovery request regarding the invoices or any other such materials.

On October 6, 1998, the parties agreed to arbitrate their dispute and selected a neutral arbitrator. The arbitration hearing was scheduled to begin on November 10, 1998. On November 5, counsel for Lewis sent counsel for Cold Mountain a letter requesting that Cold Mountain provide all invoices for materials in connection with the Lewis renovations. This was followed up with a subpoena, pursuant to 14 M. R. S. A. § 5933 (1980), which was received by Cold Mountain's counsel on November 9, 1998. Cold Mountain objected to this subpoena request indicating that it was too late and over-broad. The matter was apparently initially discussed with the arbitrator at the start of the hearing on November 10, 1998. A transcript of that discussion was not included in the record presented to the Superior Court on appeal. It does not appear that, on November 10, Lewis requested a continuance to obtain court enforcement of the subpoena. The matter was again discussed at the conclusion of the arbitration hearing at which point the arbitrator indicated that the request for the invoices for materials was presented too late and that he would not enforce the subpoena to obtain the invoices.

---

① See http://caselaw.lp.findlaw.com/scripts/getcase.pl?court=me&vol=00me41co&invol=1, Decision: 2000 ME 41, Docket: Kno—99—508, Argued: February 7, 2000, Decided: March 3, 2000.

Ⅱ. Discussion

On appeal from the order of the Superior Court, Lewis contends that the arbitrator's refusal to enforce the subpoena and require production of all of the invoices requires vacating the award pursuant to 14 M. R. S. A. § 5938 (1) (D) (1980). Section 5938 (1) (D) states that the court shall vacate an award where "[t]he arbitrators refused to... hear evidence material to the controversy... as to prejudice substantially the rights of a party".

We do not read section 5938 (1) (D) to require that arbitrators hear all evidence offered by any participant to an arbitration proceeding—regardless of whether the evidence is relevant, timely, or otherwise has probative value to the subject of the proceedings. Arbitrators, like judges, have some range of discretion with regard to what evidence they may consider.

The arbitrator in this case acted within the range of his discretion in refusing to enforce a last minute request for production of documents of uncertain relevance, which had originally been requested 14 months before the arbitration, but which request had not been pressed until the eve of the arbitration proceedings. In addition, Lewis has not demonstrated the substantial prejudice required to be shown by section 5938 (1) (D). Accordingly, we determine that the arbitrator did not abuse the discretion available to the arbitrator in this matter. Thus, section 5938 (1) (D) was not violated by the arbitrator's actions.

The entry is: Judgment affirmed.

Questions for Discussion:

1. What is the source for the authority of the arbitrator on evidence? How do you understand party autonomy on this regard?
2. What is the sphere of discovery in international commercial arbitration? Who has the last word on discovery?
3. How do you understand an arbitration tribunal is the master of procedure in relation to the court's authority on vacating an award?
4. What is your comment on the court's decision that the bases to vacate "evidence material to the controversy" and "prejudice substantially the rights of a party" are not met?

第二节 国际商事仲裁证据的形式

国际商事仲裁涉及国际商事利益，当事人和仲裁员可能来自不同的国家，其所持的法律理念包括对证据规则的期待可能不同。但是由于法律文化的趋同以及仲裁自身发展的网络效应，国际商事仲裁实践正日趋统一（homogenized）。

一、国际商事仲裁中证据规则的趋同背景

（一）法律文化的趋同

大陆法系、英美法系在其各自演进的历史长河中，逐步地形成与发展了不同的法律文化，形成了不同的诉讼程序模式与具体的制度，进而对当地进行的仲裁程序产生了这样或者那样的影响。近年来，科学技术和电子计算机的普及和应用，特别是因特网的普及和应用，打破了传统意义上的国界，将世界连为一个地球村。而跨国公司的急剧扩张，又使得全世界的经济意义上的国界变得更加复杂。与此相适应，反映在通过仲裁的方法公正地解决当事人之间的国际商事争议的法律文化，在此过程中也在逐步地协调和统一，主要表现在以下方面：

1. 经济全球化的影响

在日益频繁的商业交往中，来自各国的商人期望东道国可以提供如同本国一样的公平司法（substantive justice 和 procedural justice）。这种期待在一定程度上推动了东道国的法律制度变迁，并进而影响人们的法律意识。经济全球化中人们对维护长期的友好关系以持续发展更加关注。避免冲突、经济、快速、稳定的可预期性是全球的商人们对争议解决的法律制度的要求。

经济的发展推动仲裁的广泛运用和对仲裁规则的修改。以国际商会仲裁院为例，传统上当事人多来自西欧，但自 1996 年以来，西欧以外的当事人占据 ICC 国际仲裁院仲裁案件当事人的多数。在 2001 年中东欧当事人参加的仲裁增长速度达到 68%。① ICC 充分认识到国际仲裁的全球化，因此在 1998 年再次修改其仲裁规则。

伴随全球化的趋势，当事人为了获得对自己有利的判决或裁决，挑选法院和挑选仲裁地的现象增多；因为当事人经济活动的区域扩大，在各地可以被执行的财产也增多。为了适应当事人日益增长的解决争议的需求，有些国家修改了其国内法。如瑞典 1999 年《仲裁法》取代了 1929 年《仲裁法》，立法者考虑的主要原因是：In light of the increasing interest in and use of arbitration in Sweden on the national as well as the international plane，the Committee proposed the creation of "an efficient，up-to-date and easily comprehensible legislative framework for the arbitral resolution of disputes"②.

2. 法律制度的移植

就仲裁领域而言，制度的移植带动了法律文化的发展，而对原有法律文化的重新发现和重视也会进一步推动制度发展。例如，调解（mediation）在中国已经有几千年的历史，并在仲裁中被广泛使用。③ 西方学者认为在传统的法制观念（Legalism）、儒家思想（Confucianism）和毛泽东思想（Maoism）基础上的中国的调解充分发挥了解决争议的作用，提出 American mediators can learn from their Chinese counterparts any lessons learned from Chinese culture：如 Morality in mediation；Materialism，personal advancement，and lack of community are counterpro

---

① See *Eastern Europe Leads the Charge in Arbitration*，at http：//www.thelawyer.com/cgi-bin/item.cgi? id=105377.

② Lars Ulrichs and Richard Akerman，*Current Development*：*the New Swedish Arbitration Act*，10 Am. Rev. Int'l Arb. 69.

③ 《中华人民共和国仲裁法》第 51 条规定：仲裁庭在作出裁决前，可以先行调解。当事人自愿调解的，仲裁庭应当调解。调解不成的，应当及时作出裁决。调解达成协议的，仲裁庭应当制作调解书或者根据协议的结果制作裁决书。调解书与裁决书具有同等法律效力。

ductive to a successful mediation; the importance of conciliation.① 调解制度在中国的广泛使用和中国人传统的止讼、少讼心理有关系，和中国传统的讲求人与人和谐相处、君子之交淡如水的社会伦理有关系。对该制度的学习、借鉴、重视将直接影响相应的诉讼理念和文化的传播。在此意义上，制度的移植会引导文化的趋同。

3. 法律职业共同体的影响

法律职业共同体在很大程度上推进了法律文化的趋同，引导了制度的趋同。有学者提出 the rise of the Anglo-American law firm 是 Americanization of international arbitration 的代表。② 英美法系国家律师事务所的律师在全球的法律服务市场中起到重要作用，他们在提供服务的同时也在培养着他们当事人的法律意识，并在所服务的当地传播英美法系的法律文化，并可能影响到相应的立法。

从法律职业教育看，外国人蜂拥到美国学习法律，获得法律硕士学位（LLM）的很多。以纽约大学法学院为例。2002—2003 学年，79%的全日制生来自外国。③ 美国在法律职业共同体的培养、教育上占据了主导地位，英美法系的法律文化因此而在全世界散枝落叶，推动了法律文化的趋同以及制度的统一趋势。

（二）仲裁自身发展的网络效应

国际商事仲裁中证据规则的统一趋势还受到仲裁制度自身发展的影响。仲裁制度的快速发展使得运用它解决争议的人更多，并为仲裁员创造了更多的机会。同时，仲裁的发展也要求更多的规则来规范这个网络，通过共同的规则来降低成本。因此，如果把仲裁作为一种商业服务看待的话，仲裁市场的取得取决于未来仲裁规则的广泛性的增加和持续不断的完善。通过共同的或者趋同的规则，仲裁中的参与者，不论是当事人、仲裁员，还是当事人的代理人都获得了福利的增加，这些参与者因此更进一步地推动仲裁规则的趋同。

1958 年《纽约公约》、《联合国贸法会仲裁规则》和《示范法》成功地推动了国际仲裁规则的趋同。正如赫尔曼博士所说：与《纽约公约》的方法相比较，《示范法》的方法从采纳《示范法》的国家、实施的速度以及统一的程度而言，都是非常成功的。④ 但是就证据规则而言，还没有普遍化为各个仲裁机构或者当事人接受的规则。各个仲裁机构在其仲裁规则中也鲜有证据规则的详细规定。即使 Mediterranean and Middle East Institute of Arbitration 在 1987 年制定了 Standard Rules Of Evidence⑤，尝试虽然可喜，但是影响有限。《UNCITRAL Notes on Organizing Arbitral Proceedings》⑥ 涉及了国际商事仲裁中的证据，如 documentary evidence,

---

① See Kevin C. Clark, *The Philosophical Underpinning and General Workings of Chinese Mediation Systems: What Lessons Can American Mediators Learn?* 2 Pepp. Disp. Resol. L. J. 117.

② See Roger P. Alford, *The American Influence on International Arbitration*, 19 Ohio St. J. on Disp. Resol. 69.

③ See http://www.law.nyu.edu/depts/admissions/info/graduate/foreign.html.

④ 参见赵秀文：《国际商事仲裁及其适用法律研究》，12 页，北京，北京大学出版社，2002；关于适用《示范法》的国家，参见http://www.uncitral.org/english/status/status-e.htm。

⑤ See Mediterranean and Middle East Institute of Arbitration: Standard Rules of Evidence (May 16, 1987), at http://www.law.berkeley.edu/faculty/ddcaron/Documents/RPID%20Documents/rp04071.html.

⑥ See UNCITRAL Notes on Organizing Arbitral Proceedings, at http://www.uncitral.org/english/texts/arbitration/arb-notes.htm.

physical evidence other than documents，witnesses 和 expert witnesses[①]，但是如其 Introduction 中所说明的，其目的是协助（assist）程序的进行[②]，主要是教育作用。

对于实践中涉及的各国仲裁的不同做法，"... 11. Given that procedural styles and practices in arbitration vary widely，that the purpose of the Notes is not to promote any practice as best practice，and that the Notes are designed for universal use，it is not attempted in the Notes to describe in detail different arbitral practices or express a preference for any of them."

更具有操作性的是 International Bar Association 起草的 Rules on the Taking of Evidence in International Commercial Arbitration（IBA Rules of Evidence）。[③] 该证据规则规范了取证（collection）和举证（presentation），是对仲裁机构和临时仲裁的仲裁规则的补充。如该证据规则序言（Preamble）中所明确的，其制定目的：一是国际商事仲裁中取证的经济、效率（to govern in an efficient and economical manner the taking of evidence in international commercial arbitra-

---

① UNCITRAL Notes 列举的国际商事仲裁中的证据问题主要有：

13. Documentary evidence 48—54

(a) Time-limits for submission of documentary evidence intended to be submitted by the parties；consequences of late submission 48—49

(b) Whether the arbitral tribunal intends to require a party to produce documentary evidence 50—51

(c) Should assertions about the origin and receipt of documents and about the correctness of photocopies be assumed as accurate 52

(d) Are the parties willing to submit jointly a single set of documentary evidence 53

(e) Should voluminous and complicated documentary evidence be presented through summaries，tabulations，charts，extracts or samples 54

14. Physical evidence other than documents 55—58

(a) What arrangements should be made if physical evidence will be submitted 56

(b) What arrangements should be made if an on-site inspection is necessary 57—58

15. Witnesses 59—68

(a) Advance notice about a witness whom a party intends to present；written witnesses' statements 60—62

(b) Manner of taking oral evidence of witnesses 63—65

(i) Order in which questions will be asked and the manner in which the hearing of witnesses will be conducted 63

(ii) Whether oral testimony will be given under oath or affirmation and，if so，in what form an oath or affirmation should be made 64

(iii) May witnesses be in the hearing room when they are not testifying 65

(c) The order in which the witnesses will be called 66

(d) Interviewing witnesses prior to their appearance at a hearing 67

(e) Hearing representatives of a party 68

16. Experts and expert witnesses 69—73

(a) Expert appointed by the arbitral tribunal 70—72

(i) The expert's terms of reference 71

(ii) The opportunity of the parties to comment on the expert's report，including by presenting expert testimony 72

(b) Expert opinion presented by a party (expert witness) 73

② 具体规定为：

1. The purpose of the Notes is to assist arbitration practitioners by listing and briefly describing questions on which appropriately timed decisions on organizing arbitral proceedings may be useful. The text，prepared with a particular view to international arbitrations，may be used whether or not the arbitration is administered by an arbitral institution.

2. No legal requirement binding on the arbitrators or the parties is imposed by the Notes. The arbitral tribunal remains free to use the Notes as it sees fit and is not required to give reasons for disregarding them.

3. The Notes are not suitable to be used as arbitration rules，since they do not establish any obligation of the arbitral tribunal or the parties to act in a particular way. Accordingly，the use of the Notes cannot imply any modification of the arbitration rules that the parties may have agreed upon.

③ See IBA Rules on the Taking of Evidence in International Commercial Arbitration，at http：//www.ibanet.org/pdf/IBA_RULES.pdf.

tions)；二是融合不同的法律文化（particularly those between parties from different legal traditions)。IBA Rules of Evidence 的适用范围十分广泛，十分灵活：既可以由当事人选择，也可以由仲裁庭选择；既可以全部适用，也可以部分适用；既可以适用于机构仲裁，也可以适用于临时仲裁。基本原则（principle）是 the taking of evidence shall be conducted on the principle that each Party shall be entitled to know，reasonably in advance of any Evidentiary Hearing，the evidence on which the other Parties rely。该证据规则首先体现了当事人意思自治，即当事人对于仲裁中的证据规则具有决定权，如果当事人对于仲裁程序、证据规则有特殊约定，则约定优先；其次，该证据规则对基本原则的规定，突出了对正当程序的重视；再次，该证据规则肯定了仲裁庭对证据的自由裁判，仅以仲裁的目的和正当程序加以限制；最后，该证据规则融合了不同法律文化传统，更加有利于国际商事仲裁的进行，对于国内仲裁也有重要价值。

二、国际商事仲裁中证据的形式

证据的形式是指证据的存在方式。在国际商事仲裁中证据的形式一般主要有以下几种：

（一）书证（documents）

书证是指以文字、符号、图画记载的内容来证明案件事实的文件。IBA Rules of Evidence 对 Document 的定义是：a writing of any kind，whether recorded on paper，electronic means，audio or visual recordings or any other mechanical or electronic means of storing or recording information。书证不限于以传统方式记载的书面文件，还包括以电子以及其他科学方式记录的可以再现的内容。书证是以其内容对案件事实进行证明，而不是通过其形式对案件事实加以证明。

当事人应在仲裁庭规定的时间内向仲裁庭及他方当事人提交其所依赖的所有书证（Each Party shall submit to the Arbitral Tribunal and to the other Parties all documents available to it on which it relies，including public documents and those in the public domain，except for any documents that have already been submitted by another Party)，以证明自己的主张。

除了当事人主动出示证据外，还有以下途径：

（1）仲裁庭依据一方当事人的申请，要求他方当事人提供证据。

IBA Rules of Evidence 第 3.3 条规定，申请他方提供证据（a request to produce）的当事人应向仲裁庭说明：

(a)（i）a description of a requested document sufficient to identify it，or（ii）a description in sufficient detail（including subject matter）of a narrow and specific requested category of documents that are reasonably believed to exist；

(b) a description of how the documents requested are relevant and material to the outcome of the case；and

(c) a statement that the documents requested are not in the possession，custody or control of the requesting Party，and of the reason why that Party assumes the documents requested to be in the possession，custody or control of the other Party.

被要求提供证据的当事人可以书面提出异议。仲裁庭与当事人协商，在考虑申请意见与反对意见后，就所涉及的证据的相关性和重要性进行判断。

（2）仲裁庭依据一方当事人的申请，要求第三方提供证据。

IBA Rules of Evidence 第 3.8 条规定：If a Party wishes to obtain the production of documents from a person or organization who is not a Party to the arbitration and from whom the Party cannot obtain the documents on its own, the Party may, within the time ordered by the Arbitral Tribunal, ask it to take whatever steps are legally available to obtain the requested documents. The Party shall identify the documents in sufficient detail and state why such documents are relevant and material to the outcome of the case. The Arbitral Tribunal shall decide on this request and shall take the necessary steps if in its discretion it determines that the documents would be relevant and material.

(3) 仲裁庭要求当事人提供仲裁庭认为与裁决结果有关并重要的证据。

为有利于从当事人披露的对各自有利的纷杂的证据中查明事实，仲裁庭也可以不经当事人申请而自行取证。IBA Rules of Evidence 第 3.9 条规定，The Arbitral Tribunal, at any time before the arbitration is concluded, may request a Party to produce to the Arbitral Tribunal and to the other Parties any documents that it believes to be relevant and material to the outcome of the case. A Party may object to such a request based on any of the reasons set forth in Article 9.2. If a Party raises such an objection, the Arbitral Tribunal shall decide whether to order the production of such documents based upon the considerations set forth in Article 3.6 and, if the Arbitral Tribunal considers it appropriate, through the use of the procedures set forth in Article 3.7.

(二) 证人证言 (witnesses of fact)

证人证言是指证人就所知道的案件情况所作的陈述。对于证人的资格，IBA Rules of Evidence 第 4.2 条规定："Any person may present evidence as a witness, including a Party or a Party's officer, employee or other representative."

实践中，有的国家法律规定禁止当事人的法律顾问会见证人，如瑞士。① 禁止律师会见证人是为了防止律师诱导证人。但是在国际商事仲裁中，如果一方当事人的代理人根据本国的做法可以会见证人，而另一方当事人的代理人根据本国的做法不可以会见证人，会造成双方之间的利益不平衡，因此，IBA Rules of Evidence 第 4.3 条规定："It shall not be improper for a Party, its officers, employees, legal advisors or other representatives to interview its witnesses or potential witnesses."

按照证人是否自愿出庭，证人证言可以分为两种情况：第一，自愿出庭的证人提供的证人证言。各方可以于仲裁庭规定的时间内向仲裁庭和他方当事人提供书面的证人证言（The Arbitral Tribunal may order each Party to submit within a specified time to the Arbitral Tribunal and to the other Parties a written statement by each witness on whose testimony it relies）。第二，非自愿出庭的证人（a person who will not appear voluntarily at a Party's request to present evidence）提供的证人证言。一方当事人可以在仲裁庭规定的时间内申请仲裁庭采取可能的合法手段取得证言。仲裁庭应对该证人证言对于裁决是否有关及重要性作出决定（IBA Rules of Evidence 第 4.10 条规定：The Arbitral Tribunal shall decide on this request and shall take the necessary steps if in its discretion it determines that the testimony of that witness would be relevant and material）。在国际商事仲裁实践中，一旦仲裁庭认定某项争议的事实对于决定相关当事人的赔偿责任至关重要，而相关证人又不愿意出庭作证的，仲裁庭并无权强迫证人出庭作证。因此，在这种情况下，仲裁庭能否

---

① See Rules of Ethics of the Geneva, art. 13 (Switzerland), at http://www.odage.ch/statuts/3emepartie/statut3mepartie, shtml; Gabrielle Kaufmann-Kohler, *International Commercial Arbitration: Globalization of Arbitral Procedure*, 36 Vand. J. Transnat'l L. 1313, n. 79.

通过合法手段取得该相关证人的证言，归根结底还取决于各国法律作出的规定。如 The Swedish Arbitration Act（SFS 1999：116）Section 25.3 规定："The arbitrators may not administer oaths or truth affirmations. Nor may they impose conditional fines or otherwise use compulsory measures in order to obtain requested evidence." Section 26："Where a party wishes a witness or an expert to testify under oath, or a party to be examined under truth affirmation, the party may, after obtaining the consent of the arbitrators, submit an application to such effect to the District Court. The aforementioned shall apply where a party wishes that a party or other person be ordered to produce as evidence a document or an object. If the arbitrators consider that the measure is justified having regard to the evidence in the case, they shall approve the request. Where the measure may lawfully be taken, the District Court shall grant the application."

证人可以提供关于所知道的案情的书面陈述（Witness Statement）。证人的书面陈述应包括以下内容：(a) the full name and address of the witness, his or her present and past relationship (if any) with any of the Parties, and a description of his or her background, qualifications, training and experience, if such a description may be relevant and material to the dispute or to the contents of the statement; (b) a full and detailed description of the facts, and the source of the witness' s information as to those facts, sufficient to serve as that witness' s evidence in the matter in dispute; (c) an affirmation of the truth of the statement; and (d) the signature of the witness and its date and place.

除非各方当事人同意，否则证人均应出庭（appear for testimony at an evidentiary hearing）。上述规定尊重了英美法系中关于质证的传统，通过当事人在庭上相互询问证人，利于仲裁员查明事实。但是这种开庭审理的方式并未禁止书面审理。事实上，无论口头审理还是书面审理，无论是否开庭，对于仲裁庭来说，最重要的仍然是从证据出发达到事实，因此，如果当事人同意，仲裁庭也可以仅依据书面的证人证言而进行审理。如 ICC 国际仲裁院 2012 年仲裁规则第 25 条第 6 款规定："The Arbitral Tribunal may decide the case solely on the documents submitted by the parties unless any of the parties requests a hearing."

（三）专家证据（expert witness）

在国际商事仲裁中，往往会遇到复杂的技术性问题，而仲裁员又不可能对当事人所争议的事项（特别是技术性事项）事事精通，因此需要就争议所涉及的特定问题征求该特定领域内的专家的意见。根据各国有关国际商事仲裁立法与实践，这些专家可以由当事人聘任，也可以由仲裁庭聘任。

1. 当事人聘任的专家（party-appointed experts）

当事人专家是由争议各方的当事人指定，被指定的专家应当就某一特定事项向仲裁庭提供专家报告。与普通证人一样，除非当事人另有约定，否则专家证人也应参加开庭，接受询问。为了加速争议解决，求同存异，IBA Rules of Evidence 第 5.3 条规定："The Arbitral Tribunal in its discretion may order that any Party-Appointed Experts who have submitted Expert Reports on the same or related issues meet and confer on such issues. At such meeting, the Party-Appointed Experts shall attempt to reach agreement on those issues as to which they had differences of opinion in their Expert Reports, and they shall record in writing any such issues on which they reach agreement."

2. 仲裁庭聘任的专家（tribunal-appointed experts）

仲裁庭可以根据所适用的仲裁规则的规定，也可以在与当事人协商后，依其职权指定一名或者几名独立的仲裁庭专家证人就特定事项提供专家报告。仲裁庭在聘任专家时，应当列出受聘专家证人的权责范围（terms of reference），并应送达当事人。仲裁庭专家在接受指定前，应向仲裁庭和各方当事人提供其独立性声明（independence from the Parties and the Arbitral Tribunal）。在仲裁庭指定的期限内，当事人可以提出对于专家证人独立性的异议（objection），并由仲裁庭决定是否接受异议、更换专家证人。

一般而言，专家证人应当是在其作证事项领域内的公认权威人士。IBA Rules of Evidence 第 6.3 条规定："The Tribunal-Appointed Expert may request a Party to provide any relevant and material information or to provide access to any relevant documents, goods, samples, property or site for inspection. The authority of a Tribunal-Appointed Expert to request such information or access shall be the same as the authority of the Arbitral Tribunal. The Parties and their representatives shall have the right to receive any such information and to attend any such inspection. Any disagreement between a Tribunal-Appointed Expert and a Party as to the relevance, materiality or appropriateness of such a request shall be decided by the Arbitral Tribunal, in the manner provided in Articles 3.5 through 3.7. The Tribunal- Appointed Expert shall record in the report any non-compliance by a Party with an appropriate request or decision by the Arbitral Tribunal and shall describe its effects on the determination of the specific issue." 仲裁庭专家的权威从根本上来源于当事人的意思自治，在形式上体现为对专家报告的严格要求。IBA Rules of Evidence 第 6.4 条规定："The Tribunal-Appointed Expert shall report in writing to the Arbitral Tribunal. The Tribunal-Appointed Expert shall describe in the report the method, evidence and information used in arriving at the conclusions."

对于仲裁庭专家的专家报告，当事人或者其指定的当事人专家可以在仲裁庭规定的期限内给予反驳。仲裁庭应当将往来的反驳、专家报告送达给当事人各方和仲裁庭专家。经当事人或者仲裁庭要求，仲裁庭专家应当出庭，就其专家报告接受仲裁庭、当事人、当事人专家的询问。仲裁庭专家的专家报告的证明力最终由仲裁庭在适当考虑所有情况下给予认定（Any Expert Report made by a Tribunal-Appointed Expert and its conclusions shall be assessed by the Arbitral Tribunal with due regard to all circumstances of the case）。所有情况，也包括了当专家意见和普通证人的证言相互矛盾时以谁为准的情况，但是并不意味着专家意见在证明力方面一定优于普通证人证言或者优于书证。仲裁庭对于各种证据是否组成链条、证明事实具有决定权。

（四）现场勘查（on site inspection）

现场勘查是指经当事人要求，仲裁庭或者仲裁庭专家勘查场所（site）、样品（samples of goods）、机器（machinery）、其他货物（other goods）或者工艺（process）或者文件（documents）。现场勘查的对象包括书面文件以外的物证（physical evidence）。

现场勘查应注意程序公正。如 UNCITRAL NOTES 所指出的："If an on-site inspection of property or goods will take place, the arbitral tribunal may consider matters such as timing, meeting places, other arrangements to provide the opportunity for all parties to be present, and the need to avoid communications between arbitrators and a party about points at issue without the presence of the other party or parties." 并且应当注意，在仲裁庭通过当事人提供的情况以及自己的现场勘查获得对案件事实的认识的过程中，"The site to be inspected is often under the control of one of the parties, which typically means that employees or representatives of that party will be present to give guidance and explanations. It should be borne in mind that statements of those representatives or employees made during an on-site inspection, as contrasted with statements those persons might make as witnesses in a hearing, should not be treated as evidence in the proceedings".

CASE STUDY

英国商事法院关于 ADAS 公司案

[Astra SA Insurance and Reinsurance Co. v. Sphere Drake Insurance Ltd. ; Sphere Drake Insurance Ltd. v. Administratia Asigurarilor de Stat (and Its Successor in Interest, Astra SA Insurance and Reinsurance Co.)]①

Queen's Bench Division Commercial Court

Headnote

The Romanian Civil Code was originally established in 1865 primarily based on the French Civil Code. Between 1944 and 1948 Romanian converted from a monarchy to a republic with socialist principles.

Administratia Asigurarilor de Stat (ADAS), a Romanian state insurance company was set up in 1952 by a decree of the government of the People's Republic of Romania and it was and remained the state monopoly in respect of insurance transacting both domestic and foreign reinsurance business including reinsurance contracts.

In 1954 the first part of the Civil Code was abolished and Law 31/1954 was enacted. This provided for the creation and extinction of state enterprises such as ADAS. As a legal person within the meaning of art. 26 it could cease to exist by "merger, division or dissolution" within the meaning of art. 40.

By the end of 1989 there had been a change of regime. Law 15/1990 was intended to provide a structure under which private companies could be established and it envisaged that centralized entities such as ADAS should cease to carry on activity and new entities should be formed in their stead, the changeover to be effected by executive decree.

The relevant decree in respect of ADAS was 1279/1990 pursuant to which ADAS ceased to exist on Jan 1, 1991 and on the same date three new companies were established of which the applicant Astra Insurance and Reinsurance Co was one. Astra took over certain of the assets and liabilities of ADAS relating to the latter's international insurance and reinsurance activities.

As part of the reorganization a fund of 3.5 million lei was transferred from ADAS to Astra in respect of notified claims. Unfortunately no provision was made for claims incurred but not received. These proved to be substantial. The massive devaluation of the lei since 1990 had the effect that the fund the equivalent of US$100 million in 1991 was now only equivalent to about US$300 000 and had been exhausted.

Between 1969 and 1983 the respondents Sphere Drake Insurance Ltd. (formerly Sphere Drake In-

① See [2000] 2 Lloyd's Rep 550.

surance Plc, Sphere Insurance Plc and Odyssey Re (London) Ltd.) (Odyssey) entered into various reinsurance contracts with ADAS. Disputes arose under the contracts.

Odyssey contended that Astra were the successors to ADAS under the agreements and by virtue of the arbitration clauses contained in them were bound to arbitrate the disputes that had arisen.

Astra disputed both propositions.

In August, 1998 Odyssey purported to refer the disputes to arbitration and after an exchange of letters in October, 1998 Odyssey and Astra agreed to appoint Mr. Richard Aikens, QC as sole arbitrator with a view to determining in the first instance his own jurisdiction, without prejudice to Astra's right to challenge his award on that issue.

On May 4, 1999 Mr. Aikens made an interim award holding that he had jurisdiction.

Astra applied pursuant to s. 67 (1) of the Arbitration Act, 1996 seeking an order setting aside the award.

Odyssey contended that the effect of decree 1279/1990 was that Astra became bound by the terms of the relevant insurance contracts including the arbitration clauses therein.

Astra argued that by reason of the decree it was responsible solely for administering the fund equivalent to the reserves of ADAS, its liability being limited accordingly and it had not become a party to the contract. Astra further contended that even if it became a party to the contract it was none the less not, as a matter of English law, bound by the arbitration clause.

—Held, by QB (Com Ct) (DAVID STEEL, J), that (1) decree 1279 was not elegantly worded; but it was wholly improbable that a Romanian Court, albeit faced with the difficulties of construction, would conclude that only part of the patrimony relating to ADAS' international insurance and reinsurance business was covered by the decree (see p. 553, col. 2); (2) assets and liabilities could not exist in a vacuum; they had to be the property or responsibility of some entity; it was not within the powers of the government to cancel any liabilities nor did they do so; art. 55 of Law 15 contemplated the transfer of the entire patrimony of the state enterprise to the new institution coincident with the former's dissolution; and decree 1279 was made pursuant to art. 55 and had to be interpreted so as to be consistent with it (see p. 553, col. 2; p. 554, col. 1); (3) Astra was not claiming under or through ADAS for the purposes of s. 82 (2) of the Arbitration Act, 1996; but there was no good reason why on the basis that Astra had already become a party to the insurance contracts, English law would not recognize and give effect to the transfer of the arbitration clauses contained within them; the arbitrator was correct to hold that he had jurisdiction (see p. 554, col. 2).

Introduction

This was an application by Astra SA Insurance and Reinsurance Co to set aside an interim arbitration award made by the arbitrator Mr. Richard Aikens, QC in the arbitration between the applicant and the respondents Sphere Drake Insurance Ltd. (formerly Sphere Drake Insurance Plc, Sphere Insurance Plc and Odyssey Re (London) Ltd.), the issue being whether Astra were bound by the arbitration agreements contained in the reinsurance agreements made between the respondents and Administratia Asigurarilor de Stat, Astra being its successor in interest.

Judgment-1:

David Steei J

This application arises out of disputes relating to various reinsurance agreements made in the period 1969 to 1983 between the respondents ("Odyssey") and the former Romanian state insurance company Administratia Asigurarilor de Stat ("ADAS"). ADAS ceased to exist at the end of 1990. Odyssey asserts that the applicants ("Astra") are successors to ADAS under the agreements and, by virtue of the arbitration clauses contained in them, are bound to arbitrate the disputes that have arisen. Astra disputes both these propositions.

The procedural position:

In August 1998 Odyssey purported to refer the disputes to arbitration whereafter, by an exchange of letters in October, 1998, Odyssey and Astra agreed to appoint Mr. Richard Aikens, QC as sole arbitrator with a view to determining, in the first instance, his own jurisdiction, without prejudice to Astra's right to challenge his award on that issue.

On May 4, 1999, Mr. Aikens made an interim award holding that he had jurisdiction. This application is made by Astra pursuant to s. 67 (1) of the Arbitration Act, 1996 seeking an order setting aside that award. This challenge is in the form of a complete rehearing (see Azov Shipping Co v Baltic Shipping Co, [1999] 1 Lloyd's Rep 68) and, accordingly, pursuant to an order of Mr. Justice Colman dated Oct. 22, 1999, the expert witnesses on Romanian law for both sides have been called for oral examination and cross-examination.

The common ground:

The Romanian Civil Code was originally established in 1865, primarily based on the French Civil Code. Between 1944 and 1948, Romania converted from a monarchy to a republic with socialist principles. However, although attempts were made to produce a new civil code, which corresponded to these socialist principles, this was never achieved.

ADAS was set up in 1952 by a decree of the government of the People's Republic of Romania. It was and remained the state monopoly in respect of insurance, transacting both domestic and foreign reinsurance business, including the reinsurance contracts at issue in this action. Shortly afterwards, in 1954, the one major legislative change of the socialist period took place when the first part of the Civil Code was abolished and Law 31/1954 was enacted. This provided a new code for individuals and legal persons under Romanian law.

By the end of 1989 there had been a change of regime and it became necessary to put in place a structure under which private companies could be established. Law 15/1990 was intended to provide this structure, enabling companies to change from state to private ownership. It envisaged the centralized entities (such as ADAS) should cease to carry on activity and new entities should be formed in their stead, the changeover to be effected by executive decree.

The relevant decree in respect of ADAS was 1279/1990 pursuant to which ADAS ceased to exist on Jan 1, 1991, and on the same date three new companies were established in its place: Asirom, Astra and Carom. Astra took over certain of the assets and liabilities of ADAS relating to the latter's international insurance and reinsurance activities.

As part of the reorganization, a fund of 3.5 million lei was transferred from ADAS to Astra in respect of notified claims and reserve provision was made for those claims in the balance sheet drawn up as at Dec. 31, 1990. Unfortunately no provision was made for claims (using Lloyd's terminology) IBNR. These have proved to be substantial. Furthermore massive devaluation of the lei since 1990 has had the effect that the fund, the equivalent to US$100 million in 1991, is now only equivalent to about US$300 000. Accordingly it has been exhausted.

The issues:

The respondents contend that the effect of decree 1279/1990 was that Astra became bound by the terms of the relevant reinsurance contracts, including the arbitration clauses therein. Astra contends that, by reason of the decree, it is responsible solely for administering a fund equivalent to the reserves of ADAS, its liability being limited accordingly, and has not become a party to the contracts. It is common ground that these issues are to be determined by reference to Romanian law. Astra further contends that, even if, contrary to its primary case, it became a party to the contracts, it was nonetheless not, as a matter of English law, bound by the arbitration clause.

The expert evidence:

The Court has had the benefit of hearing evidence from two very distinguished Romanian jurists. Astra called Professor Corneliu Barsan, Professor of Civil and Commercial Law at the University of Bucharest and the Romanian Judge appointed to the European Court of Human Rights. The respondents called Dr. Dragos-Alexandrou Sitaru, a member of the Law Faculty of Bucharest University, a practising member of the Bucharest Bar Association and an arbitrator of the International Commercial Arbitration Court of the Chamber of Commerce and Industry of Romania.

I would like to express my grateful thanks to both experts for their assistance in resolving the awkward and recondite issue as to the meaning and effect of decree 1279/1990. In considering their evidence, I have had very much in mind the guidance contained in MacMillan Inc. v. Bishopsgate Investment Trust (Court of Appeal, Nov. 4, 1998) as to the function of expert witnesses on foreign law:

In our judgment, the functions of the expert witness on foreign law can be summarized as follows:

(1) to inform the Court of the relevant contents of the foreign law; identifying statutes or other legislation and explaining where necessary the foreign court's approach to their construction;

(2) to identify judgments or other authorities, explaining what status they have as sources of the foreign law; and

(3) where there is no authority directly in point, to assist the English judge in making a finding as to what the foreign court's ruling would be if the issue was to arise for decision there.

Law 31/1954:

This law made provision for the creation and extinction of state enterprises such as ADAS. As a "legal person" within the meaning of art. 26, it could cease to exist by "merger, division or dissolution" within the meaning of art. 40. The experts agreed that the only relevant candidate that could form the basis for ADAS ceasing to exist was "division". In this regard the relevant articles that elaborated on the concept of division were as follows:

Art. 41 The division takes place by dividing all patrimony of a legal person between more existing legal persons or are newly set up as a result of the division.

Art. 42 The legal person does not cease to exist in the case of a part of its patrimony being taken apart and transferred to one or more existing legal persons or new legal persons established as a result of the transfer.

Art. 43... State enterprises... set up by law, decree or executive order of the council of ministers cease to exist accordingly by law, decree or executive order of the council of ministers...

...

Art. 47 The patrimony of the legal person which ceases to exist as a result of a division are to be equally divided among the legal persons receiving them unless by the act which ordered their division a different proportion was established.

Art. 48 The legal persons receiving goods as a result of a division are liable to the creditors for the liabilities of the legal person which ceased to exist as a result of the division in proportion to the value of the goods received, established at the date of their receipt, unless by the act that ordered the division of the legal person it has otherwise been provided... The above provisions apply also to the legal persons who received goods as a result of the transfer of a part of the other legal person's assets.

It was common ground between the experts that Law 31/1954 remained in full force and effect. It was also common ground that it furnished the background against which the effect of the later legislation had to be assessed. The focus of the dispute was whether the later legislation achieved a classical "division" within the meaning of Law 31 or whether the effect of the legislation was to leave out of account some of the liabilities of ADAS thus necessitating further governmental intervention to identify who was responsible for them.

Law 15/1990:

Following the revolution in 1989, this law was passed as part of the "privatisation" programme that was introduced by the new regime. The relevant provisions are as follows:

Art. 1 State-owned companies whatever their managerial body are to be organised and operate as autonomous companies or commercial companies, in conformity with the present Law's provisions...

...

Art. 16 State-owned companies, excepting those set up as autonomous companies, will be organised as joint stock or limited liability companies, under the terms stipulated by this Law.

...

Art. 17 Economic enterprises of national interest are to be organised as commercial companies by Government decision...

...

Art. 55 Existing centralised companies... will cease their activity as the autonomous companies and commercial companies are created in conformity with the present Law. Their patrimony will be transferred to the newly established units in accordance with the Governmental decisions for each case.

Government decree 1279/1990:

The relevant governmental decree for the purposes of the insurance industry was 1279/1990. The critical article reads as follows:

Art. 4 [ADAS] shall cease activity on the date the stock trade companies in the insurance field are set up according to Art. 1.

The assets and liabilities of [ADAS] shall be taken over by the newly established stock trade companies as follows:

a. Assiguraria Romaneasca SA shall take over the assets pertaining to the facultative life insurance, amounting to Lei 6 100 million, those pertaining to compulsory insurances, motor car facultative insurances and other insurances, amounting to Lei 1 000 million, and, up to these limits, the related liabilities, as well as the real estate belonging to ADAS, included in the capital;

b. Astra SA shall take over the assets pertaining to ADAS joint venture companies abroad, those pertaining to the international insurance and reinsurance activities, amounting to Lei 3 500 million, and, up to these limits, the related liabilities;

c. Carom SA agency shall take over the activity concerning the ascertainment of damages, assessment and settlement of claims, in cases of damages occurred in Romania, when the liability is incumbent on insured with insurance companies abroad, and in case of damages caused abroad by Romanian motorist insured with insurance companies in our country.

The taking over shall be made on the basis of the balance sheet as at 31st December 1990.

The primary bone of contention between the experts was the significance and effect of the phrase "up to these limits". It was agreed that this was a reference back to "the assets". In the result, it was the opinion of Professor Barsan that, where, as here, the liabilities of ADAS exceeded the assets in the relevant field, there had been no transfer of the entire patrimony for the purposes of Law 15 and no division properly so-called for the purposes of Law 31. Thus, in his view, with ADAS nonetheless having ceased to exist, the only avenue open to the Court would be to refer the matter to the government for further decision by way of decree or otherwise. Dr. Sitaru was of the view that the decree had not left some liabilities out, as such would be contrary to principle and inconsistent with the machinery established by Law 31. It was his opinion that the Court, adopting a purposive construction, would conclude that the decree had achieved the intended result, namely that of dividing the entire business of ADAS into three parts, and that the phrase "up to these limits" would be construed as transferring the liabilities associated with the same activities as had amassed the relevant assets.

I recognize that decree 1279 is not elegantly worded and I fully appreciate the considerations that led Professor Barsan to conclude that some unspecified liabilities had not been transferred and, thus, that the new company, Astra, could not be treated as party to the insurance contracts. But I have come to conclusion that it is wholly improbable that a Romanian Court, albeit faced with the difficulties of construction, would conclude that only part of the patrimony relating to ADAS' international insurance and reinsurance business was covered by the decree. If I am right about this, it is accepted by Astra that there has been a transmission of the insurance contracts so as to render it a party to them.

My primary reasons, none of which I perceive as inconsistent with evidence of Professor Barsan, are as follows: a. Assets and/or liabilities cannot exist in a vacuum: they must be the property or responsibility of some entity. b. It was not within the powers of the government to cancel any liabilities nor did it purport to. c. Article 55 of Law 15 contemplated the transfer of the entire patrimony of the state enterprise to the new institution (s) coincident with the former's dissolution. d. Decree 1279 was made pursuant to art. 55 and must be interpreted so as to be consistent with it.

It may be that the draftsman of the decree understood that the liabilities of ADAS were matched by its assets and that the figure involved was lei 3 500 m. But I am not prepared to go on from that to the conclusion that, in the event that the liabilities were miscalculated, the effect of the decree was to cap them in a manner neither contemplated nor permitted by the enabling legislation. This conclusion is reached with all the more confidence since it is consistent with the judgment of Mr. Justice Toulson on the very same decree in proceedings concerning another reinsured, Astra SA Insurance and Reinsurance Co. v. The Yasuda Fire and Marine Insurance Co. of Europe Ltd., (Feb. 19, 1999).

Conclusion:

The arbitrator was correct to hold that he had jurisdiction.

Questions for Discussion:

1. What is the qualification of an expert witness?
2. What is the terms of reference of an expert witness? How about this case?
3. What is your understanding of expert witness in international commercial arbitration? Is it to assist the arbitrator to interpret factual evidence or to reach conclusions on fault?

第三节 国际商事仲裁证据的获取及认定

一、证据的获取

国际商事仲裁中获取证据的途径有三种：当事人举证、仲裁庭查证、法院协助取证。

（一）当事人举证

当事人应当对自己的主张提供证据，即“谁主张，谁举证”。如德国 1998 年《民事诉讼法典》第1046条规定：(1) Within the period of time agreed by the parties or determined by the arbitral tribunal, the claimant shall state his claim and the facts supporting the claim, and the respondent shall state his defence in respect of these particulars. The parties may submit with their statements all documents they consider to be relevant or may add a reference to other evidence they will submit. The Japan Commercial Arbitration Association Commercial Arbitration Rules 2004 第37.1条明确规定：Each party shall have the burden of proving the facts relied on to support such party's claims or defences. American Arbitration Association Commercial Arbitration Rules (2003) R—30 (a): The claimant shall present evidence to support its claim. The respondent shall then present evidence to support its defence. Witnesses for each party shall also submit to questions from the arbitrator and the adverse party. The arbitrator has the discretion to vary this procedure, provided that the parties are treated with equality and that each party has the right to be heard and is given a fair opportunity to present its case.

当事人举证不能时将承担不利后果。如 IBA Rules of Evidence 第9.4条规定："If a Party fails without satisfactory explanation to produce any document requested in a Request to Produce to which it has not objected in due time or fails to produce any document ordered to be produced by the Arbitral Tribunal, the Arbitral Tribunal may infer that such document would be adverse to the interests of that Party."

对于他方占有而己方不占有的证据，当事人可以申请仲裁庭向占有该证据的当事人调取。此时，占有证据的一方除非有合理解释应提供该证据。不然，如 IBA Rules of Evidence 第9.5条所规定："If a Party fails without satisfactory explanation to make available any other relevant evidence, including testimony, sought by one Party to which the Party to whom the request was addressed has not objected in due time or fails to make available any evidence, including testimony, ordered by the Arbitral Tribunal to be produced, the Arbitral Tribunal may infer that such evidence would be adverse to the interests of that Party."

对于案件事实，仲裁庭没有取证、举证的义务，否则会偏离其中立裁判者的地位。这也可以从对仲裁裁决撤销的事由中得到印证。USA Uniform Arbitration Act Section 12:" (a) Upon application of a party, the court shall vacate an award where:... (4) The arbitrators... refused to hear evidence material to the controversy or otherwise so conducted the hearing, contrary to the provisions of section 5, as to prejudice substantially the rights of a party." 拒绝审理 (hear) 的是当事人提供的证据，并且须达到严重损害当事人权利的程度。

（二）仲裁庭查证

在对事实的查明上，除了当事人举证以外，根据有关国家的仲裁立法与实践，仲裁庭也可以依其职权自行获得证据。如通过现场勘查，对于决定事实真相的证据予以查明。如香港 Arbitration Ordinance Cap. 3412GA: (1) When conducting arbitration proceedings or exercising any of the powers conferred on it by this Ordinance or by the parties to any such proceedings, an arbitral tribunal is required— (a) to act fairly and impartially as between the parties, giving them a reasonable opportunity to present their cases and to deal with the cases of their opponents; and (b) to use procedures that are appropriate to the particular case, avoiding unnecessary delay and expense, so as to provide a fair means for resolving the dispute to which the proceedings relate. (2) When conducting arbitration proceedings, an arbitral tribunal is not bound by the rules of evidence and can receive any evidence that it considers relevant to the proceedings, but must give such weight to the evidence adduced in the proceedings as it considers appropriate.

又如，美国统一仲裁法（Uniform Arbitration Act）第 7 条对于仲裁庭查明相关争议的事实作了如下规定：

(a) The arbitrators may issue (cause to be issued) subpoenas for the attendance of witnesses and for the production of books, records, documents and other evidence, and shall have the power to administer oaths. Subpoenas so issued shall be served, and upon application to the court by a party or the arbitrators, enforced, in the manner provided by law for the service and enforcement of subpoenas in a civil action.

(b) On application of a party and for use as evidence, the arbitrators may permit a deposition to be taken, in the manner and upon the terms designated by the arbitrators, of a witness who cannot be subpoenaed or is unable to attend the hearing.

(c) All provisions of law compelling a person under subpoena to testify are applicable.

（三）法院协助取证

法院对于仲裁在证据方面的协助主要体现为两个方面：一是根据当事人的申请，法院在仲裁前或仲裁程序中对所涉及的证据采取保全措施；二是在仲裁程序中应仲裁庭或者当事人的申请强制证人出庭或者询问证人或者调取其他证据。《示范法》第 27 条就法院协助取证的问题作了如下规定："The arbitral tribunal or a party with the approval of the arbitral tribunal may request from a competent court of this State assistance in taking evidence. The court may execute the request within its competence and according to its rules on taking evidence."

英国 1996 年《仲裁法》第 44 条（Court powers exercisable in support of arbitral proceedings）的规定如下：

(1) Unless otherwise agreed by the parties, the court has for the purposes of and in relation to arbitral proceedings the same power of making orders about the matters listed below as it has for the purposes of and in relation to legal proceedings.

(2) Those matters are—

(a) the taking of the evidence of witnesses;

(b) the preservation of evidence...

德国 1998 年《民事诉讼法典》第 1050 条对于法院协助取证以及其他司法行为作了如下规定："The arbitral tribunal or a party with the approval of the arbitral tribunal may request from a court assistance in taking evidence or performance of other judicial acts which the arbitral tribunal is not empowered to carry out. Unless it regards the application as inadmissible, the court shall execute the request according to its rules on taking evidence or other judicial acts. The arbitrators are entitled to participate in any judicial taking of evidence and to ask questions."

可见，法院协助取证是对当事人权利的重要保障，体现了司法对仲裁的支持。如果没有法院协助取证的义务，仲裁庭取证的规定可能形同虚设。

在此还应当特别指出的是：法院如何协助仲裁庭取证，取决于该相关证据获取所在地国的法律。

二、证据的审查判断

证据的审查判断是指对获得的各种证据材料进行分析、研究，确定证据与案件事实之间的客观联系和证明作用，进而对案件事实作出结论的活动。

与诉讼活动中司法人员作为主体不同，在国际商事仲裁中审查判断证据的主体是仲裁庭。仲裁庭审查判断证据的内涵是确定证据的真实性、关联性以及证明力的大小（determine the admissibility，relevance，materiality and weight of any evidence）。审查判断证据证明力主要依赖仲裁员的经验和逻辑，并受到仲裁员本国法律文化的影响。大陆法系一般认为书证是最好的证据，而英美法系国家则强调交叉询问是获得事实的最好方法。

排除证据是审查判断证据的方法之一，但是具体的判断标准与推理过程仍依赖于仲裁员的素质。IBA Rules of Evidence 第 9.2 条融合两大法系的传统，规定基于以下事由时，仲裁庭可以排除证据（exclude from evidence or production any document，statement，oral testimony or inspection）：

（a）lack of sufficient relevance or materiality；

（b）legal impediment or privilege under the legal or ethical rules determined by the Arbitral Tribunal to be applicable；

（c）unreasonable burden to produce the requested evidence；

（d）loss or destruction of the document that has been reasonably shown to have occurred；

（e）grounds of commercial or technical confidentiality that the Arbitral Tribunal determines to be compelling；

（f）grounds of special political or institutional sensitivity（including evidence that has been classified as secret by a government or a public international institution）that the Arbitral Tribunal determines to be compelling；or

（g）considerations of fairness or equality of the Parties that the Arbitral Tribunal determines to be compelling.

对于当事人提出的或者当事人聘任或者由仲裁庭聘任的专家提供的证据的可接受性、相关性、可信性和证据的效力，应当由仲裁庭作出认定。一般而言，与法院相比，仲裁庭对证据的接受和认可要灵活得多，仲裁庭几乎可以接受当事人提出的任何证据，而不必受某一特定国家的证据法的约束。正如联合国贸法会仲裁规则第 25 条第 6 款所规定的那样："The arbitral tribunal shall determine the admissibility，relevance，materiality and weight of the evidence offered."

在国际商事仲裁实践中，此项规定同样适用于当事人和仲裁庭聘任的专家提供的专家证据。国际商事仲裁庭的仲裁员来源于不同的国家，仲裁员的"证据理念"源于其各自不同的法律文化背景，因而证据理念的差异往往导致仲裁员判断证据是否"合理"、"可信"的标准有所不同。然而，作为一般原则，每一位仲裁员均可根据他们自己对证据理念的理解，对证据的可接受性、相关性、合理性、真实性等作出独立的判断，对当事人的争议事项的是非曲直作出认定，进而对相关当事人应当承担的责任作出公正的裁决。

总之，在证据规则和对证据的可接受性、真实性的认定方面，仲裁庭仍然保留了较大的自由裁量权，而不必严格受制于某一特定的证据规则的约束，除非当事人之间另有约定。

CASE STUDY

达飞石油公司租船案

(Delphi Petroleum Inc. v. Derin Shipping and Training Ltd.)①

Canada: Federal Court of Canada, Trial Division

Denault J.

This is an application for an order granting an interim measure of protection pursuant to article 9 of the Commercial Arbitration Code, as enacted by the Commercial Arbitration Act, R. S. C. 1985, c. 17 (2nd. Supp.), to allow the evidence of Mr. Richard Hollobon to be taken down before such person as this Court deems appropriate and to be tabled before Mr. R. Glen Bauer, arbitrator, of New York City.

Facts

Mr. Bauer has been appointed as sole arbitrator to resolve a number of disputes between a time chartered owner, Derin Shipping and Trading Ltd. (Derin), and a charterer, Delphi Petroleum Inc. (Delphi). Delphi and Derin entered into an agreement, the Tanker Voyage Charter Party, on 12th February, 1991 whereby Derin agreed to transport oil from Hamburg to Lagos, Nigeria. Part II of the agreement contains an arbitration clause which provides for the appointment of an arbitrator to resolve any disputes arising from the charter party. It reads in part as follows:

24—ARBITRATION. Any and all differences and disputes of whatsoever nature arising out of this Charter shall be put to arbitration in the City of New York or in the City of London whichever place is specified in Part I of this charter pursuant to the laws relating to arbitration there in force... Until such time as the arbitrators finally close the hearing either party shall have the right by written notice served on the arbitrators and on an officer of the other party to specify further disputes or differences under this Charter for hearing and determination. Awards made in pursuance to this clause may include costs, including a reasonable allowance for attorney's fees, and judgement may be entered upon any award made hereunder in any Court having jurisdiction in the premises.

On 8th October, 1992, Mr. Bauer issued a Partial Final Award dealing with the dispute regarding the balance of freight. On 15th June, 1993, he issued a final Award dealing with the remaining disputes in issue between the parties. The relevant part of that decision for our purpose is that which deals with part of Derin's demurrage claim:

The arbitrator is unable to determine whether the loss of time between March 11 and March 14 was the fault of the shipowner or the Charterer, or both. Both had instructed the Master not to discharge. It is, however, the charterer's burden of proof to show that the delay was the fault of the owner. Schofield, Laytime and Demurrage, 2nd ed., p. 159. The Charterer has not met this burden. Therefore, the time at the berth between March 11 and March 14 counts as used laytime.

On the same day, Delphi wrote to the arbitrator in order to reserve the right to raise further

---

① See http://www.uncitral.org/english/clout/MAL-thesaurus/MAL-full-68-e.pdf.

disputes and to make additional claims. Derin objected to this and the arbitrator resisted, but on 6th October, 1993 Mr. Bauer wrote to the parties indicating that:

(1) I have concluded that I do have residuary power under my original appointment as sole arbitrator to hear claims of Delphi which come within the reservations of rights made by Mr. Mavronicolas [Delphi's counsel] before the issuance of the June 15, 1993 award provided that such claims arise out of the charter party.

(2) I find, however, that such additional claims have to date not been set forth with the particularity I require as to facts and amounts claimed. Therefore, the arbitration regarding these claims is adjourned sine die unless and until I am convinced that there is sufficient evidence to proceed further...

(3) If sufficient particulars are presented, I will hear these claims and any defences to them that Derin may wish to present, including the defences of res adjudicata an/or laches.

(4) ...

It is in respect of its additional claims, particularly the above-mentioned delay in discharging, the Delphi is seeking to secure the evidence of Mr. Hollobon. Mr. Hollobon is a former employee of Enerchem Transport Inc., managers of the vessel which transported the cargo, and a third party not involved in the dispute between Delphi and Derin. He has indicated to Delphi that he is prepared to give evidence regarding the discussions and delays which occurred upon discharging the cargo in Lagos if he is ordered to do so. Hence, this application for an interim measure of protection to secure his evidence.

Jurisdiction

The Federal Court's jurisdiction over the recognition and enforcement of maritime arbitral awards was established by the Federal Court of Appeal in Compania Maritima Villa Nova S. A. v. Northern Sales Co., [1992] 1 F. C. 550 at 563-569. However, it appears that this court has only exercised its jurisdiction in respect of a request for an interim measure of protection in relation to a maritime arbitration in one other instance, Relais Nordik Inc. v. Secunda Marine Services Ltd. (1998, 24 F. T. R. 256), which involved a rejection of an interlocutory motion for a stay of proceedings. For this reason, it is useful to set out the relevant legislation.

In Villa Nova, the Court of Appeal characterized the recognition and enforcement of the foreign arbitral award in issue in that case as "Canadian maritime law" within the meaning of section 2 of the Federal Court Act because the dispute arose from a breach of a charter party agreement, an undoubted maritime contract, and that the underlying claim was in respect of demurrage, an undoubted maritime claim. Clearly, this action also is in relation to a breach of a charter party and involves a claim for demurrage and, therefore, falls within the meaning of "Canadian maritime law" in section 2 of the Federal Court Act and "maritime or admiralty matters" in subsection 5 (2) of the Commercial Arbitration Act.

The Commercial Arbitration Act incorporates into Canadian law the Commercial Arbitration Code, which is based on the model law on International Commercial Arbitration as adopted by the United Nations Commission on International Trade. Paragraphs 4 (2) (b) and sections 5 and 6 of the Commercial Arbitration Act, as amended, provide:

4. (2) In interpreting the Code, recourse may be hade to...

...

(b) the Analytical Commentary contained in the Report of the Secretary General to the eighteenth session of the United Nations Commission on International Trade Law.

5. (1) Subject to this section, the Code has the force of law in Canada.

(2) The Code applies only in relation to matters where at least one of the parties to the arbitration is her Majesty in right of Canada, a departmental corporation or a Crown corporation or in relation to maritime or admiralty matters.

(3) The Code applies to arbitral awards and arbitration agreements whether made before or after the coming into force of this Act.

6. In the Code, "court" or "competent court" means the Federal Court or any superior, county or district court, except where the context otherwise requires.

Article 9 of the Commercial Arbitration Code provides:

Arbitration Agreement and Interim Measures by Court

It is not incompatible with an arbitration agreement for a party to request, before or during arbitral proceedings, from a court an interim measure of protection and for a court to grant such measure.

In interpreting this article, counsel referred me to the relevant section in the Report of the Secretary-General, International Commercial Arbitration, analytical commentary on Draft Text of a Model Law on International commercial Arbitration, UN CITL, 18th Sess., Vienna, 3～21 June, 1985 (reprinted in the Canada Gazette 1986, Part I, Supp.) which reads as follows:

1. Article 9 relates—ike article 8—to recognition and effect of the arbitration agreement but in another respect. It lays down the principle, disputed in some jurisdictions, that resort to a court and subsequent court action with regard to interim measures of protection are compatible with an arbitration agreement. It, thus, makes it clear that the "negative" effect of an arbitration agreement, which is to exclude court jurisdiction, does not operate with regard to such interim measures. The main reason is that the availability of such measures is not contrary to the intentions of the parties agreeing to submit a dispute to arbitration and that the measures themselves are conducive to ma-king the arbitration efficient and to securing its expected results.

...

5. The range of interim measures of protection covered by article 9 is considerably wider... Article 9 deals with the compatibility of the great variety of possible measures by courts available in different legal systems, including not only steps by the parties to conserve the subject matter or to secure evidence...

It seems clear from the foregoing that I have jurisdiction to entertain this motion for an interim measure of protection to secure the evidence of Mr. Hollobon. The question remains, however, as to what principles should guide my consideration of the motion.

Applicable Rules

The Analytical Commentary to article 9 of the Code provides little guidance beyond what is underlined above regarding the issue of what principles should be applied to this motion. However, reference to article 27 in the Analytical Commentary is of some assistance. Article 27 relates to court assistance in taking evidence following a request from the arbitrator or a party with the approval of the arbitrator. The Analytical Commentary provides in part:

...

5. According to paragraph (1), assistance would be rendered by a "competent Court"... A request for court assistance may be made by the arbitral tribunal or by a party with the approval of the arbitral tribunal. Although the obtaining of evidence may be regarded as being strictly a matter for the parties, the involvement of the arbitral tribunal would be conducive to preventing dilatory tactics of a party, Paragraph (1) lists the required contents of the request, without going into further details of form or procedure.

6. ... The court may, within its competence and according to its rules on taking evidence, execute the request in either of the following ways: It may take the evidence itself (e. g. hear the witness, obtain the document or access to property and, unless the arbitrators and parties were present, communicate the results to the arbitral tribunal), or it may order that the evidence be provided directly to the arbitral tribunal, in which case the involvement of the court is limited to exerting compulsion.

Rules 1026 to 1029 and 1040 to 1051 of the Federal Court Rules have been enacted to assist the Court in exercising its jurisdiction in relation to arbitral awards. Rule 1029 deals specifically with article 27 of the Code and provides the authority for the issuance of a subpoena and testificandum. The rule is silent as to any criteria to be applied when considering such a request. An inquiry into the reasons for the request is likely not necessary because the request issues from the arbitral tribunal itself or has the approval of the arbitral tribunal and the role of the court is merely to exercise for the arbitral tribunal the compulsion power which the arbitral tribunal may not have.

The same rationale does not apply, however, in this instance where the party requesting the evidence does not have the approval of the arbitrator. As such, I must be wary of enabling "dilatory tactics of a party" and seek to ensure "that the measures themselves are conducive to making the arbitration efficient and to securing its expected results" when the requesting party has not obtained the approval for the request from the arbitrator and has sought instead to secure evidence through the application of article 9.

In a situation such as this where the Rules are silent as to the appropriate practice or procedure to apply in a given situation, Rule 5 permits me to proceed by way of analogy to other provisions of the Rules. Counsel for the applicant submitted that rule 466. 3 is applicable. That rule provides the authority to order the pre-trial questioning of third parties in certain circumstances. In my opinion, this is the appropriate mechanism in this instance for two reasons: Mr. Hollobon is a third party to the arbitration and, hence, regular rules regarding discovery should not apply, and the criteria set out in subrule 466. 3 (3) reflect the concerns expressed in the Analytical Commentary regarding the efficiency of the arbitration process. This is an instance where my role should not be limited to merely "exerting compulsion".

Rule 466. 3 provides as follows:

466. 3 (1) Where all examinations for discovery are completed, a party may apply to the Court for leave to question under oath any person, other than an expert witness for a party, who may have information on an issue in the action.

(2) The notice of motion shall be served on the person to be questioned in addition to the other parties.

(3) The Court may, on an application under paragraph grant leave to question a person and determine the date, time and manner of conducting the questioning, if satisfied that

(a) the person may have information on an issue in the action;

(b) the party has been unable to obtain the information informally from the person or from the source by any other reasonable means;

(c) it would be unfair not to allow the party an opportunity to question the person before trial; and

(d) the questioning will not cause undue delay, inconvenience or expense to the person or the other parties.

Application

The remaining question to be determined is whether it is appropriate for this Court in the circumstances of this arbitration to allow Delphi's request to secure the evidence of Mr. Hollobon pursuant to Rule 466. 3.

I am not satisfied that the applicant has met the test in paragraph (a) that Mr. Hollobon has information on an issue in the action. Paragraphs 6 to 8 of the first affidavit of Ronald J. Gumbaz, Vice-President of Delphi, in support of the application indicate that Mr. Hollobon's evidence is in relation to the issue of the delay in Lagos. That issue was dealt with by Mr. Bauer in the part of his final Award of 15th June, 1993 cited above and I would agree with Mr. Bauer's opinion in his original response to Delphi's request to keep the arbitration open that the issue constitutes res judicata and that he is functus officio. As such, any information Mr. Hollobon might be able to provide with respect to the delay is not on "an issue in the action" insofar as that issue has already been dealt with. Admittedly, in paragraph 7 of his supplementary affidavit Mr. Gumbaz refers to Delphi's other claims, including unjust enrichment, quantum meruit (拉丁文，按劳付酬) and misrepresentation, but there is no evidence that Mr. Hollobon's testimony will serve to advance these claims. In fact, upon cross-examination of his affidavits Mr. Gumbaz did not provide any details as to what evidence of Mr. Hollobon might relate to these claims.

I am also of the opinion that this motion should not be allowed on the base of the remaining criteria in Rule 466. 3. Delphi was provided ample and reasonable opportunity to informally obtain the information from Mr. Hollobon. Delphi was aware of the relationship between Derin and Enerchem throughout the performance of the charter party and had direct communications with Mr. Hollobon. It had the opportunity to investigate the sources of Derin's demurrage claim from the moment it was aware of the claim, 10th May, 1991, through to the issuance of the final Award on 15th June 1993. Even if Enerchem and Mr. Hollobon might be characterized as "hostile" to Delphi's claims, it was open to them to seek the assistance of the arbitrator in obtaining the required evidence (I refer specifically to the affidavit of Thomas M. Eagan in support of Derin's response to Delphi's application which details an arbitrator's power in New York to issue subpoena). In addition, I am of the opinion that it would be unfair to allow Delphi to secure the evidence of Mr. Hollobon because, as mentioned above, the issue of the delay has already been dealt with. Finally, in relation to the possible delay, inconvenience or expense caused by allowing the motion, I recognize that Delphi is prepared to assume the costs of securing Mr. Hollobon's evidence, but would also note that Derin would be considerably inconvenienced.

Conclusion

For the above reasons, I am of the opinion that the circumstances of this case do not warrant allowing Delphi's application for an order to secure the evidence of Mr. Hollobon regarding the delay in discharging the cargo in Lagos. As to Delphi's other claims still open to the arbitrator to decide, I am not satisfied that the evidence before me demonstrated that Mr. Hollobon had any information on those issues.

The application is dismissed with costs.

Questions for Discussion:

1. What is the authority and weight of the Analytical Commentary on Draft Text of a Model Law on International commercial Arbitration? Why the judge applied the Analytical Commentary to this case?
2. Who shall be liable for the production of evidence?
3. What criteria shall be met for an appropriate judicial assistance in taking evidence from a third party? Do you uphold the court's decision in this case?
4. What is you understanding of the burden of proof in international commercial arbitration? How do you think about the relationship between competent court and arbitration tribunal in discovering the facts?
5. If Mr. Bauer refused to hear Mr. Hollobon's testimony, can it be a base to apply for vacating the Award in the future?

第四节 中国国际商事仲裁中证据制度的立法和实践

一、仲裁证据的提供与获取

（一）当事人对其提出的仲裁请求的举证责任

我国国际商事仲裁立法与实践中实行“谁主张、谁举证”的原则。根据我国《仲裁法》第

43条第1款的规定，当事人应当对自己的主张提供证据。这就是说，无论是申请人向仲裁庭提出仲裁请求，还是被申请人就申请人的仲裁申请作出答辩或者反诉，都应当对其各自的主张提出证据证明。我国《民事诉讼法》第67条也规定了当事人对自己提出的主张有提供证据的义务。对于证据的内容，该法第66条规定，证据有以下几种：（1）当事人陈述；（2）书证；（3）物证；（4）视听资料；（5）证人证言；（6）当事人的陈述；（7）鉴定意见；（8）勘验笔录。以上证据必须查证属实，才能作为认定事实的依据。我国《民事诉讼法》的上述规定，同样适用于国际商事仲裁。对于当事人对其各自主张提出的证据，在司法诉讼中，其认定权属于法庭，而在仲裁程序中，此项权力则由仲裁庭行使。

我国《仲裁法》第23条规定，仲裁申请书应当载明下列事项：（1）当事人的姓名、性别、年龄、职业、工作单位和住所，法人或者其他组织的名称、住所和法定代表人或者主要负责人的姓名、职务；（2）仲裁请求和所根据的事实、理由；（3）证据和证据来源、证人姓名和住所。当然，被申请人在提交答辩书时，对其答辩主张也应当提供充分的证据予以证明。

（二）仲裁庭主动获取证据

仲裁庭在进行仲裁审理的过程中，也可以依法自行进行证据的收集工作。根据我国《仲裁法》第43条第2款的规定，仲裁庭认为有必要收集的证据，可以自行收集。CIETAC 2014年仲裁规则第41条第1款规定："当事人应对其申请、答辩和反请求所依据的事实提供证据加以证明"。第43条规定："……（一）仲裁庭认为必要时，可以自行调查事实，收集证据。（二）仲裁庭自行调查事实、收集证据时，可以通知当事人到场。经通知，一方或双方当事人不到场的，不影响仲裁庭自行调查事实和收集证据……"

北京仲裁委员会2022年仲裁规则第34条对仲裁庭自行收集证据作了如下规定："（一）当事人申请且仲裁庭认为必要或者当事人虽未申请，但仲裁庭根据案件审理情况认为必要时，仲裁庭可以自行调查事实、收集证据。仲裁庭调查事实、收集证据时，认为有必要通知当事人到场的，应当及时通知。经通知，当事人未到场，不影响仲裁庭调查事实和收集证据。（二）仲裁庭自行收集的证据应当转交当事人，由当事人发表质证意见。"

根据我国仲裁机构的现行仲裁规则，为了查明争议的事实，不仅仲裁庭有权自行收集证据，仲裁庭也可以就其审理的案件中的专门问题向专家咨询或者指定鉴定人进行鉴定。根据CIETAC 2014年仲裁规则第44条的规定，仲裁庭聘任的专家/鉴定人可以是中国或外国的机构或自然人。仲裁庭有权要求当事人，而且当事人也有义务向专家/鉴定人提供或出示任何有关资料、文件或财产、货物，以供专家/鉴定人审阅、检验及/或鉴定。专家报告和鉴定报告的副本，应转交双方当事人，给予双方当事人提出意见的机会。一方当事人要求专家/鉴定人参加开庭的，经仲裁庭同意后，专家/鉴定人应参加开庭，并在仲裁庭认为必要时就他们的报告进行解释。

这里应当特别指出的是：对于专家或者鉴定人的报告结论，如果未能给予当事人合理的机会就此项结论发表意见，则仲裁庭根据该结论作出的裁决，在承认与执行问题上就可能遇到麻烦。例如，香港高等法院1993年就以此为由裁定拒绝执行中国国际经济贸易仲裁委员会对Paklito Investment Ltd. v. Klockner East Asia Ltd. 一案作出的裁决。①

① 关于本案的具体情况，参见本节后的案例。

（三）法院对证据收集工作的协助

我国《仲裁法》仅在第46条①和第68条②对证据的保全作了规定，但是没有规定司法协助取证。法院协助取证是对当事人权利的重要保障，体现了司法对仲裁的支持。如果没有法院协助取证的义务，仲裁庭调查证据的规定可能形同虚设。而且仲裁庭调查证据还涉及调查证据的范围，是仅限于当事人，还是可以对第三人进行，均有待立法完善，而不可能通过仲裁规则的规定来实现。为此，不妨参照联合国贸法会《示范法》第27条的规定："The arbitral tribunal or a party with the approval of the arbitral tribunal may request from a competent court of this State assistance and according to its rules on taking evidence."

二、证据的认定

无论是当事人提供的证据，还是专家证据，其最后的认定均应当由仲裁庭决定。北京仲裁委员会2022年仲裁规则第37条对仲裁程序中的质证和认证作了如下专门规定：

(1) 仲裁庭可以根据案件审理需要，安排当事人自行就证据材料原件与复印件是否一致进行核对，仲裁庭可以委托秘书组织当事人进行上述核对工作。

(2) 开庭审理的案件，在开庭前已经交换的证据应当在开庭时出示，由当事人质证。当事人已经认可的证据，经仲裁庭在庭审中说明后，可以不经出示，直接作为认定案件事实的依据。

(3) 对于当事人当庭或者开庭后提交的证据材料，仲裁庭决定接受但不再开庭审理的，可以要求当事人在一定期限内提交书面质证意见。

(4) 证据由仲裁庭认定；鉴定意见，由仲裁庭决定是否采纳。

(5) 仲裁庭在认定证据时，除依照相关法律、行政法规，参照司法解释外，还可以结合行业惯例，交易习惯等，综合案件整体情况进行认定。

北京仲裁委员会仲裁规则的上述规定列举了一般的证据规则，同时给予仲裁庭自由裁量的权力，符合国际商事仲裁证据规则的实践。仲裁庭在对证据作出认定的过程中，无论作出什么样的认定，必须遵守正当的程序规则。可以这样认为，正当的程序规则是仲裁的生命线。

在全球一体化的今天，在国际商事仲裁统一的趋势下，我国的《仲裁法》以及仲裁机构的仲裁规则和实践需要参考国际实践，需要进一步完善。修改《仲裁法》，完善仲裁规则，维护当事人的权利，是立法者需要解决的问题，也是仲裁员、仲裁机构、中国的律师以及其他仲裁程序参与者需要解决的问题。

---

① 我国《仲裁法》第46条规定：在证据可能灭失或者以后难以取得的情况下，当事人可以申请证据保全。当事人申请证据保全的，仲裁委员会应当将当事人的申请提交证据所在地的基层人民法院。

② 我国《仲裁法》第68条规定：涉外仲裁的当事人申请证据保全的，涉外仲裁委员会应当将当事人的申请提交证据所在地的中级人民法院。

案例分析

上海仲裁委审理的某仲裁案①

仲裁庭作出由被申请人赔偿申请人1 600万元人民币的裁决。被申请人以赔偿数额未经审计和赔偿目录未经质证、大量的外文资料没有中文译本、认定事实的主要证据不足等理由，向上海市第一中级人民法院申请对该裁决不予执行。

上海市第一中级人民法院依据《中华人民共和国民事诉讼法》第217条的规定审查后，提出不予执行的意见。上海市高级人民法院按照请示程序报请最高人民法院审批。最高人民法院组成合议庭审查后，函复上海市高级人民法院指出："根据《中华人民共和国仲裁法》第65条的规定，涉外仲裁是指对涉外经济贸易、运输和海事中发生的纠纷的仲裁。本案所涉及的合同是涉外合同，是因外国公司破产而使涉外合同的履行发生纠纷，故该纠纷应当属涉外经济贸易中发生的纠纷。本案仲裁的对象、事实及结果均直接涉及外国公司及其权利义务，应属于涉外仲裁案件。因此，本案应依据《中华人民共和国民事诉讼法》第260条和《中华人民共和国仲裁法》第71条的规定，只对程序性问题进行审查，而不应适用《中华人民共和国民事诉讼法》第217条的规定对证据和事实认定问题进行审查。关于此案申请人提供的外文证据材料中未附中文译本是否违反法定程序的问题，我们认为，虽然《上海仲裁委员会规则（暂行）》中对外文材料附中文译本有明确要求，但该要求是仲裁庭可以根据实际需要决定的事项。至于当事人是否需要将证据材料的英文翻译成中文，应当由当事人自行决定。当事人在仲裁过程中没有提出需要中文译本，其事后对申请人提出的证据材料进行了逐项整理和辨别，说明当事人自己有能力识别理解外文资料，且本案中只是部分证据材料未附中文译本。我们认为，不能据此认定本案的仲裁违反法定程序。综上，我们认为，对此案被申请人不予执行仲裁裁决的申请，应依法予以驳回。"

此案按最高人民法院的意见，继续执行。

思考题：

1. 我国对国内仲裁和涉外仲裁的划分标准是什么？你对基于双轨制而实行不同的司法审查有何看法？

2. 你如何看待上海市高级人民法院报请最高人民法院审批的审批？你是否知道该请示程序的法律渊源？

3. 你是否同意最高人民法院的函复意见？

4. 我国《民事诉讼法》第73条第2款规定："提交外文书证，必须附有中文译本。"你认为此规定是否应适用于该仲裁裁决？

---

① 参见最高人民法院执行办副主任葛行军：《履行司法监督职责，保障仲裁事业发展》，载http://finance.sina.com.cn/roll/20040517/1454763744.shtml。

CASE STUDY

帕克里托案

(Paklito Investment Ltd. v. Klockner East Asia Ltd.)①

United Kingdom, High Court of Hong Kong, 1993

1993 (Vol. 2) Hong Kong Law Reports 40

Questions for Discussion:

1. How would you define the due-process standards in the case? What act or omission of the arbitrators was critical: the appointment of an expert in spite of strong objections of one of the parties? Failing to give the parties an opportunity to comment on the findings of the expert? Lack of cross-examination? Unequal treatment of the parties?
2. Suppose the arbitrators find the report of the expert unpersuasive. Can they disregard it on their own motion?
3. Suppose the arbitrators decided not to give credit to the findings of the expert. Could the claimant raise a due process argument relying on the fact that he had no opportunity to comment on the expert opinion?
4. What is your comment on the decision made by the High Court of Hong Kong in the case?

本章小结

小结

1. 在如何查明争议的事实和当事人举证方面，仲裁不同于诉讼，不必严格地适用各国民事诉讼法上的证据规则。仲裁庭可以根据当事人合意决定是否遵循严格的诉讼证据规则。
2. 国际商事仲裁中的证据包括书证、证人证言和专家证据。专家证据可以由当事人聘任的专家提供，也可以由仲裁庭聘任的专家提供。
3. 对于证据的可接受性、合理性等，由仲裁庭作出决定。
4. 在中国国际商事仲裁立法与实践中，采用谁主张、谁举证的原则。仲裁庭认为有必要收集证据时，也可以自行收集证据。

QUESTIONS AND COMMENTS

1. As to finding out the facts, unlike the litigation, the arbitration tribunal does not have to strictly apply the evidence rules in the litigation. The arbitral tribunal may decide whether the strict

---

① 关于该案案情，参见本书第五章第一节后的内容。

litigation rules should be applied in accordance with the parties' agreement.

2. The evidence in international commercial arbitration covers documents, witness of facts and expert witness in general. The expert witness may be provided both by the parties and arbitral tribunal.
3. It is the arbitral tribunal that decides the admissibility and reasonableness of the evidence provided.
4. In the international commercial arbitration legislation and practices in the PRC, the doctrine is those who make claims shall bear out the burden of proof. The arbitral tribunal may, on its own initiative, collect evidence, as it considers necessary.

第八章 解决争议实体问题的适用法律

提要

国际商事仲裁立法与实践中，各国法律通常允许当事人选择争议的适用法律。而当事人所选择的法律，可以是某一特定国家的国内法，也可以是特定的法律规则。商人习惯法是指国际商事交易中普遍适用的体现在一国国内法、国际公约和国际惯例中的那些法律规则，主要包括以诚实信用、公平交易和依据公平、合理的原则解决国际商事争议的规则，以及围绕着这些规则而派生出来的法律规则。

重点问题

- 解决争议实体问题的适用法律
- 商人习惯法的概念和特征
- 商人习惯法的主要内容
- 商人习惯法的适用

第一节 解决争议实体问题适用法律概论

在解决争议实体问题的过程中，用什么样的标准判断当事人之间争议的是非曲直，是每一个仲裁庭在解决争议的过程中不可回避的问题。鉴于国际商事交易涉及不同国家的法律，而不同国家可能就相同的事项作出不同的规定，如何决定解决争议实体问题的适用法律和该适用法律的主要内容，特别是在经济全球化的条件下，是否存在着适用于国际商事交易的统一法律规则，是我们在通过仲裁方式解决国际商事争议的过程中不可回避的问题。

在国际商事仲裁实践中，解决国际商事争议的适用法律的含义是广泛的，从争议合同本身，到有关国家的法律，再到有关的国际公约和国际惯例以及商人习惯法等，都可能成为解决争议的适用法律。这里关键的问题是如何决定解决争议的适用法律，由谁来决定此项法律适用。

一、确定解决国际商事争议的适用法律的方法

在各国有关国际商事交往的立法与实践中，确定解决国际商事争议的适用法律的方法主要有两种：一是由当事人共同决定，二是由仲裁庭对此作出决定。现分述如下：

（一）当事人决定

除非法律另有规定，各国法律一般都允许当事人对他们之间进行的国际商事交易的适用法律作出约定。这也就是各国国际私法上普遍适用的“当事人意思自治原则”在通过仲裁的方法解决国际商事交易中产生的争议中的体现。在实践中，仲裁本身就是当事人之间自愿达成的解决争议的方法。而在解决争议的过程中，如果当事人就他们之间的争议解决应当适用的法律规则达成一致，则此项应当适用的法律规则应当得到尊重，除非此项法律规则违反相关国家法律的禁止性规定。例如，国际商会国际仲裁院 1998 年仲裁规则第 17 条第 1 款规定：“The parties shall be free to agree upon the rules of law to be applied by the Arbitral Tribunal to the merits of the dispute. In the absence of any such agreement, the Arbitral Tribunal shall apply the rules of law which it determines to be appropriate.”伦敦国际仲裁院 1998 年仲裁规则第 22 条第 3 款也有类似规定：“The Arbitral Tribunal shall decide the parties' dispute in accordance with the law（s）or rules of law chosen by the parties as applicable to the merits of their dispute. If and to the extent that the Arbitral Tribunal determines that the parties have made no such choice, the Arbitral Tribunal shall apply the law（s）or rules of law which it considers appropriate.”

可见，如果当事人就他们之间争议解决的适用法律或者法律规则作出约定，此项约定按照上述仲裁机构的仲裁规则均可以得到适用。仲裁庭在适用当事人约定的法律或者法律规则时，这些规则通常情况下均指实体法规则，而不是冲突法规则。对此，世界知识产权组织仲裁与调解中心 2002 年起实施的仲裁规则第 59 条第 1 款作出了专门规定：The Tribunal shall decide the substance of the dispute in accordance with the law or rules of law chosen by the parties. Any designation of the law of a given State shall be construed, unless otherwise expressed, as directly referring to the substantive law of that State and not to its conflict of laws rules. Failing a choice by the parties, the Tribunal shall apply the law or rules of law that it determines to be appropriate. In all cases, the Tribunal shall decide having due regard to the terms of any relevant contract and taking into account applicable trade usages. The Tribunal may decide as **amiable compositeur or ex aequo et bono** only if the parties have expressly authorized it to do so.

（二）仲裁庭决定

如果当事人没有约定解决争议的适用法律或者法律规则，根据国际商会国际仲裁院、伦敦

国际仲裁院和世界知识产权组织仲裁与调解中心的仲裁规则的上述各条款的规定，应当由仲裁庭决定解决争议实体问题的适用法律或者法律规则。而仲裁庭决定的此项适用法律并非特指某一特定国家的法律，它可以是一个国家的法律，也可以是几个国家的法律（laws），还可以是某些特定的法律规则（rules of law），而且是仲裁庭认定的“适当的”法律或者法律规则。

二、解决国际商事争议的适用法律的内容

根据国际商会国际仲裁院、伦敦国际仲裁院和世界知识产权组织仲裁与调解中心的仲裁规则的上述各条款的规定，无论是当事人选择适用的还是由仲裁庭决定适用的法律或者法律规则，都不局限于某一特定国家的法律，它可以是一个或几个国家的法律，也可以是特定的法律规则。在国际商事仲裁实践中，当事人提交仲裁机构解决的争议多数是基于合同而产生的争议①，仲裁庭在面临这些争议时，首先应当查明争议的事实，在此基础上决定解决该争议的适用法律，进而作出仲裁裁决。

从实践的角度看，仲裁庭查明双方争议的事实后，按下列方法决定应当适用的法律规则。

（一）合同中的各项规定与当事人约定适用的法律规则

当事人之间依法订立的合同受国家的法律保护。就订立合同的双方当事人而言，合同是他们之间产生相应的权利与义务的基本依据。因此，依法成立的合同，不仅是当事人之间的技术文件，也是他们之间的法律文件。任何一方违反了其在合同项下承担的义务，都会产生法律后果，即另一方当事人依据合同中的规定向违约方提出损害赔偿的请求。例如在国际货物买卖合同中，卖方的主要义务是向买方提供与合同规定相符的货物，而买方的主要义务是按合同规定向卖方支付货款。如果卖方拒绝按合同规定向买方供货，或者所提供的货物与合同规定不符，买方就有权指控卖方违约，向后者提出损害赔偿的请求。反之，如果买方收到卖方所提供的符合合同规定的货物后拒绝付款，或者没有按合同规定付清全部货款，则卖方有权依据合同规定请求买方支付合同项下的全部款项。如果合同中对上述违约后果作了明确规定，则仲裁庭应当按照合同中的规则决定违约方应当向守约方支付的损害赔偿金额。只有在合同中不能找到具体的答案即当事人并未在合同中对上述违约的损害赔偿作出明确规定的情况下，仲裁庭才会考虑决定此项损害赔偿应当适用的法律规则。正如国际商会国际仲裁院 1998 年仲裁规则第 17 条第 1 款第二个句子所规定的那样：“The parties shall be free to agree upon the **rules of law** to be applied by the Arbitral Tribunal to the merits of the dispute. ***In the absence of any such agreement, the Arbitral Tribunal shall apply the rules of law which it determines to be appropriate.***”紧接着，该条第 2 款又规定：无论当事人是否在合同中就解决其争议的法律规则作出了约定，或者仲裁庭是否已经决定了其认为是适当的法律规则，仲裁庭必须考虑合同中的规定和相关的贸易惯例（In all cases the Arbitral Tribunal shall take account of the provisions of the contract and the relevant trade usages）。

（二）一般法律原则与国际贸易惯例的适用

国际商会国际仲裁院、伦敦国际仲裁院、世界知识产权组织仲裁与调解中心的仲裁规则中有关法律规则适用的规定，均提到了当事人选择适用和仲裁庭可决定适用的法律规则。这些法

① 在侵权行为引起的损害赔偿争议中，如果当事人双方愿意将他们之间的争议提交仲裁解决，仲裁庭也可以受理这类案件。

律规则，是在长期的国际商事交往中产生的普遍地适用于国际商事交易的规则，这些规则具体体现在当事人之间订立的合同之中，这些法律规则得到各国国内法的普遍认可，在国际组织制定的示范法、国际公约和国际惯例中都有体现。特别是在经济全球化的进程中，适用于当事人之间商事交易的法律规则也在不断地协调和统一，成为人们在国际商事交往中普遍适用的并受到各国国内法保护的法律规则，即商人习惯法（lex mercatoria）。

关于商人习惯法的概念、特征、内容及适用等方面的问题，将在下一节作专门介绍。

CASE STUDY

国际商会国际仲裁院关于适用国际统一私法协会《国际商事合同通则》的案例

（Final Award in Case 9117）①

Date：*March 1998*

Language：*English*

Claimant：*Russian state-owned corporation*

Respondent：*Canadian corporation*

Place of arbitration：*Zurich*，*Switzerland*

The parties entered into contracts for sale of goods by Claimant to Respondent，and various additions thereto. As the US import licenses held for the goods were due to expire，Respondent urged for rapid shipment. Some of the goods were delivered prior to expiry of the licenses and some afterwards. Respondent paid the full price of goods delivered prior to expiry of the licenses and approximately 1/3 of the price of the goods shipped thereafter. Respondent refused to make any further payments，claiming the sums withheld would be set off against damages allegedly due to it. Respondent alleges it had an exclusive right to import the goods，which Claimant had violated，and that Claimant had also defaulted on timely shipment. The Arbitral Tribunal finds no proof of Respondent's claim to exclusivity，no legally binding requirement for the deliveries to be timed so as to come within the term of the US import licenses，nor any lack of good faith by Claimant in its choice of time of delivery. In so determining，it refers to Articles 2. 17（merger clause），2. 18（written modification clause）and 4. 3（prior commercial practices）of the **Unidroit Principles.** 85% of arbitration costs are to be borne by Respondent and 15% by Claimant，reflecting the success rate of the various claims and the proportion of the proceedings devoted to each of them.

Questions for Discussion：

1. What is the traditional way to decide the applicable law for the settlement of international contract dispute?
2. Whether the arbitral tribunal was entitled to apply Unidroit Principles of International Commer-

① See ICC International Court of Arbitration Bulletin Vol. 10/No. 2，Fall，1999，pp. 96-101.

cial Contracts? Is it beyond the tribunal's authority?

3. What is the nature of Unidroit Principles? How to apply?

第二节 商人习惯法及其适用

一、商人习惯法的概念

随着经济全球化进程的加快，第二次世界大战后在解决国际合同争议的适用法律问题上，人们已经越来越倾向于直接适用那些得到各国法律普遍认可的实体法规则，而不是将注意力集中在通过适用冲突法规则确定国际合同争议究竟应当适用哪一个国家的实体法解决的问题。国际商事交易中从人们历来普遍认可的诚实信用与公平交易的原则出发，在发生合同争议时，适用那些为各国国内法普遍认可的法律原则，即商人习惯法，可以避免法律冲突的产生。在国际商事交易实践中，商人习惯法主要是通过各国法院的司法实践，特别是国际商事仲裁实践得以实施的。

商人习惯法来源于拉丁文上的 lex mercatoria，其英文的对应词为 Law Merchant，国内的一些公开出版物对此有不同的译法，如商业习惯法、商人习惯法或商人法等。① 人们之所以将研究的重点从国际私法转向商人习惯法，是由于跨国商事交易的增加迫切地需要有一些直接适用于国际商事交易的法律规则，而原有的各国立法机关制定的主要为了满足当地需要的法律作为解决国际商事交易中的争议的规范越来越多地反映出其本身所固有的缺陷。此外，传统的法律冲突法作为解决不同法律制度国家的当事人之间的商事争议的依据，也日益失去了其信誉。② 正如施米托夫在二十多年前所预见的那样："国际私法，特别是如何确定法律适用的问题，事实上是人为地对国际贸易设置的障碍……不管国际私法如何重要并将继续存在，我们必须对国际私法进行反思。"③ 近二十年来国际上大量出现直接调整国际商事交易关系的国际公约和示范法，就是最好的例证。④ 人们开始从对如何适用法律的冲突法的研究转向对国际统一

---

① 我国国际贸易法领域的权威人士沈达明教授和冯大同教授在他们早些时候编著的《国际贸易法》(北京大学出版社，1983) 中，将这一用语译为"商业习惯法"(1页)；他们撰写的《国际贸易法新论》(法律出版社，1989) 一书中，则把它改称为"商人习惯法"(2页)。本书作者在翻译施米托夫《国际贸易法文选》(中国大百科全书出版社，1993) 时，将这一拉丁文译为"商人习惯法"。还有些作者将其称为"商人法"，参见徐国建：《现代商人法》，载《中国社会科学》，1993 (3)。

② See Friedrich K. Juenger, *The Lex Mercatoria and the Conflict of Laws*, from *Lex Mercatoria and Arbitration*, p. 265.

③ C. M. Schmittof, *Die Kunitigen autgaben der Rechtstergleichung*, JZ 1978, pp. 495-499 (497); *Principles and Private International Law*, by Katharina Boele-Woelki, Uniform Law Report 1996—4, p. 676.

④ 比较成功的范例是联合国贸法会制定的调整国际货物买卖关系的 1980 年《联合国国际货物销售合同公约》，目前已经有六十多个缔约国；该会制定的 1985 年《示范法》，也已被三十多个国家的立法机关采纳。另一有影响的政府间国际组织——国际统一私法协会组织具有不同法律制度背景的专家制定的 1996 年《国际商事合同通则》及其在 2004 年的修订，也受到国际商事交易当事人的普遍欢迎。

私法的研究。①

对于何谓商人习惯法，目前还不存在着公认的定义。但一般而言，它是人们在国际商事交易中普遍适用的法律规则的总称。而这些法律规则，是人们在长期的国际商事交往中形成的对交易双方具有拘束力的那些最基本的原则和规则。为了对这些原则和规则有更进一步的了解，不妨对其形成与发展的历史渊源作一考察。

（一）商人习惯法的起源

商人习惯法产生于中世纪西欧商人中间，是调整他们彼此间关系的一系列习惯和法律。②这些法律与当时封建王朝的地方性法律相比，具有以下几个特点：（1）它超越国界，普遍适用于各国商人；（2）它不是由专业法官来掌管而是由商人自己选出的法官来掌管的；（3）它的程序比较简单，而且不拘泥于形式；（4）它强调按公平、合理的原则来处理案件。③施米托夫教授将其称为旧商人习惯法，指“事实上支配那些往返于商业交易所在的文明世界的各港口、集市之间的国际商人团体、普遍适用的一整套国际习惯法规则”④，其特点是：发展不成体系，缺乏计划性，它从习惯性做法发展为惯例，再到法律。⑤这些适用于商人之间交易的行为规则尽管不成体系，但就其本质而言，归纳起来有两点：第一是公正性，即这些规则对商事交易的当事人比较公平与公正。第二是普遍性，即这些规则在不同地区商人们之间的适用是不言而喻的，具有普遍适用的特点，也就是现在所说的国际性。

15 世纪以后，随着欧洲中央集权国家的兴起，欧洲各国都采取不同的方式把商法纳入国内法的范畴，使它成为国内法的一部分，从而使商法丧失了它原有的跨国性或国际性。商法经历了著名的国际贸易法专家施米托夫描述的国际贸易法或国际商法发展的前两个阶段，即从国际法到国内法的转变。20 世纪以来，特别是第二次世界大战后，随着国际贸易的蓬勃发展，国际贸易法也有了长足的发展，于是又出现了在国际商事交易中适用的“新的商人习惯法”（new law merchant）或“现代商人法”，有的学者将其称为跨国法（transnational law）或跨国商法（transnational commercial law）。为了论述上的便利，本书在此统称为现代商人习惯法。

（二）商人习惯法的发展

商人习惯法在第二次世界大战后有了比较大的发展，它是随着国际商事交易的发展而发展起来的。1956 年，美国哥伦比亚大学的吉斯普教授率先提出了“跨国法”（transnational law）的概念，他认为，跨国法是“调整跨国境交易和行为的一切法律规范的总称。包括国际公法和国际私法以及这些法律未能完全包括的其他所有的规则”⑥。吉斯普教授在这里所提到的“调整一切跨国交易的法律及规则”事实上就是这里讨论的商人习惯法。它不仅涉及国际公法、国际私法、各国调整国际商事交易的国内法，还包括特定交易中所适用的规范性的规则和惯例。对于现代商人习惯法的内涵与外延，国际法学界存在着不同的看法和表述方式。归纳起来，主要有以下几种观点。

---

① 参见李双元教授主编：《中国国际私法统一化进程》，武汉，武汉大学出版社，1998。

② 参见《牛津法律大辞典》，524 页，北京，光明日报出版社，1988。

③ 参见沈达明、冯大同：《国际贸易法新论》，2～3 页，北京，法律出版社，1989。

④ ［英］施米托夫：《国际贸易法文选》，226 页，北京，中国大百科全书出版社，1993。

⑤ 参见［英］施米托夫：《国际贸易法文选》，247 页，北京，中国大百科全书出版社，1993。

⑥ Phlip C. Jessup, *Transnational Law*, New Haven, 1956, at 2, 247. The term “transnational law ” to “include all law which regulated actions or events that transcend national frontiers. Both public and private international law are included, as are other rules which do not wholly fit into such standard categories”.

1. 实证论的观点

这种观点认为，商人习惯法只是一个学术上的概念，因为法律或者指一国立法机关制定的或者是由一些国家共同制定的规则。而商人习惯法既非由国家立法机关制定的也非由一些国家共同制定的规则。因此，“现代商人习惯法的国际性应与国家主权的概念协调一致，因为国家主权的概念仍然是世界秩序的基础，是所有法律的发源地……”而与中世纪的商人习惯法相比，“新的商人习惯法是由制法机构精心制定的，表现为国际公约、示范法以及国际商会等组织公布的文件”①。也就是说，现代商人习惯法是在各主权国家的同意或认可的基础上发展起来的，商人习惯法只有被纳入一国的国内法体系时，或者被当事人各方共同采纳时，才具有法律上的拘束力。对于商人习惯法的性质，施米托夫教授指出：“跨国法是在与国家无原则性利害关系的选择性法律的范围内从不同国家的制度中发展起来的调整平等当事人之间关系的统一法。”“认为国际贸易法具有国际法或超国家法性质的看法是错误的，因为国际贸易法的自治特征系基于所有主权国家的同意或认可。它在性质上也不同于国际公法。因为它归根结底是建立在国内法基础上，但它又是由国际商业界在与各主权国家无原则性利害关系的领域内发展起来的。阐明国际贸易法特征的最好方式，是把它称为跨国法。”② 而这里的跨国法，并非由跨国立法机关制定，而是指在各主权国家的同意或认可的范围内发展起来的行为规则。他的这一观点得到了广泛的支持，并在促进联合国贸法会的成立方面发挥了重要的作用。③

其他一些国际法学家对此也有一些精辟的论述。如克罗地亚的萨格勒布大学的哥尔德斯坦教授指出：“支配贸易的法律既不是资本主义的，也不是社会主义的，它是达到某种目的的手段。因此，尽管此类交易的受益人因国家的不同而不同，但这并不妨碍国际贸易的发展。国际贸易法则建立在整个世界都能接受的基本原则的基础上。”④ 而对于这些为各国都能接受的原则，哥尔德斯坦教授把它们归纳为三项基本原则：（1）当事人意思自治；（2）合同必须忠实地履行；（3）仲裁的采用。⑤ 当然，在国际商事交易中，除了这三项原则外，可能还有一些原则，如仲裁庭在裁决中所依据的公正与商业上的合理原则。其他的还有诸如诚实信用、遵守东道国的法律等，都可能构成商人习惯法的内容。尽管这些原则各异，但它们拥有一个共同的特点，就是为各国法律所承认或认可。而这些原则，只能在“主权国家同意和许可的情况下”通过设在各有关国家的法庭、仲裁庭来加以适用。⑥ 他们认为商人习惯法正在形成之中。

2. 自治论的观点

这一观点最早由美国法学教授吉斯普提出。他的这一观点，类似于法国巴黎大学古德曼教授（Berthold Goldman）的观点，古德曼称“专门适用于国际经济关系的法律（the law proper to international economic relations）是商人习惯法”⑦。匈牙利学者曼代尔（Ferenc Madl）对此

---

① Phlip C. Jessup, *Transnational Law*, New Haven, 1956, at 2, 247. The term “transnational law ” to “include all law which regulated actions or events that transcend national frontiers. Both public and private international law are included, as are other rules which do not wholly fit into such standard categories”.

② ［英］施米托夫：《国际贸易法文选》，264 页，北京，中国大百科全书出版社，1993。

③ See Harold J. Berman and Felix J. Dasser, *The “New” Law Merchant and the “Old” Sources, Sontent, and Legitimacy*, in *Lex Mercatoria and Arbitration*, edited by Thomas E. Carbonneau, revised edition, Kluwer Law International, 1998, p. 58.

④ ［英］施米托夫：《国际贸易法文选》，244 页，北京，中国大百科全书出版社，1993。

⑤ 参见［英］施米托夫：《国际贸易法文选》，249 页，北京，中国大百科全书出版社，1993。

⑥ 参见［英］施米托夫：《国际贸易法文选》，135 页，北京，中国大百科全书出版社，1993。

⑦ Goldman, *The Applicable Law*; *General Principles of Law—the Lex Mercatoria*, in J. Lew, ed. Contemporary Problems in International Arbitration, p. 113 (1987).

作了更为明确的解释。他认为，商人习惯法包括民商法和公法两个层次。就民商法的层次而言，泛指通过国际公约、法院判决、仲裁裁决和一般做法所体现的国际贸易规则。而商人习惯法中的公法，则指支配国家之间的国际经济和贸易关系的国际经济法，即直接对各国的利益产生影响的双边贸易协议以及其他政府之间的法律文件。① 在现代国际商事交易实践中，这些规则本身就具有作为法律所具有的特征，可以直接适用。② 丹麦学者兰杜在论及适用商人习惯法时是这样表述的："国际合同的当事人往往不能就解决他们之间争议应当适用的某一国家的国内法达成一致，因此，他们通过适用国际贸易惯例及所有或多数从事国际贸易的国家或与争议有关的国家都广为采纳的共同的法律规则，解决当事人之间的争议。鉴于这些共同的法律规则很多且不易确定，由仲裁员从中选择在他看来对于解决争议最为适当的和公正的规则，加以适用。在作出此项决定的过程中，仲裁员要考虑到若干具有不同法律制度的国家的法律规定。而正是这种解决争议的程序，包括所选择适用的法律规则和此项选择程序，被称为商人习惯法的适用。"③ 兰杜阐述了商人习惯法的适用过程，在这一过程中，关键是由负责处理案件的仲裁庭综合考虑法律适用的各种因素，并从中就应当适用的法律规则作出选择。兰杜认为，商人习惯法在法律上的拘束力并非取决于由国家权威机构制定和颁布的事实，而是取决于为商业界和国家权威机构所认可的事实。④ 可见，兰杜对商人习惯法的定位是极其深刻的，他所强调的商人习惯法之所以可以作为"法"而存在，并非因为商人习惯法是由国家机关制定的，关键在于它得到商业界的普遍遵守和认可。商人们自己制订的这些规则同时得到了国家的认可，在国家法律的调整范围内，如果当事人违反了这些规则，国家法律根据其违反规则的程度，给予适当的补救。换言之，商人习惯法可以由国家强制力保证其实施，这就足够了。

因此，可以这样认为，凡是在国际商事交易中普遍适用的一些规则，均可被视为商人习惯法。这些规则的适用，可以使仲裁员摆脱选择适用法律的过程而直接适用仲裁员认为应当适用的质量较高的法律规则。有的学者将这些规则归纳为若干条。例如，美国纽约大学教授洛温费尔德（Andreas F. Lowenfeld）在其关于商人习惯法的研讨中，自英国上议院法官马斯迪尔（Lord Justice Mustill）曾经列举的 20 条规则中，重点摘录了如下条规则⑤：

（1）Contracts should prima facie be enforced according to their terms（pacta sunt servanda）;

（5）Contract should be performed in good faith;

（7）A state entity cannot be permitted to evade the enforcement of its obligations by denying its own capacity to make a binding agreement to arbitrate, or by asserting that the agreement is unenforceable for want of procedural formalities to which the entity is subject.

（9）If unforeseen difficulties intervene in the performance of a contract, the parties should negotiate in good faith to overcome them, even if the contract contains no revision clause.

---

① See Ferenc Madl, *Codification of Commercial Practice in Eastern European Countries: Lex Mercatoria from a Hungarian Perspective*, in *Lex Mercatoria and Arbitration*, edited by Thomas E. Carbonneau, revised edition, Kluwer Law International, 1998, pp. 232-233.

② 古德曼认为作为法律所应当具备的最基本的特征是：普遍性、可直接适用及可预见性。商人习惯法具备了这样的特征，因而本身就是法律。（参见 *Goldman, The Application Law; General Principles of Law—the Lex Mercatoria* 前言部分，XXI页。）有的学者还提出了作为法律应当具有的可执行性，古德曼认为这是不言而喻的。

③ Lando, *The Lex Mercatoria in International Commercial Arbitration*, 34 Int'l & Com. L. Q. p. 747 (1985).

④ 参见［英］施米托夫：《国际贸易法文选》，753 页，北京，中国大百科全书出版社，1993。

⑤ See Andreas F. Lowenfeld, *Lex Mercatoria: An Arbitrator's View*, in *Lex Mercatoria and Arbitration*, edited by Thomas E. Carbonneau, Revised Edition, Kluwer Law International, 1998, p. 89.

(11) One party is entitled to treat itself as discharged from its obligations if the other has committed a breach, but only if the breach is substantial.

(12) No party can be allowed by its own act to bring about a nonperformance to a condition precedent to its own obligation.

(15) A party that has suffered a breach of contract must take reasonable steps to mitigate its loss.

(17) A party must act promptly to enforce its rights, on pain of losing them by wai-ver.

(19) Contracts should be construed according to the principle ut res magis valeat quampereat (合同应当根据其真实的原则进行解释);

(20) Failure by one party to respond to a letter written to it by the other is regarded as evidence of assent to its terms.

自治论观点的核心是国际商事交易的当事人可以不必一定要适用某一国家的法律，在双方当事人未能就合同应当适用的法律作出选择的情况下[①]，按传统的做法即国际私法上与“合同有最密切联系”的原则，决定合同应当适用的法律。而在双务合同中，有时合同的谈判、签署、履行均在不同的国家进行，就合同整体而言，往往很难确定究竟合同与哪一个国家有着最为密切的联系。在另外一些情况下，无论如何认定，均可说出一定的道理。所以，对于案件的审理结果，并不像有些人所说的，通过适用法律当事人可以对审理结果作出合理的期待。自治法是指国际商事交易可以直接适用的法律规则，而这些规则，不是指某一特定国家的法律规则，而是为多数国家所认可的、当事人可以合理期待适用的法律规则。一些学者在前面所提出的各项原则，一般均为从事国际商事交易的当事人所认可的规则和原则。这些原则和规则同样也得到各主权国家的认可，即在这些国家的国内立法中有所反映。此外，这些原则和规则可独立于国家的国内法而客观存在，即便在某一国家的国内立法中并没有被反映出来，它们也是客观存在的。正是这些原则和规则构成了商人习惯法的主要内容。

事实上，这两种观点都不否认商人习惯法的存在和适用，而争议的焦点是如何存在和适用，即商人习惯法在被主权国家通过法律的程序认可之前，是否具有法律上的效力的问题。在实证论者看来，在被主权国家认可之前，商人习惯法本身并不具有法律上的拘束力，而只有被国家通过法定程序明示或默示认可后，才具有法律上的拘束力。而自治论者则认为，既然商人习惯法是国际商业界在长期实践中形成的惯常做法，即便国家没有通过法定程序认可某一特定的规则，这一规则也应同样适用于国际商事交往中的当事人各方。因为国家并不否认这些规则的存在及其适用。自治论者认为，从历史发展的事实看，商业社会中形成的惯常性的做法是国内立法和国际立法的重要渊源，因此，这些做法在被纳入国内立法和国际立法之前，就应当对交易双方具有法律上的拘束力。国际立法和国内立法是商人习惯法的重要表现形式。就目前而言，一些国际公约的规定已经为许多国家所采纳，对于未采纳公约的规定的国家中从事商事交易的当事人而言，尽管他们所属的国家未参加某一特定的公约，但该公约就特定事项作出的规定，无疑对从事某一特定行业的当事人具有法律上的拘束力，因为这些规定是国际商业社会早已形成的惯常性的做法。即便当事人没有选择适用，这些做法同样对当事人具有法律上的拘

---

① 笔者自1989年以来在CIETAC所审理的近百个关于国际货物买卖合同的争议中，很少碰到专门就适用法律作出规定的买卖合同。

束力。

二、商人习惯法的特征

一般而言，商人习惯法具有以下几个方面的特征：

首先，商人习惯法的概念与传统的法律概念不同。传统上的法律是指某一个特定国家的法律，商人习惯法不从属于任何一个国家，它不是由立法机关制定的规范性文件，而是由从事国际经济贸易的个人或团体在长期的国际商事交易中自发地形成和发展起来的进行特定领域内的国际商事交易应当遵守的最起码的行为规范，行为人违反了这些规范，就要承担相应的责任。

其次，商人习惯法是从事商事交易的人们所必须遵守的起码的规范。这是从事特定领域内的商事交易的任何通情达理的人所合理期待的行为规范，不需要提供任何法律上的依据来证明此项违反。例如在采用FOB价格的买卖合同的情况下，如果卖方依据合同规定的期限将合同项下的货物备好并向买方发出通知后，买方未能派船到指定的装运港接收该货物，由此造成的仓储费用及延期交货的责任，无疑应当由买方自行承担，这是不言而喻的，无须由双方当事人在合同中作出专门约定。因为这是任何从事国际货物买卖交易的当事人应当知道的起码的常识：凡是采用FOB价格成交的货物买卖，由买方自行安排该货物的运输。如果买方在履行此项合同的过程中未能在卖方发出货物已经备好的通知后及时派船到装运港码头接收货物，由此造成的仓储费用及延期交货的损失，买方无权要求卖方赔偿，这是近一个世纪以来进行国际贸易的起码常识，也是商人习惯法的组成部分。当然，一些国际组织将这些做法整理成规范性文件，并结合国际商事交易的发展不断地进行修订，供国际商事交易当事人自觉地采纳。

最后，商人习惯法是被各主权国家认可的规范。尽管商人习惯法不是由各国的立法机关制定，但这些规范性的做法得到各主权国家的同意或认可。商人习惯法的核心原则在许多国家的国内立法中都有所体现，并在许多情况下构成国内法的组成部分。例如，作为商人习惯法基本内容的诚实信用原则，在一些国家的有关法律中就有明确规定。① 对国际商事交易一般做法的违反而产生的损害赔偿问题，受到各国法律的认可，即由于违反商人习惯法而产生的损害赔偿，均得到各国法律的支持。这是由于国家法律承认与执行这些商人习惯法在其各自本国内的法律效力。商人习惯法的各项基本原则，如当事人意思自治原则、诚实信用原则、公平交易原则、守法原则等，均得到各国有关立法与司法的认可。事实上，在这些国家法院的司法实践中，在适用本国法的过程中，在许多情况下也在适用商人习惯法。

所以，商人习惯法不是指一般意义上的法律体系，而是指体现在国际立法和国内立法及国际惯例之中的规范。因此，不能将商人习惯法与国际立法、国内立法和国际惯例割裂开来，而应当使它们融为一体。任何将商人习惯法与国际立法和国内立法割裂开来的看法，不符合国际商事交往的实际情况。特别是在现代国际商事交往中，一国的立法与实践不可能与外面的世界完全隔离，任何国家的立法机关在制订本国商人与外国商人进行交易应当遵守的各项规则时，不可能不顾及其他国家有关这方面的立法与实践以及有关的国际公约和国际惯例。

此外，这里还需要再次强调指出，商人习惯法是在主权国家认可的范围内发展起来的法律规则。如果没有各主权国家对这些规范和规则的普遍认可，商人习惯法也不可能在世界范围内

---

① 如《法国民法典》第1134条和《德国民法典》第157条中的规定，以及《美国统一商法典》第1—203条及相关条款。

有所发展。这些规则一般均为选择性的规则。而对于有关国家对特定商事交易所规定的必须遵守的强制性规则，当事人同样也应当遵守。如在东道国投资，当然应当遵守东道国的法律。如果特定国家规定某些事项不能通过仲裁的方式解决，那么，即便当事人之间就该特定争议通过仲裁方式解决达成协议，这样的协议也是无效的。当事人在国际商事交易中应当遵守各有关国家的法律①，也是商人习惯法的主要内容。

总之，商人习惯法是不从属于任何国家而又为各国所普遍认可的适用于国际商事交易的原则和规则的总称。即为一些国家在立法上明确规定的允许当事人或仲裁庭适用于解决当事人之间在国际商事交易中所发生的争议的"法律规则"②。

三、商人习惯法的主要内容

如前所述，商人习惯法是指体现在商人之间的国际合同、国际商事惯例、国际公约、一些国际组织制定的统一示范法及各有关国家的国内立法中的，为国际商事交易中的当事人普遍适用和认可的原则和规则的总称。商人习惯法的核心内容是表现在国际立法与国内立法中的为世界范围内从事国际商事交易的当事人所普遍接受的各项原则和规则。从实践的观点看，将这些规则逐一列出几乎是不可能的。因为随着国际商事交易的发展，这些规则本身也在实践中不断地发展与完善，而绝对地完善也不符合国际商事交易发展的实际情况。然而，就国际商事交易中当事人应当遵守的基本原则而言，应当说还是有章可循的。正如南斯拉夫学者所指出的那样："支配贸易的法律既不是资本主义的，也不是社会主义的，它是达到某种目的的手段。因此，尽管此类交易的受益人因国家的不同而异，但这并不妨碍国际贸易的发展。国际贸易法则建立在整个世界都能接受的基本原则的基础上。"③ 在国际商事交易实践中，客观上存在着交易当事人应当遵守的最基本的原则和规则。这些原则和规则一般也同样为各国的国内法所允许。当然，不可能列举出所有的原则，但那些为各主权国家所认可的适用于商事交易的基本原则还是存在的。这些原则是：当事人意思自治原则、诚实信用与公平交易原则和守法原则。

（一）当事人意思自治原则

当事人意思自治原则是各国合同法上的基本原则。在法律允许的范围内，当事人可以自由地选择其交易伙伴，自由地约定合同中的各项条款，自由地决定对合同条款的修订，自由地选择解决合同争议的方法等。

在国际商事交易中，允许国际商事交易的当事人自由地选择争议所适用的法律作为一条基本的原则，已经得到各国法律的认可，并且被列入一些专门的国际公约中。例如，由《欧洲经济共同体条约》各缔约国于 1980 年在罗马订立的《国际合同义务适用法律公约》（以下简称《罗马公约》）对当事人选择法律的自由作出极为明晰的规定，充分反映了当事人意思自治原则在国际合同中的适用。

首先，国际合同的当事人有充分的订立合同的自由，并就合同中的各项条款自由地作出约定。合同订立后，当事人也可以根据变化了的条件，共同协商对合同的修订和补充，这些修订

---

① 这些法律主要指在特定国家从事商事交易必须遵守的强制性规则。

② 如法国《民事诉讼法典》第 1496 条第 1 款、荷兰《民事诉讼法典》第 1504 条关于仲裁庭适用法律的规定，即仲裁庭适用当事人所选择适用的法律解决争议，如果当事人未能对此所出选择，仲裁庭可以依其职权决定应当适用的法律规则。

③ ［英］施米托夫：《国际贸易法文选》，244 页，北京，中国大百科全书出版社，1993。

和补充的部分构成原来订立的合同的组成部分。此外，当事人也可以自由地选择他们之间的合同的适用法律。此项选择应当是明示的，通常可表现为合同中的法律选择条款或在合同争议发生之后根据具体情况而共同选择的法律。一方面，当事人所选择的法律，可以适用于合同的全部问题，包括合同实质上的效力和形式上的效力所涉及的所有问题，如合同的成立、效力、解释、履行、违反合同的责任及其补救办法、合同债务的消灭、诉讼时效、无效合同的后果等一系列问题。另一方面，当事人也可以自行约定合同某些部分的适用法律，如合同的实质有效性适用一国的法律，而形式上的有效性适用另一国的法律。当事人所选择的法律也可以不局限于某一国家的法律，可以适用某一国际公约中的规定。① 如果争议双方在合同中共同选择了合同准据法，此项选择应当受到审理争议的法官或仲裁员的尊重和适用，这已成为国际公约、各有关国家的国内法和对各国的法律冲突规则所进行的官方重述中所公认的处理各国法律冲突的基本原则。例如，1961 年《欧洲国际商事仲裁公约》第 7 条第 1 款就专门对此作了明确规定："The parties shall be free to determine, by agreement, the law to be applied by the arbitrators to the substance of the dispute." 按照各国国际私法上普遍认可的当事人意思自治原则，当事人可以自主地订立合同，就他们之间的权利与义务作出约定，也可就合同的适用法律（合同准据法）作出约定。国际商会国际仲裁院 1990 年审理的意大利的被代理人诉比利时的代理人独占批发合同一案中，双方约定合同的适用法律为意大利法。由于申请人在合同执行 7 年后终止了该合同，并按合同规定提前 3 个月发出了终止合同的通知，比利时的代理人认为此项终止无效，因为它违反了比利时法中关于"终止独占批发合同的通知至少应当提前 3 年发出"的强制性规定，比利时的代理人在比利时法院起诉，要求意大利的被代理人赔偿由于终止该合同而给代理人造成的损失。意大利的被代理人则按照合同中规定的仲裁条款，请求国际商会国际仲裁院依其仲裁规则仲裁解决此项争议。该案由独任仲裁员在德国科隆审理，该独任仲裁员认为，意大利法适用于解决本案争议的实体问题，比利时法中关于"终止独占批发合同的通知至少应当提前 3 年发出"的强制性规定不予考虑。就本案争议的是非曲直而言，本案的批发合同已经有效地终止，而合同中关于终止合同应当提前 3 个月通知的规定符合意大利法。②

其次，国际合同当事人选择合同的适用法律的同时，也可就处理合同争议的法院或仲裁机构作出选择。当事人可通过单独协议或者合同中的条款，规定将由于合同所产生的一切争议提交特定国家的法院或仲裁机构解决。在提交仲裁机构解决的情况下，当事人还可以就仲裁地点、仲裁规则及仲裁应当适用的法律作出选择。然而，在国际商事交易实践中，许多情况下当事人在合同中并未就合同的适用法律作出约定，而只就争议解决的仲裁机构或应当适用的仲裁规则作出约定。这种约定同样体现了当事人意思自治原则。

最后，当事人在就其合同应当适用的法律作出明示选择后，也可以通过明示协议的方式，改变他们已经作出的选择。

当然，国际合同当事人选择合同的适用法律的自由也不是没有限制的。一般而言，对于缔约双方当事人的行为能力问题，按照国际私法的一般原则，应当适用当事人本国法或行为地法。当事人所选择适用的法律也不得违背合同应当适用的国家法律，否则无效。如一些东道国的法律规定在该国履行的投资合同的争议必须适用东道国法律，如果投资合同的当事人选择了

---

① 例如，即便合同双方当事人所属国不是《联合国国际货物销售合同公约》的缔约国，在合同的成立和买卖双方当事人的权利与义务方面，当事人也可约定适用该公约中的规定。

② See *Collection of ICC Arbitral Awards 1991—1995*, Kluwer Law International, 1997, pp. 134-142.

东道国以外的国家或地区的法律，则此项选择显然是无效的。此外，当事人所选择适用的法律不得影响与合同有关的国家的强制性的规则的适用。如买卖双方所属国与特定货物进口或出口有关的法律和政策的规定。按照《罗马公约》第7条规定，(1) 根据该公约适用某一国的法律时，如依其规定，与另一国有着密切的关系，则该另一国法律的强制性的规定得认为有效。在此种情况下，不论当事人所选择适用的为何国法律，均必须适用该应当适用的强制性的规定。在考虑是否认为此种强制性规定有效时，应注意此种规定的性质和目的以及其适用或不适用的后果。(2) 该公约不限制适用法院地法的强制性的规定，而不问及合同应当适用的是什么法律。

总之，国际合同的当事人在进行国际商事交易时，均具有平等的法律地位和对等的权利与义务。这是进行商事交易的前提条件。不允许一方当事人依其经济实力或特殊的法律地位，凌驾于另一方当事人之上。当事人意思自治原则是进行商事交易的基本原则：双方当事人自愿地订立合同，自愿地约定合同条款、选择合同应当适用的法律和解决争议的方法等。对此原则的限制就是他们之间的交易应当遵守有关国家的法律，不能违反有关国家的强制性的法律规定。如果买卖为国家所禁止交易的货物，比如毒品或国家禁止出口的文物，按照各有关国家的法律，凡违反国家法律的合同，均为无效合同，不受国家法律保护。

(二) 诚实信用与公平交易原则

诚实信用在拉丁文中用 bona fide 表示，法文中是 bonne foi，英文中是 good faith，在德文中为 treu und glauben，中文一般译为善意。此项原则被有的国家视为"法律的道德原则，在整个法律体系中处于支配地位"①。该项原则自古以来就是从事商事交易的基本原则，无论在一国范围内，还是在跨国交易中，此项原则均得到各国法律的普遍认可。② 而公平交易又是商品交易的基本原则。如果说，诚实信用是当事人进行交易的基本出发点，则通过诚实信用所达成的交易的结果应当对双方当事人来说均为公平的是交易的目的，而不是一方当事人利用其在某些方面所具有的优势地位，对另一方当事人实施欺诈行为，进行不公平交易。换言之，只有交易双方当事人均本着诚实信用的原则行事，才能达到公平交易的结果和目的。由国际统一私法协会（UNIDROIT）制定的《国际商事合同通则》(General Principles of International Commercial Contracts）将诚实信用与公平交易原则视为该通则的一项基本原则，当事人各方在合同中不得排除或限制此项义务。③ 这一原则贯穿于该通则始终。

在合同订立的过程中，如果受要约人有理由相信要约人向受要约人发出的要约是不可撤销的，且受要约人已按该要约行事④，则合同已经成立。例如在国际货物买卖合同中，卖方向买方发出了愿意以特定价格成交一批货物的要约，要求买方在收到此要约后一周内作出答复。买方收到此要约后，虽然没有直接用书面形式向卖方承诺接受此要约，但在收到该要约后的第三天即向卖方开出了全额信用证。而卖方收到信用证后以买方未能用书面形式作出答复为由拒绝将信用证项下的货物按其在要约中的价格卖给买方，称合同尚未成立。卖方的这种行为显然违

---

① ［德］罗伯特等著，楚建译：《德国民商法导论》，147～148页，北京，中国大百科全书出版社，1996。

② 如1900年《德国民法典》第242条规定："债务人应依诚实和信用，并参照交易上的习惯，履行给付。"1904年《法国民法典》第1134条第3款规定："契约须以善意履行之。"1907年《瑞士民法典》第2条第1款规定："任何人都必须诚实信用地行使其权利，履行其义务。"《美国统一商法典》第1－203条规定："对本法范围内的任何合同或义务，当事方均须以善意履行和执行之。"

③ 参见《国际商事合同通则》第1.7条及与此相关的条款，8～11页，北京，法律出版社，1996。

④ 参见《国际商事合同通则》第2.4条第2款第2项。

反了诚实信用的原则。在另外一些情况下，当事人无意与对方成交，或者以刺探对方情报为目的而与对方谈判，有意获取对方的秘密技术或其他商业信息，而一旦达到自己的目的，就终止与对方的谈判而不与对方成交，自行利用谈判中得到的秘密获取商业上的好处。如果由此给对方当事人造成损失，则该当事人应承担由于其未能遵守诚实信用原则而给对方当事人造成损失的赔偿责任。同样的道理，如果一方当事人为了将其劣质产品推销出去，有意对其产品进行虚假的宣传，引诱对方与之成交，由于对方当事人相信了对方的虚假宣传而购买了对方的产品，得到了产品后才知道上了对方的当。如果对方当事人在订立合同时就知道事实的真相，且任何一个通情达理的人处在该当事人的情况下均不会与之订立合同，则该方当事人可以以做错误陈述的一方有意欺诈为由宣告合同无效。而通过欺诈订立的合同无效得到各国法律的认可，其主要依据就是当事人违反了诚实信用的原则。

在合同履行的过程中，如果不履行其合同义务的一方当事人提出证据证明其不履行是由于他不能控制的原因所致，且在合同订立时该方当事人无法合理地预见，或不能合理地避免、克服或消除其影响，则不履行的一方当事人应当予以免责。当然，此项免责也应当建立在诚实信用原则的基础上。此外，由于一方当事人违约而受到损害的另一方当事人应当采取合理的措施，使损失减少到最小；在合同履行的过程中，只有在一方当事人的违约使另一方当事人受到实质性的损害时，受到损害的一方当事人才有解除合同的权利，否则，只能请求损害赔偿。

对于某些特殊的合同而言，即便合同履行完毕，根据诚实信用原则，当事人仍然负有一定的义务。如技术转让合同中涉及商业秘密或技术秘密，在合同履行结束后合同所涉及的秘密尚未公开，尽管当事人已经知道了此项秘密，按照合同规定的期限合同已经届满，则该方当事人仍然负有一方面不得继续使用此项技术秘密、另一方面也不得向任何第三者泄露该秘密的义务。如果当事人违反了此项原则，应当赔偿由此给对方当事人造成的损失。

诚实信用和公平交易作为商人习惯法的原则，在绝大多数国家的国内立法中均有体现。例如《法国民法典》第 1134 条第 3 款关于契约“应当善意履行”及第 1135 条关于“契约不仅对于契约中所载明的事项发生义务，并根据契约的性质，对于公平原则、习惯或法律所赋予此项义务的后果，同样发生义务”的规定，均体现了诚实信用的原则。《德国民法典》第 242 条则对债务人应当依照诚实信用原则履行债务作出了明确的规定：“债务人应依诚实和信用，并参照交易上的习惯，履行给付。”德国学者称这一条规定为适用于整个《德国民法典》的“超级调整规范”。在实践中，除了适用于《德国民法典》之外，这一条款还适用于其他大多数德国法律。[①] 1907 年《瑞士民法典》第 2 条第 1 款也对此原则作出了明确规定：“任何人都必须诚实信用地行使其权利，履行其义务。”也就是说，人们无论是行使权利，还是履行义务，均应遵守诚实信用的原则。其他许多国家的国内立法均对诚实信用原则直接或间接地作出规定，该原则是人们行使权利和履行义务的基本原则，它适用于一切国内和国际商事交易。诚实信用原则作为商事交易的基本原则，在各国国内和跨国商事交易中均得到了普遍适用。

诚实信用原则之所以得到各国法律的普遍认可，并作为各国法律制度的最基本的原则，就是因为此项原则的内涵和外延的不确定性。正如我国台湾地区学者蔡章麟所强调的那样，诚信原则是概括的、抽象的、没有色彩的、无色透明的，它所包括的范围极大，远远超过其他一般

---

① 参见［德］罗伯特等著，楚建译：《德国民商法导论》，147 页，北京，中国大百科全书出版社，1996。

条款的范围。诚信原则是未形成的法规，是白纸规定，换言之，是给法官的空白委任状。[1] 该原则是史尚宽所描述的掌握在法官手中的衡平法：对于一切法律关系都应根据它们的具体情况按照正义、衡平的原则进行调整，从而达到它们的具体的社会公正。法律关系的内容及实现的方法根据当事人间具体情况的不同而不同，法律、合同当事人很难一一预见从而加以规定或订定，因此，对方当事人有可能基于自私而利用这些漏洞，牺牲他方利益以实现自己的利益，在这种情况下，决断案情不应是形式的或机械的，而应从道义、衡平原则出发，站在立法者的角度决定这些关系，这就是诚信原则的要求。[2]

当然，至于如何在实践中实施此项原则，涉及各国的执法人员如何对该原则进行解释和适用，此项原则的解释和适用可能由于当地的意识形态、社会制度、风俗习惯、价值观念等的不同而有所不同。但无论各国社会制度和价值观念有何不同，抛开各国的社会制度和价值观念的差异，诚实信用作为商事交易中一条起码的原则，其内涵中所涉及的基本的道德观念，还是有其共同的理解与适用余地的。当事人之间在进行交易中遵守诚实信用的原则，就是为了达到公平交易的目的，而要使交易公平地进行，双方当事人必然要本着诚实信用的原则行事。所以，诚实信用与公平交易原则是相辅相成的。

（三）守法原则

这里的守法是指当事人在国际商事交易中应当遵守各主权国家的法律，特别是一些强制性的行为规则。按照法学基本理论和国际法的基本原则，主权国家所颁布的法律适用于其管辖的领土内的人和物。也就是说，任何国家的当事人在一国境内从事国际商事交易活动必须遵守该国的法律。

一般而言，任何国家的法律规范都包括任意的规则和必须适用的规则。前者允许当事人选择适用，为任意性的规则；后者不允许当事人作出选择，为必须适用的强制性的规则。这些强制性的规则适用于特定的场合，无论当事人是否对它进行了选择。例如在国际货物买卖合同交易中，假定双方选择了卖方法律作为合同准据法，如果双方当事人就合同履行中的问题发生争议，那么在确定双方当事人的权利与义务时，在合同没有规定的情况下，当然应当按照卖方国家对该特定争议事项的规定决定当事人的权利与义务。但如果涉及与买方国家有关的事项，如进口关税或其他税费的征收，则只能按买方国家的法律办。所以国际商事交易中所涉及的适用法律不可避免地涉及一个或一个以上国家的法律。

国际商事交易当事人可以就他们之间的交易应当适用的法律作出约定，但必须在法律允许的范围内进行。如果当事人所选择适用的法律超出了法律允许的范围，就得不到国家法律的保护。例如对于知识产权的有效性问题，有的国家的法律允许通过仲裁解决，而有的国家的法律规定知识产权的有效性的认定专属于特定的国家机关，而不允许仲裁机构解决此类争议。假定仲裁地法允许仲裁庭解决此类争议，仲裁庭依据当事人之间业已达成的仲裁协议对此案进行了审理并作出裁决，如果败诉一方当事人未能执行该裁决，另一方当事人就不得不向败诉一方的营业地或其财产所在地法院申请强制执行该裁决，而按照该裁决执行地国的法律，此类争议不能通过仲裁方式解决。因此，即便双方当事人之间存在着仲裁协议，执行地国也是《纽约公约》的缔约国，但该执行地国法院完全可以以该公约规定的“仲裁事项依据执行地国的法律为

---

① 参见徐国栋：《民法基本原则解释》，77页，北京，中国政法大学出版社，1992。
② 参见徐国栋：《民法基本原则解释》，75～76页，北京，中国政法大学出版社，1992。

不能通过仲裁解决的事项”[①] 为由，拒绝承认与执行该裁决。在这种情况下，胜诉一方只能向可以执行此裁决的法院申请执行。

在国际商事合同中，当事人所选择的适用法律一般应包括该国的任意性的法律和强制性的法律。而当事人没有选择适用的国家法律中所涉及的一些强制性规则，则仅在颁布此项规则的国家境内适用。仲裁庭无适用此项强制性的规则的义务。

上述三项基本原则是从事国际商事交易的当事人必须遵守的原则，也是商人习惯法的基本原则。当然，一般法律原则可能还包括其他一些原则，如前述一些国家的法学家们所提出的原则以及国家主权原则等。商人习惯法就其实质而言，是在各主权国家认可的基础上形成与发展起来的，这些原则靠国内法和国际法的支持，体现在各国的国内立法、国际公约、示范法及国际惯例之中。随着各国民商法所涉及的基本原则逐步协调和统一，国际商事交易中所依据的法律规范也在不断地协调和统一。然而，任何原则都有例外，即便国际公约或各国国内法就特定事项的规定完全统一，也还存在适用过程中的解释和如何适用的问题。仲裁庭在对这些规范进行解释和适用的过程中，同样应当尊重当事人的自治意思，从诚实信用的精神出发，考虑各有关国家的法律规定，尽可能做到独立、公正地解决当事人之间的争议。

四、商人习惯法的表现形式

在国际商事交易中，商人习惯法通常表现在国际合同、国际惯例、国际公约、示范法和各有关国家的国内立法中。

（一）国际标准合同格式

当事人之间自愿订立的符合有关国家法律的合同受到各有关国家法律的保护。[②] 依法订立的合同受到各国法律的保护。因此，就具体合同的当事人而言，合同不仅是他们之间的技术文件，更是确定他们之间权利与义务的法律文件。在合同履行中当事人就某些事项发生争议并依据合同中规定的仲裁条款将争议提交仲裁解决时，仲裁庭解决的首要问题就是对合同项下的争议是否具有管辖权。如果答案是肯定的，接下来的问题就是对于双方当事人争议的问题，合同中是怎样规定的？如果合同中对此有规定，就应按合同规定办理。例如在延期交货的情况下，如果合同规定了延期交货应当承担的赔偿责任，如每天的罚款金额是多少，仲裁庭就会按合同中的规定作出处理。但如果合同对此没有规定，就应考虑确定一个合理的金额。而对于何谓合理，许多国家的法律包括国际公约对此也没有作出具体的规定，则由仲裁庭解决。

一些在国际范围内的特定领域广泛适用的标准合同格式，是商人习惯法的重要内容。例如，在国际工程建设中广泛适用的 FIDIC（Federation Internationale des Ingenieurs-Conseils）标准合同格式（俗称红皮书），其在国际民用工程建设方面得到了广泛的适用，该合同格式所规定的是合同共同条件（general conditions），这些共同条件是在英国广泛适用的由民用工程师协会制定的规则的基础上形成的。该合同格式自 1957 年问世以来，得到了广泛的应用，并且被世界银行认可多年。由世界银行发布的作为该行与其借款人之间贷款协议的组成部分的采购指南、标准招标文件（Standard Bidding Documents），几乎完全是根据 FIDIC 红皮书制定的。[③]

---

① 《纽约公约》第 5 条第 2 款第 1 项。

② 对于国际合同的有效性，要在具体的合同中加以考查。在此研究国际合同的出发点是将其作为有效的合同。

③ See Charles Molineaux, *Moving towards a Construction Lex Mercatoria, a Lex Constructionis*, Journal of International Arbitration, 1997, No. 1, at 59.

（二）国际贸易惯例

国际贸易惯例是指在长期的国际贸易中形成的规范性的做法，它是商人习惯法的主要渊源。从某种意义上说，两者是重合的，因为国际贸易惯例所体现的就是商人习惯法，国际贸易法是商人习惯法的一部分。国际贸易惯例的形成与发展本身就是一个循序渐进的过程，它植根于参与国际商事交往的行为主体的长期、反复的实践。早在现代意义上的民族国家尚未形成的中世纪的欧洲，社会按等级组成，商人为其中的一个阶层，他们在各地大的集市上进行交易遵循一定的规则，交易中发生争议时则求助于当时的行商法院（Piepowder①），专门由本地的和外地的商人自己审理他们之间的争议。通过商事交易的实践及对由此而产生的争议的审理，逐步摸索出一套适用于商事交易的规则。久而久之，便形成了商人习惯法，即专门适用于商人这一阶层的习惯性做法。这些习惯性做法以杂乱无章的形式发展着，称其为"法"，或许只是一种委婉的说法。② 中世纪末，随着民族国家的兴起，各国通过不同的方式，纷纷将商人习惯法纳入其各自国家的国内法：路易十四时期，法国率先进行了全国性的法典编纂，于是便形成了1673年的《商事条例》和1681年的《海商条例》。1834年，德意志关税同盟主持制定了《德意志统一票据法》。英国则通过在伦敦市政厅主持法院工作的曼斯菲尔德（Mansfield）大法官及其同僚的努力，将商人习惯法并入了普通法的范畴。

19世纪以来，随着资本主义生产方式和现代商品经济的发展，"不断扩大产品销路的需要，驱使资产阶级奔走于全球各地"③ 为其产品寻找市场。与此同时，为了确保本国技术及其产品的垄断地位，许多国家先后建立了专利、商标和版权等知识产权制度。在此期间，为了避免由于各国就同一事项所作的法律规定的不同而给国际商事交往带来不便，各国在制定旨在解决不同国家的法律冲突的冲突规范的同时，开始寻求共同制定旨在避免法律冲突的国际统一实体规范，即双边或多边国际公约中的规范。例如，英、法两国于1860年签署了规定相互赋予最惠国待遇及减免重要商品关税的《科布顿条约》。一些国家还缔结了《保护工业产权巴黎公约》（1883年）、《保护文学艺术作品伯尔尼公约》（1886年）及《商标国际注册马德里协定》（1891年）等，这些国际公约和条约中的许多规范，如相互给予国民待遇和最惠国待遇等，都是由商人习惯法发展起来的。

当世界进入20世纪后，致力于协调国际政治和国际经济关系的国际组织出现，如国际统一私法协会（International Institute for the Unification of Private Law，UNIDROIT）④、海牙国际私法会议（Hague Conference on Private International Law）⑤、联合国国际贸易法委员会

---

① 此词来源于法文中的Prudhommes，意思是正直的人、行家。这些行商法院并非现代意义上的国家法院，而相当于特设仲裁庭。

② 参见［英］施米托夫：《国际贸易法文选》，179页，北京，中国大百科全书出版社，1993。

③ 《马克思恩格斯选集》，2版，第1卷，275页，北京，人民出版社，1995。

④ UNIDROIT成立于1926年，当时作为国际联盟的一个辅助性机构。国际联盟解体后又于1940年根据多边协议——"国际统一私法协会章程"重新设立。该协会现在是一个独立的政府间国际组织，总部设在罗马。该协会的宗旨是促进各国和各多国集团之间私法规则的协调和统一，并制定出可能逐步被各个不同国家所接受的统一规则。该会自成立以来已经完成了七十多项研究和立法工作，涉及国际货物买卖、运输、信贷、旅游、融资租赁、保付代理等。

⑤ 根据意大利著名法学家曼西尼（Mancini）在1874年的一个报告中提出的关于统一各国冲突法规则的倡议，海牙国际私法会议于1893年首次在海牙召开，其宗旨与任务是"从事国际私法规范的逐渐统一"，主要活动是每四年一次的例会。该会主持制定的国际公约涉及家庭、继承、商事等国际私法领域，如1954年《民事诉讼公约》、1955年《有体动产买卖法律适用公约》、1965年《关于向国外送达民事或商事司法文书和司法外文书公约》、1970年《民商事案件国外调查取证公约》、1985年《国际货物买卖合同法律适用公约》等。

(United Nations Commission on International Trade law)① 等政府间的国际组织，国际商会(International Chamber of Commerce，ICC)②、国际法协会（International Law Association，ILA)③、国际海事委员会（International Maritime Committee，IMC)④ 等非政府间国际组织(Non-Governmental Organizations，NGOs)。这些组织将国际商事交往中长期以来存在着的商人习惯法编辑整理后，或形成国际公约供各有关国家在外交会议上通过、签署和批准，或作为国际惯例的规范性文件，供有关当事人直接采纳。其中影响较大的是国际商会制定的《国际贸易术语解释通则》(INCOTERMS)，该通则自20世纪30年代问世以来，随着国际贸易的发展和现代化科学技术的采用而不断地进行修订，以适应现代国际贸易的发展需要，最近一次的修订于2011年1月1日起实施。商人们在从事国际货物买卖的过程中，如果他们订立的合同采用的是FOB条件，买卖双方在此术语下的权利与义务就是不言而喻的。假定卖方依据合同规定备好货物并通知了买方，而买方未能派船接货，则由此造成的延期交货的损失自然应当由买方自行承担。由该会制定的《跟单信用证统一惯例》也已被世界上绝大多数国家的银行在信用证业务中广泛采用。

（三）国际公约

国际公约通常是指国际法主体之间通过举行国际会议而达成的多边条约。它是国际法主体之间根据国际法所缔结的据以确定其相互之间权利与义务的协议。公约对缔约国具有法律上的拘束力。例如1965年3月18日在华盛顿通过的《解决国家与他国国民之间投资争议公约》(简称《华盛顿公约》)、1980年4月11日在维也纳外交会议上通过的《联合国国际货物销售合同公约》(简称《维也纳公约》或CISG)、1958年联合国在纽约通过的《承认与执行外国仲裁裁决公约》。这些国际公约对于缔约国而言，除了国家在加入公约时所提出的保留外，公约的各项条款对缔约国均具有法律上的拘束力。此外，两个国家之间订立的双边条约，如贸易条约、税收条约、投资保护协定等，对缔结条约的国家也有法律上的拘束力。一般而言这些国际公约仅对缔结公约的主权国家有拘束力。然而，在现代国际商事交往中，有些国际公约直接涉及自然人和法人。如1965年《华盛顿公约》，涉及的就是东道国与外国投资者之间由于在东道国投资而产生的争议。1980年关于国际货物买卖的《维也纳公约》调整的是营业地位于不同国家的当事人之间由于货物买卖而引起的买卖双方的权利与义务和合同的订立问题。例如，有的学者认为，调整国际货物买卖关系的1954年《海牙公约》和1980年《维也纳公约》就国际

① 联合国贸法会根据1966年联合国大会通过的第2205（XXI）号决议成立，其宗旨是协调和统一有关国际贸易的法律，促进国际贸易的发展。该会自成立以来，成功地制定了1978年《国际货物运输公约》（又称《汉堡规则》)、1980年《联合国国际货物销售合同公约》、1985年《示范法》、1996年《电子商务示范法》等。

② 国际商会成立于1919年，是国际上最大的民间商业组织，有数万个会员，多数会员为在国际上有影响的商业组织和企业，遍及一百多个国家和地区，还有八十多个国家会员，并在这些国家设有国家委员会。该会的宗旨是通过加强国际商业交往，促进世界经济的繁荣与和平。该会制定的《国际贸易术语解释通则》、《跟单信用证统一惯例》、《托收统一规则》等在国际上具有广泛影响，被作为国际惯例予以适用。

③ 该会于1873年在伦敦成立，其宗旨是研究、解释和发展国际法，包括国际公法和国际私法；研究比较法；为法律冲突的解决和统一提出建议，促进国家间的了解。该会主持起草的关于CIF货物买卖合同解释的《华沙—牛津规则》、《约克—安特卫普共同海损理算规则》等，在国际上具有重大影响。

④ 该会成立于1896年，于1897年举行了第一次会议，是专门致力于在全球范围内统一海事私法的组织。该组织促进、制定《关于统一提单的某些法律规定的国际公约》（又称《海牙规则》)、《电子提单规则》等，具有广泛的影响。

货物买卖所规定的当事人的各项权利与义务本身而言就是商人习惯法的组成部分。[①]

（四）示范法

示范法的法律地位不同于国际公约，它不是由两个或两个以上的主权国家直接制定且在外交会议上通过的多边或双边条约，而是由一些国际组织或学术团体制定的供各有关国家的立法机关单方面采纳的规范性文件。如美国法学会和美国统一州法全国委员会合作制定的《美国统一商法典》已经被除了路易斯安那州以外的各州的立法机关采纳为各自州的商法典。由联合国贸法会于1985年主持制定的《示范法》已经被几十个国家和地区的立法机关所采纳。此外，联合国贸法会还制定了其他一些示范法，例如，《国际贷记划拨示范法》（UNCITRAL Model Law on International Credit Transfer，1992）、《货物、工程和服务采购示范法》（UNCITRAL Model Law on Procurement of Goods，Construction and Services，1994）、《电子商务示范法》（UNCITRAL Model Law on Electronic Commerce，1996）、《跨国界破产示范法》（UNCITRAL Model Law on Cross-Border Insolvency，1997）等。世界知识产权组织召集一些国家的专家起草的《保护计算机软件示范条款》（Model Clause on Protection of Computer Software，1978），设在罗马的政府间国际组织国际统一私法协会（UNIDOROIT）于1994年公布的《国际商事合同通则》（General Principles of International Commercial Contracts）采取的也是示范法的方式，而不是国际公约的方式。这些示范法的起草均吸收了世界各主要法律制度的国家的代表参加，目的在于协调和统一各国的有关立法。如果这些立法被一国的立法机关采纳，即可成为被采纳国的法律。当然，各国立法机关在采纳这些示范法时，均可结合各有关国家的具体情况作出这样或那样的修订。

与国际公约相比，示范法的优势是比较灵活。因为在国际公约的情况下，除了个别条款可以保留外，各缔约国对于特定的国际公约只能是“或者参加，或者拒绝（take it or leave it）”，类似于国际商事交易中的定型化合同。而示范法又类似于标准合同，当事人在进行商事交易时，可以将该特定的标准合同作为谈判的基础，在谈判的过程中结合具体交易的具体情况作出这样或那样的修订。主权国家在其各自国家立法的过程中，也可采纳示范法的全部或者其中的一部分。联合国贸法会制定的《示范法》就是协调和统一各国有关国际商事仲裁立法的范例，该示范法目前已经被世界上几十个国家和地区采纳。这些国家和地区采纳《示范法》时对其作出的修订可分为二种情况：第一，将《示范法》中的有关用语特定化，如将《示范法》第6条规定的履行协助和监督的法院和机构特定化，指明应当由哪一级法院或机构指定仲裁员、决定对当事人提出的仲裁管辖异议的处理机构、申请撤销或强制执行仲裁裁决的法院或机构等。第二，结合本国的具体情况，在采纳《示范法》时适当地作出一些修订。如规定有权裁定对与争议有关的当事人及其财产采取保全措施、哪些事项不能通过仲裁的方式解决等。

在此尤其值得指出的是由国际统一私法协会主持制定的调整国际商事合同关系的《国际商事合同通则》，该通则所采纳的也是示范法的形式。示范法的灵活性，在《国际商事合同通则》的前言中已经得到再明晰不过的反映。因为其前言中列举了可以适用《国际商事合同通则》的各种情况：（1）合同当事人各方一致同意适用时；（2）如果当事人在合同中述明他们之间的合同受一般法律原则、商人习惯法调整或类似措辞时；（3）当无法确定合同的适用法律对某一问

---

① See Berthold Goldman, *The Applicable Law: General Principles of Law—the Lex Mercatoria*, *Contemporary Problems in International Arbitration*, edited by Dr. Julian D M Lew, Centre for Commercial Law Studies, Queen Mary College, University of London, 1986, at 113.

题的相关规则时；(4) 解释或补充国际统一法文件；(5) 作为国内立法和国际立法的范本。[①]在制定该通则的过程中，国际统一私法协会组织了来自各不同司法制度的国家的专家进行起草工作。这些专家在起草该通则的过程中，虽然不代表其国家，而是以个人的身份参加，但在起草过程中协调了各不同法律制度国家中特定法律名词的不同含义，如《美国统一商法典》、《德国民法典》和《法国民法典》、中国《涉外经济合同法》以及《联合国国际货物销售合同公约》中对合同的订立及买卖合同双方当事人权利与义务的规定。有的学者认为，该通则本身就是商人习惯法，因为它具备了商人习惯法的各项特征。[②] 该通则不从属于任何一个国家的法律制度，是由国际组织制定的，它忠实地反映了为商业界所需要的适用于国际商事交易的商业惯例。该通则的制定旨在适用于一切国际合同，无论订立合同的当事人来自什么样的法律、经济和政治背景[③]，它是国际合同的当事人应当遵守的基本规则，适合于国际贸易和商事交易的实际需要。同时，该通则由于与各国的法律秩序不相抵触，为各国有关合同的立法所认可，因而，如果当事人在他们之间订立的合同中约定适用该通则，此项约定无疑将得到各有关国家的认可，进而受到各国法律的保护。

根据国际商会国际仲裁院的统计，截至 1998 年年底，在国际商会国际仲裁院受理的仲裁案件中，至少有 23 起案件的仲裁裁决中提到了该通则的适用。[④] 例如，在第 7110 号仲裁裁决中，当事人在合同中并没有约定合同的适用法律，仲裁庭在解决争议的过程中认定，双方当事人谁也不愿意适用对方国家的法律，双方当事人表现在合同中的默示意思是适用“自然公正(natural justice)”的原则。仲裁庭的多数仲裁员对该原则的解释是：当事人试图适用适用于合同的而不是某一特定国家的国内法律制度中的一般规则和原则，而《国际商事合同通则》正是反映了适用于当事人之间的合同义务的原则和规则，并在国际社会中引起共鸣。因此，仲裁庭认为，该案合同中所有与《国际商事合同通则》有关的事项，均应适用《国际商事合同通则》并依此作出解释。其他事项则适用国际社会所公认的关于合同义务的一般原则与规则。[⑤] 在第 7375 号裁决中，仲裁庭也作出了同样的认定：在合同没有选择适用法律的情况下，合同应当依照双方当事人的默示意思解释而避免适用任何一方当事人的国内法，或者是其他第三国的国内法。因为其中的一方当事人为主权国家，与第三国的国内法没有实质性的联系。所以，本案合同应当适用法律的一般原则和《国际商事合同通则》。[⑥] 在另外一些情况下，《国际商事合同通则》也可以与其他的法律规则共同适用。例如，ICC 仲裁庭在第 8769 号裁决中，在决定应当适用的损害赔偿利率时，所适用的就是欧洲合同法原则和《国际商事合同通则》。[⑦]

（五）各有关国家的相关国内立法

这里所说的国内立法，是指反映商人习惯法基本原则的那些国内立法。各国国内法上规定的调整国际商事交易并反映商人习惯法基本原则的法律和法规，同样构成商人习惯法的组成部分，如在前面提到的《法国民法典》、《美国统一商法典》、《德国民法典》以及其他一些国家制定的旨在调整国际商事交易的法律和法规中所体现的商人习惯法的基本原则。这说明了商人习

① 参见对外贸易经济合作部编译：《国际商事合同通则》，1 页，北京，法律出版社，1996。

②③ See Gesa Baron, *Do the UNIDROIT Principles of International Commercial Contracts Form a New Lex Mercatoria?* Arbitration International, 1999, No. 2, at 115-130, 127.

④⑤⑥ See Fabrizio Marrella & Fabien Gelinas, *The Unidroit Principles of International Commercial Contracts in ICC Arbitration*, ICC International Court of Arbitration Bulletin, Vol. 10/No. 2, Fall, 1999, at 26, 29-30, 30.

⑦ See Fabrizio Marrella & Fabien Gelinas, *The Unidroit Principles of International Commercial Contracts in ICC Arbitration*, ICC International Court of Arbitration Bulletin, Vol. 10/No. 2, Fall, 1999, at 31.

惯法深深地植根于各国的国内立法之中，因为这些法律和法规中所体现的当事人意思自治原则、诚实信用与公平交易原则和守法原则，与商人习惯法的基本原则是一致的。正因为如此，商人习惯法才能得到国家的认可。

因此，凡是体现在国际合同、国际惯例、国际公约、示范法和各有关国家的国内立法中的有关国际商事交易中的当事人意思自治原则、诚实信用与公平交易原则和守法原则的各项具体的规范，均可视为商人习惯法的组成部分。

近年来一些国家的立法中，就“法律规则”的适用作了专门的规定。例如，按照 1981 年《法国民事诉讼法典》第 1496 条第 1 款的规定，The arbitrator shall decide the dispute according to the rules of law chosen by the parties; in the absence of such a choice, he shall decide according to rules of law he deems appropriate. In all cases he shall take into account trade usages。而这里的“rules of law”显然不是指某一特定国家的国内法。这里的适用法律的方法，是直接适用的方法，如果当事人之间没有对解决争议的适用法律作出约定，仲裁员可以直接适用商人习惯法解决当事人之间的争议。[①] 荷兰 1986 年《仲裁法》被并入其《民事诉讼法典》，按照该法典第 1054 条的规定，除非当事人约定，仲裁庭可以按照公平、合理的原则解决争议，仲裁庭应当根据法律规则作出裁决。在所有情况下，均应考虑贸易惯例的适用。该条第 2 款还特别规定：如果当事人选择了应当适用的法律，仲裁庭应当根据当事人选择的法律规则作出裁决。如果当事人未能对此作出选择，仲裁庭应当根据他所认为适当的法律规则作出裁决。此外，瑞典 1987 年《国际私法》第 187 条也有类似规定。

五、商人习惯法与国际立法和国内立法之间的关系

（一）商人习惯法与国际立法的关系

正如一些著名的学者所指出的那样，“国际立法”（international legislation）一词实属用词不当，因为制定特定地区的法律的权力只能由主权国家或其授权机构行使。可是，这一术语又恰当地表明了通过国内立法的方式把国际上业已形成的规范性法律规则纳入国内法。从这个意义上说，国际立法通过两种方法实施：或者由几个国家共同通过一项多边国际公约，或者制定一项可以由每一个国家单方面采用的示范法。[②] 从国际商事交易实践出发，国际立法并非由某个超国家的立法机关制定，也不可能有这样的机构。但国际经济交往的确需要有一些起码的共同遵守的规则，无论各国的政治、经济制度如何。古今中外，历来如此。随着科学技术的普及及电子计算机的广泛应用，当代的国际商事交往更加迫切地需要有统一的规则。本书所说的国际立法，是指现代的国际政府间和非政府间的组织所制定的一些规范性文件。制定者制定这些文件的宗旨和出发点不同，这些规范性文件的法律效力也各不相同。国际立法主要包括国际公约和国际组织制定的示范法。前者对各缔约国有拘束力，后者只有在被一国的立法机关采纳进而成为采纳该示范法的国家的国内法时才有拘束力。商人习惯法不是国际立法，如前所述，它是体现在国际立法之中的为国际商事交易当事人普遍遵守的原则和规则。

商人习惯法与国际立法有着密切的联系。这种联系主要表现在：国际立法无论采用的是国

---

① See Berthold Goldman, *The Applicable Law: General Principles of Law—the Lex Mercatoria*, *Contemporary Problems in International Arbitration*, edited by Dr. Julian D M Lew, Centre for Commercial Law Studies, Queen Mary College, University of London, 1986, pp. 118-119.

② 参见［英］施米托夫：《国际贸易法文选》，249 页，北京，中国大百科全书出版社，1993。

际公约的方式还是示范法的方式，均吸收了商人习惯法的内容，使其最终通过法律的形式固定下来。任何一项国际公约或示范法的制定，都不是凭空而来，而是具有制定某一特定领域规则的需要。而这些规则的制定，也必须从国际商事交易的实践出发，并尽量使有关的规则协调一致。国际组织在制定这样的规则时，无疑应当考虑到国际商事交易中所形成的为广大的商事交易者经常遵守的规则。而这些规则，就是商人习惯法的主要内容。

（二）商人习惯法与国内立法之间的关系

各国调整国际商事交易的国内立法主要表现在各有关国家的民法、商法及与此有关的私法规范和公法中。近年来，随着世界经济一体化进程的加快，为了使全球经济和法律秩序相对稳定，一些致力于法律的协调和统一的国际组织起草了大量的国际公约和示范法，其中有些已经为许多国家的立法机关所采纳。所有这些，对于协调和统一各国的法律发挥了重要的作用。此外，一国的立法机关在制定或修改其各自国家调整国际商事交易的法律和法规时，也必须考虑到国际社会的一般做法。就其调整国际商事交易的法律和法规而言，商人习惯法的一般原则，如当事人意思自治原则、合约必须信守原则、诚实信用与公平交易原则等，均毫无例外地得到各国法律的认可。这些基本原则一般均体现在各有关国家的国内立法中。

至于当事人缔结合同的自由，在许多国家的宪法及有关文件中均有所反映：美国 1776 年 7 月 4 日由 13 个州一致通过的《独立宣言》指出："我们认为下面这些真理是不言而喻的：人人生而平等，造物者赋予他们若干不可剥夺的权利，其中包括生命权、自由权和追求幸福的权利……"法国 1789 年《人和公民的权利宣言》第 1 条就明确地规定："在权利方面，人们生来是而且始终是自由平等的。"而"自由就是指有权从事一切无害于他人的行为。因此，个人的自然权利的行使，只以保证社会上其他成员能享有同样权利为限制。此等限制仅得由法律规定之"（第 4 条）。以上的规定被明确地列入 1791 年《宪法》中。订立商业性的契约的自由及契约双方当事人就契约中的各项条款作出约定，当然属于宪法的保护范围。当然，任何自由都不是绝对的，都要受到有关国家的法律上的限制。在订立合同过程中，当事人应当遵守各有关国家的法律，如果当事人所订立的合同违反了国家的法律，如买卖合同的标的物为国家法律禁止交易的对象，或者合同的订立违反了国家的公共秩序，则这样的合同就不受法律的保护。可以说，此项原则已经得到各国法律上的认可。

诚实信用的原则同样也为各国法律所认可，还被有的国家直接列入了有关的法律中。例如，《法国民法典》第 1134 条明确规定："依法订立的契约，对于缔约双方具有法律上的效力……应依善意履行。"《美国统一商法典》第 2－102 条第 1 款第 20 项对善意原则作了如下解释："'Good faith' means honesty in fact and the observance of reasonable commercial standards of fair dealing." 1996 年欧洲合同法委员会第八次会议通过的《欧洲合同法原则》第 1.201 条的标题就是善意与公平交易，并规定每一方当事人都应据此规定行事。而且，这一原则是当事人的强制性的义务，不得通过协议的方式加以限制。① 可见，作为商人习惯法核心内容的这一原则已经被许多国家的国内法通过这样或那样的法律固定下来，成为当事人必须遵守的法律。

至于商人习惯法的其他原则，如契约应当信守原则、公平交易原则等，许多国家的国内立法中都有与此有关的规定。一些国家还把国际公约和国际惯例中的原则也纳入到一国的国内立法中。例如，如捷克斯洛伐克的 1963 年《国际贸易法典》和南斯拉夫的《贸易一般惯例》就

---

① 参见《欧洲合同法原则》第 1.201 条第 2 款。

是将国际商会的《国际贸易术语解释通则》的内容引入了其各自国家的国内立法之中。[①] 许多国家缔结或参加有关调整国际经济关系的国际公约，即将这些国际公约中的规定纳入各缔约国的国内法的范畴，从而在这些国家中就这些公约规定的事项达成了协调和统一。而无论是国际公约中的规定，还是国际惯例的内容，许多都是商人习惯法的内容。各国国内法通过准许适用国际惯例和缔结或参加国际公约将商人习惯法的内容纳入了其各自本国的国内法。从这个意义上说，在调整国际经济关系的国内立法中，许多规范都源于商人习惯法。

可见，就调整国际商事交易的法律规范而言，商人习惯法与国际惯例、国际立法和国内立法在很大程度上都是相互渗透、相辅相成的。

此外，商人习惯法的适用与应当适用的有关国家的法律并不矛盾。在国际商事交易中，有关国家的强制性规则必须予以适用，如进出口商品管理、商品检验、关税及其他有关的税收、外汇管理等方面的法律，是从事商事交易的当事人必须适用的法律，没有选择的余地。

六、商人习惯法的适用

在国际商事仲裁实践中，商人习惯法可以由当事人选择适用，也可以由仲裁庭直接适用。

（一）在双方当事人同意的情况下适用

在当事人选择适用的情况下，一般并不是由当事人在国际合同的法律选择条款中就商人习惯法的适用作出选择，通常是当事人授权仲裁庭作为友好公断人（amiable compositeur）按照公平、合理的原则（ex aequo et bono）解决合同项下的争议。此项授权不一定采用书面形式，只要经双方当事人同意，仲裁庭就可依据公平、合理的原则解决当事人之间的争议。

美国纽约大学洛温费尔德教授用他自己审理仲裁案件的经验阐述了商人习惯法的适用过程：在涉及一项在中东某一国家的承包工程的案件中，美国一家公司在欧洲的子公司作为总承包商与斯堪的纳维亚一家分承包商之间由于承包合同产生了争议。该分承包合同规定在日内瓦仲裁解决，还规定了适用纽约的实体法和程序法。由于发包人以承包人未能按合同规定的时间完成特定的任务为由而未按期付款，为此双方共有 32 项争议。在这些争议中，几乎所有的争议都涉及三个法律适用的问题，仲裁庭征得双方当事人的同意，先着手解决这三个问题。其中两个与对合同的解释有关，第三个问题，也就是我在这里着重提及的问题，则为利息的支付。仲裁庭对此作出了先期裁决。申请人提出的 32 项仲裁请求中，其中的一些请求很可能是裁决申请人胜诉，在另一些仲裁请求中申请人也准备作一些让步，但对于如何支付应付款项的利息，该分承包合同中并无规定。被申请人认为，合同未能就此作出规定与总承包合同相符，因为按照伊斯兰法无须此规定，只是履行合同而已。因此，被申请人请求仲裁庭不要就其应当向承包人支付的款项的利息作出裁定；如果仲裁庭认为应当支付此项利息的话，也应当按照纽约年利率 6%的利息裁定。而申请人则坚持，对于两个西方公司之间由于承包合同而产生的在特定期限内应当支付的款项，由于一方当事人在支付问题上延期或违约而不承担责任的问题还从未听说过；本案应当支付的款项的利息应当依照伦敦同业银行拆放利率（LIBOR）计算，此项利率在当时约为年利率 15%。本案的仲裁员分别来自英国、加拿大和美国。仲裁庭很快就应付款项的利息应当如何裁定达成一致，然而，如何确定此项利息的适当利率？按照纽约的法律，6%的年利率是强制性的规定，但此项规定仅在纽约法院审理案件时适用。仲裁庭在开庭

① 参见［英］施米托夫：《国际贸易法文选》，45 页，北京，中国大百科全书出版社，1993。

审理此案后结合本案的总体情况，既未适用纽约的利率，也未适用伦敦的利率，而是取其中。此案得到双方当事人的确认与接受。在此案中，尽管所有的仲裁员均未意识到他们适用的是商人习惯法，但裁决的确适用的是商人习惯法。①

国际商会国际仲裁院受理的仲裁案件中，有些就是根据商人习惯法作出裁决的。例如，在第3267号案件中，墨西哥的分承包商与比利时的总承包商就承包合同的履行发生争议，仲裁员被授权按照公平、合理的原则解决当事人之间的争议。仲裁庭适用国际商事交易的一般原则作出了裁决，在该裁决中并未提及某一国家的国内法。② 在另外一起涉及仲裁协议的有效性的案件中，一位美国公司的负责人代表其在埃及的子公司在合同上签了字，而事实上该子公司正在办理相关的成立手续。仲裁庭根据“诚实信用与贸易惯例”和“揭开公司面纱”的原则处理了相关的争议。③

（二）由仲裁庭依据仲裁规则适用

商人习惯法的适用并不像有的学者所言，必须在合同当事人选择适用它时才可以适用。即便当事人没有选择通过公平、合理的原则解决他们之间的争议，如果依据仲裁应当适用的仲裁规则，仲裁庭可以适用其所认为适当的法律规则时，仲裁庭也可以直接适用商人习惯法解决当事人之间的争议。例如，在许多国际合同中，当事人并未就合同应当适用的法律作出约定，而只是约定了通过仲裁解决由于合同而产生的有关争议。在这种情况下就应当由仲裁庭对应当适用的法律作出决定。

对于由仲裁庭决定解决争议应当适用的准据法的情况，有些仲裁规则对此作出了明确的规定，例如，联合国贸法会1976年仲裁规则第33条对于仲裁庭在作出仲裁裁决时应当适用的法律作出了如下规定：

（1）The arbitral tribunal shall apply the law designated by the parties as applicable to the substance of the dispute. Failing such designation by the parties, the arbitral tribunal shall apply the law determined by the conflict of laws rules which it considers applicable.

（2）The arbitral tribunal shall decide as amiable compositeur or ex aequo et bono only if the parties have expressly authorized the arbitral tribunal to do so and if the law applicable to the arbitral procedure permits such arbitration.

（3）In all cases, the arbitral tribunal shall decide in accordance with the terms of the contract and shall take into account the usages of the trade applicable to the transaction.

1961年《欧洲国际商事仲裁公约》第7条第1款也对此作了明确规定：“The parties shall be free to determine, by agreement, the law to be applied by the arbitrators to the substance of the dispute. Failing any indication by the parties as to the applicable law, the arbitrators shall apply the proper law under the rule of conflict that the arbitrators deem applicable. In both cases the arbitrators shall take account of the terms of the contract and trade usages.”

国际商会国际仲裁院1998年仲裁规则第17条第1款的规定是：“The parties shall be free to agree upon the rules of law to be applied by the Arbitral Tribunal to the merits of the dispute. In the

---

① Andreas F. Lowenfeld, *Lex Mercatoria: An Arbitrator's View*, in *Lex Mercatoria and Arbitration*, edited by Thomas E. Carbonneau, Revised Edition, Kluwer Law International, 1998, pp. 82-83.

② See ICC Award, No. 3267, Yearbook Commercial Arbitration, 1987, pp. 87-89.

③ See ICC Award, No. 5721, CLUNET, 1990, at 1019.

absence of any such agreement, the Arbitral Tribunal shall apply the rules of law which it determines to be appropriate."

按照上述有关规定，仲裁庭决定解决争议应当适用的法律的方法有两种：第一，仲裁庭直接决定应当适用的准据法，即仲裁庭认为适当的实体法律规则，如国际商会国际仲裁院1998年仲裁规则的规定。此项规则不一定是某一特定国家的法律，它可以是世界范围内某一特定行业的人普遍适用的行为规则。第二，仲裁庭通过其认为应当适用的法律冲突规则决定应当适用的准据法，这也是传统的确定国际合同的适用法律的方法。

七、适用商人习惯法的目的和结果

如前所述，商人习惯法所包括的原则和规则的核心内容就是对当事人公平和公正。而这种公平和公正，通过仲裁员公正地适用商人习惯法并据此作出仲裁裁决而实现。换言之，仲裁员适用商人习惯法所要达到的目的是使双方当事人之间的争议得到妥善的解决，即公平、合理地解决他们之间的争议。商人习惯法不是某一特定国家的法律规则，这些规则在实践中是为世界上多数国家的国内法、国际公约或国际惯例所认可的规则。当然，在具体审理案件和适用这些规则的过程中，如何达到公平和公正是一个事实问题，归根结底取决于审理案件的独任仲裁员或多数仲裁员对它所作的理解和客观上是否对当事人公正。对于同一个裁决，每个人由于其文化背景和价值观念不同，可能会作出不同的判断。即便在同一个国家，不同的法官对同一案件进行审理时，在查明事实和适用法律的过程中也可能作出不同的判断，进而作出不同的判决，应当说也是正常的。公众对法官的判决作出不同的反响，同样也是正常的。这里的关键问题是具体审理案件的仲裁员应当秉公执法，坚持诚信原则，在审理案件的过程中给予各方当事人充分表达其各自意见的机会，审理程序公正。尽管仲裁程序不像司法程序那样严格，但它特别强调的是公正地对待双方当事人，充分地尊重他们的意思。仲裁员审理仲裁案件的权力来自两个方面：争议双方的同意和法律的认可。如果法律不允许仲裁庭审理特定种类的案件，尽管当事人同意通过仲裁方式解决该争议，则仲裁庭据此协议作出的仲裁裁决也不能得到法院的承认与执行。所以，仲裁员在执行法律的过程中同样应当受到法院的监督，以保证公正执法。

在现代国际商事交易实践中，由于科学技术进步、交通通信工具的发展和电子计算机的普及和广泛应用，调整国际商事交易的法律规范在许多方面都在日趋协调和统一。许多国际组织的成员国和国际公约的缔约国都超过了 100 个[①]；一些国际组织，包括政府间的组织和非政府间的组织，制定了许多国际文件和示范法，它们对于协调和统一调整国际商事交易的法律所发挥的作用，也是不可低估的。鉴于此，商人习惯法在国际商事交易中的适用不仅是必要的，而且是可能的。尤其是在国际商事仲裁实践中，商人习惯法的适用是大势所趋。在国际商事仲裁领域最有影响的巴黎国际商会国际仲裁院 1998 年 1 月 1 日起实施的仲裁规则中适用法律条款的修订就代表了这一趋势。按照该会 1988 年仲裁规则第 13 条第 3 款的规定，如果当事人没有选择解决争议应当适用的法律，仲裁员应当按照其所认为适当的法律冲突规则确定应当适用的准据法。如今，这一条款已经被修订，它绕过了法律冲突规则，而由仲裁庭直接决定它认为应

① 前者如世界贸易组织、世界知识产权组织、国际商会等；后者如《纽约公约》、《保护工业产权巴黎公约》、《多边投资担保机构公约》、《解决国家与他国国民之间投资争议国际公约》等。

当适用的法律规则。[①] 这里所谓"适用的法律规则"显然是广泛意义上的法律规则，特别是商人习惯法。而一些国际商事仲裁规则中规定的按照公平、合理的原则解决争议的规定[②]，显然也是指商人习惯法。正如一些学者所说的那样，如果说在1994年以前对商人习惯法的探讨仅限于学者之间所进行的理论上的探讨，那么在此之后，随着国际统一私法协会《国际商事合同通则》的公布和《欧洲合同法原则》的颁布，商人习惯法及其适用则已经成为现实。[③] 国际商会国际仲裁院1998年修订的仲裁规则中关于适用法律规则的规定，恰恰说明了商人习惯法的适用不仅是必要的，而且是可能的。2012年仲裁规则第21条同样保留了此项规定。

CASE STUDY

帕巴克案

[Norsolor S. A. (France) v. Pabalk Ticaret Sirketi S. A. (Turkey)][④]

Tribunal de grande instance of Paris, March 4 1981

Cour d'appel of Paris, December 15, 1981 and November 19, 1982

Cour de cassation, October 9, 1984

Tribunal de Grande Instance, March 4, 1981—Summery and Extracts

After Norsolor, a French corporation, terminated an agency agreement with Pabalk, its Turkish agent, Pabalk initiated arbitration against Norsolor in Vienna under the ICC Arbitration Rules and won an award for damages. Instead of applying the law of a particular country, the arbitrators based their award on international lex mercatoria; moreover, they relied on equity to decide on liability and to assess damages in a lump sum.

Thereafter, on February 5, 1980, the president of the tribunal de grande instance granted Pabalk leave to enforce the Austrian award in France. Norsolor challenged this decision before the tribunal de grande instance, arguing that the arbitrators had violated Article 13 of the ICC Arbitration Rules by acting as "amiable compositeurs" without having been authorized to do so in the arbitration agreement. [⑤]

---

① 国际商会国际仲裁院1998年仲裁规则第17条第1款规定："当事人得自由约定仲裁庭仲裁争议实体问题所适用的法律规则。如无此约定，仲裁庭得适用它所认为适当的法律规则。"

② 如联合国贸法会仲裁规则第33条第2款、国际商会国际仲裁院1998年仲裁规则第17条第3款、美国仲裁协会国际仲裁规则第28条第3款、德国仲裁委员会仲裁规则第21条第3款等。

③ See Klaus Peter Berger, *The Creeping Codification of the Lex Mercatoria*, Kluwer Law International, 1999, at 3.

④ See Tibor Varady, John J. Barcelo, III, Arthur T. von Mehren, *International Commercial Arbitration*, West Group, 1999, at 552-553, 771-775. other material has also been referred.

⑤ Article 13 of the ICC Arbitration Rules provides:

...

(3) The parties shall be free to determine the law to be applied by the arbitrator to the merits of the dispute. In the absence of any indication by the parties as to the applicable law, the arbitrator shall apply the law designated as the proper law by the rule of conflict which he deems appropriate.

(4) The arbitrator shall assume the powers of an amiable compositeur if the parties are agreed to give him such powers.

(5) In all cases the arbitrator shall take account of the provisions of the contract and the relevant trade usages.

The tribunal noted that principles such as good faith and commercial reasonableness were part of lex mercatoria and that the arbitrators had assessed the parties' actions in the light of these general principles; the arbitrators had asked whether the breakdown in the contractual relationship was attributable to the actions of one of the parties and whether those actions had caused unjustified prejudice to the other party. The tribunal concluded:

It is undeniable that in accordance with Article 13 of the ICC Rules of Arbitration, the arbitrators have applied the law designated by the conflict of laws rule which they deemed appropriate, namely, the general principles of obligations generally applicable to international commerce. It was of no importance that they twice used in their reasoning the rather ambiguous word "equity" because they defined the content of the rule they applied, which rule was also able to satisfy equity.

Therefore the arbitrators did not, either in fact, or in law, decide as amiable compositeurs; they thus stayed within the terms of the arbitration agreement.

The tribunal rejected Norsolor's claim.

Cour d'appel of Paris, December 15, 1981 and November 19, 1982

Norsolor appealed the tribunal's decision and also sought a stay of the French proceedings pending the outcome of the decision of the Court of Appeal of Vienna, where Norsolor had instituted a parallel proceeding to set the award aside. On December 15, 1981, the Court granted Norsolor's request for a stay on the ground that "if the award were annulled by the Court in Vienna, the action for leave to enforce would be deprived of its purpose". Thereafter the Court of Appeal of Vienna set aside the arbitral award rendered in Vienna.

Subsequently, on November 19, 1982, the Court of Appeal of Paris held that it was compelled, by virtue of Article V (1) (e) of the New York Convention, to rescind the order for leave to enforce the award granted on February 5, 1980 by the president of the tribunal de grande instance because this order concerned an award that had been annulled by the Court of Appeal of Vienna.

Cour de Cassation, October 9, 1984—Summary and Extract

The Cour de cassation (Supreme Court) annulled the November 19, 1982 decision of the Court of Appeal of Paris, holding that Article VII of the New York Convention of 1958 and the French New Code of Civil Procedure Article 12, taken together, compelled the Court of Appeal "to determine, even sue sponte①, whether French law would allow Pabalk to avail itself of the award at stake". It thus rejected the decision of the Court of Appeal of Paris because the latter had referred exclusively to Article V (1) (e) of the New York Convention to deny leave to enforce the award.

Background on the Setting aside and Enforcing Arbitral Award

1. The award was made on October 26, 1979 in favor of Pabalk. The award, which dealt with the termination of an agency agreement between the French corporation Ugilor (Norsolor)

① Voluntarily: of one's own will.

and its Turkish agent Pabalk, is notable in that it did not rely on any national legal system. After an attempt to determine the law applicable according to traditional choice of law rules, the arbitral tribunal concluded: "Faced with the difficulty of choosing a national law the application of which is sufficiently compelling, the Tribunal considered that it was appropriate, given the international nature of the agreement, to leave aside any compelling reference to a specific legal system, be it Turkish or French, and to apply the international lex mercatoria."

2. Pursuant to Article 595 (5) and (6) of the Austrian Code of Civil Procedure (ZPO), an award rendered in Austria could be set aside, inter alia, "if the Arbitral Tribunal dealt with matters beyond those referred to it" and "if the award violated mandatory provisions of law". As Vienna was the place of arbitration, an action to set aside was brought by Norsolor before the Austrian Courts. Meanwhile, enforcement was sought by Pabalk in France.

3. The Tribunal of Commerce of Vienna dismissed the Norsolor's claim for setting aside award. But the Vienna Court of Appeal partially set aside the award in its decision of January 29, 1982, on the ground that the Arbitral Tribunal, which had to determine the applicable law pursuant to Article 13, paragraph 3 of the ICC Rules, exceeded its powers in referring to lex mercatoria, which was described by the Court as a "world law of questionable validity" instead of grounding its decision in a particular national legal order.

4. On November 18, 1982, the Supreme Court reversed decision of the Court of Appeal on the ground that:

(1) in relying on the principle of good faith to determine the principal's liability for the damage caused by the termination of the agency agreement, it did not infringe any mandatory rule in force in any of the two concerned jurisdictions within the meaning of Article 595 (6) ZPO and that

(2) in determining the amount of damages on the basis of equity without special authorization from the parties, the Arbitral Tribunal did not transgress the limits of its competence within the meaning of Article 595 (5) ZPO.

Questions for Discussion:

1. How to determine the applicable law for the international commercial agreement?
2. Is any difference between the applicable law for the main contract and that of the arbitration agreement therein?
3. What is the legal basis for the arbitral tribunal to apply lex mercatoria in the award?
4. Whether the arbitrators, who were not granted the powers to rule in equity asamiable compositeurs, could disregard all national legal systems and rely on lex mercatoria only.
5. What is the relationship between the action to set aside brought in the country where the seat of the arbitration is located and the enforcement actions initiated in other countries where the enforcement sought?

第三节 中国关于解决国际商事争议适用法律的立法与实践

商人习惯法中所体现的当事人意思自治、诚实信用与公平交易、遵守法律等基本原则均在我国相关的立法、司法和仲裁实践中有所体现。对于国际商事交易中普遍适用的国际惯例，我国法律也认可其效力。也就是说，商人习惯法的内容已经深深地植根于我国的立法、司法和仲裁实践中。

一、我国司法与仲裁实践关于适用法律的基本原则

在我国的司法与国际商事仲裁实践中，法院或者仲裁庭在决定具体处理国际合同争议的适用法律时，依据我国国内法和我国缔结或参加的双边或多边国际公约中的规定。在实践中，按照以下原则决定国际商事交易的适用法律。

第一，我国国际商事交易所涉及的争议一般为平等当事人之间的合同争议。在解决这些争议的过程中，首要原则是尊重当事人自愿选择适用的法律，因为我国法律允许当事人选择合同的适用法律，如《涉外民事关系法律适用法》第 41 条规定："当事人可以选择合同适用的法律……"所以，解决合同争议的一项基本原则是适用当事人所选择的法律解决合同争议的实体问题。此外，我国《民法典》对某些合同的适用法律作出了限制，主要表现在对于在我国境内履行的中外合资经营企业合同、中外合作经营企业合同和中外合作勘探开发自然资源合同，必须适用我国的法律。①

第二，如果当事人未能就解决争议的法律作出约定，则按照我国《涉外民事关系法律适用法》第 41 条的规定，可以适用与合同有最密切联系的法律。这一原则也是各国国际私法上关于适用法律的一项基本原则。至于何谓与合同有最密切联系，则取决于具体的合同及有关争议的情况，如合同的订立、履行等。按照最高人民法院关于涉外合同最密切联系原则在司法实践中的解释，在当事人未能就合同的适用法律作出约定的情况下，国际货物买卖合同一般适用合同订立时卖方营业所所在地法律。但如果合同是在买方营业所所在地谈判并订立的，或者合同主要是依买方确定的条件并应买方发出的招标订立的，或者合同明确规定卖方须在买方营业所所在地履行其交货义务的，则适用合同订立时买方营业所所在地法律；银行贷款或者担保合同，适用贷款银行或者担保银行所在地的法律；保险合同，适用保险人营业所所在地的法律；加工承揽合同，适用加工承揽人营业所所在地的法律；技术转让合同，适用受让人营业所所在地的法律；工程承包合同，适用工程所在地的法律；科技咨询或者设计合同，适用委托人营业

① 参见《中华人民共和国合同法》第 126 条第 2 款。

所所在地的法律；劳务合同，适用劳务实施地的法律；成套设备供应合同，适用安装运转地的法律；代理合同，适用代理人营业所所在地的法律；不动产租赁、买卖或者抵押合同，适用不动产所在地的法律；动产租赁合同，适用出租人营业所所在地的法律；仓储保管合同，适用保管人营业所所在地的法律。[①] 当然，上述关于适用法律的原则也不是绝对的，按照最高人民法院该通知的规定，如果法院认为合同明显地与另一国家或者地区的法律具有更密切的关系，人民法院应以另一国家或者地区的法律作为处理合同争议的依据。

第三，我国许多国内法都体现了商人习惯法的基本原则，如我国《民法典》及其他有关法律中体现的当事人法律地位平等、公平竞争与交易、权利与义务对等等商人习惯法中的原则。《仲裁法》中也规定当事人可通过订立仲裁协议的方式，自愿地选择通过仲裁解决他们之间的争议。而此项协议一旦订立，当事人双方必须忠实地履行此项协议，任何一方当事人均无权单方面撤回其意思表示。如果一方当事人违反此项协议的规定，将协议项下的争议提交法院解决时，按照我国1991年《民事诉讼法》第257条的规定，法院不予受理，除非法院认为争议所涉及的仲裁协议无效、失效或不能履行。当事人也可以自由地选择处理其争议的仲裁机构、仲裁员、仲裁地点及仲裁适用的规则等。

第四，在我国司法或仲裁实践中，如果当事人在合同中就应当适用的外国法律、国际公约或国际惯例作出约定，法院或仲裁庭应当予以适用。对于有些事项，如果当事人没有作出约定，我国法律也没有相应规定的，可以适用国际惯例。例如在选择国际经济合同的适用法律的问题上，我国《民用航空法》第184条第2款规定："中华人民共和国法律和中华人民共和国缔结或者参加的国际条约没有规定的，可以适用国际惯例。"而这里的国际惯例通常指商人习惯法。CIETAC在其1991年3月1日颁布的《仲裁员办案须知》中对办案仲裁员的首要要求就是"以事实为依据，以法律为准绳，并参照国际惯例，独立、公正地审理案件"[②]。而该会2014年的仲裁规则第49条第1项也规定："仲裁庭应当根据事实和合同约定，依照法律规定，参考国际惯例，公平合理、独立公正地作出裁决。"这里的"参考国际惯例，公平合理、独立公正"，均可被视为国际商人习惯法在我国国际经济贸易仲裁中的应用。在涉外审判或仲裁实践中，至于某一具体的国际惯例或商人习惯法的内容及如何适用以及对所适用的国际惯例或商人习惯法的解释，则由具体办案的法官或仲裁员作出解释。

CIETAC在审理仲裁案件的过程中，仲裁庭在查明基本事实后，依据其仲裁规则中关于"双方当事人有调解愿望的，或一方当事人有调解愿望并经仲裁庭征得另一方当事人同意的，仲裁庭可以在仲裁程序中对案件进行调解"的规定（2014年CIETAC仲裁规则第47条第1项），对当事人之间的争议依据公平、合理的原则进行调解，以达到双方都能接受的结果。这种实践，事实上就是在适用商人习惯法。

当然，任何国家的法院或仲裁庭在适用当事人所选择的外国法、国际公约或国际惯例时，一般不得违背各有关国家的社会公共利益。中国的法律对此也有特别的规定。如我国《涉外民事关系法律适用法》第5条规定："外国法律的适用将损害中华人民共和国社会公共利益的，适用中华人民共和国法律。"这些也是各国的普遍做法。其他一些国家的法律在规定允许当事

---

① 参见最高人民法院于1987年10月19日发布的《关于适用〈涉外经济合同法〉若干问题的解答》。值得指出的是，尽管该法于1999年10月1日起被《合同法》所取代，但上述司法解释对于法院对涉外合同的适用法律的指导作用仍然是不可忽视的。

② 程德钧主编：《涉外仲裁与法律》，第1辑，380页，北京，中国人民大学出版社，1992。

人选择适用法律时，也不允许违背本国的社会公共利益。

二、商人习惯法与我国国内立法实践

从立法上看，我国现行许多法律中的具体规定都体现了商人习惯法。其中，商人习惯法的主要内容集中体现在我国《民法典》中。例如，根据该法规定，合同当事人可以协商变更合同（第543条），协商终止合同（第557条），约定一方违约时应当根据违约情况向对方支付一定数额的违约金（第585条）。

此外，诚实信用与公平交易、遵守法律等原则也贯穿在《民法典》的各项规定中。例如，根据该法规定，当事人应当遵循公平原则确定各方的权利与义务（第496条），当事人行使权利、履行义务应当遵循诚实信用原则（第7条）。该法中有许多条款都明确地就诚实信用与公平交易作了规定。如在订立合同的过程中，任何一方当事人如果存在着违背了诚实信用原则的行为，给对方造成损失的，承担赔偿责任（第500条）；在履行合同的过程中也要遵守同样的原则（第509条）；对于合同权利义务终止后（第558条）以及合同的解释（第466条），都应当遵循诚实信用的原则。此外，如果合同订立时显失公平，当事人可以请求法院或者仲裁机构变更或撤销该条款（第151条）。当事人订立、履行合同，应当遵守法律、行政法规，遵守社会公德，不得扰乱社会经济秩序，损害社会公共利益（第132条）；依法成立的合同，对当事人具有法律约束力。当事人应当按照约定履行自己的义务，不得擅自变更或者解除合同（第465条）。

还应当指出的是：在国际民商事交易中，如果就同一民商事关系我国国内法与我国缔结或者参加的国际条约中的规定发生冲突时，应当适用国际条约中的规定。如果我国国内法或者我国缔结或者参加的国际公约对所涉及的民商事关系均无规定，可以适用国际惯例。此项法律适用体现在我国《涉外民事关系法律适用法》的相关条款的规定中。

我国其他一些法律，包括《仲裁法》中关于仲裁协议与仲裁庭管辖权等方面的规定，均体现了商人习惯法的各项基本原则均得到我国国内法的认可，并通过我国国内法的形式固定下来。

案例分析

838 计算器组件合同品质争议仲裁案①

（1986年11月10日）

申诉人：广州市经济技术开发区××贸易公司和广东××工程机具厂（买方）
被诉人：香港××公司（卖方）和香港××采购有限公司（供货人）

基本案情

申诉人与被诉人于1984年11月3日签订了中穗（1984）DI/072号定购合同，购买EL—

① 参见中国国际经济贸易仲裁委员会编：《中国国际经济贸易仲裁裁决书选编》（1963—1988），70～76页，北京，中国人民大学出版社，1993。

838牌计算器组件机壳50万套和皮套50万套；双方于1984年11月4日签订了中穗（1984）DI/071号定购合同，购买EL—838牌计算器组件橡胶按键50万套和液晶片50万套；双方于1984年11月4日签订了中穗（1984）DI/073号定购合同，购买EL—838牌计算器组件电池50万套和IC插板50万套。三个合同金额共计为140万美元。合同规定，卖方免费提供1%的组件作为质量耗损的补偿，并规定货物应由中国商检局驻香港机构检验后方能装运，或到口岸后由中国商检局广州机构检验。签约后，双方于1984年12月15日又签订了补充协议书，双方将完整的EL—838牌计算器拆成散件作为成交样品封存，并订明按封存的样品交货及验收。但封存的交货样品上注明：其中关键的组件IC插板（即集成电路板）可以按封存的交货样品交货，也可以交“同等功能的IC插板”。

到货后，经广东省进出口商品检验局检验并出证证实，所到货的50万套计算器组件中有一部分与成交样品不符及/或品质有缺陷。申诉人根据上述检验结果，向被诉人提出异议，要求将50万套计算器组件全部退货，被诉人不同意全部退货，只同意更换和修理有问题的计算器组件。双方进行过协商，但无结果。申诉人因而向仲裁委员会申请仲裁，要求裁决：

（1）将50万套计算器组件全部退给被诉人，由被诉人将货款140万美元退还申诉人；

（2）被诉人赔偿申诉人的损失65万美元（包括货款140万美元的银行贷款利息、关税利息、商检费、包装费、不能履行国内合同而丧失国内客户和市场的损失40万美元）。

被诉人未提出书面答辩，也不出庭，放弃了其应有的申辩权利。

仲裁庭意见

仲裁庭以事实为依据，以法律为准绳，根据合同的规定，按照公平合理、实事求是的原则，对本案进行了分析和合议后，认为：

第一，经合同规定的检验人广东省进出口商品检验局检验并出证证明，被诉人所交的计算器组件50万套中有一部分不符合封存的成交样品及/或品质有缺陷，对此，被诉人应承担责任。

第二，50万套计算器组件，只是一部分而不是全部都与封存的成交样品不符及/或品质有缺陷；特别是50万套计算器组件是1985年3月和4月到货的，1985年7月进行检验时只检验了20万套，其余的30万套没有经检验申诉人即要求50万套全部退货，而且尚未检验的30万套中有不少货物的制造厂不是已经检验的20万套的制造厂，显然不能据此推论未经检验的30万套也必然有问题；已经检验的20万套结果表明，只是其中部分有问题。余下应检验而未检验的30万套于1986年8月即到货后约一年五个月之后才进行检验，检验结果同样表明也只是部分有问题。至于申诉人以合同所没有规定的XX牌计算器为标准对本案的EL—838牌计算器作质量对比检验，以说明所交货物的品质低劣，作为索赔和退货的依据，这是不能成立的。因此，申诉人要求50万套计算器组件全部退货，所持理由不充分，从而申诉人以全部退货为基础向被诉人提出的索赔请求不能成立。

第三，对于经过检验没有问题的计算器组件，申诉人没有理由不接受；对于广东省进出口商品检验局的检验证明质量有问题的计算器组件，应分别作出下述处理：

（1）编号为SFUE的2万套IC插板与塑料面壳不配套，不能安装，应退货。

（2）编号为SWOT的1.094 9万套组件不能使用，因液晶片、IC插板、电池、面板、地板螺丝孔、皮套、电池压板等有缺陷，应退货。

（3）编号为SWOT的10万套组件是单电池供电的，而成交样品是双电池供电的，这是由于被诉人所交的IC插板（集成电路板）不同于成交样品的IC插板所致。由于双方协议，成交样品允许交“同等功能的IC插板”，而且合同规定的检验人广东省进出口商品检验局检验的结果和所出具的检验证明并没有说所交的IC插板功能低于成交样品的IC插板的功能。此外，被诉人曾派人向申诉人说明单电池供电的IC插板比双电池供电的IC插板具有节省一个水印电池等优点，同时将单电池供电的线路焊接安装的方法告诉了申诉人。实际上，申诉人已按照被诉人的说明和方法把单电池供电的组件全部安装成整机。因此，申诉人要求将此10万套全部退货，理由是不充分的。但是，安装单电池供电的组件需要增加一定的费用，对此，被诉人应承担。

（4）编号为SKMF的5万套组件缺电池卡片，被诉人应对此承担补偿的责任。

（5）编号为SANI的10万套组件的电池接线使用两条导线，与成交样品压片式连接法不同，容易产生电池接触不良的现象。这10万套的问题，在实质上与上述（4）相同。申诉人要求全部退货的理由不充分，但被诉人应对此项向申诉人作合理的补偿。

（6）编号为SRJP的10万套塑料外壳是单电池结构，与成交样品塑料外壳双电池不同，被诉人应对此项向申诉人作合理的补偿。

（7）编号为SDEI的1 395套组件组装成整机后无显示，缺笔画，液晶片出现发黑等现象，不能使用。出现这种情况的原因可能是组件本身有缺陷，也可能是安装工艺问题，对此申诉人未提出充足的证据，因此申诉人与被诉人应各半分担责任。

（8）编号为SWOT的9 113套组件组装后不能正常使用，应按上述（7）的原则处理。

（9）编号分别为SABI、SRJP和SKMF的17万套面壳和25万套后壳的印刷字样与成交样品的字样不符。对此，申诉人拒绝收货。在本案中，申诉人申诉了此事，但未对此事提出要求，因此，仲裁庭不对此事作出决定。

第四，关于商检费用，因为只有部分货物有缺陷，所以应由申诉人和被诉人各半分担。

第五，关于本案仲裁费，由于被诉人应对申诉人的部分索赔要求承担责任，所以应由申诉人和被诉人各半分担。

裁决

（1）编号为SFUE的2万套组件应由申诉人退给被诉人，被诉人应将该批货物的货款56 000美元退还申诉人并加计年利率7%的利息，自1985年5月1日起算至付款之日止。

（2）编号为SWOT的1.094 9万套不能使用的组件，应由申诉人退给被诉人，被诉人应将该批货物的货款30 657.20美元退还申诉人，并加计年利率7%的利息，自1985年5月1日起算至付款之日止。

（3）编号为SWOT的10万套组件应减价3%，即8 400美元；

编号为SKMF的5万套组件应减价10%，即14 000美元；

编号为SANI的10万套组件应减价10%，即28 000美元；

编号为SRJP的10万套组件应减价3%，即8 400美元；

上述4项合计为58 800美元，应由被诉人支付给申诉人，并加计年利率7%的利息，自1985年5月1日起算至付款之日止。

（4）编号为SDEI的1 395套组件，应由被诉人支付申诉人1 853美元，并加计年利率7%的利息，自1985年5月1日起算至付款之日止。

（5）编号为SWOT的组件9 113套，应由被诉人支付申诉人12 758.20美元，并加计年利率 7%的利息，自 1985 年 5 月 1 日起算至付款之日止。

(6) 本案商检费人民币 3 720 元，应由申诉人承担 1 860 元，由被诉人承担1 860元。

(7) 本案的仲裁费用由申诉人和被诉人各半分担。

本裁决为终局裁决。

思考题：

1. 仲裁庭在解决本案争议中所适用的是什么样的原则？
2. 你对本案仲裁庭的裁决有何评论？

本章小结

小结

1. 确定解决国际商事争议的适用法律的方法主要有两种：一是由当事人共同决定，二是由仲裁庭对此作出决定。
2. 仲裁庭查明双方争议的事实后，首先应当适用当事人之间的合同中的规定决定各方当事人应当承担的权利与义务，如无此规定，可以适用商人习惯法或一般法律原则，决定当事人各方的权利与义务。
3. 商人习惯法是在国际商事交易中普遍适用的，体现在国际立法和国内立法中的当事人意思自治原则、诚实信用与公平交易原则和守法原则等项基本原则和体现这些基本原则的各项有关行为规则的总称。
4. 商人习惯法的基本原则和在此原则基础上所形成的各项有关行为规则是在各主权国家同意和认可的范围内发展起来的，是为世界各国国内法所普遍认可的原则和规则，因而一般均体现在各国的国内立法、国际公约、国际惯例和国际示范合同或示范法之中。
5. 在国际商事仲裁实践中，商人习惯法可以由当事人在合同中就应当适用的法律规则作出规定。在无此项规定的情况下，也可由仲裁庭决定它的适用。适用商人习惯法的最终的目的是使当事人之间的争议得到比较公正、合理的解决。
6. 在中国立法与司法实践中，除法律另有规定者外，允许当事人选择合同应当适用的法律规则以及相关的国际惯例。

QUESTIONS AND COMMENTS

1. There are two methods to decide the applicable law for the settlement of dispute. Such applicable law may be decided either by both parties or the arbitral tribunal.
2. After the disputed matters were made clear, the arbitral tribunal shall apply the relevant provisions in the contract to decided the liabilities of the parties. In the absence of the relevant provisions, the tribunal may apply the lex mercatoria and the general principles of the law to decide

the liabilities of the parties.

3. The lex mercatoria is the combination of the principles including but not limited on those of parties' autonomy, good faith and fair dealing, observance of law. It is covered by both domestic and international legislation.
4. The lex mercatoria developed with leave of the sovereign states and is recognized universally. As a result, it is expressed in both domestic laws and international legislations, such as international conventions and model law, as well as model contract drafted by international organizations.
5. In international commercial practices, the application of lex mercatoria could be realized through the parties' agreement in their contract as to the applicable law. In the absence of such agreement it is applied by the arbitral tribunal. The very purpose for the application of the lex mercatoria is to settlement of the dispute between the parties more fairly and reasonably.
6. In the Chinese legislation and practices, parties may be free to choose applicable law and international trade usages provided the law provided otherwise.

第九章
国际商事仲裁中的可仲裁事项

提要

关于国际商事仲裁协议项下的争议事项能否通过仲裁的方式解决，目前尚不存在统一的国际立法，因为可仲裁事项与一国的社会公共利益密切相关。目前有关的国际公约和《示范法》均未涉及此问题，而将其留给各有关国家的法律作出界定。

重点问题

- 可仲裁事项所涉及的实质性问题
- 国家在仲裁协议项下的权利与义务
- 可仲裁事项的适用法律
- 我国有关可仲裁事项的立法与实践

第一节
国际商事仲裁中的可仲裁事项问题概述

国际商事仲裁协议项下的事项能否通过仲裁的方式解决，关系到仲裁协议的效力和依此仲裁协议作出的仲裁裁决能否得到有关国家的法院的承认与执行。在国际商事仲裁实践中，可仲裁事项直接影响到仲裁机构对仲裁案件的管辖权和仲裁协议的效力，如果依照有关国家的法律认定仲裁协议项下的事项不能通过仲裁解决，则该仲裁协议即为无效。而依照该无效仲裁协议作出的仲裁裁决就有可能被有关国家的法院撤销或拒绝承认与执行。

一、国家社会公共利益与可仲裁事项

从仲裁发展的历史看，凡涉及国家公共利益的事项，国家一般不允许仲裁的介入。法院是国家的审判机构，为了保证法律适用的统一，在很长一段时间内，法院对仲裁采取了不信任、不支持的态度，具体表现为法院可轻易地撤销当事人之间的仲裁协议和依此协议作出的仲裁裁决。尽管如此，仲裁还是在不需要法院介入的商业领域内得到广泛的发展，因为在这些领域，凡是商人们自己安排的仲裁协议或依此协议作出的仲裁裁决，均由商人们自动地执行，而不必借助于法院强制执行的协助。其实，仲裁事业的发展在很大程度上也减轻了法院的压力，在商事交往日趋频繁的情况下尤为如此。

仲裁为自己在法律上争得一席之地始于19世纪末和20世纪初，英国在1899年承认了仲裁的法律地位，但对仲裁裁决实施严格的司法审查，其中的特别案件的说明程序直至1979年才被取消。其他一些国家也都对它施加了一些这样或那样的限制。美国法院在很长的一段期间内对仲裁也是采取敌对态度，将仲裁协议视为企图剥夺法院的管辖权。直到1925年，美国国会才通过颁布《联邦仲裁法》来拒绝法院长期以来对仲裁采取的敌视态度。该法强制美国法院承认合同中的仲裁条款的效力。该法第2条规定，A written provision in any maritime transaction or a contract evidencing a transaction involving commerce to settle by arbitration a controversy thereafter arising out of such contract or transaction, or an agreement in writing to submit to arbitration an existing controversy arising out of such a contract, transaction, or refusal, shall be valid, irrevocable, and enforceable, save upon such grounds as exist at law or in equity for the revocation of any contract. 该法第3条还具体规定了法院应当将属于仲裁条款范围内的事项交由仲裁解决的情况：If any suit or proceeding be brought in any of the courts of the United States upon any issue referable to arbitration under an agreement in writing for such arbitration, the court in which such suit is pending, upon being satisfied that the issue involved in such suit or proceeding is referable to arbitration under such an agreement, shall on application of one of the parties stay the trial of the action until such arbitration has been had in accordance with the terms of the agreement, providing the applicant for the stay is not in default in proceeding with such arbitration.

二、国际条约对可仲裁事项的规定

在世界范围内，1923年在国际联盟的主持下，一些国家在日内瓦签署了《仲裁条款议定书》，就相互承认与执行仲裁条款的效力作了约定。1927年又签署了《关于执行外国仲裁裁决公约》，就承认与执行在其他缔约国境内作出的仲裁裁决的条件和拒绝执行的条件作了规定。限于当时的条件，参加的国家极为有限，这两个公约最终被1958年在联合国主持下签订的《纽约公约》所替代。目前世界上绝大多数国家均为《纽约公约》的缔约国，负有承认与执行外国仲裁裁决的义务。然而，在可仲裁事项问题上，远未达到统一，而且《纽约公约》允许法院地国拒绝承认与执行依据其本国法律的规定为不能通过仲裁解决的事项的外国裁决。[①]

在现代国际商事仲裁实践中，尽管随着世界经济一体化和科学技术的发展，越来越多的国家参加《纽约公约》和采纳联合国贸法会制定的《示范法》，各国的国际商事仲裁法在不断地协调和统一，但由于各国的社会和经济制度以及所处的社会发展阶段的不同，对内实施的公共政策各异，一些国家为了对经济实力较弱的当事人提供一定的法律保护，就专门出台了一些法律，并将其作为强制性规则，要求受该法保护的当事人必须遵守，而不能通过他们之间的协议予以排除。从广义上说，这也属于社会公共利益的范畴。例如，比利时为了保护在其境内从事分销外国商品的当事人的利益，在 1961 年出台了一项关于单方终止无期限的独占分销交易的法律[②]，根据该法，单方面终止没有期限的独占分销合同的当事人在合同终止后，必须给予在比利时境内的当事人补偿。如果双方当事人不能就补偿金额达成一致，由比利时法院决定，比利时法院作此决定时，只适用比利时法。例如，一家德国的汽车制造商奥迪（Audi）通知在比利时的独占分销商派帝（Petit），其将终止与派帝的在比利时分销汽车的协议。由于派帝不愿意在奥迪没有对其作出实质性的赔偿的情况下终止此合同，奥迪依据该独占分销协议中的仲裁条款在苏黎世提起仲裁。派帝出席了仲裁庭对该案的审理，但他出庭的目的就是对仲裁庭的管辖权提出抗辩。仲裁庭认为对此案有管辖权，并作出了仲裁裁决。该裁决认定该协议已经终止，派帝无权就该协议的终止请求赔偿。于是，派帝便在比利时法院起诉，请求比利时法院宣布法院对此争议具有独占管辖权和拒绝承认与执行在苏黎世作出的仲裁裁决。列日[③]的商事法院、上诉法院和比利时最高法院均支持了派帝的诉讼请求。这些法院均认为比利时法院对此争议具有独占管辖权，并拒绝承认与执行该仲裁裁决。为了证明该判决的合法性，比利时最高法院还引用了《纽约公约》第 5 条第 2 款第 1 项的规定，比利时最高法院指出：

"鉴于 1961 年 7 月 27 日制定并于 1971 年 4 月 13 日修订的《关于单方终止无期限的独占分销交易的规定》，根据该法第 4 条，本案争议属于在比利时境内全部或部分履行的协议的终止。在本案中，受到损害的比利时当事人有权在比利时法院对授予其在比利时境内销售特许权的一方当事人起诉。当然，该争议也可提交授予比利时当事人此项特权的一方当事人的住所地或所在地的法院起诉。当争议提交比利时法院时，比利时法院只适用比利时法。"

鉴于上述比利时法律第 6 条的规定，"本法规定适用于分销合同终止时当事人之间作出的有任何相反约定的协议。同时也适用于本法生效之前或在此之后当事人之间订立的分销合同"。尽管该案中的当事人在其合同中所选择适用的是德国法，但是在此问题上适用德国法被比利时最高法院宣布为无效。[④]

显而易见，比利时上述立法与实践的目的在于通过立法的方式，对比利时的国民提供法律上的保护，具体的做法是由法律硬性规定特定争议不能通过仲裁方式解决，只能诉诸法院。这样做的法律后果是：即便当事人之间订有通过仲裁解决该特定争议的协议，该协议也会由于法律上的禁止性规定而归于无效而不能受到法律上的保护。如果国际仲裁庭根据当事人之间的仲裁协议认定，按照合同规定的应当适用的法律该仲裁协议为有效，并据此作出仲裁裁决，这样

---

① 参见《纽约公约》第 5 条第 2 款第 1 项。

② 该法于 1961 年 7 月 27 日公布后，又于 1971 年 4 月 13 日进行了修订。

③ 比萨伊克省省会。

④ See Albert Jan van den Berg, *The New York Arbitration Convention of 1958*, Kluwer Law and Taxation Publishers, 1981, p. 371.

的裁决如果到比利时申请执行，比利时法院就会根据其法律认定该仲裁裁决所涉及的事项不能通过仲裁方式解决，进而拒绝承认与执行该仲裁裁决。就独占分销协议的可仲裁性而言，比利时法律的上述规定认为该项规定属于强制性的规定，当事人通过协议作出的相反的约定无效，但此项无效只限于在比利时适用，而且只有比利时法院受理此类案件时才予以适用。因此，尽管该裁决不能得到比利时法院的执行，当事人可向被申请人在该国有财产的其他国家的法院申请执行。

CASE STUDY

英国父子非法倒卖地毯案

[Sion Soleimany (Appellant, United Kingdom) v. Abner Soleimany (Respondent, United Kingdom)]①

Court of Appeal, Civil Division, 30 January, 1998, United Kingdom

Facts

Sion Soleimany (hereinafter referred to as the father) and his son, Abner Soleimany (refers as the son) were engaged in the export of Persian carpets from Iran. Between 1980 and 1983, the son arranged for the export of the carpets from Iran in contravention of Iranian Revenue laws and export controls. The carpets were sold by the father in England or elsewhere outside Iran.

Disputes arose between the father and the son relating mainly to whether the son had received what he claimed was due to him from the proceeds of the sale of the carpets that he alleged to have arranged to export from Iran.

Both the father and his son, agreed to submit the dispute to arbitration by the Jewish Beth Din, the court of the Chief Rabbi. According to a leaflet provided by the Beth Din, the system of law to be applied by the Beth Din is Jewish law, albeit "sometimes other systems of law may also be relevant... by way of the doctrine of incorporation..." but the decision as to which law to apply "is that of the Dayanim..."

Award

In the award made by the Beth Din on 23 March 1993, it was noted "The son purchased quantities of carpets and exported them illegally out of Iran." The award further recognized that the activities in Iran were illegal, stating, e. g., that "By the very nature of the illicit enterprise, few records were kept... In assessing profits the award disallows the full sum claimed by the son on the basis inter alia that no allowance has been made for 'smugglers' fees'". After assessing the son's share of the profits, the Dayan awarded him UK 576 574 pounds and his costs.

Courts Procedures

1. Court of first instance

After the award was made the son applied to register the award as a judgment under Sect. 26 of the Arbitration Act 1950 as his father had failed to comply with it. On 4 May, 1993, Master

① See Yearbook Commercial Arbitration, XXIV (1999), general editor: Pieter Sanders, at 329-342.

Gowers granted leave to enforce the award.

The father applied to set aside the leave for enforcement on the ground that the illegality which was at the root of the enterprise rendered the claim void or unenforceable in an English court, and that it would be contrary to public policy for an award founded on an illegal agreement or transaction to be enforced as a judgment.

The father also sought leave to appeal the award in several instances, but was unsuccessful in this respect. However he was successful regarding the application to set aside the leave for enforcement of the award.

2. Court of Appeal

The Court of Appeal, per Morritt, LJ, Waller, LJ and Sir Christopher Staughton, held that the award, which purported to enforce an illegal contract, was not enforceable in England and Wales.

Here are some important points the Judges analyzed the case both by themselves and by referring some precedents:

(1) What is the law relating to illegality

"There are two general principles. The first is that a contract which is entered into with the object of committing an illegal act is unenforceable. The application of this principle depends on proof of the intent, at the time the contract was made, to break the law; if the intent is mutual the contract is not enforceable at all, and, if unilateral, it is unenforceable at the suit of the party who is proved to have it..."

"The effect of illegality on a contract may be threefold.

1) If at the time of making the contract there is an intent to perform it in an unlawful way, the contract, although it remains alive, is unenforceable at the suit of the party having that intent; if the intent is held in common, it is not enforceable at all.

2) Another effect of illegality is to prevent a plaintiff from recovering under a contract if in order to prove his rights under it he has to rely on his own illegal act; he may not do that even though he can show that at the time of making the contract he had no intent to break the law and that at the time of performance he did not know that what he was doing was illegal.

3) Third effect of illegality is to avoid the contract ab initio (from the very beginning), and that arises if the making of the contract is expressly or impliedly prohibited by statute or is otherwise contrary to public policy."

"There is a distinction, which may not be unimportant in the context of this case, to be drawn between a 'joint venture' agreement with an object of committing illegal acts in a foreign and friendly state which will be totally unenforceable, and a contract which does not have that objective. In the latter case, the question may arise whether the plaintiff, in order to establish his rights, has to rely on his own illegal act."

(2) What kind of the contract in this case

Is it apparent from the award itself what type of the contract the arbitrator was dealing with? We pose the question in this way because it seems to us important to emphasize that we are dealing with a case where it is apparent from the face of the award that: 1) the arbitrator rejected the son's case that he had exported carpets purchased by himself which had then been sold by his father on his behalf; and 2) the arbitrator was dealing with what he termed an illicit enterprise under which it was the joint intention what carpets would be smuggled out of Iran illegally... The arbitrator just considered the illegality to be of no relevance since he was applying Jewish law, under which, any purported illegality would have no effect on the rights of the parties.

If the award were a judgment of a foreign court, the English court would not enforce it. Does it make any difference that the question of enforcement relates to an arbitration award? There are material distinctions between awards and foreign judgments. First, an award can only be valid if the arbitrator had jurisdiction founded on a contract between the parties. If that contract is itself invalid the award will be unenforceable. In this case we were referred to the cases relating to the separability of an arbitration clause. It was sought to demonstrate that the rather broad statement of Denning LJ in Taylor v. Barnet (1953) 1 WLR 562 that 'an arbitrator has no jurisdiction or authority to award damages on an illegal contract' must be read in the context of the facts with which that case was concerned. The most important case in this area is Harbour v. Kansa (1993), where the Court of Appeal held that the arbitration clause in an insurance contract was separate from the main contract with the effect that (a) invalidity of the main contract did not deprive the arbitrator of jurisdiction, and (b) the arbitrator had jurisdiction to decide the question of illegality of the main contract.

But, the fact that in a contract alleged to be illegal the arbitration clause may not itself be infected by the illegality, does not means that it is always so, and does not mean that an arbitration agreement that is separate may not be void for illegality. There may be illegal or immoral dealings which are from an English law perspective incapable of being arbitrated because an agreement to arbitrate them would itself be illegal or contrary to public policy under English law. The English court would not recognize an agreement between highwaymen to arbitrate their differences any more than it would recognize the original agreement to split the proceeds. There is possibility of an agreement containing an arbitration clause of such a nature that the arbitration clause itself was invalid. It must also follow that an arbitration agreement made separately in relation to an illegal or immoral dispute would not be recognized.

At one stage it seemed to us that what the father and the son sought to have arbitrated was how to split the proceeds of a joint venture that had as its object the commission of offences in Iran. If that were so, we would incline to the view that the arbitration clause was invalid, so that there was no award to enforce. But, on reflection, and having analyzed the way the matter was put before the arbitrator, it seems to us that it is not fair to characterize the matter in that way. Disputes between the father and the son arising out of a claim by the son for an account of the proceeds of sale, was what was referred to the arbitrator. It was during the arbitration that the arbitrator took the view that he was dealing with a joint venture with the objects we have already indicated. Accordingly it seems to us that the original arbitration agreement was a valid agreement, and that it was within the jurisdiction of the arbitrator to consider questions of illegality insofar as they might affect the rights of the parties.

It follows that an award, whether domestic or foreign, will not be enforced by an English court if enforcement would be contrary to the public policy of this country. It is clear that it is contrary to public policy for an English award to be enforced if it is based on an English contract which was illegal when made.

There was for some time a dispute as to whether that decision was based on the theory that an arbitrator had no jurisdiction to make an award on an illegal contract, or that it was misconduct for an arbitrator to do so. That dispute has been concluded, so far as this court is concerned, in the case of Harbour Assurance Co. (UK) Ltd. v. Kansa General International Insurance Co. Ltd. (1993). That was an action brought for a declaration that some reinsurance policies were void for illegality, and that the plaintiffs were not liable under them. The illegality alleged was that the defendants were not registered or approved to carry on insurance or reinsurance business under the Insurance Companies Acts. The illegality was denied. This court granted a stay of the action in favour of arbitration, on the ground that the illegality pleaded did not affect the validity of the arbitration clause. All three members of the Court Appeal held that the David Taylor decision was not based on jurisdiction but on misconduct by the arbitrator. It was also held that the arbitration clause in the Harbour Assurance contracts was wide enough to enable an arbitrator to decide on the illegality there alleged.

The Harbour Assurance case was not concerned with enforcement of an award, but with whether there should be a stay of legal proceedings in favour of arbitration. The illegality was at that stage contested, and at least in view of Hoffmann LJ it was open to question whether there was illegality such that the contracts were void ab initio. By contrast it may be that in the case of palpable illegality, an English court would declare that there was no arbitrable dispute, or refuse to grant a stay in favour of arbitration, on the ground that an arbitrator could not lawfully enforce the contract. As already indicated, there may be classes of contract—trading with the enemy was cited as a plausible example, and the robbers referring their dispute would be another—where the making of the contract will itself be an illegal act, and where the court would be driven nolen volvens to hold that the arbitration clause was itself void.

Finally, under this head, we should state explicitly what may already have been apparent: when considering illegality of the underlying contract, we do not confine ourselves to English law. An English court will not enforce a contract governed by English law, or to be performed in England, which is illegal by English domestic law. Nor will it enforce a contract governed by the law of a foreign and friendly state, or which requires performance in such a country, if performance is illegal by the law of that country. This is well established as appears from the citations earlier in this judgment. This rule applies as much to the enforcement of an arbitration award as to the direct enforcement of a contract in legal proceedings.

The award in this case, which purports to enforce an illegal contract, is not enforceable in England and Wales.

Questions for Discussion:

1. This case was about the enforcement of the arbitration award on the illegal contract. The Court of Appeal made some distinction between the illegal contracts made by mutual consent and those made unilaterally. Do you think whether the disputes arising from contracts aimed at breaking law could be settled by arbitration?
2. Whether arbitration clause in an illegal contract , which violates public policy, is valid?
3. Is there any difference as to the doctrine of separability of the arbitration clause between this case and Harbour Assurance?

第二节 可仲裁事项的界定及适用法律

鉴于可仲裁事项与一国的社会公共利益密切相关，通过国际公约规定哪些事项可以通过仲裁解决而哪些事项不能通过仲裁解决绝非易事，因此，历来签署的有关仲裁的国际公约均未涉及这一问题，而将其留给各有关国家依据其各自的法律决定。例如，《纽约公约》第 2 条第 1 款和第 5 条第 2 款第 1 项规定，如果法院地法认为某争议事项不能通过仲裁方式解决，则当事人之间业已达成的通过仲裁方式解决该特定争议的仲裁协议和据此协议作出的仲裁裁决就不能得到法院地国的承认与执行。

根据各有关国家的仲裁立法与实践，各国均出于对本国国情和公共利益等方面的考虑，对于哪些问题可以通过仲裁解决，哪些问题不能通过仲裁解决，均有不同的考虑。即便在同一国家，在不同时期对同一事项的可仲裁性，也会实施不同的政策。如在以下各节中所涉及的有关国家在证券交易争议、知识产权争议、劳动争议等方面所采取的对策。

就某一事项能否通过仲裁方式解决，各有关国家对可仲裁事项的法律调整，一般而言，主要有两种情况：或者在法律上明文规定可由仲裁解决的事项，或者法律对此不作规定，在司法实践中通过判例的形式决定可由仲裁解决的事项。

一、对可仲裁事项与不可仲裁的事项作出明确规定

这种做法是国家在立法中就可仲裁事项作出明确规定，主要为大陆法国家所采纳。其中，划分的主要标准是：当事人对所涉及的仲裁事项根据当地法律是否有作出自由处分的权利。换言之，国家对这些事项未制定强制性的规则，而由当事人自己决定。这是一条基本原则。在这方面最有代表性的是法国 1804 年《民法典》第 2059 条的规定："One can arbitrate with respect to all rights of which one can dispose freely." 其第 2060 条则对不可仲裁的事项作了规定："One cannot submit to arbitration questions of status and capacity of persons, questions relative to divorce and separation, or questions respecting controversies that concern public entities or public establishments and more generally any matter that concerns the public order. However, public establishments of an industrial or commercial character can by decree be authorized to arbitrate."

荷兰 1986 年《民事诉讼法典》第 1020 条对可以通过仲裁解决的事项的规定更加明确、具体：

1. Parties may agree to submit to arbitration disputes which have arisen or may arise between them out of a defined legal relationship, whether contractual or not.

2. The arbitration agreement mentioned in paragraph 1 includes both a submission by which the parties bind themselves to submit to arbitration an existing dispute between them and an arbitration clause under which the parties bind themselves to submit to arbitration disputes which may arise in the future between them.

3. The arbitration agreement shall not serve to determine legal consequences of which the parties cannot freely dispose.

4. Parties may also agree to submit the following matters to arbitration:

(a) the determination only of the quality of the goods;

(b) the determination only of the quantum of damages or a monetary debt;

(c) the filling of gaps in, or modification of, the legal relationship between the parties referred to in paragraph 1.

5. The term "arbitration agreement" includes an arbitration clause which is contained in articles of association or rules which bind the parties.

6. Arbitration rules referred to in an arbitration agreement shall be deemed to form part of that agreement.

《德国民事诉讼法典》第 1030 条对可以通过仲裁解决的争议事项作了如下规定：

(1) Any claim involving an economic interest can be the subject of an arbitration agreement. An arbitration agreement concerning claims not involving an economic interest shall have legal effect to the extent that the parties are entitled to conclude a settlement on the issue in dispute.

(2) An arbitration agreement relating to disputes on the existence of a lease of residential accommodation within Germany shall be null and void. This does not apply to residential accommodation as specified in section 556a subs. 8 of the Civil Code.

(3) Statutory provisions outside this Book by virtue of which certain disputes may not be submitted to arbitration, or may be submitted to arbitration only under certain conditions, shall remain unaffected.

其他一些国家的民法或民事诉讼法也有类似规定，如日本 1890 年《民事诉讼法典》第 786 条、葡萄牙 1986 年颁布的《自愿仲裁法》第 1 条等。这是由于在各国立法与实践中，特别是在西方，按照长期形成的"私人财产所有权神圣不可侵犯"的原则，当事人一般就其财产所有权及其有关的权利享有自由处分的权利，因而与财产所有权有关的权利方面的争议均可提交仲裁解决。正如瑞士 1987 年《国际私法》第 177 条第 1 款所规定的那样："Any dispute involving property can be the subject matter of arbitration."与此相适应，与人的身份有关的争议，如人的行为能力、婚姻、扶养、继承等方面的争议，一般不能通过仲裁方式解决。

有原则就有例外。在遵循以上基本原则的同时，各国法律也规定了若干例外的情况，如

《德国民事诉讼法典》规定，“在德国境内出租房屋的争议”及其他法规规定的“关于在某些特定的条件下的某些特定的争议”不能通过仲裁方式解决。比利时法中有关于独占性的分销合同争议不能通过仲裁方式解决的规定。又如，按照《波兰民事诉讼法》第 679 条第 1 款的规定，当事人可以将与其所有权权利及合同债务有关的财产争议提交仲裁，但有关扶养费及劳动关系的争议不能通过仲裁解决。此外，对于在波兰境内的关于不动产所有权的争议，法院享有专属管辖权，某些家庭的争议也只能由法院管辖。① 但所有这些只是各有关国家的法律规定的例外情况，而且仅在颁布该特定法律的国家适用。

二、通过判例对可仲裁事项与不可仲裁的事项作出界定

这是普通法国家的做法。对于某一特定的事项能否通过仲裁解决，不在制定法中作出规定，而主要依据法院的判例。根据对仲裁所实施的政策的不同，这些国家的司法实践在不同的历史阶段也有所不同。例如在美国，自从 1925 年的《联邦仲裁法》颁布以来，对仲裁所体现的政策均在其判例中有所体现。特别是自 20 世纪 60 年代以来，对国际商事仲裁的开放程度，比起一些大陆法国家来，可以说是有过之而无不及。一些传统上不能仲裁的事项，如证券交易争议、知识产权争议、反托拉斯法项下的争议、劳动争议等，只要当事人之间订有仲裁协议或仲裁条款，均可通过仲裁解决。

三、可仲裁事项的适用法律

综观国际商事仲裁立法与实践，无论争议案件由仲裁机构仲裁还是由法院审理，在决定争议标的的可仲裁性的问题上，主要涉及以下法律。

（一）当事人所选择适用的或者合同应当适用的法律

当事人在仲裁协议中所选择适用的法律也可决定争议的事项是否可以通过仲裁的方式解决。例如在比利时上诉法院对比利时公司诉瑞士公司一案所涉及的争议标的的可仲裁性问题上，比利时上诉法院则作出了与布鲁塞尔一审法院相悖的裁定。②

该案的基本案情是：1974 年 3 月 23 日，比利时公司与瑞士公司签署了一项在比利时分销商品的独占性分销协议。该协议中含有措辞广泛的仲裁条款，并明确规定适用瑞士法。双方在协议履行中发生争议，比利时公司在布鲁塞尔一审法院商事庭提起诉讼，瑞士公司以协议中含有仲裁条款为由，对法院的管辖权提出异议。布鲁塞尔一审法院认为，按照《纽约公约》第 2 条第 1 款的规定，当事人提交法院审理的事项依据比利时法为不可仲裁的事项，因而判决该仲裁条款无效，由法院行使对该案的管辖权。瑞士公司不服此判决，上诉到比利时上诉法院。比利时上诉法院驳回了布鲁塞尔一审法院的判决，裁定将争议提交仲裁解决。理由是：按照双方当事人订立的合同，他们之间的合同关系受瑞士法支配，而根据瑞士公司向法院提供的书面证据，按照瑞士法，本案当事人之间的争议是可以通过仲裁方式解决的。因此，布鲁塞尔一审法院作出的依照《纽约公约》第 2 条第 1 款认定当事人之间的仲裁协议无效的判决是错误的。故比利时上诉法院判决驳回布鲁塞尔一审法院商事庭的判决，判决该庭对被上诉人提交的争议无管辖权，当事人应当按照他们在 1974 年 3 月 23 日在合同中的约定，将争议提交仲裁解决。由

---

① See David W. Rikin and Chales Platto, *Litigation and Arbitration in Central and Eastern Europe*, Kluwer Law International, 1998, p. 83.

② M. S. A. (Belgium) v. Company M (Switzerland), 14 Yearbk. Comm. Arb'n 618 (1989).

于瑞士法是本案合同的准据法，故应当依瑞士法决定本案争议事项的可仲裁性。

（二）仲裁地或法院地法

如果当事人在仲裁协议中未能就该协议应当适用的法律作出约定，则由仲裁庭决定该仲裁协议应当适用的法律。在决定争议事项的可仲裁性的问题上，根据《纽约公约》第 5 条第 1 款第 1 项关于仲裁协议的效力问题的规定，可适用仲裁地法决定仲裁事项是否能够通过仲裁方式解决。

鉴于争议事项的可仲裁性与一国的社会公共利益密切相关，法院在确定争议标的的可仲裁性时一般只适用本国法，对于其他国家的法律不予考虑。例如，意大利热那亚上诉法院 1994 年审理的某意大利公司诉伊拉克国防部所属的公司的争议，就涉及争议标的的可仲裁性问题，意大利法院适用其本国法，认定当事人之间争议的标的为不可仲裁的事项，因而拒绝执行当事人之间的合同中的仲裁条款。

在当事人申请执行外国仲裁裁决的情况下，按照《纽约公约》第 5 条第 2 款第 1 项的规定，如果被申请承认与执行地所在国的主管机关认定依照被请求承认与执行外国仲裁裁决的国家的法律，裁决事项为不可通过仲裁解决的事项，即可拒绝承认与执行该外国仲裁裁决，尽管该裁决事项依照仲裁庭认为应当适用的法律是可以通过仲裁解决的事项。

在国际商事仲裁实践中，鉴于各国对可仲裁事项的规定不同，适用不同国家的法律很可能会导致不同的结果。在各有关国家关于国际商事仲裁的立法与实践中，适用什么样的法律确定争议标的的可仲裁性，归根结底取决于由谁来审理当事人所提交的案件。就同一争议标的而言，有的国家的法律允许通过仲裁解决，而有些国家出于国内公共政策方面的考虑，不允许通过仲裁方式解决。在这种情况下，即便当事人订有将争议提交仲裁解决的协议，并且也规定了合同应当适用的法律，审理案件的法院仍然可以以当地的强制性规则必须予以适用为由，认定仲裁协议无效，或者以仲裁裁决项下的争议依据当地的法律不能通过仲裁解决为由，拒绝承认与执行已经作出的仲裁裁决。因此，法院地法在决定可仲裁性事项的问题上发挥着决定性的作用。

四、决定可仲裁事项及其适用法律的机构

在国际商事仲裁立法与实践中，有权对争议事项的可仲裁性作出决定的机构可能涉及以下几种情况：

（一）仲裁机构或仲裁庭

仲裁管辖的前提条件是当事人之间存在着有效的仲裁协议，如果一方当事人就仲裁协议项下的事项的可仲裁性提出异议，就可能导致该仲裁协议无效。而如果该仲裁协议无效，仲裁机构或仲裁庭就不能取得对该有关争议的管辖权。依照联合国贸法会《示范法》和许多国家的法律和仲裁机构的仲裁规则，仲裁机构或仲裁庭均有权对此作出决定。然而，此项决定只是初步的，如果该决定与法院的决定相悖，法院的决定优于仲裁庭或仲裁机构的决定。

（二）国家法院

法院对仲裁协议项下的争议是否能够通过仲裁解决作出的决定是最终的。在国际商事仲裁实践中，法院对此作出决定主要发生在以下三种场合：

1. 被请求强制执行仲裁协议的法院

当事人对仲裁协议的效力提出异议，可要求法院作出裁定。在国际商事仲裁实践中，多

数案件都是订有仲裁协议的一方当事人首先向有关国家的法院起诉，而另一方当事人在应诉时以双方当事人之间存在着仲裁协议为由，请求法院裁定终止诉讼，将争议提交仲裁解决。前述的案例中就是比利时的公司首先在比利时布鲁塞尔法院的商事法庭起诉的。其他一些案例，如天利富号案、三菱汽车案等①，都是当事人请求法院确认仲裁协议的效力及对此协议的强制执行。

2. 裁决地国法院

如果裁决地国法院依其本国法认为，仲裁协议项下的争议不能通过仲裁方式解决，也会认定仲裁协议无效，并根据一方当事人的请求，撤销据此协议作出的仲裁裁决。

3. 被请求承认与执行仲裁裁决的国家的法院

按照《纽约公约》第5条第2款第1项的规定，如果申请承认与执行地所在国的主管机关认定，依照该国的法律，争议事项为不能通过仲裁解决的事项的，得拒绝承认与执行该裁决。

CASE STUDY

意大利公司诉伊拉克国防部案

[Fincantieri-Cantieri Navali Italiani SPA (Italy) v. Ministry of Defense, Armament and Supply Directorate of Iraq, Republic of Iraq②]

Facts

Through the Armament and Supply Directorate of its Ministry of Defence, the Republic of Iraq (the Iraqi parties) entered into a certain number of contracts with shipbuilders Fincantieri-Cantieri Navali Italiani SPA and Oto Melara SPA (the Italian parties) for the supply of corvettes for the Iraqi Navy. All contracts contained an arbitration clause, according to which "any dispute which may arise under the present contract... shall be finally settled according to the Conciliation and Arbitration Rules of the Paris Chamber of Commerce by three arbitrators appointed according to the said Rules".

An embargo against Iraq was declared by the UN Security Council in August 1990, following the invasion of Kuwait; embargo legislation was issued shortly thereafter by the European Union and Italy. At that time, most of the corvettes had not yet been built or delivered. And the parties disputed on the performance of the contracts.

Decision of the Court of First Instance of Genoa, Italy

In spite of the arbitration clause, the Italian parties commenced proceedings against Iraq in the Court of First Instance of Genoa, alleging frustration of contract and seeking termination and damages. The Iraqi parties objected to the Court's jurisdiction and maintained that the dispute should have been referred to arbitration as provided for in the contracts. The Italian parties replied

---

① 参见赵秀文主编：《国际商事仲裁案例评析》，41～54、81～95页，北京，中国法制出版社，1999。

② See Tibor , John J. Barcelo, III, Arthur T. von Mehren, *International Commercial Arbitration*, West Group, 1999, at 223-228.

that only arbitrable matters may be referred to arbitration and that in the case at hand the dispute concerned matters which would have been arbitrable before the embargo legislation was issued but were no more so. They maintained that arbitrability must be ascertained under Italian law and relied on Art. 806 Code of Civil Procedure (CCP), according to which only disputes concerning rights of which the parties may freely dispose (be the subject of a compromise) may be referred to arbitration. They alleged that, due to the embargo legislation, the parties could no more freely dispose of the contractual rights at issue.

On December, 1992, the Court of First Instance of Genoa granted the Iraqi parties' objection and found that it had no jurisdiction over the case. It held that arbitration is excluded under Art. 806 CCP only when it directly affects diritti indisponibili (rights of which the parties may not freely dispose) by bringing about a result which is forbidden by the law, in casu, delivery of the corvettes. It found that in the present case the dispute did not directly affect such rights, as the claimants were only seeking termination of the contracts and damages.

The Italian parties appealed from this decision to the Court of Appeal of Genoa on the ground that the dispute falls outside the scope of the arbitration clause because of its subject matter, that is, because the parties may not freely dispose of it.

Decision of the Court of Appeal of Genoa

The Court of Appeal rejected the decision of the Court of the First Instance and held that the arbitrability of the dispute must be ascertained according to Italian law as this question directly affects jurisdiction, and the court seized of the action can only deny jurisdiction on the basis of its own legal system. This also corresponds to the principles expressed in Arts. II and V of the New York Convention. Hence, the answer to the question of arbitrability can only be that the dispute was not arbitrable due to Italian embargo legislation.

Questions for Discussion:

1. The Italian embargo legislation is contained in two executive decrees (August 6, 1990 and August 23, 1990) later converted into laws by acts of the Italian parliament. Relevant portions of the laws read as follows:

Decreto legge 220 of August 6, 1990

Art. 1.1

Any act of disposal and all transactions, for whatever purpose, concerning moveable goods including intangible goods, immoveable goods, firms and other legal entities, securities or shares having a financial or monetary nature, however named or described, are forbidden, if those goods, securities or shares belong to, even if through intermediaries, the Republic of Iraq or any other person, agency, entity or organization directed or controlled by the Republic of Iraq, or in which the Republic of Iraq participates.

Decreto legge 247 of August 23, 1990

Art. 1.1

Italian citizens anywhere in the world, and foreign citizens resident, domiciled or temporarily resident in Italy are prohibited from performing any activity meant to promote, favor, accomplish, even indirectly, sales or supply contracts, involving export or transport of goods of whatever kind to Kuwait and Iraq, or coming from those States.

Art. 1.2

The persons referred to in Art. 1.1 are also forbidden from performing transfers of funds destined to, even if indirectly, entities or persons in Kuwait and Iraq.

Art. 1.3

Prohibitions under art. 1 of decreto-legge n. 220 of August 6, 1990, apply, as concerns Italian citizens, even if the activities mentioned therein are performed in a foreign territory.

…………

2. The court applied Italian law to decide the question of arbitrability. Were there other possibilities? Do you agree with the court's reasoning on this point?

3. Is there good reason to be concerned about turning over this dispute to an arbitral tribunal? Suppose the dispute had been arbitrated and the arbitrators awarded damages to Fincantieri, but in a significantly reduced amount because of Iraq's set off calim. Enforcement of such an award would not have honored the embargo legislation under the Fincantieri court's interpretation. Would Fincantieri have had any other remedy? Could such an award have been enforced in Italy? Elsewhere? Suppose the arbitrators had upheld the contract and rendered a monetary award in Iraq's favor, would that have violated the embargo law? Could such an award be enforced in Italy? Elsewhere?

第三节 国际商事仲裁协议主体参与仲裁的行为能力

一、国家或由国家控制的国有企业或公司参与仲裁的行为能力

国际商事仲裁协议的主体参与仲裁的行为能力，主要指国家或由国家控制的国有企业或公司作为国际仲裁协议的一方当事人时，能否依其国内法上的规定提出没有资格作为仲裁协议的一方当事人的抗辩，进而拒绝执行已经签署的国际仲裁协议。

对于国家与他国当事人订立的合同中的仲裁协议可能涉及的争议事项的可仲裁性问题，一些国家的法律对此作了专门规定。如瑞士 1987 年《国际私法》第 177 条第 2 款规定：“A state, an enterprise owned, or an organization controlled by, a state which is a party to the arbitration agreement cannot rely on its own law in order to contest its capacity to be a party to an arbitration or the arbitrability of a dispute covered by the arbitration agreement.”这就是说，当国家或国有企业作为一般的合同或仲裁协议的一方当事人时，不能就主权国家所享有的豁免权或根据该国家法律规定的争议事项的不可仲裁性提出抗辩，而只能适用该合同或协议应当适用的法律解决该争

议事项的可仲裁性。

一些国家的国内法上通常规定，国家行政机关在从事行政行为时所发生的行政争议，不能通过仲裁的方式解决。还有一些国家的法律规定，国家或者公法上的实体（public entity）订立仲裁协议之前必须获得必要的授权，否则仲裁协议无效。例如，葡萄牙1986年《仲裁法》第1条第2款规定："The State or any other public legal entities may conclude arbitration agreements if they are authorized to do so by a special act or if the subject matters of the arbitration agreement are disputes regarding a private law relationship." 伊朗1979年11月15日《宪法》要求在订立涉及国家财产的仲裁协议时，必须经过部长会议的批准。沙特阿拉伯1983年4月25日发布的《皇家法令》第3条规定，政府主管部门在订立仲裁协议时，必须事先取得部长会议主席的许可。①

在国际商事仲裁实践中也不乏这样的案例。例如，巴黎上诉法院在20世纪90年代初审理的巴拿马公司与伊朗公司之间的争议②，就属于这类情况。在该案中，巴拿马公司对仲裁协议的有效性提出异议，理由是伊朗公司在订立此项协议时，没有取得其国家1979年《宪法》第139条所要求的国会授权。巴黎上诉法院驳回了此项异议，理由是国际公共政策禁止伊朗公司通过援引其国内法上的规定否认其已经签署了的仲裁协议。巴拿马公司也不得援引伊朗国内法上的规定否认伊朗公司在仲裁协议下的行为能力，因为国家在颁布上述法律时，该领域的国际公共政策并没有受到影响。1994年2月24日，巴黎上诉法院在另一个突尼斯政府部门与法国公司和突尼斯公司之间订立的含有仲裁条款的合同中认定：禁止国家将争议提交仲裁解决的规定仅限于国内合同，此项禁止与国际公共政策无关。而认定该合同中的仲裁协议的有效性，则主要取决于当事人之间的此项协议是否符合国际贸易惯例。法国的上述判决被许多国家，如希腊、英国和突尼斯所效仿。③

二、仲裁协议主体资格的适用法律

在一般法人之间进行的国际商事交易中，按照国际私法的一般原则，当事人的行为能力适用其本国法，即该当事人国籍所属国的法律。然而，当国家或国家所控制的企业或组织作为合同或仲裁协议的一方当事人时，就合同的订立和履行而言，双方的法律地位是平等的，尽管国家除了作为一方当事人之外，还具有一般法人所没有的国家主权这一特权。在国家作为一方当事人与另一方当事人签署了国际仲裁协议的情况下，如果该国法律禁止国家作为一方当事人签署仲裁协议，按照上述国家的司法判例，国家就不能以其国内法为由，对其作为仲裁协议的一方当事人的行为能力提出抗辩。换言之，该国家的行为能力不能再由其本国法确定，否则，就会对处于劣势的一方当事人不公平。

在国际商会国际仲裁院的一些裁决中，仲裁庭均驳回了国家作为仲裁程序中的被申请人以其国内法上关于国家签署的行政合同争议不能通过仲裁解决为由，否认国际仲裁协议的有效性

---

① See Albert Jan van den Berg, *Improving the Efficiency of Arbitration Agreements and Awards: 40 Years of Application of New York Convention*, Kluwer Law International, 1999, at 148.

② Gatoil (Panamanian company) v. NIOC (Iranian company), Cour d'appel, Paris, 17th December, 1991, Rev. Arb. (1993), p. 281, with note H. Synvet and 7 Mealey 's International Arbitration Report (1992, No. 7), p. B-5.

③ See Albert Jan van den Berg, *Improving the Efficiency of Arbitration Agreements and Awards: 40 Years of Application of New York Convention*, Kluwer Law International, 1999, p. 150.

的抗辩。[①] 在1971年第1939号裁决中，仲裁员在裁决中写道："如果法国的立法禁止国家或其他公共实体订立仲裁协议，则此项禁止不应当适用于国际合同。当然，这是一条关于公共政策的规则，此项禁止只能适用于国内公共秩序，这就是法国判例的立场，这一立场已经确立并不再有争议，《民事诉讼法典》第10条关于对国家的解释，不能再有其他的解释。"这位仲裁员还写道："国际公共政策坚决反对国家或国家组织在与外国当事人进行公开的、谨慎的和自愿的交易时，同对其持信任态度的一方当事人订立仲裁协议，而后再在仲裁程序或执行仲裁裁决的过程中否认其已经作出的承诺的效力。"[②]

因此，在确定国家或由国家控制的企业或组织的签订国际仲裁协议的行为能力时，不应当适用该国的国内法，而应当适用一般的国际贸易规则或惯例。这些国家或国有公司不得以其国内法上的禁止性规定为由，否认其所订立的仲裁协议的有效性。这是国际公共政策的需要，也是维护正常的国际商事交往秩序和诚实信用与公平交易原则的需要。

CASE STUDY

法国公司诉伊朗石油公司案

[ELF Aquitaine Iran (France) v. National Iranian Oil Co. (Iran)][③]

11 Yearbk. Comm. Arb'n 97 (1986)

Prof. Dr. Jur. Bernhard Gomard, Sole Arbitrator

Facts

On 27 August, 1966, the National Iranian Oil Company (NIOC) signed in Tehran an exploration and production contracting agreement with Enterprise de Recherches et d'Activites Petrolieres (ERAP), a French state agency, and the French company Societe Francaise de Petroles d'Iran (Sofiran). The agreement contained in Art. 41 a comprehensive arbitration clause.

Sofiran was to explore for oil within certain designated areas of Iran, and to supply the technical services to exploit the oil fields discovered. ERAP was to contribute the initial funds for financing the exploitation operations and, if oil fields were discovered, carry out the exploitation, until the cash flow, accruing to NIOC as a result of the operations, would enable NIOC to provide the financing. NIOC was liable for the repayment of the funds advanced by ERAP, but only if oil fields were discovered and commercial production of oil (regular export of at least 100 000 cubic metres of oil) had commenced. NIOC also undertook to sell to ERAP a certain percentage of the crude oil extracted from the discovered fields, at a preferential price.

---

① 即国际商会国际仲裁院1968年第1526号裁决、1975年第2521号裁决、1986年第4381号裁决、1988年第5103号裁决等。See Albert Jan van den Berg, *Improving the Efficiency of Arbitration Agreements and Awards: 40 Years of Application of New York Convention*, Kluwer Law International, 1999, at 152.

② Albert Jan Van den Berg, *Improving the Efficiency of Arbitration Agreements and Awards: 40 Years of Application of New York Convention*, Kluwer Law International, 1999, at 151-152.

③ See Tibor Varady & Others, *International Commercial Arbitration*, West Group, 1999, at 365-366.

Under the agreement, ERAP had the right to associate its affiliate, Societe Nationale des Petroles de Aquitaine (SNPA), with its activities, and ERAP and SNPA had a right to transfer their interests in the rights acquired and the obligations undertaken by them under the agreement to companies controlled by either ERAP or SNPA. During the period from 1967 to 1977 ERAP assigned all its interests to its subsidiary, Elf Iran; SNPA assigned all its interests in the agreement to Aquitane Iran. Thereafter, Elf Iran and Aquitaine Iran merged into Elf Aquitaine Iran (ELF), which, therefore, became a party to the agreement, ELF is the claimant in the present arbitration.

Two oil fields were discovered, and their commercial exploitation commenced in the month of December 1978. Notwithstanding its contractual obligations, NIOC did not refund the exploration and development loans received from ERAP, and refused to sell oil at the preferential price provided for in the agreement.

On 8 January 1980, the Islamic Republic Revolution Council of Iran passed an Act establishing a Special Committee to review oil agreements (the "Single Article Act"). The text of the Single Article Act reads:

"All the Oil Agreements, which at the discretion of the Special Committee to be convened by the Ministry of Oil, may be found to be at variance with the provisions of the Act on Nationalization of the Oil Industry of Iran, shall be declared null and void, and all the claims arising from entering into and performance of such agreements, shall be settled according to the resolution of such Committee. Such Committee shall be held with participation of the Representative of the Ministry of Foreign Affairs."

By a letter of 11 August 1980, ELF was informed by NIOC that the Special Committee had declared null and void the agreement of 27 August 1966. Thereupon, ELF resorted to arbitration according to the arbitration clause in the 1966 agreement. According to this clause, each party was to appoint an arbitrator, and the two arbitrators were to appoint an umpire. If the parties did not appoint their arbitrator, or the arbitrators failed to agree on an umpire, the President of the Danish Supreme Court appointed a sole arbitrator, in the first case, or an umpire in the second.

When NIOC refused to appoint its arbitrator, the President of the Danish Supreme Court appointed a sole arbitrator, Prof. Bernhard Gomard. NIOC objected on various grounds to the sole arbitrator's competence. In a preliminary award the arbitrator rejected NIOC's objections and declared (himself) to have competence.

Questions for Discussion:

1. The dispute in the present case concerning agreement between the state enterprises in different countries. After the agreement was made, Iran promulgated a Single Article Act, which declared the oil agreements in conflict with the provisions of the Act on Nationalization of the Oil Industry of Iran null and void. How about the arbitration clause therein? Should NIOC be bound by the arbitration clause in the agreement?
2. One of NIOC's objections was that the arbitration agreement was no longer in force and that it had become void by virtue of Iranian legislation enacted after its conclusion. The President of

the Court, Mogens Hvidt took the view that this objection (whether well founded or not) did not prevent him from acting as an appointing authority. In a letter to NIOC, Hvidt stressed: "It is not for me to determine whether the arbitration agreement became void with respect to the French company, or what were the consequences of (the Iranian legislation). These questions should be resolved by the arbitration tribunal, the constitution of which is requested by the French company."

3. Do you agree with Justice Hvidt's decision to proceed with the appointment without facing the issue of the validity of the arbitration agreement?

第四节 各国对有关事项的可仲裁性的立法与实践

一、证券交易仲裁

证券交易是投资者投资的一种方式，也是上市公司融资的方式。全世界每天都有成千上万的证券交易在进行，而证券交易涉及的范围相当广泛，包括证券交易所与其成员之间、各证券交易机构之间、经纪人与客户之间等方面的关系，在这些关系中，最引人注目的是经纪人与其客户之间的交易而产生的争议及其解决方式。这里论及的证券交易仲裁，主要指证券经纪人与其客户之间的争议的仲裁。

如果一国法律不允许通过仲裁方式解决特定的争议，即便当事人之间订有通过仲裁解决该特定争议的仲裁协议，此项协议也不能得到法律的保护。例如，尽管美国于1925年颁布了《联邦仲裁法》，联邦最高法院的一般政策也鼓励通过仲裁解决当事人之间的争议。但在1953年联邦最高法院审理的Wilko v. Swan一案①中，法院作出了1933年《证券法》项下的请求权为不可仲裁事项的判决。

20年后，美国联邦最高法院在另一国际商事案件（Sherk v. Alberto-Culver Co.）中则认定，1934年《证券交易法》项下的请求权可以仲裁解决。② 在该案中，美国公司购买了一德国国民的商标和他在一些国家的其他资产，该买卖协议是在美国、英国和德国进行的谈判，在奥地利签署，最后的交付则在瑞士进行。该协议中含有内容广泛的在巴黎国际商会国际仲裁院仲裁的仲裁条款。该美国公司发现这些商标远不值他所购买的价值并试图终止合同而遭到卖方的拒绝后，便在美国联邦法院起诉，称卖方对其商标的虚假陈述违反了美国1934年《证券交易法》。德国卖方请求法院终止诉讼，裁定将争议提交仲裁解决。美国公司则以Wilko案为先例，辩称1934年《证券交易法》项下的请求权项为不可仲裁的事项。美国联邦最高法院则认为

① 参见赵秀文主编：《国际商事仲裁案例评析》，96～104页，北京，中国法制出版社，1999。

② Sherk v. Alberto-Culver Co., 417 U.S. 506 (1974).

1934年《证券交易法》下的请求权项是可以仲裁的事项。美国联邦最高法院认为，该案中的协议与Wilko案中的协议的主要区别在于该案中的协议是国际性的协议。如果本法院不强制执行该国际协议中的仲裁条款，则当事人可在许多国家提起诉讼，由此使国际商事争议的解决具有很大的不确定性。为了避免在许多国家提起平行诉讼，美国联邦最高法院裁定该案争议应当提交仲裁解决。Sherk一案所确立的原则是：国际商事交易中所涉及的《证券交易法》项下的争议可以通过仲裁方式解决。但该案未能推翻Wilko一案中涉及国内证券交易请求权的可仲裁性的判决。

Wilko一案所确立的原则最终被推翻是1989年美国联邦最高法院对Rodriguez v. Shearson/American Express一案的判决。在该案中，一些客户根据证券交易商行的标准合同进行证券投资。该类合同规定：所有与账户有关的一切争议，均应提交有拘束力的仲裁解决。后来，这些客户们的证券投资遭受了严重的损失，于是他们在美国联邦法院根据1933年《证券法》第12条第2款对证券交易商行提起诉讼，指控证券交易商利用他们的投资从事未经授权的欺诈性的交易。争议各方均为美国国民。美国联邦法院认为，Wilko一案认为仲裁可能削弱实体法对当事人所提供的保护，这与目前联邦法律鼓励仲裁解决争议的做法背道而驰。美国联邦法院在重新审议了1933年《证券法》后推翻了Wilko一案的判决，进而确认了仲裁庭对证券交易的管辖权。

正如美国有的学者所指出的那样，Rodriguez案和Sherk案是美国最高法院确定仲裁条款范围的里程碑式的判例。Rodriguez一案明确地驳回了仲裁员无权决定证券法项下的复杂的法律问题的观念。而Sherk一案则认可了仲裁协议在国际商事交易中所具有的特殊性。这些案例均确认了美国支持仲裁的政策，特别是对通过仲裁解决国际商事交易中的争议的支持。①

美国对证券交易中的争议解决方式的态度从不允许仲裁解决到可以通过仲裁方式解决，反映了美国对仲裁解决争议的政策上的支持，这样的支持一方面来自客观上的需要：随着越来越多的私人投资者将其资金投入证券市场，由此产生的争议也日趋增加，法院的案件堆积如山，为了减轻法院的压力，允许当事人通过仲裁的方式解决他们之间的争议。目前，美国的证券交易仲裁正在发展且被较好地设计。几年前进行的一项调查表明，有一千万以上的合同中订有仲裁条款，同时，大约95%以上的保证金协议和选择权协议中均含有仲裁条款。②

二、知识产权争议仲裁

知识产权（intellectual property）指的是人们就其智力创造的成果所依法享有的专有权利。③ 它可分为两个分支：工业产权（industrial property）和版权（copyright）。④ 根据1967年在斯德哥尔摩签署的《成立世界知识产权组织公约》的规定，知识产权包括与下列事项有关的权利：文学、艺术和科学作品；艺术家的表演、录音制品及广播；人类在各个领域的发明；科学发现；工业品外观设计；商品商标、服务商标、商号及其他商业标记；防止不正当竞争，以

---

① See Markham Ball, *Arbitrability under United States Law*, *Competition and Arbitration Law*, ICC/ Dossier of the Institute of International Business Law and Practice/ 1993, p. 186.

② 参见Hans Van Houtte：《证券交易仲裁》，载《仲裁与法律通讯》，1997（3）。

③ 参见郑成思主编：《知识产权法教程》，1页，北京，法律出版社，1993。

④ See World Intellectual Property Organization, *Background Relating Material on Intellectual Property*, WIPO Publication, No. 659（E）, 1988, p. 3.

及一切其他来自工业、科学及文学艺术领域的智力创作活动所产生的权利。[1] 世界贸易组织的《与贸易有关的知识产权协议》第二部分所规定的关于知识产权的效力、范围及使用的标准所涉及的知识产权共包括八个方面：（1） copyright and related rights；（2） trademarks；（3） geographical indications；（4） industrial designs；（5） patents；（6） layout-designs（topographies） of integrated circuits ；（7） protection of undisclosed information；（8） control of anti-competitive practices in contractual licenses。而计算机程序及其文档，则作为《伯尔尼公约》项下的文字作品予以版权保护（Computer programs，whether in source or object code，shall be protected as literary works under the Berne Convention，1971）。[2] 知识产权具有地域性的限制，对其所实施的保护措施主要由各有关国家依据其本国法予以规定。在实践中，某一发明是否被授予专利，某一商标是否被予以注册，主要取决于各有关国家的国内法，也涉及一国的公共政策。因此，有关知识产权的争议，传统上属于一国法院或专门行政机关的审理范围。

然而，随着科学技术和国际商事交易的发展，涉及知识产权的争议也日趋增多。特别是随着电子计算机、交通及通信技术的飞速发展，世界范围内的国际经济技术合作规模空前，尤其是在高技术产业领域。一般而论，高技术产业指技术密集型的产业，如飞机制造业、办公室计算机设备、通信设施、医药、科学检测仪器、电子机械等。1981 年至 1992 年间，世界范围内高技术产品的生产翻了一番，而其他产品的生产只增长了 29%。换言之，1981 年，高技术产业的产品仅占世界范围内制成品生产的 14%，但到了 1992 年，它已占到 22%。[3] 这些领域中的贸易大量涉及知识产权。与此相适应，高技术领域中的知识产权争议也有不断扩大的趋势。

涉及知识产权的争议主要有两类情况：一类是基于许可合同而产生的争议，如由于技术使用费而发生的争议，包括合同期满后的技术使用而产生的争议。如许可协议期满后仍然使用他人的专利或商标。另一类则是未经许可而擅自使用他人知识产权的侵权行为构成对他人有效知识产权的侵犯。随着这两类案件的大量增加，一些国家开始允许当事人约定通过仲裁方式解决他们之间的知识产权争议。

（一）美国对知识产权争议的法律调整

在美国，1982 年以前，侵犯专利权的争议不能通过仲裁这种“私了”的方式解决。[4] 法院一般认定，通过仲裁解决侵犯专利权的争议的协议不能被强制执行，因为这种协议有悖于公共利益。此外，由于此类争议涉及的问题比较复杂，特别是涉及适用法律方面的技术问题，仲裁员对这些问题不熟悉，所以应当由地方法院行使独占管辖权。

随着科学技术的迅速发展，专利侵权案件不断增加。20 世纪 80 年代初，美国联邦最高法院的判决将专利保护范围扩大到微生物技术[5]和数字化的计算机程序。[6] 法院诉讼案件剧增，使得国会不得不审议通过仲裁方式解决专利侵权争议的可能性。1982 年 8 月 17 日，美国国会颁布了第 97—247 号法律，该法律后来被列入《美国法典》第 35 编第 294 节，于 1983 年 2 月 27 日生效。其第 294 节的规定是：

---

① 参见《与贸易有关的知识产权协议》第 2 条第 8 款。

② 参见《与贸易有关的知识产权协议》第 10 条第 1 款。

③ See National Science Board，*Science & Engineering Indicators*—1993，Washington，DC，US Government Printing Office，1993，at 160.

④ See Kevin R Casey，*Alternative Dispute Resolution and Patent Law*，3. Fed. Circuit B. J. 1，5 (1993).

⑤ See Diamond v. Chakrabarty，447 U. S. 303，309—10 (1980).

⑥ See Diamond v. Diehr，450 U. S. 175，187 (1981).

(1) A contract involving a patent or any right under a patent may contain a provision requiring arbitration of any dispute relating to patent validity or infringement arising under the contract. In the absence of such a provision, the parties to an existing patent validity or infringement dispute may agree in writing to settle such dispute by arbitration. Any such provision or agreement shall be valid, irrevocable, and enforceable, except for any grounds that exist at law or in equity for revocation of a contract.

(2) Arbitration of such disputes, awards by arbitrators and confirmation of awards shall be governed by title 9①, United States Code, to the extent such title is not inconsistent with this section. In any such arbitration proceeding, the defenses provided for under section 282 of (title 35) shall be considered by the arbitrator if raised by any party to the proceeding.

(3) An award by an arbitrator shall be final and binding between the parties to the arbitration but shall have no force or effect on any other person. The parties to an arbitration may agree that in the event a patent which is the subject matter of an award is subsequently determined to be invalid or unenforceable in a judgment rendered by a court of competent jurisdiction from which no appeal can or has been taken, such award may be modified by any court of competent jurisdiction upon application by any party to the arbitration. Any such modification shall govern the rights and obligations between such parties from the date of such modification.

(4) When an award is made by an arbitrator, the patentee, his assignee or licensee shall give notice thereof in writing to the Commissioner. There shall be a separate notice prepared for each patent involved in such proceeding. Such notice shall set forth the names and addresses of the parties, the name of the inventor, and the name of the patent owner, shall designate the number of the patent, and shall contain a copy of the award. If an award is modified by a court, the party requesting such modification shall give notice of such modification to the Commissioner. The Commissioner shall, upon receipt of either notice, enter the same in the record of the prosecution of such patent. If the required notice is not filed with the Commissioner, any party to the proceeding may provide such notice to the Commissioner.

(5) The award shall be unenforceable until the notice required by subsection (4) is received by the Commissioner. ②

美国于 1984 年对《专利法》进行了修订③，在第 35 编第 135 节增加了（d）款。该款的规定是：当事人在专利权发生纠纷期间，在美国专利和商标局（PTO）局长依法确定的期限内，可以决定将此项争议或与此有关的争议提交仲裁解决。此项仲裁受《美国法典》第 9 编支配，但须不与本节的规定相抵触。当事人应当向 PTO 局长通报仲裁裁决的结果，裁决可就当事人之间争议的问题作出裁定。只有当事人在向 PTO 局长发出此项通报后才能予以强制执行仲裁裁决。本节中的任何规定均不妨碍 PTO 局长就当事人之间争议的发明是否能够获得专利权作出裁定。④可见，该修订的专利法将仲裁扩大到两项或两项以上的专利同时正在 PTO 申请时当事人之间所

① 即《美国联邦仲裁法》。

② See U. S. C. SECTION 294 (1994).

③ See Public Law No. 98－622 (codified at 35 U. S. C. Section 294 (d) (1994)).

④ See 35 USC, Section 135 (d): Arbitration of Interferences.

发生的争议，或者一项专利已经签署，另一项正在PTO申请时当事人间发生的争议。

同年，美国还颁布了《半导体芯片保护法》，该法禁止将半导体芯片产品项下的技术使用费争议提交法院解决。除非首先通过自愿谈判、调解或有拘束力的仲裁解决。其中第901节对无过错的侵权所涉及的权利人的独占权作出限制。该节的有关规定是：

(a) 尽管本章的其他规定，无过错的购买侵权的半导体芯片产品的买受人……

…………

(2) 无过错的买受人进口或分销含有模块创造的侵权的半导体芯片产品时，在得知此项产品系侵权产品时，应对其所购买的侵权产品按所购买的数量承担合理的使用费。

(b) 上述(a)款(2)项使用费的金额由法院在侵权民事诉讼中决定，但须当事人各方首先就其争议事项通过自愿协商谈判或调解或者是有拘束力的仲裁解决。①

美国《半导体芯片保护法》的上述规定，就使用侵权产品的无过错的一方当事人与权利人之间的争议在提交法院解决之前必须通过协商谈判、调解或仲裁作出了强制性的规定。也就是说，一方面，当事人在将争议提交法院解决之前，必须通过协商谈判、调解或仲裁程序解决他们之间的争议。另一方面，如果通过仲裁方式解决，仲裁裁决对双方当事人均有法律上的拘束力，但此项拘束力自向PTO局长通报该裁决时产生。此外，PTO局长和法院均有对有关事项作出最终裁定的权力。

与此相适应，美国仲裁协会也于1983年发布了《关于通过仲裁解决专利争议的统一规则》，该会也向当事人提供调解的便利，还特地推出了标准仲裁条款②、仲裁协议书③和调解协议书。④

在美国，除了专利权争议外，商标和版权争议也可根据当事人之间订立的仲裁协议，提交仲裁解决。在Kamakazi Music Corp. v. Robbins Music Corp. 一案中，上诉法院准许了版权侵权索赔的可仲裁性。该案中的原告指控被告在一项许可期满后继续印刷和销售原告享有版权保护的作品。被告称此案为违约案件，按照合同中的仲裁条款，应当由仲裁解决，法院对此无管辖权。一方面，地区法院认定此案是一起侵权案件，法院有管辖权，另一方面，法院裁定将此案提交仲裁解决。审理此案的仲裁员作出了原告胜诉的裁决，被告不服，上诉到联邦第二巡回法院。上诉法院认为，"在该案背景下，仲裁员有权依据版权法进行裁决"，且"合同中的仲裁条款规定得相当广泛，已经包括了版权的索赔内容，虽然其要求对合同解释"。上诉法院还认定，公共政策并不禁止将版权侵权索赔提交仲裁解决。⑤ 商标侵权索赔的案件也可通过仲裁方式解决。例如，在Wyatt Earp Enterprises v. Saekmam Inc. 一案中，原告指控被告在商标许可

---

① See 17 USC, Section 901, Limitation on Exclusive Rights: Innocent Infringement.

② 即："与本合同有关的任何争议或索赔，或违约，交由美国仲裁协会依据该会的专利仲裁规则解决。仲裁庭作出的裁决可提交对本争议有管辖权的法院裁定。"

③ "我们，协议的签署人，同意将下列争议提交美国仲裁协会依据该会的专利仲裁规则解决：(简要说明仲裁事项)。我们还约定将上述争议交由(一位或三位)仲裁员解决，我们将忠实地遵守此项协议和仲裁规则，履行仲裁员作出的裁决和有管辖权的法院对此裁决作出的裁定。"

④ 如果当事人愿意在进行仲裁之前进行调解，他们可采用如下标准协议："与本合同有关的任何争议或索赔，或违约，如果上述争议不能通过协商谈判解决，在通过仲裁、诉讼或进行其他解决争议的程序之前，应当首先善意地通过美国仲裁协会依据该会的商事调解规则进行调解。"如果当事人同意将他们已经产生的争议直接交由调解员调解，可采纳如下的标准条款："当事人同意将下述争议提交美国仲裁协会依据该会商事调解规则解决(当事人可就调解员的资格、支付方式、会面地点及当事人各方所关注的其他事项作出规定)。"

⑤ 参见[美]大卫·普朗特著，江波译：《美国的知识产权争议仲裁问题研究》，载《仲裁与法律通讯》，1996(5)。

协议期满后仍然使用其商标，进而侵犯了原告的商标权。地区法院认为仲裁条款仅仅对期满之前的许可合同适用："被告是否对原告实施了不正当竞争，是一个远远超出于简单的由双方合同或相关合同规定的问题，而他们试图将此类争议提交仲裁解决，这是不能接受的。"所以法院裁定："由于索赔系由侵权行为产生，而非合同争议，因此，其不在仲裁协议的范围。"3年后，这个法院（法官不同）推翻了上述判决，在 Saucy Susan Products Inc v. Auied Old English Inc. 一案中，法院裁定，涉及商标及商号的争议可以提交仲裁解决。①

可见在美国，自20世纪80年代以来，知识产权争议是可以通过仲裁解决的。如果说美国《联邦仲裁法》是一般法的话，那么，有关知识产权法关于仲裁的规定就是特殊法，在将知识产权争议提交仲裁的情况下，不仅要适用关于仲裁的一般法的规定，而且要适用关于仲裁的特殊法的规定，该一般法的适用不能与特殊法的有关规定相抵触，特殊法的规定应当优先适用，如关于知识产权仲裁裁决的生效条件及生效日期、裁决的撤销等问题的规定。

（二）其他国家的法律对知识产权争议的调整

大陆法系国家的法律对于某一事项是否可通过仲裁解决的区分标准是：根据其各自本国的法律，当事人对所涉及的仲裁事项是否有作出自由处分的权利。换言之，国家对于这些事项未制定强制性的规则，而由当事人自己决定。② 在这方面最有代表性的是1804年《法国民法典》第2059条的规定："凡是可自由处分的权利，均可提交仲裁解决。"其他一些国家的民法或民事诉讼法也有类似规定，如日本1890年《民事诉讼法典》第786条、葡萄牙1986年颁布的《自愿仲裁法》第1条等。这是由于在各国立法实践中，特别是在西方国家，按照长期形成的"私人财产所有权神圣不可侵犯"的原则，当事人一般就其财产所有权及其有关的权利享有自由处分的权利，所以与财产所有权有关的权利方面的争议，均可提交仲裁解决。正如瑞士1987年《国际私法》第177条第1款所规定的那样："Any dispute of financial interest may be the subject of an arbitration."

知识产权也是一种财产权利③，知识产权所有权人对于国家法律所赋予的对专利、商标或其他知识产权所享有的权利，当然也可以自由地处分，一国的公共政策也允许知识产权所有权人自由地处分其所享有的权利：可以通过订立许可协议的方式，允许他人使用（license），或者直接将其权利向他人转让（assign），进而放弃自己的权利。如果知识产权所有权人与其他人订立许可、转让其权利的协议，并在协议中规定通过仲裁方式解决他们之间争议的条款，这样的仲裁协议就可以得到有关国家法院的强制执行。例如国际商会国际仲裁院在1989年所作的第6097号仲裁裁决中所采纳的就是这一原则。④ 在该案中，被申请人抗辩道：仲裁庭无权就德国授予的专利权的有效性作出裁定，因为德国的联邦专利法院对专利权的有效性问题拥有独占管辖权。而仲裁庭驳回了此项抗辩。仲裁庭认为："一个确信无疑的问题是，双方当事人已经明确地授予了仲裁庭就被申请人对申请人的专利的有效性的异议作出裁定的权力。"仲裁庭还认定，为了消除疑惑，应该特别说明仲裁庭的上述权力并不影响当事人根据主权国家的法律在

① 参见［美］大卫·普朗特著，江波译：《美国的知识产权争议仲裁问题研究》，载《仲裁与法律通讯》，1996（5）。

② See Tibor Varady & Others, *International Commercial Arbitration*, West Group, 1999, p. 220.

③ 一般认为知识产权是一种无形财产权，为其所有权人所独占。而这种独占权通过特定的程序，由一国国内法赋予。

④ 此裁决公布在1993年 *Bulletin of the ICC International Court of Arbitration* 76.

德国登记的专利权的正式效力，对任何第三方也没有任何影响。根据德国法，只有涉及专利权的正式效力的问题才是专门法院的管辖范围。因此，当事人可以通过仲裁解决由于转让其专利项下的法定权利的合同而产生的争议。他们也可将此项合同上的权利授予仲裁庭。可见，当事人授权仲裁庭就专利的实质性的效力作出裁定，对于仲裁庭行使此项权力并不构成法律上的障碍。① 此外，根据俄罗斯联邦1992年《专利法》第31条的规定，"仲裁院可就与专利权有关的抗辩作出裁定，但属于最高专利商会管辖的争议除外"。这就是说，仲裁机构可以就一般的专利权争议行使管辖权。

有的国家法律规定有关专利权的效力的争议专属于国家法院的管辖，因而仲裁庭无权对此行使管辖权。例如在意大利就是如此："专利权的效力问题不能提交仲裁解决，因为这一问题由国家法院行使独占管辖权。"② 商标权也是如此。例如，列支敦士登的一家公司（以下简称列国公司）与意大利一家公司（以下简称意公司）订立了允许意公司在意大利境内使用其已经进行国际注册的商标的许可协议。该许可协议规定由此产生的争议在苏黎世适用瑞士法解决。列国公司以意公司未能按合同向其支付使用费为由，请求仲裁庭裁定在合同期满前解除此项合同。而意公司则在意大利法院起诉，请求法院宣告列国公司的商标无效和意公司为该商标的唯一的所有权人。列国公司以双方当事人订有仲裁协议为由，就意大利法院的管辖权提出抗辩。意大利最高法院认为，就与商标有关的合同权利（商标许可合同）而产生的争议可以继续进行仲裁程序，但意公司提出的请求宣告商标无效和意公司为该商标唯一的所有权人的诉讼应是独立的，该商标在意大利是否有效，应当通过独立的司法程序解决。为此，该法院认为，就商标的有效性而言，应当由公共检察官介入，而不能作为仲裁审理的事项。③

三、其他有关事项的仲裁立法与实践

（一）反托拉斯法项下的请求权

1. 美国

1968年，美国第二巡回法院在American Safety Equipment Corp. v. J. P. Maguire & Co. ④一案中所确立的原则是："反托拉斯法项下的请求权项就其本质而言，不宜通过仲裁的方式解决。"然而，美国最高法院在1975年三菱汽车案（Mitsubishi Motors Corp. v. Soler Chrysler-Plymouth）⑤ 中认定，国际商事交易中根据谢尔曼法提出的反托拉斯法请求权项可以通过仲裁方式解决。在该案中，日本汽车制造商向美国联邦法院起诉，请求强制执行其与波多黎各的汽车分销商订立的汽车分销协议中的仲裁条款。波多黎各的汽车分销商Soler则提出反诉，根据谢尔曼法项下的反托拉斯法中的规定，请求三菱公司赔偿3倍于其所实际遭受的损失和信誉的损失、违约损失，以及根据其他各项制定法产生的损害赔偿的请求（statutory claims)，诉因是三菱汽车公司拒绝允许Soler装运向北美和南美地区销售的汽车。Soler则称这种做法是合谋划

---

① See Francis Gurry, Director WIPO Arbitration Center, *Arbitration: Circumstances in Which it is Appropriate and the Relation of Arbitration to the Law*, from Arbitrating and Mediating Intellectual Property Issues at Home and Abroad: A Comparison of ADR Practices in the U. S. , Europe and Asia, Tuesday, October 24, 1995, p. 19.

② Giorgio Recchia, *Arbitrating Italian IP Conflicts*, Managing Intellectual Property, 1994, at 25.

③ See Albert Jan van den Berg, *The New York Arbitration Convention of 1958*, Kluwer Law and Taxation Publishers, 1981, p. 370.

④ 391 F. 2d 821, 827—28 (2d Cir. 1968).

⑤ 473 *U. S.* 614 (1985).

分市场以限制贸易。初审法院裁定将除反托拉斯法请求权以外的各项请求权提交仲裁解决。因为根据 American Safety 一案所确立的原则，“反托拉斯法项下的请求权项不宜通过仲裁的方式解决”，故排除了反托拉斯法请求权的可仲裁性。

但美国联邦最高法院认为，该案合同中的仲裁条款的措辞足以包括反托拉斯法请求权的仲裁。此外，该法院还认为，出于公共政策上的考虑，也应当允许仲裁员解决反托拉斯法方面的争议。至少在国际商事交易的场合，联邦政策赞成仲裁解决争议：“鉴于国际礼让、尊重外国和跨国仲裁庭的能力，及国际商事交易体制要求对如何解决争议的可预见性等方面的需要，我们应当执行仲裁协议。”进而认定反托拉斯法的请求权也是可以通过仲裁方式解决的。

目前，对于一些纯粹属于国内当事人之间的反托拉斯法请求权方面的争议，一些地方法院也裁定可通过仲裁方式解决，如伊利诺伊州北区法院于 1989 年对 Cindy's Candle Co.，Inc. v. WNS，Inc. 一案的审理。

2. 其他一些国家的做法

法国法院在审理的一些案件中认定，在涉及国际方面的事项中，当事人违反了公共政策，仲裁员有权适用相关的法律对当事人作出实施惩罚性措施的裁定。例如，巴黎上诉法院在 1993 年审理的 Aplix 一案中认定，仲裁员只能适用共同体法中那些有直接效力的规则，可仲裁事项的界限为除了诸如欧盟委员会等机构认可的具有独占管辖权以外的事项。这就是说，对于《罗马条约》第 85 条第 1 款规定的禁令，该条第 3 款规定的个别豁免这些专属于共同体委员会管辖的事项，仲裁员无权作出裁定。但仲裁员可以与一般的法院一样，可以对于违反《罗马条约》第 85 条的合同裁定其无效，并对由于此无效行为所引起的民事责任作出裁决。①

在澳大利亚，法院在 1991 年审理的 IBM Australia Limited v. National Distribution Services PTY Limited 一案中认定，1974 年《贸易行为法》中关于消费者保护的条款所产生的损害赔偿的请求，属于仲裁条款的范围。审理该案的法官 Handley 在判词中指出：“被授权依法作出裁决的仲裁员，可以行使该法赋予法院所具有的一般管辖权，但须此项权力的行使是适当的。”而这里所说的“适当”的权力，是指该法所赋予的除了联邦法院所具有的专属管辖以外的各州法院可行使的一般管辖权。②

新西兰法院在认定竞争法项下争议的可仲裁性问题上，效仿了美国的做法。在新西兰高等法院 1989 年审理的 Attorney-General of New Zealand v. Mobil Oil New Zealand Ltd. 一案中，原告请求法院宣布当事人在 1982 年订立的协议所涉及的行为与 1986 年修订的《商法》相抵触，因为该协议具有实质性地减少相关市场上的竞争的影响。该协议中含有在解决投资争议国际中心（ICSID）仲裁的条款。该法院认为，美国法院对国际投资与合同所采纳的司法政策中所体现的基本原则，对于像新西兰这样的对国际贸易与商业发挥重要作用的小国而言，也有参考价值，新西兰没有理由背离国际商业礼让的原则，新西兰法院也应当对国际仲裁条款采取同样的态度。③从新西兰法院对该案所作的裁定中可以看出，对于竞争法事项的可仲裁性，新西兰也是趋向于可以通过仲裁的方式解决。

---

① See Bernard Hanotiau，*Competition Law Issues in International Commercial Arbitration：an Arbitrator's Viewpoint*，American Review of International Arbitration，Vol. 6，1995，at 294.

②③ See John Beechey，*Arbitrability of Anti-trust/Competition Law Issues - Common Law*，Arbitration International，Vol. 12，No. 2 (1996)，at 188，187.

（二）欺诈与合谋所产生的民事请求权

美国于1970年公布了《反欺诈与合谋法》（the Racketeer Influenced and Corrupt Organizations Act，RICO），该法的目的在于制裁有组织的犯罪行为，涉及的范围极为广泛，同时也包括商业领域中的各种犯罪。由于欺诈与合谋而引起的民事上的损害赔偿问题，同样也可通过仲裁解决。这一原则是在1987年美国联邦最高法院对Shearson/American Express，Inc. v. McMahon一案的判决中确立的。在该案中，一对夫妇与证券交易公司签订了措辞广泛的仲裁条款，后来这对夫妇向联邦法院对此证券公司及其雇员起诉，指控他们利用其账户从事欺诈性的交易，在向他们提供咨询时作了虚假的陈述，向他们隐瞒了一些重要的事实。这对夫妇提出了若干请求权项，其中包括根据RICO项下可以起诉的非法活动的"形式"。联邦法院要求不愿通过仲裁解决的一方当事人证明国会试图使RICO项下请求权成为不可仲裁的事项。联邦法院作出的认定是：在此制定法及其立法的过程中，国会从未试图将RICO项下的请求权项排除在仲裁之外。因此，由于欺诈与合谋而产生的争议，可以通过仲裁方式解决。

联邦法院的上述判例，为仲裁开辟了新的领域。特别是在商业领域的欺诈、行贿受贿、串通投标等行为也作为可仲裁事项。美国海事仲裁协会的一个仲裁庭在审理一运输公司与炼油公司的争议时查明，船东在承运其客户炼油公司的原油时，多次将其所承运的原油加入其船舶之中，仲裁庭认定该船东违反了《反欺诈与合谋法》，因而裁决该船东赔偿炼油公司五十多万美元的赔偿金。①

除了上述可仲裁事项外，其他一些联邦制定法项下的请求权项可通过仲裁解决的事项包括：根据《罗宾逊—帕特曼价格歧视法》（Robinson-Patman Price Discrimination Act）所产生的请求权②、外国许可方向美国的被许可方提出的专利侵权请求③、依据《劳动关系中的年龄歧视法》（Age Discrimination in employment Act）产生的请求权④等，均可通过仲裁解决。

此外，其他一些由于非制定法产生的请求权项，即由于普通法上的基本原则而产生的请求权，如不公平竞争、行贿受贿、不当得利等事项，也可通过仲裁方式解决。例如，在Genesco，Inc.（G）v. T. Kakiuchi & Co. Ltd.（K）一案中，G公司是美国的一家服装制造商，K公司是日本一家原料供应商。G公司在美国法院对K公司和它在美国的全资子公司提起诉讼，指控这两家公司向G公司的副总经理行贿，致使其接受了日本K公司提供的劣质原料。G公司根据美国的《价格歧视法》和《反欺诈与合谋法》等联邦制定法和普通法上的非制定法中的不公平竞争等提出了多项请求权。日本K公司请求法院裁定终止诉讼，按照买卖协议中的仲裁条款的规定——"由于本合同产生的任何性质的争议和请求权项，应当在日本仲裁解决"，将此项争议提交仲裁解决。法院在确定该案争议是否属于合同中的仲裁条款所覆盖的范围时指出："本案的关键在于申诉中所指控的事实本身，而不是法律上的诉因。如果这些请求权项中所指控的事项与当事人之间的买卖协议有关，就必须将这些请求权项提交仲裁，而不问及这些请求权项贴的是什么样的法律标签。"⑤

可见，可仲裁事项与一国对仲裁所实施的政策密切相关。在同一国家的不同历史阶段，

---

① See International Arbitration Report 7—9 (September，1990).

② Genesco，Inc. v. T. Kakiuchi & Co.，815 F. 2d 840，853—54 (2nd Cir. 1987).

③ Rhone-Poulenc Specialites Chimiques v. SCM Corp.，769 F. 2d 1569 (Fed. Cir. 1985).

④ Gilmer v. Interstate/Johnson Lane Corp.，895 F. 2d 195 (4th Cir. 1990)，cert. Granted，59 U. S. L. W. 3243.

⑤ Genesco，Inc. v. T. Kakiuchi & Co. Ltd.，815 F. 2d 846 (1987).

对仲裁所实施的政策的不同，导致了解决争议方式的不同。如果法律不允许将特定争议提交仲裁解决，即便当事人之间订有仲裁协议，这样的协议也不能得到国家法律的承认与执行。即便在同一个国家，其在不同历史时期内对仲裁所实行的不同的政策，同样导致对争议标的是否属于可仲裁的事项作出不同的认定和规定。有鉴于此，《纽约公约》和其他一些有关的国际公约均避免就此问题作出专门规定，而将这一棘手的问题留给了各有关国家的国内法解决。

四、劳动争议仲裁

劳动争议指在劳动关系中产生的雇主与雇员之间的法律关系。这种法律关系中一般由雇主与雇员之间订立的劳动合同将两者联系在一起。在这种劳动关系中，从两者的经济实力看，作为雇主的一方当事人显然始终处于优势地位：雇主可决定雇员的工资，在特定条件下辞退雇员。尽管双方均可通过意思自治的方式订立和解除合同，但在实践中，雇主往往利用其在经济上的优势地位，在经营不景气或由于其他原因辞退雇员，此时往往会产生劳资争议。

在任何国家，维护相对稳定的劳资关系对于建立和维持一种稳定的社会关系至关重要。一般而言，法律并不禁止通过仲裁解决劳动争议。如果劳资双方在订立合同时约定将争议提交仲裁解决，法律一般并不禁止。但是，为了保护作为弱者的雇员一方当事人的合法权益，许多国家均通过法律的形式就解决劳资争议规定了一些强制性的规范，例如此类争议通过仲裁解决时可不需要两者之间业已存在的仲裁协议，或者在不能通过协商解决的情况下，当事人可直接将争议提交法院解决。

在跨国雇佣合同中，如国际代理合同，有些国家为了保护本国的代理商的合法权益，法律对代理人终止合同的期限作出专门规定。例如，比利时 1961 年相关法律（该法于 1971 年 4 月 13 日修订）第 4 条规定："由于分销合同终止而使比利时境内的代理人由此而遭受的全部或部分损失，在比利时境内的代理人可在其住所地法院或其被代理人所在地的法院对被代理人提起诉讼。如果该诉讼在比利时法院提起，比利时法院只适用比利时法。"该法第 6 条还规定，该法适用于分销合同终止时当事人之间作出的任何相反约定的协议。这就是说，即便当事人之间作出了相反的约定，如果与此有关的诉讼在比利时法院提出，比利时法院仅适用比利时法作出裁定。

在意大利公司（被代理人）诉比利时公司（代理人）一案中，意大利公司委托比利时公司在比利时销售其产品。其合同规定："由于本合同产生的一切争议，将最终按照巴黎国际商会的调解与仲裁规则由一个或多个仲裁员解决，不得诉诸法院。"且规定"意大利法为合同的适用法律"。该合同还规定任何一方当事人终止合同的通知应当在终止前 3 个月发出。该合同缔结 7 年后，意大利公司按照合同中的规定于终止前的 3 个月向比利时公司发出了通知。

而比利时公司则对此提出异议，认为根据比利时上述法律的规定，合同中的条款与比利时关于应当在 3 年前通知的规定相悖，因而是无效的。在本案中，比利时法中的上述强制性的规定必须予以适用。①

在另一起比利时公司诉瑞士公司的案件中，双方在合同中同样规定了通过仲裁解决争议和

---

① See *Collection of ICC Arbitral Awards 1991—1995*, Kluwer Law International, 1997, pp. 134-142. 在该案中，另一方当事人依据合同中的仲裁条款也提起了仲裁，仲裁庭认为其对此案有管辖权。关于该案的案情及对该案的评析，参见赵秀文主编：《国际商事仲裁案例评析》，168～177 页，北京，中国法制出版社，1999。

瑞士法作为合同适用法律的条款，比利时公司以仲裁协议所涉及的事项依据比利时法为“不能通过仲裁解决的事项”为由，向比利时法院起诉，一审法院支持了比利时公司提出的理由，认为仲裁协议的事项依据比利时法律为不可仲裁事项，争议应当由法院审理。但二审法院推翻了一审法院的判决，理由是仲裁协议项下的事项能否通过仲裁解决，应当依当事人共同选择的法律瑞士法决定，而不是依比利时法决定。依据瑞士法，该协议项下的争议可以通过仲裁解决，因此，本案应当按照当事人之间的约定，交由仲裁解决。①

在上述两个案件中，假定当事人在合同中没有规定仲裁条款和适用意大利法和瑞士法的条款，而只规定了比利时法为该案的适用法律，如果案件在比利时法院审理，则依据比利时上述法律的规定，当事人之间约定的终止合同应当提前 3 个月通知不予适用，而应当适用比利时法中关于应当在终止前 3 年通知的规定。

CASE STUDY

比利时独占分销协议案

[M. S. A. (Belgium) v. Company M (Switzerland)]②

Cour d'Appel (Court of Appeal) of Brussels 1985

14 Yearbook Commercial Arbitration 618 (1989)

Facts

On 23 March , 1974, the parties signed an exclusive distributorship agreement having its effects, inter alia, in Belgium. The agreement contained an arbitration clause and explicitly stated that Swiss law applied.

When a dispute arose, the Belgian party started court proceedings before the Tribunal de Commerce (Court of First Instance) of Brussels. The Swiss party objected to the Court's jurisdiction on the basis of the arbitration clause in the agreement.

The Tribunal de Commerce found that the arbitration clause was invalid under Art. II (1) of the New York Convention, since it concerned a subject matter not capable of settlement by arbitration under Belgian law. Hence, it recognized its jurisdiction to hear the case.

The Swiss party resorted to the Court of Appeal, which reversed the lower court's decision for the following reasons.

Excerpt

1. The Tribunal's decision is in particular based on the consideration that a coherent interpretation of the Convention requires that Art. II (1) and Art. II (3) - the latter being invoked by the Swiss party and providing that the court of a Contracting State must refer the parties to arbitration at the request of one of them, unless it finds that the said agreement is null and void, inoperative or

---

① 参见赵秀文主编：《国际商事仲裁案例评析》，116～123 页，北京，中国法制出版社，1999。

② See Tibor Varady, John J. Barcelo, III, Arthur T. von Mehren, *International Commercial Arbitration*, West Group, 1999, at 262-264.

incapable of being performed - is to be read in conjunction with Art. V (2) (a) which provides that the authority of the country where recognition and enforcement are sought may refuse it, if it finds that "the subject matter of the difference is not capable of settlement by arbitration under the law of that country". This opinion of the lower court cannot be shared.

2. In fact, the arbitrability of a dispute must be ascertained according to different criteria, depending on whether the question arises when deciding on the validity of the arbitration agreement or when deciding on the recognition and enforcement of the arbitral award.

3. In the first case, the arbitrability is ascertained according to the law which applies to the validity of the arbitration agreement and, more in particular, to its object. It is therefore the law of autonomy which provides the solution to the issue of arbitrability.

4. An arbitrator or court faced with this issue must first determine which law applies to the arbitration agreement and then ascertain whether, according to this law, the specific dispute is capable of settlement by arbitration.

5. In other words, when the arbitrability of the dispute is considered only from the point of view of the validity of the arbitration agreement, i. e., when the issue arises before the arbitrator (who must examine whether he is competent to hear the case by ascertaining the validity of the arbitration agreement on which his jurisdiction is founded) or before a court requested to decide only on this issue (hence, independently from any enforcement proceedings concerning the award itself), it will be sufficient for the arbitrator or the court to ascertain whether the law of autonomy authorizes the submission of the dispute to arbitration.

6. Within the framework of the New York Convention, the expression "concerning a subject matter capable of settlement by arbitration" (Art. II (1)) does not affect the applicability of the law designated by the uniform solution of conflict of laws for deciding on the arbitrability of the dispute at the level of the arbitration agreement.

7. According to the New York Convention, the arbitrability of the dispute under the law of the forum must be taken into consideration only at the stage of recognition and enforcement of the award and not when examining the validity of the arbitration agreement. This rule can be explained by the consideration that the arbitral award will, in the majority of cases, be executed without the intervention of an enforcement court—either spontaneously or under the pressure of moral or professional sanctions...

8. The preceding considerations lead to the result that in the present case the arbitrability of the dispute between the parties must be ascertained, at the actual stage of the procedure, according to the law of autonomy.

9. It is not contested that the parties have agreed that their contractual relations will be governed by Swiss law (Art. 12 of the Contract).

10. Furthermore, it is not contested either, and it also results from the documentary evidence submitted by the appellant, that according to Swiss law the dispute between the parties is capable of settlement by arbitration.

11. Hence, the lower court was wrong in holding that it could not recognize the arbitration a-

greement between the parties according to Art. II (1) of the New York Convention.

12. For these reasons, the court reverses the judgment under appeal; holds that the Tribunal de Commerce of Brussels had no jurisdiction to hear the case submitted by the appellee; and, as a consequence, it refers the parties to arbitration as agreed upon in the contract of 23 March, 1974.

Questions for Discussion:

1. The competing Belgian law that the Company M court refused to apply is found in a statute, the Law of July 27, 1961 on the Unilateral Termination of Concessions for Exclusive Distributorship of an Indefinite Time. The statute applies to "concessions of sale" (exclusive distributorship) and provides for a reasonable notice period before unilateral termination by the manufacturer and for compensation to be paid to the exclusive distributor in certain circumstances.

Article 4 of the statute provides:

" (1) Upon the termination of a concession of sale which concerns wholly or partially the Belgian territory, the aggrieved concessionaire can cite in all cases the grantor of the concession in Belgium, whether before the court of his own domicile, or before the court of the domicile or seat of the grantor of the concession.

" (2) In the case that the dispute is brought before a Belgian court, the latter shall apply exclusively Belgian law."

Article 6 of the statute provides:

"The provisions of this Law are applicable notwithstanding agreements to the contrary which are concluded before the end of the contract under which the concession is granted."

In a 1979 case with facts similar to those in Company M, a German manufacturer sought recognition of a Swiss arbitral award to bar a Belgian distributor's court action in Belgium based on the statute. The Belgian Cour de cassation (Supreme Court) relied on New York Convention Article V (2) (a) to refuse to recognize the Swiss award on the ground that under Belgian law the subject matter of the difference was not capable of settlement by arbitration. The Cour de cassation reasoned that the 1961 Belgian statute was a mandatory law that guaranteed both the right of a court action in Belgium and the substantive statutory protections, unless the distributor gave up those rights after the contract came to an end.

2. What is the purpose of the Belgian law? If it is to protect the party in the weaker bargaining position, the distributor, does the Company M result defeat that purpose by enforcing a choice-of-law clause? Would the Belgian party be bound by the arbitral award, or could it sue in Belgian courts after the award is rendered? If an action before Belgian courts would still be available, why force the parties to the trouble and expense of arbitration in the first place?

3. Suppose the arbitration is to take place in a country other than the country where the enforcement of the arbitration agreement is sought. Should the court before which the arbitration agreement is being challenged apply its own law and also judge the dispute's arbitrability under the law of the place of arbitration? If it does not do so, would not the award be subject to being set aside at the place of arbitration?

第五节

中国有关可仲裁事项的立法与实践

一、中国有关可仲裁事项的立法

1986年12月2日，第六届全国人民代表大会常务委员会第十八次会议通过了《关于我国加入〈承认与执行外国仲裁裁决公约〉的决定》。在通过此项决定的同时，对该公约作出了两点保留声明：(1)中华人民共和国只在互惠的基础上对在另一缔约国领土内作出的仲裁裁决的承认与执行适用该公约；(2)中华人民共和国只对根据中华人民共和国法律认定为属于契约性和非契约性商事法律关系所引起的争议适用该公约。根据上述保留声明，即互惠保留声明和商事保留声明，凡属根据我国法律认为由于契约性商事法律关系所引起的争议在该公约其他缔约国领土内作出的仲裁裁决，均可依照《纽约公约》的规定，为我国法院承认与执行。

至于如何解释按照我国法律属于契约性和非契约性商事法律关系，在《纽约公约》对我国正式生效之前，最高人民法院在《关于执行我国加入的〈承认与执行外国仲裁裁决公约〉的通知》中作了如下解释①：所谓“契约性和非契约性商事法律关系”，具体是指由于合同、侵权或者根据有关法律规定而产生的经济上的权利与义务关系，例如货物买卖、财产租赁、工程承包、加工承揽、技术转让、合资经营、合作经营、勘探开发自然资源、保险、信贷、劳务、代理、咨询服务和海上、民用航空、铁路、公路的客货运输以及产品责任、环境污染、海上事故和所有权争议等，但不包括外国投资者与东道国政府之间的争端。②

按照我国《仲裁法》的规定，凡属平等主体的公民、法人和其他组织之间发生的合同纠纷和其他财产权益纠纷，均可以仲裁。③ 而不能通过仲裁解决的事项包括：(1)婚姻、收养、监护、扶养、继承纠纷；(2)依法应当由行政机关处理的行政争议。④

我国《仲裁法》对可仲裁事项的规定类似于大陆法系国家的法律规定，即对可仲裁的事项和不可仲裁的事项作出原则性的规定。根据我国的国内立法和我国缔结或参加的国际公约，可以这样认为，除了我国法律另有规定的以外，国际商事交易中产生的合同及侵权纠纷，只要当事人之间存在着有效的仲裁协议，均可通过仲裁的方式解决。事实上，在我国与其他国家之间进行的国际经济贸易交往实践中，通过仲裁解决争议的情况有以下三个方面。

---

① 1987年4月10日，法(经)(1987)5号，载《中华人民共和国最高人民法院公报》，1987(2)。

② 我国于1993年2月6日加入了《解决国家与他国国民之间投资争议公约》后，对于由解决投资争议国际中心(ICSID)作出的外国投资者与东道国政府之间争议的仲裁裁决，也应予以承认与执行。此外，我国政府在加入此项公约时，根据该公约第24条第4款的规定，作出了如下保留声明：中国政府只考虑将由于征收和国有化而产生的赔偿争议交由ICSID管辖。

③ 参见我国《仲裁法》第2条。

④ 参见我国《仲裁法》第3条。

首先，具有平等法律地位的当事人之间的契约性和非契约性争议的仲裁。这是我国对外经济贸易仲裁的主要组成部分。受理此类案件最多的是中国国际经济贸易仲裁委员会和中国海事仲裁委员会。在所受理的案件中，一般均为各种合同项下的争议，如国际货物买卖、中外合作经营与合资经营、融资租赁、国际技术转让、工程承包等方面的争议。

其次，对于国家与私人投资者之间的争议，自从我国于1993年批准了1965年《解决国家与他国国民之间投资争议公约》(《华盛顿公约》)以来，只要国家与外国投资者之间订有书面仲裁协议，也可将我国与外国投资者之间由于征收和国有化而产生的索赔问题的争议提交解决投资争议国际中心(ICSID)解决。① 此外，根据我国与一些国家签订的双边条约，对于我国政府与外国投资者之间的某些争议，也可交由临时仲裁庭解决。如中国与荷兰之间《关于相互鼓励和保护投资协定》第9条关于解决与荷兰投资者之间的投资争议的规定。

最后，国家之间的国际经济贸易争议，也可按照我国与其他各有关国家之间订立的双边贸易或保护投资的协定，通过临时仲裁的方式解决。如对于《中法关于相互鼓励和保护投资协定》第10条规定的"由于本协定的解释或适用"而产生的争议，如果自缔约任何一方提出之日起6个月内未能解决，任何一方均可将其提交由3名仲裁员组成的仲裁庭解决。该协议还对仲裁庭的组成、仲裁规则的适用和仲裁费用的分摊等事项作出了明确的规定。

二、中国有关事项可仲裁性的实践

(一) 证券交易争议仲裁

证券交易是我国改革开放以来出现的一种新的投资和融资方式，也是强化社会主义市场经济功能的产物。按照1993年国务院发布的《股票发行与交易管理暂行条例》第八章的规定，与股票发行或者交易有关的争议，当事人可以按照协议约定向仲裁机构申请调解、仲裁(第79条)。证券经营机构之间以及证券经营机构与证券交易场所之间因股票的发行或者交易引起的争议，应当由证券委批准设立或者指定的仲裁机构调解、仲裁(第80条)。据此，国务院证券委员会指定中国国际经济贸易仲裁委员会为该条规定的证券争议的仲裁机构。可见，我国法律允许当事人约定通过仲裁方式解决他们之间由于证券交易而产生的纠纷。

在我国司法实践中也不乏此类案例。例如，广东省高级人民法院所受理的某证券公司与财务公司之间由于履行证券回购交易合同而产生的争议的上诉案中，证券公司就该案的管辖权提出异议，中级人民法院作出法院有管辖权的裁定。证券公司不服，即上诉到广东省高级人民法院。广东省高级人民法院经审理后认为，此案是证券经营机构之间因证券交易引起的经济纠纷，属于国务院证券委员会证委会委发(1994)20号文件及中国证券监督委员会证监发字(1994)139号《关于证券争议仲裁协议问题的通知》(已失效——编辑注)指定中国国际经济贸易仲裁委员会受理仲裁案件的范围。证券公司与财务公司签订的"回购主协议"中约定的仲裁条款是双方当事人真实的意思表示，没有违反法律规定，应被确认为有效。原审法院受理本案并裁定其对此争议有管辖权不当，应予纠正。证券公司的上诉理由成立，应予支持。②

(二) 知识产权争议仲裁

中国现行法律没有禁止通过仲裁方式解决知识产权争议的规定。我国《仲裁法》第2条规

---

① See World Arbitration & Mediation Report, Vol. 4, No. 2, Feb. , 1993, p. 32.

② 参见黎晓光:《证券纠纷应仲裁》，载《国际商报》，1999-10-17。

定："平等主体的公民、法人和其他组织之间发生的合同纠纷和其他财产权益纠纷，可以仲裁。"这里的"其他财产权益纠纷"显然包括了有关知识产权的纠纷。当然，前提应当是当事人之间订有有效的仲裁协议。根据中国国际经济贸易仲裁委员会（CIETAC）1998 年仲裁规则第 2 条的规定，该会"以仲裁的方式，独立、公正地解决契约性或非契约性的经济贸易等争议"。据此，当事人之间的知识产权争议，无论属于契约性还是非契约性，即无论是合同纠纷还是侵权纠纷，只要当事人之间存在着有效的仲裁协议，CIETAC 就可以受理。事实上，CIETAC 已经受理了数起中外知识产权争议仲裁案。[①] 例如，在一起外方以技术作为合资企业出资的合资合同争议中，在签订合资合同时，外方作为出资的技术尚未申请专利，而作为专有技术出资，后来，该专有技术获得了专利权，该外方又拒绝向合资企业转让该项技术，双方发生争议，当事人将此项争议提交 CIETAC 仲裁，仲裁庭经审理后认为，就本案出资所涉及的专利技术而言，就其技术内容来说，完全等同于最初的专有技术，而双方所考虑的出资方式是专利权的转让而不是专利权的许可。被申请人拒绝出资，就是严重违反了其在合资合同项下的出资义务，对此应当承担违约责任。[②] 在另一起涉及商标权的纠纷中，合资企业成立后以该企业的名义注册了一商标，但后来该合资企业的中方投资者将合资企业的商标变更为中方投资者的商标，外方投资者认为中方的这一行为侵犯了其作为合资企业一方应享有的商标专用权，从而对其构成侵权，故请求仲裁庭裁决赔偿其经济损失。仲裁庭经审理后认定，中方的行为构成商标侵权行为，对此应当承担相应的责任。[③]

从我国上述有关立法与实践看，知识产权争议可以通过仲裁方式解决。通过仲裁的方式解决知识产权争议，多数情况下根据知识产权转让协议中的仲裁条款进行。2020 年《中华人民共和国著作权法》第 60 条规定："著作权纠纷可以调解，也可以根据当事人达成的书面仲裁协议或者著作权合同中的仲裁条款，向仲裁机构申请仲裁。"而关于知识产权的有效性争议是否可以通过仲裁方式解决，则值得研究。因为目前对此尚无法律上的明文规定。我国《著作权法》中的上述有关仲裁解决争议的规定，所涉及的也仅是著作权合同争议。根据 2020 年《中华人民共和国专利法》第 45 条的规定，宣告专利无效的权力应当属于国务院专利行政部门。对于注册商标有效性的争议，按照 2019 年《中华人民共和国商标法》第 33 条的规定，也应当由商标评审委员会裁定。按照我国现行专利法和商标法，当事人对关于专利权和商标权的效力的决定不服的，还可以向人民法院起诉。

（三）涉外合同中所涉及的劳动争议仲裁

我国 1994 年《仲裁法》不适用于劳动争议的仲裁[④]，该类仲裁由其他有关法律另行规定。按照我国现行法律，用人单位与劳动者发生劳动争议，当事人可以依法申请调解、仲裁，提起诉讼，也可以协商解决。这里的劳动争议不同于我国《仲裁法》所调整的争议，主要在于以下几个方面：

首先，劳动争议的仲裁依据不是双方当事人之间的仲裁协议，而是法律规定。而在其他争议的情况下，如果当事人之间没有仲裁协议，仲裁机构就不能取得对仲裁案件的管辖权。但在劳动争议通过仲裁解决的情况下，不需要有当事人之间的仲裁协议，任何一方当事人均可直接

① 参见黎晓光：《涉外知识产权纠纷的仲裁》，载《仲裁与法律通讯》，1996（6）。
② 参见曹家瑞：《一个在中外合资中涉及专利权的"技术出资"的争议》，载《仲裁与法律通讯》，1997（5）。
③ 参见黎晓光：《涉外知识产权纠纷的仲裁》，载《仲裁与法律通讯》，1996（6）。
④ 参见我国《仲裁法》第 77 条。

向劳动争议仲裁委员会申请仲裁。[1]

其次，解决劳动争议的机构也不同于《仲裁法》上规定的独立于行政机关的、与行政机关没有隶属关系的机构，而是由“劳动行政部门代表、同级工会代表、用人单位代表组成”[2]。事实上，它是从属于国家各级劳动行政管理部门的行政机关。而这里的仲裁委员会就是仲裁庭的同义语。仲裁委员会由“劳动行政部门代表、同级工会代表、用人单位代表组成。劳动争议仲裁委员会主任由劳动行政部门代表担任”[3]。

最后，劳动争议仲裁裁决的效力也不同于《仲裁法》上规定的仲裁裁决的效力，因为它不是终局的。对于劳动争议仲裁委员会的裁决，当事人不服的，可以自收到仲裁裁决书之日起15日内向人民法院提起诉讼。只有在上述规定的期限内不起诉又不履行的情况下，当事人才可请求人民法院强制执行该仲裁裁决。

中国的涉外劳动争议，主要指外资企业与其雇员之间由于雇佣（劳动）合同而引起的争议。此项争议的解决，应当适用我国劳动法的规定。

综上，在我国，劳动争议可以通过仲裁方式解决，但这种仲裁，就其实质而言，不同于一般的国际商事仲裁，属于行政仲裁。因此，在适用法律时，无疑应当适用中国法。

本章小结

小结

1. 国际商事仲裁案件中，可仲裁事项涉及各国对竞争政策方面的考虑，每一个国家的立法者和法院都必须均衡地考虑到公共利益的重要性，将涉及国家公共利益的事项问题留给本国法院解决。
2. 在国际商事争议中，某些事项能否通过仲裁的方式解决，归根结底取决于各相关国家在不同的时期内对这些问题所实施的经济和社会政策，适用不同国家的法律对这些问题作出判断，可能得出不同的结论。
3. 国家或国有企业签署仲裁协议后，不得再以其本国法上的禁止性规定为由，否认其所签署的仲裁协议的有效性。
4. 鉴于可仲裁事项与一国的社会公共利益有着极为密切的联系，在适用法律的问题上，无论是对仲裁协议有效性的认定，还是仲裁裁决的承认与执行，法院只适用法院地法。而仲裁庭在决定其所审理的仲裁案件的可仲裁性问题时，一般按照合同或仲裁协议的适用法律作出决定。
5. 中国现行仲裁立法对于可以通过仲裁解决的争议与不能通过仲裁解决的争议作出了明确的规定。涉及证券交易、知识产权等的争议，在一定的条件下，也可以通过仲裁的方式解决。

---

① 参见我国《劳动法》第79条。
②③ 我国《劳动法》第81条。

但在我国境内发生的劳动争议，实行强制仲裁，而不需要当事人之间订有仲裁协议。

QUESTIONS AND COMMENTS

1. In international business transactions, matters relating to public policy could not be arbitrated. It is up to the national courts that decide the arbitrability of a particular matter.
2. Due to different economic and social policy implemented by different states, or the same state in different periods, the same subject matter could be settled by arbitration in one country and could not be done in the other country, or it could not be settled in certain period and could be done in other period in the same country.
3. The state or the enterprises controlled by the state, when signed arbitration agreement with other private parties, could not claim its incapacity by referring to its own law.
4. In practice, the applicable law to determine the arbitrability of the subject matter is the law of the country where the said litigation is carried out.
5. The present Chinese law provides clearly matters that can be settled by arbitration and those not. The matters arbitrated should be based on the scope of the arbitration agreement.

第十章 国际商事仲裁裁决

提要

通常情况下国际商事仲裁裁决包括在一国境内作出的涉外仲裁裁决和在外国作出的外国仲裁裁决。一般而言，只有裁决所属国的法院才有权撤销其裁决。对于外国仲裁裁决，执行地国法院只行使承认与执行或者拒绝承认与执行的权力。

重点问题

- 国际商事仲裁裁决的内容及种类
- 国际商事仲裁裁决的国籍及其确定
- 国际商事仲裁裁决的撤销
- 中国法院对涉外仲裁裁决的撤销

第一节 国际商事仲裁裁决概论

仲裁裁决是仲裁庭依据应当适用的仲裁规则将提交仲裁解决的案件审理完结后，对仲裁申请人提出的仲裁请求作出的支持或者不予支持的结论。除非当事人之间另有约定，仲裁庭作出的支持或者不支持申请人仲裁请求的结论均应当采用书面形式，并且应当附具理由。根据各国有关国际商事仲裁的立法与实践，仲裁裁决是终局的，对双方当事人具有法律上的拘束力。

在由三名仲裁员组成仲裁庭的情况下，仲裁过程中各仲裁员在如何作出仲裁裁决的问题上往往产生不同的看法，如果不能形成一致意见，按照各国仲裁立法与实践，仲裁裁决应当依多数仲裁员的决定作出。例如，联合国贸法会《示范法》第 29 条规定：In arbitral proceedings with more than one arbitrator, any decision of the arbitral tribunal shall be made, unless otherwise agreed by the parties, by a majority of all its members. However, questions of procedure may be decided by a presiding arbitrator, if so authorized by the parties or all members of the arbitral tribunal.

在另外一些情况下，如果三位仲裁员的意见各异，不能形成多数意见，则首席仲裁员的意见应当作为裁决。例如，国际商会国际仲裁院 1998 年仲裁规则第 25 条规定：When the Arbitral Tribunal is composed of more than one arbitrator, an Award is given by a majority decision. If there be no majority, the Award shall be made by the chairman of the Arbitral Tribunal alone. 其他一些仲裁机构的仲裁规则也有类似规定。例如，伦敦国际仲裁院 1998 年仲裁规则第 26 条第 3 款[①]、世界知识产权组织 2002 年仲裁规则第 61 条[②]的规定。

一、仲裁裁决的主要内容

仲裁裁决是仲裁庭就当事人的仲裁请求事项作出的决定。在国际商事仲裁实践中，一般而言，仲裁裁决应当包括以下内容：

（一）仲裁（机构）庭对其所审理的案件的管辖权限

这一部分首先应当述明双方当事人的名称和法定地址、申请人请求仲裁的依据及其请求仲裁事项。当事人之间业已存在的仲裁协议是仲裁机构取得争议事项管辖权的基本依据。因此，仲裁裁决书应当写明仲裁机构（庭）对其所受理的案件具有合法的管辖权。

（二）仲裁程序的进行情况

仲裁裁决中应述明仲裁庭审理仲裁案件所适用的仲裁规则或者法律。一般而言，在机构仲裁的情况下，当事人将其案件提交某一特定仲裁机构仲裁，就意味着适用该特定机构的仲裁规则，除非当事人之间另有约定。

仲裁程序公正是仲裁裁决实体公正的基本保证。因此，这一部分应特别述明仲裁庭的组成、开庭审理的时间、地点、参加庭审人员的情况。在仲裁庭的组成和开庭审理的过程中，仲裁庭是否给予争议双方指定仲裁员和参加庭审的适当通知，以便给予双方当事人平等的、充分的表达其各自意见的机会。在许多情况下，某些自知理亏的被申请人拒绝参加仲裁审理，放弃其在仲裁程序中所享有的指定仲裁员和参加庭审的机会。此外，如果申请人不遵守所适用的仲裁规则规定的程序，仲裁庭有权中止此项程序。根据各国普遍适用的仲裁规则和仲裁法，当事人放弃上述机会并不影响仲裁程序的进行和有拘束力的仲裁裁决的作出，但前提是仲裁庭发出了进行仲裁程序的通知。例如，联合国贸法会 2006 年《示范法》第 25 条对任何一方当事人不

---

① Where there are three arbitrators and the Arbitral Tribunal fails to agree on any issue, the arbitrators shall decide that issue by a majority. Failing a majority decision on any issue, the chairman of the Arbitral Tribunal shall decide that issue.

② Unless the parties have agreed otherwise, where there is more than one arbitrator, any award, order or other decision of the Tribunal shall be made by a majority. In the absence of a majority, the presiding arbitrator shall make the award, order or other decision as if acting as sole arbitrator.

遵守仲裁规则的规定的法律后果作出了如下规定：

Unless otherwise agreed by the parties, if, without showing sufficient cause,

(a) the claimant fails to communicate his statement of claim in accordance with article 23 (1)①, the arbitral tribunal shall terminate the proceedings;

(b) the respondent fails to communicate his statement of defence in accordance with article 23 (1), the arbitral tribunal shall continue the proceedings without treating such failure in itself as an admission of the claimant's allegations;

(c) any party fails to appear at a hearing or to produce documentary evidence, the arbitral tribunal may continue the proceedings and make the award on the evidence before it.

（三）基本案情及争议双方的意见

这一部分涉及仲裁庭对案件实体内容的审理，旨在客观地反映争议案件的基本情况，包括申请人和被申请人对争议事实所持有的意见及其各自所依据的证据。

（四）仲裁庭对双方当事人争议问题的意见

这一部分是裁决书中最为重要的部分，也是裁决书中承上启下的部分。一方面，仲裁庭要对双方当事人在第三部分各自所发表的对争议的事实问题和法律问题的意见逐一地发表其意见。仲裁庭在对争议的事实作出认定的前提下，对这些事实应当适用的法律或法律规则作出阐述，由此确定争议双方应当承担的损害赔偿的责任。另一方面，这一部分也为第五部分的裁决打下坚实的基础。

（五）仲裁裁决

仲裁裁决即仲裁审理的最终结果。裁决书应当叙明一方当事人应当向另一方当事人支付的赔偿金额以及仲裁费用的承担和逾期执行裁决的利息计算等，并注明本裁决为终局裁决，由仲裁员签字。在机构仲裁的情况下，通常还要加盖该仲裁机构的印章，说明裁决作出的时间和地点等。

下面将以 ICSID 仲裁程序规则第 47 条第 1 款对仲裁裁决书的内容的如下规定作为“仲裁裁决的主要内容”的结尾：

The award shall be in writing and shall contain:

(a) a precise designation of each party;

(b) a statement that the Tribunal was established under the Convention, and a description of the method of its constitution;

(c) the name of each member of the Tribunal, and an identification of the appointing authority of each;

(d) the names of the agents, counsel and advocates of the parties;

(e) the dates and place of the sittings of the Tribunal;

(f) a summary of the proceeding;

---

① 该第 23 条第 1 款的规定是：Within the period of time agreed by the parties or determined by the arbitral tribunal, the claimant shall state the facts supporting his claim, the points at issue and the relief or remedy sought, and the respondent shall state his defence in respect of these particulars, unless the parties have otherwise agreed as to the required elements of such statements. The parties may submit with their statements all documents they consider to be relevant or may add a reference to the documents or other evidence they will submit。

(g) a statement of the facts as found by the Tribunal;

(h) the submissions of the parties;

(i) the decision of the Tribunal on every question submitted to it, together with the reasons upon which the decision is based; and

(j) any decision of the Tribunal regarding the cost of the proceedings.

二、仲裁裁决的种类

在国际商事仲裁实践中，仲裁庭在审理终结后就当事人提出的仲裁请求和与仲裁有关的事项作出最后裁决（final award）。此外，根据仲裁裁决所涉及事项的不同，仲裁庭在仲裁审理中还可以就当事人所提出的仲裁请求中的某些事项（不是全部事项）分别作出临时裁决（interim award）、中间裁决（interlocutory award）和部分裁决（partial award）。

Interim award 通常情况下是仲裁庭就其管辖权作出的决定。因为根据仲裁庭自裁管辖原则，仲裁庭有权对其管辖权作出决定。在仲裁开始时，如果仲裁协议的一方当事人对仲裁庭的管辖权提出异议，则仲裁庭必须首先就其管辖权限作出决定，此后才能进入对争议实体问题的审理，因此，仲裁庭就其管辖权作出的裁决被称为临时裁决。临时裁决不是终局的，如果当事人不服，还可以在该临时裁决或者相关国家法律规定的期限内，向有管辖权的法院提出上诉。该法院通常就是仲裁所在地的法院。此外，法院也可以根据当事人的请求，对仲裁协议的有效性作出认定。如果法院对仲裁协议作出无效认定，则此项认定直接关系到据此协议作出的仲裁裁决的可执行性。

Interlocutory award 和部分裁决属于同义语，是在仲裁审理过程中仲裁庭就某一个或者几个问题作出的决定。其特点是仲裁庭在仲裁审理终结之前作出的决定，例如为了防止争议所涉及的标的物腐烂或者进一步贬值，避免损失的扩大，仲裁庭可以根据当事人的请求就该争议货物的先行处理作出决定。在另外一些情况下，如果仲裁审理的某些问题已经查明，仲裁庭可以就这些已经查明的事项作出决定。部分裁决与最后的裁决具有相同的法律效力。

仲裁裁决作出后，如果仲裁裁决未能就当事人请求仲裁的全部事项作出决定，或者裁决中出现了计算或者打印错误，仲裁庭可以据一方当事人的请求，或者主动地对已经签署的裁决加以更正或者补充。此项更正或者补充可以采取备忘录形式，经仲裁员签署后作为补充裁决（supplementary award）或者追加裁决（additional award）。补充裁决或者追加裁决是仲裁裁决的组成部分。

此外，仲裁庭还可以根据当事人之间已经达成的解决他们之间争议的协议的内容作出和解裁决（consent award）。

三、仲裁裁决的效力

仲裁庭根据当事人之间的仲裁协议作出的仲裁裁决，按照多数国家的法律与实践，具有法律上的拘束力。在多数情况下，当事人都能够自动执行该裁决，如果败诉方在法律规定的期限内或者在合理的期限内不自动履行，则胜诉一方当事人可以申请相关国家的法院强制执行该裁决。

对仲裁裁决的补救办法就是向裁决地国家的法院申请撤销该裁决，或者向执行地国法院申请拒绝承认与执行该裁决。在国际商事仲裁立法与实践中，无论是申请撤销，还是请求法院拒绝承认与执行，法律都规定了法院审查标准。一般而言，法院不再对裁决本身的是非曲直进行审查，而只是就某些程序方面的问题进行审查，如裁决所依据的仲裁协议是否是当事人自愿订立的协议，仲裁程序的进行是否公正，是否给予双方当事人充分的、平等的表达其各自意见的机会，仲裁裁决事项是否超出了仲裁协议规定的范围等。当事人向法院提出撤销仲裁裁决的请求，申请人都要提供有说服力的证据加以证明。如果当事人申请承认与执行仲裁裁决，则被申请人应当提出证据证明仲裁裁决存在着法律规定的不予执行的情况，否则，法院裁决执行仲裁裁决。此外，如果法院根据当地法律认定当事人协议约定仲裁的事项不能通过仲裁的方式解决，或者裁决的承认与执行违反了当时的社会公共秩序，相关国家的法院将裁定撤销或者拒绝承认与执行该裁决。

CASE STUDY

锐夫动力公司案

（Revpower Ltd. v. Shanghai Far-East Aero-Technology Import & Export Corporation Award Given in Stockholm）

Sweden on 13th July，1993

Ⅰ. The Proceedings

1. Introduction，Constitution of the Tribunal

With a cover letter dated 2nd July，1991 and signed by Ross Engineering Corporation，the Claimant submitted to the Arbitration Institute of the Stockholm Chamber of Commerce (SCC Institute) a document entitled “Request for Arbitration，General Narrative，Selection of Arbitrator and Statement of Claim Against Defendant” dated 29th June，1991 (Request for Arbitration). In it，the Claimant designated Dr. J. Gillis Wetter as arbitrator. Two parties were named as respondents therein，i. e. the party defined as the Respondent herein and Shanghai Aviation Industry Corporation. The latter denied that it was a proper party to the proceedings. The respondent submitted that the SCC Institute did not have jurisdiction over the claims made by the Claimant in its Request for Arbitration.

By letter dated 1st October，1991，the SCC Institute communicated to the Claimant and the Respondent，as well as to Shanghai Aviation Industry Corporation，a decision reading as follows: The Arbitration Institute has decided as follows.

(1) Shanghai Aviation Industry Corporation (SAIC) has requested that they be denied as one of the defendants in the case.

Since SAIC is not a party to the Compensation Trade Agreement and what Revpower Ltd. has stated is not on any other ground making the Institute competent to handle the dispute the Institute has found that it is obvious that the Institute lacks competence over the dispute. According to Sec. 10 of the Institute's Rules the request from Revpower for arbitration between them and Shanghai Aviation Industry Corporation has been dismissed.

(2) Shanghai Far-East Aero-Technology Import & Export Corporation (SFAIC) has stated

that Revpower Ltd has no right to submit the dispute to arbitration since the procedures set forth in Article 14 in the Compensation Trade Agreement not have been followed.

The Institute has found that it is not obvious that the Institute lacks competence over the dispute.

Shanghai Far-East Aero-Technology Import & Export Corporation is given the opportunity on 8th October at the latest to inform the Institute about the arbitrator they have appointed. ①

After 8th October, 1991 the Institute will make the decisions according to Sec. 14 of the Institute's Rules.

Finally, you are informed that also the appointed arbitral tribunal can try i. a. matters of competence.

The SCC Institute by letter of 13th November, 1991 communicated its decision to appoint Advokat Lars Rahmn as Chairman of the Tribunal. The case was referred to the Tribunal on 7th February, 1992.

2. The Proceedings Before the Tribunal

Following initial correspondence among the Chairman and Counsel for the Parties, the Tribunal and the Parties executed Per Capsulam Minutes dated as of 24th March, 1992 in which, inter alia, procedures were agreed in respect of the manner in which the Respondent's objection to the jurisdiction of the Tribunal and certain other preliminary issues raised by the Respondent should be argued and decided. It was finally resolved that, following an exchange of written pleadings, an oral hearing should be arranged in Stockholm on 17th June, 1992 at which the jurisdictional objection and the other preliminary issues should be dealt with.

In the oral hearing both parties comprehensively argued their respective submissions as to the question of the jurisdiction of the Tribunal, the governing law and the language of the proceedings. After both parties having thereafter filed post-hearing briefs, the Tribunal on 15th July, 1992 rendered an Interim Award in which the Tribunal ruled that it had jurisdiction to adjudicate upon the claims made by the Claimant in these proceedings, that the law governing the Compensation Trade Agreement of 5th June, 1988 was the law of the People's Republic of China and that the language of the arbitration was English.

An oral hearing was conducted during the days of June 14, 15, 17 and 18 in Stockholm. The Claimant was represented by Mr. Aronson and Mr. Ekund. The Respondent was not represented.

...

Ⅱ. Factual Background and the Basic Submissions by the Parties

The object of the cooperation between the parties was to procure by means of "Compensation Trade" production of industrial batteries, battery plates and cells through an existing battery factory called Shanghai Qi Yi Battery Factory (the Battery Factory) situated near Shanghai. The Claimant was under the Agreement to provide for the purchase of certain specified equipment for setting up a new production line in the factory and to provide technical information, commissioning

---

① By letter dated 21st October, 1991, the Respondent appointed Professor Jerome A. Cohen as arbitrator.

and training. The Respondent was to provide the plant, certain machinery produced in the PRC, management and workforce and to be responsible for the manufacture. The Agreement sets out in various clauses and in enclosures the respective duties of the parties.

The Claimant was to purchase the bulk of the intended production of batteries, cells and plates in order to sell the products to its existing customers. The Agreement stipulated prices for the Claimant's future purchases from the Respondent for that purpose. The Claimant has explained that it had an urgent need of delivery of such batteries and cells in replacement of supplies that were to have been obtained under a previous contract with a Korean factory that had been terminated by that factory.

After lengthy negotiations the Agreement was signed on 5th June, 1988 by the parties. It was also signed by the Shanghai Qi Yi Battery Factory under the heading "Acknowledgement of Agreement". That signing was made by Shanghai County Qi Bao Industrial Company, apparently as owner of the Battery Factory. The Agreement was comprehensively amended on 4th September, 1988 and for purposes of dealing with this dispute it is the so amended agreement which is applicable.

The Agreement stipulates in clause 20 (a) that the Agreement and its exhibits shall be effective upon the later of the approval of the Board of Directors of Revpower or the approval of the relevant governmental authorities in the PRC. The Claimant has stated that its Board of Directors approved the Agreement. There is the no information provided whether, and if so when, the Agreement was approved by the relevant governmental authorities in the PRC and the date of its coming into force is therefore not known to the Tribunal. However, both parties' argumentation is based on the fact that the Agreement is valid between them and neither of them has suggested that a government approval or other condition for its validity is missing.

Initially the cooperation between the parties appears to have developed according to plan. The Claimant arranged for the purchase and delivery of the agreed equipment and material and participated in the preparation for the setting up of a new battery production department within the existing premises of the Battery Factory, which was continuing its existing production that served the domestic market in the PRC. The Respondent started to reconstruct and repair certain equipment subsequently delivered by the Claimant was installed under the supervision of representatives of the Claimant.

However, various difficulties arose and by the end of 1989 the new factory was still not in operation. The main dispute between the parties relates to what the reasons for the failure were and who was responsible therefore.

The Claimant submits in summary that the Respondent failed to purchase and install necessary equipment which it had undertaken to purchase or construct in the PRC and to reconstruct the buildings within a reasonable time. These failures concerned primarily the equipment necessary for the final stages of the production of batteries called "formation" and "charging". Although the equipment and machinery supplied by the Claimant was in place and in working order by the end of 1989, enabling a successful—if limited—test production to be carried out, the missing final steps of the production line made production of finished products impossible. The Claimant furthermore submits that after the so-called Tiananmen Square events in the PRC during June, 1989 the Respondent's attitude to the project changed dramatically. From that time the Respondent was no longer able to provide adequate personnel either by way of competence of in numbers to complete the missing part of the production line, to finish the building work, to absorb training and to start production. A total separation was carried out between the Battery Factory and its staff and the very limited facilities and staff that were assigned to the new production line under the name Qi Bao Factory. In November 1989 the Respondent closed the Qi Bao factory and representatives of the Claimant were thereafter denied access to it. At about the same time the Battery Factory demanded substantial increases of the agreed fixed prices in order to make any deliveries in the future. Furthermore, the Respondent failed to arrange for a performance guarantee by the Bank of China which was its duty under the Agreement and which it was necessary for financing purposes for the Claimant to obtain. All of the aforesaid circumstances, which in the Claimant's view constituted breaches of contract by the Respondent, led the Claimant to give notice of termination of the Agreement and subsequently to terminate it, effective as of 7th February, 1990. The Respondent denies that the problems encountered in getting the production started were due to any failure on its part. On the contrary the Respondent submits that a first reason for the difficulties was that the equipment supplied by the Claimant was in various ways defective and not adequate for the intended production. Furthermore, the Respondent maintains that it was the Claimant's duty to see to it that the production was carried out under the design, direction and supervision of the Claimant which the Claimant failed to do according to the Respondent. The Claimant also failed to provide sufficient technical information and training; allegedly, the Claimant's technology was underdeveloped and inadequate. The Respondent maintains that it was the Claimant's duty to supply all equipment "necessary for the production of the Product" and that the Claimant therefore is responsible for the fact that equipment was missing.

The Respondent denies that it failed to perform any of its duties. It also states that the factory was never closed. A request for increased prices was never made by it but only by the Qi Yi Battery Factory for which the Respondent is not responsible. In respect of the performance guarantee the Respondent denies that it had any obligation to provide such a guarantee until the parties had jointly signed an Acceptance of Trial Production Letter. As such a letter was never signed, the Respondent argues that the duty to provide the guarantee had not arisen when the Claimant unilaterally terminated the Agreement.

The Claimant replies that the respective tasks of the parties are clearly defined in the Agreement. As far as the supply of equipment was concerned the Claimant's obligation to supply was limited to the equipment enumerated in Appendix I to the Agreement. The Claimant argues that all equipment specified in that Appendix has been supplied and is in no way defective. At the request of the Respondent during the negotiation period three vital items of equipment were deleted from the list and consequently from what the Claimant was to supply. These items which were components necessary for the formation were instead to be supplied by the Respondent according to the Claimant. They have never been supplied and that is one of the main reasons why production in the factory became impossible. The Claimant maintains that it has provided all necessary information regarding layout and other technical requirements necessary for the manufacture of the products and that the Claimant also commissioned the installation and testing of all delivered equipment. However, the Claimant argues that it had no duty nor the right to give any orders to the employees to the Respondent or of the Battery Factory or to participate in construction work or in the operation of the factory. Those were the duties of the Respondent.

The Claimant further submits that its task to give instructions became difficult to perform as there were very few workers or other employees to instruct and as the Respondent never clarified who was going to be responsible for the operation of the different steps in the production. The Respondent furthermore only provided one interpreter with limited technical knowledge which negatively affected the possibilities to perform an efficient instruction activity.

The Respondent submits that, when the Claimant in December 1989 gave notice of termination, that was done with reference to three alleged breaches of contract. Those were described as the closing of the factory, the demand for increased prices and the failure to provide the performance guarantee. The Respondent states that in January 1990 the Claimant confirmed that the two first mentioned matters had been cured. Therefore, it argues, the only existing cause for the notice was lack of the performance guarantee and, as the time for issuing such a guarantee had not yet occurred, no reason for termination existed. The Claimant's subsequent decision nevertheless to terminate the contract to give the other party possibilities to cure any alleged breach. In such a situation the party also has a duty to suspend the performance of its own obligations rather than to terminate the whole contract, the Respondent claims.

The Claimant replies that it had in January 1990 received some information indicating that the factory was again opened and that the Respondent had abandoned the request for increased prices. The Claimant states that it turned out, however, that this information was not correct: the factory never opened again, and when the question of prices was subsequently discussed between the parties, the Respondent again insisted on price increases. The Claimant maintains that it never argued that the time for the Bank of China actually to issue the performance guarantee had already arisen in late 1989 or in the beginning of 1990; what the Claimant required at that time and earlier was only that the Respondent according to its duties under appendix I of the Agreement should arrange for such a guarantee to be issued at a later time, i. e. that the Respondent had to see to it that those requirements were met prior to the issuance of the Letter of Guarantee that would enable the bank to issue the guarantee after the Letter of Acceptance was signed. During the whole lifetime of the Agreement the question of the performance guarantee had been extensively discussed between the parties and the Bank of China, with which the Claimant was in direct contact. From these contacts it was evident that the bank required a collateral security from the Respondent in order to be willing to issue the guarantee. It was incumbent upon the Respondent to provide such security as well as to meet any additional requirements which the bank may have in order to be willing to issue the guarantee. The Respondent failed to provide such security and in fact directly informed the Claimant that it was unable to do so. It is that breach of contract by the Respondent to which the Claimant referred.

The Claimant argues that, due to the breaches of contract by the Respondent referred to above, it is entitled to damages as claimed irrespective of whether or not in the Tribunal's opinion the breaches entitled to Claimant to terminate the Agreement.

The Respondent has not in the Statement of Defence or otherwise commented upon the nature and quantum of the Claimant's claims. The Tribunal has noted, however, that the Respondent's counterclaim, which was dismissed by the SCC Institute, specifies alleged damages of a similar nature and refers to the fact that according to Article 19 of the Foreign Economic Contract Law of the PRC (the FECL), which is cited by the Respondent, the liability for damages by a party for breach of contract shall be equal to the loss suffered by the other party.

Ⅲ. Governing Law

In the Interim Award the Tribunal decided inter alia that the law governing the Agreement is the law of the People's Republic of China. As a result of that ruling both parties have in their submissions to the Tribunal referred to various provisions to the laws of the PRC and in particular certain articles of the FECL, the Regulations on the Administration of Technology Import Contract of the PRC and the Detailed Rules for the Implementation of the Administrative Regulations of the PRC on Technology Import Contracts.

Ⅳ. The Parties' Prayers

The Claimant requests the Tribunal to award it by way of damages on account of breaches of the Agreement by the Respondent USD 4 486 086 plus interest from February 1990 until payment at the rate of 0.03% per each day and (USD) 226 595 for costs...

The Claimant requests the Tribunal to charge the Respondent with all costs relating to the arbitration including fees and expenses of the SCC Institute and of the arbitrators.

The Respondent requests the Tribunal to render an award dismissing the Claimant's claims in full and ordering the Claimant to pay the Respondent's reasonable costs and expenses. No specified claim for such costs and expenses has been made by the Respondent. The Respondent has maintained its request that the Tribunal dismiss the proceedings for lack of jurisdiction.

...

Ⅴ. Opinion

1. The Respondent not participating in the hearing

Firstly the Tribunal wishes to address the situation which has arisen due to the Respondent's decision to bring a complaint against the Claimant in the Shanghai Intermediate People's Court in the same dispute and refuse to participate further in the arbitration. That decision was notified to the Tribunal in April 1993 when the Respondent had participated in the arbitration proceedings during well over one year and also initially paid security for costs as decided by the SCC Institute, always reserving, however, its submission that the Tribunal lacks jurisdiction. In the Statement of Defence dated 11th December, 1992 Mr. Moser commented in considerable detail on the Claimant's claims and the factual background and developed comprehensively the reasons for the

Respondent's submission that it is nor responsible towards the Claimant. The legal grounds for a Respondent's submissions were also further developed in the Statement of Defence under the heading "Counterclaims".

The Tribunal—having for reasons explained in the Interim Award ruled that it has jurisdiction in the dispute—finds no reason to change its conclusion to institute proceedings in the Shanghai Intermediate People's Court after the Claimant having stated that it demands that the proceedings before the Tribunal shall nevertheless continue as previously planned.

When the final oral hearing took place without the Respondent being represented, the Tribunal assumed that the Respondent's case remained as stated in the Statement of Defence. Consequently the Tribunal ensured that the contents of the Statement of Defence were read during the hearing and further commented upon by Counsel for the Claimant as to matters on which the Tribunal considered that further comments were required.

2. Breaches of contract—liability

The main issue to be resolved by the Tribunal is whether the Respondent has committed or not committed a breach of contract, entitling the Claimant to damages. That issue is mainly related to the event which took place during the second half of 1989 and which caused the Claimant to terminate the Agreement. The parties have presented the Tribunal with two different and conflicting versions of the events which led to the result that the new battery factory never reached the production stage and instead was closed in November, 1989. Each party puts the blame for that failure entirely on the other party.

In the Tribunal's view the respective rights and obligations of the parties are well defined in the Agreement, particularly in clause 5 (a) and in Appendix I. The Tribunal considers that the provision "Shanghai Far-East shall be responsible for the manufacture of these Products" and "Shanghai Qi Yi Battery Factory will provide the manufacturing plant and production machinery produced in the PRC and the management and work force" cannot be construed in any other way than to mean that the responsibility for the setting up of the plant and for the manufacture and production basically was placed on the Respondent. The mention in the Agreement of the Shanghai Qi Yi Battery Factory and the fact that that factory also signed the Agreement under the heading "Acknowledgement of Agreement" does not mean that the Battery Factory became a direct party to the contract. It is, however, clear that the intention of the parties was that the manufacture would take place on the premises of the Battery Factory and the latter's role is by the Tribunal considered to be that of a subcontractor of the Respondent.

The Claimant's submissions as to its duties under the Agreement are well in conformity with what is said therein. The Tribunal accepts that it was the duty of the Claimant to arrange for the purchase only of equipment listed in Appendix I and to provide technical information as well as know-how and training. The Claimant's submissions that it correctly and timely did so have been evidenced by comprehensive documentation and by statements of the witnesses Aronson, Winkel, Koch and Ruebensam. As the Respondent's submissions to the contrary have not been substantiated by any evidence, the Tribunal does not agree with the Respondent that breach of contract by the Claimant was the cause of the difficulties experienced in getting the factory in working order.

The evidence presented by the Claimant also demonstrates that the failure during the late autumn of 1989 to start production was mainly due to the fact that machinery, equipment and facilities were missing which it was the Respondent's duty to provide. Particularly vital equipment that was missing processing equipment necessary in the forming and charging departments. Those items had been deleted from the original draft of Appendix I and were instead to be supplied by the Respondent. The so-called charging-rooms that were required for the final stages of production and that were to be arranged by the Respondent had not been completed. Ventilation, which is absolutely necessary in certain stages of the production, was missing as well as a testing laboratory. Various letters which the Claimant sent to the Respondent during the relevant period, and particularly a letter dated 30th November, 1989, list in detail the many complaints that the Claimant specified to the Respondent in these respects.

The evidence before the Tribunal also substantiates the submission by the Claimant that the decision in June 1989 to make a separation between the Battery Factory and the new factory caused considerable difficulties, such as shortage of staff and lack of management. The Tribunal's conclusion is therefore that the fact that the new factory was not in operable condition by the end of 1989 was due to failure by the Respondent to fulfill its obligations under the Agreement. The Respondent is therefore liable for damages towards the Claimant.

3. Termination of the Agreement

The question of whether the Claimant's termination of the Agreement was well-founded or not has been addressed by the parties. Although the Tribunal for reasons given above does not consider that it is necessary to resolve that issue for the purpose of deciding whether the Claimant is entitled to damages, it will nevertheless comment upon it. The Tribunal agrees with the Claimant that the fact that no production could take place in the factory by December 1989 was due to such serious failures by the Respondent in meeting its obligations under the Agreement that the Claimant was entitled to give notice of termination as it did in letters of 21st and 29th December, 1989. For reasons explained by the Claimant it appears that the breaches of contract to which it referred in these letters were never actually cured by the Respondent. Moreover, the Claimant's complaint to have been an endeavor to describe in summary form not only the physical locking of the building but the totality of existing deficiencies in the plant as regards fixed installations, machinery and lack of manpower and to state definitely that it saw no possibility under the prevailing circumstances to get production started and to usefully continue to perform its duties.

The Tribunal concludes that the Claimant has proven by the documentary and oral evidence presented that its decision to terminate the Agreement as notified to the Respondent on 21st and 29th December and as implemented from 7th February, 1990, was well-founded.

The Respondent's arguments with reference to Article 14 (f) of the agreement and to stipulation in the FECL that the Claimant was not entitled to terminate the Agreement and instead had a duty to continue to perform its obligations thereunder cannot be accepted by the Tribunal, because the Tribunal considers that the breaches of contract by the Respondent referred to above were so serious and enduring as to entitle the Claimant to terminate the Agreement as and when it did. The Tribunal does not agree with the Respondent that the Claimant, nevertheless, under Article 17 of the FECL or otherwise had a right merely to suspend but not to terminate the Agreement. In the Tribunal's opinion suspension was an alternative remedy that was open to the Claimant, but in the prevailing situation, where the Respondent consistently failed to cure its breaches of contract after notification, it was not mandatory.

4. Quantum of damages

In dealing hereafter with the issue of quantum of damages, the Tribunal has been referred by both parties to provisions of the FECL and in particular to Articles 18 and 19 thereof. It is evident from those provisions that under Chinese law the liability for damages in a breach of contract situation is based the principle that the party breaking a contract is liable to pay compensation to the other party in an amount equal to the actual loss suffered by the latter. That liability does, however, not go beyond what was a foreseeable loss at the time of the conclusion of the contract. The Tribunal also understands that the claiming party under Chinese law has a duty to mitigate its actual losses as far as possible.

The Claimant submits that its claims correspond to its actual losses calculated as carefully as possible on the basis of detailed forecasts of the expected results during the relevant time period prepared mainly by its auditor Mr. Matthew O'Driscoll, who testified thereon during the hearing.

...

As nothing indicates that losses of the above nature and magnitude were not foreseeable, the Tribunal's conclusion is that the Claimant actually suffered a loss for which the Respondent is liable in a total amount corresponding to its claim for USD 4 486 086.

5. Interest

In a post-hearing brief the Claimant has finally submitted that according to Chinese law it is entitled to interest as from the date of termination of the Agreement, i. e. , 7th February, 1990 until the said amount is paid in full at the rate of 0. 03% per day.

The Tribunal accepts the Claimant's claim for interest.

6. Costs

The Claimant has—also in a post-hearing brief—claimed costs in a total amount of USD 226 595 as specified in IV above.

Considering that the Claimant has succeeded in its claims, the Claimant is entitled to costs and the Tribunal sees no reason not to accept the claimed amounts as proper costs of the action with exception of the claimed amount of USD 13 747 relating to the action before the Shanghai Intermediate People's Court which cannot form part of costs of the arbitration before the tribunal. Costs in the amount of USD 212 848 will accordingly be granted. In view of the outcome of the dispute the Respondent shall—as between the parties—bear all costs for the expenses and fees of the SCC Institute and of the members of the Tribunal, for which the parties are jointly and severally liable towards the Institute and the members of the Tribunal.

The Respondent's general claim for costs etc. , which has never been specified in any amount, is rejected.

Ⅵ. Award

For these reasons the Tribunal unanimously renders the following

AWARD

(1) The Tribunal confirms its decision in the Interim Award of 14th July, 1992 that it has jurisdiction to adjudicate upon the claims made by Revpower Limited and rejects Shanghai Far-East Aero-Technology Import & Export Corporation's prayer that the said claims be dismissed.

(2) Shanghai Far-East Aero-Technology Import & Export Corporation is ordered to pay to Revpower Limited an amount of USD 4 486 086 (four million four hundred and eighty-six thousand and eighty-six United States dollars).

(3) Shanghai Far-East Aero-Technology Import & Export Corporation is ordered to pay to Revpower Limited interest on the said amount of USD 4 486 086 as from 7th February, 1990 until the said amount is paid in full, at the rate of 0.03% per day.

(4) Shanghai Far-East Aero-Technology Import & Export Corporation is ordered to pay to Revpower Limited the costs incurred by the latter for the preparation and presentation of its case in the amount of USD 212 848, whereof expenses USD 47 523 and attorneys' fees USD 165 325.

(5) Shanghai Far-East Aero-Technology Import & Export Corporation's unspecified claim for costs for the preparation and presentation of its case is rejected.

(6) The Tribunal determines that the compensation due to the Arbitration Institute of the Stockholm Chamber of Commerce is Swedish Crowns (SEK) 78 171 and to the members of the Tribunal as follows:

—Lars Rahmn SEK 641 675, whereof SEK 31 675 for expenses and SEK 610 000 as fee;

—J. Gillis Wetter SEK 480 069, whereof SEK 20 069 for expenses and SEK 460 000 as fee;

—Jerome A. Cohen SEK 608 935, whereof SEK 87 812 for expenses and SEK 521 123 as fee.

The parties are liable jointly and severally for the payment of the above-mentioned amounts aggregating in total SEK1 808 850.

In relation between the parties Shanghai Far-East Aero-Technology Import & Export Corporation shall bear the whole of the said amounts.

A party who wants to challenge the Award in respect of the compensation to the members of the Tribunal may lodge an appeal to Stockholm tingsratt (the City Court of Stockholm), Box 8307, S-104 20 Stockholm, within sixty days from receipt of this Award.

Stockholm, 13rd July, 1993

Signatures of the members of the Tribunal

Questions for Discussion:

1. Suppose Shanghai Far-East intends to apply for setting aside this award and previous award on the jurisdiction, what court should it turn to? Why?

2. What's your comment on the Shanghai Intermediate People's Court acceptance of the litigation from Shanghai Far-East after the intermediate award on the arbitral tribunal's jurisdiction was made?
3. What's your comment on the Shanghai No. 2 Intermediate People's Court's decision on the enforcement of SCC award?
4. What law should be applied to interpret the arbitration clause: the law governing the whole contract, or that of the place where the arbitration is carried out? Why? (Both parties agreed that the Chinese law should be applied in the contract.)

第二节 国际商事仲裁裁决的国籍及其确定

一、国籍（nationality）的概念

国籍是国际公法上的概念，是指一个人作为特定国家的成员而隶属于这个国家的一种法律上的身份。① 从国际法的观点说，一个人的国籍是他同一个国家的永久联系，基于这个联系，他服从国家（国籍国）的属人优越权，对国家负有效忠的义务，而在国际方面享受国家的外交保护。②

在现代国际商事交往中，国际商事交易的参加者不仅是各国的自然人，更多地表现为根据某一国家法律而设立的公司和其他经济组织，鉴于后者根据各有关国家的法律而设立，其也具有设立国的国籍，其权利能力和行为能力受其设立国属人法支配。

二、国际商事仲裁裁决的国籍

国际商事仲裁裁决是指仲裁庭就国际商事仲裁案件作出的裁决。这里的仲裁庭，既包括临时仲裁庭，也包括常设仲裁机构管理下的仲裁庭。对于仲裁庭作出的仲裁裁决是否具有某一国家的国籍，无论在学术界，还是在各国的执法部门，都存在着不同意见。

传统的观点认为，仲裁裁决应当有其国籍，此项国籍标志着裁决的法律效力的来源。因为仲裁如果不与某一特定国家的国内法相联系，就不会产生法律上的拘束力。③ 其代表人物马恩（F. A. Mann）认为，仲裁受特定国家的法律（即仲裁地法，lex arbitri）支配。他说，私人的每一项权利和权力均来源于国内法上的制度，传统上为法院地法，就仲裁而言，更为确切地称为仲裁地法。④ 这就是说，仲裁裁决在法律上的拘束力是由裁决地国的法律赋予的。如果裁决

---

① 参见李浩培：《国籍问题的比较研究》，5页，北京，商务印书馆，1979。

②③ 参见周鲠生：《国际法》，上册，248、159页，北京，商务印书馆，1976。

④ See Mann, *lex Facit Arbitrum*, in International Arbitration, Liber Amicorum for Martin Domke, ed. P. Sanders (1967), p. 157.

地国的法院不承认在其领土上作出的裁决的效力，或撤销了此项裁决，这样的裁决一般也不能得到其他国家法院的承认与执行。《纽约公约》第5条第1款第5项规定的被请求执行外国仲裁裁决的国家主管机关可以拒绝承认与执行的裁决中就包括“The award has not yet become binding on the parties, or has been set aside or suspended by a competent authority of the country in which, or under the law of which, that award was made”。这里所说的裁决的拘束力，显然是由特定国家的法律赋予的，而如果裁决被裁决地国家的法院或者裁决所适用的法律的国家的法院撤销，执行地国即可拒绝承认与执行该仲裁裁决。联合国贸法会制定的《示范法》第34、36条也就仲裁裁决的撤销及承认与执行问题作出了具体的规定。以《纽约公约》和《示范法》为基石的现代仲裁制度是建立在双重监督基础上的制度，即法院依法行使的撤销仲裁裁决的监督和承认与执行此项裁决的监督。而这种监督机制就其实质而言，植根于仲裁的地域概念，即仲裁根据仲裁地的法律进行，由此作出的仲裁裁决构成仲裁地法律秩序的组成部分。与此相适应，该裁决当然应当服从仲裁地国法院依法所实施的监督。

另一种观点认为，仲裁裁决的效力不必由裁决地国的法律赋予，因为在国际商事仲裁中，仲裁地点往往与案件没有实质性的联系。这样的仲裁可以背离仲裁地的程序法，它是自治的，不从属于任何一国的法律制度，其法律上的效力完全取决于各有关执行该仲裁裁决的国家的法院的认可。换言之，即便仲裁裁决被一国法院撤销，执行地国的法院仍然可依据其国内法承认该裁决的效力，并强制执行此项裁决。坚持这种观点的人将此项仲裁称为非内国仲裁（delocalized arbitration）。在这种观点看来，国际仲裁裁决没有国籍，这种无国籍裁决在国际范围内四处飘荡，无论其飘到哪里，都可以被执行。① 在戈特韦肯诉利比亚海运公司（Gotaverken Arendal A. B. v. Libyan General National Maritime Co.）一案中，法国法院拒绝了利比亚公司向法国法院提出的撤销国际商会国际仲裁院根据其仲裁规则在法国作出的仲裁裁决，理由是作出裁决的仲裁程序系根据国际商会国际仲裁院的仲裁规则进行，因而该裁决不是法国裁决，故拒绝对撤销裁决的申请行使管辖权。② 法国最高法院在执行另一起被埃及法院撤销的裁决（克罗马罗依案，Ministry of Defence of the Republic of Egypt v. Chromalloy Aeroservices Inc, US）③ 时再次提到，“该裁决是在埃及作出的国际裁决，该裁决就其定义而言不构成当地法律秩序的组成部分。因此，尽管该裁决已经被埃及法院撤销，仍可得到法国法院的执行，因为这并不违反国际公共秩序”④。

非内国仲裁的理论认为，国际仲裁裁决没有其国籍，裁决也不构成裁决地国法律秩序的组成部分。一方面，在法国境内作出的裁决不一定就是法国裁决，法国不对其行使管辖权。另一方面，对于在外国（例如埃及）作出的裁决，即便被当地法院依法撤销，该裁决的效力依然存在，仍然可以得到法国法院的承认与执行。在法国以往的司法实践中，对在其境内进行的仲裁不行使管辖权的上述利比亚案只是个特例，不具有普遍性。根据1981年《法国民事诉讼法典》第1504条，法国并非不对在其境内进行的仲裁行使监督的权利。按照该条规定：“An arbitral award rendered in France in international arbitral proceedings is subject to an action to set aside on

① See Eric A. Schwartz, “A Comment on Chromalloy Hilmarton, a l'americaine”, *Journal of International Arbitration*, 1997, No. 3, at 130.

② 参见赵秀文：《国际商事仲裁及其适用法律研究》，101～102页，北京，北京大学出版社，2002。

③ 参见赵秀文：《从克罗马罗依案看仲裁裁决的撤销与执行》，载《法商研究》，2002（5）。

④ 赵秀文：《从克罗马罗依案看仲裁裁决的撤销与执行》，载《法商研究》，2002（5）。

the grounds set forth in Article 1502.[①] An order to enforce such an award may not be challenged. However, the action to set aside comport ipso facto, within the limits of the terms of the action brought before the Court of Appeals, appeal from either the acceptance or refusal of the execution judge to make such an order."可见，法国法律对在法国进行的仲裁并非不行使管辖权。

正如伯格博士在一篇文章中所评论的那样，法国法院在实践中所发展的理论是一种独特的理论："在他们看来，在外国作出的裁决没有其自己的家园，当这些裁决飘浮到法国时，即构成法国法律秩序的组成部分，法国为这些裁决提供避难场所，而无视其已经被仲裁地国法院撤销的事实。"[②] 伯格博士之所以称法国法院所发展的理论为独特的理论，就在于尽管法国法院认为在法国以外作出的裁决没有其家园，也不构成当地法律秩序的组成部分，但在法国作出的国际仲裁裁决则构成法国法律秩序的组成部分，法国法院依照其《民事诉讼法典》第1504条的规定，行使撤销的权力。

国际商事仲裁的一般理论与实践证明，国际商事仲裁裁决应当有其国籍，而这个国籍就是裁决地国的国籍，因为裁决地国是否允许仲裁在其境内进行，决定了作出的裁决是否具有法律效力，均为一国主权范围内的权限。在一国境内作出的裁决，当然应当成为当地法律秩序的组成部分。国际商事仲裁裁决的国籍是直接关系到裁决地国法院能否对仲裁裁决行使撤销权力的决定性因素。一般而言，撤销仲裁裁决应当经过特别的程序，一国法院也只能对其本国的仲裁裁决行使撤销的权力，而对于外国仲裁裁决，只涉及是否承认与执行的问题。换言之，撤销仲裁裁决的权力应当专属于裁决所属国的法院。由此便产生了这样的问题：如何对本国裁决与外国裁决作出区分？一国法院按照本国的法律认为某一裁决属于本国裁决，而另一国家依照其本国的法律可能将该同一裁决认定为该另一国的裁决，于是便产生了仲裁裁决国籍的积极冲突。反之，某一裁决由于这样或那样的原因，不被任何一个国家视为本国的裁决，继而产生了仲裁裁决国籍的消极冲突。事实上，在承认与执行仲裁裁决的问题上，也涉及本国仲裁裁决和外国仲裁裁决的问题。因此，研究本国裁决与外国裁决的区分标准，对于法院行使对仲裁的监督，具有重要的意义。

三、国际商事仲裁裁决国籍的确定标准及其适用法律

在实践中，仲裁裁决的国籍由有权对裁决行使撤销权力的法院或被请求承认与执行仲裁裁决的国家的法院按照其各自的法律确定。根据各有关国家的立法与实践，仲裁裁决的国籍的确定主要有以下标准：

（一）地域标准

在一些国家，裁决作出的地点对于确定仲裁裁决的国籍具有决定性的作用。例如，《奥地利执行令》第1条第16款和79条规定："在奥地利，仲裁裁决的国籍由仲裁裁决作出的地点决定。"[③] 据此，在奥地利以外作出的仲裁裁决被视为外国裁决。保加利亚1988年《国际商事仲裁法》第1条第1款规定："本法适用于根据仲裁协议仲裁地点在保加利亚人民共和国境内

---

① 该第1502条规定的是拒绝承认与执行国际仲裁裁决的五种情况。

② Albert Jan van den Berg, *Enforcement of Annulled Award?* The ICC International Court of Arbitration Bulletin, Nov. 1998. p. 16.

③ Exekutionsordnung-Gesetz vom 27. 5. 1896, RGBL. No. 79 Uber das Exekutions-und sicherungsverfahren, as revised by BGBL, No. 140 \ 1979.

进行的国际商事仲裁。”[①] 瑞典1929年《仲裁法》第5条规定，如果仲裁裁决在国外作出，瑞典法则视该仲裁裁决为“外国”裁决。因此，凡是在瑞典境内作出的仲裁裁决，均被视为瑞典裁决，即便双方当事人不是瑞典的居民，瑞典法也不是解决该裁决项下争议的法律。[②] 根据斯德哥尔摩商会仲裁院1984年出版的《在瑞典仲裁》一书，在区分仲裁裁决的国籍时适用地域标准，其中仲裁程序进行的地点具有决定性的作用，而不是签署裁决的地点。[③] 这是由于国际商事仲裁员一般来自不同的国家，当裁决作出后需要仲裁员签字时，这些仲裁员往往在他们各自国家签字。美国在加入《纽约公约》时和法院在审判实践中所坚持和适用的也是地域标准。[④]

（二）仲裁程序适用法律的标准

在有些国家，仲裁裁决的国籍取决于进行仲裁程序应当适用的法律。这就是说，即便仲裁程序在内国进行，但如果适用的是另一国家的仲裁法的话，据此作出的仲裁裁决不属于内国裁决，而是外国裁决，即仲裁程序所适用的法律的国家的裁决。

早在一百年前的1899年，法国法院就在一个判例中认定，在法国适用英国法作出的裁决为“英国”裁决。为此，不得在法国对此裁决提出上诉。[⑤] 在此后的一些判决中，法院准许在法国进行的仲裁适用法国以外的国家或地区法律，并依此法律决定该仲裁协议的有效性。[⑥] 在1981年的仲裁立法中，规定当事人可以约定仲裁适用的法律。[⑦] 据此规定，当事人既可选择法国仲裁程序法，也可选择其他国家的仲裁程序法作为准据法。

联邦德国在加入《纽约公约》后，其颁布的《关于实施〈纽约公约〉的法律》第2条规定：“如果《纽约公约》项下的仲裁裁决在另一缔约国境内作出时所适用的是德国的程序法，当事人就可以在联邦德国申请撤销此项仲裁裁决。撤销的程序适用民事诉讼法第1041、1043、1045（1）和1046条的规定。”[⑧] 在起草《纽约公约》的过程中，联合国经济及社会理事会（ECOSOC）所提交的草案中所体现的就是仲裁裁决受裁决所适用的仲裁法支配的原则。因为在一些大陆法国家，如联邦德国和法国，允许当事人约定仲裁可适用不同于仲裁地国的立法的仲裁法。[⑨] 结果，假定在美国进行的仲裁所适用的是德国程序法，德国法院就可以认为此项裁决为德国裁决，进而对该仲裁裁决行使撤销的权力。希腊的法律也有类似规定。[⑩]

在英国，“当事人也可以自由地选择仲裁地点，特别是仲裁程序法，而该法可以独立于合

---

① 程德钧、王生长主编：《涉外仲裁与法律》，第2辑，84～94页，北京，中国统计出版社，1994。

②③ See Petar Sarcevic, *The Setting Aside and Enforcement of Arbitral Awards under the UNCITRAL Model Law*, “Essays On International Commercial Arbitration”, Graham & Trotman \ Martinus Nijhoff, 1989, at 178, footnote 5.

④ 参见美国纽约南区地方法院1990年对美国国际标准电器公司案的判词，载赵秀文主编：《国际商事仲裁案例评析》，239页，北京，中国法制出版社，1999。

⑤ See Pierre Mayer, *The Trend towards Delocalization in the Last 100 Years*, in *The Internationalization of International Arbitration*, Graham & Trotman Limited, Kluwer Academic Publishers Group, 1995, p. 44.

⑥ See Arthur von Mehren, *International Commercial Arbitration: The Contribution of the French Jurisprudence*, 46 La. L. Rev. 1405, 1048-1051 (1986); or *International Commercial Arbitration*, West Group, 1999, pp. 44-47.

⑦ 参见法国《民事诉讼法典》第1495条。

⑧ Albert Jan van den Berg: *The New York Arbitration Convention of 1958: Towards a Uniform Judicial Interpretation*, Kluwer Law and Taxation Publishers, 1981, p. 27.

⑨ See Albert Jan van den Berg, *The New York Arbitration Convention of 1958: Towards a Uniform Judicial Interpretation*, Kluwer Law and Taxation Publishers, 1981, p. 23.

⑩ See A. Foustoucos, *“Greece” Yearbook*, Vol. 11 (1986), pp. 69-72.

同准据法和仲裁协议的支配法律"[①]。然而，如果当事人之间约定的仲裁程序的适用法律与仲裁程序进行地的法律发生冲突，这个标准就会在实践中遇到挑战。例如，在麦道公司一案中[②]，双方当事人在合同的仲裁条款中约定"仲裁应当按照《印度1940年仲裁法》或对该法的任何修订的程序进行……仲裁程序在英国进行"。当事人提交英国法院解决的问题是：仲裁程序应当适用印度法，还是英国法？虽然仲裁条款明确规定仲裁程序应当适用印度法，但英国法院还是在判决中认定，鉴于该仲裁条款明确规定仲裁程序在英国伦敦进行，当事人所选择的是由英国法支配仲裁程序。仲裁程序进行的地点具有决定性的作用。当事人选择在英国仲裁，就是选择了适用英国的程序法。据此作出的仲裁裁决，当然是英国的裁决。然而，如果将这一法律问题提交印度法院或其他第三国法院解释，则可能得出相反的结论。例如，印度最高法院在1992年对于一项ICC国际仲裁院仲裁庭适用该院规则在英国伦敦作出的仲裁裁决，依其本国的1961年《外国仲裁裁决法》行使了撤销的权力。按照该法第9条的规定，如果仲裁裁决根据受印度法支配的仲裁协议作出，即便此项裁决在印度以外的国家作出，在印度也不将其视为外国裁决。因此印度最高法院要求下级法院据此意见撤销该项在英国作出的仲裁裁决。[③] 但印度法院的此种做法受到了许多学者的批评。[④]

在国际商事仲裁实践中，仲裁程序的适用法律决定仲裁裁决的国籍这一标准的适用范围极为有限，而且在多数情况下有关国家的法院均不单独适用此项标准。就笔者所掌握的资料看，还没有任何一个国家在认定仲裁裁决的国籍时只适用此项标准。前面提到的法国和德国的仲裁立法中所适用的这一标准，也只是作为其中的一个标准，而且也不是主要的标准。事实上法国和德国在适用这一标准的同时，均适用地域标准。英国法律也没有当事人不得选择仲裁程序应当适用的法律的规定，但在实践中，尽管当事人就仲裁程序的适用法律作出了明示选择，但如果当事人所选择的进行仲裁程序的地点在英国，英国法院仍然作出当事人所选择的仲裁程序应当适用的法律是英国法而不是外国法的判决。麦道公司案就是最好的说明。

（三）混合标准

混合标准即适用地域标准或仲裁程序法的标准。在适用此项标准时，又存在着以下不同的情况：

1. 同时适用地域标准和仲裁程序法标准

国际商事合同中的仲裁条款一般均未就仲裁程序的适用法律作出专门规定。如果当事人双方未能在仲裁协议中就该协议的适用法律作出选择但约定了仲裁地点，在这种情况下，如无特别约定，仲裁地的法律即为进行仲裁程序所适用的法律。如果当事人所选择的仲裁程序的适用法律恰好就是仲裁地国的法律，据此作出的裁决所适用的法律既是仲裁地所在国的法律，也是仲裁程序所适用的法律，因为二者是一致的。

在另外一些情况下，如果仲裁程序所适用的法律不是仲裁地所在国的仲裁法，就可能发生

---

① *Russel on Arbitration*, p. 75.

② 参见赵秀文主编：《国际商事仲裁案例评析》，159～167页，北京，中国法制出版社，1999。

③ National thermal Power Corporation v. the Singer Company, India, Supreme Court of India, 1992, 80 all India Rep. S. C. 998 (1993).

④ See Jan Paulsson, Comment, *The New York Convention's Misadventures in India*, Mealey's Int'l Arb'n Rep., June, 1992 (Vol. 7, Issue 6), at 18-21.

仲裁程序所适用的法律的国家的法院和仲裁地所在国法院均主张管辖的情况，或这两个国家均不主张管辖的情况。前者为仲裁裁决的积极冲突，后者为消极冲突。

2. 地域标准或仲裁程序法标准

当事人在仲裁协议中同时选择了仲裁程序应当适用的法律和仲裁地点，但该仲裁程序法与仲裁地点的所属国不同，这里就产生了究竟适用仲裁程序法还是适用仲裁地法确定仲裁裁决的国籍的问题。在各国的仲裁立法与实践中，有两种可供选择的方案。第一，用地域标准确定仲裁裁决的国籍，如英国法院在麦道公司案中的判决。第二，用仲裁程序法确定仲裁裁决的国籍。例如，南斯拉夫 1982 年《国际私法》第 97 条规定："（1）在南斯拉夫境外作出的仲裁裁决为外国裁决。（2）外国仲裁裁决具有仲裁地国的国籍。（3）在南斯拉夫境内适用外国程序法作出的仲裁裁决，如果与南斯拉夫的强制性规则不抵触，视为外国仲裁裁决。（4）依据本条第 3 款作出的仲裁裁决的国籍为该裁决所适用的程序法所属国。"① 可见，在南斯拉夫作出的仲裁裁决也不一定都具有南斯拉夫的国籍：如果在南斯拉夫作出的裁决适用的是某一外国的仲裁法，那么即便该仲裁裁决在南斯拉夫境内作出，也不具有南斯拉夫的国籍，而具有该裁决所适用的程序法所属国的国籍。

在国际商事仲裁实践中，许多国家都适用地域标准和仲裁程序法标准的标准。如德国和法国的实践。按照 1981 年仲裁立法（《法国民事诉讼法典》第五篇）第 1495 条的规定，如果国际仲裁以法国程序法为准据法，本法典第一、二、三篇②在当事人之间无特别约定并遵守第 1493 条和第 1494 条规定的情况下适用。③ 德国 1998 年仲裁立法规定在《民事诉讼法典》第十篇中。就该法的适用范围而言，在第 1025 条开宗明义地规定："The provisions of this Book apply if the place of arbitration as referred to in section 1043 subs. 1 is situated in Germany."④

（四）其他标准

除了依上述地域标准和仲裁程序法的标准确定仲裁裁决的国籍外，一些国家还提出了其他标准。

1. 仲裁员的国籍

该标准即依仲裁员或首席仲裁员的国籍决定仲裁裁决的国籍。例如，按照匈牙利法的规定，如果仲裁程序在匈牙利以外进行且多数仲裁员或首席仲裁员不具有匈牙利国籍，即便裁决在匈牙利作出，也不具有匈牙利国籍。⑤

2. 仲裁所适用的实体法

按照有些国家的法律，对于在外国作出的仲裁裁决，如果解决争议所适用的实体法为本国法，这样的裁决便为本国裁决。例如，根据土耳其 1951 年 11 月 7 日最高法院的一项判决，某一仲裁裁决是否是外国裁决，既不取决于仲裁程序进行的地点，也不取决于仲裁员所具有的国

---

① Graham & Trotman \ Martinus Nijhoff, *Essays on International Commercial Arbitration*, 1989, at 179, footnote 12.

② 第 1、2、3 篇规定的是适用于国内仲裁的规则，包括有关仲裁协议、仲裁程序和仲裁裁决的规定。

③ 第 1493 条和第 1494 条是有关国际仲裁协议及其适用法律的规定。

④ 该法第 1043 条第 1 款的规定是：The parties are free to agree on the place of arbitration. Failing such agreement, the place of arbitration shall be determined by the arbitral tribunal having regard to the circumstances of the case, including the convenience of the parties.

⑤ See Graham & Trotman \ Martinus Nijhoff, *Essays on International Commercial Arbitration*, 1989, p. 179, footnote 12.

籍，而是取决于解决争议所适用的实体法。如果仲裁所适用的实体法为外国法，则该仲裁裁决具有该外国国籍。如果仲裁适用的是土耳其的实体法，则据此作出的仲裁裁决就是土耳其的裁决。[①] 印度在决定仲裁裁决是否是外国裁决时，采纳的标准与土耳其采纳的标准相同。例如，在印度石油天然气委员会（Oil & Natural Gas Commission，ONGC）诉北美西方石油公司（Western Co. of North America）一案中[②]，ONGC与西方石油公司订立了开采石油的合同。合同中的仲裁条款规定，与合同有关的一切争议提交仲裁解决。仲裁程序受印度1940年《仲裁法》及相关仲裁规则支配，仲裁地点在伦敦。在该合同履行中双方发生争议，由两名仲裁员仲裁。1985年10月1日，由于这两名仲裁员不能就争议事项达成一致意见，则由公断人（umpire）介入。[③] 1985年10月17日和11月28日，公断人分别作出了中间裁决和ONGC败诉的终局裁决，裁定由ONGC向西方石油公司支付256 812.45美元的补偿及利息以及相关费用。这两项裁决均在印度法院备案。此项裁决作出后，西方石油公司即在美国地方法院提起了关于确认此项裁决的法律效力和执行该仲裁裁决的诉讼。与此同时，ONGC在印度法院提起了撤销此项裁决的诉讼，并请求法院发布禁令禁止西方石油公司在美国法院起诉。印度法院作出了支持原告请求的裁定，而后又撤销了该裁定。印度最高法院于1986年作出终局裁定：尽管本案裁决在伦敦作出，但由于此裁决根据印度1940年《仲裁法》作出，所以该裁决为印度国内裁决，应当由印度法院行使撤销的权力。

此外，印度最高法院在1992年对热能公司案的判决中[④]，也认定国际商会国际仲裁院在伦敦作出的仲裁裁决不是外国（英国）裁决，而是印度裁决。在该案中，印度热能公司与美国新格公司订立的合同规定的适用法律是印度法，争议由国际商会国际仲裁院通过仲裁解决。争议发生后，仲裁院选择在伦敦仲裁。裁决作出后，当事人请求新德里高等法院承认与执行。新德里高等法院予以准许。但印度最高法院认为新德里高等法院作出的承认与执行国际商会国际仲裁院在伦敦作出的裁决的裁定是错误的。印度最高法院认为，由于支配仲裁协议的法律是印度法，解决争议的适用法律也是印度法，根据印度加入《纽约公约》后颁布的1961年《外国仲裁法》的规定，"外国裁决"指1960年10月11日或在此之后作出的就当事人之间产生的契约性或非契约性的争议，且此项争议依照印度现行有效的法律为商事法律关系的争议作出的裁决。据此，作为外国裁决，必须具备两个条件，第一，该裁决依据《纽约公约》规定的书面仲裁协议作出；第二，裁决所依据的仲裁协议的准据法不是印度法。这就是说，如果裁决所依据的仲裁协议的支配法律是印度法，则尽管此裁决在印度以外作出，根据《外国仲裁裁决法》第9条的规定，该裁决并不被认为是外国裁决，而为内国裁决。

印度于1996年通过了以《示范法》为基础的《仲裁与调解法》。根据该法第2条第2款的

---

① See Graham & Trotman \ Martinus Nijhoff, *Essays on International Commercial Arbitration*, 1989, p. 179, footnote12.

② See Tibor Varady, Hohn J. Barcelo, Ⅲ & Arthur T. von Mehren, *International Commercial Arbitration*, West Group, 1999, pp. 637-643.

③ 公断人制度是英国特有的制度。根据英国1996年《仲裁法》第16、21条的有关规定，在由两名仲裁员仲裁的情况下，如果仲裁员就争议事项不能达成一致，可指定一名公断人。该公断人作出的裁决即相当于独任仲裁员作出的裁决，具有可执行的法律效力。

④ 参见National Thermal Power Corporation v. the Singer Company，载赵秀文主编：《国际商事仲裁案例评析》，211～223页，北京，中国法制出版社，1999。

规定，该法适用于在印度进行的仲裁。此项规定包括与法院管辖权有关的撤销裁决的规定。换言之，印度法院对在印度进行仲裁而作出的裁决可以行使撤销的权力，而此项规定与原来的仲裁法（1960年《仲裁法》）相比有了根本性的改变。①

3. 裁决书的签字地点

有些国家的司法判例还将仲裁员的签字地点作为决定该裁决是否为本国裁决的标准。例如，英国上议院在1991年7月24日驳回了当事人请求撤销仲裁员就Richard Henry Moffit Outhwaite与Robert Robert Ralph Scymgeour Hiscox这两个英国公司之间由于再保险合同所发生的争议作出的裁决的请求，理由是该裁决是由仲裁员在巴黎签署的，属于《纽约公约》项下的外国裁决。尽管该裁决所涉及的双方当事人均为英国公司，仲裁程序也是在伦敦进行的，只是由于仲裁员在签署该裁决时写上某年某月于巴黎。于是，上议院裁定该裁决不是英国裁决，进而拒绝对其行使撤销的权力。② 当然，上议院的这个裁决作出后，引起了英国国内外的众多批评，人们对于该裁定是否有作为先例的价值产生怀疑。③ 当然，1997年1月1日起生效的英国《仲裁法》的实施，将阻止此类情况的再度发生。根据该法第53条的规定，该法适用于在英格兰、威尔士和北爱尔兰进行的仲裁程序并由此作出的仲裁裁决，而不问该裁决在何地签署或寄交任何当事人。也就是说，凡是在英国进行的仲裁程序并由此作出的仲裁裁决，均应当被视为英国的裁决，英国法院对此行使监督的权力。因此，按照英国1996年《仲裁法》，决定仲裁裁决的国籍的标准为裁决作出的地点的地域标准。

在现代国际商事仲裁立法与实践中，地域标准具有重要的地位。按照国家主权原则，主权国家对于其领土范围内的一切人和物，均可以依其国内法实施管辖，对在其境内进行的国际商事仲裁程序并由此作出的仲裁裁决，享有撤销的权力。因此，地域标准从理论上符合国家主权原则，在实践中简便易行，受到多数国家的支持。

早在1953年酝酿制定《纽约公约》期间，国际商会就提出了制定承认与执行国际仲裁裁决的公约的建议，而这一提议遭到了多数国家的反对，因而该公约的名称不是承认与执行“国际仲裁裁决”，而是承认与执行“外国仲裁裁决”④。而这里的“外国裁决”，主要指在执行地国以外作出的裁决。此外，尽管裁决在执行地国作出，但该裁决所适用的法律为执行地国以外的国家或地区的法律，执行地国法院认定该裁决为非内国裁决，法院在执行这样的裁决时也可适用该公约。⑤ 可见，为世界上绝大多数国家所接受的《纽约公约》第1条第1款在确定公约的适用范围时首要的标准就是地域的标准，即在申请承认与执行仲裁裁决的国家以外作出的仲裁裁决。

由联合国贸法会主持制定的1985年《示范法》所适用的也是这一标准。该法第34条规定

---

① 参见［荷］伯格主编：《国际商事仲裁会议文件汇编》，第9集，340页，克鲁沃国际出版公司，1999。

② 参见*Yearbook Commercial Arbitration*，第17卷，599～609页，1992。

③ 随着该裁定的作出，一些学者对其提出了激烈的批评，就本案涉及的裁决究竟在何地作出展开了一系列的讨论。See Albert Jan van den Berg，“New York Arbitration Convention 1958：Where is an Arbitral award Made”? *Case comment House of Lords*，24 July，1991，Hiscox v. Outhwaite，in M. Storme & F. A. De Ly (ed. s)；*The Place of Arbitration*，Mys & Breesch，Gent，1993，p. 113；Reymond，“Where is an Arbitral award Made”? *108 The Law Quarterly Review (1992)*.

④ W. Laurence Craig，“Some Trends and Development in the Laws and Practice of International Commercial Arbitration”，*30 Texas International Law Journal*，Winter，1995，No. 1，at 28.

⑤ 参见《纽约公约》第1条第1款。

的法院撤销仲裁裁决的理由，与《纽约公约》规定的拒绝承认与执行外国仲裁裁决的理由完全相同。目前，《示范法》已经被世界上几十个国家和地区的立法机构采纳为其各自国家或地区的仲裁法，包括德国 1998 年《仲裁法》和俄罗斯 1993 年《国际商事仲裁法》。

可见，在现代国际商事仲裁理论与实践中，地域原则仍然占有重要的地位。正如克瑞格先生所指出的那样：仲裁不只是一个合同的程序，仲裁所在地的国家有权对在其境内进行的仲裁行使管辖的权力，或者允许，或者根本不允许就某一特定事项进行仲裁。而进行仲裁程序旨在产生一个具有法律后果的裁决，因而必须承认仲裁所扮演的司法角色的一面，它在司法角色中合理地分配当事人之间的权利。这种角色就其实质而言，受特定国家司法制度的控制。① 在国际商事仲裁实践中，无论当事人是否选择了进行仲裁应当适用的法律，仲裁地的法律，特别是有关的强制性规范，仍然发挥着重要的作用。

四、决定国际商事仲裁裁决的国籍的适用法律

由于各国对仲裁裁决的认定所采纳的标准的不同，进而产生多国籍的裁决和无国籍的裁决。对于某一仲裁裁决，仲裁地国和仲裁程序适用法律的国家均可以主张它为其各自国家的裁决而同时宣布对它享有管辖权。例如在麦道公司案中，英国认为该仲裁程序在英国进行，因而英国法院有权对它行使权力。如果另一方当事人将此同样的问题提交印度法院审理，则印度法院也可以该合同中的仲裁协议的适用法律为印度法而主张该裁决为印度裁决，进而也有对它行使撤销的权力。

仲裁裁决的国籍问题主要涉及国家法院对它所实施的追诉，说到底，就是哪一个国家的法院可以对它行使撤销的权力的问题。按照国际法上的基本原则和近年来一些国家颁布实施的仲裁法，各国对于在其本国境内作出的仲裁裁决，均享有实施监督的权力。作为主权国家，他们一般都不愿意接受这样的观点，即在他们各自管辖的地域内进行的仲裁程序，与当地的法律制度没有任何联系。他们也不愿意接受在他们各自管辖的地域内作出的仲裁裁决是无国籍裁决的论点。②

可以这样认为，在多数国家看来，在其境内作出的仲裁裁决应当具有当地国家的国籍，而当地法院对在其各自国家境内作出的仲裁裁决享有撤销的权力。尽管德国和法国在 20 世纪 50 年代起草《纽约公约》的过程中极力主张通过仲裁程序适用法律决定仲裁裁决国籍，但是这两个国家在其修订的民事诉讼法中，均抛弃了上述标准，而采用仲裁地点作为决定国际商事仲裁裁决国籍的标准。德国政府在解释其《民事诉讼法典》的备忘录中明确地抛弃了该国在制定《纽约公约》时所坚持的用“仲裁适用法律”决定裁决国籍的立场，强调指出：今后，在德国作出的裁决受德国法支配，无论裁决根据哪一个国家的法律作出。在外国作出的裁决视为外国裁决，而在德国作出的裁决均为德国裁决。③ 因此可以认为，现代国际商事仲裁实践中，仲裁地点决定国际商事仲裁裁决国籍，已经成为各国公认的标准。

---

① See Graig, “Use and Abuses of Appeal from Awards”, *4 Arbitration International*, July, 1988, at 180.

② See W. Laurence Craig, “Some Trends and Developments in the Laws and Practice of International Commercial Arbitration”, *30 Texas International Law Journal*, Winter, 1995, No. 1, at 23.

③ See Robert Briner, *Law of International Business and Dispute Settlement in the 21st Century*, 2001, p. 789.

CASE STUDY

美国国际标准电器公司案

(International Standard Electric Corp. v. Bridas Sociedad Anonima Petrolera)[1]

United States District Court, Southern

District of New York, 1990 745 F. Supp. 172

Facts

International Standard Electric Corp. is registered in the USA (refers to ISEC) while the Bridas Sociedad Anonima Petrolera is an Argentine company. The two Companies disputed on the sale of certain stock to Argentine company in 1979. ICC arbitration tribunal arbitrated the case according to their arbitration agreement in Mexico City, a location chosen by the ICC International Court of Arbitration pursuant to rules of procedure explicitly agreed to by the parties.

Arbitral Award

The award was released and issued to the parties on January 16, 1990. The Panel unanimously concluded that Bridas had established that in July of 1984 ISEC breached its fiduciary obligations to Bridas in connection with a 1984 recapitalization of CSEA, and in March of 1985, ISEC breached its contractual and fiduciary obligations to Bridas by selling, over Bridas' objection, its 97% interest in CSEA to Siemens, the German multinational corporation and a major competitor of Bridas in Argentina. The Panel also concluded that ISEC had failed to "comply with the norms of good faith demanded of a fiduciary" by not giving Bridas adequate notice of the proposed sale and its terms. Finally, the Panel awarded Bridas damages of $6 793 000 with interest at 12%, compounded annually, from March 14, 1985. Bridas was also granted $1 million in legal fees and expenses plus $400 000 for costs of the arbitration.

Court Procedure and the parties' argument

After the award was made ISEC refused to execute the award and filed a petition in the US court on February 2, 1990. ISEC petitioned to vacate and refuse recognition and enforcement of the award. The Argentine company cross-petitioned to dismiss ISEC's petition to vacate on the grounds that the court lacks subject matter jurisdiction to grant such relief under the New York Convention, and cross-petitioned to enforce the award pursuant to Article III of the Convention.

ISEC argues that under the Convention both the courts of the place of arbitration and the courts of the place whose substantive law has been applied, in this case the courts of the United States, have jurisdiction to vacate or set aside an arbitral award. Under Article V (1) (e) of the Convention, "an application for the setting aside or suspension of the award" can be made only to the courts or the "competent authority of the country in which, or under the law of which, that award was made". ISEC also argues that "the competent authority of the country... under the law

① See Tibor Varady, Hohn J. Barcelo, Ⅲ & Arthur T. von Mehren, *International Commercial Arbitration*, West Group, 1999, pp. 631-636.

of which the award was made" refers to the country the substantive law of which, as opposed to the procedural law of which, was applied by the arbitrators. Hence, ISEC insists that since the arbitrators applied substantive New York law, the US courts have jurisdiction to vacate the award.

The Argentine company has cited several cases to prove that "the law under which this award as made" refers to the procedure law under which the arbitration is carried out.

The Court's Decision

The court held that the contested language in Article V (1) (e) of the Convention, "... the competent authority of the country under the law of which, the award was made" refers exclusively to procedural and not substantive law, and more precisely, to the regimen or scheme of arbitral procedural law under which the arbitration was conducted, and not the substantive law of the contract which was applied in the case. In this case, the parties subjected themselves to the procedural law of Mexico. Hence, since the situs, or forum of the arbitration is Mexico, and the governing procedural law is that of Mexico, only the courts of Mexico have jurisdiction under the Convention to vacate the award.

ISEC's petition to vacate the award is therefore dismissed.

Questions for Discussion:

1. How to decide the nationality of the arbitral award? What nationality does the present case have?
2. What is your comment on ISEC's arguments on the interpretation of Article 5 (1) (e) of the New York Convention?
3. Do you agree on the court's decision? Why?

第三节
法院对国际商事仲裁裁决的撤销

国际商事仲裁不可能在真空中进行，没有各国法律对仲裁裁决的法律效力的认可，仲裁裁决也不可能得到各国法院的承认与执行。因此，国家法院对于在本国境内作出的国际商事仲裁裁决均依法实施监督，其中的主要表现形式之一就是对已经作出的裁决依法行使撤销的权力。

一、国际商事仲裁裁决的效力来源

从理论上说，裁决一经作出，即对当事人具有法律上的拘束力。此项效力由各有关国家的仲裁法赋予。各国依据其各自国家的仲裁法认定每一项仲裁裁决的效力。当事人对某一国际商事仲裁裁决的效力持有异议时，一般可以向裁决地国法院申请撤销。换言之，有权对某一国际商事仲裁裁决行使撤销权力的法院一般应为裁决地国法院，或者是裁决所依据之法律所属国的法院。按照《纽约公约》第5条第1款第5项的规定，被申请执行地国法院在以下两种情况下可以拒绝承认与执行该仲裁裁决：第一，裁决被裁决地国的法院撤销；第二，该裁决被其所依据的法律的国家主管机关撤销。在以上情况下，裁决对当事人均无拘束力。

在国际商事仲裁实践中，仲裁程序所依据的法律一般为仲裁地法律，除非当事人之间另有专门约定。在实践中，裁决地法和裁决所依据的法律一般情况下应当是一致的，但也有少数例外情况，即当事人就仲裁程序应当适用的法律作出专门约定。1958年《纽约公约》第1条在规定公约的适用范围时即指明："This Convention shall apply to the recognition and enforcement of arbitral awards made in the territory of a State other than the State where the recognition and enforcement of such awards are sought, and arising out of differences between persons, whether physical or legal. It shall also apply to arbitral awards not considered as domestic awards in the State where their recognition and enforcement are sought."

二、撤销国际商事仲裁裁决的立法与实践

在国际商事仲裁立法与实践中，各国法律对于撤销国际商事仲裁裁决的规定可以分为三种情况：

1. 对在本国境内作出的仲裁裁决享有撤销的权力

这是绝大多数国家的做法。各国有关仲裁的法律均规定了法院撤销仲裁裁决的条件。联合国贸法会制定的《示范法》第七章关于对裁决的追诉中，对于当事人申请撤销仲裁裁决的条件作了专门规定，而这些撤销裁决的条件与拒绝执行裁决的条件完全相同。当事人无论是向法院申请撤销，还是请求法院拒绝执行业已作出的仲裁裁决，都必须提出证据证明存在着法律规定的条件，而这些条件就其实质而言，均不涉及法院对裁决实体内容的审查。该法第34条第2款规定的申请撤销的理由是：

(2) An arbitral award may be set aside by the court specified in article 6 only if:

(a) the party making the application furnishes proof that:

(i) a party to the arbitration agreement referred to in article 7 was under some incapacity; or the said agreement is not valid under the law to which the parties have subjected it or, failing any indication thereon, under the law of this State; or

(ii) the party making the application was not given proper notice of the appointment of an arbitrator or of the arbitral proceedings or was otherwise unable to present his case; or

(iii) the award deals with a dispute not contemplated by or not falling within the terms of the submission to arbitration, or contains decisions on matters beyond the scope of the submission to arbitration, provided that, if the decisions on matters submitted to arbitration can be separated from those not so submitted, only that part of the award which contains decisions on matters not submitted to arbitration may be set aside; or

(iv) the composition of the arbitral tribunal or the arbitral procedure was not in accordance with the agreement of the parties, unless such agreement was in conflict with a provision of this Law from which the parties cannot derogate, or, failing such agreement, was not in accordance with this Law; or

(b) the court finds that:

(i) the subject-matter of the dispute is not capable of settlement by arbitration under the law of this State; or

(ii) the award is in conflict with the public policy of this State.

在美国纽约南区地方法院审理的前述国际标准电器公司一案（International Standard Electric Corp v. Bridas Sociedad Anonima Petrolera）中，法院经审理后认为，该案裁决在墨西哥城作出，只有墨西哥法院享有撤销该裁决的权力。因为在该案中，当事人双方所适用的是墨西哥的程序法，仲裁程序在墨西哥进行，支配仲裁程序的法律只能是墨西哥的法律。因此，只有墨西哥的法院享有撤销《纽约公约》项下的裁决的管辖权。因此，法院驳回国际标准电器公司关于撤销仲裁裁决的诉讼请求。

在现代国际商事仲裁立法与实践中，包括长期主张仲裁程序适用法律的国家有权对在其境内作出的仲裁裁决实施监督的法国 1981 年《仲裁法》和德国 1998 年《仲裁法》在内的各国法律，均主张对在其境内进行的仲裁实施监督。

2. 法律规定排除法院撤销某些国际商事仲裁裁决的权力

根据笔者掌握的资料，目前只有比利时 1985 年《司法法典》就排除法院对在比利时境内作出的除比利时公民、法人为当事人的仲裁裁决以外的仲裁裁决行使撤销的权力作出规定。该法典第 1717 条第 4 款规定："只有当仲裁裁决所涉及的一方当事人具有比利时国籍，或者是居住在比利时的自然人，或者是在比利时成立或有分支机构或有营业处所的法人时，比利时法院才能受理撤销申请。"换言之，如果仲裁协议双方均不是比利时的国民或者在比利时没有居所、住所或营业所时，即便仲裁裁决在比利时作出，比利时法院也不受理当事人提出的撤销此项裁决的诉讼。但如果其中的任何一方与比利时有上述法律规定的联系，比利时法院则依法对这样的裁决行使撤销的权力。

应当指出的是，尽管比利时法院对于不涉及比利时当事人的仲裁裁决不行使撤销的权力，但对于这些当事人在比利时进行的仲裁，比利时法院仍然可行使特定的监督的权力，如指定仲裁员、受理对仲裁员提出异议的诉讼、令证人出庭作证、审查账簿或票据等，据说仲裁员还必须遵守比利时的公共政策。①

比利时的法律之所以作上述规定，其用意之一就是利用比利时的地理位置和其国民的良好的语言能力，更多地吸引外国国民到比利时进行仲裁。② 赞成比利时上述法律的人将比利时描绘为"国际仲裁的天堂"③。但在实践中，国际商事交易的当事人或国际商会国际仲裁院在选择仲裁地点时，对于对已经作出的仲裁裁决没有任何补救的办法的比利时，也不免有担心之感。有的学者认为，自从比利时对其仲裁法作了上述修订后，在比利时仲裁的案件好像并没有增加；有些人认为由于当事人一般不愿意放弃对裁决向法院提出异议的权利，在比利时进行仲

---

① See H. van Houtte, "La Loi belge du 27 Mars 1985 sur l'arbitrage international", *1986 Revue De L'arbitrage* 29 (1986).

② See Albert Jan van den Berg, *Annulment of Award in International Arbitration*, from International Arbitration in the 21st Century: *Towards "Judicialization" and Uniformity?* edited by Richard B. Lillich and Charles N. Brower, Transnational Publishers, Inc. 1994, pp. 141, 144.

③ Storme, Belgium, "A Paradise for International Commercial Arbitration", *14 Int'l Bus. Law* 294 (1986).

裁的案件数量反而减少了。[①] 为此，在 1998 年，比利时又对其仲裁法作出了修订，废除了第 1717 条第 4 款中关于法院只受理比利时国民或者居民提起的撤销仲裁裁决的诉讼的规定，而采用了瑞士《国际私法》中规定的对待在瑞士作出的国际仲裁裁决的做法。[②]

3. 通过协议的方式排除法院撤销裁决

有些国家的法律允许某些当事人通过协议的方式排除法院撤销业已作出的国际商事仲裁裁决。例如，瑞士 1987 年《国际私法》第 192 条规定：

（1）If none of the parties have their domicile, their habitual residence, or a business establishment in Switzerland, they may, by an express statement in the arbitration agreement or by a subsequent written agreement, waive fully the action for annulment or they may limit it to one or several of the grounds listed in Art. 190, subsection 2.[③]

（2）If the parties have waived fully the action for annulment and if the award is to be enforced in Switzerland, the New York Convention of June 10, 1958 on the Recognition and Enforcement of Foreign Arbitral Awards applies by analogy.

在瑞士，尽管国际商事仲裁的当事人可以通过协议的方式排除向瑞士法院提起撤销裁决的诉讼，但此项协议必须具备两项条件：第一，任何一方当事人在瑞士没有住所、惯常居所或营业所；第二，此项排除必须采用书面形式，或者体现在仲裁协议中，或者是事后达成的书面协议。[④]

在瑞典的国际商事仲裁实践中，也允许当事人通过协议的方式排除对在瑞典作出的仲裁裁决提起撤销的诉讼。根据瑞典最高法院于 1989 年 4 月 18 日就 Solel Boneh International Limited and Water Resources Development（International）Limited v. The Republic of Uganda and the National Housing and Construction Corporation of Uganda 一案作出的裁定，"如果双方当事人与瑞典没有任何联系（本案双方当事人来自以色列和乌干达），这样的当事人有权就限制他们对仲裁裁决在形式上的缺陷向瑞典法院提出异议的权利作出约定。甚至在争议发生之前，当事人即可作出这样的约定。"上述意见是瑞典最高法院在裁定的法律意见中表述的。至于当事人在什么样的条件下可以订立上述排除协议及此项协议的适用范围，就瑞典最高法院所提到的"形式上的缺陷"而言，尚不十分清楚。此外，目前尚未发现有这样的协议存在。[⑤]

---

① See Albert Jan van den Berg, *The New York Arbitration Convention of 1958: Towards a Uniform Judicial Interpretation*, Kluwer Law and Taxation Publishers, 1981, p. 144.

② See Christopher R. Drahozal, "Enforcing Vacated International Arbitration Awards: An Economic Approach", *11 Am. Rev.* Int'l Arb. 457.

③ 该第 190 条第 2 款规定：The award may only be challenged:

(a) When the sole arbitrator was not properly appointed or when the arbitral tribunal was not properly constituted;

(b) When the arbitral tribunal wrongly accepted or declined jurisdiction;

(c) When the arbitral tribunal's decision went beyond the questions submitted to it, or failed to decide one of the items in the claim;

(d) When the principle of equality of the parties or the right of the parties to be heard was breached;

(e) When the award is contrary to public policy.

④ 这种形式上的要求意味着间接地排除法院撤销仲裁裁决的权力，而仲裁规则中的类似规定不足以排除法院撤销裁决的权力。See Blessing, *The New International Arbitration Law in Switzerland. A Significant Step to Liberalism*, 5 J. Int'l Arb. 9, 75 (June 1988); A. Bucher and P.-Y. Tschanz, *International Arbitration in Switzerland*, 145 (1989).

⑤ See Albert Jan van den Berg, *The New York Arbitration Convention of 1958: Towards a Uniform Judicial Interpretation*, Kluwer Law and Taxation publishers, 1981, p. 146.

就上述国家的立法与实践而言，还没有哪一个国家通过立法的方式完全放弃对在其各自国家作出的仲裁裁决所行使的撤销权。即便在以激进而著称的比利时法律中，也并未完全放弃此项权力，此项权力的放弃，也仅以与比利时的国民及与其国家利益无关为限。一般而言，法院依据当地的法律撤销在其本国境内作出的仲裁裁决，是一国法院对仲裁裁决的撤销所行使的专属管辖权，其他任何国家的法院无权撤销在外国作出的仲裁裁决，这些法院的权力仅限于依据执行地国的法律或者该国所缔结或者参加的国际公约，行使承认与执行或者拒绝承认与执行外国仲裁裁决的权力。

三、撤销国际商事仲裁裁决的理由

（一）各国国内法规定的撤销仲裁裁决的理由

几乎所有国家的仲裁法都通过这样或那样的方式，规定了法院撤销仲裁裁决的权力。有的是通过制定法，有的则通过判例，就撤销仲裁裁决的条件作出这样或那样的限制。这些限制因国而异，撤销的理由也是多种多样的。但作为一条基本原则，多数国家的法院均对仲裁裁决所涉及的实体问题不予审查。① 就各国有关仲裁的立法与实践而言，尽管撤销的理由各异，但归纳起来，主要包括以下几点理由：

1. 裁决所依据的仲裁协议无效

各国法律对仲裁协议的效力作了不同的规定。在英国，只要当事人在协议中表达了通过仲裁解决争议的意思和确定了仲裁的地点，此项仲裁协议就会得到法院的认定。② 但在印度尼西亚，仲裁协议必须在争议发生后以书面形式订立，并由双方当事人签字；双方当事人不能签字时，仲裁协议应在公证人和证人前做成。此外，仲裁协议还应包括争议的标的、双方当事人的姓名和住所以及单数仲裁员的姓名和住所，否则，协议无效。③ 国际仲裁协议的效力取决于该仲裁协议应当适用的法律。有权撤销裁决的法院如果认定裁决所依据的仲裁协议无效，即可撤销此项裁决。

在国际商事仲裁实践中，有权撤销国际商事仲裁裁决的法院在行使其撤销裁决的权力时，一般考虑以下几个因素：

（1）订立仲裁协议的当事人有无行为能力。

如果订立仲裁协议的当事人按照应当适用的法律为无行为能力者，裁决即可被撤销。但必须指出，在国际商事交易实践中，对于当事人的行为能力必须在国际商事交易的特定条件下考察。特别是代理人以其未得到本人授权为由，拒绝履行与第三人订立的合同的情况。这样的抗辩极易被驳回。例如，国际商会仲裁院1986年在斯德哥尔摩作出的一项裁决即属此例。该案所涉及的是一法国申请人与伊朗的被申请人之间订立的在伊朗实施一项工程的合作协议。被申请人以其未得到公司董事长和总经理的授权为由，拒绝履行该已经签署了的协议。双方由此而引起争议。仲裁庭在审理此案后认为，既然被申请人不能证明申请人在与被申请人签订协议时，根据应当适用的法律，该被申请人无签约能力，那么，被申请人提出的未得到公司董事长和总经理的授权而导致该协议无效的抗辩有悖于国际合同关系中的善意原则，并且此项缺乏授权的

---

① See Albert Jan van den Berg, *The New York Arbitration Convention of 1958: Towards a Uniform Judicial Interpretation*, Kluwer Law and Taxation publishers, 1981, p. 135.

② 参见［英］施米托夫：《国际贸易法文选》，615页，北京，中国大百科全书出版社，1993。

③ 参见印度尼西亚《民事诉讼法》第618条。

抗辩也不能对抗第三人。因此，从这个意义上说，该合作协议的全部价值必须予以确认。①

此外，当国家作为仲裁协议的一方当事人时，国家不得提出按照该国国内法国家没有订立仲裁协议的能力的抗辩。这是一条普遍认可的原则。②

（2）仲裁协议的形式是否符合要求。

如果仲裁协议在形式上不符合要求，也可能导致协议无效。如未能采用书面形式。按照《纽约公约》的规定，各缔约国负有承认仲裁协议的效力的义务，而此项仲裁协议必须是“agreement in writing”，即“The term ‘agreement in writing’ shall include an arbitral clause in a contract or an arbitration agreement, signed by the parties or contained in an exchange of letters or telegrams”③。在实践中，许多国家的仲裁法对仲裁协议的书面形式都有专门规定。仲裁协议是否符合形式上的要求，关键取决于该仲裁协议所应适用的法律是否要求该仲裁协议必须采用书面形式。

（3）仲裁协议的内容是否合法。

所谓仲裁协议的内容是否合法，主要指仲裁协议所涉及的事项，按照应当适用的法律，是否为不能通过仲裁解决的事项。例如，关于知识产权的有效性问题的争议，美国法律允许通过仲裁的方式解决。④ 而在意大利，有关专利权的有效性问题则不能提交仲裁解决，因为它属于法院的专属管辖范围。⑤ 因此，如果当事人约定将有关专利权有效性的争议交由仲裁解决，此项约定按照美国法是有效的，但按照意大利法则为无效。假定一家美国公司与意大利公司订立了通过仲裁解决专利权有效性的争议的协议，此项协议是否有效，关键取决于支配此协议的准据法是美国法还是意大利法。

2. 违反正当程序

如果仲裁庭未给予申请撤销裁决的一方当事人指定仲裁员的机会，或该当事人未能得到进行仲裁程序的适当通知，或者由于其他原因该当事人不能陈述其案情，也可导致法院对仲裁裁决的撤销。前提是申请人应当提出证据证明以上事项。在国际商事仲裁实践中，正当程序（due process）的核心内容是给予仲裁协议的各方当事人充分表达他们各自意见的机会。所谓未按正当程序进行仲裁审理，主要指“the party making the application was not given proper notice of the appointment of an arbitrator or of the arbitral proceedings or was otherwise unable to present his case”⑥。如果申请人提出证据证明仲裁庭未按正当的程序进行仲裁审理，法院经认定后即可撤销此裁决。然而，如果仲裁员严格遵守了应予适用的仲裁规则，而申请人无正当理由未能在仲裁程序规则规定的期间内指定仲裁员、参加开庭审理、通过口头或书面形式向仲裁庭陈述其意见，按照联合国贸法会《示范法》第 25 条第 3 款的规定，Unless otherwise agreed by the parties, if, without showing sufficient cause... any party fails to appear at a hearing or to produce documentary evidence, the arbitral tribunal may continue the proceedings and make the award on the evidence before it. 这样的裁决一般被称为缺席裁决（default award），对双方当事人均有约束力。无正当理由未能参加仲裁审理的当事人不能以其未能得到陈述案情的机会为由，申请撤销该裁决。

---

① 参见《法国国际法杂志》，1986 年，1102 页。

② 参见［荷］伯格主编：《国际商事仲裁会议文件汇编》，第 9 集，148～153 页，克鲁沃国际出版公司，1999。

③ 《纽约公约》第 2 条第 2 款。

④ See David Plant, *Arbitrability of Intellectual Property Issues in the United States*, in WIPO, Worldwide Forum on the Arbitration of Intellectual Property Disputes (1994, Geneva), at 29-54.

⑤ See Giorgio Recchia, *Arbitrating Italian IP Conflicts*, (1994) Managing Intellectual Property, at 25.

⑥ 联合国贸法会《示范法》第 34 条第 2 款。

3. 仲裁庭越权

仲裁庭对仲裁案件的管辖权来源于当事人双方在仲裁协议中的约定，对于约定之外的事项，仲裁庭则无管辖权。例如，当事人在国际货物买卖合同的仲裁条款中规定："由于本合同项下货物质量问题引起的争议，交由中国国际经济贸易仲裁委员会按照该会的仲裁规则仲裁解决。"假定仲裁庭对该合同项下的争议审理后作出的裁决不仅涉及货物的质量问题，还涉及由于卖方延期交货而给买方造成的损失问题。那么，如果对约定提交仲裁的事项所作的裁决与对未约定提交仲裁的事项所作的裁决能够区别开来，按照《示范法》第 34 条第 2 款的规定，法院可以撤销对未约定提交仲裁的事项作出的那一部分裁决。例如，瑞士最高法院在 1995 年 8 月撤销了 ICC 国际仲裁院依其仲裁规则在瑞士作出的关于美国公司与荷兰公司之间就买卖焦炭所发生的争议的裁决，理由是仲裁庭错误地适用了合同中关于"仲裁应当在双方同意争议通过谈判不能解决后 30 天内提出"的规定。该法院认为，申请仲裁的一方在提起仲裁时，超出了合同规定的期限，因此，仲裁庭无权就该案争议作出裁决。①

4. 仲裁庭组成不当

如果合议仲裁庭或者独任仲裁庭的仲裁员的指定不当，法院也可撤销仲裁裁决。这一撤销的理由在《纽约公约》② 和《示范法》③ 中均有反映。例如，当事人在仲裁协议中约定仲裁庭由商人组成，而不得由律师担任仲裁员。在实践中，如果组成仲裁庭的成员中有律师而非商人，这样的仲裁庭的组成就是不当的。而对于这样的仲裁庭作出的仲裁裁决，当事人就可以仲裁庭的组成不当为由，请求法院撤销该裁决。

5. 公共政策作为撤销裁决的理由

法院如果认定裁决的承认与执行违反了当地的公共秩序，也可撤销此裁决。但是法院基于公共政策的理由撤销业已作出的裁决，是否构成对仲裁裁决所涉及的实体问题的监督，仍然是有争议的问题。因为对争议实体问题的审查，归根结底是审查仲裁庭所作的裁决是否是公正的，包括认定事实和适用法律是否正确，裁决是否公正、合理。如果法院对这些问题进行审查，无异于使仲裁程序从属于诉讼程序。至于裁决中所涉及的公共政策问题，法院一般不轻易援引。

公共政策在国际私法上又被称为公共秩序保留（reservation of public order），在英美法中被称为公共政策（public policy），法语中被称为公共秩序（ordre public），而德语中被称为保留条款（vorbehaltsklausel）。它是指一国法院依其冲突规范本应适用外国法时，因其适用导致与法院地国的重大利益、基本政策、道德的基本观念或法律的基本原则相抵触而排除其适用的一种制度。④ 这一概念在各国仲裁立法中涉及撤销或拒绝执行国际商事仲裁裁决时，则指如果承认与执行某一特定的国际商事仲裁裁决的结果与当地的公共政策相抵触，法院可依法撤销或拒绝执行该仲裁裁决。⑤

公共政策这一概念自从 13、14 世纪问世以来，无论在什么样的历史时期，或者在不同的国家，始终作为各国立法上的一项基本原则。究其原因，就是因为它可以直接服务于各国统治

---

① See Paul D. Friedland, *The Swiss Supreme Court Sets aside an ICC Award*, in J. of Int'l Arb. Vol. 13, No. 1., March, 1996, pp. 111-116.

② 参见《纽约公约》第 5 条第 1 款第 4 项。

③ 参见《示范法》第 34 条第 2 款。

④ 参见韩德培主编：《国际私法新论》，267 页，武汉，武汉大学出版社，1997。

⑤ 如联合国贸法会《示范法》第 34、36 条，《德国民事诉讼法典》第 1059 条，《俄罗斯联邦国际商事仲裁法》第 34 条等均有此项规定。

阶级所需要的政治、经济和法律制度的基本原则。它本身就是一个笼统、含糊的概念，属于弹性条款，对它的适用和解释完全取决于法官的自由裁量。在国际商事仲裁实践中，无论是申请撤销仲裁裁决，还是申请对裁决的拒绝承认与执行，尽管当事人援引这一条款的很多，但事实上很难获得成功。一般只有在违反了国家最起码的道德标准或对公平的看法时，才能撤销或拒绝承认与执行业已作出的仲裁裁决。各国法院一般都不会轻易地以仲裁裁决违反公共政策为由撤销或拒绝执行已经作出的仲裁裁决。

6. 适用法律错误

一些国家的法律还规定，法院可以以仲裁裁决适用法律错误为由撤销裁决。例如埃及《仲裁法》(1994 年第 27 号令）第 53 条所规定的法院可撤销仲裁裁决的理由就包括“裁决未能适用当事人之间约定的适用于解决争议事项的法律”。英国 1996 年《仲裁法》第 69 条也有类似规定，尽管对当事人就适用法律错误所提出的异议提出上诉规定了严格的限制性条件。该第 69 条的规定如下：

(1) Unless otherwise agreed by the parties, a party to arbitral proceedings may (upon notice to the other parties and to the tribunal) appeal to the court on a question of law arising out of an award made in the proceedings. An agreement to dispense with reasons for the tribunal's award shall be considered an agreement to exclude the court's jurisdiction under this section.

(2) An appeal shall not be brought under this section except—

1) with the agreement of all the other parties to the proceedings, or

2) with the leave of the court. The right to appeal is also subject to the restrictions in section 70 (2) and (3).

(3) Leave to appeal shall be given only if the court is satisfied—

1) that the determination of the question will substantially affect the rights of one or more of the parties,

2) that the question is one which the tribunal was asked to determine,

3) that, on the basis of the findings of fact in the award—

(a) the decision of the tribunal on the question is obviously wrong, or

(b) the question is one of general public importance and the decision of the tribunal is at least open to serious doubt, and

4) that, despite the agreement of the parties to resolve the matter by arbitration, it is just and proper in all the circumstances for the court to determine the question.

因此，在英国，只有在满足上述条件的情况下，法院才会受理关于仲裁程序中所涉及的法律问题的诉讼，并对此作出裁定。

7. 其他理由

在各国的国内法中，除了以上列举的常见的撤销裁决的理由外，还规定了其他一些撤销裁决的理由，如瑞士法中的“武断”①；埃及仲裁法中的“适用法律不当”②；美国联邦仲裁法中规定的“裁决通过贿赂、欺诈等不正当手段取得”，“仲裁员有偏见、腐败等”③；裁决不是由

① 瑞士 1987 年以前的法律，如法院撤销希尔玛顿案的裁决的理由。
② 埃及 1994 年《仲裁法》第 53 条第 1 款的规定，以及埃及法院以此为由撤销克罗马罗依案的裁决的实践。
③ 该法第 10 条。

全体仲裁员签署的[①]；英国法上的仲裁程序严重不规范等[②]，均可构成法院依据当地法律撤销仲裁裁决的理由。

（二）国际公约和国际立法规定的撤销仲裁裁决的理由

1.《欧洲国际商事仲裁公约》规定的撤销仲裁裁决的理由

《纽约公约》并没有规定撤销仲裁裁决的理由，因为它所涉及的只是对外国仲裁裁决的承认与执行问题。在目前存在的国际公约中，只有《欧洲国际商事仲裁公约》(European Convention on International Commercial Arbitration Geneva Convention)[③] 对仲裁裁决的撤销问题作了规定。该公约第 9 条第 1 款就撤销仲裁裁决的条件作了如下规定：

(1) The setting aside in a Contracting State of an arbitral award covered by this Convention shall only constitute a ground for the refusal of recognition or enforcement in another Contracting State where such setting aside took place in a State in which, or under the law of which, the award had been made and for one of the following reasons:

1) the parties to the arbitration agreement were under the law applicable to them, under some incapacity or the said agreement is not valid under the law to which the parties have subjected it or, failing any indication thereon, under the law of the country where the award was made, or

2) the party requesting the setting aside of the award was not given proper notice of the appointment of the arbitrator or of the arbitration proceedings or was otherwise unable to present his case; or

3) the award deals with a difference not contemplated by or not falling within the terms of the submission to arbitration, or it contains decisions on matters beyond the scope of the submission to arbitration, provided that, if the decisions on matters submitted to arbitration can be separated from those not so submitted, that part of the award which contains decisions on matters submitted to arbitration need not be set aside;

4) the composition of the arbitral authority or the arbitral procedure was not in accordance with

---

① 奥地利曾经有过这样的具体案例，但在 1983 年已经被废除。Cited from Jan Paulsson, *Enforcing Arbitral Awards Notwithstanding a Local Standard Annulment*, the ICC International Court of Arbitration Bulletin, May, 1988, at 14.

② 参见英国《仲裁法》第 68 条。该条第 2 款对程序严重不规范作出了如下规定：(2) Serious irregularity means an irregularity of one or more of the following kinds which the court considers has caused or will cause substantial injustice to the applicant:

(a) failure by the tribunal to comply with section 33 (general duty of tribunal);

(b) the tribunal exceeding its powers (otherwise than by exceeding its substantive jurisdiction: see section 67);

(c) failure by the tribunal to conduct the proceedings in accordance with the procedure agreed by the parties;

(d) failure by the tribunal to deal with all the issues that were put to it;

(e) any arbitral or other institution or person vested by the parties with powers in relation to the proceedings or the award exceeding its powers;

(f) uncertainty or ambiguity as to the effect of the award;

(g) the award being obtained by fraud or the award or the way in which it was procured being contrary to public policy;

(h) failure to comply with the requirements as to the form of the award; or

(i) any irregularity in the conduct of the proceedings or in the award which is admitted by the tribunal or by any arbitral or other institution or person vested by the parties with powers in relation to the proceedings or the award.

③ As of July, 1997, the following States are parties to the Geneva Convention: Austria, Belarus, Belgium, Bosnia and Herzegovina, Bulgaria, Burkina Faso, Croatia, Cuba, Czech Republic, Denmark, Finland, France, Germany, Hungary, Italy, Kazakhstan, Luxembourg, Poland, Romania, Russian Federation, Slovakia, Slovenia, Spain, The former Yugoslav Republic of Macedonia, Turkey, Ukraine, Yugoslavia.

the agreement of the parties, or failing such agreement, with the provisions of Article Ⅳ① of this Convention.

值得注意的是，按照该条第 2 款的规定，如果该公约缔约国同时也是《纽约公约》缔约国的话，则《纽约公约》第 5 条第 1 款第 5 项中规定的关于拒绝承认与执行外国仲裁裁决的最后一项理由——裁决对各方当事人尚无拘束力，或业已经裁决地国或裁决所依据的法律之国家主管机关撤销或停止执行——只有在符合该公约第 9 条第 1 款规定的上述四项理由的情况下，方可构成其他缔约国拒绝执行的理由，而不是笼统地只要裁决被裁决地国法院撤销，就构成拒绝执行的理由，而是区分根据什么理由撤销，如果撤销的理由与该公约规定的上述理由相符，则构成拒绝承认与执行裁决的理由，否则，执行地国法院就可无视该已经被裁决地国撤销的裁决，仍然可承认与执行该裁决。②

2. 联合国贸法会《示范法》规定的撤销仲裁裁决的理由

联合国贸法会 1985 年《示范法》第 34 条就仲裁裁决的撤销作出了如下规定：

(34) Application for setting aside as exclusive recourse against arbitral award

...

5) Recourse to a court against an arbitral award may be made only by an application for setting aside in accordance with paragraphs (2) and (3) of this article.

6) An arbitral award may be set aside by the court specified in article 6 only if:

(a) the party making the application furnishes proof that:

(ⅰ) a party to the arbitration agreement referred to in article 7 was under some incapacity; or the said agreement is not valid under the law to which the parties have subjected it or, failing any indication thereon, under the law of this State; or

(ⅱ) the party making the application was not given proper notice of the appointment of an arbitrator or of the arbitral proceedings or was otherwise unable to present his case; or

(ⅲ) the award deals with a dispute not contemplated by or not falling within the terms of the submission to arbitration, or contains decisions on matters beyond the scope of the submission to arbitration, provided that, if the decisions on matters submitted to arbitration can be separated from those not so submitted, only that party of the award which contains decisions on matters not submitted to arbitration may be set aside; or

(ⅳ) the composition of the arbitral tribunal or the arbitral procedure was not in accordance with the agreement of the parties, unless such agreement was in conflict with a provision of this Law from which the parties cannot derogate, or, failing such agreement, was not in accordance with this Law; or

(b) the court finds that:

(ⅰ) the subject matter of the dispute is not capable of settlement by arbitration under the law of this State; or

---

① Article Ⅳ provided the organization of the arbitration.

② The original provision of Article 9 paragraph 2 of the Geneva Convention provides: In relations between Contracting States that are also parties to the New York Convention on the Recognition and Enforcement of Foreign Arbitral Awards of 10th June, 1958, paragraph 1 of this Article limits the application of Article V. (1) (e) of the New York Convention solely to the cases of setting aside set out under paragraph 1 above.

(ⅱ) the award is in conflict with the public policy of this State.

需要说明的是《示范法》上述第 34 条第 2 款中提到的该法第 6 条，该条标题是 "Court or other authority for certain functions of arbitration assistance and supervision"，指依据该示范法颁布本国仲裁立法的国家指定的对仲裁实施协助或者监督的机构，包括指定仲裁员、执行临时性保全措施、裁定撤销或者执行裁决的机构。这些机构通常情况下指法院，但有时也可以指其他机构，完全取决于各相关国家或者地区的法律规定。

四、有权撤销国际商事仲裁裁决的法院

根据《纽约公约》的精神，有权撤销裁决的法院包括裁决地国法院和裁决所适用的法律的国家的法院。

（一）裁决地国法院

裁决地国法院即裁决作出地所在国的法院。在国际商事仲裁立法与实践中，除了极少数国家外，几乎所有的国家的仲裁法均规定对在其境内进行的国际仲裁行使监督的权力，即有权根据当事人的请求，依法行使撤销在其境内作出的国际仲裁裁决的权力。例如，凡是本国立法采纳《示范法》规定的国家和地区，法院均依法对在其各自国家境内作出的裁决行使撤销的权力。

近年来，一些国家颁布、实施的仲裁立法也都坚持对在本国境内作出的国际商事仲裁裁决行使监督的权力。如 1998 年德国的仲裁立法和 1996 年英国的《仲裁法》。在国际商事仲裁立法与实践中，只有裁决地国的法院才有权撤销国际商事仲裁裁决。即当事人如果对仲裁裁决有异议，应当向裁决地国的法院寻求救济。例如，在前述国际标准电器公司一案中，法院经审理后认为对美国标准电器公司提出的撤销 ICC 国际仲裁院仲裁庭在墨西哥作出的仲裁裁决的请求事项无管辖权，法院认为只有墨西哥法院有权撤销此案。[①] 荷兰著名的法学家 Albert Jan van den Berg 在其《论仲裁裁决的撤销》一文中指出，在多数情况下，有权撤销仲裁裁决的法院是仲裁地所在国的法院。[②] 因此可以认为，裁决地国法院依法行使撤销在其本国境内作出的国际裁决的权力得到绝大多数国家的法律上的认可，也是《纽约公约》规定的一条基本原则。

（二）裁决所适用的法律的国家的法院

与前一原则相比，这一原则就比较令人费解。这里所说的裁决所适用的法律，究竟是指通过仲裁解决当事人之间的争议所适用的实体法，还是进行仲裁程序所适用的程序法？一般认为，应当理解为仲裁程序所适用的法律，而不是解决争议实体问题所适用的法律。事实上，在国际商事仲裁实践中，这一原则很少被适用。尽管从理论上说，当事人约定在一国进行仲裁，可以选择适用另一国家的仲裁法。但是在实践中，不同国家的法院可能对此作出不同的解释。例如，在麦道公司案中，当事人约定在伦敦仲裁，适用印度 1940 年《仲裁法》。当当事人对仲裁适用法律问题发生争议并将此争议提交英国法院审理时，英国法院认为，既然当事人选择了在伦敦仲裁，就是选择了英国法作为仲裁程序的适用法律。[③] 而印度最高法院在 1992 年对于一项 ICC 国际仲裁院仲裁庭适用该院规则在英国伦敦作出的仲裁裁决，依其本国的 1961 年《外

---

① See United States District Court, *Southern District of New York*, 1990, 745 F. supp. 172.

② See *International Arbitration in the 21st Century: Towards "Judicialization" and Uniformity?* edited by Richard B. Lillich and Charles N. Brower, Transnational Publishers, Inc. 1994, pp. 136-137.

③ 参见赵秀文主编：《国际商事仲裁案例评析》，159～167 页，北京，中国法制出版社，1999。

国仲裁裁决法》行使了撤销的权力。按照该法第 9 条的规定，如果仲裁裁决根据受印度法支配的仲裁协议作出，即便此项裁决在印度以外的国家作出，在印度也不将其视为外国裁决。因此，印度最高法院要求下级法院据此意见撤销该项在英国作出的仲裁裁决。① 无论从理论上说，还是按照《纽约公约》的规定，印度法院的判决无可指责。但印度的这种做法还是受到了许多学者的批评。②

印度于 1996 年通过了新的《仲裁法》，该法以《示范法》为蓝本，据此，在撤销仲裁裁决的问题上，印度实行了《示范法》中的规定，即仅对在印度境内作出的仲裁裁决实施监督，行使撤销的权力。这也是绝大多数国家的普遍做法。

所以，从国际商事仲裁立法与实践来看，裁决所适用的法律这一原则很少被采纳。尽管从理论上说，按照《纽约公约》中的有关规定，裁决所适用的法律的国家的法院有权撤销在外国依据该国法律作出的裁决，但是这种情况在实践中极易造成冲突的状况。假定在麦道公司案中，当事人对在英国作出的仲裁裁决持有异议，英国当事人请求英国法院确认此裁决，而印度当事人则向印度法院申请撤销此项裁决。英国法院当然可以依法确认该裁决，因为仲裁在英国进行；印度法院也可以根据当时的适用法律，认为仲裁裁决虽然在英国作出，但适用的是印度 1940 年《仲裁法》，而按照该法的规定，在外国适用印度《仲裁法》作出的裁决是印度裁决，因而依法行使撤销的权力。

CASE STUDY

克罗地亚公司案

(Croatian Company v. Swiss Company)③

Croatia, High Commercial Court, 1986

2 Croatian Arbitration Yearbook 205 (1995)

Facts

In the proceedings before the Commercial County Court in Split No. P—2352/84, the plaintiff, a Croatian company, applied for setting aside the arbitral award made by an arbitral tribunal of the International Court of Arbitration at the International Chamber of Commerce (ICC), No. 4151/AS of May 18, 1984. This award, favorable to the other party, which was a foreign company, was made in Switzerland, and therefore it had to be considered a Swiss arbitral award. By a court order of October 11, 1985, the Commercial County Court rejected the application for the lack of international jurisdiction. The High Commercial Court of Croatia in Zagreb confirmed the decision made in the first instance (court order Pz—186/86 of March 18, 1986). Both decisions are grounded on the opinion that domestic courts do not have jurisdiction to decide upon application

---

① National Thermal Power Corporation v. the Singer Company, India, Supreme Court of India, 1992, 80 all India Rep. S. C. 998 (1993).

② See Jan Paulsson, Comment, *The New York Convention's Misadventures in India*, Mealey's Int'l Arb'n Rep., June, 1992 (Vol. 7, Issue 6), at 18-21.

③ See Tibor Varady, Hohn J. Barcelo, Ⅲ & Arthur T. von Mehren, *International Commercial Arbitration*, West Group, 1999, pp. 636-637.

for setting aside foreign arbitral awards. The High Commercial Court of Croatia accepted the opinion that the application for setting aside have to be submitted to the court of the country in which the arbitral award had been made already in 1977, because such award belonged to the legal system of the place of arbitration (court order No. SL—2457/76 of March 23, 1977).

From the reasoning of the decision:

The County Court in Split... declared itself incompetent to decide on this issue, annulled all acts undertaken in the proceedings, and rejected the suit. The essential reasons for such decision were the following: the plaintiff requested setting aside of an arbitral award made in Switzerland by the International Court of Arbitration at the International Chamber of Commerce in Paris... such award pursuant to Art. 97 of the CLA has to be considered foreign; the same award was made in the proceedings in which domestic procedural law was not applied... instead it was made pursuant to the procedural law of a foreign state (Switzerland), therefore, setting aside is not within the jurisdiction of domestic courts...

The appellant argues in his appeal the following:

That the Court incorrectly invokes provisions of the... CLA, because in this case the provisions of the Law on ratification of the New York Convention on Recognition and Enforcement of Foreign Arbitral Awards (NYC) of June 10, 1958... should have been applied instead. That pursuant to this Convention, under Art. V (1) (e), domestic courts have jurisdiction for setting aside this arbitral award, because the substantive domestic law was applied in the case.

The appeal has to be rejected.

The appellant incorrectly assumes that setting aside of this foreign arbitral award falls within jurisdiction of the domestic courts pursuant to the provisions of NYC. Namely, the provision of Art. V (1) (e) reads that "... the award has not yet become binding on the parties, or has been set aside or suspended by a competent authority of the country in which, or under the law of which, that award was made". According to the opinion of this Court, from this provision and from the fact that domestic substantive law was applied in the award, we could not draw the conclusion that domestic courts have jurisdiction to set aside this award. On the contrary, this court concluded that, pursuant to the cited provision, competent courts for setting aside are the courts of the country (state) in which the award was made. The same conclusion may follow from the provisions of the Geneva Protocol on Arbitration Clauses... and Geneva Convention on the Execution of Foreign Arbitral Awards—Art. 1 and 2... as well as from the provision of Art. IX of the European Convention on International Commercial Arbitration.

Considering the indisputable fact that the procedural law of a foreign state—the state in which award was made—was applied in the award, this Court holds the decision of the Court in the first instance to declare itself (internationally) incompetent and reject the claim as correct.

Questions for Discussion:

1. What is the legal issue in front of Croatian High Commercial Court?
2. What is the claim of the Croatian company?

3. Why the Croatian High Commercial Court rejected the Croatian company's claim?
4. Is there any difference as to the applicable law for the merits of the case and that of the arbitration procedure?
5. What's your comment on the case?

第四节 中国法院对涉外仲裁裁决的撤销

根据国际商事仲裁立法与实践，国家法院只能对那些具有法院地国国籍的裁决行使撤销的权力。对于外国仲裁裁决，法院只有裁定承认与执行或者拒绝承认与执行的权力，而不得对外国仲裁裁决行使撤销的权力。根据我国立法与实践，我国法院对在我国境内作出的裁决，根据当事人的申请和我国民事诉讼法和仲裁法的规定，行使撤销的权力。

一、关于涉外仲裁裁决

涉外仲裁裁决是指在我国境内作出的具有涉外因素的仲裁裁决，具有中国的国籍，我国法院可以根据我国法律，对其依法行使撤销的权力。其主要特点如下：

首先，我国涉外仲裁裁决最主要的特点是在我国境内作出的具有涉外因素的裁决。根据国际商事仲裁立法与实践，仲裁地点在决定国际商事仲裁裁决中发挥着至关重要的作用，通常用来决定仲裁裁决的国籍。凡是在我国作出的具有涉外因素的仲裁裁决，包括我国仲裁机构作出的具有涉外因素的裁决和外国仲裁机构在我国境内作出的裁决，均属中国裁决，受中国法院的监督。

其次，涉外仲裁裁决根据当事人之间业已存在的涉外仲裁协议作出，是具有涉外因素的仲裁裁决。这里的涉外因素，当然也应当作广义上的解释，即包括涉及我国香港、澳门和台湾地区方面的因素。按照我国传统上的国际私法理论，国际私法的调整对象就是含有涉外因素的民商事法律关系。① 而涉外民商事法律关系，则指构成法律关系的主体、客体和内容（权利与义务）这三要素中，至少有一个或一个以上的因素与国外有联系的民商事法律关系。② 而这里的涉外仲裁协议，则是指仲裁协议这一法律关系所涉及的主体、客体或内容具有涉外因素：如仲裁协议的一方或双方当事人均为来自不同法域的自然人或法人，或者仲裁协议所涉及的标的物位于国外，或者该仲裁协议在国外订立等。

最后，从在我国境内作出涉外仲裁裁决的仲裁机构看，它可以是中国的涉外仲裁机构，如中国国际经济贸易仲裁委员会和中国海事仲裁委员会；也可以是根据我国《仲裁法》组建

①② 参见韩德培主编：《国际私法新论》，3 页，武汉，武汉大学出版社，1997。

的国内的仲裁机构，如北京仲裁委员会、广州仲裁委员会等。[①] 按照我国现行的仲裁立法与实践，涉外仲裁裁决不一定均由我国的涉外仲裁机构作出。因为继国务院办公厅在 1996 年 6 月 8 日发布《关于贯彻实施〈中华人民共和国仲裁法〉需要明确的几个问题的通知》后，如果涉外案件的当事人通过他们之间订立的仲裁协议，约定将其案件提交国内仲裁委员会解决的，国内仲裁委员会也可受理涉外仲裁案件。国内仲裁委员会就这些仲裁案件作出的仲裁裁决，当然应当属于涉外仲裁裁决。此外，随着中国国际经济贸易仲裁委员会在 1998 年 5 月对其仲裁规则的修订，该会也可以受理国内当事人之间业已存在的国内仲裁协议项下的争议，据此协议作出的仲裁裁决，当然也应当属于国内仲裁裁决，而不是涉外仲裁裁决。

在此还应强调：外国常设仲裁机构或临时仲裁机构依据当事人之间的仲裁协议或者应当适用的仲裁规则规定仲裁地点在我国，仲裁庭在我国境内进行仲裁程序并作出的仲裁裁决，也应当视为我国涉外仲裁裁决，此项裁决受我国法院的监督。例如，国际商会国际仲裁院依据其仲裁规则将我国作为仲裁地点，其作出的裁决理论上应当视为中国裁决，受我国法院的监督。

二、申请撤销涉外仲裁裁决的理由

根据我国《仲裁法》当事人申请撤销在我国境内作出的涉外仲裁裁决，适用我国《民事诉讼法》第 281 条规定的标准。据此标准，如果申请撤销裁决的一方当事人提出证据证明有下列情形之一的，人民法院经裁定，可依法撤销该涉外仲裁裁决。这些情形包括：(1) 当事人在合同中没有订立仲裁条款或者事后没有达成书面仲裁协议的；(2) 当事人没有得到指定仲裁员或者进行仲裁程序的通知，或者由于其他不属于该方当事人负责的原因未能陈述意见的；(3) 仲裁庭的组成或者仲裁程序与仲裁规则不符的；(4) 裁决的事项不属于仲裁协议的范围或者仲裁机构无权仲裁的。

此外，法院如果认为裁决违背了社会公共利益，也可以裁定撤销该仲裁裁决。

法院撤销涉外仲裁裁决的理由和撤销国内仲裁裁决的理由是不同的。对国内仲裁裁决的撤销，《民事诉讼法》第 281 条不予适用，而适用其第 244 条的规定。我国现行《仲裁法》第 58 条专门规定了撤销国内仲裁裁决的理由：当事人提出证据证明裁决有下列情形之一的，可以向仲裁委员会所在地的中级人民法院申请撤销裁决：(1) 没有仲裁协议的；(2) 裁决的事项不属于仲裁协议的范围或者仲裁委员会无权仲裁的；(3) 仲裁庭的组成或者仲裁的程序违反法定程序的；(4) 裁决所根据的证据是伪造的；(5) 对方当事人隐瞒了足以影响公正裁决的证据的；(6) 仲裁员在仲裁该案时有索贿受贿，徇私舞弊，枉法裁决行为的。此外，人民法院认定该裁决违背社会公共利益的，应当裁定撤销。《仲裁法》的上述规定与《民事诉讼法》第 244 条的规定基本相同，这些规定只适用于对国内裁决的撤销，而不适用于对涉外仲裁裁决的撤销。

在司法实践中，我国法院倾向于对涉外仲裁作出更为广泛的解释。例如，在上海美特幕墙有限公司（申请人）与上海久事大厦置业有限公司和上海久茂对外贸易公司（被申请人）发生的安装幕墙纠纷后，（申请人）将（被申请人）诉至某仲裁委。仲裁庭作出由（被申请人）赔

---

① 截至 2012 年 6 月，全国已经有二百余家仲裁委员会。

偿（申请人）1 600万元人民币的裁决。（被申请人）以赔偿数额未经审计和赔偿目录未经质证、大量的外文资料没有中文译本、认定事实的主要证据不足等理由，向上海市第一中级人民法院申请对该裁决不予执行。上海市第一中级人民法院对该仲裁依据《民事诉讼法》第217条审查后，提出不予执行意见。上海市高级人民法院按照请示程序报请最高人民法院审批。最高人民法院执行工作办公室组成合议庭审查后，函复上海市高级人民法院指出："根据《中华人民共和国仲裁法》第65条的规定，涉外仲裁是指对涉外经济贸易、运输和海事中发生的纠纷的仲裁。本案所涉及的合同是涉外合同，是因外国公司破产而使涉外合同的履行发生纠纷，故该纠纷应当属于涉外经济贸易中发生的纠纷。本案仲裁的对象、事实及结果均直接涉及外国公司及其权利、义务，本案应属于涉外仲裁案件。因此，本案应依据《中华人民共和国民事诉讼法》第260条和《中华人民共和国仲裁法》第71条的规定，只对程序性问题进行审查，而不应适用《中华人民共和国民事诉讼法》第217条的规定对证据和事实认定问题进行审查。"①

上述案例显然与北京市中级人民法院1992年裁定拒绝执行中国国际经济贸易仲裁委员会就中国国际工程咨询公司（申请人）和北京丽都饭店公司（被申请人）之间争议作出的裁决形成鲜明的对照。在该案中，申请人为在中国注册的从事国际工程咨询的公司，被申请人则为在中国境内设立的中外合资经营企业，双方订立了在中国承包一项建设工程的协议，协议规定争议交由中国国际经济贸易仲裁委员会仲裁。当该协议项下的争议发生后，申请人根据合同中的仲裁条款，将争议提交中国国际经济贸易仲裁委员会仲裁。后者受理了该案并由仲裁庭作出了被申请人败诉的裁决，被申请人未能在裁决规定的期限内履行该裁决。于是申请人向北京市中级人民法院申请强制执行。法院在审理后认为，裁决双方当事人均为在中国境内设立的中国法人，且双方之间的订立的承包合同纠纷也没有涉外因素。因此，该项争议并非国际经济贸易中发生的争议，按照CIETAC仲裁规则的规定，不属于中国国际经济贸易仲裁委员会的受案范围。因此，法院按照《中华人民共和国民事诉讼法》第260条第1款第4项的规定，裁定不予执行中国国际经济贸易仲裁委员会（91）贸仲字第2569号裁决书。在该案中，尽管双方当事人均为在中国设立的法人，但是他们双方的业务均有涉外因素：申请人有权从事国际工程承包，而被申请人本身就是中外合资经营企业，因而具有涉外因素。一方面法院适用《民事诉讼法》第260条关于执行涉外仲裁裁决的规定；另一方面，法院又认定双方当事人均为在中国境内设立的中国法人，且双方之间的承包合同纠纷也没有涉外因素，因而不属于中国国际经济贸易仲裁委员会的管辖范围。②

上述两个案例同时也说明了随着我国改革开放政策的深入实施，市场经济和法制建设的不断完善，各种经济关系主体之间的权利与义务正在不断地趋于一致，同时，对涉外因素的解释也在不断地趋于合理。

三、申请撤销仲裁裁决的期限和有权撤销涉外仲裁裁决的法院

根据我国现行仲裁立法，我国法院对在我国境内作出的仲裁裁决享有撤销的权力。按照我国《仲裁法》的规定，申请人应当自收到裁决书之日起6个月内，向仲裁委员会所在地的中级

① 2003年最高人民法院执行工作办公室葛行军主任在中国国际经济贸易仲裁委员会仲裁员实务研讨会上的发言，载《仲裁与法律》，2003（4）。

② 根据当时的经济合同法，两个中国法人之间的争议应当由隶属于各级工商行政管理局的经济合同仲裁委员会仲裁解决。

人民法院提出。[①] 而人民法院应当在受理撤销裁决申请之日起两个月内作出撤销裁决或者驳回申请的裁定。[②]

为了严格执行我国《仲裁法》和1991年《民事诉讼法》，保障诉讼活动和仲裁活动依法进行，防止一些地方法院滥用法律赋予的撤销仲裁裁决的权力，偏袒当地的当事人，1998年4月23日，我国最高人民法院发出了《关于人民法院撤销涉外仲裁裁决有关事项的通知》，指出，凡一方当事人按照仲裁法的规定向人民法院申请撤销我国涉外仲裁裁决，如果人民法院经审查认为涉外仲裁裁决具有（1991年）《民事诉讼法》第260条第1款规定的情形之一的，在裁定撤销裁决或通知仲裁庭重新仲裁之前，须报请本辖区所属高级人民法院进行审查。如果高级人民法院同意撤销裁决或通知仲裁庭重新仲裁，应将其审查意见报最高人民法院。待最高人民法院答复后，方可裁定撤销裁决或通知仲裁庭重新仲裁。

对于人民法院依法作出的撤销仲裁裁决或驳回当事人申请的裁定，当事人无权上诉。人民法院依法裁定撤销仲裁裁决的，当事人可以根据双方重新达成的仲裁协议申请仲裁，也可以向人民法院起诉。[③] 如果当事人对人民法院撤销仲裁裁决的裁定不服申请再审的，人民法院不予受理。[④]

案例分析

福克公司案[⑤]

基本案情

1992年3月3日，德国五矿公司（Minmetals Germany GmbH，Germany）与英国福克钢铁公司（Ferco Steel Ltd.，UK）订立了买卖特定数量的钢材的合同，合同规定将争议交由中国国际贸易促进委员会对外贸易仲裁委员会依据该会的仲裁规则仲裁解决。第二天，即1992年3月4日，德国公司即与中国五矿公司订立了买卖相同数量和质量的钢材的合同，将这批货物原封不动地卖给了中国公司。1993年12月27日，德国五矿公司与英国福克钢铁公司就这批钢材的质量问题发生争议，德国五矿公司将该争议提交中国国际经济贸易仲裁委员会（CIETAC）仲裁。

仲裁庭裁决

仲裁庭经审理后认为英国福克钢铁公司违反了合同中关于质量问题的规定。1995年9月29日，仲裁庭作出裁决，裁定由英国福克钢铁公司向德国五矿公司支付特定金额的赔偿。而此项赔偿的计算金额与德国五矿公司与中国五矿公司之间就本案合同的转合同（subcontract）[⑥]项下争议的裁决相同。在本案裁决中，并没有提到转合同裁决作为本案裁决的证据。事实上，

---

① 参见《中华人民共和国仲裁法》第59条。

② 参见《中华人民共和国仲裁法》第60条。

③ 参见最高人民法院《关于人民法院裁定撤销仲裁裁决或驳回当事人申请后当事人能否上诉问题的批复》[1997年4月23日，法复（1997）5号，已失效]，载最高人民法院研究室编：《司法文件选编》，第7辑，北京，人民法院出版社，1997。

④ 参见最高人民法院《关于当事人对人民法院撤销仲裁裁决的裁定不服申请再审是否受理问题的批复》，1999年2月11日，法释（1999）6号。

⑤ See *Yearbook of Commercial Arbitration*，1999，Vol 24（a），at 739-741.

⑥ 即1993年3月4日德国五矿公司在与英国福克钢铁公司订立合同后的第二天与中国五矿公司订立的买卖相同数量和质量钢材的合同。

作出转合同项下裁决的仲裁庭的组成人员与组成本案仲裁庭的人员相同。

英国福克钢铁公司向北京市中级人民法院申请撤销的程序

本案裁决作出后，英国福克钢铁公司于1996年1月24日向北京市中级人民法院提起申请撤销该裁决的诉讼，理由是裁决违反了CIETAC仲裁规则第53条的规定："仲裁庭应当根据事实，依照法律和合同规定，参考国际惯例，并遵循公平合理原则，独立公正地作出裁决。"英国福克钢铁公司没有机会考虑该转合同的裁决并对其发表评论意见。1996年10月8日，北京市中级人民法院作出裁定，将本案发回CIETAC重审，理由是被申请人英国福克钢铁公司未能就转合同的裁决发表其意见。

CIETAC仲裁庭重审程序

1996年10月10日，仲裁庭向双方当事人发出重新审理的通知，并要求英国福克钢铁公司在10月20日之前将其向北京市中级人民法院申请撤销裁决的副本提交给仲裁庭。基于种种理由，英国福克钢铁公司的律师拒绝向仲裁庭提交其向法院申请撤销裁决的副本。在1997年1月30日开庭时，英国福克钢铁公司的律师在其根据仲裁庭的要求提交的补充意见中并没有提及其向北京市中级人民法院申请撤销仲裁裁决的理由，在开庭时，也未提及仲裁员以本案项下的转合同争议的裁决作为本案裁决的依据以及转合同争议的裁决从来没有向英国福克钢铁公司提交的事实。1997年3月20日，仲裁庭作出了与1995年9月29日裁决相同的裁决。

英国福克钢铁公司再次申请撤销程序

英国福克钢铁公司又于1997年4月向北京市高级人民法院申请撤销该裁决，理由是仲裁庭错误地依据转合同项下的裁决作出本案裁决，尽管转合同项下的裁决从未向英国福克钢铁公司披露，也不允许英国福克钢铁公司对此裁决作出评论。法院驳回了英国福克钢铁公司提出的撤销CIETAC裁决的申请。法院认为，仲裁庭在作出第一个裁决时违反了其程序规则，但在法院发回重新仲裁期间，英国福克钢铁公司有机会对裁决作出评论，仲裁庭纠正了仲裁程序中的不足。

思考题：

1. 如何认定本案仲裁裁决的国籍？依据是什么？
2. 如何看待英国福克钢铁公司请求撤销本案裁决的理由？
3. 你对于本案仲裁程序和诉讼程序有何评论？
4. 你对旭普林公司案裁决的性质有何评论？

本章小结

小结

1. 仲裁庭应当根据其所适用的仲裁规则作出仲裁裁决。在仲裁程序进行的过程中，仲裁庭也可以根据案情和仲裁规则的规定，就其管辖权问题作出临时裁决，或者就仲裁请求的部分事项作出中间裁决或者部分裁决。

2. 国际商事仲裁裁决应当有其国籍。国际仲裁裁决的国籍直接关系到国家法院对仲裁裁决所行使的监督权。此项国籍通常由一国法院根据其国内法作出认定。
3. 裁决地国法院有权对在其境内作出的仲裁裁决进行司法监督，根据一方当事人的请求，依照法院地法规定的条件决定是否撤销该仲裁裁决。
4. 中国关于撤销涉外仲裁裁决的理由与联合国贸法会制定的《示范法》规定的撤销理由是一致的。中国法院对在中国境内作出的裁决享有撤销的权力。

QUESTIONS AND COMMENTS

1. The arbitral tribunal is obligated to render final award at the end of the arbitration procedure in accordance with the applied arbitration rules. During the procedure the arbitral tribunal is entitled to render interim award on its jurisdiction, as well as interlocutory or partial award according to the applied arbitration rules.
2. The nationality of the international arbitral award closely relates to the supervision of the national court. In general, the national court is entitled to set aside award made in its territory in accordance with its domestic law.
3. The national court is entitled to decide the nationality of the international award in accordance with the conditions set in its own domestic law.
4. The conditions set in the Arbitration Law of the PRC are in agreement with those set in the UNCITRAL Model Law. The Chinese national court is entitled to set aside international awards made in China in accordance with the Chinese Law.

第十一章 外国仲裁裁决的承认与执行

提要

就多数国家的仲裁立法与实践而言，区分内国仲裁裁决与外国仲裁裁决的主要标准是作出裁决的地点。申请撤销仲裁裁决与申请承认和执行仲裁裁决是现代国际商事仲裁制度普遍认可的国家法院对仲裁裁决实施救济的两种不同方式。由于世界上一百四十多个国家均为《纽约公约》的缔约国，所以在各国法院承认与执行外国仲裁裁决的问题上，相关国家的立法与实践正在不断地协调与统一，尽管在适用《纽约公约》的过程中存在着这样或者那样的问题。

重点问题

- 外国仲裁裁决的含义
- 外国仲裁裁决的承认与执行
- 仲裁裁决被裁决地国法院撤销后的承认与执行
- 中国对国际商事仲裁裁决的承认与执行

第一节

外国仲裁裁决的含义

一、内国裁决（domestic award）与外国裁决（foreign arbitral award）的区分标准

某一仲裁裁决究竟属于内国裁决还是外国裁决，归根结底取决于一国的国内法上的规定。如前所述，判断国际仲裁裁决的国籍，可以有不同的标准：地域标准、仲裁程序适用法律的标准以及混合标准。《纽约公约》第1条第1款规定的适用范围是："This Convention shall apply to the recognition and enforcement of arbitral awards made in the territory of a State other than the State where the recognition and enforcement of such awards are sought, and arising out of differences between persons, whether physical or legal. It shall also apply to arbitral awards not considered as domestic awards in the State where their recognition and enforcement are sought."

《纽约公约》规定外国仲裁裁决采用的是地域标准，即在执行地国以外的国家领土上作出的仲裁裁决被称为外国裁决。此外，《纽约公约》还适用于在申请执行地作出的且根据裁决地法不构成当地裁决（arbitral awards not considered as domestic awards in the State where their recognition and enforcement are sought）的裁决的承认与执行。

可见，某一裁决究竟属于内国裁决，还是外国裁决，完全属于一国法律的管辖范围。在某种情况下，在执行地国法院看来，某一裁决属于裁决地国的裁决，但根据裁决地国的法律，该裁决并不具有裁决地国的国籍，而将其视为"非本国裁决"（non-domestic award），进而拒绝对该案实施管辖。例如，在戈特韦肯案中，法国法院拒绝了利比亚公司提出的撤销在法国依据国际商会国际仲裁院仲裁规则作出的裁决的申请。法国法院认为该裁决系适用国际商会国际仲裁院仲裁规则作出，故不是法国仲裁裁决，因而拒绝对该裁决行使撤销的权力。此外，瑞典法院将该裁决视为在法国境内作出的裁决，并将其作为外国仲裁裁决予以执行。

根据各国仲裁立法与实践，一般而言，在执行地国以外的国家或地区领域内作出的裁决通常被视为外国仲裁裁决，而在一国境内作出的裁决通常被视为内国裁决，无论此项仲裁程序适用的是内国法还是外国法。只有在极其特殊的情况下，在内国适用外国法作出的裁决被视为非本国裁决，如戈特韦肯案的情况；而在外国适用内国程序法作出的裁决被视为内国裁决的案例，是极为罕见的。

就多数国家的仲裁立法与实践而言，区分内国仲裁裁决与外国仲裁裁决的主要标准是作出裁决的地点。因此，仲裁地点在国际商事仲裁中具有重要的作用。

二、申请撤销仲裁裁决及申请承认与执行仲裁裁决之间的联系和区别

申请撤销仲裁裁决和申请承认与执行仲裁裁决是现代国际商事仲裁制度普遍认可的国家法

院对仲裁裁决实施救济的两种不同方式。在国际商事仲裁实践中，各国法院也正是通过这两种方式实施对仲裁裁决的监督，即根据当事人的诉讼请求实施对仲裁裁决的司法复审。

（一）申请撤销裁决和申请承认与执行裁决之间的联系

申请撤销裁决和申请承认与执行裁决之间有着密切的联系。两者的主要相同之处是：撤销裁决的理由与申请拒绝执行裁决的理由基本相同。法院在对裁决进行司法复审时，一般对裁决所涉及的是非曲直不予审查，而只审查裁决所涉及的程序是否公正。尽管各国法律的规定因国而异，但随着越来越多的国家加入《纽约公约》和采纳联合国贸法会的《示范法》，在仲裁裁决被撤销或者被拒绝承认与执行的依据方面，各国现代国际商事仲裁立法与实践正在不断地趋于协调和统一。仲裁裁决的承认与执行方面是目前世界上少有的相对协调和统一的立法领域。

（二）申请撤销裁决和申请承认与执行裁决之间的主要区别

申请撤销裁决和申请承认与执行裁决之间的主要区别是：第一，就提起诉讼的当事人而言，申请撤销裁决的当事人一般为在仲裁中败诉的一方当事人，是在对裁决不满的情况下提起撤销裁决的诉讼；而申请执行裁决的一方为胜诉当事人，是在败诉一方当事人未能自动履行裁决的情况下向法院提起申请强制执行裁决的诉讼。第二，就提起诉讼的地点而言，撤销裁决的诉讼一般只能向裁决地国法院提起。① 而执行裁决的诉讼一般向被执行人的住所、惯常居所地或其可供执行的财产所在地有管辖权的法院提起。因此，执行裁决的申请既可在裁决地国提出，也可在裁决地以外的国家或地区提出。第三，就申请撤销裁决和申请承认与执行裁决的举证责任而言，尽管在国际商事仲裁立法与实践中，法院撤销仲裁裁决和拒绝承认与执行仲裁裁决理由相同，但举证责任由不同的当事人承担。在申请撤销裁决的诉讼中，举证责任由申请人承担，申请人必须提供充分的证据证明存在着撤销该裁决的理由。而在申请承认与执行仲裁裁决的诉讼中，请求法院拒绝承认与执行仲裁裁决的举证责任应当由被申请人承担。即被申请人必须提供充足的证据证明存在着拒绝承认与执行仲裁裁决的理由。第四，撤销裁决的申请被有管辖权的法院驳回后，申请撤销仲裁裁决的当事人不能再提出此项请求，而应按照有关国家的法律重新仲裁或采用其他的方式解决当事人之间的争议。而执行裁决的申请被驳回后，当事人还可向其他的被执行人有住所、惯常居所或财产的国家或地区的法院申请强制执行。

CASE STUDY

萨利案

[Rederi Aktiebolaget Sally (Finland) v. S. R. L. Termarea (Italy)]②

Italy, Corte di Appello di Firenze (Court of Appeal of Florence),

1978 4 Yearbk. Comm. Arb'n 294 (1979)

[Authors' note: In this decision of the Court of Appeal of Florence and in the English case that follows, section 8 and 9 of the English Arbitration Act of 1950 are of crucial importance.

---

① 尽管《纽约公约》和《欧洲国际商事仲裁公约》均有关于裁决适用法律的国家主管机关可行使撤销权力的规定，但在实践中，这是极为罕见的情况。在绝大多数情况下，均为裁决地国主管机关行使对裁决的撤销，即便如此，法院成功地撤销裁决的案件也是罕见的。

② See 4 Yearbk. Comm. Arb'n 294 (1979).

We set out here relevant excerpts from those sections for easy reference.]

Section 8 Umpires

(1) Unless a contrary intention is expressed therein, every arbitration agreement shall, where the reference is to two arbitrators, be deemed to include a provision that the two arbitrators shall appoint an umpire at any time after they are themselves appointed.

(2) Unless a contrary intention is expressed therein, every arbitration agreement shall, where such a provision is applicable to the reference, be deemed to include a provision that if the arbitrators have delivered to any party to the arbitration agreement, or to the umpire, a notice in writing stating that they can not agree, the umpire may forthwith enter on the reference in lieu of the arbitrators.

Section 9 Majority award of three arbitrators

(1) Where an arbitration agreement provides that the reference shall be to three arbitrators, one to be appointed by each party and the third to be appointed by the two appointed by the parties, the agreement shall have effect as if it provided for the appointment of an umpire, and not for the appointment of a third arbitrator, by the two arbitrators appointed by the parties.

Facts

By a charter party of March 11, 1975 on an "EXXONVOY 1969" form Sally chartered to Termarea a vessel. Clause 24 of the charter party provided for the following: "ARBITRATION. Any and all differences and disputes of whatsoever nature arising out of this Charter shall be put to arbitration in the City of New York or in the City of London, whichever place is specified in Part I of this Charter pursuant to the laws relating to arbitration there in force, before a board of three persons, consisting of one arbitrator to be appointed by the Owner, one by the Charterer, and one by the two so chosen. The decision of any two of the three on any point or points shall be final. Either party hereto may call for such arbitration by service upon any officer of the other, wherever he may be found, of a written notice specifying the name and address of the arbitrator chosen by the first moving party and desires to put to arbitration. If the other party shall not, by notice served upon an officer of the first moving party within twenty days of the service of such notice, appoint its arbitrator to arbitrate the dispute or difference specified, then the first moving party shall have the right without further notice to appoint a second arbitrator, who shall be disinterested person with precisely the same force and effect as if the second arbitrator has been appointed by the other party. In the event that the two arbitrators fail to appoint a third arbitrator within twenty days of the appointment of the second arbitrator, either arbitrator may apply to a Judge of any court of maritime jurisdiction in the city abovementioned for the appointment of a third arbitrator, and the appointment of such arbitrator by such Judge on such application shall have precisely the same force and effect as if such arbitrator had been appointed by the two arbitrators..."

Part I of the charter party specified London as place of arbitration.

Sally began arbitration pursuant to the above-mentioned clause, claiming demurrage payable in the sum of appr. US $41 000 from Termarea in respect of excess time at the loading and discharging ports.

Sally and Termarea each appointed an arbitrator. The two arbitrators thus chosen did not appoint the third arbitrator. In the award of September 30,1976, the arbitrators explained this as follow:

"Clause 24 of the said charter party required arbitration before a board of three persons, the third arbitrator to be appointed by the two chosen by the parties. The Arbitration Act 1950 Sect 9, para. 1 states that any such provision shall take effect as if it provided for the appointment of an Umpire. As the two arbitrators were minded to agree, an Umpire was not required and if so appointed would not have entered into the Reference."

The two arbitrators held Termarea liable to Sally in the amount of appr. US $24 000, plus interest of 8.5% per annum from June 1, 1975.

When Termarea was unwilling to pay, Sally sought enforcement of the award in Italy. The Court of Appeal of Florence, however, refused enforcement for the following reasons.

Extract

According Art. V, para. 1 under d of the New York Convention, implemented in Italy by Law No. 62 of January 10, 1968 (the applicability of the above Convention to the present case is self-evident), the recognition of foreign arbitration award is to be refused where "the composition of the arbitral authority or the arbitration procedure was not in accordance with the agreement of the parties, or, failing such agreement, was not in accordance with the law of the country where the arbitration took place". From the arbitral award which is the subject of the present suit it results that same was issued on the basis of clause 24 of a charter party stipulated between the parties on March 11, 1975. Said clause provided for the arbitral award to be issued by three persons, two of them respectively appointed by the parties, and third to be appointed by the other two. From the same award it also results that, on the contrary, it was issued only by the two arbitrators appointed by the parties. As a consequence, in accordance with the above mentioned provision, the award can not be declared enforceable, since the arbitral tribunal was not in conformity with the one provided for by clause 24 of the charter party. In this connection the claimant invokes Sect. 9 para. 1 of the English Arbitration Act 1950, which, according to the wording quoted by him, provides as follows:

"Where an arbitration agreement provides that the reference shall be to three arbitrators, one to be appointed by each party and the third to be appointed by the two appointed by the parties, the agreement shall have effect as if it provided for the appointment of an umpire, and not for the appointment of a third arbitrator, by the two arbitrators appointed by the parties."

However, even if we should accept as proven said provision of the English law, same is insufficient to make enforceable in Italy the arbitral award which is the subject of the present suit. In the first place, in fact, we must bear in mind that, in accordance with the above-quoted Article of the New York Convention, the conformity of the composition of the arbitral tribunal with the law of the country where the arbitration takes place (England, in this case) must be observed for the enforcement of the award only if the parties have not provided for a different composition of the arbitral tribunal. In this case, the charter party provided that the arbitral tribunal was to be made up of three arbitrators.

Questions for Discussion:

1. Why the Italian court refused to enforce the award made in London?
2. What law should be applied to decide the validity of the composition of the arbitration tribunal?
3. What's your comment on the Italian court's refusal for the enforcement of the arbitral award made in London in accordance with English Arbitration Law?
4. Suppose the award was turned to the Chinese court for enforcement, should the Chinese court enforce it? Why?

第二节 承认与执行外国仲裁裁决的依据

承认与执行外国仲裁裁决的主要依据，一是各国国内法上的规定，二是国际立法中的规定。现分述如下：

一、国内立法上的依据

各国民事诉讼法或者仲裁法中通常均有关于是否承认外国仲裁裁决在内国的法律效力以及如何执行该外国仲裁裁决的规定。

（一）德国

德国将对外国仲裁裁决的执行问题专门规定在1998年《民事诉讼法典》第1061条中：

(1) Recognition and enforcement of foreign arbitral awards shall be granted in accordance with the Convention on the Recognition and Enforcement of Foreign Arbitral Awards of 10th June, 1958. The provisions of other treaties on the recognition and enforcement of arbitral awards shall remain unaffected.

(2) If the declaration of enforceability is to be refused, the court shall rule that the arbitral award is not to be recognized in Germany.

(3) If the award is set aside abroad after having been declared enforceable, application for setting aside the declaration of enforceability may be made.

（二）法国

法国1981年《民事诉讼法典》第五篇就国际仲裁作出了专门规定（第1492～1507条）。其中第1498条规定了外国仲裁裁决在法国的承认与执行问题："Arbitral awards shall be recognized in France if their existence is proven by parties relying thereupon and if this recognition is not manifestly contrary to international public policy (ordre public). Subject to the same conditions, such awards shall be judicially declared to have executory force in France." 这就是说，只要外国仲裁裁决不违反国际公共秩序，法国法院就可以作出宣布该裁决在法国可以执行的裁定。如果法院认为该裁决违反国际公共秩序，则法院作出拒绝承认与执行该裁决的裁定。根据第1051条的

规定，对于法院作出的拒绝承认与执行外国仲裁裁决的裁定，当事人可以向上诉法院提起上诉（A decision that refuses recognition or enforcement of an award may be appealed），但是此项上诉必须符合第 1502 条的规定：An appeal against a decision granting recognition or enforcement may be brought only in the following cases：(1) If there is no valid arbitration agreement or the arbitrator ruled on the basis of a void or expired agreement；(2) If there are irregularities in the appointment of the arbitral tribunal or of the sole arbitrator，as the case may be；(3) If the arbitrator exceeded the authority conferred upon him；(4) Whenever due process (literally：the principle of an adversary process) has not been respected；(5) If the recognition or enforcement are contrary to international public policy (ordre public).

（三）印度

印度根据 UNCITRAL Model Law on International Commercial Arbitration Law，Conciliation Rules in 1980 制定了 1996 年《仲裁与调解法》。该法第二部分就某些外国仲裁裁决的执行作了专门规定。其中第一章（第 44～51 条）规定了《纽约公约》项下裁决的执行。第 46 条规定：Any foreign award which would be enforceable under this Chapter shall be treated as binding for all purposes on the persons as between whom it was made，and may accordingly be relied on by any of those persons by way of defences，set off or otherwise in any legal proceedings in India and any references in this Chapter to enforcing a foreign award shall be construed as including references to relying on an award. 如果法院认为某一外国仲裁裁决根据该第一章是可以执行的，则该仲裁裁决即为法院的判决（第 49 条规定：Where the court is satisfied that the foreign award is enforceable under this chapter，the award shall be deemed to be a decree of that court.）。

对于法院作出的关于令当事人将争议提交仲裁解决或者拒绝承认与执行外国仲裁裁决的裁定，当事人可以上诉到上诉法院。第 50 条规定：

(1) An appeal shall lie from the order refusing to—

(a) refer the parties to arbitration under Section 45①；

(b) enforce a foreign award under Section 48②，to the court authorized by law to hear appeals from such order.

(2) No second appeal shall lie from an order passed in appeal under this section，but nothing in this section shall affect or take away any right to appeal to the Supreme Court.

（四）美国

美国是《纽约公约》和《美洲（巴拿马）国家仲裁公约》[Inter-American (Pa-nama) Convention on Arbitration of 1975] 的缔约国。有关承认与执行外国仲裁裁决的规定，反映在《美国法典》第九篇中。美国在参加《纽约公约》时作出了互惠保留声明，即美国只按《纽约公约》规定的条件承认与执行在缔约国境内作出的仲裁裁决。对于《美洲（巴拿马）国家仲裁公约》项下裁决的承认与执行，同样适用互惠原则。如果在这两个国际公约的适用关系上发生冲突，则按《美国法典》第 305 节的规定解决：

---

① 该第 45 条规定的是司法机关令当事人将争议提交仲裁解决的权力（power of judicial authority to refer parties to arbitration）。

② 该第 48 条规定的是执行外国仲裁裁决的条件，这些条件与《纽约公约》第 5 条规定的条件或理由相同。

When the requirements for application of both the Inter-American Convention and the Convention on the Recognition and Enforcement of Foreign Arbitral Awards of June 10, 1958, are met, determination as to which Convention applies shall, unless otherwise expressly agreed, be made as follows:

(1) If a majority of the parties to the arbitration agreement are citizens of a State or States that have ratified or acceded to the Inter-American Convention and are member States of the Organization of American States, the Inter-American Convention shall apply.

(2) In all other cases the Convention on the Recognition and Enforcement of Foreign Arbitral Awards of June 10, 1958, shall apply.

按照上述规定，公约的适用首先是遵守当事人意思自治原则，如果当事人在仲裁协议中就特定公约的适用作出了专门约定，应当按照当事人之间的约定决定应当适用的公约。在没有特别约定的情况下，按照上述规定办理。

二、国际立法上的依据

国际立法上的依据包括联合国贸法会制定的《示范法》和相关国际公约中的规定。

（一）《示范法》中的规定

《示范法》目前已经被几十个国家和地区的立法机构采纳为其各自国家和地区的国际商事仲裁法。该法第八章就仲裁裁决的承认与执行作出了专门规定。其中第35条第1款规定：An arbitral award, irrespective of the country in which it was made, shall be recognized as binding and, upon application in writing to the competent court, shall be enforced subject to the provisions of this article and of article 36. 这就是说，仲裁裁决无论在任何一个国家作出，均应当被认定为具有法律上的拘束力，法院应当根据当事人的书面请求予以执行。第36条规定的法院可以拒绝承认与执行仲裁裁决的理由如下：

(36) Grounds for refusing recognition or enforcement

1) Recognition or enforcement of an award, irrespective of the country in which it was made, may be refused only:

(a) at the request of the party against whom it is invoked, if that party furnishes to the competent court where recognition or enforcement is sought proof that:

(i) a party to the arbitration agreement referred to in article 7 was under some incapacity; or the said agreement is not valid under the law to which the parties have subjected it or, failing any indication thereon, under the law of the country where the award was made; or

(ii) the party against whom the award is invoked was not given proper notice of the appointment of the arbitrator or of the arbitration proceedings or was otherwise unable to present his case; or

(iii) the award deals with a dispute not contemplated by or not falling within the terms of the submission to arbitration, or it contains decisions on matters beyond the scope of the submission to arbitration, provided that, if the decisions on matters submitted to arbitration can be separated from those not so submitted, that part of the award which contains decisions on matters submitted to arbitration may be recognized and enforced; or

(iv) the composition of the arbitral authority or the arbitral procedure was not in accordance with the agreement of the parties, or, failing such agreement, was not in accordance with the law of the country where the arbitration took place; or

(ⅴ) the award has not yet become binding on the parties, or has been set aside or suspended by a competent authority of the country in which, or under the law of which, that award was made; or

(b) if the court finds that:

(ⅰ) the subject matter of the dispute is not capable of settlement by arbitration under the law of this State; or

(ⅱ) the recognition or enforcement of the award would be contrary to the public policy of this State.

2) If an application for setting aside or suspension of an award has been made to a court referred to in paragraph (1) (a) (v) of this article, the court where recognition or enforcement is sought may, if it considers it proper, adjourn its decision and may also, on the application of the party claiming recognition or enforcement of the award, order the other party to provide appropriate security.

（二）国际公约中的规定

在承认与执行外国仲裁裁决问题上，《纽约公约》无疑是最有影响的国际公约。除此以外，在全球范围内有一定影响的国际公约还有两个：1961年《欧洲国际商事仲裁公约》和《美洲（巴拿马）国家仲裁公约》。

1.《纽约公约》

承认与执行外国仲裁裁决的前提是存在着有效的仲裁裁决。《纽约公约》中的各项规定也是以此为前提的。该公约规定了各缔约国可以拒绝承认与执行外国仲裁裁决的条件。《纽约公约》第5条规定：

(1) Recognition and enforcement of the award may be refused, at the request of the party against whom it is invoked, only if that party furnishes to the competent authority where the recognition and enforcement is sought, proof that:

(a) The parties to the agreement referred to in article II were, under the law applicable to them, under some incapacity, or the said agreement is not valid under the law to which the parties have subjected it or, failing any indication thereon, under the law of the country where the award was made; or

(b) The party against whom the award is invoked was not given proper notice of the appointment of the arbitrator or of the arbitration proceedings or was otherwise unable to present his case; or

(c) The award deals with a difference not contemplated by or not falling within the terms of the submission to arbitration, or it contains decisions on matters beyond the scope of the submission to arbitration, provided that, if the decisions on matters submitted to arbitration can be separated from those not so submitted, that part of the award which contains decisions on matters submitted to arbitration may be recognized and enforced; or

(d) The composition of the arbitral authority or the arbitral procedure was not in accordance with the agreement of the parties, or, failing such agreement, was not in accordance with the law of the country where the arbitration took place; or

(e) The award has not yet become binding on the parties, or has been set aside or suspended by a competent authority of the country in which, or under the law of which, that award was made.

(2) Recognition and enforcement of an arbitral award may also be refused if the competent authority in the country where recognition and enforcement is sought finds that:

(a) The subject matter of the difference is not capable of settlement by arbitration under the law of that country; or

(b) The recognition or enforcement of the award would be contrary to the public policy of that country.

2.《欧洲国际商事仲裁公约》

该公约并没有专门条款就仲裁裁决的承认与执行作出规定。该公约第 9 条第 1 款规定了撤销仲裁裁决的四项理由：

The setting aside in a Contracting State of an arbitral award covered by this Convention shall only constitute a ground for the refusal of recognition or enforcement in another Contracting State where such setting aside took place in a State in which, or under the law of which, the award had been made and for one of the following reasons:

(1) the parties to the arbitration agreement were, under the law applicable to them, under some incapacity or the said agreement is not valid under the law to which the parties have subjected it or, failing any indication thereon, under the law of the country where the award was made, or

(2) the party requesting the setting aside of the award was not given proper notice of the appointment of the arbitrator or of the arbitration proceedings or was otherwise unable to present his case; or

(3) the award deals with a difference not contemplated by or not falling within the terms of the submission to arbitration, or it contains decisions on matters beyond the scope of the submission to arbitration, provided that, if the decisions on matters submitted to arbitration can be separated from those not so submitted, that part of the award which contains decisions on matters submitted to arbitration need not be set aside;

(4) the composition of the arbitral authority or the arbitral procedure was not in accordance with the agreement of the parties, or failing such agreement, with the provisions of Article IV① of this Convention.

该条第 2 款涉及对外国仲裁裁决的承认与执行问题。鉴于《欧洲国际商事仲裁公约》的缔约国基本上都是《纽约公约》的缔约国，在承认与执行外国仲裁裁决的问题上，该款作了如下规定：In relations between Contracting States that are also parties to the New York Convention on the Recognition and Enforcement of Foreign Arbitral Awards of 10th June, 1958, paragraph 1 of this Article limits the application of Article Ⅴ (1) (e) of the New York Convention solely to the cases of setting aside set out under paragraph 1 above. 这就是说，如果该公约缔约国同时也是《纽约公约》缔约国的话，则《纽约公约》第 5 条第 1 款 (e) 项中规定的关于拒绝承认与执行外国仲裁裁决的最后一项理由即“裁决对各方当事人尚无拘束力，或业已经裁决地国或裁决所依据的法律之国家主管机关撤销或停止执行”，只有在符合该公约第 1 款规定的上述四项理由的情况下，方可构成其他缔约国拒绝执行仲裁裁决的理由，而不是笼统地只要裁决被裁决地国法院撤

① Article Ⅳ provided the organization of the arbitration.

销，就构成拒绝执行仲裁裁决的理由。而是区分根据什么理由撤销，如果撤销的理由与该公约规定的上述理由相符，则构成拒绝承认与执行仲裁裁决的理由，否则，执行地国法院就可无视该已经被裁决地国法院撤销的裁决，仍然可承认与执行该裁决。这也是《欧洲国际商事仲裁公约》最重要的特征之一。

3.《美洲（巴拿马）国家仲裁公约》

该公约第5条对裁决的承认与执行作了如下规定：

（1）The recognition and execution of the decision may be refused, at the request of the party against which it is made, only if such party is able to prove to the competent authority of the State in which recognition and execution are requested:

a. That the parties to the agreement were subject to some incapacity under the applicable law or that the agreement is not valid under the law to which the parties have submitted it, or, if such law is not specified, under the law of the State in which the decision was made; or

b. That the party against which the arbitral decision has been made was not duly notified of the appointment of the arbitrator or of the arbitration procedure to be followed, or was unable, for any other reason, to present his defence; or

c. That the decision concerns a dispute not envisaged in the agreement between the parties to submit to arbitration; nevertheless, if the provisions of the decision that refer to issues submitted to arbitration can be separated from those not submitted to arbitration, the former may be recognized and executed; or

d. That the constitution of the arbitral tribunal or the arbitration procedure has not been carried out in accordance with the terms of the agreement signed by the parties or, in the absence of such agreement, that the constitution of the arbitral tribunal or the arbitration procedure has not been carried out in accordance with the law of the State where the arbitration took place; or

e. That the decision is not yet binding on the parties or has been annulled or suspended by a competent authority of the State in which , or according to the law of which, the decision has been made.

（2）The recognition and execution of an arbitral decision may also be refused if the competent authority of the State in which the recognition and execution is requested finds:

a. That the subject of the dispute cannot be settled by arbitration under the law of that State; or

b. That the recognition or execution of the decision would be contrary to the public policy (ordre public) of that State.

从《美洲（巴拿马）国家仲裁公约》的上述规定看，拒绝承认与执行外国仲裁裁决的条件和《纽约公约》规定的条件相同。

三、拒绝承认与执行外国仲裁裁决的理由

根据前述国家的国内立法和相关国际公约中的规定，依法作出的国际商事仲裁裁决对仲裁协议双方当事人具有法律上的拘束力，除非有法律规定的可以撤销的理由。当事人可以根据裁决地国的法律，申请撤销该仲裁裁决。

当向裁决地国以外的国家申请执行裁决时，被申请执行的国家的法院是否承认与执行该裁

决，则取决于该国国内法和该国所缔结或者参加的国际公约的相关规定。鉴于世界上一百四十多个国家均为《纽约公约》的缔约国，在承认与执行外国仲裁裁决的问题上，各国的国内法中的规定与《纽约公约》和《示范法》的规定基本相同。执行地国法院一般不再对仲裁裁决的是非曲直进行司法复审，而只对裁决所涉及的程序问题进行审查。纵观各国有关国际商事仲裁的立法与实践，只有在被申请执行人提出充分的证据证明仲裁裁决存在着下列情况之一者，法院才能作出拒绝承认与执行外国仲裁裁决的裁定。

（一）裁决根据无效仲裁协议作出

如果仲裁裁决根据无效仲裁协议作出，法院即可拒绝承认与执行该仲裁裁决。然而，这里涉及的关键问题是应当如何认定该仲裁协议的效力，即适用哪一个国家的法律对该仲裁协议的有效性作出认定。

根据多数国家适用的《纽约公约》第5条第1款（a）项的规定，首先应当适用当事人约定的法律来认定仲裁协议的有效性。如果当事人未能对此作出约定，则应当适用裁决地国的法律来认定该仲裁协议的有效性。

此外，仲裁协议的当事人的缔约能力也直接关系到该仲裁裁决的效力问题。而当事人的行为能力的适用法律，按照国际私法的一般法律原则，应当为该当事人本国法，即应当适用该当事人国籍所属国的法律来认定该当事人是否具备缔结仲裁协议的能力。

（二）申请执行人未能得到合理的表述其意见的机会

如果在仲裁程序中被申请人未能得到指定仲裁员和开庭的通知，在仲裁审理过程中未能得到表述意见的机会，法院可以裁定拒绝执行该仲裁裁决。但是，如果仲裁庭在进行仲裁程序的过程中，依照法定程序向双方当事人发出了指定仲裁员和进行仲裁程序的适当通知，而被申请人无正当理由未能在仲裁规则规定的期限内指定仲裁员，同时在没有正当理由的情况下未能参加仲裁审理程序，在这种情况下根据一般适用的仲裁规则，该被申请人被视为自动放弃了其可以行使的权利。许多仲裁规则对此也作出了相关的规定。对于在仲裁程序进行的过程中可能出现的这样或者那样的缺陷，包括指定仲裁员或者开庭审理仲裁案件过程中的缺陷，如果被申请人自始至终地参与了仲裁程序，在程序进行过程中未能对某些不符合仲裁规则的程序提出异议，则被视为放弃提出异议。对于此后仲裁庭作出的仲裁裁决，当事人不得以仲裁庭未能遵守某些仲裁规则为由请求法院拒绝承认与执行该仲裁裁决。例如，联合国贸法会仲裁规则第30条就对此作出了专门规定。

Article 30 Waiver of Rules

A party who knows that any provision of, or requirement under, these Rules has not been complied with and yet proceeds with the arbitration without promptly stating his objection to such non-compliance, shall be deemed to have waived his right to object.

国际商会国际仲裁院1998年仲裁规则第33条也有类似规定：A party which proceeds with the arbitration without raising its objection to a failure to comply with any provision of these Rules, or of any other rules applicable to the proceedings, any direction given by the arbitral tribunal, or any requirement under the arbitration agreement relating to the constitution of the arbitral tribunal, or to the conduct of the proceedings, shall be deemed to have waived its right to object.

其他一些仲裁机构的仲裁规则也有类似规定。如世界知识产权组织仲裁与调解中心2002年仲裁与调解规则第71条、美国仲裁协会2001年国际仲裁规则第25条、英国国际仲裁院1998年仲裁规则第32条等，均规定了当事人放弃异议的条款。

（三）仲裁庭的组成与仲裁协议或者仲裁应当适用的规则不符

如果仲裁庭的组成与仲裁协议不符，这样的仲裁庭作出的仲裁裁决可能被法院拒绝承认与执行。例如某一案件中的仲裁条款规定“仲裁员和首席仲裁员必须是商人，不得由律师担任”。后来两个仲裁员的意见不一，他们忘记了或者不了解该仲裁条款的规定，共同指定了一名开业的出庭律师作为首席仲裁员。罗斯凯尔法官认为，按照对该仲裁条款的解释，该开业的出庭律师不是“商人”，因而此项指定无效。① 假定由该律师为首席仲裁员的仲裁庭对该案作出裁决，这样的裁决在执行中就会遇到麻烦。②

（四）仲裁裁决超出了仲裁协议规定的裁决范围

仲裁裁决如果超出了仲裁协议的范围，则不能得到法院的承认与执行。例如，仲裁协议规定将买卖合同中由于产品质量而产生的争议提交仲裁解决。在合同履行过程中，除了产品质量争议外，当事人还就该货物延期交付而产生的损害赔偿问题发生了争议。当事人依据仲裁条款的规定将争议提交仲裁解决。仲裁庭经审理后不仅处理了当事人提出仲裁请求的货物质量争议，还就延期交货的损害赔偿问题作出了裁决。显然后一部分裁决超出了仲裁协议的范围，因此，这一部分裁决就不能得到法院的承认与执行。但是如果这一部分裁决与当事人提交仲裁解决的货物质量问题的争议能区别开来，则质量争议部分的裁决可以得到法院的承认与执行。

（五）裁决被裁决地国法院撤销

根据《纽约公约》第5条第1款（e）项的规定，如果裁决被裁决地国法院撤销，执行地国法院应当拒绝承认与执行该裁决。但是，《欧洲国际商事仲裁公约》的规定则与此不同。根据《欧洲国际商事仲裁公约》第9条第2款的规定，对于被仲裁地国法院撤销的裁决的执行问题，要具体情况具体分析。只有根据《纽约公约》第5条第1款(a)、(b)、(c)、(d)项被撤销的裁决，法院才能拒绝承认与执行。至于依据其他理由被撤销的裁决，包括以违反社会公共利益为由而被撤销的裁决，不能作为请求法院拒绝承认与执行的理由。

（六）可仲裁事项和社会公共利益作为拒绝承认与执行外国仲裁裁决的理由

在另外一些情况下，根据当地法律规定，法院如果查明裁决事项根据当地法律不能通过仲裁的方式解决，或者裁决违反了当地的社会公共利益，也可以拒绝承认与执行该外国仲裁裁决。这些作为执行地国法院拒绝承认与执行外国仲裁裁决的理由时，不需被申请人提出证据证明，法院对此作出认定即可。事实上，某一事项能否通过仲裁的方式解决，同样反映了法院地国社会公共利益的要求，而这一要求在不同的时期可能有着不同的内容。例如，证券交易中发生的争议、知识产权有效性的争议、竞争法方面的争议、劳动争议、行政合同争议等能否通过仲裁的方式解决，归根结底取决于执行地国家的政策和法律。同样的事项，在某一国家可以通过仲裁的方式解决，而在另一国则不能通过仲裁的方法解决。就一国的情况而言，在某一时期某一事项不能通过仲裁方式解决，经过若干年后该同一事项就能通过仲裁方法解决，例如在美国，20世纪50年代证券交易中的争议不能通过仲裁方法解决，但是到了20世纪80年代，不仅国际证券交易中的争议，就是国内证券交易中的争议，也可以通过仲裁的方法解决。

---

① 参见［英］施米托夫：《国际贸易法文选》，619页，北京，中国大百科全书出版社，1993。

② 但须被申请执行人提出证据证明其在仲裁过程中不知道该首席仲裁员不是商人而是律师，因为按照上述许多仲裁规则中关于放弃异议的规则，当事人参加了仲裁程序并在程序进行的过程中未能对仲裁庭的组成人员不符合仲裁协议规定的情况提出异议。

CASE STUDY

美国建筑机器与设备公司案

(American Construction Machinery & Equipment Corp. Ltd. v. Mechanised Construction of Pakistan Ltd.)①

United States District Court, Southern District of New York, 1987, 659 F. Supp. 426

Facts

On January 6, 1977, American Construction Machinery & Equipment Corporation, Ltd. (ACME), entered a contract to supply Mechanised Construction of Pakistan Ltd. (MCP) with goods and services to be used in MCP's Iraq construction project. The contract included an arbitration clause which stated: "Any dispute or difference arising between the parties concerning the interpretation of any provision of this agreement or performance or any action taken there-under shall be settled in the first instance directly between the parties and if no such settlement is possible by referring to the International Chamber of Commerce (ICC) at Paris/Geneva for arbitration."

The parties entered a Supplementary Agreement dated May 22, 1978, which stated the governing law would be that of Pakistan.

Almost one year later, on May 1, 1979, ACME filed a claim with the ICC. On June 24, 1979, MCP participated in the arbitration proceedings by filing a reply and a counterclaim for $1 million. The ICC Court of Arbitration selected Geneva as the site for the arbitration and the case was arbitrated by a sole arbitrator. On March 19, 1980, the parties signed the Terms of Reference for the arbitration. One of the issues the parties agreed to have arbitrated was what effect, if any, the Supplementary Agreement would have on the original January 6, 1977 Agreement. A hearing was scheduled for June 1 and 2, 1981. Despite receiving proper notice of the hearing, MCP selected not to attend. On the other hand, in July 1980, MCP stated that it viewed the arbitration as invalid under the law of Pakistan. It proceeded to petition a court in Lahore, Pakistan for a declaration invalidating both the arbitration and the arbitration clause. In that action, both ACME and the sole arbitrator were named as defendants. And MCP's petition was granted by the Pakistan court on January 13, 1981.

Arbitral Award

The sole arbitrator reached his decision on May 24, 1982 in favor of ACME and dismissed the MCP's counterclaim. The sole arbitrator determined that even if Pakistani law were applicable, MCP's objections were meritless. New York law was found to govern the January 6, 1977 Agree-

---

① See Tibor, John J. Barcelo, Ⅲ, Arthur T. von Mehren, *International Commercial Arbitration*, West Group, 1999, at 731-734.

ment, and the Supplementary Agreement was held invalid. The award directed MCP to pay ACME, (1) \$1 402 924.00 including interest up to December 21, 1981; (2) interest at the rate of 17% on that sum from December 22, 1981 until the date of payment; (3) arbitration costs of \$45 057.57; and (4) ACME's legal costs calculated at \$87 500.00.

Court's Procedure and Decision

MCP failed to execute the award and ACME applied to the court for enforcement. MCP moved to dismiss the petition to confirm the award and argued that the award was invalid under Pakistani law. The court held that the law under which the award was made was Swiss law because the award was rendered in Geneva, pursuant to Geneva procedural law. The Terms of Reference clearly spelled out that this law would apply. MCP also contended that recognition of the award would be contrary to United States public policy. The court held that this defence is very narrow and is only applicable when enforcement "would violate the forum state's most basic notions of morality and justice". The court concluded that the petitioner's motion to confirm the arbitral award is granted.

Questions for Discussion:

1. What law should be applied to decide the validity of the arbitration agreement?
2. What is your comment on the public policy as one of the reasons for refusing enforcement of the arbitral award?

第三节 仲裁裁决被裁决地国法院撤销后的承认与执行

无论是裁决地国法院撤销在其境内作出的国际裁决，还是执行地国法院承认与执行被裁决地国法院撤销了的仲裁裁决的行为，都有其国内法上的依据，而国内法是各主权国家的立法机关根据国际法上的国家主权原则和由该原则派生出来的属地原则在主权国家管辖范围内制定的法律。本节将要探讨的问题是：如果国际商事仲裁裁决被裁决地国法院撤销，执行地国法院是否还应当执行该被撤销了的裁决？依据什么样的标准作出承认与执行或者拒绝承认与执行该被撤销了的仲裁裁决的裁定？

一、仲裁裁决被撤销后的法律效力

按照传统的仲裁理论与实践，国际商事仲裁裁决在一国境内作出，其法律效力归根结底来源于该仲裁地国的法律。如果仲裁地国法院依据当地的法律撤销了该仲裁裁决，该裁决在法律上的拘束力即丧失，原有的裁决就不存在了。与此相适应，法院就没有继续执行被撤销了的裁决的义务。

根据非内国仲裁的理论，国际商事仲裁裁决的法律效力与裁决地国的法律无关。因此，即便裁决被裁决地国法院撤销，也改变不了仲裁裁决由仲裁庭作出的事实。仲裁裁决被裁决地国法院撤销并不意味着不能得到裁决地国以外的国家的法院的承认与执行。如果当事人向裁决地国以外的国家申请执行，该外国法院是否承认与执行已经被裁决地国法院撤销了的裁决，完全取决于执行地国法院对此作出的判断。例如，法国法院承认与执行被瑞士法院撤销了的仲裁庭对希尔玛顿案作出的裁决，美国法院和法国法院承认与执行被埃及法院撤销了的仲裁庭对克罗马罗依案作出的裁决。

二、撤销国际仲裁裁决的标准

在承认与执行外国仲裁裁决的问题上，存在着两种观点：一种观点认为《纽约公约》第5条第1款规定的前四项条件属于“国际标准”（international standard），对于依此标准被撤销的裁决，执行地国法院应当拒绝承认与执行；而对于依其他理由被撤销的裁决，执行地国法院则可以无视裁决地国法院的撤销，依据本国法决定是否承认与执行该裁决。另一种观点是：只要国际仲裁裁决被裁决地国法院撤销，其他缔约国就应当拒绝承认与执行该裁决，这是《纽约公约》的一条基本原则。

（一）依照国际标准撤销裁决

这种观点以非内国仲裁理论的倡导者波尔森为代表。[①] 波氏认为，对于仲裁地国法院根据《纽约公约》或《示范法》中的有关规定撤销的裁决，执行地国法院就应当拒绝执行这样的裁决。他所说的国际标准事实上只包括《纽约公约》第5条第1款的前四项规定即：（1）仲裁协议无效；（2）违反了正当程序；（3）仲裁庭越权；（4）仲裁庭组成不当。除了这几项之外，其他撤销裁决的理由，包括公共政策的理由，以及《纽约公约》第5条第1款（e）项规定的理由，即“裁决对各方尚无拘束力，或已经被裁决地所在国或裁决所依据法律之国家之主管机关撤销或停止执行者”均不构成国际标准。除了上述四项标准外，其余撤销裁决的理由均为地方标准，执行地国法院应当无视此项撤销，继续执行该被撤销的裁决。如法国法院对被瑞士法院撤销的希尔玛顿案裁决的执行以及美国法院对被埃及法院撤销的克罗马罗依案裁决的执行。瑞士法院撤销希尔玛顿案裁决的理由是“仲裁员武断”，而埃及法院撤销克罗马罗依案裁决的理由是“仲裁庭适用法律错误”，这两项理由均属于地方标准，而不属于国际标准。所以，对于任何依地方标准被撤销的国际仲裁裁决，执行地国法院应无视此项撤销，不应当拒绝执行这样的裁决。

（二）依照地方标准撤销裁决

所谓地方标准，是指除了上述国际标准以外的理由，按照《纽约公约》第5条第1款第5项的规定，如果裁决经裁决地所在国法院撤销后，就失去了其应有的法律效力，而这样的裁决一般不能得到其他缔约国的承认与执行。无论《纽约公约》还是《示范法》，都建立在各国主权原则之上。法国法院对被瑞士法院撤销的希尔玛顿案裁决的执行，以及美国法院对被埃及法院撤销的克罗马罗依案裁决的执行，事实上也是以其国内法为依据的。就希尔玛顿案而言，两个仲裁庭在瑞士作出了两个截然不同的裁决，按照《纽约公约》的规定，第一个裁决被撤销

---

① See Jan Paulsson, *Enforcing Arbitral Awards notwithstanding a Local Standard Annulment* (*LSA*), The ICC International Court of Arbitration Bulletin, May, 1998, at 14-50.

后，在其他缔约国不能得到执行，而第二个裁决才能得到缔约国的承认与执行。在法国则恰恰相反，法国执行了被瑞士法院撤销的裁决，而对于瑞士法院认可的裁决，则以“即判力（Res Judicata，一事不再理）”原则为依据拒绝承认与执行。

关于撤销国际仲裁裁决的理由，各国的仲裁立法均有不同的规定。从总体上看，各国有关国际商事仲裁的立法的发展趋势是逐步地减少法院的干预，法院对裁决所涉及的实体问题不予监督，而着重进行程序方面的监督。在各国撤销裁决的标准中的确有不少各国均认可的撤销标准，如《纽约公约》或者《欧洲国际商事仲裁公约》规定的标准。就各国现行仲裁立法与实践而言，即便争议的事实相同，由不同的仲裁员审理，也可能得出结论完全相反的裁决。对裁决的撤销或执行，也都是按各自本国的法律规定加以解释的。例如，在希尔玛顿一案中，两位不同的仲裁员处理相同的案件，第一位仲裁员适用阿尔及利亚的法律解释合同，得出了提供咨询服务的合同无效的结论；而第二位仲裁员适用瑞士法解释该合同，瑞士法允许当事人订立旨在提供服务的合同，因而该合同有效，据此合同，法国公司应当支付尚未按合同约定支付的费用。瑞士法院撤销第一项裁决依据的是瑞士法的标准，法国法院承认与执行该被撤销了的裁决适用的是法国法规定的标准，因为法国民事诉讼法上没有规定“仲裁员武断”可以作为撤销裁决的标准（理由）。

因此，对外国仲裁裁决承认与执行的依据就是各国的国内立法和该国所缔结或参加的国际公约。对于被裁决地国法院撤销了的仲裁裁决，原则上应当拒绝承认与执行。因为裁决被裁决地国法院依法撤销后即丧失了裁决应当具有的法律效力，原有的裁决也不再受到裁决地国的法律保护，其他国家的法院也就没有了执行该被撤销了的裁决的义务。这是多数国家依据《纽约公约》所采取的一般做法。当然，按照近年来出现的非国内化仲裁的理论与实践，即便裁决被裁决地国法院撤销，执行地国法院亦可根据法院地法执行已经被裁决地国法院撤销的裁决。这种情况虽然也出现在一些国家的司法实践中，但与其说这是非内国仲裁理论在某些国家的反映，不如说是受执行地国家的所谓的公共利益驱使。

三、国际商事仲裁裁决被撤销后的承认与执行

（一）《纽约公约》规定的基本原则

作为法学理论上的一条基本原则，失去法律效力的文书不应再得到承认与执行。在一国法律制度下，这个问题没有争议的余地。但是，在不同的法律制度的国家里，问题就变得比较复杂了。这是由于各国法律制度不同，对于同样的法律行为，一国的法律制度认为它是有效的，而在另一国的法律看来就是无效的，例如对国际合同和仲裁协议的有效性的认定即为如此。在对外国仲裁裁决的执行上，存在着同样的问题。当裁决被裁决地国法院或者裁决应当适用的法律的国家的法院撤销后，其他国家的法院是否还应当执行此项裁决，存在着不同的看法。

《纽约公约》是世界上一百四十多个国家批准的国际公约，该公约的权威性应当得到各国的认可。《纽约公约》第5条第1款(e)项所确立的基本原则是，各缔约国应当拒绝承认与执行被裁决地国法院撤销的裁决。换言之，如果外国裁决被裁决地国法院或者裁决应当适用的法律的国家的法院撤销，执行地国的法院应当拒绝承认与执行该外国裁决。

按照传统的法学基本理论，仲裁裁决在法律上的有效性取决于国家法律的赋予。如果法律不允许将特定争议提交仲裁解决，即便当事人之间订有仲裁协议，该协议也不会得到法律上的认可。例如，旨在规避、违反法律的合同无效，不能得到法律的认可和保护，尽管此项合同是

双方当事人意思自治的结果，并含有通过仲裁解决争议的条款，即使仲裁庭根据该条款作出了仲裁裁决，如果法院认为，仲裁协议项下的事项是违法的，或者依照法院地国的法律，该裁决事项不能通过仲裁的方式解决，法院就会以此裁决事项违法或者依据法院地国的法律该仲裁事项不能通过仲裁的方式解决为由，撤销该仲裁裁决。例如，在英国上诉法院1988年审理的一起案件中，英国一家父子两人双双从事从伊朗非法倒卖地毯的活动，后来两者由于在利润分配上发生纠纷，依照合同中的仲裁条款提交仲裁，仲裁庭对双方的利润分配作出裁决。然而，当当事人到法院申请执行该裁决时，法院认为，仲裁庭对非法活动作出裁决，有悖于英国的社会公共政策，而旨在执行非法合同的裁决在英格兰和威尔士不能得到执行。①

仲裁活动必须在法律的监督下进行。这里的法律监督，归根结底是国内法院的管辖范畴。裁决在法律上的有效性，也同样来源于一国的国内法。《纽约公约》也是建立在属地原则基础上，据此公约，当裁决被裁决地国撤销后，就不应再有任何法律上的效力，因此，执行地国法院可以拒绝承认与执行该被裁决地国法院撤销了的裁决。《纽约公约》所适用的外国裁决，其前提条件是根据某一特定的外国法②该裁决为有效的裁决。当外国仲裁裁决被裁决地国法院撤销后，该外国裁决在裁决地国就不再存在了。其法律后果之一就是《纽约公约》缔约国的法院没有执行该被撤销的裁决的义务。如果当事人将该被撤销的裁决向该公约缔约国法院申请执行，该被申请执行地国的法院应当根据该公约第5条第1款（e）项的规定，拒绝承认与执行该裁决。

（二）非内国仲裁理论及其适用

在非内国仲裁理论看来，国际仲裁裁决没有国籍，它与任何国家的法律秩序都没有必然的联系。鉴于国际仲裁裁决的国际性，它是“浮动的”，到处漂泊，哪个法院执行了它，该法院地国法即赋予了该裁决当地法律上的效力。执行地国法院有权根据自己的法律对其有效性作出认定。因此，非内国仲裁裁决不构成裁决地国法律秩序的组成部分，因为该裁决与裁决地国家的法律秩序无关，如果该裁决需要在裁决地国家执行，则构成当地法律秩序的组成部分。而此裁决的执行地可以是裁决地国，也可以是裁决地国以外的国家。这也是法国法院在希尔玛顿案和克罗马罗依案中所采取的立场。在法国法院看来，即便仲裁裁决被裁决地国法院撤销，执行地国法院也可以根据当地的法律承认该仲裁裁决的效力，进而执行该被裁决地国法院撤销了的裁决。

从某种意义上说，如果说法国的司法实践建立在非内国仲裁理论的基础上，美国法院对克罗马罗依案的做法并非建立在该理论基础上。据笔者目前所掌握的资料，美国法院执行被裁决地国法院撤销的裁决，只有这一起。在以往的美国司法实践中，如在20世纪90年代初，纽约南区地方法院在审理的美国国际标准电器公司案中，就驳回了美国当事人请求法院撤销一起在墨西哥作出的仲裁裁决的申请，认为该院根据《纽约公约》对此无管辖权，鉴于该裁决在墨西哥城作出，只有墨西哥法院享有撤销该裁决的权力。③ 克罗马罗依案的裁定作出两年后，1999年，在美国第二上诉巡回法院对贝克案的裁定中④，法院拒绝承认与执行分别被尼日利亚法院

① See Sion Soleimany v. Abner Soleimany，(1998) Weekly Law Reports，pp. 811-832；Yearbook Commercial Arbitration，1999，pp. 329-342.

② 根据《纽约公约》第1条第1款的规定，外国仲裁裁决主要指在执行地国以外的国家作出的仲裁裁决。

③ 参见赵秀文主编：《国际商事仲裁案例评析》，237～242页，北京，中国法制出版社，1999。

④ Baker Marine (Nig.) Ltd. v. Chevron (Nig.) Ltd.，F. 3d 194 (2d Cir. 1999).

和意大利法院撤销了的仲裁裁决。

在贝克案中，当事人之间的合同规定争议在尼日利亚按照联合国贸法会仲裁规则仲裁，规则无规定者，适用尼日利亚实体法解决。裁决作出后被尼日利亚联邦高等法院撤销，理由是仲裁庭裁决惩罚性的赔款不当，超出了仲裁协议的范围，此外，仲裁庭所认定的口头证据不当。贝克公司向纽约北区地方法院申请执行该被撤销了的裁决，法院裁定拒绝承认与执行该裁决，理由是该裁决已经被裁决地国法院撤销，根据《纽约公约》第 5 条第 1 款（e）项，理应拒绝承认与执行。联邦第二上诉巡回法院确认了地方法院的裁定。上诉法院认为，当事人在合同中约定在尼日利亚仲裁，协议中没有提到美国法的适用。法院认为："作为一个实践中的问题，机械地将国内法适用于《纽约公约》项下的外国仲裁，将对（外国）法院的裁定的终局性产生严重的后果，通常会作出相互抵触的裁定。如果当事人在其裁决已经被裁决地国法院撤销后可以自由地到其他国家并依据这些国家的国内法执行该被撤销了的裁决，则胜诉一方当事人可以根据他所认为的任何相反理由在世界各国法院提起申请执行该裁决的诉讼，直至找到可以执行的法院。"①

就在该上诉法院对贝克案作出上述裁定后的两个月，纽约南区地方法院的海特法官（Judge Haight）在斯皮尔一案中②，裁定根据《纽约公约》拒绝执行被意大利法院撤销的裁决。该意大利法院撤销该裁决的理由是仲裁员超出了其权限范围，尽管当事人在合同中规定了仲裁员可以根据公平、合理的原则裁决（by free and informal arbitration pro bono et aequo）。如果按照法院在克罗马罗依案中的理由，该案的撤销理由显然与美国的公共政策相抵触，美国法院应当依据美国法承认与执行该被撤销了的裁决。然而，海特法官在处理此案时是这样解释的：第一，它只能依据《纽约公约》第 5 条规定的标准拒绝承认与执行该外国裁决；第二，当仲裁按特定国家的仲裁法进行时，该国法院才可以适用该特定国家的仲裁法。③

可见，美国承认与执行外国仲裁裁决的实践并非证明了非内国仲裁理论在美国的实施，就目前而言，美国法院承认与执行被埃及法院撤销的克罗马罗依案的裁决在美国只是唯一的一起。

美国法院对克罗马罗依案的裁定在国际上引起了巨大的反响。正如卡洛为（Hamid Gharavi）所批评的那样，执行被撤销的裁决可能导致对相同的事项和相同当事人之间的裁决作出的相互抵触的判决同时存在的状态，进而违反了国际仲裁程序所试图建立的统一性。④ 其所产生的负面影响是人们对美国执行外国仲裁裁决的政策日趋怀疑，给一些国家造成这样的印象：美国法院对外国仲裁裁决所实行的"挑剔政策"（pick and choose policy）可能使他们成为"替罪羊"⑤。

从美国法院对被撤销了的仲裁裁决的承认与执行的实践看，其在多数情况下所奉行的并非是非内国仲裁的理论，而是《纽约公约》中确认的属地原则：当国际仲裁裁决被裁决地国法院撤销后，这样的裁决并不能得到美国法院的承认与执行。而只有在克罗马罗依案中，美国法院裁定执行被埃及法院撤销了的仲裁裁决。美国法院之所以执行该被埃及法院撤销了的仲裁裁

---

① Baker Marine, 191 F. 3d (2d Cir. 1999) (2d Cir. 1999) at 196, n. 2, quoting by Albert Jan van den Berg, *The New York Arbitration Convention of 1958: Towards a Uniform Judicial Interpretation*, Kluwer Law and Taxation Publishers, Deventer, 1981.

② Spier v. Calzaturificio Tecnica S. p. A., 71 F. Supp. 2d 279 (S. D. N. Y. 1999).

③ See Dana H. Freyer, *United States Recognition and Enforcement of Annulled Foreign Arbitral Awards, the Aftermath of the Chromalloy Case*, Journal of International Arbitration, No. 2, April, 2000, at 7.

④ See Hamid G. Chromalloy, *Another View*, Mealey's Int. Arb. Rep., January, 1977, 21 at 23.

⑤ Supra note.

决，主要依据是当事人在仲裁条款中的约定：that any award "cannot be made subject to any appeal or other recourse"。因此美国法院认为，that in having the award vacated, "Egypt sought to repudiate its solemn promise to abide by the results of the arbitration"①. 法院在这里对该案中的仲裁条款解释为尊重当事人的意思，因为当事人在仲裁条款中规定了仲裁裁决的终局性，不得求助于任何救济措施。而埃及法院撤销仲裁裁决构成对当事人共同意思的不尊重。在该案中，美国法院所拒绝执行的是埃及法院的对撤销仲裁裁决的判决。

四、对仲裁裁决被撤销后的承认与执行的认识

（一）执行地国法院应当对撤销国际商事仲裁裁决的理由加以考量

《纽约公约》第5条规定了拒绝承认与执行外国仲裁裁决的理由，并规定如果裁决被撤销，执行地国法院应当拒绝承认与执行该被撤销了的裁决。然而，该公约并没有就撤销裁决的标准作出规定。而这里的撤销裁决，显然是依据执行地国的国内法撤销的。目前对撤销裁决的标准作出规定的只有《欧洲国际商事仲裁公约》，该公约第9条第1款规定了各当事国撤销仲裁裁决的四项条件。这四项条件与《纽约公约》第5条第1款规定的前四项条件相同。此外，还应当指出的是：在这四项可以据以撤销仲裁裁决的理由中，并不包括"裁决违反公共政策"的理由。这是由于公共政策作为一个弹性条款，各国法院均可根据当地的情况作出不同的解释。为此，《欧洲国际商事仲裁公约》的起草者有意将公共政策排除在据以拒绝承认与执行被其他缔约国法院撤销的仲裁裁决的理由之外。其结果是：如果裁决被缔约国法院根据当地的法律规定的除该公约第9条第1款规定的四项理由以外的其他理由撤销，当这样的裁决到其他缔约国申请执行时，执行地国法院仍然可以执行该裁决。正因为如此，一些学者提出了关于撤销国际裁决的"国际标准"（international standard）和"国内标准"（local standard）的划分。② 凡是根据《纽约公约》第5条第1款前四项规定或者《欧洲国际商事仲裁公约》第9条第1款规定的理由被撤销的裁决，视为按国际标准撤销的裁决，依除此以外的理由被撤销的裁决，视为按地方标准撤销的裁决。执行地国法院应当承认与执行按国际标准撤销的裁决，而拒绝承认与执行那些按照地方标准撤销的裁决。还有一些学者提出："是否承认与执行被撤销了的裁决应当取决于撤销裁决的标准的性质，即此项撤销是否是善意的，是否符合公正等最基本的概念。其中最为重要的是外国法院在撤销裁决的问题上不存在着欺诈的情况以及不正当的影响，并符合国际公共政策的基本观念。"③

（二）属地原则在国际商事仲裁中仍然发挥着重要的作用

尽管国际商事仲裁立法与实践在过去的几十年中有了长足的发展，但是还没有足够的根据称在这个世界上存在着统一的国际仲裁法。如果说存在着调整国际商事仲裁的法律，这个法律只能是指具体的主权国家制定的旨在调整国际商事仲裁关系的仲裁法，如俄罗斯国际商事仲裁法、保加利亚国际商事仲裁法等。④ 各国进行的立法改革运动所引起的令人惊奇的后果之一就

---

① Christopher R. Drahozal, "Enforcing Vacated International Arbitration Awards: An Economic Approach", *11 Am. Rev.* Int'l Arb. at 451, 462.

② See Jan Paulsson, *Enforcing Arbitral Awards notwithstanding a Local Standard Annulment* (LSA), the ICC International Court of Arbitration Bulletin, May, 1998.

③ William W. Park, "Duty and Discretion in International Arbitration", *American Journal of International Law*, 1999, Vol. 93, at 823.

④ 这两个国家的仲裁法以及其他一些国家的仲裁法，均根据联合国贸法会《示范法》制定。

是加强了适用仲裁法的地域的概念以及仲裁地法的重要性的进一步确立。在国际仲裁中坚持适用仲裁地的法律的观念并没有减弱，因为仲裁地法的内容旨在吸引国际仲裁，允许当事人通过契约就仲裁适用的程序作出专门约定，并不排除仲裁地国的有关强制性规则对在该国进行的仲裁的适用。

无论是瑞士法院撤销希尔玛顿案的裁决，还是埃及法院撤销克罗马罗依案的裁决，也无论是法国法院裁定执行被瑞士法院撤销了的仲裁裁决，还是美国法院作出执行被埃及法院撤销了仲裁裁决的裁定，归根结底还是基于属地原则。这些法院作出的撤销或执行国际仲裁裁决的裁定，都是根据各自本国法律作出的，即便涉及国际公约，对公约中的各项条款的解释，也是由各自国家的法院作出。以对《纽约公约》的适用为例，法国法院和美国法院对该公约第5条第1款（e）项避而不谈，或者将其适用解释为选择性的义务，而不是必须履行的义务；此外，又大谈特谈该公约第7条在上述国家的适用问题。这些法院之所以认为这些在外国作出的裁决被裁决地国法院撤销后在他们各自的国家仍有效，并非承认国际仲裁裁决的天然的有效性，而是依其各自的国内法对这些被撤销的裁决的效力作出判断。所以，非内国仲裁裁决的本质是不承认裁决地国法院依照当地法律撤销在其境内作出的仲裁裁决的裁定的法律效力。换言之，对国际仲裁裁决的法律效力的判断，不是根据裁决地国的法律作出认定，而是根据执行地国的法律判断在外国作出的裁决的效力。非内国仲裁不是不要法院监督，而是不要裁决地国法院对撤销仲裁裁决的监督，它并不排斥执行地国法院依据当地法律对国际仲裁裁决的承认与执行的监督。

以法国法院对被瑞士法院撤销的希尔玛顿案的裁决的执行为例，法国法院执行了被瑞士法院撤销的裁决，而拒绝执行在瑞士作出的并经瑞士联邦法院确认的就该同一案件作出的第二个裁决。对于法国法院的上述做法，一些学者也提出了批评。例如，著名荷兰学者伯格博士认为，法国在承认与执行外国仲裁裁决中所实施的单一体制导致了这样一种不平衡的状态：瑞士法院撤销了的ICC（仲裁庭）作出的第一个裁决只能在法国得到执行，而在《纽约公约》的其他缔约国则不能得到执行。至于第二个裁决，在法国法院不能得到执行，但在《纽约公约》的其他缔约国却可以得到执行。①

此外，如果该裁决是在法国作出的，后被法国法院依法撤销，此项撤销依据法国法是有效的，因为按照《法国民事诉讼法典》第1504条第1款的规定，当事人有权对在法国作出的裁决提起撤销的诉讼，法国法院则有权受理这样的案件。法国的种种做法本身就与其在克罗马罗依案和希尔玛顿案中所反复主张的，在裁决地国作出的国际仲裁裁决“不构成当地法律秩序的组成部分”相矛盾。在法国看来，这些在瑞士和埃及作出的国际仲裁裁决不构成当地法律秩序的组成部分，为什么在法国作出的国际仲裁裁决就构成法国法律秩序的组成部分？显然，这是一种不平衡的理论。这种理论的核心本身就是属地原则在法国司法理论与实践中的体现：对在法国以外的国家作出的国际仲裁裁决的效力，由法国法院依据法国法认定是否可以在法国得以承认与执行；对于在法国作出的国际仲裁裁决的有效性，同样也由法国法院依据法国法决定是否可以承认与执行。美国法院对克罗马罗依案裁决的执行，也基于相同的做法：尽管该裁决已经被裁决地国法院依法撤销，但根据美国的法律，该裁决是有效的，因为裁决地国法院撤销裁决的理由在美国法上并不存在。可见，地域原则在国际商事仲裁中还是发挥着重要的作用。

---

① See Albert Jan van den Berg, *The New York Arbitration Convention of 1958: Towards a Uniform Judicial Interpretation*, Kluwer Law and Taxation Publishers, 1981, p. 152.

可见，在国际商事仲裁实践中，无论是撤销国际裁决，还是承认与执行该裁决，归根结底取决于各主权国家对此所实施的法律与政策。埃及法院和瑞士法院撤销在其各自境内作出的仲裁裁决，以及美国法院和法国法院执行被埃及法院和瑞士法院撤销的仲裁裁决的判例，均体现了依据法院地国法撤销或承认与执行被裁决地国撤销的裁决。上述国家依照各自国家的法律作出判决，都是各国法院依法行使其司法复审权的结果。由于各国所实施的政策或法律的不同，或者即便所实施的法律完全相同，但由于法院在执法过程中对法律所作出的解释的不同而往往得出截然不同的结论，也是不足为奇的。对于美国和法国的某些做法，我国也可以在适当的情况下借鉴：当仲裁地国撤销国际仲裁裁决的理由在我国仲裁法上并不存在时，为了保护我国当事人的合法权益，我国也可以考虑承认与执行该被外国法院撤销了的裁决。但这只能是在非常特殊的情况下适用，即在撤销裁决的理由不符合一般国际惯例的情况下适用。而作为《纽约公约》的一般原则，当裁决被裁决地国法院撤销后，不应当得到执行。

（三）当事人意思自治原则与国家主权原则之间的关系

当事人意思自治原则是国际商事仲裁的生命线：他们自愿地约定通过仲裁解决他们之间的争议，由双方共同就解决争议的仲裁机构（包括常设仲裁机构和临时仲裁机构）和仲裁庭的组成人员及仲裁应当适用的仲裁规则和法律作出约定，并应自愿执行依据该仲裁协议作出的仲裁裁决。这些都是当事人意思自治原则在国际商事仲裁中的具体体现。如果争议双方均按他们之间的约定行事，一切问题都好解决，不必诉诸任何国家的法院。

然而，国际商事仲裁不是在真空中进行，在履行仲裁协议的过程中，当事人也可能违背他们之间的约定；或者拒绝执行业已订立的仲裁协议或根据仲裁协议作出的仲裁裁决；或者他们之间的约定有悖于裁决地国的法律；或者裁决的执行与裁决地的法律相悖等。在这种情况下，国家主权原则就可得到充分的体现：主权国家的法律为了保护当事人各方的合法权益，强制执行或拒绝执行当事人之间的仲裁协议或仲裁裁决。而无论是执行还是拒绝执行当事人之间的仲裁协议还是依据此协议作出的仲裁裁决，法院均依法院地法进行审查并作出相应的决定。尽管有一百多个国家参加的《纽约公约》规定了可以拒绝承认与执行外国仲裁裁决的条件，但对仲裁协议的有效性的认定，该公约还是将其留给了各国法院依其本国法作出裁定，特别是关于可仲裁事项的问题，均由各国法律自行作出规定。此外，以公共政策为由拒绝承认与执行外国仲裁裁决，也在该公约允许的范围之内。由于对仲裁协议的认定属于一国主权范围内的事项，而各国均可根据其各自的国情作出法律上的规定。如果法院地国依据当地的法律认定裁决所依据的仲裁协议无效，即可拒绝承认与执行依据该“无效”仲裁协议作出的裁决。对公共政策的解释和引用尤其受到各国基本政策的制约。当法院依据当地对特定法律的基本观念对裁决进行识别时，法院也可依据当地的法律执行被裁决地国法院撤销的裁决。

埃及法院对在其境内作出的裁决的撤销，依据的是其本国的法律对当事人意思自治原则的解释：当事人在合同中约定适用的埃及法不仅应当包括埃及民法，当然也应当包括埃及的行政法及埃及一切强制性的规则。如果美国公司在埃及境内的行为违反了埃及的行政法，埃及法院当然可以根据其国内法的规定撤销该裁决。此外，美国法院对其承认与执行被埃及法院撤销的裁决同样也作出了尊重当事人意思自治原则的解释：既然当事人在仲裁协议中约定仲裁庭的裁决为终局裁决，对双方当事人均有拘束力，任何一方当事人不得提出上诉或采取其他法律措施。美国的公共政策认为裁决对双方当事人有拘束力。可见，对于同样的意思自治原则，在不同的法律制度和不同的国家，作出不同的解释，这也是正常现象。这个事实本身就说明，离开了国家法律对当事人意思自治原则的认可，就不可能有当事人的意思自治，而真正意义上的当事人意思自治，只有在法院认可的条件下，才是可行的，世界上也不存在什么抽象的当事人意思自治原则。在国际商事仲裁实践中，如果单纯地强调当事人意思自治，仲裁裁决只能靠当事人的自治意思来执行，如果败诉一方当事人拒绝执行根据意思自治原则作出的仲裁裁决，完全没有法院的协助与支持，其后果可想而知。

在国际商事仲裁实践中，当事人意思自治与国家主权是两个相互对立统一的结合体。一方面，法律保障当事人通过仲裁方式解决他们之间争议的自治意思；另一方面，当事人之间的自治意思又必须在法律允许的范围内进行，如果超出了此项范围，法律就对此进行干预，其中撤销仲裁裁决就是国家法院依法进行的重要干预之一。就相互尊重国家主权和国际交往中的礼让而言，对于一国撤销的仲裁裁决，另一国法院不应再执行。按照《纽约公约》第 5 条第 1 款第 5 项，裁决地国法院有权撤销在其境内作出的裁决，执行地国法院也有权拒绝承认与执行被裁决地国法院撤销的裁决。然而，执行地国法院如果依其法律执行被裁决地国撤销的裁决，也是法院的权力，同样是国家主权的体现。美国法院和法国法院执行被埃及法院和瑞士法院撤销的仲裁裁决，均出于维护有关当事人利益的需要。埃及法院所维护的是埃及政府的利益，而法国法院和美国法院所维护的是各自当事人的利益。这里没有一个谁对谁不对的问题。就其实质而言，两种做法均为国家公共政策的体现。

在国际商事仲裁的理论中，属地主义所强调的是国家主权和法律的属地性，而非内国仲裁则强调当事人意思自治原则。无论是国家主权原则，还是当事人意思自治原则，都应当得到尊重，二者缺一不可。正确地处理好这两者之间的关系，不仅是必要的，而且是可能的。20 世纪 80 年代以来迅速发展的国际商事仲裁的立法与实践证明，当事人的意思自治原则在各国的商事仲裁立法中得到了广泛的认可，此外，法院对仲裁的监督与支持，对于促进国际商事仲裁的发展，同样发挥了重要的作用。

按照传统的法学基本理论，人们的权利与义务均由各国的国内法赋予，世界上不存在超国家的法律，即便是国际法，也同样是由各主权国家所普遍认可的并对各主权国家有拘束力的法律，并非存在于真空之中。在国际商事仲裁中，仲裁裁决的效力同样也是由国家法律赋予的。外国仲裁裁决之所以可以在内国执行，无非是执行地的国内法或有关的国际公约允许。按照《纽约公约》的规定被承认与执行的“外国裁决”之所以可以在缔约国执行，就是因为它是依据外国法作出的裁决，是有效的裁决。而该外国裁决一旦被裁决地国撤销，就不能作为该“外国”裁决继续存在。对于不存在的裁决，一般而言，谈不上承认与执行的问题。从一般逻辑学的角度看，也应当如此。按照《纽约公约》第 5 条第 1 款第 5 项的规定，执行地国法院应当拒绝承认与执行被裁决地国法院或裁决所适用的法律的国家的法院撤销的裁决。而该公约第 7 条又规定，“不剥夺裁决项下的利害关系人在法律或条约所认可的方式或其许可范围内，寻求法律上的救济”是在有效裁决的前提下所采取的措施。裁决中的胜诉一方可向各有关国家寻求承认与执行该裁决，而这些被寻求救济的国家的法院可以根据其各自本国法，决定对仲裁裁决的承认与执行。而不是仲裁裁决被裁决地国法院撤销后，裁决项下的利害关系人可以“到《纽约公约》各缔约国四处寻求承认与执行，直至找到承认与执行该被裁决地国法院撤销的裁决的国家”①。

---

① Albert Jan van den Berg, *The New York Arbitration Convention of 1958: Towards a Uniform Judicial Interpretation*, Kluwer Law and Taxation Publishers, 1981.

在国际商事仲裁实践中，无论是法院撤销仲裁裁决，还是法院拒绝承认与执行被外国法院撤销的仲裁裁决，都是极不寻常的做法，且获得成功的概率极低。根据有关人士的统计，在各国法院公布的根据《纽约公约》拒绝承认与执行外国仲裁裁决的500多项法院判决中，约有30项判决的当事人以裁决已经被裁决地国撤销或正在进行撤销程序为由，请求执行地国法院拒绝承认与执行该仲裁裁决。事实上被裁决地国法院成功地撤销的裁决只有3项。[①] 而承认与执行被裁决地国撤销的仲裁裁决的案件数量更是微乎其微。迄今，美国法院判决执行被裁决地国撤销的裁决的案件，据说只有一起。[②]

按照非内国化仲裁的理论与实践，国际商事仲裁裁决在寻求执行之前，不应受到任何国家法院的监督，应完全尊重当事人的自治意思，因为国际商事仲裁裁决不是根据任何国家的法律作出的；该仲裁裁决在法律上的效力，取决于各有关国家的法律。从某种意义上说，这种看法也有一定的道理，但裁决地国依据当地的法律撤销在该国作出的裁决，也是国家主权原则的体现。无论是撤销仲裁裁决，还是承认与执行或拒绝承认与执行被裁决地国撤销的裁决，归根结底取决于对特定的仲裁裁决采取相应行为的国家法院对其本国法的解释和适用。如果各国法律均放弃对在其境内进行的国际仲裁的监督，非内国仲裁理论的理想即可实现。然而在这个现实世界上，如前所述，目前还没有哪一个国家的法律明文规定完全放弃对在其境内进行的国际仲裁的监督。各国调整国际商事仲裁的法律仍然发挥着至关重要的作用。

在世界经济发展全球化的今天，商事仲裁的国际化也已经提上了日程。在过去的二十多年中，各国的仲裁立法与实践也在不断地协调和统一，众多的国家参加《纽约公约》和采纳《示范法》就是最好的例证。但这只是万里长征走完了第一步。鉴于各国的社会制度不同，经济发展水平各异，以及政治、文化、语言、风俗习惯的不同，人们的思维方式及传统的法律观念不同，在协调和统一各国的仲裁立法与实践的道路上，还有很长的路要走。可以预料，随着科学技术的发展和经济全球化进程的加快，上述差别也会逐步地缩小，商事仲裁的国际化的最终实现不是没有可能。

CASE STUDY

克罗马罗依案

（Chromalloy Aeroservices Inc. v. Ministry of Defence of the Republic of Egypt）[③]

939 F. Supp. 907（D. D. C. 1996）

Questions for Consideration and Discussion：

1. Under what ground the Egyptian court set aside the arbitral award? Do you think the Egyptian court was entitled to set aside the award?
2. What is the result after the award was set aside?

---

① See Albert Jan van den Berg，*The New York Arbitration Convention of 1958：Towards a Uniform Judicial Interpretation*，Kluwer Law and Taxation Publishers，1981，p. 162.

② 参见 Gary H. Sampliner 著，陈风彦译：《被认定无效的外国仲裁裁决的执行》，载《仲裁与法律通讯》，1999（1）。

③ 该案可参见本书第五章第四节所附案例的内容。

3. Why the US and French courts enforced this award which had been set aside by the Egyptian Court?
4. What's your comment on the French and US courts' enforcement of the award vacated by the Egyptian court?

第四节
中国承认与执行国际商事仲裁裁决的立法与实践

一、国际商事仲裁裁决的含义

按照我国现行立法与实践，国际商事仲裁裁决是指在我国境内作出的涉外仲裁裁决和在外国作出的外国仲裁裁决的总称。

如前所述，涉外仲裁裁决是指在我国境内作出的具有涉外因素的裁决。而外国仲裁裁决指在我国境外作出的仲裁裁决。中国在 1986 年加入《纽约公约》时所提出的保留声明中指出："中华人民共和国只在互惠的基础上对在另一缔约国领土内作出的仲裁裁决的承认与执行适用该公约。"可见，对于我国而言，判断外国仲裁裁决的标准，关键在于该仲裁裁决是否在我国以外的领土内作出。据此，外国仲裁裁决包括两类：一类是在《纽约公约》缔约国境内作出的仲裁裁决，即《纽约公约》裁决；另一类是在《纽约公约》缔约国以外的国家和地区内作出的仲裁裁决，即非《纽约公约》裁决。在对这些外国仲裁裁决的承认与执行上，前者适用《纽约公约》中的各项规定，后者适用我国《民事诉讼法》中的有关互惠原则的规定。①

二、法院对国际商事仲裁裁决的承认与执行

（一）法院对涉外仲裁裁决的执行

对在我国境内作出的涉外仲裁裁决的执行，应当适用《民事诉讼法》第 281 条规定的标准进行，即被执行人提出证据证明有下列情形之一的，法院可以拒绝执行该涉外仲裁裁决：（1）当事人在合同中没有订立仲裁条款或者事后没有达成书面仲裁协议的；（2）当事人没有得到指定仲裁员或者进行仲裁程序的通知，或者由于其他不属于该方当事人负责的原因未能陈述意见的；（3）仲裁庭的组成或者仲裁程序与仲裁规则不符的；（4）裁决的事项不属于仲裁协议的范围或者仲裁机构无权仲裁的。

在我国涉外仲裁实践中，裁决书中通常写明败诉方应当自动执行裁决的期限。例如，根据中国国际经济贸易仲裁委员会 2015 年 1 月 1 日起实施的仲裁规则第 55 条的规定，当事人应当依照仲裁裁决书中写明的期限履行裁决；仲裁裁决书中未写明期限的，应当立即履行。如果败诉方未能在裁决规定的期限内执行涉外仲裁裁决，胜诉方可依据我国《民事诉讼法》的上述规

① 参见我国《民事诉讼法》第 287 条。

定向对被申请人有管辖权的法院申请强制执行。而对被申请人有管辖权的法院是指被申请人住所地或其财产所在地的中级人民法院。因为根据《民事诉讼法》第19条的规定，只有中级人民法院才可以行使对涉外案件的管辖权。

从总体上看，涉外仲裁裁决在我国执行的情况是好的。1997年8月至9月间，设在中国国际商会内的仲裁研究所对中国国际经济贸易仲裁委员会以往所作裁决和外国仲裁裁决的执行情况进行了调查①，共有310家中级人民法院和海事法院收到了该所发出的调查问卷，有43家法院对问卷作出了回答②，这些法院来自全国19个省、自治区和直辖市。在1991年以前，当事人向法院申请执行的涉外仲裁裁决共有30项，这些裁决均得到了执行。③

（二）外国仲裁裁决在我国境内的承认与执行

我国承认与执行外国仲裁裁决的依据是我国的民事诉讼法中的有关规定和我国缔结和参加的双边和多边国际公约。在我国执行的外国仲裁裁决可以分为《纽约公约》项下的裁决（以下简称公约裁决）和非《纽约公约》裁决（以下简称非公约裁决）。公约裁决为在我国境外的《纽约公约》缔约国领土内作出的仲裁裁决。对这些裁决只能依照该公约规定条件执行。我国于1987年1月22日成为《纽约公约》的缔约国，并在加入该公约时作出了两项该公约允许的互惠保留声明和商事保留声明。根据我国加入该公约时所作的互惠保留声明，我国对在另一缔约国领土内作出的仲裁裁决的承认和执行适用该公约。该公约与我国《民事诉讼法》有不同规定的，按该公约的规定办理。④

根据我国加入该公约时所作的商事保留声明，我国仅对按照我国法律属于契约性和非契约性商事法律关系所引起的争议适用该公约。所谓"契约性和非契约性商事法律关系"具体是指由于合同、侵权行为或者根据有关法律规定而产生的经济上的权利义务关系，例如货物买卖、财产租赁、工程承包、加工承揽、技术转让、合资经营、合作经营、勘探开发自然资源、保险、信贷、劳务、代理、咨询服务和海上、民用航空、铁路、公路的客货运输以及产品责任、环境污染、海上事故和所有权争议等，但不包括外国投资者与我国政府之间的争端。⑤

对于非公约裁决，按照我国《民事诉讼法》的规定⑥，根据互惠原则予以承认与执行。

三、拒绝承认与执行国际商事仲裁裁决的理由

根据我国仲裁立法与实践，我国法院拒绝执行涉外仲裁裁决的主要理由包括以下几个方面。

（一）当事人在合同中没有订立仲裁条款或者事后没有达成书面仲裁协议

我国法院对于当事人提出的以仲裁协议无效为由而请求法院拒绝承认与执行仲裁裁决的诉

---

① 参见王生长：《外国仲裁裁决在中国的承认与执行》，载陈安主编：《国际经济法论丛》，第2卷，495～497页，北京，法律出版社，1999。

② 因为绝大多数法院尚无执行中国国际经济贸易仲裁委员会仲裁裁决和外国仲裁裁决的实践。

③ 中国国际经济贸易仲裁委员会从成立到1991年之前，共作出了约六百项裁决。

④ 参见最高人民法院《关于执行我国加入的〈承认及执行外国仲裁裁决公约〉的通知》，1987年4月10日。载程德钧主编：《涉外仲裁与法律》，第1辑，15页，北京，中国人民大学出版社，1992。

⑤ 对于外国投资者与我国政府之间由于在我国投资而产生的争议，继我国于1993年2月6日正式批准加入1965年在华盛顿缔结的《解决国家与他国国民之间投资争议公约》后，也可以通过订立书面仲裁协议的方式，将争议提交据此公约设立的解决投资争议国际中心解决。而在对该中心作出的裁决的承认与执行问题上，适用该公约的规定。换言之，该中心作出的裁决不是1958年《纽约公约》项下的裁决。

⑥ 参见我国《民事诉讼法》第283条。

讼请求不予支持，而是维护裁决的法律效力并执行该裁决。例如，在中国农业银行浙江省信托投资公司（申请人）诉深圳政华实业公司、招商银行深圳福田支行（被申请人）合作担保合同纠纷一案中，杭州市仲裁委员会作出裁决，由被申请人归还申请人借款及利息 617 万余元人民币。此案进入执行程序后，被执行人向深圳市中级人民法院申请不予执行该裁决，其理由是仲裁协议无效。深圳市中级人民法院认为：由于当事人只约定了仲裁地点，未约定仲裁机构，且双方当事人又未达成补充协议，故仲裁协议无效，杭州市仲裁委员会无权对本案进行仲裁。并作出裁定书裁定不予执行本案裁决。最高人民法院受理当事人对此裁定书的申诉，经慎重研究后，复函纠正指出："本案的仲裁协议只约定仲裁地点而没有约定具体的仲裁机构，应当认定无效，但仲裁协议无效并不等于没有仲裁协议。仲裁协议无效的法律后果是不排除人民法院的管辖权，当事人可以选择由法院管辖而排除仲裁管辖，而当事人未向法院起诉而选择仲裁应诉的，应视为当事人对仲裁庭管辖权的认可。招商银行在仲裁裁决前未向人民法院起诉，而参加仲裁应诉，应视为其对仲裁庭关于管辖权争议的裁决的认可。本案仲裁庭在裁决驳回管辖权异议后作出的仲裁裁决，在程序上符合仲裁法和民事诉讼法的规定，没有不予执行的法定理由。执行法院不应再对该仲裁协议的效力进行审查。执行地国法院也不能将'仲裁协议无效'视为'没有仲裁协议'而裁定不予执行。因此，深圳市中级人民法院裁定不予执行错误，本案裁决应当恢复执行。"①

可见，尽管当事人在仲裁协议中作出的约定与我国仲裁法规定的要件不符，但是如果当事人未能在仲裁程序开始时对该仲裁协议的效力提出异议，或者在仲裁庭就其管辖权作出决定后未能提出异议，也没有向法院起诉，而是继续参加仲裁程序，即意味着该方当事人认可了仲裁庭的管辖权，并放弃了提出异议的权利，据此作出的仲裁裁决可以得到法院的强制执行，当事人不得再以仲裁协议无效为由请求法院拒绝执行该裁决。这样的做法同样适用于对外国仲裁裁决的承认与执行。法院一般情况下不再对仲裁协议的有效性进行审查。因为按照多数国家的法律或者仲裁机构的仲裁规则，只要当事人未能就仲裁协议的有效性向法院提出异议或者对仲裁庭作出的管辖权决定提出异议，并且参加了仲裁程序，或者没有正当理由没有参加仲裁程序，视为其放弃了对仲裁解决争议的异议，仲裁庭在这种情况下作出的仲裁裁决应当得到法院的承认与执行，包括我国法院的承认与执行。

（二）未能遵守正当的仲裁程序规则

根据《民事诉讼法》第 281 条第 1 款第 2 项的规定，如果被申请执行人提出证据证明其没有得到指定仲裁员或者进行仲裁程序的通知，或者由于其他不属于该方当事人负责的原因未能陈述意见的，法院则有权裁定拒绝承认与执行该仲裁裁决。此项理由与《纽约公约》第 5 条第 1 款第 2 项的规定是一致的："The party against whom the award is invoked was not given proper notice of the appointment of the arbitrator or of the arbitration proceedings or was otherwise unable to present his case."

在实践中，只有被申请人提出充分的证据证明仲裁庭未能遵守正当的程序规则，法院才能满足其拒绝承认与执行裁决的请求。如果在仲裁程序进行中，仲裁庭向被申请人发出开庭通知，而被申请人无正当理由未能在通知规定的时间参加开庭，也未提供任何书面陈述材料，法

① 最高人民法院执行工作办公室葛行军主任在中国国际经济贸易仲裁委员会 2003 年仲裁员实务研讨会上的发言，载《仲裁与法律》，2003（4）。

院就不会支持被申请人的请求而作出执行涉外或外国仲裁裁决的裁定。例如，在CIETAC审理的西安新材料设备研究所诉日本新马康株式会社一案中，被告在执行程序中声称，其未能陈述意见，因为CIETAC未能在开庭过程中为其提供日文翻译。最高人民法院根据“预先报告”制度在答复西安市中级人民法院（该院为执行法院）的函中指出，CIETAC在开庭过程中并未禁止日方提供或要求翻译，事实上日方并未要求仲裁庭提供翻译，此外，日方除了在开庭前提出了书面答辩和反请求之外，在开庭后提交的补充材料和证据中还就本案进行了进一步的辩论和陈述，因此，CIETAC并未剥夺被申请人陈述意见的机会。[①] 因此，法院裁定执行该CIETAC裁决。

（三）仲裁庭的组成或者仲裁程序与仲裁规则不符

我国《民事诉讼法》第281条以仲裁庭的组成或者仲裁程序与仲裁规则不符作为法院撤销裁决或者拒绝承认与执行涉外仲裁裁决的理由，与《纽约公约》第5条第1款第4项规定的法院可以拒绝承认与执行外国仲裁裁决的理由相同，按照该项的规定，如果被申请人提出证据证明仲裁庭的组成或者仲裁程序与仲裁协议不符，如无此协议时与仲裁地的法律不符，法院即可拒绝承认与执行该外国裁决。

在我国涉外仲裁实践中，各仲裁机构均有其各自的仲裁员名册，有些仲裁员在开始审理案件时为某一特定仲裁机构名册上的人，由于这样或那样的原因，在案件审理终结由仲裁员签署裁决书时该仲裁员已经不在该特定仲裁机构的仲裁员名册之列，在这种情况下，当事人不得以该仲裁员不在仲裁名册之列为由请求法院拒绝执行由该仲裁员签署的裁决书。1998年7月13日，最高人民法院审判委员会第1001次会议专门就广东省高级人民法院《关于未被续聘的仲裁员继续参加审理并作出裁决的案件，人民法院应否立案执行的请示》，作出了《关于未被续聘的仲裁员在原参加审理的案件裁决书上签名人民法院应当执行该仲裁裁决书的批复》。[②] 该批复指出，在中国国际经济贸易仲裁委员会深圳分会对深圳东鹏实业有限公司与中国化工建设深圳公司合资经营合同纠纷案件仲裁过程中，陈某被当事人指定为该案仲裁员时具有合法的仲裁员身份，并参与了开庭审理工作。之后，新的仲裁员名册中没有陈某的名字，说明仲裁机构不再聘任陈某为仲裁员，但这只能约束仲裁机构以后审理的案件，不影响陈某在此前已合法成立的仲裁庭中的案件审理工作。其在该仲裁庭所作的（94）深国仲结字第47号裁决书上签字有效。深圳市中级人民法院应当根据当事人的申请对该仲裁裁决书予以执行。

（四）仲裁机构越权

如果裁决的事项不属于仲裁协议的范围或者属于仲裁机构无权仲裁的事项，法院根据当事人的申请，拒绝执行就超出仲裁协议规定范围的事项作出的裁决。我国《民事诉讼法》第281条规定的上述拒绝执行仲裁裁决的理由，与《纽约公约》第5条第1款第3项规定的法院可以拒绝执行外国仲裁裁决的理由是相同的。根据该款的规定，如果裁决所处理的事项不属于仲裁协议的范围，或者裁决事项超出了仲裁协议的范围，法院可以拒绝执行就该超出事项作出的裁决。如果此项裁决能与裁决书中就仲裁协议项下的事项作出的决定分割开来，则对于裁决书中就未超出事项作出的决定，法院应当执行。在司法实践中，我国最高人民法院在1999年8月

---

① 参见王生长：《外国仲裁裁决在中国的承认与执行》，载陈安主编：《国际经济法论丛》，第2卷，504页，北京，法律出版社，1999。

② 即法释（1998）21号。

25日对广东省高级人民法院就此问题的请示作出了如下批复：我国仲裁机构作出的仲裁裁决，如果裁决事项超出当事人仲裁协议约定的范围，或者不属当事人申请仲裁的事项，并且上述事项与仲裁机构作出裁决的其他事项是可分的，人民法院可以基于当事人的申请，在查清事实后裁定撤销该超裁部分。对你院（1997）粤法经二请字第22号请示，同意你院审判委员会多数意见，即中国国际经济贸易仲裁委员会深圳分会（1997）深国仲结字第07号裁决的第三项内容系租赁合同项下的争议，不是合作合同项下的争议，鉴于该租赁合同没有仲裁条款，按照深圳瑞丰工贸有限公司的申请，人民法院可以裁定撤销仲裁裁决中的该部分内容。①

（五）裁决违背社会公共利益

裁决本身或者执行裁决违背社会公共利益作为法院拒绝执行仲裁裁决的理由，既可以由被申请人提出，法院也可以主动审理。在司法实践中，一般均由当事人提出。这样的理由只有在非常特殊的情况下才能得到满足。尽管在国际商事仲裁立法与实践中，无论是各国国内法，还是《纽约公约》，对此都有规定，然而在各国司法实践中，法院一般不轻易动用此项规定作为拒绝承认与执行仲裁裁决的理由。

在中国司法实践中，当事人以此为理由申请法院拒绝执行涉外仲裁裁决或者外国仲裁裁决的诉讼请求一般很难得到满足。例如，在开封市东风服装厂和太储国际贸易（香港）公司诉河南省服装进出口（集团）公司案中，中国法院首次在执行仲裁裁决的程序中使用了“社会公共利益”的概念。此案涉及双方当事人之间的合资合同争议，由于被申请人未能自动履行CIETAC作出的不利于其自身利益的裁决，申请人向郑州市中级人民法院申请执行该裁决。该院在其作出的不予执行的裁定中并未对不予执行的理由作出有根据的和合乎逻辑的分析，而只是简单地认定“依据国家现行政策、法规规定，如予以执行将严重损害国家经济利益和社会公共利益，影响国家对外贸易秩序。”此后，最高人民法院通知郑州市中级人民法院，认为以执行裁决将严重损害国家经济利益为由拒绝执行仲裁裁决是不正确的。② 正因为如此，最高人民法院向其所属法院发出通知，规定自1995年8月28日起，实行拒绝执行涉外仲裁裁决和外国仲裁裁决的报告制度。③ 其具体内容是：凡一方当事人向人民法院申请执行我国涉外仲裁机构裁决，或者向人民法院申请承认与执行外国仲裁机构的裁决，如果人民法院认为我国涉外仲裁机构裁决具有《民事诉讼法》第281条规定情形之一的，或者申请承认与执行的外国仲裁裁决不符合我国参加的国际公约的规定或者不符合互惠原则的，在裁定不予执行或者拒绝执行之前，必须报请本辖区所属高级人民法院进行审查；如果高级人民法院同意不予执行或者拒绝承认与执行，应将其审查意见报最高人民法院。待最高人民法院答复后，方可裁定不予执行或拒绝承认和执行。可以认为，最高人民法院的上述规定，对于防止和避免地方法院滥用其职权，错误地拒绝承认与执行涉外仲裁裁决和外国仲裁裁决，有着积极的意义。

四、执行国际商事仲裁裁决的机构、期限和措施

（一）执行机构

申请人申请执行外国仲裁裁决的，按照我国《民事诉讼法》第280条的规定，应当直接向

---

① 参见最高人民法院1999年8月25日公布的《关于我国仲裁机构作出的仲裁裁决能否部分撤销问题的批复》，法释（1999）16号。

② 参见王生长：《外国仲裁裁决在中国的承认与执行》，载陈安主编：《国际经济法论丛》，第2卷，509～510页，北京，法律出版社，1999。

③ 参见最高人民法院文件，法发（1995）18号。

被执行人住所地或者其财产所在地的中级人民法院申请。如果被执行人为自然人的，为其户籍所在地或者居住地的中级人民法院；被执行人为法人的，为其主要办事机构所在地的中级人民法院。被执行人在我国无住所、居所或者主要办事机构，但有财产的，为其财产所在地的中级人民法院。①

我国有管辖权的人民法院接到一方当事人关于请求执行外国裁决的申请后，对于《纽约公约》项下的裁决，依据我国《民事诉讼法》的规定，对申请执行的裁决按照该公约第 5 条第 1、2 两款的规定进行审查，如果不存在拒绝执行的理由，人民法院应当作出承认与执行该外国仲裁裁决的裁定，并按我国《民事诉讼法》规定的程序执行。如果法院认定该外国仲裁裁决存在着该公约第 5 条规定的情形之一的，应当驳回当事人的执行申请，拒绝承认与执行该外国裁决。

（二）执行期限和执行措施

关于在我国申请执行的仲裁裁决的期限，无论是我国裁决还是外国裁决，或者其他法律文书的执行，根据我国《民事诉讼法》第 246 条，申请执行的期限为 2 年。自法律文书规定履行期间的最后一日起算；法律文书规定分期履行的，从规定的每次履行期间的最后一日起算；法律文书未规定履行期间的，从法律文书生效之日起算。

根据《民事诉讼法》第二十一章的规定，法院强制执行的措施主要包括以下几种：（1）扣押、冻结、划拨、变价被执行人的财产；（2）扣留、提取被执行人应当履行义务的部分收入；（3）查封、扣押、冻结、拍卖、变卖被执行人应当履行义务部分的财产；（4）传唤双方当事人当面交付法律文书指定交付的财物或者票证，或者由执行员转交；（5）强制被执行人迁出房屋或者强制退出土地等。

以上各项强制性措施的采取，均应由人民法院作出裁定，并向有关人员发出协助执行的通知，有关人员或单位必须执行。法院查封、扣押财产时通知被执行人到场的，拒不到场者不影响法院的执行。例如，在锐夫动力公司（香港）诉上海远东航空技术进出口公司一案中②，上海第二中级人民法院 1996 年 3 月裁定承认斯德哥尔摩商会仲裁院作出的仲裁裁决的效力。由于被告未能在规定的期限内履行该裁决，法院于 1996 年 4 月 2 日再次裁定，根据我国《民事诉讼法》第 221 条和 223 条的规定，法院决定冻结和查封被告的银行存款账户中的款项，如果此款不足以支付，余款将从拍卖和变卖被告的财产所得款项中予以清偿。③

根据设在中国国际商会内的仲裁研究所对外国仲裁裁决在我国的执行情况所进行的调查，1990 年以前，没有外国仲裁裁决在我国法院申请执行。1990 年至 1997 年 8 月，共有 14 项外国仲裁裁决申请在我国法院执行，其中有 10 项已经得到执行，有 3 项未得到执行，其中 1997 年申请执行的 6 项裁决中，有的尚未审结。从未能执行的理由看，尚未发现由于程序上问题而拒绝执行，主要的问题是被执行人不存在，或者没有可供执行的财产。④

① 参见最高人民法院《关于执行我国加入的〈承认及执行外国仲裁裁决公约〉的通知》（1987 年 4 月 10 日），载程德钧主编：《涉外仲裁与法律》，第 1 辑，15～16 页，北京，中国人民大学出版社，1992。

② 参见赵秀文主编：《国际商事仲裁案例评析》，1～34 页，北京，中国法制出版社，1999；王生长：《外国仲裁裁决在中国的承认与执行》，载陈安主编：《国际经济法论丛》，第 2 卷，516～519 页，北京，法律出版社，1999。

③④ 参见王生长：《外国仲裁裁决在中国的承认与执行》，载陈安主编：《国际经济法论丛》，第 2 卷，518、498 页，北京，法律出版社，1999。

案例分析

美国制作公司与汤姆·胡莱特公司诉中国妇女旅行社案[①]

基本案情

申请人美国制作公司与汤姆·胡莱特公司根据与被申请人中国妇女旅行社签订的合同，来华进行演出若干场次，由被申请人向申请人支付演出费用若干。申请人在华演出期间，未按合同约定的样带内容演出，演唱“重金属歌曲”，表演疯狂，演员在演出时吸烟、喝水、洒水、躺在地上唱，或跳下舞台，或中断演出，极其随意，观众极为不满，纷纷退场，要求退票；中方多次劝说无用。在演出11场后，中华人民共和国文化部根据观众的强烈要求，作出行政决定，取消美方的演出，于是被申请人提前终止了该演出合同，并拒付合同规定的演出款项128 500美元。双方当事人由此发生争议后按照合同中的约定将争议提交某仲裁委员会仲裁。

某仲裁委裁决

中国妇女旅行社向美国制作公司和汤姆·胡莱特公司支付所欠款项的70%计89 950美元；驳回中国妇女旅行社的反诉请求。

法院执行程序

此案进入执行程序后，中国妇女旅行社以对方在华演出违反了我国社会公共利益、未能达到合同约定的演出场次、未能履行完合同的责任在对方为由，向北京市中级人民法院申请不予执行该裁决。法院经审理后拟裁定以裁决的执行违背我国社会公共利益为由不予执行该裁决，并报最高人民法院审批。最高人民法院执行工作办公室经组成合议庭审查认为执行法院的意见正确，因为美国制作公司和汤姆·胡莱特公司未按合同约定的样带内容演出，违反了合同中的规定。中方拒付余款128 500美元。对此，仲裁庭却裁决由中方承担70%的责任。最高人民法院经审判委员会研究决定，作出如下批复：“美方演员违背合同协议约定，不按报经我国文化部审批的演出内容进行演出，演出了不适合我国国情的‘重金属歌曲’，违背了我国的社会公共利益，造成了很坏的影响，被文化部决定停演……人民法院如果执行该裁决，就会损坏我国的社会公共利益。依《中华人民共和国民事诉讼法》第260条第2款的规定，同意你院（指北京市高级人民法院）对该仲裁裁决不予执行的意见。”

旭普林公司案[②]

思考题：

1. What's your comment on the refusal enforcement of international arbitral award on the ground of public policy?

2. What do you think of the different conditions for refusing enforcement of domestic and international arbitral award?

3. Your comments on the reform on the present arbitration law as to the enforcement of arbi-

---

① 参见最高人民法院执行工作办公室葛行军主任在中国国际经济贸易仲裁委员会2003年仲裁员实务研讨会上的发言，载《仲裁与法律》，2003（4）。

② 案情详见第一章章后案例。

tral awards.

4. What is the nature of ICC award in Zueblin Case? Why the Chinese Court refused to enforce the award? What is your Comment an the Case?

本章小结

小结

1. 就多数国家的仲裁立法与实践而言，区分内国仲裁裁决与外国仲裁裁决的主要标准是作出裁决的地点。
2. 现行的国际商事仲裁制度建立在《纽约公约》和《示范法》双重监督的地域原则基础上：仲裁地国法院有权依法撤销在其境内作出的国际仲裁裁决；执行地国的法院有权依据其本国法决定是否承认与执行外国仲裁裁决。
3. 被请求承认与执行外国仲裁裁决的国家只依据其本国法和该国缔结或参加的国际公约承认与执行该外国仲裁裁决。如果国际仲裁裁决被裁决地国法院撤销的理由在仲裁地的法律中并不存在，该执行地国法院可以考虑根据本国法承认该被裁决地国法院撤销了的仲裁裁决的效力，并予以执行。
4. 承认与执行外国仲裁裁决的问题与各有关国家的社会公共利益密切相关，所以在此问题上不存在选择适用法律的问题，各国法院只适用法院地国的法律和该国所缔结或者参加的国际公约，并依据各自国家的法律对相关的问题作出解释。
5. 我国法院依法对在我国境内作出的国内仲裁裁决和涉外仲裁裁决行使撤销或执行的权力。按照现行的仲裁立法，法院对涉外仲裁裁决仅实施程序上的监督，而对国内仲裁裁决的监督为实体问题的监督。对于在外国作出的仲裁裁决，我国法院根据我国缔结或参加的国际公约和国内法，决定是否承认与执行外国仲裁裁决。对于在《纽约公约》缔约国境内作出的仲裁裁决的承认与执行，按该公约的规定办理；对于在该公约缔约国以外的国家和地区作出的裁决，按互惠原则决定对其的承认与执行。

QUESTIONS AND COMMENTS

1. According to the international arbitration legislation and practices, the place of arbitration is the main standard for the distinction of domestic award from foreign one.
2. The present international commercial arbitration system guided by the New York Convention and UNCITRAL Model Law is established on the dual supervision from the national courts. The national court may set aside arbitral award made in its territory and refuse enforcement of such award according to its own law.
3. The national court may rely only on its own law and those international conventions, to which it is a party, to enforce foreign arbitral award. And this court may enforce foreign arbitral a-

ward set aside by the court of the state where the award was made on the ground which is not existed in its own law.

4. Enforcement of foreign arbitral awards closely relates to the public policy of relevant countries. As a result, the national court applies its own law to enforce foreign award apart from the international conventions to which it is a party, and interpret the relevant legal issues according to its own law.
5. The Chinese courts apply different standards to enforce domestic and international arbitral awards. As to the domestic awards, the courts review merits of the case, while the courts review only procedure issues as to the awards with foreign elements.
6. Foreign awards could be divided into New York Convention awards and non-convention awards. The Chinese courts apply New York Convention for the convention awards and apply the principle of reciprocity to the non-convention awards for enforcement.

第十二章 国际商事仲裁立法与实践的发展趋势

提要

随着科学技术和交通、通讯技术的进步及国际商事交往的增加，国际商事仲裁立法与实践的统一化趋势有了明显的发展。在诸多问题上，特别是有关承认与执行当事人之间业已达成的仲裁协议，以及按照《纽约公约》承认与执行外国仲裁裁决等问题上，各国的仲裁立法与实践都在逐步地协调和统一。但是在涉及国家公共利益的事项上，如可仲裁事项，仲裁协议的有效性的认定及仲裁裁决的有效性及其认定，撤销仲裁裁决的理由等问题，仍然是协调和统一国际商事仲裁法的最大障碍，而且这一障碍在短时期内很难完全排除。中国涉外仲裁立法与实践符合国际仲裁的发展趋势，但与《示范法》相比，仍有改进的余地。

重点问题

- 国际商事仲裁立法的统一化趋势
- 国际商事仲裁实践的发展趋势
- 承认与执行国际商事仲裁裁决的发展趋势
- 中国国际商事仲裁立法、实践的现代化与国际化的发展方向

第一节
国际商事仲裁立法的统一化趋势

随着越来越多的国家成为《纽约公约》的缔约国，以及在本国的仲裁立法中采纳联合国贸法会制定的《示范法》，国际公约和示范法在协调和统一国际商事仲裁立法方面发挥了重要的作用。

一、国际商事仲裁立法的统一化趋势

各国有关国际商事仲裁的立法至少在以下几个方面已经或接近统一。

（一）各国法院应当承认依法订立的国际商事仲裁协议的效力

当事人依法订立的仲裁协议受到各国法律的保护，各国法院应当强制执行当事人之间订立的仲裁协议。除非法院认定该仲裁协议无效、失效或不能执行。

从各国的仲裁立法看，对国际商事仲裁协议一般均要求采用书面形式。而对于何谓书面形式，应当随着科学技术的进步而扩展，不能仅仅限制在纸面上的内容，还应当扩展到所有一切“可以调取以备日后查用的数据电文”[①]。这就是说，无论所含信息反映在什么样的介质上，只要该项信息“可以调取以备日后查用”，就满足了法律对“书面形式”的要求。

对于如何认定国际商事仲裁协议的有效性，国际社会趋向于在认可国际商事仲裁协议的效力时，应当尽量地简化手续。有的学者对于《纽约公约》中关于对仲裁协议有效性认定的法律适用规则提出了批评，主张应对该公约第 5 条第 1 款第 1 项和该条第 2 款第 1 项规定的规则实施限制：主张应当根据特别的规则决定仲裁协议的有效性，决定国际仲裁协议效力的规则应当简化，只要当事人通过书面协议的方式表达了通过仲裁解决争议的意思，此项意思就应得到各国的承认与执行，或者对此采取更为灵活的态度，即只要仲裁协议根据国际商事仲裁协议所涉及的任何一个连接因素的国家的法律为有效仲裁协议，就应当认定该仲裁协议为有效协议。

因此，对仲裁协议的有效性作出认定的总的发展趋势是：只要仲裁协议不为国际公共政策所禁止，就应当认定其为有效。

从目前情况看，要求各国无论青红皂白，均适用统一的认定仲裁协议有效性的标准，即只要仲裁协议不为国际公共政策所禁止，就应当认定其为有效，可能不大现实。即便各国立法机关都同意适用这一标准，不同国家的法院在如何适用该标准的问题上，也可能作出不同的解释，

① UNCITRAL Model Law on Electronic Commerce（1996）第 6 条第 1 款的规定对书面形式的要求：Where the law requires information to be in writing, that requirement is met by a data message if the information contained therein is accessible so as to be usable for subsequent reference.

进而导致不同的审理后果。一个比较现实的解决方案是如何促使各国在对通过仲裁解决国际商事争议的政策上进一步开放，凡涉及国际商事争议，只要通过仲裁解决争议是合同双方当事人共同的意思表示，那么法律就应当尽量满足当事人的这种要求，采用类似瑞士法的规定，只要仲裁协议根据与仲裁事项有关的任何一个国家的法律为有效，就应当认定该仲裁协议有效。至于仲裁程序中的问题，包括仲裁地点的确定、仲裁员的指定等，都可以通过各国法律加以完善。

（二）承认与执行依据有效仲裁协议作出的仲裁裁决

《纽约公约》各缔约国应当承认与执行依据有效的仲裁协议作出的仲裁裁决，除非有该公约规定的拒绝承认与执行的理由。这些理由，一般均涉及程序上的问题，执行地国法院不审查裁决本身的是非曲直问题。此外，社会公共利益问题仍然是承认与执行外国仲裁裁决中的一大障碍。如有些国家的法院依据法院地法对被裁决地国法院撤销的仲裁裁决进行识别，为了保护本国国民在裁决书中所获得的合法权益，承认与执行被裁决地国法院撤销了的仲裁裁决。为了克服在撤销裁决问题上适用不同标准的障碍，一些学者和实务界人士倡导由各国签署一项新的国际公约，并据此公约设立一个类似解决投资争议国际中心的全球性的机构，专门就仲裁裁决的撤销和拒绝承认与执行裁决的裁定所依据的理由是否符合该新的公约和《纽约公约》中的各项规定进行审查。这一倡议的实施不是没有可能，但需要各主权国家的合作和长期不断的努力。

（三）仲裁庭有权就其管辖权作出决定

这个问题与确定仲裁协议的有效性问题密切相关。如果认定仲裁协议有效，仲裁庭就可取得对仲裁案件的管辖权，否则，就不能行使此项管辖权。各国法律一般均允许仲裁庭就仲裁协议的有效性及仲裁庭的管辖权作出决定。

当然，法院也保留了对此进行复审的权力。如果法院认定仲裁协议无效，则仲裁庭不能获得该无效仲裁协议项下的管辖权，因此，即便仲裁庭认定该同一仲裁协议为有效的仲裁协议，并根据该协议作出裁决，法院仍然可行使其裁定该仲裁协议无效的权力，或撤销依此无效仲裁协议作出的仲裁裁决。

（四）解决国际商事争议应当适用的实体法和程序法的适用

各国法律一般允许当事人就仲裁应当适用的法律作出选择，包括仲裁应当适用的程序法及解决争议所适用的实体法。当事人如未能对上述法律作出选择，由仲裁庭对此作出决定。

仲裁庭在决定应当适用的仲裁程序法或者实体法律时，一个不可忽视的趋向是：无论是程序法，还是解决争议的实体法，都不一定仅限于法院地或仲裁地的法律。此项法律可以是有关国际公约或示范法中的规定，也可以是一国或几个国家的法律规则，或普遍适用于国际商事交易的商人习惯法（lex Mercatoria）。

在国际商事交易实践中，多数合同都含有通过仲裁解决合同争议的条款，然而，其中许多合同的当事人却没有选择合同的适用法律，其中一个原因是任何一方当事人都不愿意适用对方国家的法律，至于第三国的法律，他们又不是很了解，鉴于国际仲裁庭的宗旨是独立、公正地解决当事人之间的争议，与其选择特定国家的法律作为支配合同的法律，不如将此问题留给仲裁庭解决。国际商会国际仲裁院总顾问（Fabier Gelinas）在 2000 年 8 月发表在《国际仲裁》杂志上的《仲裁与全球化的挑战》的文章中指出，最近对国际商会国际仲裁院在 1988 年至 1998 年间作出的仲裁裁决的研究表明，至少有 52 个仲裁庭在制作裁决书时将跨国法律规则和原则作为应当适用的法律。这些跨国法律规则的表述方式包括：商人习惯法、法律的一般原则、国际统一私法协会（International Institute for the Unification of Private Law，UNIDROIT）制定的《国际商事合同通则》(General Principles of International Commercial Contracts) 以及国际贸易惯例等。在这些案件中，其中有9个案件的当事人自行选择将“商人习惯法”作为合同的适用法律。[①]

2000年7月8日，在国际商会国际仲裁院的仲裁庭就三个跨国公司之间涉及几十个国家和地区、几千万美元争议标的仲裁案作出的第7797号裁决中，仲裁庭在适用法律的问题上认定，根据国际商会国际仲裁院的仲裁规则第17条第1款，本案应当适用仲裁庭认为适当的法律规则，而这些法律规则应当是多数国家的法律制度共同认可的一般法律原则。在这些原则中，《国际商事合同通则》被认为是在国际仲裁所涉及的国际商法中最为可靠的渊源。因为该通则已经得到国际社会的普遍认可，并且是在仲裁实践中广为采纳的那些最基本的法律观念的核心内容。[②]

鉴于商人习惯法的核心内容是对争议双方公正，可以认为，在国际商事仲裁中，商人习惯法将得到当事人和仲裁庭的普遍适用。

（五）仲裁地国法院和裁决执行地国法院对国际商事仲裁的监督

法院对仲裁的监督包括两个方面：对仲裁裁决的撤销和拒绝承认与执行仲裁裁决。根据多年以来各国所实施的仲裁立法与实践，应当说各国在法院如何实施对国际商事仲裁的监督方面已经达成了共识：一方面，仲裁地国法院有权撤销在其境内作出的仲裁裁决，或者拒绝承认与执行仲裁裁决；另一方面，执行地国法院有权拒绝承认与执行外国仲裁裁决。并且各国在拒绝承认与执行外国仲裁裁决的标准问题上也达成了共识：世界上多数国家均为《纽约公约》的缔约国，进而承担了该公约规定的承认与执行外国仲裁裁决的国际法上的义务，除非根据公约规定的条件拒绝承认与执行该外国仲裁裁决。

一些仲裁界人士倡导在全世界范围内组建一个统一的机构，行使对国际商事仲裁监督的职能。这一设想虽然有一定的理论基础，但从实践的角度看，在短时间内难以实现。因此，对国际商事仲裁裁决监督的职能，恐怕在今后相当长的时期内还要由各主权国家的权威机构行使。现代各国国际商事仲裁立法的发展趋势是不对仲裁涉及的实体问题进行审查。事实上，各国关于不审查争议案件的实体问题的仲裁立法已经付诸实施，这是国际商事仲裁立法趋于协调和统一的一个非常重要的方面。但是，如果仲裁裁决违反了法院地的公共政策，法院也会撤销该仲裁裁决。然而，依此理由撤销仲裁裁决的成功概率极低，各国法院一般不轻易适用这一理由对仲裁裁决实施监督。

二、国际商事仲裁立法中尚需协调的内容

尽管国际商事仲裁立法在一定程度上得到协调和统一，但在一些比较敏感的问题上，还远未达到统一，主要表现在以下两个方面：

1. 仲裁协议的效力及其认定

对于如何认定国际商事仲裁协议的效力，目前国际上并不存在统一标准。《纽约公约》将这一问题留给了各国法院按照相关法律决定。而各国法院在决定仲裁协议效力的过程中，其中所涉及的一个极为敏感的问题是协议项下的争议的可仲裁性。这一问题涉及一国的社会公共利益，依据各国现行的仲裁法和有关的国际公约，各国均可以依据各自国家的法律认定仲裁协议

---

① See Fabien Gelinas, *Arbitration and the Challenge of Globalization*, J. Int'l Arb. 2000, No. 4, at 122.

② See Final Award in the Arbitration of Andersen Consulting Business Unit Member Firms v. Arthur Andersen Business Unit Member Firms and Anderson Worldwide Societe Cooperative, World Trade and Arbitration Materials, 2000, No. 5, at 121.

项下的争议不能通过仲裁解决，并以此为由认定仲裁协议无效。

根据《纽约公约》第5条第1款第1项，决定仲裁协议的有效性首先应当适用当事人选择适用的法律，如无此项选择，适用裁决地国的法律。适用当事人所选择适用的法律是合理的，但是在国际商事交易实践中，当事人很少就仲裁条款的适用法律作出专门的选择。在当事人没有专门就仲裁协议的适用法律作出选择时，适用仲裁地国的法律认定该仲裁协议的有效性。如果仲裁庭据此法律认定仲裁协议有效，并根据该仲裁协议作出了仲裁裁决，当该裁决需要到另一国家执行时，根据《纽约公约》第5条第2款第1项的规定，执行地国法院如果认为仲裁协议项下的事项不能通过仲裁的方式解决，还会认定该仲裁协议无效，进而堂而皇之地拒绝承认与执行该根据“无效”仲裁协议作出的仲裁裁决。这就是说，裁决地国和执行地国的法律均可适用于决定仲裁协议的有效性。

2. 仲裁裁决的效力及其认定

裁决在法律上的效力及其承认与执行，归根结底取决于由哪一个国家的法院对此作出认定。各国法院在对此作出认定时，均适用各自国家的法律。因此，即便裁决被裁决地国的法院撤销，执行地国法院如果依据当地的法律认为该裁决有效，仍然可以作出承认与执行该裁决的决定。反之亦然。

在撤销国际仲裁裁决的理由方面，各国的仲裁法远未达到统一。那些采纳《示范法》的国家在采纳该法的同时，也作了一些修改。例如，埃及作为采纳《示范法》的国家，在法院有权撤销国际仲裁裁决的问题上，在《示范法》规定的范围之外，增加了“适用法律不当”的理由。在克罗马罗依一案中，埃及上诉法院撤销了仲裁庭在其境内作出的裁决，所依据的理由就是仲裁庭适用法律上的错误。还有一些国家的法律规定了其他一些撤销仲裁裁决的标准。在撤销仲裁裁决的标准方面，有些学者提出了关于撤销国际仲裁裁决的“国际标准”，即《纽约公约》第5条第1款中规定的拒绝承认与执行外国仲裁裁决的前四项标准，除此以外，其余的标准均为“地方标准”；主张应当按照《纽约公约》第5条第1款规定的国际标准决定撤销国际仲裁裁决的理由。这种主张不是没有道理。然而，要使各国采纳统一的撤销仲裁裁决的标准，仍然有很长的路要走。即便各国统一了撤销仲裁裁决的条件，仍然存在着如何对这些标准作出解释的问题。因此，国际上的一些知名人士提出了设立国际仲裁法庭的主张，该法庭专门解决由于撤销国际仲裁裁决和拒绝承认与执行国际仲裁裁决而产生的争议。

第二节 国际商事仲裁实践的发展趋势

一、常设机构仲裁在国际商事仲裁中将发挥更大的作用

仲裁机构，包括临时仲裁机构和常设仲裁机构，是国际商事仲裁的具体实施者。随着越来越多的国家成为《纽约公约》的缔约国，通过仲裁解决国际商事争议已经成为从事国际商事交

易的当事人值得信赖的和安全可靠的解决争议的方法。就世界范围内的国际商事仲裁实践而言，常设仲裁机构日趋受到人们的青睐；各仲裁机构的仲裁规则更加趋于协调和统一。

常设仲裁机构之所以在解决国际商事争议，特别是争议标的金额较大的案件中发挥着积极的作用，主要在于这些机构自身所具有的优势：

首先，鉴于各仲裁机构一般都有自己的仲裁规则和建议当事人采纳的标准仲裁条款，这样就使得当事人不必为如何使仲裁条款起草得更为全面、具体而绞尽脑汁。他们只要写明将争议提交哪个仲裁机构解决，其他一些细节问题一般也就会迎刃而解。这是由于当事人选择了在某一特定的机构仲裁，就意味着适用该机构的仲裁规则。对于仲裁涉及的具体问题，如仲裁地点、仲裁庭的组成、仲裁程序的进行、仲裁适用的法律、仲裁使用的语文以至于仲裁的收费标准等，这些仲裁规则都有专门的规定。

其次，通过仲裁方式能否使国际商事争议切实得到独立、公正的解决，关键在于仲裁员自身的素质和他们所具有的资格、能力和水平。许多国家的仲裁法均未对仲裁员的资格作出规定，任何有行为能力的人都可以作为仲裁员。而在国际商事交易中，当事人在选择仲裁员时，特别是选择独任仲裁员和首席仲裁员时，往往难以达成一致。但在机构仲裁的情况下，鉴于许多仲裁机构一般都有自己的仲裁员名册，被列入名册的仲裁员一般都学有专长，为各有关领域的专家、学者，且来自各个不同的国家并有着丰富的解决国际商事争议的经验，因而当事人有比较大的选择余地。

最后，常设机构均设有专门的办事机构，如秘书处（局）、登记处等。尽管这些机构在仲裁程序中所发挥的具体的作用有所不同，如有的机构的秘书处为所有的仲裁庭都配备了专门的工作人员负责沟通仲裁庭与当事人之间的联系，直至仲裁裁决的作出，如中国国际经济贸易仲裁委员会和美国仲裁协会；有的秘书处的主要工作集中在仲裁庭组庭之前，如国际商会国际仲裁院秘书处的工作。

此外，仲裁机构作为管理仲裁程序的机关，本身也有大量的与保障仲裁程序顺利进行有关的工作，如根据国际商事仲裁的发展状况及时修订本机构的仲裁规则、接受当事人的委托或按照仲裁规则的规定指定仲裁员、决定仲裁案件的管辖权、决定仲裁员的回避及指定替代仲裁员、解决当事人与仲裁庭之间的争议等。

鉴于世界上一百多个国家都是《纽约公约》的缔约国，仲裁裁决较法院判决在裁决地或判决地以外的国家的执行更为方便。而常设仲裁机构所具有的一整套管理仲裁程序的制度，包括仲裁规则、内部规章及其办事机构和具体的办事人员等，使它们在长期的实践中积累了大量的经验和建立了良好的信誉。与临时仲裁庭作出的仲裁裁决相比，仲裁机构管理下由各仲裁庭作出的仲裁裁决更易得到外国法院的承认与执行。

二、各主要仲裁机构所适用的仲裁规则的统一化趋势

尽管各常设仲裁机构均有自己的仲裁规则，这些仲裁规则在一些细节上存在着这样或那样的区别，但就其所规范的主要内容而言，这些仲裁规则大同小异，其中主要包括：仲裁庭组成、仲裁员的指定方式及对仲裁员的异议及其处理、仲裁庭的管辖权限、仲裁地点及仲裁所使用的语文、仲裁申请书、答辩状及其他书状、证据的提出、仲裁审理方式、仲裁裁决的作出及其应当适用的法律等。

各主要仲裁机构所适用的仲裁规则主要有以下两个特点：

1. 当事人的意思得到充分的尊重

在所有的仲裁规则中，最有代表性的仲裁规则是由联合国贸法会制定的 1976 年的仲裁规则。当时制定此规则的主要目的是为临时仲裁机构提供一套可供当事人或临时仲裁庭选择适用的规则。参与制定该规则的为来自世界上不同法律制度国家的专家，客观地反映了不同法律制度国家对国际商事仲裁的态度。实践证明，不仅临时仲裁庭广泛适用该规则，而且许多国际常设仲裁机构，包括新加坡国际商事仲裁中心、香港国际仲裁中心、斯德哥尔摩商会仲裁院等仲裁机构，也都适用此项规则。此外，许多仲裁机构在制定其仲裁规则时，或多或少地参照了该仲裁规则。

联合国贸法会的仲裁规则之所以受到临时仲裁机构和世界各国常设仲裁机构的普遍欢迎，其中一个主要原因就是该规则一方面充分地反映了当事人的自治意思原则，另一方面又使该规则置于相关国家的法律监督之下。该规则第 1 条第 1 款明确规定："Where the parties to a contract have agreed in writing that disputes in relation to that contract shall be referred to arbitration under UNCITRAL Arbitration Rules, then such disputes shall be settled in accordance with these Rules subject to such modification as the parties may agree in writing." 这就是说，即便当事人选择适用联合国贸法会的仲裁规则，他们仍然可以按照他们自己的意思，对该规则进行修订后予以适用。此外，该规则的另一个特点是与应当适用的法律不发生抵触。该规则第 1 条第 2 款规定："These Rules shall govern the arbitration except that where any of these Rules is in conflict with a provision of the law applicable to the arbitration from which the parties can not derogate, that provision shall prevail." 正因为如此，该规则一经公布，不仅为临时仲裁机构所采纳，也同样为许多常设仲裁机构所采纳。

2. 仲裁庭在适用法律方面有更多的权力

在国际商事仲裁实践中，仲裁庭查明了双方当事人争议的事实后，在作出裁决的过程中，应当充分尊重当事人所选择适用的法律，如果当事人未能就应当适用的法律作出选择，由仲裁庭决定应当适用的法律。这里的问题是仲裁庭应当如何决定应当适用的法律？适用的是什么样的法律？对于这个问题，可以从国际商会国际仲裁院在过去二十多年里对其仲裁规则的修订中得到启示。国际商会国际仲裁院 1975 年和 1988 年调解与仲裁规则第 13 条第 3 款规定："The parties shall be free to determine the law to be applied by the arbitrator to the merits of the dispute. In the absence of any indication by the parties as to the applicable law, the arbitrator shall apply the law designated as the proper law by the rule of conflict which he deems appropriate." 然而，自 1998 年 1 月 1 日起实施的仲裁规则第 17 条第 1 款作了如下规定："The parties shall be free to determine the law to be applied by the Arbitral Tribunal to the merits of the dispute. In the absence of any indication by the parties as to the applicable law, the Arbitral Tribunal shall apply the rules of law which it determines to be appropriate." 按照国际商会国际仲裁院 1975 年和 1988 年的规则，如果当事人未能就解决争议应当适用的法律作出约定，仲裁庭首先应当决定应当适用的冲突规范，然后根据该冲突规范确定应当适用的准据法，此项准据法一般应当是某一特定国家的国内法。但在国际商会国际仲裁院 1998 年的规则中，仲裁庭可直接就应当适用的法律规则作出决定。而此项法律规则不一定就是某一特定国家的国内法，它可能是一个或数个国家的法律规定或者是国际公约中规定的某些特定的法律规则（rules of law），进而拓宽了仲裁庭可适用的法律的范围，使之包括现代商人习惯法。

三、临时仲裁在国际商事仲裁中的作用

如果说，国际商事仲裁中的一些大案、要案主要在常设仲裁机构审理的话，一些争议金额不大且当事人希望尽快了结他们之间争议的案件，当事人自愿选择他们所共同信赖的仲裁员尽快解决他们之间的争议。这种由临时仲裁庭（ad hoc arbitration tribunal）审理当事人之间争议的方法，可以为当事人节省更多的费用，并能在最短的时间内作出仲裁裁决，这样的临时仲裁庭，更受到当事人的欢迎。

在国际商事仲裁实践中，临时仲裁庭大量存在，特别是在一些海事案件中。只是临时仲裁不属于特定的机构管理，许多国家的法律也没有对仲裁裁决实行注册的规定，因此，对于每年通过临时仲裁庭审理的仲裁案件，并没有数量上的统计，事实上也很难作出确切的统计。因为在国际商事仲裁实践中，当裁决作出后，绝大多数的裁决都能够得到当事人的自动执行，请求法院强制执行的裁决绝对属于少数特殊情况。可以这样认为，在全球范围内，每年都有不计其数的国际商事争议是通过临时仲裁的方式解决的。

临时仲裁机构存在的关键在于有能够胜任仲裁案件审理的仲裁员。以《示范法》为基础的国际商事仲裁立法的出发点也是基于临时仲裁机构的运作。因为常设仲裁机构一般均有其仲裁规则，常设仲裁机构也可以根据当事人的请求，为其指定仲裁员。可以认为，在经济全球化的进程中，尽管国际商事交易中出现的一些大案、要案主要在常设仲裁机构审理，但临时仲裁庭在处理一些争议金额不大且当事人迫切需要尽快解决争议的案件方面的优势仍然不容忽视。从某种意义上说，临时仲裁机构与常设仲裁机构一样，对于通过司法外的方式解决国际商事争议，具有同等重要的作用。

第三节
承认与执行国际商事仲裁裁决的发展趋势

在国际商事仲裁立法与实践中，一般而言，仲裁庭作出的仲裁裁决受到相关国家的法律保护，同时相关国家的法律也允许当事人依法寻求补救。主要表现在：第一，裁决地国法院可以根据一方当事人的请求依法裁定撤销或者执行在其境内作出的裁决。第二，执行地国法院对于当事人提出的申请执行的外国仲裁裁决，依据该国国内法或其缔结或参加的《纽约公约》规定的条件，裁定承认与执行或者拒绝承认与执行该外国仲裁裁决。已经被裁决地国法院撤销的裁决，一般情况下不应得到执行，但如果执行地国法院依其法律认为裁决地国法院撤销的裁决有悖于执行地国的公共政策，也可执行被裁决地国法院撤销的裁决。因此，在撤销裁决和承认与执行或拒绝承认与执行外国仲裁裁决时，各国仅适用自己的法律。适用法律的不同，可导致不同的结果。

在现代国际商事仲裁立法与实践中，特别是在仲裁裁决的承认与执行问题上，以下几个问

题应当引起有关仲裁立法与司法界和国际商事仲裁界的特别关注。

一、非内国仲裁的喜与忧

非内国仲裁是在20世纪80年代以来产生的理论，它是在特定的历史条件下，即国际商事仲裁迅速发展的条件下产生的。此项理论旨在尽量减少国家法院对仲裁活动的干预，包括在仲裁程序进行之中和仲裁裁决作出之后的干预，以保持仲裁程序的完整性和仲裁裁决的终局性，最大限度地尊重当事人的自治意思。其核心内容是在当事人向法院寻求承认与执行之前，法院不得采取任何形式的干预，包括撤销该仲裁裁决。此外，即便该仲裁裁决被仲裁地国法院依法撤销，执行地国法院也可无视此项撤销，依据本国的法律作出承认与执行该被仲裁地国法院撤销的仲裁裁决。

该理论的出现和存在有其合理的一面，旨在最大限度地尊重当事人的意思。事实上，近年来许多国家的仲裁立法都大大地减少了对于当事人选择适用法律的限制，当事人不仅可以选择处理争议实体问题的适用法律，对于程序法的适用，也可以作出选择。而且此项选择，也不仅仅局限于选择适用一个国家的法律，可以是若干国家在某一特定行业的实践中普遍适用的“法律规则”，或者是商人习惯法（lex mercatoria），或者是国际公约，如《联合国国际货物销售合同公约》，或者是国际统一私法协会制定的《国际商事合同通则》；当事人也可以选择适用“公平合理的原则”。选择适用的主体也不仅仅局限于当事人，如果当事人没有对应当适用的法律规则作出选择，仲裁庭也可对此作出选择。所有这些均说明当事人意思自治原则在国际商事仲裁中得到了广泛的应用。

非内国仲裁的致命弱点是否认国际仲裁裁决为裁决地国法律秩序的组成部分，因而否认仲裁地国法院对在其境内作出的国际仲裁裁决所实施的监督。其依据是：真正意义上的国际仲裁通常在与争议双方当事人无关的第三国进行，裁决与该国没有实质性的联系，因此，裁决地国法院没有撤销在其境内作出的国际仲裁裁决的权力。此外，国际仲裁裁决一经作出，就有天然的效力，即便裁决地国法院依据当地法律撤销了该裁决，也改变不了仲裁庭已经作出仲裁裁决的事实。因此，执行地国法院则根据当地国家的法律作出是否承认与执行已经被裁决地国法院撤销了的仲裁裁决的决定。

从理论上看，非内国仲裁论者还是没有对裁决的法律效力来源作出解释。易言之，非内国仲裁论者倡导的所谓“国际仲裁裁决一经作出即为有效”的主张并未对该裁决的效力从何而来作出令人满意的回答。这个问题令人担忧，因为它不符合国际商事仲裁的现实：目前还没有哪一个国家完全放弃对在本国进行的国际仲裁的监督。即便是率先实施非内国仲裁理论的法国1981年《仲裁法》也没有放弃对在其境内作出的仲裁裁决实施的监督，这一点可以从《法国民事诉讼法典》第1504条第1款的规定中得到证实：“An arbitral award rendered in France in international arbitral proceedings is subject to an action to set aside on the grounds set forth in Article 1502.”这就是说，对于在法国进行的国际仲裁程序中作出的仲裁裁决，法国法院可以按照该法第1502条规定的条件予以撤销。该法第1504条所规定的是法院可以拒绝承认与执行仲裁裁决的条件。该条的具体规定如下：

An appeal against a decision granting recognition or enforcement may be brought only in the following cases:

（1）If there is no valid arbitration agreement or the arbitrator ruled on the basis of a void or expired agreement;

(2) If there are irregularities in the appointment of the arbitral tribunal or of the sole arbitrator, as the case may be;

(3) If the arbitrator exceeded the authority conferred upon him;

(4) Whenever due process (literally: the principle of an adversary process) has not been respected;

(5) If the recognition or enforcement are contrary to international public policy (ordre public).

《法国民事诉讼法典》第1502条规定的法院拒绝承认与执行仲裁裁决的理由，根据该法第1504条的规定，同样适用于撤销在法国境内作出的国际仲裁裁决。

以倡导非内国仲裁而著称的法国在现行立法上并未放弃对在其境内进行的国际商事仲裁的撤销监督程序，更不用说其他国家了。任何国家从国家主权原则出发，都不会轻易放弃此项权力。

所以，尽管非内国仲裁理论有其合理的一面，但它无视仲裁地国的法律以及仲裁地国法院依法对国际仲裁所实施的监督与协助，是不可取的。但是，该理论对于对没有国界的因特网上的仲裁裁决的法律监督，则有一定的借鉴意义。因为网上进行的仲裁程序的地点几乎不能确定，如果当事人在仲裁协议中未能就网上进行仲裁的地点作出约定，实践中就很难确定有权撤销该仲裁裁决的法院，但是这种裁决在执行问题上则不存在障碍，执行地国法院有权依据当地法律或该国所缔结或者参加的国际公约，作出是否承认与执行该仲裁裁决的裁定。

二、地域原则的非地域化

地域原则来源于国际法上的属地原则，后者又来源于国家主权原则。根据国家主权原则，一国在其所管辖的地域内所享有的权力是至高无上的。当然，国家法院对在其境内进行的国际仲裁享有监督的权力，包括依据当地的法律撤销在其境内作出的仲裁裁决的权力，以及依据当地的法律承认与执行或者拒绝承认与执行外国仲裁裁决的权力。以《纽约公约》和《示范法》为代表的现代国际商事仲裁制度就是建立在各主权国家对仲裁所实施的双重监督的基础上：第一重是裁决地国法院对仲裁裁决所实施的监督；第二重是执行地国法院对仲裁裁决所实施的监督。这两种监督都是建立在地域原则的基础上，应当说，这是国际上所公认的原则。

所谓地域原则的非地域化，是指随着经济全球化进程的加快，商事仲裁国际化的进程也在不断地朝着相同的方向发展。这主要表现在各国对仲裁实施监督的标准随着国际经济交往的发展而不断地趋于协调和统一。例如承认与执行外国仲裁裁决的标准，随着越来越多的国家成为《纽约公约》的缔约国，就逐步地统一为《纽约公约》规定的各项标准。而随着越来越多的国家的立法机构将《示范法》纳入其各自国家的仲裁法，旨在调整国际商事仲裁的法律在全球范围内也在不断地趋于协调和统一。与此相适应，采用相同标准对国际商事仲裁裁决实施监督的地域的范围也在不断地扩大，并最终将融为一体。到那时，无论哪一个国家的法院要撤销某一裁决，或者拒绝承认与执行该裁决，所实施的标准都是相同的。而严格的地域原则的概念也就随之不断地弱化，即非地域化。当然，这可能是一个相当长的历史时期，需要一个漫长的过程。但是，随着国际经济的发展和国际商事交往的不断扩大，地域的概念在国际商事仲裁领域必将得到弱化，这是国际商事仲裁立法与实践的必然的发展趋势。

应当特别指出的是，随着电子商务的普及，网上解决争议将会进一步打破国家之间的地理界限，使争议解决特别是网上仲裁成为全球化过程中新的热点问题。其中一个十分重要的问题就是对于通过因特网作出的仲裁裁决，由哪一个国家的法院行使撤销的权力。因为因特网没有国界，仲裁协议的当事人、仲裁员均位于不同的国度，且负责传递信息的服务商也分别位于不同的国家，而因特网作为一个整体，从技术上说，独立于任何地点，原则上也不提供信息传播的途径。信息的传播取决于技术的手段，而且此项手段随着技术的发展也在不断地变化。因此，对于如何确定仲裁程序进行的地点，由哪一个国家的法院对网上仲裁裁决行使撤销的权力，这些问题很难解决。一些学者提出，不能将网上进行仲裁程序的地点与传统上的实际进行仲裁的地点相提并论，事实上，在网上进行的仲裁程序，仲裁地点无关紧要，重要的是确定进行仲裁程序的法律意义上的"本座"(seat)。这一本座可以通过仲裁协议的当事人的选择确定，或者根据所适用的仲裁规则和法律决定。① 有的学者认为，在因特网上进行仲裁所涉及的仲裁地点问题并不构成法律上的障碍，重要的问题是仲裁员在制作裁决书时，千万不要忘记述明该裁决书作出的地点。② 然而，如果仲裁员也未能对此达成一致，又如何确定仲裁地点呢？是否由首席仲裁员或者独任仲裁员任意决定？

三、国际商事仲裁的国际化发展方向

为了减少各国在承认与执行仲裁裁决问题上的分歧，在纪念伦敦国际仲裁院成立一百周年的研讨会上，该院副主席、伊美求偿法院法官霍斯曼（H. E. Judge Howard M. Holtzmann）提出了在21世纪建立一个新的解决仲裁裁决的可执行性争议的国际法院的倡议。③ 他认为，国际商事仲裁体系正常运转的前提是具备五项相互交叉作用的条件：有效的仲裁协议、高效率的程序规则、有经验的仲裁机构、支持仲裁的国内法和确保仲裁协议和外国仲裁裁决得以执行的国际公约。目前，前四个条件已经基本完善，随着联合国贸法会的《示范法》的进一步推广与实施，各国的国际商事仲裁法将日趋统一。然而，对于第五个条件，通过国际公约使仲裁程序国际化，建立起一个普遍性的国际商事仲裁的公正体制，仍然有比较大的差距。

国际公约对于建立一个比较完善的国际商事仲裁体制至关重要，因为这是确保各缔约国尊重在另一国订立的仲裁协议的效力和执行外国仲裁裁决的最为有效的措施。尽管《纽约公约》已经得到了世界上绝大多数国家（包括发达国家和发展中国家）的赞同，但该公约在实现国际商事仲裁体制完全国际化方面仍然显得不足。该公约尽管适当地限制了拒绝承认与执行外国仲裁裁决的条件，但将对这些条件是否存在的决定权力留给了被请求承认与执行仲裁裁决的国内法院。在该公约第5条规定的拒绝承认与执行外国仲裁裁决的7个条件中，国内法院仅凭其中的两个条件即可作出拒绝承认与执行外国仲裁裁决的裁定：第一，争议事项按照该国法律不能通过仲裁方式解决；第二，承认与执行外国仲裁裁决与当地的公共政策相抵触。可见，一国的国内法院在决定国际仲裁裁决的可执行性方面的作用是决定性的。在实践中，被请求承认与执

---

① See Richard Hill, "On-line Arbitration: Issues and Solutions", Arbitration International, Vol. 15, 1999, No. 2, pp. 204-205.

② See Richard Hill, *The Internet, Electronic Commerce and Dispute Resolution: Comments*, J. Int'l Arb. 1997, No. 4, at 104.

③ See H. E. Judge Howard M. Holzmann, "A Task for the 21st Century: Creating a New International Court for Resolving Disputes on the Enforceability of Arbitral Awards", from *The Internationalisation of International Arbitration*, edited by Martin Hunter, Arthur Marriott and V. V. Veeder, Graham & Trotman \ Martinus Nijhoff, 1995, pp. 109-114.

行国际商事仲裁裁决的法院通常为败诉方所属国的法院，而败诉方在其本国进行诉讼有其独特的优势：语言、环境、诉讼程序等。特别是当败诉方为国有公司或企业或裁决结果对其所属国的经济利益有重大影响时，胜诉一方请求执行仲裁裁决的风险增加了。在国际商事交易实践中，商人们为了避免这些风险，则采用了其他一些措施，如信用证、履约担保或合同担保，而所有这些措施尽管减少了履约风险，但却增加了商事交易的复杂性。为了减少《纽约公约》现行体制中向败诉一方所在国法院寻求救济的潜在风险，可设立一个全球性的法院。该法院对《纽约公约》规定的拒绝承认与执行国际仲裁裁决的理由是否成立享有独占管辖权，以替代现行体制中由一国法院决定撤销国际商事仲裁裁决或拒绝承认与执行此项裁决的权力。霍斯曼还提议将这个法院设在海牙和平宫。

霍斯曼先生的提议得到了国际法院法官施维柏尔（H. E. Judge Stephen M. Schwebel）的响应。[①] 施维柏尔法官结合他在国际法院工作的经验，认为设立这样的法院是必要的，因为现行的国际法院所受理的只是国家为主体的诉讼，而自然人或法人不能作为国际法院受理的案件的诉讼主体。他建议由联合国贸法会主持起草一个关于设立国际仲裁裁决法院的国际公约。该法院的管辖权仅限于对国际商事仲裁裁决的效力提出异议的案件。该公约的序言中应当：（1）重申《纽约公约》中的各项有关规定；（2）注意到提交各国法院的就仲裁裁决的承认与执行发生的争议；（3）考虑到这些争议所得到的截然不同的处理结果；（4）确认对国际仲裁程序和仲裁裁决的异议的处理结果的一致性将促进国际商事仲裁的效率，以及忠实地履行该公约规定的各项义务将有助于对仲裁程序寄予极大希望的国际合同与贸易关系的发展；及（5）因此，作为国家的当事人为了解决这些问题，决定设立国际仲裁裁决法院，以便就上述仲裁裁决的有效性作出其固有的、最终的和明确的判决。

施维柏尔还就该法院法官的组成及地区分配提出建议。他认为，该法院可由 11 名或 15 名法官组成，这些法官应当从国际上一些主要的有代表性的法律制度的国家和主要的贸易及仲裁国家中选举产生。按照《国际法院规约》的规定，应当保证所选举产生的法官来自各主要法律制度的文明国家。同时还应当有一个"君子协议"，即采用国际法院分配的 15 席位的方法：联合国安理会常任理事国各有一名国民，非洲 3 个席位、美洲 2 个席位等。此外，还应从一些有关的国际组织，如国际劳工组织、国际海事组织等选举产生一些法官。

当然，只有批准该公约的国家，而不是所有的联合国会员国，才能参与该国际仲裁裁决法院法官的选举。

至于该法院的权限及其应当适用的法律，施维柏尔的意见是：该法院不应当审理提交仲裁解决的争议的实体问题，而只审理仲裁裁决的有效性问题。成立国际仲裁裁决法院的公约应当就该法院应当适用的法律作出如下规定：（1）支配国际商事仲裁的法律是《纽约公约》或其他现行有效的公约；（2）当事人之间约定的支配仲裁协议的法律；（3）受有关的冲突法规则支配的法律；（4）国际仲裁习惯法；（5）国际公共政策；及（6）参与国际仲裁的国家所认可的一般法律原则。

该公约还应就该法院的秘书处所适用的行为规则作出规定。且各缔约国政府及其法院应当承认与执行该国际仲裁裁决法院的判决，所有缔约国的政府、国民及各级法院均应忠实地履行

① See H. E. Judge Stephen M. Schwebel，"The Creation and Operation of an International Court of Arbitral Awards", from *The Internationalization of International Arbitration*, edited by Martin Hunter, Arthur Marriott and V. V. Veeder, Graham & Trotman \ Martinus Nijhoff, 1995, pp. 115-123.

国际仲裁裁决法院的判决。

霍斯曼先生和施维柏尔先生所提出的在世界范围内设立国际仲裁裁决法院的设想不是没有可能实现。随着经济全球化进程的加快和各国的仲裁立法不断地协调和统一，为了维护国际商事交往的正常的国际秩序，统一对国际商事仲裁裁决效力的认定，不仅是必要的，而且是可能的。

霍斯曼先生的看法是一步到位，即在世界范围内直接设立对国际商事仲裁裁决的效力实施监督的法院，即该法院对国际商事仲裁裁决的有效性具有独占管辖权，其他各国法院则对国际商事仲裁裁决的有效性问题无权过问。这种做法的优势是对于国际商事仲裁裁决，各国法院均应承认与执行。当事人如对仲裁裁决存在着异议，则应直接向国际仲裁裁决法院寻求补救方法。然而，在世界范围内，几乎每天都有若干仲裁裁决作出，如果当事人对仲裁裁决有异议，国际仲裁裁决法院未必有那么大的力量对这些异议作出处理。如不能及时处理这些异议，势必造成案件的大量积压，进而妨碍国际商事交易的发展。

施维柏尔先生的看法更为现实一些，因为他所提出的建议是在保留现行体制的基础上进行。即当事人对仲裁裁决的有效性有异议而申请撤销或拒绝承认与执行仲裁裁决时，首先应当向一国的国内法院提出，只有在国内法院拒绝撤销或承认与执行仲裁裁决的情况下，当事人才有权向国际仲裁裁决法院提出上诉。当然，其前提条件是存在着这样一个国际公约，而这一公约的制定，并非一朝一夕之事，仍然有待于各主权国家的参与。鉴于《纽约公约》在世界范围内的成功，任何对其进行的修订和补充绝不是轻而易举的，它同样需要得到各成员国的支持与协作。

第四节 中国国际商事仲裁立法、实践的现代化与国际化的发展方向

就中国涉外仲裁立法而言，应当说基本上符合国际上有关仲裁的一般做法：国际商事仲裁的一般原则，如当事人意思自治原则，公正、独立地解决争议等，均在现行仲裁立法中有所体现。然而，中国国际仲裁立法与以《示范法》为代表的国际商事仲裁立法相比，尚有一定的差距，仍然有待于进一步完善。

一、中国国际商事仲裁立法的现代化与国际化的发展方向

中国涉外仲裁立法与《示范法》的差距和尚需完善之处，主要表现在以下六个方面。

（一）关于机构仲裁与临时仲裁

我国现行的仲裁立法中，除了我国政府与其他一些国家在双边投资保护协定中有关于通过临时仲裁机构组成的仲裁庭解决有关争议的规定外，《仲裁法》中尚无关于临时仲裁机构解决争议的规定，故至今我国尚无这方面的实践。我国《仲裁法》上只有常设仲裁机构存在的余

地，并无临时仲裁的地位。这不能说不是立法上的一个缺憾。随着我国仲裁事业的逐步普及与深入，临时仲裁也会逐步地为我们国家法律所认可。应当说这是我国仲裁立法的发展趋势。

在国际商事仲裁立法与实践中，仲裁的概念既包括机构仲裁，也包括临时仲裁。联合国贸法会在1976年制定的仲裁规则的本意主要是为了满足临时仲裁的需要。在国际商事仲裁实践中，尽管机构仲裁发挥着重要的作用，但临时仲裁也有方便、快捷、为当事人节省费用的特点。特别是一些争议金额不大、当事人又希望尽快解决争议的案件，他们更希望找到一位双方均信赖的专家，在最短的时间内，如几个小时或几天内，使他们之间的争议得以了结。在机构仲裁的情况下，从申请人在仲裁委员会立案、仲裁庭组庭、开庭审理到仲裁裁决的作出，在最快的情况下，至少也需要1周至2周，甚至更长的时间。其中有些案情比较复杂的案件，1年至2年才能结案。因此，临时仲裁在那些争议金额不大、当事人迫切要求及时解决争议的案件中所体现的方便、及时、节省费用的特点，是机构仲裁所无法比拟的。在国际商事仲裁实践中，特别是某些海事仲裁案件，如海上货物运输中由于船舶滞期而发生的争议，都是通过临时仲裁机构解决的，为的是节省时间和减少费用，提高经济效益。

此外，《纽约公约》中规定的承认与执行的外国仲裁裁决，既包括常设仲裁机构作出的仲裁裁决，也包括临时仲裁机构作出的仲裁裁决。我国法院执行的外国仲裁裁决也包括由临时仲裁机构在外国作出的仲裁裁决。

从我国目前实践来看，除了我国与一些国家订立的双边投资保护协议中有关于通过临时仲裁方式解决我国政府与外国投资者之间的争议的规定外①，现行的国内仲裁法中没有临时仲裁的地位，这本身即造成中国当事人与外国当事人之间的不平等。因为如果外国当事人与中国当事人就某一商事纠纷约定在国外进行临时仲裁，而且这一临时仲裁机构按照约定的仲裁规则作出了中方败诉的裁决，如果中方当事人未能自动执行这一在《纽约公约》缔约国境内作出的裁决，则外方当事人即可依照《纽约公约》向中方当事人所在地的中级人民法院申请强制执行该裁决。中国法院应当依据该公约中的规定进行审查，如果该裁决不存在《纽约公约》第5条规定的情形，法院就应当承认该裁决的效力，并予以强制执行。如果当事人约定在中国进行临时仲裁，且临时仲裁庭按照当事人之间约定的仲裁规则进行了仲裁，作出了外方败诉的裁决。则外方当事人既可以根据我国仲裁法的规定，以当事人在仲裁协议中没有约定仲裁机构而导致仲裁协议无效为由，向裁决地中级人民法院申请撤销该裁决，也可以在中方当事人向该外方当事人所在地国法院申请执行该裁决时提出抗辩：根据裁决地法——中国《仲裁法》第18条关于

① 例如，中国与荷兰之间订立的《关于相互鼓励和保护投资协定》第9条规定：（1）缔约一方与在其领土内投资的缔约另一方投资者之间关于投资的争议，如可能，应友好解决。（2）如果该争议从任何一方要求友好解决之日起6个月内未能依照本条第1款的规定解决，且双方又未商定其他解决办法，有关投资者可以选择以下一种或两种解决办法：1）向接受投资缔约一方的行政主管机关申诉并寻求救济；2）向接受投资缔约一方有管辖权的法院起诉。（3）征收、国有化或其他类似措施发生后，有关将要支付的补偿金额的争议，从任何一方要求友好解决之日起6个月内未能依照本条第1款的规定解决，若投资者愿意，应提交接受投资缔约一方有管辖权的法院或国际仲裁。根据上述协定的规定，如果投资者选择将争议提交国际仲裁，该争议应提交专设仲裁庭（ad hoc arbitration）解决。此仲裁庭应由3名仲裁员组成。双方各委派1名仲裁员，该两名仲裁员共同委派一名非缔约任何一方国民为首席仲裁员。仲裁员应在收到仲裁请求后两个月内委派。首席仲裁员应在第二名仲裁员委派之后3个月内委派。若某项委派未能在上述期限内作出，任何一方可以请求斯德哥尔摩商会仲裁院主席进行必要的一项或多项委派。仲裁程序由仲裁庭制订，仲裁庭在制订该程序规则时，应参考《华盛顿公约》中的规定，并在该协定、有关的国内法和缔约双方均接受的国际法原则的基础上作出裁决。裁决由多数票作出，为终局裁决，对双方当事人均有拘束力。应任何一方的要求，仲裁庭应陈述其裁决的法律依据，并提供作出裁决的理由。各方承担各自委派的仲裁员的费用。首席仲裁员及仲裁庭的有关费用由双方平均负担。

当事人在仲裁协议中没有约定仲裁机构的规定，该仲裁协议无效，而根据无效仲裁协议作出的仲裁裁决不能得到执行地国法院的承认与执行。

我国有的论著认为，中国法律不承认临时仲裁，不仅造成我国当事人与外国当事人之间的不对等，也造成国家内部不同地区之间的不对等。例如，我国香港地区 2000 年仲裁（修订）条例于 2000 年 2 月 1 日开始实施，正式落实内地与香港特别行政区之间先前达成的相互执行仲裁裁决的安排。按照内地与香港特别行政区之间相互执行仲裁裁决的安排，内地应当执行香港特别行政区的仲裁裁决，包括临时裁决。而香港特别行政区法院则只承认与执行国务院法制办公室提供的内地仲裁委员会名单中指明的仲裁委员会的仲裁裁决，显然不会承认与执行在内地作出的临时仲裁裁决。①

上述论著中提到的关于“中国法律不承认临时仲裁”的看法并不十分正确，理由是：第一，对于由外国临时仲裁庭作出的裁决，我国法院依法按照《纽约公约》或根据互惠原则，作为外国仲裁裁决予以执行。第二，我国与其他一些国家订立的投资保护协定中规定的，政府之间或者东道国政府与外国投资者之间由于投资而产生的争议，同样可以提交临时仲裁庭解决。第三，如果我国当事人与外国当事人或者外国当事人之间订立的一般国际商事合同中规定通过临时仲裁庭解决他们之间的争议，同时约定仲裁地点在中国，则仲裁庭在中国境内作出的裁决为中国裁决，受我国法院的监督。

尽管如此，上述论著中的观点也有一定的道理，因为我国现行《仲裁法》明文规定，仲裁协议必须就仲裁选定的仲裁委员会作出约定，否则无效。② 因此，在我国目前状况下，临时仲裁机构的存在只是非常偶然的现象，就绝大多数情况而言，没有临时仲裁庭存在的余地。在对《仲裁法》进行修订时，应该考虑临时仲裁的法律地位问题。当然，我国《仲裁法》对临时仲裁未予规定，可能有其他的考虑，如仲裁解决争议的方法尚未深入人心，仲裁员的素质也有待于进一步的提高等。然而，从中外当事人对等的角度出发，我国法律应当给予临时仲裁一席之地，因为我国根据《纽约公约》承担了承认与执行外国仲裁裁决的义务，而此外国仲裁裁决也包括临时仲裁庭作出的裁决。如果我国法律上无临时仲裁的地位，则当事人约定的临时仲裁庭在我国境内作出的仲裁裁决，依据我国法律为无效，而该无效仲裁裁决依据《纽约公约》就可能遭到外国法院的拒绝执行。反之，如果该裁决由临时仲裁庭在中国境外的《纽约公约》缔约国领土上作出，当事人向我国法院申请执行时，我国法院就不能以该裁决所依据的仲裁协议依据我国仲裁法为无效仲裁协议为由拒绝承认与执行该临时仲裁裁决。

（二）关于仲裁协议有效性的认定

关于仲裁协议的有效性问题，我国法律对此作出了比较严格的规定③，这个问题与临时仲裁也有一定的联系。按照《示范法》和其他一些国家和地区有关调整国际商事仲裁关系的法律，只要当事人在仲裁协议中就通过仲裁解决他们之间的特定争议及仲裁地点或者该仲裁应当适用的法律作出约定，这样的仲裁协议就是有效的。其余不完善的地方，应当由法院加以完善。如果当事人仅就在北京仲裁作出约定，并未具体说明北京的哪一个仲裁机构，中国国际经济贸易

① 参见康明：《临时仲裁及其在我国的现状和发展（下）》，载《仲裁与法律》，2000（4）。

② 参见我国《仲裁法》第 16、18 条。

③ 我国《仲裁法》第 16 条规定，仲裁协议应当具有下列内容：（1）请求仲裁的意思表示；（2）仲裁事项；（3）选定的仲裁委员会。第 18 条规定，仲裁协议对仲裁事项或者仲裁委员会没有约定或者约定不明确的，当事人可以补充协议；达不成补充协议的，仲裁协议无效。

仲裁委员会还是北京仲裁委员会？在这种情况下，如果双方当事人就此不能达成协议，法院就可根据一方当事人的申请，指定其中的一家仲裁机构仲裁，而不是认定当事人之间的仲裁协议无效。而按照我国现行的法律，如果当事人不能就选定的仲裁委员会达成一致，仲裁协议即为无效。

目前，我国的合同法就合同形式要件中关于口头合同的效力问题作出了明确规定，包括通过电子邮件订立的合同，只要当事人提出证据证明他们之间就合同内容达成了一致，这样的合同就应当受到我国法律的保护。就仲裁协议的效力而言，特别是国际仲裁协议，如果当事人表达了通过仲裁解决他们之间特定争议的意思，这样的协议就应当认定为有效。至于仲裁协议中的某些不完善之处，如未就解决争议的仲裁机构或者仲裁应当适用的规则作出约定，可以通过法律加以完善，由法律规定当事人可向享有管辖权的法院提出申请，由法院对仲裁员、仲裁地点或仲裁机构等作出指定。为此，对我国现行《仲裁法》作出修订，是必要的。

我国现行仲裁法对仲裁协议有效性的规定过于严格，也与现行法律不允许我国临时仲裁机构的存在有关。在对《仲裁法》进行修订的过程中，如果法律允许我国临时仲裁机构的存在，当事人约定将争议提交该临时仲裁机构解决的情况下，即便仲裁协议不是很完善，只要双方当事人通过仲裁解决争议的意思表示是明确的，就可以由法院通过审判实践对仲裁协议加以完善。如法院可根据一方当事人的请求，令当事人将争议提交仲裁解决，或者对审理案件的仲裁员作出指定等。

（三）仲裁员名册制度

仲裁员是仲裁案件的直接审理者，素有“民间法官”之称。被指定审理某一特定案件的仲裁员能否秉公断案，独立、公正地审理当事人所提交的争议，进而作出公正、合理的裁决，与该仲裁员的个人修养、道德、人品、业务能力、法律知识和争议解决能力有着直接的关系。因此，仲裁员本人所具有的上述各种综合素质的高低，直接决定着她（他）能否独立、公正地审理仲裁案件。对于仲裁员的资格及其指定，我国《仲裁法》作出了比较严格的规定。① 按照《示范法》和各国有关仲裁的立法，一般对仲裁员的资格和条件并无规定，其基本条件是有完全的行为能力，是由当事人自行选择的他们认为能够独立、公正地处理当事人之间争议的与争议无利害关系的本国或外国国民。当然，在我国现行条件下，对仲裁员的资格规定得严格一些，并没有坏处。即便如此，当事人的选择余地还是很大的。在仲裁员的资格和指定方面，目前存在的问题不是法律对仲裁员的资格规定得过于严格，而是我国法律规定的仲裁员名册制度和各个仲裁委员会依此规定所实施的仲裁员名册制度。按照我国现行的《仲裁法》，仲裁委员会应当具有专门的仲裁员名册，只有被列入名册的人才可能被指定为仲裁员。② 其结果是每个仲裁委员会都有自己的仲裁员名册，当事人或仲裁机构在指定仲裁员时只能在该仲裁机构的仲裁员名册中指定，而不能指定其他仲裁机构的仲裁员名册中的仲裁员。这可能也是我国仲裁法的特点之一。而在其他许多国家的仲裁机构中，或者没有专门的名册，有的仲裁机构即便有名册，当事人也不受此名册的约束，他们可以在名册中指定仲裁员，也可指定在名册之外的人作为解决他们之间争议的仲裁员。正如一些国外的专家学者对中国国际经济贸易仲裁委员会的名

① 根据我国《仲裁法》第 13 条第 2 款的规定，仲裁员应当符合下列条件之一：（1）通过国家统一法律职业资格考试取得法律职业资格，从事仲裁工作满 8 年的；（2）从事律师工作满 8 年的；（3）曾任审判员满 8 年的；（4）从事法律研究、教学工作并具有高级职称的；（5）具有法律知识、从事经济贸易等专业工作并具有高级职称或者具有同等专业水平的。

② 参见我国《仲裁法》第 13 条第 3 款。

册制度所评论的那样："尽管 CIETAC 名册由许多中外技术方面的专家组成，但这个名册绝对不可能包括所有方面的专家。CIETAC 要成为一个真正的国际仲裁机构，其仲裁员名册制度应当终止，或者该名册至少只能是建议性的。"① CIETAC 2014 年仲裁规则第 21 条第 2 款已明确规定了当事人可以指定名册以外的人士作为仲裁员。

在我国现行制度的基础上，可以实行仲裁员资格认定和注册制度。凡是有完全行为能力并具备一定资格的专业人士，经过一定时间或有关解决争议的课程的培训，考试合格者均可取得仲裁员资格。如果说在短期内还要保留仲裁员名册制度的话，可以实行全国范围内的仲裁员名册制度，或者根本取消仲裁员名册制度，只实行仲裁员资格认证和注册制度。凡是取得仲裁员资格的自然人，经当事人、仲裁机构或法院指定，均可作为某一特定案件的仲裁员，在常设仲裁机构或临时仲裁机构的仲裁庭中，作为合议仲裁庭或独任仲裁庭的仲裁员，主持或者参与对某一特定案件的审理。

（四）仲裁管辖权的决定机构

管辖权问题与仲裁协议的有效性密切相关：凡是仲裁协议有效的，仲裁庭就可以取得协议项下的管辖权；而对于无效仲裁协议，仲裁庭则不能获得协议项下的管辖权。我国现行法律规定仲裁委员会和法院均有权对仲裁协议的有效性问题作出决定。也就是说，除法院外，仲裁委员会而不是仲裁庭，有权对仲裁协议的有效性作出决定。仲裁庭是仲裁案件的审理者。仲裁委员会行使的主要是管理职能，在受理仲裁案件时，仲裁委员会可以对仲裁协议有效性问题作出初步认定，即如果认为仲裁协议表面上有效，就可以受理。如果另一方当事人在仲裁审理中继续对仲裁庭的管辖权提出异议，在仲裁庭组庭后，仲裁庭的管辖权决定就应当由仲裁庭作出。在此项决定作出后的一定期限内，比如 15 天或 30 天，当事人如果不服此项决定，可以在规定的期间内向法院起诉，由法院作出最后的认定。如果法院认为该仲裁协议无效，仲裁庭就应当终止对该仲裁案件的审理，进而避免仲裁庭作出裁决后相关当事人以仲裁协议无效为由申请撤销仲裁裁决。

（五）临时性保全措施的裁定

按照世界上多数国家的立法与实践，仲裁庭和法院均可作出采取临时性保全措施的决定。临时性保全措施只是为了防止一方当事人在裁决作出之前将其财产转移，致使裁决作出后无法得到执行。在国际商事仲裁实践中，一方面，仲裁庭作出的采取临时性保全措施的决定有待于法院的执行；另一方面，法院作出此项裁定，与仲裁解决争议无悖。

为了更好地保护各有关当事人的合法权益，我国不妨借鉴这些国家的立法经验，规定法院和仲裁庭均有权就仲裁协议项下的事项作出采取临时性保全措施的决定。法院在仲裁程序开始前作出此项裁定时，应当附具当事人应当在裁定作出后若干天内申请仲裁的条件，这样做可以更好地协调仲裁和法院的关系，发挥两个积极性，也符合国际上的一般做法。况且，CIETAC 在 1998 年修订的仲裁规则已经允许当事人申请在 CIETAC 仲裁而选择适用其他仲裁规则。1998 年 5 月 10 日起实施的CIETAC仲裁规则第 7 条规定，凡当事人同意将争议提交 CIETAC 仲裁的，均视为同意按照该仲裁规则进行仲裁。但当事人另有约定且仲裁委员会同意的，从其约定。据此规定，如果当事人同意在CIETAC仲裁，而选择适用联合国贸法会的

---

① Russell Thirgood, *A Critique of Foreign Arbitration in China*, J. Int'l Arb. 2000, No. 3, at 98; Michal J. Moser, *CIETAC Arbitration: A Success Story?*, Int'l Arb. 1998, No. 1, at 30.

仲裁规则，仲裁委员会也同意当事人选择适用联合国贸法会的仲裁规则。在这种情况下，根据该适用的规则，仲裁庭可以根据一方当事人的请求，对争议标的作出采取临时性保全措施的裁定（第 26 条）。这种做法本身尽管与我国现行民事诉讼法和仲裁法的规定不符，但也无碍大局。

在对我国现行法律进行修订的过程中，可以考虑参照联合国贸法会的《示范法》及其仲裁规则中的有关规定，以及其他一些国家的有关立法与实践，在不影响法院对争议标的作出采取临时性保全措施的裁定的情况下，也应当允许仲裁庭对此作出裁定。

（六）法院对仲裁裁决的司法复审标准

在法院对仲裁裁决进行司法复审的问题上，我国法律对国内仲裁裁决与涉外仲裁裁决实施不同的审查标准：对涉外仲裁裁决的审查只是程序性的；对国内仲裁裁决的审查则涉及实体问题，如认定事实的错误和适用法律上的错误，均构成撤销和不予执行仲裁裁决的理由。随着我国社会主义市场经济和仲裁事业的发展，可以在适当的时机，将国内仲裁与涉外仲裁融为一体，适用相同的审查标准，均不对裁决的实体问题进行审查。

我国法院应当继续对在我国境内作出的仲裁裁决依据我国的法律实施必要的监督，特别是在撤销和拒绝执行国际商事仲裁裁决方面，应当加强执法力度，尽管我国目前已经建立了撤销涉外仲裁裁决和拒绝承认与执行国际商事仲裁裁决的报告制度，但是，为了保证执法的质量，避免和防止地方保护主义，应当提高受理上述案件的法院的档次，如可以通过立法的方式，将上述案件的受理法院从各中级人民法院提高到各省、市和自治区的高级人民法院。

二、中国国际商事仲裁实践的国际化与现代化的发展方向

在中国国际商事仲裁实践中，尽管我国的仲裁机构可以分为国内仲裁机构和涉外仲裁机构，国内仲裁机构主要受理国内仲裁案件，而涉外仲裁机构以受理国际仲裁案件为主，但从目前的发展趋势看，在实施《仲裁法》的过程中，无论是哪一个仲裁机构，其对所受理的仲裁案件的管辖权均以当事人在仲裁协议中的约定为依据。换言之，仲裁协议是仲裁机构确定其对仲裁案件的管辖权的唯一的依据。从这一实践出发，中国现行的仲裁实践与国际上的一般做法也是相符的。现行仲裁实践总的发展趋势是淡化国内仲裁与外国仲裁的区别，中国关于仲裁的立法与实践无疑也是与此项趋势相符的。随着科学技术的迅速发展和因特网、电子商务在世界范围内的应用与发展，我国加入 WTO 后改革进程的加快，我国现行的仲裁制度与我国社会主义市场经济一样，也面临着机遇和挑战。为了抓住这一千载难逢的机遇，迎接新世纪的挑战，必须加快我国仲裁制度的现代化和国际化的进程。

仲裁实践方面的改进表现为可以在全国范围内实行仲裁员资格登记或认证制度：凡是有完全行为能力并具备一定资格的专业人士，经过一定时间或有关解决争议的课程的培训，考试合格者均可取得仲裁员资格。凡是取得仲裁员资格的自然人，经当事人、仲裁机构或法院指定，均可作为某一特定案件的仲裁员。进而打破现行的各个仲裁委员会所实行的各自的仲裁员名册制度。当事人可在全国范围内甚至世界范围内选择仲裁员。这样一来，当事人的选择余地就大多了，当事人可根据所涉及的案件的具体情况，从获得仲裁员资格的人士中选择具有特定业务知识、为人正派并具有相关法律知识和解决争议的经验的人士作为他们的仲裁员。

鉴于我国现行仲裁机构之间的发展极不平衡，有的仲裁机构每年受理的案件达几百件，而有的只有几件或几十件。每个仲裁委员会都有自己的仲裁员名册，当事人或仲裁委员会在指定仲裁员时，也只能在该特定的名册内指定，而不得超出名册的范围。而被列入名册的仲裁员的水平也参差不齐，在全国范围内并没有形成统一的仲裁市场，这与WTO世界统一大市场的精神是不符的。随着经济全球化进程的加快，世界经济是一个大市场，而仲裁作为服务贸易的一个产业，同样属于全球竞争的一个市场。当事人选择在哪一个仲裁机构仲裁，或者由哪一个或哪几个仲裁员组成仲裁庭审理他们之间的争议，完全出于对某一特定仲裁机构或仲裁员的信任。在一些比较知名的国际仲裁机构中，如国际商会国际仲裁院、斯德哥尔摩商会仲裁院、美国仲裁协会等，有的虽然有仲裁员名册制度，但这些名册仅供当事人参考，设立仲裁员名册完全是为了方便当事人，以供当事人从中选择仲裁员。而当事人在选择仲裁员的过程中，并不受该名册的限制，他们可以在名册中选择受理他们之间争议案件的仲裁员，也可以不在此名册中选择，他们可以在全世界范围内选择他们所信赖的人作为其仲裁员。既然中国的经济要参与世界范围内的竞争，包括我们的服务产业，仲裁作为解决当事人之间争议的一种服务，也不应当局限于特定的地区。我国现行《仲裁法》允许当事人在仲裁协议中就解决他们之间争议的仲裁机构作出选择。各个仲裁机构的法律地位是平等的，且相互之间是独立的，不存在任何隶属关系。在不同地区设立仲裁机构，也是为了方便不同地区的当事人。但在仲裁员指定问题上，不应当局限于该特定仲裁机构的仲裁员名册。当事人可以指定他们所信赖的、懂业务、懂法律、能够公正、独立地解决争议的具有仲裁员资格的人作为审理某一特定案件的仲裁员。实行全国范围内的仲裁员资格认证制度，可以使更多的专业人士不断地参加到仲裁员的队伍之中。对于特定领域内的争议的仲裁，当事人可以从有仲裁员资格且具备该特定领域内的专业知识的人员中进行选择。由具备特定资格的仲裁员审理特定领域内的仲裁案件，比专门设立新的专业仲裁委员会审理案件更加经济、迅速、高效。

为了实现由具备特定资格的仲裁员实施对特定领域内的争议的公正、迅速的审理，加速我国仲裁事业的现代化和国际化的进程，以下问题应当予以特别的考虑：

首先，对我国现行的《仲裁法》进行修订，允许临时仲裁的存在，即允许当事人选择具备仲裁员资格的人员作为审理他们之间特定争议的仲裁员。临时仲裁庭根据当事人之间的仲裁协议作出的仲裁裁决与在仲裁委员会管理之下的仲裁庭作出的仲裁裁决，具有同等的法律效力。

其次，打破现行的各仲裁委员会在仲裁员名册问题上各自为政的现状，实行全国范围内的仲裁员资格认证和注册制度，设立仲裁员人才库，并利用现代化的信息和技术手段，将所有具备仲裁员资格的人列入该人才库，按照他们专业领域的不同进行分类，并在因特网上公布，供相关仲裁委员会和当事人选择。

最后，加强法院对仲裁的协助和监督机制。当事人在仲裁协议中如未能对仲裁员或仲裁机构作出约定的，不应当简单地认定仲裁协议无效，而应当尽量满足当事人通过仲裁解决他们之间争议的愿望。如果当事人不能就解决他们之间争议的仲裁机构或仲裁员达成一致，由法律规定法院对解决此项争议的仲裁机构或仲裁员作出指定。法院在指定仲裁机构或仲裁员时，应当考虑到该特定案件的性质和各方当事人的愿望，在全国范围内的仲裁机构或仲裁员人才库中为当事人指定。

本章小结

小结

1. 在过去的50年间，随着越来越多的国家成为《纽约公约》的缔约国，以及在其各自国内立法中采纳了联合国贸法会《示范法》，国际商事仲裁所涉及的诸多问题，都在逐步地协调和统一。
2. 涉及国家公共利益的事项，如可仲裁事项，仲裁协议的有效性的认定及仲裁裁决的有效性及其认定等问题，仍然是协调和统一国际商事仲裁法的最大障碍，且这一障碍在短时期内很难被完全排除。
3. 在承认与执行外国仲裁裁决的问题上，随着经济全球化进程的加快，商事仲裁国际化的进程也在不断地朝着相同的方向发展。这主要表现在各国对仲裁实施监督的标准，随着国际经济交往的发展而不断地趋于协调和统一。
4. 尽管我国现行有关调整国际商事仲裁的法律已成体系，并且体现了一般国际商事仲裁中当事人意思自治、仲裁条款独立、法院依法实施监督等现代国际商事仲裁法的基本原则，但仍然有一些尚待改进与完善的地方。

QUESTIONS AND COMMENTS

1. In the last 50 years, more and more states became parties of New York Convention on the Recognition and Enforcement. Some states in their domestic legislation adopted UNCITRAL Model Law on International Commercial Arbitration. As a result, a lot of issues concerning international commercial arbitration are unified.
2. Issues relating to the state public policy, such as arbitrable matters and validity of the arbitration agreement, are far from being unified. And it has a long way to go.
3. As to the recognition and enforcement of the international arbitral awards, such national legislations became conciliated and unified as a result of economic globalization.
4. Is the Chinese legislation on the international commercial arbitration in conformity with UNCITRAL Model Law?
5. In what respects should the Chinese Legislation catch up with the international legislation and practices?

主要参考文献

一、著作类

1. 赵秀文．国际商事仲裁惯例．海口：海南出版社，1993
2. 韩健．现代国际商事仲裁法的理论与实践．北京：法律出版社，1993
3. 陈桂明．仲裁法论．北京：中国政法大学出版社，1993
4. 郭寿康，赵秀文主编．国际经济贸易仲裁法．北京：中国法制出版社，1995
5. 赵威主编．国际仲裁法理论与实务．北京：中国政法大学出版社，1995
6. 谭兵主编．中国仲裁制度研究．北京：法律出版社，1995
7. 赵秀文．香港仲裁制度．郑州：河南人民出版社，1997
8. 肖永平．中国仲裁法教程．武汉：武汉大学出版社，1997
9. 杨良宜．国际商务仲裁．北京：中国政法大学出版社，1997
10. 陈治东．国际商事仲裁法．北京：法律出版社，1998
11. 中国国际商会仲裁研究所编译．国际商事仲裁文集．北京：中国对外经济贸易出版社，1998
12. 高菲．中国海事仲裁的理论与实践．北京：中国人民大学出版社，1998
13. 郭寿康，赵秀文主编．国际经济贸易仲裁法．北京：中国法制出版社，1999
14. 赵秀文主编．国际商事仲裁案例评析．北京：中国法制出版社，1999
15. 中国国际商会仲裁研究所编．典型国际经贸仲裁案例评析．北京：法律出版社，1999
16. 朱克鹏．国际商事仲裁的法律适用．北京：法律出版社，1999
17. 赵健．国际商事仲裁的司法监督．北京：法律出版社，2000
18. 宋连斌．国际商事仲裁管辖权研究．北京：法律出版社，2000
19. 宋航．国际商事仲裁裁决的承认与执行．北京：法律出版社，2000
20. 韩健．现代国际商事仲裁法的理论与实践．北京：法律出版社，2000
21. 李虎．国际商事仲裁裁决的强制执行．北京：法律出版社，2000

22. 乔欣．仲裁权研究．北京：法律出版社，2001

23. 王生长．仲裁与调解相结合的理论与实践．北京：法律出版社，2001

24. 赵秀文．国际商事仲裁及其适用法律研究．北京：北京大学出版社，2002

25. 黄进，宋连斌，徐前权．仲裁法学．北京：中国政法大学出版社，2002

26. 杨良宜，杨大明．英美证据法．北京：法律出版社，2002

27. 李圣敬主编．国际经贸仲裁法实务．长春：吉林人民出版社，2003

28. 谢石松主编．商事仲裁法学．北京：高等教育出版社，2003

29. [法] 福盖德等著．国际商事仲裁（影印本）．北京：中信出版社，2004

30. 乔欣主编．比较商事仲裁．北京：法律出版社，2004

31. 石育斌．国际商事仲裁研究．上海：华东理工大学出版社，2004

32. 谭兵主编．中国仲裁制度的改革与完善．北京：人民出版社，2005

33. [英] 艾伦·雷德芬，马丁·亨特等．国际商事仲裁法律与实践．林一飞，宋连斌译．北京：北京大学出版社，2005

34. 赵秀文主编．国际商事仲裁案例解析．北京：中国人民大学出版社，2005

35. 韩健，林一飞主编．商事仲裁法律报告．北京：中信出版社，2005

36. 刘晓红．国际商事仲裁协议的法理与实证．北京：商务印书馆，2005

37. 马其家．美国证券纠纷仲裁法律制度研究．北京：北京大学出版社，2006

38. 杨秀清．协议仲裁制度研究．北京：法律出版社，2006

39. 李剑强．中国内地与香港地区承认与执行仲裁裁决制度之比较及实例分析．北京：人民法院出版社，2006

40. 梁堃著．英国1996年仲裁法与中国仲裁法的修改：与仲裁协议有关的问题．北京：法律出版社，2006

41. 林一飞．中国国际商事仲裁裁决的执行．北京：对外经济贸易大学出版社，2006

42. 杨良宜．仲裁法．北京：法律出版社，2006

43. 韩健主编．涉外仲裁司法审查．北京：法律出版社，2006

44. 赵秀文主编．国际商事仲裁法．北京：中国人民大学出版社，2007

45. 张圣翠．国际商事仲裁强行规则研究．北京：北京大学出版社，2007

46. 赵秀文．国际商事仲裁现代化研究．北京：法律出版社，2010

47. 赵秀文．国际商事仲裁原理与案例教程．北京：法律出版社，2010

48. Tibor Varady，John J. Barcelo，Ⅲ，Arthur T. von Mehren. *International Commercial Arbitration*. West Group，1999

49. Yves Derains & Eric A. Schwartz. *A Guide to the New ICC Rules of Arbitration*. Kluwer Law International，1999

50. Abdul Hamid El-Ahdab. *Arbitration with the Arab Countries*. Kluwer Law International，1999

51. General Editor Albert Jan van den Berg. *Planning Efficient Arbitration Proceedings*，*The Law Applicable in International Arbitration*. Kluwer Law International，1999

52. Thomas E. Carbonneau. *Lex Mercatoria and Arbitration*. Juris Publishing，Inc. Kluwer Law International，Revised Edition，1998

53. Martin Hunter，Arthur Marriott，V. V. Veeder. *The Internationalization of International*

Arbitration. Graham & Trotman \ Marimus Nijhoff, 1995

54. Albert Jan van den Berg. *The New York Arbitration Convention of 1958: Towards a Uniform Judicial Interpretation*. Kluwer Law and Taxation Publishers, 1981
55. Richard B. Lillich and Charles N. Brower. *International Arbitration in the 21st Century: towards "Judicialization" and Uniformity?* Transnational Publishers, Inc. Irvington, New York, 1994
56. Pertar Sarcevic. *Essays on International Commercial Arbitration*. Graham & Trotman \ Marimus Nijhoff, 1989
57. Neil Kaplan, Jill Spruce, Mechael J. Moser. *Hong Kong and China Arbitration: Cases and Materials*. Butterworths Asia, 1994
58. M. Rubino-Sammartano. *International Arbitration Law*. Kluwer Law and Taxation Publishers, 1990
59. Wolfgang Peter. *Arbitration and Renegotiation of International Investment Agreements*. Second Revised and Enlarged Edition, Kluwer Law International, the Hague \ Boston \ London, 1995
60. *Selected Works of China International Economic and Trade Arbitration Commission Awards* (1963—1988). Sweet & Maxwell Asia, 1995
61. *Selected Works of China International Economic and Trade Arbitration Commission Awards* (1989—1995). Sweet & Maxwell Asia, 1998
62. David W. Rikin and Chales Platto. *Litigation and Arbitration in Central and Eastern Europe*. Kluwer Law International, 1998
63. Christian Buhring-Uhle. *Arbitration and Mediation in International Business*. Kluwer Law International, 1996
64. Moshe Hirsch. *The Arbitration Mechanism of the International Center for the Settlement of Investment Disputes*. Graham & Trotman/Martinus Nijhoff, 1993
65. J. G. Merrills. *International Dispute Settlement*. Second Edition, Grotius Publications, Cambridge University Press, 1995
66. N. Shelkoplyas. *The Application of EC Law in Arbitration Proceedings*. Europa Law Publishing, 2003
67. Alan Redfern and Martin Hunter. *Law and Practice of International Commercial Arbitration*. 4th ed. Sweet & Maxwell, 2004
68. Philip Landolt. Modernised EC Competition Law in International arbitration. Aspen Publishers, 2006

二、论文类

1. 赵秀文．论国际商事仲裁协议的有效性及其适用法律．法学家，1993（5），（6）
2. 赵秀文．论法院对国际商事仲裁的监督．见：黄进主编．国际私法与国际商事仲裁．武汉：武汉大学出版社，1994
3. 陈安．论中国涉外仲裁的监督机制与国际惯例的接轨．比较法研究，1995（4）

4. 陈安．中国涉外仲裁的监督机制评析．中国社会科学，1995（4）
5. 赵秀文．从锐夫动力公司案看仲裁管辖原则．法学家，1998（3）
6. 赵秀文．论仲裁条款独立原则．法学研究，1997（4）
7. 陈治东．论我国涉外仲裁的可仲裁性问题．法学，1997（6）
8. 代越．论法院对国际商事仲裁的司法复审．法制与社会发展，1997（2）
9. 肖永平．也谈我国法院对仲裁的监督范围．法学评论，1998（1）
10. 戚燕方．仲裁实体法初析．中外法学，1998（2）
11. 肖永平．内国、涉外仲裁监督机制之我见．中国社会科学，1998（2）
12. 陈安．中国涉外仲裁监督机制申论．中国社会科学，1998（2）
13. 陈治东，沈伟．国际商事仲裁裁决承认与执行的国际化趋势．中国法学，1998（2）
14. 宋航．论国际商事仲裁裁决之异议．仲裁与法律通讯，1998（3）
15. 陈安．再论中国涉外仲裁的监督机制与国际惯例的接轨．见：陈安主编. 国际经济法论丛．第2卷．北京：法律出版社，1999
16. 王生长．外国仲裁裁决在中国的承认和执行．见：陈安主编. 国际经济法论丛．第2卷．北京：法律出版社，1999
17. 赵秀文．论商人习惯法．法学家，1999（6）
18. 赵秀文．论国际商事仲裁协议的适用法律. 见. 梁慧星主编．民商法论丛．第17卷．北京：法律出版社，2000
19. 赵秀文. 国际商事仲裁协议转让及其适用法律. 国际贸易，2000（2）
20. 赵秀文．21世纪中国国际仲裁法律制度现代化与国际化的发展方向．河南政法干部管理学院学报，2001（3）. 见：人大书报复印资料D415. 诉讼法学、司法制度，2001（11）
21. 郭晓文．体现仲裁的效率原则——现代仲裁规则的重要特点．仲裁与法律，2001（6）
22. 宋连斌．仲裁协议的新发展：理论与实践．仲裁与法律，2001（6）
23. 赵秀文．论非内国仲裁的理论与实践．见：陈安主编．国际经济法论丛．第6卷．北京：法律出版社，2002
24. 赵秀文．论国际商事仲裁裁决的国籍及其撤销的理论与实践．法制与社会发展，2002（1）
25. 赵秀文．论国际商事仲裁中临时性保全措施的发布与实施（上）．河南政法干部管理学院学报，2002（3）
26. 赵秀文．论国际商事仲裁中临时性保全措施的发布与实施（下）．河南政法干部管理学院学报，2002（4）
27. 赵秀文．从克罗马罗依案看国际仲裁裁决的撤销与执行．法商研究，2002（5）
28. 赵秀文．国际商事仲裁与实践的发展趋势．见：张乃根主编．当代国际法研究．上海：上海人民出版社，2002
29. 王生长．中国特色的仲裁管辖权决定制度．仲裁与法律，2003（5）
30. 赵秀文．论仲裁条款的解释．法学，2004（2）. 见：人大书报复印资料D416. 国际法学，2004（4）
31. 赵秀文．论仲裁地点在国际商事仲裁中的作用．仲裁与法律，第91辑，2004
32. 宋连斌. 理念走向规则：仲裁法修订应注意的几个问题. 北京仲裁，第52辑，2004
33. 杜焕芳．论国际商事仲裁裁决的撤销理由及其发展趋势．仲裁与法律，2003（3）

34. 寇丽．论中国国际商事仲裁的法律适用问题．政法论坛（中国政法大学学报），2004（4）
35. 张艾清．国际商事仲裁的可仲裁性问题研究．贵州民族学院学报（哲学社会科学版），2004（6）
36. 赵秀文．论法院对涉外仲裁协议有效性及其适用法律的认定．杭州师范学院学报（社会科学版），2003（5）
37. 赵秀文．论仲裁条款的解释．法学，2004（2）
38. 杜新丽．论外国仲裁裁决在我国的承认与执行．比较法研究，2005（4）
39. 赵秀文．经济全球化条件下仲裁服务市场的竞争．人民法院报，2005-01-17
40. 赵秀文．论法律意义上的仲裁地点及其确定．时代法学，2005（1）
41. 赵秀文．论《纽约承认与执行外国仲裁裁决公约》的适用范围．（台北）月旦民商法杂志，2005（7）
42. 赵秀文．论国际商事仲裁中的可仲裁事项．时代法学，2005（2）
43. 赵秀文．从福克公司案看我国涉外仲裁裁决的承认与执行．法学家，2005（2）
44. 赵秀文．论我国经济贸易仲裁机构制度的改革与完善．河北法学，2005（5）
45. 赵秀文．论国际商会国际仲裁院仲裁裁决在我国的承认与执行．法学，2005（6）
46. 赵秀文．经济全球化条件下外国仲裁机构在中国仲裁及其影响．仲裁研究．第4辑．北京：法律出版社，2005
47. 赵秀文．论选择性争议解决方法及其适用．法学杂志，2005（5）
48. 赵秀文．WTO协议项下的争议解决方法及其选择．上海政法学院学报，2005（5）
49. 赵秀文．论国际商会国际仲裁院裁决的国籍．政法论丛，2005（5）
50. 赵秀文．浅谈我国仲裁裁决的分类．北京仲裁．第57辑．北京：法律出版社，2005
51. 赵秀文．论法院对国际商事仲裁的监督．见：民商法理论与实践．北京：中国法制出版社，2006
52. 赵秀文．仲裁地点与司法监督．见：韩健主编．涉外仲裁司法审查．北京：法律出版社，2006
53. 赵秀文．中国《仲裁法》与建设社会主义和谐社会．仲裁与法律．第101辑．北京：法律出版社，2006
54. 赵秀文．公共政策与国际商事仲裁裁决的承认与执行．见：高永富，陈晶莹主编．国际贸易法论丛．第1卷．北京：北京大学出版社，2006
55. 赵秀文．国外仲裁机构裁决不等于外国仲裁裁决．法学，2006（9）
56. 王天红．论国际商事仲裁裁决的确定．人民司法，2006（9）
57. 赵秀文．论中国仲裁法的改革与完善．见：ICC CHINA国际商事仲裁年刊（2005年卷）．北京：中国民主法制出版社，2006
58. 赵秀文．中国仲裁法修改若干问题的思考．见：中国国际商事仲裁理论与实践文集选编．北京：中国方正出版社，2006
59. 赵秀文．论仲裁规则的适用与国际商事仲裁协议有效性的认定．见：北京仲裁．第60辑．北京：中国法制出版社，2007
60. 赵秀文．从奥特克案看外国临时仲裁裁决在我国的承认与执行．政法论丛，2007（3）
61. 张艾清．从《纽约公约》的适用范围看我国仲裁立法与实践．政法论丛，2007（4）

62. 张艾清．反垄断争议的可仲裁性研究——兼论欧美国家的立法与司法实践及其对我国的启示．法商研究，2006（4）
63. 张艾清．国际商事仲裁中公共政策事项的可仲裁性问题研究．法学评论，2007（6）
64. 赵秀文. 非内国裁决的法律性质辨析. 法学，2007（10）
65. 赵秀文. 从旭普林公司案看我国法院对国际商事仲裁的监督. 时代法学，2007（6）
66. Gregg A. Paradise. "Arbitration of Patent Infringement Disputes: Encouraging the Use of Arbitration through Evidence Rules Reform". *Fordham Law Review*, Vol. 64, 1995
67. William W. Park. "The Lex Loci Arbitri and International Commercial Arbitration". *International and Comparative Law Quarterly*, Vol. 32, 1983
68. Jan Paulsson. "Delocalisation of International Commercial Arbitration: When and Why it Matters". *International and Comparative Law Quarterly*, Vol. 32, 1983
69. Jan Paulsson. "Arbitration Unbound: Award Detached from the Law of its Country of Origin". *International and Comparative Law Quarterly*, Vol. 30, 1981
70. Gary H. Sampliner. "Enforcement of Nullified Foreign Arbitral Awards, Chromalloy Revisited", *Journal of International Commercial Arbitration*, Vol. 14, No. 3, Sept. 1997
71. Marc Blessing. "Choice of Substantive Law in International Arbitration". *Journal of International Commercial Arbitration*, Vol. 14, No. 2, June, 1997
72. Katharina Boele-Woelki. "Principles and Private International Law". *Uniform Law Review*, 1996（4）
73. Alan Uzelac. "Current Developments in the Field of Arbitration in Croatia". *Journal of International Arbitration*, Vol. 19, No. 1, 2003
74. C. Chatterjee. "The Reality of the Party Autonomy Rule in International Arbitration". *Journal of International Arbitration*, Vol. 20, 2003
75. Dora Marta Gruner. "Accounting for the Public Interest in International Arbitration: The Need for Procedural and Structural Reform". *Columbia Journal of Transnational Law*, No. 41, 2003
76. John B. Tieder, Jr. "Factor to Consider in the Choice of Procedural and Substantive Law in International Arbitration". *Journal of International Arbitration*, Vol. 20, 2003
77. Christoph Liebscher. "Drafting Arbitration Clauses for EC Merger Control". *Journal of International Arbitration*, Vol. 21, No. 1, 2004
78. Bernardo M. Cremades and David J A. Cairns. "Corruption, International Public Policy and Duties of Arbitrators". *Dispute Resolution Journal*, Vol. 58, No. 4, Nov. 2003/Jan. 2004
79. Herman Verbist. "Arbitrability of Exclusive Distributorship Agreements in Belgium: Lex Fori (and Lex Contractus)"? . *Journal of International Arbitration*, Vol. 22, No. 5, 2005
80. Adriana Noemi Pucci. "Arbitration in Brazil". *Dispute Resolution Journal*, Feb. — Apr. 2005, Vol. 60, Issue 1
81. Andrew Barrac Lough and Jeff Wainc Ymer. "Mandatory Rules of Law in International Commercial Arbitration". *Melbourne Journal of International Law*, Vol. 6, 2005

82. Neelanjan Maitra. "Domestic Court Intervention in International Arbitration: The English View". *Journal of International Arbitration*, Vol. 23, No. 3, 2006
83. Zhao Xiuwen & Lisa A. Kloppenberg. "Reforming Chinese Arbitration Law and Practices in the Global Economy". *University of Dayton Law Review*, Vol. 31: 3, 2006, USA
84. Zhao Xiuwen. "On the Seat of International Arbitration and Its Determination". *Frontiers of Law in China*, Number 4, August 2007
85. Edward Kling. "Court Review of Antitrust International－Arbitral Awards". *New York Law Journal*, Vol. 238, No. 26, August 7, 2007

三、资料类

1. 中国社会科学院民法研究室编. 外国仲裁法. 北京：中国社会科学出版社，1982
2. 程德钧主编. 涉外仲裁与法律. 第1辑. 北京：中国人民大学出版社，1992
3. 程德钧，王生长主编. 涉外仲裁与法律. 第2辑. 北京：中国统计出版社，1994
4. 赵秀文主编. 国际经济贸易仲裁法参考资料. 北京：中国法制出版社，1999
5. 宋连斌，林一飞译编. 国际商事仲裁资料精选. 北京：知识产权出版社，2004
6. 赵秀文，谢菁菁编著. 国际商事仲裁法参考资料. 北京：中国人民大学出版社，2006
7. 赵菁编著. 中国国际经济贸易仲裁委员会仲裁规则释义及适应指南. 北京：法律出版社，2006
8. Tibor Varady, John J. Barcelo, Ⅲ, Arthur T. von Mehren. *Documents Supplement to International Commercial Arbitration*. West Group, 1999
9. Bernaardin, Pero. *The Italian Law on Arbitration*. Kluwer Law International, 1999
10. Martin Hunter, Toby Landau. *The English Arbitration Act*. Kluwer Law International, 1999
11. John Parris. *Casebook of Arbitration Law*. George Godwin Limited, 1976
12. *Yearbook Commercial Arbitration*. Kluwer Law International
13. *World Trade and Arbitration Materials*

四、专业杂志类

1. 中国国际经济贸易仲裁委员会，中国海事仲裁委员会，中国国际商会仲裁研究所主办. 仲裁与法律. 原名. 涉外仲裁与法律通讯. 1991年至今
2. 中国国际经济贸易仲裁委员会主编. 涉外仲裁年刊
3. 北京仲裁委员会主办. 北京仲裁
4. The Journal of LCIA (London Court of International Arbitbration) *Arbitration International*
5. Kluwer Law International. *Journal of International Arbitration*
6. ICC Publications. *ICC International Court of Arbitration Bulletin*

五、专业网站

1. www.cietac.org.cn，中国国际经济贸易仲裁委员会网站
2. www.bjac.org.cn，北京仲裁委员会网站
3. www.iccwbo.org，国际商会国际仲裁院网站

4. www. kluwerarbitration. com，含有大量仲裁案例和在 Journal of International Arbitration 和 Arbitration International 上发表的论文
5. www. interarbitration. com，收录了各国和地区相关法律以及仲裁机构的名称、地址与仲裁规则，并提供大量链接
6. www. arbitrationonline，收录了美国主要国际商事仲裁案例以及部分主要期刊与论著
7. www. globalarbitrationmediation. com，收录了各国仲裁法与相关国际公约
8. www. asil. org/resource/arbl. htm，美国国际法学会主持的国际商事仲裁专业网站，提供各国国内仲裁法、国际仲裁条约、国际仲裁机构、仲裁规则，以及相关仲裁案例和其他链接

案例索引

图书在版编目（CIP）数据

国际商事仲裁法/赵秀文著．3 版．—北京：中国人民大学出版社，2012.9
21 世纪国际法学系列教材
ISBN 978-7-300-16411-3

Ⅰ．①国…　Ⅱ．①赵…　Ⅲ．①国际商事仲裁-高等学校-教材　Ⅳ．①D997.4

中国版本图书馆 CIP 数据核字（2012）第 219013 号

21 世纪国际法学系列教材
2009 年司法部第三届全国法学教材与科研成果二等奖
国际商事仲裁法（第三版）
赵秀文　著
Guoji Shangshi Zhongcaifa

出版发行	中国人民大学出版社		
社　　址	北京中关村大街 31 号	**邮政编码**	100080
电　　话	010－62511242（总编室）		010－62511770（质管部）
	010－82501766（邮购部）		010－62514148（门市部）
	010－62515195（发行公司）		010－62515275（盗版举报）
网　　址	http://www.crup.com.cn		
经　　销	新华书店		
印　　刷	固安县铭成印刷有限公司	**版　　次**	2004 年 12 月第 1 版
规　　格	185 mm×260 mm　16 开本		2012 年 10 月第 3 版
印　　张	27.5	**印　　次**	2025 年 1 月第 6 次印刷
字　　数	684 000	**定　　价**	49.80 元

《国际商事仲裁法（第三版）》※任课教师调查问卷

为了能更好地为您提供优秀的教材及良好的服务，也为了进一步提高我社法学教材出版的质量，希望您能协助我们完成本次小问卷，完成后您可以在我社网站中选择与您教学相关的 1 本教材作为今后的备选教材，我们会及时为您邮寄送达！如果您不方便邮寄，也可以申请加入我社的**法学教师 QQ 群：436438859（申请时请注明法学教师）**，然后下载本问卷填写，并发往我们指定的邮箱（cruplaw@163.com）。

邮寄地址：北京市海淀区中关村大街 31 号中国人民大学出版社 411 室收

邮　　编：100080

再次感谢您在百忙中抽出时间为我们填写这份调查问卷，您的举手之劳，将使我们获益匪浅！

基本信息及联系方式：※

姓名：＿＿＿＿＿＿ 性别：＿＿＿＿＿＿ 课程：＿＿＿＿＿＿＿＿＿＿

任教学校：＿＿＿＿＿＿＿＿＿＿＿＿＿ 院系（所）：＿＿＿＿＿＿＿＿

邮寄地址：＿＿＿＿＿＿＿＿＿＿＿＿＿ 邮编：＿＿＿＿＿＿＿＿＿＿

电话（办公）：＿＿＿＿＿＿ 手机：＿＿＿＿＿＿ 电子邮件：＿＿＿＿＿＿＿

调查问卷：※

1. 您认为图书的哪类特性对您使用教材最有影响力？（　　）（可多选，按重要性排序）

   A. 各级规划教材、获奖教材　　B. 知名作者教材

   C. 完善的配套资源　　D. 自编教材

   E. 行政命令

2. 在教材配套资源中，您最需要哪些？（　　）（可多选，按重要性排序）

   A. 电子教案　　B. 教学案例

   C. 教学视频　　D. 配套习题、模拟试卷

3. 您对于本书的评价如何？（　　）

   A. 该书目前仍符合教学要求，表现不错将继续采用。

   B. 该书的配套资源需要改进，才会继续使用。

   C. 该书需要在内容或实例更新再版后才能满足我的教学，才会继续使用。

   D. 该书与同类教材差距很大，不准备继续采用了。

4. 从您的教学出发，谈谈对本书的改进建议：＿＿＿＿＿＿＿＿＿＿＿＿

＿＿＿＿＿＿＿＿＿＿＿＿＿＿＿＿＿＿＿＿＿＿＿＿＿＿＿＿＿＿＿＿

＿＿＿＿＿＿＿＿＿＿＿＿＿＿＿＿＿＿＿＿＿＿＿＿＿＿＿＿＿＿＿＿

选题征集：如果您有好的选题或出版需求，欢迎您联系我们：

联系人：黄　强　联系电话：010-62515955/47

索取样书：书名：＿＿＿＿＿＿＿＿＿＿＿＿＿＿＿＿＿＿＿＿＿＿＿

书号：＿＿＿＿＿＿＿＿＿＿＿＿＿＿＿＿＿＿＿＿＿＿＿＿＿＿＿＿

备注：※ 为必填项。

21世纪高等院校法学系列精品教材

（以出版时间为序）

书名	ISBN	作者	定价
判例刑法学（教学版）	978-7-300-14059-9	陈兴良　著	39.80
商法学（第三版）	978-7-300-13955-5	徐学鹿　主编	49.80
刑法总论（第二版）	978-7-300-14090-2	周光权　著	45.00
刑法各论（第二版）	978-7-300-14202-9	周光权　著	55.00
财税法学（第三版）	978-7-300-14098-8	张守文　著	46.00
民事诉讼法	978-7-300-13632-5	张卫平　著	39.80
侵权法学	978-7-300-13533-5	周友军　著	49.80
法律解释学	978-7-300-13251-8	王利明　著	32.00
物权法（第二版）	978-7-300-13040-8	崔建远　著	59.00
证据学（第四版）	978-7-300-12740-8	陈一云　主编	32.00
刑事诉讼法学（第二版）	978-7-300-12467-4	郑旭　著	39.80
刑事疑案演习（二）	978-7-300-12454-4	张明楷　著	39.00
中国宪法（第四版）	978-7-300-12301-1	许崇德　主编	29.80
普通公司法	978-7-300-11227-5	邓峰　著	68.00
网络法学	978-7-300-11004-2	刘品新　著	25.00
人格权法	978-7-300-10990-9	王利明　著	35.00
民法总论	978-7-300-10961-9	王利明　著	35.00
刑事疑案演习（一）	978-7-300-10576-5	张明楷　著	38.00
经济法学	978-7-300-09953-8	张守文　著	45.00
物权法原理	978-7-300-09459-5	申卫星　著	39.00
民事诉讼法学	978-7-300-08377-3	邵明　著	45.00